CHINA DEVELOPMENT ZONES YEARBOOK

中国

开发区年鉴

2017

中国开发区协会 编

首都经济贸易大学出版社
·北 京·

图书在版编目（CIP）数据

中国开发区年鉴．2017 / 中国开发区协会编．-- 北京 ：首都经济贸易大学出版社，2018.4
ISBN 978-7-5638-2793-0

Ⅰ.①中… Ⅱ.①中… Ⅲ.①经济开发区－中国－2017－年鉴 Ⅳ.①F127.9-54

中国版本图书馆CIP数据核字(2018)第087615号

中国开发区年鉴 2017
中国开发区协会 编
Zhongguo Kaifaqu Nianjian

责任编辑 乔剑
封面设计 蒋萤雪
出版发行 首都经济贸易大学出版社
地　　址 北京市朝阳区红庙（邮编100026）
电　　话 (010)65976483　65065761　65071505（传真）
E-mail publish@cueb.edu.cn
网　　址 http://www.sjmcb.com
经　　销 全国新华书店
印　　刷 北京炫彩印刷有限责任公司
开　　本 787毫米×1092毫米　1/16
字　　数 1005千字
印　　张 39.25
版　　次 2018年4月第1版　2018年4月第1次印刷
书　　号 ISBN 978-7-5638-2793-0
定　　价 400.00元

中国开发区年鉴

编　委　会

嘉善经济技术开发区管委会常务副主任　房广明
宁国经济技术开发区党工委副书记　王炳根
乌鲁木齐经济技术开发区管委会副主任（头屯河区政府副区长）　李贺祖
银川经济技术开发区管委会副主任　马耀勇
四平红嘴经济技术开发区管委会副主任　王劲松
钦州港经济技术开发区管委会副主任　莫鉴贤
长春汽车经济技术开发区党工委副书记、纪工委书记　张世杰
靖江经济技术开发区党工委副书记　刘定邦
石家庄经济技术开发区党工委副书记　李华强
上海浦东康桥工业区党委委员、纪委书记　薛明
芜湖经济技术开发区党工委委员、工委管委办公室主任　何学东
萍乡经济技术开发区党委委员　李宝仔
苏州吴中经济技术开发区党政办主任　陆志伟
南昌经济技术开发区政研室主任　胡常发
成都经济技术开发区管委会办公室副主任　陈献菊
赣州经济技术开发区党政办副主任　程贤金
营口经济技术开发区委办公室副主任　王文志
晋中经济技术开发区综合办副主任　赵新政

■ 特约编辑

丁文敏　万志平　义书亭　马丽娜　马敬明　王向兰　王砚军
王　旻　王康奇　王鸿义　王　晶　王晶晶　王舒婷　牛序鹏
方汝佳　卢庆毅　田　果　史春丽　冯千芮　冯梅丽　吕　蒙
朱丹璇　朱　铭　任　朕　刘　伟　刘丽丽　刘　英　刘建彬
刘柏林　刘　洪　刘　勇　刘　萍　汤业发　许　涛　孙　洁
苏金波　苏　静　李文革　李　茂　李　林　李金朋　李学建
李栅淳　李雪芹　李锦培　杨彦波　连柏宇　肖子树　肖　勇
吴文静　吴荣熙　沈晓燕　沈海斌　沈　康　张子佳　张双宝
张占军　张　华　张红丹　张春明　张晓凯　张　琦　张　琼
陈　忠　陈柄丞　陈　俊　陈　晓　陈晓杰　陈海鹏　陈淮贵
林　竹　林煜杰　欧阳景春　罗向东　季海燕　周文静　周继盛
贡　海　郝胜华　胡　卓　柳云娇　侯冬怡　施凯文　施　静

目　录

文献法规篇

国务院办公厅关于加快众创空间发展服务实体经济转型升级的指导意见
国办发〔2016〕7号　2016年2月14日 …… 3

国家发改委关于推进“互联网+”智慧能源发展的指导意见
发改能源〔2016〕392号　2016年2月24日 …… 6

国务院办公厅关于完善国家级经济技术开发区考核制度促进创新驱动发展的指导意见
国办发〔2016〕14号　2016年3月16日 …… 13

国务院关于印发上海系统推进全面创新改革试验加快建设具有全球影响力科技创新中心方案的通知
国发〔2016〕23号　2016年4月12日 …… 17

国务院办公厅关于印发促进科技成果转移转化行动方案的通知
国办发〔2016〕28号　2016年4月21日 …… 28

国务院关于促进外贸回稳向好的若干意见
国发〔2016〕27号　2016年5月5日 …… 33

国务院办公厅关于建设大众创业万众创新示范基地的实施意见
国办发〔2016〕35号　2016年5月8日 …… 36

国家发展改革委关于印发2016年国家级新区体制机制创新工作要点的通知
发改地区〔2016〕1032号　2016年5月12日 …… 40

国家发展改革委关于建设长江经济带国家级转型升级示范开发区的通知
发改外资〔2016〕1111号　2016年5月25日 …… 44

工业和信息化部关于印发《国家小型微型企业创业创新示范基地建设管理办法》的通知
工信部企业〔2016〕194号　2016年6月2日 …… 47

工业和信息化部关于印发《工业绿色发展规划（2016–2020年）》的通知
工信部规〔2016〕225号　2016年6月30日 …… 50

国家发展改革委关于印发贯彻落实区域发展战略促进区域协调发展的指导意见的通知
发改地区〔2016〕1771号　2016年8月16日 …… 62

工业和信息化部印发《关于完善制造业创新体系，推进制造业创新中心建设的指导意见》
工信部科〔2016〕273号　2016年8月19日 …… 68

国务院关于促进创业投资持续健康发展的若干意见
国发〔2016〕53号 2016年9月16日 …… 71
国务院关于加快推进“互联网+政务服务”工作的指导意见
国发〔2016〕55号 2016年9月25日 …… 76
工业和信息化部 财政部关于印发智能制造发展规划（2016—2020年）的通知
工信部联规〔2016〕349号 2016年12月8日 …… 80

专题研究篇

适度把握 合理推进
——产城融合是当下开发区发展的必然选择 …… 89
对我国产业发展若干潜在性问题的思考 …… 91
中国制造业的智能转型之路 …… 93
经济转型阵痛期应如何求新求变
——基于昆山发展调查的思考 …… 96
如何实现开发区的产城有机深度融合？
——基于北京经济技术开发区向亦庄新城转型的调查思考 …… 99
注重前沿需求 鼓励内外联动 全面深化中新跨境金融合作 …… 102
运用PPP模式 强化与社会资本的有效合作 …… 104
“新三单一平台”实现全覆盖智慧监管 …… 107
全面深化“双创”供需侧服务 …… 109
发挥国有创投平台作用 助推智能工业发展 …… 110
如何化危为机 顺利度过转型“阵痛”期？ …… 113
构建全方位开放平台 开创对外开放新局面 …… 114
浅议大数据时代的园区创新 …… 117
整合拓展 融合创新 培育国家级经开区发展新动力 …… 119
积极推动创新创业 构建经济社会发展新动力 …… 122
新材料产业应向智能化、绿色化方向发展 …… 124
用“城市更新”理念促进开发区产业结构转型 …… 127
浅议开发区的转型创新 …… 128
分类施策 积极应对 培育转型发展新动力 …… 130
创新资金供给方式 提高资金供给效益
——探索推进财政供给侧结构性改革 …… 132
在创新经济时代寻求区属国有企业的全新定位 …… 135
工业园区绿色发展的国际经验及启示 …… 137
开放创新应“双向”而为 …… 139
工业经济全球化背景下的园区转型之思 …… 141

2016，深化改革再出发——昆山综保区开启全国首批一般纳税人资格试点 …… 142

综　合　篇

2016 年北京市开发区发展情况 …… 147
2016 年河北省经济技术开发区发展综述 …… 148
2016 年山西省开发区发展情况综述 …… 150
2016 年上海市开发区发展情况综述 …… 152
2016 年江苏省开发区发展情况综述 …… 155
2016 年浙江省经济（技术）开发区发展情况综述 …… 157
2016 年山东省开发区发展情况综述 …… 161
2016 年安徽省开发区发展情况综述 …… 164
2016 年福建省开发区发展情况综述 …… 166
2016 年江西省工业园区发展情况综述 …… 168
2016 年甘肃省开发区发展情况综述 …… 169
2016 年新疆园区（开发区）发展情况综述 …… 172

国家级经济技术开发区篇

金普新区（含大连经济技术开发区）…… 175
秦皇岛经济技术开发区 …… 181
天津经济技术开发区（南港工业区）…… 185
烟台经济技术开发区 …… 191
青岛经济技术开发区 …… 193
福州经济技术开发区 …… 196
南通经济技术开发区 …… 199
连云港经济技术开发区 …… 203
上海闵行经济技术开发区 …… 208
上海虹桥经济技术开发区 …… 211
上海漕河泾开发区 …… 215
宁波经济技术开发区 …… 217
温州经济技术开发区 …… 220
广州开发区 …… 224
湛江经济技术开发区 …… 229
昆山经济技术开发区 …… 232
营口经济技术开发区 …… 236

威海经济技术开发区……240
福清融侨经济技术开发区……244
沈阳经济技术开发区……246
长春经济技术开发区……248
杭州经济技术开发区……252
重庆经济技术开发区……256
芜湖经济技术开发区……259
惠州大亚湾经济技术开发区……261
萧山经济技术开发区……265
上海金桥经济技术开发区……268
北京经济技术开发区……272
乌鲁木齐经济技术开发区（头屯河区）……276
合肥经济技术开发区……281
成都经济技术开发区（龙泉驿区）……286
昆明经济技术开发区……290
长沙经济技术开发区……294
贵阳经济技术开发区……298
南昌经济技术开发区……302
呼和浩特经济技术开发区……306
南宁经济技术开发区……310
西宁经济技术开发区……313
太原经济技术开发区……316
银川经济技术开发区……318
南京经济技术开发区……322
兰州经济技术开发区……326
宁波大榭开发区……330
海南洋浦经济开发区……333
厦门海沧台商投资区……335
廊坊经济技术开发区……338
张家港经济技术开发区……341
九江经济技术开发区……343
增城经济技术开发区……345
嘉善经济技术开发区……348
绵阳经济技术开发区……351
邹平经济技术开发区……353
如皋经济技术开发区……357
漳州招商局经济技术开发区……361
泉州经济技术开发区……365
沧州临港经济技术开发区……368

常熟经济技术开发区…… 371
德阳经济技术开发区…… 375
武汉临空港经济技术开发区（东西湖区）…… 379
萍乡经济技术开发区…… 383
赣州经济技术开发区…… 386
长春汽车经济技术开发区…… 390
吴中经济技术开发区…… 393
临沂经济技术开发区…… 396
江宁经济技术开发区…… 398
杭州余杭经济技术开发区…… 402
晋中经济技术开发区…… 406
靖江经济技术开发区…… 410
吉林经济技术开发区…… 413
宁波石化经济技术开发区…… 417
宁国经济技术开发区…… 420
钦州港经济技术开发区…… 424
嘉兴经济技术开发区…… 429
衢州经济技术开发区…… 432
四平红嘴经济技术开发区…… 436
湖州经济技术开发区…… 439
吴江经济技术开发区（同里镇）…… 443
宿迁经济技术开发区…… 446
义乌经济技术开发区…… 449
招远经济技术开发区…… 452
海安经济技术开发区…… 455
石家庄经济技术开发区…… 458
六安经济技术开发区…… 462
万州经济技术开发区…… 464
长寿经济技术开发区…… 467
格尔木昆仑经济技术开发区…… 470
望城经济技术开发区…… 473
金昌经济技术开发区…… 475
嵩明杨林经济技术开发区…… 478
浒墅关经济技术开发区…… 482
滁州经济技术开发区…… 486
宣城经济技术开发区…… 490
桐城经济技术开发区…… 493
安庆经济技术开发区…… 495
池州经济技术开发区…… 497

马鞍山经济技术开发区…………500
淮南经济技术开发区…………502
铜陵经济技术开发区…………505
石河子经济技术开发区…………508
库尔勒经济技术开发区…………510
奎屯—独山子经济技术开发区…………512
阿拉尔经济技术开发区（阿拉尔台州产业园）…………514
五家渠经济技术开发区…………516
准东经济技术开发区…………518
乌鲁木齐甘泉堡经济技术开发区…………520
库车经济技术开发区…………522

其他开发区篇

上海浦东康桥工业区…………527
燕郊高新技术产业开发区…………531
张家港保税区…………533
黑河边境经济合作区…………535
巴克图辽塔新区（含塔城市边境经济合作区）…………537
博乐边境经济合作区（博州金三角工业园区）…………539
伊宁边境经济合作区…………541
吉木乃边境经济合作区…………543
河北唐山海港经济开发区…………545
江苏泗阳经济开发区…………548
浙江海宁经济开发区…………550
广东江门新会经济开发区…………552
浙江玉环经济开发区…………555
山东平度经济开发区…………558
甘肃平凉工业园区…………562
乌鲁木齐高新技术产业开发区（新市区）…………565
昌吉高新技术产业开发区…………567
阿拉山口综合保税区…………569
霍尔果斯经济开发区（中哈霍尔果斯国际边境合作中心）…………571
霍尔果斯经济开发区（清水河配套产业园）…………573
霍尔果斯经济开发区（伊宁园区）…………575
喀什经济开发区…………577
喀什经济开发区（伊尔克什坦口岸园区）…………579

文献法规篇

国务院办公厅关于加快众创空间发展服务实体经济转型升级的指导意见

国办发〔2016〕7号　2016年2月14日

各省、自治区、直辖市人民政府，国务院各部委、各直属机构：

推进大众创业万众创新是增强发展新动能、促进社会就业、提高发展质量效益的重要途径，是实施创新驱动发展战略的重要支撑，国务院陆续出台了一系列重要支持政策和举措，为经济平稳较快发展发挥了关键作用。当前，全国各地涌现出一批有亮点、有潜力、有特色的众创空间，已经成为大众创业万众创新的重要阵地和创新创业者的聚集地，呈现蓬勃发展的良好势头。为充分发挥各类创新主体的积极性和创造性，发挥科技创新的引领和驱动作用，紧密对接实体经济，有效支撑我国经济结构调整和产业转型升级，需要继续推动众创空间向纵深发展，在制造业、现代服务业等重点产业领域强化企业、科研机构和高校的协同创新，加快建设一批众创空间。经国务院同意，现就加快众创空间发展提出以下意见：

一、总体要求和基本原则

（一）总体要求。促进众创空间专业化发展，为实施创新驱动发展战略、推进大众创业万众创新提供低成本、全方位、专业化服务，更大释放全社会创新创业活力，加快科技成果向现实生产力转化，增强实体经济发展新动能。通过龙头企业、中小微企业、科研院所、高校、创客等多方协同，打造产学研用紧密结合的众创空间，吸引更多科技人员投身科技型创新创业，促进人才、技术、资本等各类创新要素的高效配置和有效集成，推进产业链创新链深度融合，不断提升服务创新创业的能力和水平。

一是配套支持全程化。通过为创新创业者提供工业设计、检验检测、模型加工、知识产权、专利标准、中试生产、产品推广等研发、制造、销售相关服务，实现产业链资源开放共享和高效配置。

二是创新服务个性化。通过整合专业领域的技术、设备、信息、资本、市场、人力等资源，为创新创业者提供更高端、更具专业特色和定制化的增值服务。

三是创业辅导专业化。通过凝聚一批熟悉产业领域的创业导师和培训机构，开展创业培训，举办各类创业活动，为创新创业者提供更加适合产业特点的创业辅导服务，提高创新创业者的专业素质和能力，培养更多适应经济转型升级的创新人才。

（二）基本原则。一是坚持发挥市场配置资源的决定性作用。要充分利用互联网等新一代信息技术，向创业者开放创新资源，降低创新创业成本，加强创新链与产业链、资金链的对接，让市场对科技成果作出评价。

二是坚持科技创新的引领作用。要以科技成果转移转化为重点，扩大“双创”的源头供给，推动科技型创新创业，使科技人员成为创新创业的主力军。

三是坚持服务和支撑实体经济发展。要与“互联网＋”行动计划、“中国制造2025”、大数据发展行动等相结合，促进龙头骨干企业在研发、生产、营销、服务、管理等方面改革创新，加快发展“制造+服务”的智能工厂模式，培育更多富有活力的中小微企业，为经济发展注入新技术、新装备、新模式，培育新业态，催生新产业。

二、重点任务

（三）在重点产业领域发展众创空间。重点在电子信息、生物技术、现代农业、高端装备制造、新能源、新材料、节能环保、医药卫生、文化创意和现代服务业等产业领域先行先试，针对产业需求和行业共性技术难点，在细分领域建设众创空间。

（四）鼓励龙头骨干企业围绕主营业务方向建设众创空间。按照市场机制与其他创业主体协同聚集，优化配置技术、装备、资本、市场等创新资源，实现与中小微企业、高校、科研院所和各类创客群体有机结合，有效发挥引领带动作用，形成以龙头骨干企业为核心、高校院所积极参与、辐射带动中小微企业成长发展的产业创新生态群落。

（五）鼓励科研院所、高校围绕优势专业领域建设众创空间。发挥科研设施、专业团队、技术积累等优势，充分利用大学科技园、工程（技术）研究中心、重点实验室、工程实验室等创新载体，建设以科技人员为核心、以成果转移转化为主要内容的众创空间，通过聚集高端创新资源，增加源头技术创新有效供给，为科技型创新创业提供专业化服务。

（六）建设一批国家级创新平台和双创基地。依托国家自主创新示范区、国家高新技术产业开发区等试点建设一批国家级创新平台，推动各地发展各具特色的双创基地。国家高新技术产业开发区、国家级经济技术开发区、国家现代农业示范区、农业科技园区等要结合国家战略布局和当地产业发展实际，发挥重点区域创新创业要素集聚优势，打造一批具有当地特色的众创空间，与科技企业孵化器、加速器及产业园等共同形成创新创业生态体系。

（七）加强众创空间的国际合作。鼓励龙头骨干企业、高校、科研院所与国外先进创业孵化机构开展对接合作，共同建立高水平的众创空间，鼓励龙头骨干企业与国外创业孵化机构合作建立投资基金。支持众创空间引进国际先进的创业孵化理念，吸纳、整合和利用国外技术、资本和市场等资源，提升众创空间发展的国际化水平。大力吸引和支持港澳台科技人员以及海归人才、外国人才到众创空间创新创业，在居住、工作许可、居留等方面提供便利条件。

三、加大政策支持力度

充分利用现有创新政策工具，挖掘已有政策潜力，加大政策落实力度，形成支持众创空间发展的政策体系。

（八）实行奖励和补助政策。有条件的地方要综合运用无偿资助、业务奖励等方式，对众创空间的办公用房、用水、用能、网络等软硬件设施给予补助。支持国家科技基础条件平台为符合条件的众创空间提供服务。符合条件的众创空间可以申报承担国家科技计划项目。发挥财政资金的杠杆作用，采用市场机制引导社会资金和金融资本进入技术创新领域，支持包括中国创新创业大赛优胜项目在内的创新创业项目和团队，推动众创空间发展。

（九）落实促进创新的税收政策。众创空间的研发仪器设备符合相关规定条件的，可按照税收有关规定适用加速折旧政策；进口科研仪器设备符合规定条件的，适用进口税收优惠政策。众创空间发生的研发费用，企业和高校院所委托众创空间开展研发活动以及小微企业受委托或自身开展研发活动发生的研发费用，符合规定条件的可适用研发费用税前加计扣除政策。研究完善科技企业孵化器税收政策，符合规定条件的众创空间可适用科技企业孵化器税收政策。

（十）引导金融资本支持。引导和鼓励各类天使投资、创业投资等与众创空间相结合，完善投融资模式。鼓励天使投资群体、创业投资基金入驻众创空间和双创基地开展业务。鼓励国家自主创新示范区、国家高新技术产业开发区设立天使投资基金，支持众创空间发展。选择符合条件的银行业金融机构，在试点地区探索为众创空间内企业创新活动提供股权和债权相结合的融资服务，与创业投资、股权投资机构试点投贷联动。支持众创空间内科技创业企业通过资本市场进行融资。

（十一）支持科技人员到众创空间创新创业。高校、科研院所要按照《中华人民共和国促进科技成果转化法》有关规定，落实科技成果使用权、处置权和收益权政策。对本单位科研人员带项目和成果到众创空间创新创业的，经原单位同意，可在3年内保留人事关系，与原单位其他在岗人员同等享有参加职称评聘、岗位等级晋升和社会保障等方面的权利。探索完善众创空间中创新成果收益分配制度。对高校、科研院所的创业项目知识产权申请、转化和运用，按照国家有关政策给予支持。进一步改革科研项目和资金管理使用制度，使之更有利于激发广大科研人员的创造性和转化成果的积极性。

（十二）调动企业参与众创空间建设的积极性。企业建设众创空间的投入符合相关规定条件的，可享受研发费用加计扣除政策。国有企业对众创空间投入较大且符合有关规定的，可以适用有关科技创新考核政策。充分利用淘汰落后产能、处置“僵尸企业”过程中形成的闲置厂房、空余仓库以及生产设施，改造建设众创空间，鼓励企业通过集众智、汇众力等开放式创新，吸纳科技人员创业，创造就业岗位，实现转型发展。

（十三）促进军民技术双向转化。大力推动军民标准通用化，引导民用领域知识产权在国防和军队建设领域运用。军工技术向民用转移中的二次开发费用，符合相关规定条件的可以适用研发费用加计扣除政策。在符合保密规定的前提下，对向众创空间开放共享的专用设备、实验室等军工设施，按照国家统一政策，根据服务绩效探索建立后补助机制，促进军民创新资源融合共享。

四、组织实施

（十四）加强组织领导。各有关部门和各省（区、市）要加强对众创空间建设的宏观指导和工作协调，结合行业和地方发展实际，推进各具特色的众创空间建设和发展。加强对众创空间发展情况的监测、统计和评估。建立统一的政策信息发布平台。各地区各部门对众创空间等平台的扶持情况要上网公示，做到公开透明，避免多头重复支持。

（十五）加强示范引导。鼓励各地、各类主体积极探索支持众创空间发展的新政策、新机制和新模式，不断完善创新创业服务体系，持续提高创新创业服务能力。国家自主创新示范区、国家高新技术产业开发区等创新要素集聚区域的管理部门要率先行动起来，主动做好服务，为众创空间的专业化发展创造条件，开展先行先试，作出引领示范。

（十六）加强分类指导。要根据战略性新兴产业发展和传统产业升级的具体需求，聚焦重点领域和关键环节，采取有针对性的政策措施，实现重点突破，增强示范带动效应。要统筹考虑各地区经济发展、科技资源条件等实际情况，因地制宜推进众创空间在不同区域的建设和发展。

（十七）加强宣传推广。及时总结和交流众创空间建设的做法和经验，对模式新颖、绩效突出的案例进行宣传推广，树立品牌，扩大影响。对众创空间和中国创新创业大赛中涌现出来的优秀创业项目、创业人物加大宣传报道力度，在全社会弘扬创新创业文化，激发创新创业热情。

国家发改委关于推进“互联网+”智慧能源发展的指导意见

发改能源〔2016〕392号 2016年2月24日

各省、自治区、直辖市及计划单列市、新疆生产建设兵团发展改革委、能源局、工业和信息化主管部门，各有关中央企业：

“互联网+”智慧能源（以下简称“能源互联网”）是一种互联网与能源生产、传输、存储、消费以及能源市场深度融合的能源产业发展新形态，具有设备智能、多能协同、信息对称、供需分散、系统扁平、交易开放等主要特征。在全球新一轮科技革命和产业变革中，互联网理念、先进信息技术与能源产业深度融合，正在推动能源互联网新技术、新模式和新业态的兴起。能源互联网是推动我国能源革命的重要战略支撑，对提高可再生能源比重，促进化石能源清洁高效利用，提升能源综合效率，推动能源市场开放和产业升级，形成新的经济增长点，提升能源国际合作水平具有重要意义。为推进能源互联网发展，根据《国务院关于积极推进“互联网+”行动的指导意见》（国发〔2015〕40号）的要求，提出如下意见。

一、总体要求

（一）指导思想

全面贯彻党的十八大和十八届三中、四中、五中全会精神，深入贯彻习近平总书记系列重要讲话精神，按照中央财经领导小组第六次会议和国家能源委员会第一次会议重大决策部署要求，适应和引领经济社会发展新常态，着眼能源产业全局和长远发展需求，以改革创新为核心，以“互联网+”为手段，以智能化为基础，紧紧围绕构建绿色低碳、安全高效的现代能源体系，促进能源和信息深度融合，推动能源互联网新技术、新模式和新业态发展，推动能源领域供给侧结构性改革，支撑和推进能源革命，为实现我国从能源大国向能源强国转变和经济提质增效升级奠定坚实基础。

（二）基本原则

基础开放，大众参与。发挥互联网在变革能源产业中的基础作用，推动能源基础设施合理开放，促进能源生产与消费融合，提升大众参与程度，加快形成以开放、共享为主要特征的能源产业发展新形态。

探索创新，示范先行。遵循“互联网+”应用发展规律，营造开放包容的创新环境，鼓励多元化的技术、机制及模式创新，因地制宜推进能源互联网新技术与新模式先行先试，形成万众创新良好氛围。

市场驱动，科学监管。发挥市场在资源配置中的决定性作用，驱动形成能源互联网发展新业态。适应新业态及大数据应用发展要求，完善能源与信息深度融合下的安全监管和市场监管机制，保障信息安全和市场参与者的合法权益。

深化改革，推动革命。适应能源互联网“三分技术、七分改革”的发展要求，深化能源体制机制改革，还原能源商品属性，构建有效竞争的市场结构和市场体系，推动能源消费、供给和技术革命。

（三）发展目标

能源互联网是一种能源产业发展新形态，

相关技术、模式及业态均处于探索发展阶段。为促进能源互联网健康有序发展，近中期将分为两个阶段推进，先期开展试点示范，后续进行推广应用，确保取得实效。

2016—2018年，着力推进能源互联网试点示范工作：建成一批不同类型、不同规模的试点示范项目。攻克一批重大关键技术与核心装备，能源互联网技术达到国际先进水平。初步建立能源互联网市场机制和市场体系。初步建成能源互联网技术标准体系，形成一批重点技术规范和标准。催生一批能源金融、第三方综合能源服务等新兴业态。培育一批有竞争力的新兴市场主体。探索一批可持续、可推广的发展模式。积累一批重要的改革试点经验。

2019—2025年，着力推进能源互联网多元化、规模化发展：初步建成能源互联网产业体系，成为经济增长重要驱动力。建成较为完善的能源互联网市场机制和市场体系。形成较为完备的技术及标准体系并推动实现国际化，引领世界能源互联网发展。形成开放共享的能源互联网生态环境，能源综合效率明显改善，可再生能源比重显著提高，化石能源清洁高效利用取得积极进展，大众参与程度大幅提升，有力支撑能源生产和消费革命。

二、重点任务

加强能源互联网基础设施建设，建设能源生产消费的智能化体系、多能协同综合能源网络、与能源系统协同的信息通信基础设施。营造开放共享的能源互联网生态体系，建立新型能源市场交易体系和商业运营平台，发展分布式能源、储能和电动汽车应用、智慧用能和增值服务、绿色能源灵活交易、能源大数据服务应用等新模式和新业态。推动能源互联网关键技术攻关、核心设备研发和标准体系建设，促进能源互联网技术、标准和模式的国际应用与合作。

（一）推动建设智能化能源生产消费基础设施

1. 推动可再生能源生产智能化。

鼓励建设智能风电场、智能光伏电站等设施及基于互联网的智慧运行云平台，实现可再生能源的智能化生产。鼓励用户侧建设冷热电三联供、热泵、工业余热余压利用等综合能源利用基础设施，推动分布式可再生能源与天然气分布式能源协同发展，提高分布式可再生能源综合利用水平。促进可再生能源与化石能源协同生产，推动对散烧煤等低效化石能源的清洁替代。建设可再生能源参与市场的计量、交易、结算等接入设施与支持系统。

2. 推进化石能源生产清洁高效智能化。

鼓励煤、油、气开采、加工及利用全链条智能化改造，实现化石能源绿色、清洁和高效生产。鼓励建设与化石能源配套的电采暖、储热等调节设施，鼓励发展天然气分布式能源，增强供能灵活性、柔性化，实现化石能源高效梯级利用与深度调峰。加快化石能源生产监测、管理和调度体系的网络化改造，建设市场导向的生产计划决策平台与智能化信息管理系统，完善化石能源的污染物排放监测体系，以互联网手段促进化石能源供需高效匹配、运营集约高效。

3. 推动集中式与分布式储能协同发展。

开发储电、储热、储冷、清洁燃料存储等多类型、大容量、低成本、高效率、长寿命储能产品及系统。推动在集中式新能源发电基地配置适当规模的储能电站，实现储能系统与新能源、电网的协调优化运行。推动建设小区、楼宇、家庭应用场景下的分布式储能设备，实现储能设备的混合配置、高效管理、友好并网。

4. 加快推进能源消费智能化。

鼓励建设以智能终端和能源灵活交易为主要特征的智能家居、智能楼宇、智能小区和智能工厂，支撑智慧城市建设。加强电力需求侧管理，普及智能化用能监测和诊断技术，加快工业企业能源管理中心建设，建设基于互联网的信息化服务平台。构建以多能融合、开放共享、双向通信和智能调控为特征，各类用能终端灵活融入的微平衡系统。建设家庭、园区、区域不同层次的用能主体参与能源市场的接入设施和信息服务平台。

（二）加强多能协同综合能源网络建设

1. 推进综合能源网络基础设施建设。

建设以智能电网为基础，与热力管网、天然气管网、交通网络等多种类型网络互联互通，多种能源形态协同转化、集中式与分布式能源协调运行的综合能源网络。加强统筹规划，在新城区、新园区以及大气污染严重的重点区域率先布局，确保综合能源网络结构合理、运行高效。建设高灵活性的柔性能源网络，保证能源传输的灵活可控和安全稳定。建设接纳高比例可再生能源、促进灵活互动用能行为和支持分布式能源交易的综合能源微网。

2. 促进能源接入转化与协同调控设施建设。

推动不同能源网络接口设施的标准化、模块化建设，支持各种能源生产、消费设施的“即插即用”与“双向传输”，大幅提升可再生能源、分布式能源及多元化负荷的接纳能力。推动支撑电、冷、热、气、氢等多种能源形态灵活转化、高效存储、智能协同的基础设施建设。建设覆盖电网、气网、热网等智能网络的协同控制基础设施。

（三）推动能源与信息通信基础设施深度融合

1. 促进智能终端及接入设施的普及应用。

发展能源互联网的智能终端高级量测系统及其配套设备，实现电能、热力、制冷等能源消费的实时计量、信息交互与主动控制。丰富智能终端高级量测系统的实施功能，促进水、气、热、电的远程自动集采集抄，实现多表合一。规范智能终端高级量测系统的组网结构与信息接口，实现和用户之间安全、可靠、快速的双向通信。

2. 加强支撑能源互联网的信息通信设施建设。

优化能源网络中传感、信息、通信、控制等元件的布局，与能源网络各种设施实现高效配置。推进能源网络与物联网之间信息设施的连接与深度融合。对电网、气网、热网等能源网络及其信息架构、存储单元等基础设施进行协同建设，实现基础设施的共享复用，避免重复建设。推进电力光纤到户工程，完善能源互联网信息通信系统。在充分利用现有信息通信设施基础上，推进电力通信网等能源互联网信息通信设施建设。

3. 推进信息系统与物理系统的高效集成与智能化调控。

推进信息系统与物理系统在量测、计算、控制等多功能环节上的高效集成，实现能源互联网的实时感知和信息反馈。建设信息系统与物理系统相融合的智能化调控体系，以“集中调控、分布自治、远程协作”为特征，实现能源互联网的快速响应与精确控制。

4. 加强信息通信安全保障能力建设。

加强能源信息通信系统的安全基础设施建设，根据信息重要程度、通信方式和服务对象的不同，科学配置安全策略。依托先进密码、身份认证、加密通信等技术，建设能源互联网下的用户、数据、设备与网络之间信息传递、保存、分发的信息通信安全保障体系，确保能源互联网安全可靠运行。提升能源互联网网络和信息安全事件监测、预警和应急处置能力。

（四）营造开放共享的能源互联网生态体系

1. 构建能源互联网的开放共享体系。

充分利用互联网领域的快速迭代创新能力，建立面向多种应用和服务场景下能源系统互联互通的开放接口、网络协议和应用支撑平台，支持海量和多种形式的供能与用能设备的快速、便捷接入。从局部区域着手，推动能源网络分层分区互联和能源资源的全局管理，支持终端用户实现基于互联网平台的平等参与和能量共享。

2. 建设能源互联网的市场交易体系。

建立多方参与、平等开放、充分竞争的能源市场交易体系，还原能源商品属性。培育售电商、综合能源运营商和第三方增值服务供应商等新型市场主体。逐步建设以能量、辅助服务、新能源配额、虚拟能源货币等为标的物的多元交易体系。分层构建能量的批发交易市场与零售交易市场，基于互联网构建能量交易电子商务平台，鼓励交易平台间的竞争，实现随时随地、灵活对等的能源共享与交易。建立基于互联网的微平衡市场交易体系，鼓励个人、家庭、分布式能源等小微用户灵活自主地参与能源市场。

3. 促进能源互联网的商业模式创新。

搭建能源及能源衍生品的价值流转体系，支持能源资源、设备、服务、应用的资本化、证券化，为基于“互联网+”的B2B、B2C、C2B、C2C、O2O等多种形态的商业模式创新提供平台。促进能源领域跨行业的信息共享与业务交融，培育能源云服务、虚拟能源货币等新型商业模式。鼓励面向分布式能源的众筹、PPP等灵活的投融资手段，促进能源的就地采集与高效利用。开展能源互联网基础设施的金融租赁业务，建立租赁物与二手设备的流通市场，发展售后回租、利润共享等新型商业模式。提供差异化的能源商品，并为灵活用能、辅助服务、能效管理、节能服务等新业务提供增值服务。

4. 建立能源互联网国际合作机制。

配合国家“一带一路”建设，建立健全开放共享的能源互联网国际合作机制，加强与周边国家能源基础设施的互联互通，推动国内能源互联网先进技术、装备、标准和模式“走出去”。

（五）发展储能和电动汽车应用新模式

1. 发展储能网络化管理运营模式。

鼓励整合小区、楼宇、家庭应用场景下的储电、储热、储冷、清洁燃料存储等多类型的分布式储能设备及社会上其他分散、冗余、性能受限的储能电池、不间断电源、电动汽车充放电桩等储能设施，建设储能设施数据库，将存量的分布式储能设备通过互联网进行管控和运营。推动电动汽车废旧动力电池在储能电站等储能系统实现梯次利用。构建储能云平台，实现对储能设备的模块化设计、标准化接入、梯次化利用与网络化管理，支持能量的自由灵活交易。推动储能提供能源租赁、紧急备用、调峰调频等增值服务。

2. 发展车网协同的智能充放电模式。

鼓励充换电设施运营商、电动汽车企业等，集成电网、车企、交通、气象、安全等各种数据，建设基于电网、储能、分布式用电等元素的新能源汽车运营云平台。促进电动汽车与智能电网间能量和信息的双向互动，应用电池能量信息化和互联网化技术，探索无线充电、移动充电、充放电智能导引等新运营模式。积极开展电动汽车智能充放电业务，探索电动汽车利用互联网平台参与能源直接交易、电力需求响应等新模式。

3. 发展新能源+电动汽车运行新模式。

充分利用风能、太阳能等可再生能源资源，在城市、景区、高速公路等区域因地制宜建设新能源充放电站等基础设施，提供电动汽车充放电、换电等业务，实现电动汽车与新能源的协同优化运行。

（六）发展智慧用能新模式

1. 培育用户侧智慧用能新模式。

完善基于互联网的智慧用能交易平台建设。建设面向智能家居、智能楼宇、智能小区、智能工厂的能源综合服务中心，实现多种能源的智能定制、主动推送和资源优化组合。鼓励企业、居民用户与分布式资源、电力负荷资源、储能资源之间通过微平衡市场进行局部自主交易，通过实时交易引导能源的生产消费行为，实现分布式能源生产、消费一体化。

2. 构建用户自主的能源服务新模式。

逐步培育虚拟电厂、负荷集成商等新型市场主体，增加灵活性资源供应。鼓励用户自主提供能量响应、调频、调峰等灵活的能源服务，以互联网平台为依托进行动态、实时的交易。进一步完善相关市场机制，兼容用户以直接、间接等多种方式自主参与灵活性资源市场交易的渠道。建立合理的灵活性资源补偿定价机制，保障灵活性资源投资拥有合理的收益回报。

3. 拓展智慧用能增值服务新模式。

鼓励提供更多差异化的能源商品和服务方案。搭建用户能效监测平台并实现数据的互联共享，提供个性化的能效管理与节能服务。基于互联网平台，提供面向用户终端设施的能量托管、交易委托等增值服务。拓展第三方信用评价，鼓励能源企业或专业数据服务企业拓展独立的能源大数据信息服务。

（七）培育绿色能源灵活交易市场模式

1. 建设基于互联网的绿色能源灵活交易平台。

建设基于互联网的绿色能源灵活交易平台，支持风电、光伏、水电等绿色低碳能源与电力用户之间实现直接交易。挖掘绿色能源的环保效益，打造相应的能源衍生品，面向不同用户群体提供差异化的绿色能源套餐。培育第三方运维、点对点能源服务等绿色能源生产、消费和交易新业态。

2. 构建可再生能源实时补贴机制。

建立基于互联网平台的分布式可再生能源实时补贴结算机制，实现补贴的计量、认证和结算与可再生能源生产交易实时挂钩。进一步探索将大规模的风电场、光伏电站等纳入基于互联网平台的实时补贴范围。

3. 发展绿色能源的证书交易体系。

探索建立与绿色能源生产和交易实时挂钩的绿色证书生成和认证机制，推进绿色证书交易体系与现行排污权交易体系相融合，并通过合理的机制，将绿色证书交易作为碳排放权交易的有益补充。推动建立绿色能源生产强制配额制度，实现基于互联网平台的绿色证书交易与结算。推动绿色证书的证券化、金融化交易。

（八）发展能源大数据服务应用

1. 实现能源大数据的集成和安全共享。

实施能源领域的国家大数据战略，积极拓展能源大数据的采集范围，逐步覆盖电、煤、油、气等能源领域及气象、经济、交通等其他领域。实现多领域能源大数据的集成融合。建设国家能源大数据中心，逐渐实现与相关市场主体的数据集成和共享。在安全、公平的基础上，以有效监管为前提，打通政府部门、企事业单位之间的数据壁垒，促进各类数据资源整合，提升能源统计、分析、预测等业务的时效性和准确度。

2. 创新能源大数据的业务服务体系。

促进基于能源大数据的创新创业，开展面向能源生产、流通、消费等环节的新业务应用与增值服务。鼓励能源生产、服务企业和第三方企业投资建设面向风电、光伏等能源大数据运营平台，为能源资源评估、选址优化等业务提供专业化服务。鼓励发展基于能源大数据的信息挖掘与智能预测业务，对能源设备的运行管理进行精准调度、故障诊断和状态检修。鼓励发展基于能源大数据的温室气体排放相关专业化服务。鼓励开展面向能源终端用户的用能大数据信息服务，对用能行为进行实时感知与动态分析，实现远程、友好、互动的智能用能控制。

3. 建立基于能源大数据的行业管理与监管体系。

探索建立基于能源大数据技术，精确需求导向的能源规划新模式，推动多能协同的综合规划模式，提升政府对能源重大基础设施规划的科学决策水平，推进简政放权和能源体制机制持续创新。推动基于能源互联网的能源监管模式创新，发挥能源大数据技术在能源监管中的基础性作用，建立覆盖能源生产、流通、消费全链条，透明高效的现代能源监督管理网络体系，提升能源监管的效率和效益。建设基于互联网、分级分层的能源统计、分析与预测预警平台，指导监督能源消费总量控制。

（九）推动能源互联网的关键技术攻关

1. 支持能源互联网的核心设备研发。

研制提供能量汇聚、灵活分配、精准控制、无差别化接入等功能的新型设备，为能源互联网设施自下而上的自治组网、分散式网络化协同控制提供硬件支撑。支持直流电网、先进储能、能源转换、需求侧管理等关键技术、产品及设备的研发和应用。推广港口气化、港口岸电等清洁替代技术。加强能源互联网技术装备研发的国际化合作。

2. 支持信息物理系统关键技术研发。

研究低成本、高性能的集成通信技术。研究信息物理系统中面向量测、电价、控制、服务等多种信息类型、安全可靠的信息编码、加密、检验和通信技术。研究信息物理系统中能源流和信息流高效融合的调度管理与协同控制等关键技术。研究信息—能量耦合的统一建模与安全分析关键技术。

3. 支持系统运营交易关键技术研发。

研究多能融合能源系统的建模、分析与优化技术。研究集中式与分布式协同计算、控制、调度与自愈技术。研发支持多元交易主体、多元能源商品和复杂交易类型的能源电商平台。研究支持分布式、并发式交互响应的实时交易，互联网虚拟能源货币认证，互联网虚拟能源货币的定价、流通、交易与结算等关键技术。探索软件定义能源网络技术。

（十）建设国际领先的能源互联网标准体系

1. 制定能源互联网通用技术标准。

研究建立能源互联网标准体系。优先制定能源互联网的通用标准、与智慧城市和中国制造 2025 等相协调的跨行业公用标准和重要技术标准，包括能源互联网的能源转换类标准、设备类标准、信息交换类标准、安全防护类标准、能源交易类标准、计量采集类标准、监管类标准等。推动建立能源互联网相关国际标准化技术委员会，努力争取核心标准成为国际标准。

2. 建设能源互联网质量认证体系。

建立全面、先进、涵盖相关产业的产品检测与质量认证平台。建立国家能源互联网质量认证平台检测数据共享机制。建立国家能源互联网产品检测与质量认证平台及网络。鼓励建设能源互联网企业与产品数据库，定期发布测试数据。建立健全检测方法和评价体系，引导产业健康发展。

三、组织实施

（一）加强组织领导

在“互联网 +”行动实施部际联席会议机制下，国家能源局会同国家发展改革委、工业和信息化部等有关部门设立“互联网 +”智慧能源专项协调机制，统筹协调解决重大问题，及时总结推广成功经验和有效做法，切实推动行动的贯彻落实。加强能源互联网技术创新平台建设，依托企业、科研机构、高校，组建国家能源互联网技术创新中心和重点实验室。建立跨领域、跨行业的能源互联网专业咨询委员会，为政府决策提供重要支撑。各地发展改革（能源）、工业和信息化主管部门应结合实际，牵头研究制定适合本地的能源互联网行动落实方案，因地制宜，统筹谋划，科学组织实施，杜绝盲目建设和重复投资，务实有序推进能源互联网行动。

（二）完善政策法规

建立健全相关法律法规，保障能源互联网健康有序发展。正在制修订过程中的能源法、电力法等法律法规应适应能源互联网新模式、新业态发展需求。加强电力与油气体制改革、其他资源环境价格改革以及碳交易、用能权交易等市场机制与能源互联网发展的协同对接。积极开展能源互联网创新政策试点，破除地区配额、地方保护、互联互通、数据共享、交易机制等方面的政策壁垒，研究制定适应能源互联网新模式、新业态发展特点的价格、税收、保险等相关政策法规。加强能源互联网技术、产品和模式等的知识产权管理与保护。加强能源互联网信息安全政策法规及标准体系建设。

（三）推动市场改革

发挥市场在资源配置中的决定性作用，推动建立公平竞争、开放有序的能源市场交易体系。建立健全能源市场的准入制度，鼓励第三方资本、小微型企业等新兴市场主体参与市场，促进各类所有制企业的平等、协同发展。加快电力、油气行业市场体系建设，建立市场化交易机制和价格形成机制，使价格信号能从时间、空间上反映实际成本和供需状况，有效引导供需。允许市场主体自主协商或通过交易平台集中竞价等多种方式开展能源商品及灵活性资源等能源衍生品服务交易，最大限度地激发市场活力。

（四）开展试点示范

围绕现代互联网技术与能源系统的全面深度融合，鼓励具备条件的地区、部门和企业，因地、因业制宜地开展各类能源互联网应用试点示范，在技术创新、运营模式、发展业态和体制机制等方面深入探索，先行先试，总结积累可推广的成功经验，为能源互联网的健康有序发展奠定坚实基础。

（五）创新产业扶持

将能源互联网纳入重大工程包，加大中央、地方预算内资金投入力度，引导更多社会资本进入，分步骤组织实施能源互联网重大示范工程。充分发挥国家科技计划和相关专项作用，支持开展能源互联网基础、共性和关键技术研发。依靠金融创新探索企业和项目融资、收益分配和风险补偿机制，降低能源互联网发展准入门槛和风险。支持符合条件的能源互联网项目实施主体通过发行债券、股权交易、众筹、PPP 等方式进行融资。积极发挥基金、融资租赁、担保等金融机构优势，引导更多的社会资本投向能源互联网产业。

（六）共享数据资源

开展能源公共数据分级利用改革试点，研究制定能源数据使用管理和交易共享规范。从国家安全、系统安全和用户信息安全需求出发，推进能源信息的分级分类。加强能源大数据采集、传输、存储、处理和共享全过程的安全监管。加强能源互联网信息基础设施共建共享，建立贯穿能源全产业链的信息公共服务网络和数据库，加强上下游企业能源信息对接、共享共用和交易服务。鼓励互联网企业与能源企业合作挖掘能源大数据商业价值，促进能源互联网的应用创新。

（七）强化创新基础

推动成立能源互联网创新产业联盟，配合有关政府部门严格能源互联网产品准入管理，开展标准、检测和认证相关工作。引进和培育一批领军型、复合型、专业型人才，形成支持能源互联网建设的智力保障体系。吸引能源互联网领域国际人才在我国创业创新和从事教学科研等活动。创新人才培养模式，建立健全多层次、跨学科的能源互联网人才培养体系。在高校探索设立能源互联网相关专业或培养项目，大力培养跨界复合型人才。

（八）加强宣传引导

各有关部门、企业和新闻媒体要通过多种形式加强对能源互联网政策机制、发展动态、先进技术、示范项目、新兴业态等的宣传，让社会各界全面了解能源互联网，扩大示范带动效应，吸引更多社会资本参与能源互联网的研究建设与创新发展，形成广泛、活跃、持续的能源互联网发展氛围，为能源互联网新技术、新商业模式和新业态孕育兴起提供良好的舆论环境。

国务院办公厅关于完善国家级经济技术开发区考核制度促进创新驱动发展的指导意见

国办发〔2016〕14号　2016年3月16日

各省、自治区、直辖市人民政府，国务院各部委、各直属机构：

经过30多年发展，国家级经济技术开发区（以下简称国家级经开区）作为先进制造业聚集区和区域经济增长极，已经成为我国经济发展的强大引擎、对外开放的重要载体和体制机制改革的试验区域，为我国形成全方位、宽领域、多层次的对外开放格局做出了突出贡献。当前，国家级经开区面临的国际国内形势和肩负的历史使命都发生了深刻变化，迫切需要通过完善考核、分类指导、综合施策，促进创新驱动发展，为稳增长、调结构、惠民生继续发挥生力军作用。经国务院同意，现提出以下意见。

一、总体要求

全面贯彻党的十八大和十八届三中、四中、五中全会精神，认真落实《中共中央 国务院关于构建开放型经济新体制的若干意见》和《中共中央 国务院关于深化体制机制改革加快实施创新驱动发展战略的若干意见》，牢固树立创新、协调、绿色、开放、共享的发展理念，在培育发展新动力、拓展发展新空间、构建产业新体系和发展新体制等方面，持续发挥国家级经开区窗口示范和辐射带动作用，培育有全球影响力的先进制造业、现代服务业发展基地。

（一）坚持以对外开放为引领。放宽外资准入限制，完善法治化、国际化、便利化营商环境，吸引更多中高端外资加速流入。推进国家级经开区创新外贸发展模式，进一步提高贸易便利化水平，加快培育以技术、品牌、质量、服务为核心的外贸竞争新优势。主动适应我国对外开放新形势和国际产业转移新趋势，以开放促创新，拓展对外开放新的空间和领域，更好地融入全球产业链、价值链、供应链，提高我国在全球产业分工中的地位。

（二）坚持以科技创新为动力。着力构建以企业为主体、以市场为导向、产学研相结合的技术创新体系。推进信息化与工业化深度融合，将科技创新成果转化成现实生产力，打造若干高水平、有特色优势的产业创新中心。完善创新创业政策体系，支持和鼓励新技术、新产业、新业态蓬勃发展，形成有利于创新创业的良好氛围。强化原始创新、集成创新和引进消化吸收再创新，不断提高创新发展能力。

（三）坚持以体制创新为保障。加大简政放权力度，加强事中事后监管，做到扩大开放与加强监管同步。总结和复制推广自由贸易试验区体制机制创新成果，探索在开放创新、科技研发、市场导向、金融支持、公共服务等方面创新开发区发展模式，促进国家级经开区转型发展。

（四）坚持以考核评价为导向。完善考核评价体系，从产业基础、科技创新、区域带动、生态环保、行政效能等方面，综合评价各国家级经开区的优势、进步与不足，明确未来发展方向，加强分类指导和动态管理，鼓励争先进位，不断提升发展水平。

二、目标任务

（五）发展目标。通过对国家级经开区进行考核评价，加大政策支持力度，提高政策精准度，充分调动国家级经开区加快转型升级、实现创新驱动发展的积极性，继续把国家级经开区建设成为带动地区经济发展和实施区域发展战略的重要载体，成为构建开放型经济新体制和培育吸引外资新优势的排头兵，成为科技创新驱动和绿色集约发展的示范区，成为大众创业、万众创新的落脚地。

（六）主要任务。提升自主创新能力，对标国际产业发展趋势，以推动产业转型升级为核心，引领新产业、新业态发展方向，提高支柱产业对区域发展的贡献率。积极实施腾笼换鸟、凤凰涅槃战略，促进传统产业就地转型升级，劳动密集型产业向欠发达地区转移。营造资本和技术密集型产业新优势，促进国家级经开区经济保持中高速增长，产业迈向中高端水平，在更高层次参与国际经济合作和竞争。

三、完善考核评价体系

（七）完善考核制度。商务部要改革完善国家级经开区发展水平考核评价制度，制订并发布《国家级经济技术开发区综合发展水平考核评价办法》，明确审核要求，科学设计指标体系，引导国家级经开区不断改善和优化投资环境，树立国家级经开区典型范例和良好品牌，服务国家区域协调发展战略，走质量效益型发展之路。

（八）加强动态管理。商务部牵头负责组织考核评价工作，会同相关部门加强对国家级经开区的宏观指导和管理。对发展好的国家级经开区一方面在金融、土地、人才等方面给予激励政策，另一方面要鼓励其输出管理经验，带动其他国家级经开区协同发展。对发展水平滞后的国家级经开区予以警告和通报，对连续两次考核处于最后5名的，按程序报国务院批准后降为省级经济开发区。对申请新设立或升级为国家级经开区的，给予2年培育期，待培育期满后进行实地考察，经综合评价其各项指标在被培育的省级经济开发区中位居前列的，启动新设或升级办理程序。

四、夯实产业基础

（九）提升产业核心竞争力。国家级经开区要扩大对内对外开放，促进国内国际要素有序流动、资源高效配置、市场深度融合。通过考核高新技术产品进出口总额、利用外资金额、产业集群数量及中外企业设立研发中心和总部中心数量等，促进国家级经开区参与全球产业分工和价值链重组，发展外向型产业集群，打造一批行业领军企业，强力推进产业集聚、集群、集约发展，提高科技含量和附加值。发展较好的国家级经开区要构建新型产业体系，大力发展战略性新兴产业，积极创建国家新型工业化产业示范基地，同时培育制造业创新中心，推动制造业由生产型向生产服务型转变，引导制造企业延伸服务链条、增加服务环节，引领中国制造业核心竞争力和国际分工地位跃升。产业集聚程度还不高的国家级经开区要大力引资引技引智，优化产业布局，推广应用新技术、新工艺、新装备、新材料，促进现代化产业集群健康发展。

（十）创新产业投融资方式。通过考核园区产业引导基金、创业投资基金及其他形式扶持基金的设立情况，促进有条件的国家级经开区按市场化原则设立各类基金，逐步建立支持创新创业的市场化长效运行机制。重点支持发展战略性新兴产业、先进制造业、现代服务业。支持有条件的国家级经开区探索同境内外社会资本合作，共办各具特色的“区中园”，形成多层次、多渠道、多方式的投融资体系。

（十一）争取更多金融支持。通过考核产业发展和基础设施配套情况，促进国家级经开区充分利用政策性金融、开发性金融中长期融资优势和投资、贷款、债券、租赁、证券等综合金融服务优势，加快区内主导产业发展和城市地下综合管廊等基础设施建设。支持符合条件的国家级经开区开发、运营企业上市和发行债券。

五、激发创新活力

（十二）用好用足创新创业扶持政策。通过考核用于科技创新的财政支出金额、企业研发支出占比、高新技术企业数量及高新技术企业主营业务收入占比等情况，促进国家级经开区扶持创新创业企业发展，加大对科技创新的财政支持。鼓励国家级经开区综合运用政府购买服务、无偿资助、业务奖励等方式，对众创空间等新型孵化机构的房租、宽带接入和用于创业服务的公共软件、开发工具等费用给予适当财政补贴。积极落实已推广到全国的国家自主创新示范区有关税收优惠政策，推动企业加大研发力度，创建自主品牌，推进结构调整，助力创业创新。

（十三）打造创新创业服务平台。通过考核区内孵化器、众创空间和省级以上研发机构数量，促进国家级经开区通过市场化方式构建创新与创业相结合、线上与线下相结合、孵化与投资相结合的新型孵化平台和公共服务平台，为创业者提供低成本、便利化、全要素的工作空间、网络空间、社交空间和资源共享空间。有条件的国家级经开区要积极盘活闲置的商业用房、工业厂房、企业库房和物流设施，为创业者提供低成本办公场所。发挥行业领军企业、创业投资机构、社会组织的作用，积极发展众创、众包、众扶、众筹等新模式，促进高新技术企业发展。采取一口受理、网上申报、多证联办等措施为创业企业工商注册提供便利。

（十四）加快人力资源集聚。通过考核职业技能培训机构数量、硕士及以上学历人才数量占比、专业技术人才和高技能人才数量占比，促进国家级经开区深化产教融合、校企合作，建立多种形式的研发基地和职业技能培训平台，有针对性地培养各种技术技能人才。进一步创新专业技术人才和高技能人才培养、使用和激励模式，加速培育适应产业创新发展要求的高素质人才队伍。

（十五）加强知识产权运用和保护。通过考核每万人口发明专利拥有量、通过《专利合作条约》（PCT）途径提交的专利申请量、年度发明专利授权量、技术合同交易额等情况，促进国家级经开区完善知识产权政策体系，以知识产权助力创新创业，鼓励原创技术转化和产业化，促进知识产权运营，强化产业竞争力的知识产权支撑，营造良好的区域创新环境。鼓励国家级经开区深化知识产权领域改革，在知识产权综合管理、企业知识产权管理标准化、知识产权服务业、知识产权质押融资、知识产权维权机制等方面先行先试，创建知识产权试点示范园区。

六、发挥区域带动作用

（十六）促进区域协调发展。通过考核地区生产总值、公共财政预算收入、税收收入、实际使用外资、高技术制造业产值、第三产业增加值等占所在地级市比重，推动国家级经开区通过全球资源利用、业务流程再造、产业链整合、资本市场运作等方式，促进主要经济指标平衡协调，经济发展质量和效益显著提高，有效带动所在区域经济发展。通过考核合作共建园区、对口援助等情况，鼓励国家级经开区按照国家区域和产业发展战略共建跨区域合作园区或合作联盟。依托京津冀开发区创新发展联盟，促进常态化的产业合作、项目对接和企业服务，提升区域合作水平。长江经济带沿线各国家级经开区要按照市场化机制建立合作联盟，促进产业有序转移、合理布局、协调发展，构筑全国范围内具有较强竞争力和影响力的区域开放合作平台。

七、强化绿色集约发展

（十七）提高土地开发利用率。通过考核单位土地地区生产总值产出强度、土地开发利用率，促进国家级经开区科学划分产业用地与配套设施用地比例，创新土地动态监管和用地评估制度，建立健全低效用地再开发激励约束机制，盘活存量工业用地。省级人民政府在用地指标中可对国家级经开区予以单列，优先安排创新创业企业用地。探索对产业用地的供给方式和供地年限实施差别化管理。优先考虑发展好的国家级经开区扩区或调整区位需求。

（十八）鼓励绿色低碳循环发展。通过考核单位地区生产总值能耗和水耗、污染物排放、通过ISO14000认证企业数等情况，促进国家级经开区提高能源资源利用效率，严格环境准入门槛，增强环境监测监控能力，大力发展循环经济和环保产业，支持企业开展ISO14000认证，推动建立绿色、低碳、循环发展产业体系。鼓励国家级经开区创建生态工业示范园区、循环化改造示范试点园区、国家低碳工业园区等绿色园区，通过双边机制开展国际合作生态（创新）园建设，引入国际先进节能环保技术和产品。

八、推进体制机制创新

（十九）创新社会治理机制。推动国家级经开区构建适应经济转型升级的行政管理体制，探索开放创新、产业城市融合的发展模式。通过考核一般公共服务支出占比、设置安全生产机构、通过ISO9001质量认证等方面情况，促进国家级经开区优化机构设置，提高行政效率，健全完善与经济发展水平相适应的社会保障体系和公共医疗、基础教育等公共服务体系。

（二十）提升投资便利化程度。进一步下放外商投资审批权限，《外商投资产业指导目录》中总投资（包括增资）10亿美元以下的鼓励类、允许类外商投资企业和总投资1亿美元以下的限制类外商投资企业的设立及其变更事项，由省、自治区、直辖市、计划单列市、新疆生产建设兵团、副省级城市（包括哈尔滨、长春、沈阳、济南、南京、杭州、武汉、广州、成都、西安）商务主管部门及国家级经开区负责审批和管理。国家级经开区要主动对接自由贸易试验区先行先试改革工作，率先复制推广试点经验，重点做好深化集中审批、事中事后监管等方面的改革试点经验复制工作。通过考核一站式政务服务大厅在线审批率，促进国家级经开区推进简政放权、放管结合，对企业设立、变更实行“单一窗口”，改进对企业和投资者的服务。

各地区、各部门要充分认识国家级经开区分类考核、转型升级、创新发展的重要意义，加强组织领导，健全工作机制，主动作为，尽快制订具体实施方案和配套政策措施。各省级商务主管部门和各国家级经开区要按照统一部署，认真贯彻落实考核评价各项工作要求，确保考核结果真实客观，取得实效。

国务院关于印发上海系统推进全面创新改革试验加快建设具有全球影响力科技创新中心方案的通知

国发〔2016〕23号　2016年4月12日

各省、自治区、直辖市人民政府，国务院各部委、各直属机构：

国务院批准《上海系统推进全面创新改革试验　加快建设具有全球影响力的科技创新中心方案》，现予印发。

一、依托上海市开展全面创新改革试验，是贯彻落实党中央、国务院重大决策，推进全面深化改革，破解制约创新驱动发展瓶颈的重要举措，对促进上海进一步解放思想、大胆探索实践、实现重点突破、发挥改革创新示范带动作用，具有重要意义。

二、上海市系统推进全面创新改革试验，要围绕率先实现创新驱动发展转型，以推动科技创新为核心，以破除体制机制障碍为主攻方向，加快向具有全球影响力的科技创新中心进军。

三、国家发展改革委和科技部要加强统筹，指导并及时协调解决改革试验中出现的新情况、新问题，组织开展试点经验和成效的总结评估，尽快推广一批有力度、有特色、有影响的重大改革举措。相关部门要主动作为，加强与上海市的衔接和协调，使本领域的重大改革举措真正落实落地。

四、本方案实施中的重大问题，以及需要由全国人民代表大会常务委员会授权、相应调整有关行政法规和国务院文件部分规定的事项，上海市人民政府要及时向国务院请示报告，按程序报批。有关重大工程、重大项目、重点产业等部署要与相关部门沟通协调，协同推进。

国务院

2016年4月12日

上海系统推进全面创新改革试验加快建设具有全球影响力的科技创新中心方案

为深入贯彻党的十八大和十八届三中、四中、五中全会精神，全面落实《中共中央　国务院关于深化体制机制改革　加快实施创新驱动发展战略的若干意见》和《国家创新驱动发展战略纲要》的要求，支持上海系统推进全面创新改革试验，加快向具有全球影响力的科技创新中心进军，制订本方案。

一、指导思想

按照党中央、国务院决策部署，紧紧抓住全球新一轮科技革命和产业变革带来的重大机遇，当好改革开放排头兵、创新发展先行者，坚持问题导向、企业主体、以人为本、开放合作的原则，以实现创新驱动发展转型为目标，以推动科技创新为核心，以破除体制机制障碍为主攻方向，以长江经济带发展战略为纽带，在国际和国内创新资源、创新链和产业链、中国（上海）自由贸易试验区和上海张江国家自主创新示范区制度改革创新三个方面加强统筹结合，突出改革重点，采取新模式，系统推进全面创新改革试验，充分激发全社会创新活力和动力，把大众创业、万众创新不断引向深入，把“互联网 +”、“+ 互联网”植入更广领域，把科技人员与普通群众、企业与科研院所、大中小微企业、线上线下的创业创新活动有机结合起来，推动科技创新与经济社会发展深度融合，加快向具有全球影响力的科技创新中心进军，率先转变经济发展方式，推进供给侧结构性改革，发展新经济、培育新动能、改造提升传统动能，推动形成增长新亮点、发展新优势。

二、总体目标

力争通过 3 年系统推进全面创新改革试验，基本构建推进全面创新改革的长效机制，在科技金融创新、人才引进、科技成果转化、知识产权、国资国企、开放创新等方面，取得一批重大创新改革成果，形成一批可复制可推广的创新改革经验，破解科技成果产业化机制不顺畅、投融资体制不完善、收益分配和激励机制不合理、创新人才制度不健全等瓶颈问题，持续释放改革红利；推动经济增长动力加快由要素驱动向创新驱动转换，在综合性国家科学中心建设、若干国家亟需的基础科研和关键核心技术领域取得突破，科技创新投入进一步增强，研究与试验发展（R&D）经费支出占全市地区生产总值比例超过 3.7%；产业结构进一步优化，战略性新兴产业增加值占全市地区生产总值的比重提高到 18% 左右；张江国家自主创新示范区进入国际先进高科技园区行列。

通过滚动实施全面创新改革试验，2020 年前，形成具有全球影响力的科技创新中心的基本框架体系；R&D 经费支出占全市地区生产总值比例超过 3.8%；战略性新兴产业增加值占全市地区生产总值的比重提高到 20% 左右；基本形成适应创新驱动发展要求的制度环境，基本形成科技创新支撑体系，基本形成大众创业、万众创新的发展格局，基本形成科技创新中心城市的经济辐射力，带动长三角区域、长江经济带创新发展，为我国进入创新型国家行列提供有力支撑。

到 2030 年，着力形成具有全球影响力的科技创新中心的核心功能，在服务国家参与全球经济科技合作与竞争中发挥枢纽作用，为我国经济提质增效升级做出更大贡献，创新驱动发展走在全国前头、走到世界前列。

最终要全面建成具有全球影响力的科技创新中心，成为与我国经济科技实力和综合国力相匹配的全球创新城市，为实现“两个一百年”奋斗目标和中华民族伟大复兴的中国梦，提供科技创新的强劲动力，打造创新发展的重要引擎。

三、主要任务

重点建设一个大科学设施相对集中、科研环境自由开放、运行机制灵活有效的综合性国家科学中心，打造若干面向行业关键共性技术、促进成果转化的研发和转化平台，实施一批能填补国内空白、解决国家“卡脖子”瓶颈的重大战略项目和基础工程，营造激发全社会创新创业活力和动力的环境，形成大众创业、万众创新的局面。

（一）建设上海张江综合性国家科学中心

国家科学中心是国家创新体系的基础平台。建设上海张江综合性国家科学中心，有助于提升我国基础研究水平，强化源头创新能力，攻克一批关键核心技术，增强国际科技竞争话语权。

1. 打造高度集聚的重大科技基础设施群。

依托张江地区已形成的大科学设施基础，加快上海光源线站工程、蛋白质科学设施、软 X 射线自由电子激光、转化医学等大设施建设；瞄准世界科技发展趋势，根据国家战略需要和布局，积极争取超强超短激光、活细胞成像平台、海底长期观测网、国家聚变能源装置等新一批大设施落户上海，打造高度集聚的重大科技基础设施集群。

2. 建设有国际影响力的大学和科研机构。

依托复旦大学张江校区、上海交通大学张江校区，重点推动复旦大学建设微纳电子、新药创制等国际联合研究中心，重点推动上海交通大学建设前沿物理、代谢与发育科学等国际前沿科学中心。推动同济大学建设海洋科学研究中心、中美合作干细胞医学研究中心。发挥上海科技大学的体制机制优势，加快物质、生命、信息等领域特色研究机构建设，开展系统材料工程、定制量子材料、干细胞与再生医学、新药发现、抗体药物等特色创新研究，建设科研、教育、创业深度融合的高水平、国际化创新型大学。发挥中科院在沪科研机构的科研力量，推动中科院按规定建设微小卫星创新研究院、先进核能创新研究院、脑科学卓越创新中心等机构。大力吸引海内外顶尖实验室、研究所、高校、跨国公司来沪设立全球领先的科学实验室和研发中心。着力增强上海地区高校和科研机构服务和辐射全国的能力，并进一步发挥国际影响力。

3. 开展多学科交叉前沿研究。

聚焦生命、材料、环境、能源、物质等基础科学领域，由国家科学中心在国家支持和预研究基础上，发起多学科交叉前沿研究计划，开展重大基础科学研究、科学家自由探索研究、重大科技基础设施关键技术研究，推动实现多学科交叉前沿领域重大原创性突破，为科技、产业持续发展提供源头创新支撑。

4. 探索建立国家科学中心运行管理新机制。

成立国家有关部委、上海市政府，以及高校、科研院所和企业等组成的上海张江综合性国家科学中心理事会，下设管理中心，探索实施科研组织新体制，研究设立全国性科学基金会，募集社会资金用于科学研究和技术开发活动。建立和完善重大科技基础设施建设协调推进机制和运行保障机制。建立符合科学规律、自由开放的科学研究制度环境。

（二）建设关键共性技术研发和转化平台

共性技术平台是科技成果转化的重要环节。聚焦国家和上海市经济社会发展重大需求，在信息技术、生命科学、高端装备等领域先行布局一批开放式创新平台，通过政府支持、市场化运作，攻克关键共性技术，支撑战略性新兴产业实现跨越式发展。

1. 关键共性技术研发平台。

在信息技术领域，提升上海集成电路研发中心能级，打造我国技术最先进、辐射能力最强的世界级集成电路共性技术平台，为自主芯片制造提供技术支撑，为国产设备及材料提供验证环境；建设上海微技术工业研究院，形成全球化的微机电系统（MEMS）及先进传感器技术创新网络，发展特色工艺，突破传感器中枢、融合算法、微能源等共性技术，并在物联网领域探索应用模式创新；建设微电子示范学院和微纳电子混合集成技术研发中心，研究硅集成电路技术与非硅材料的融合，开发新型微纳电子材料和器件共性技术；发展数字电视国家工程研究中心，建成面向全球的数字电视标准制订和共性技术研发的未来媒体网络协同创新中心，探索向整机制造商收取合理费用、促进技术标准持续开发升级的市场化运作模式。推动大数据与社会治理深度融合，不断推进社会治理创新，提升维护公共安全、建设平安中国的能力水平。

在生命科学领域，发挥中科院上海药物研究所、中科院上海生命科学研究院、上海医药工业研究院、复旦大学、上海交通大学等单位的研发优势，建设创新药物综合研发平台，攻克治疗恶性肿瘤、心脑血管疾病、神经精神系统疾病、代谢性疾病、自身免疫性疾病等领域创新药物关键技术；促进上海转化医学研究中心、中科院上海生命科学研究院、国家肝癌科学中心、上海医药临床研究中心、上海市质子重离子医院等单位协作，建设精准医疗研发与示范应用平台。开展转化医学和精准医疗前沿基础研究，建立百万例级人群（跟踪）队列和生物信息数据库。

在高端装备领域，发挥中国航空研究院上海分院及相关工程研究中心等的技术优势，建立面向全国的燃气轮机与航空发动机研发平台，形成重型燃气轮机和民用航空发动机设计、关键系统部件研制、总装集成的能力；建设智能型新能源汽车协同创新中心，提升新能源汽车及动力系统国家工程实验室技术服务能级，打造磁浮交通、轨道交通等领域关键共性技术研发平台。突破智能汽车所需的定位导航、辅助驾驶、语音识别等共性技术，开发新能源汽车整车及动力系统集成与匹配、控制等关键技术；开展大型商用压水堆和第四代核电研发及工程设计研究，开发钍基熔盐堆材料、装备、部件等制造技术，以及仿真装置和实验装置工程设计技术。建设微小卫星创新平台。开展海上小型核能海水淡化和供电平台研究。加强机器人产品整机开发和关键零部件研制，提升机器人检测和评定服务水平，形成机器人整机和关键零部件设计、制造和检测服务能力。建设嵌入式控制系统开发服务平台，提升工业智能控制系统技术水平和开发效率。

在质量技术基础领域，加强以标准、计量、检验检测、认证为主要内容的质量技术基础平台建设，建设技术标准创新基地，推进相关国际标准组织分支机构、国家时间频率中心上海计量分支机构、质量发展相关智库等落地，全力构建具有国际水准的支撑保障体系。

2. 科技成果转化和产业化平台。

加快建设国家技术转移东部中心、上海市国际技术进出口促进中心等专业化、市场化技术转移机构，提升上海产业技术研究院、上海紫竹新兴产业技术研究院、中科院上海高等研究院、复旦大学张江研究院、上海交通大学先进产业技术研究院等的技术孵化能力，充分发挥在沪中央部委所属高校和上海市高校作用，推进高校和研究机构技术成果快速转移转化。加强军民融合创新平台建设，支持民用先进技术在国防科技工业领域的应用，推动军用技术成果向民用领域转化和产业化。

（三）实施引领产业发展的重大战略项目和基础工程

在国家战略布局、上海自身有基础有望突破且能填补国内空白的领域，基于“成熟一项、启动一项”原则，充分发挥企业主体作用，以及科研院所、高校和企业结合的作用，实施一批上海市重大战略项目和基础工程，解决国家战略性新兴产业发展中的瓶颈问题。

在信息技术领域，开发中央处理器（CPU）、控制器、图像处理器等高端芯片设计技术。加快实现12英寸芯片制造先进工艺水平产品量产，开发集成电路装备和材料，建设国内首条8英寸MEMS及先进传感器研发线。打造面向第五代移动通信技术（5G）应用的物联网试验网。布局下一代新型显示技术，研制中小尺寸显示产品并实现量产。开发云计算关键技术，开发一批有国际影响力的大数据分析软件产品。

在生物医药领域，开发满足临床治疗需求的原创新药，实现若干个1.1类新药上市。以攻克严重危害人类健康的多发病、慢性病以及疑难重病为目标，开展致病机理和预防、诊断、治疗、康复等方面技术的联合攻关，在基因诊断和治疗、肿瘤定向治疗、细胞治疗、再生医疗、个性化药物等领域开展个性化精准治疗示范。开发医学影像诊疗、介入支架等重大医疗器械产品，实现关键核心技术重大突破，推动在国内广泛应用，进一步扩大在国际市场的份额。

在高端装备领域，完成窄体客机发动机验证机研制，开展宽体客机发动机关键技术研究；突破重型燃机关键技术，建设燃气轮机试验电站。突破干支线飞机、机载设备、航空标准件、航空材料等关键制造技术，实现ARJ21支线飞机成系列化发展，开展C919大型客机试飞验证工作。开展北斗高精度芯片/主板/天线/模块/软件/解决方案的开发，打造北斗卫星同步授时产业。建设高新船舶与深海开发装备协同创新中心，提升深远海海底资源（特别是油气资源）海洋工程装备的总包建造能力、产品自主研制能力和核心配套能力。

在新能源及智能型新能源汽车领域，加快开发推广智能变电站系统等智能电网设备，研制微型和小型系列化燃气轮机发电机组、储能电池智能模块和大容量储能系统。开发动力电池、电机、电控等核心零部件，研制高性能的新能源汽车整车控制系统产品。

在智能制造领域，开发具有国际先进水平的工业机器人、服务机器人产品，逐步实现高精密减速机、高性能交流伺服电机、高速高性能控制器等核心零部件国产替代。开发三维（3D）打印相关材料和装备技术，推动其与重点制造行业对接应用。

同时，在量子通信、拟态安全、脑科学及人工智能、干细胞与再生医学、国际人类表型组、材料基因组、高端材料、深海科学等方向布局一批重大科学基础工程。

（四）推进建设张江国家自主创新示范区，加快形成大众创业、万众创新的局面

充分发挥张江国家自主创新示范区与自贸试验区的“双自”联动优势，以制度创新和开放创新推动科技创新，打造若干创新要素集聚、创新特色鲜明、创新功能突出、适宜创新创业、具有较强辐射带动力的创新集聚区。实施“互联网 +”行动计划，优化经济发展环境，营造公平参与的民营经济发展环境，推进对内对外开放合作，建设开放共享、融合创新的智慧城市，完善创新创业服务体系，打造开放便捷的众创空间，形成对全社会大众创业、万众创新的有力支撑。

实施“双创”示范基地三年行动计划，结合上海市创业创新优势，打造一批“双创”示范基地，完善创新服务，推动创新成果加快转化为现实生产力，以创新带动创业就业。鼓励发展面向大众、服务中小微企业的低成本、便利化、开放式服务平台，引导各类社会资源支持大众创业。加快发展“互联网 +”创业网络体系，促进创业与创新、创业与就业、线上与线下相结合。

上海系统推进全面创新改革试验，加快建设具有全球影响力的科技创新中心，要聚焦关键核心技术领域，提升我国自主创新特别是原始创新能力，推动经济转型升级，解决经济发展中的“卡脖子”问题；要通过体制机制改革试验，破解制约创新驱动发展的瓶颈问题，激发科技创新内生动力，释放全社会创新创业活力，营造良好的制度政策环境，实现经济增长动力由要素驱动向创新驱动的转换。

四、改革措施

聚焦政府管理体制不适应创新发展需要、市场导向的科技成果产业化机制不顺畅、企业为主体的科技创新投融资体制不完善、国有企事业单位创新成果收益分配和激励机制不合理、集聚国际国内一流创新人才的制度不健全等问题，重点在政府创新管理、科技成果转移转化、收益分配和股权激励、市场化投入、人才引进、开放合作等方面作出新的制度安排，着力在创新体制机制上迈出大步子，打破不合理的束缚，推动以科技创新为核心的全面创新。

（一）建立符合创新规律的政府管理制度

坚持市场导向，以互联网思维创新政府管理和服务模式，减少政府对企业创新活动的行政干预，改革政府创新投入管理方式，充分发挥市场配置资源的决定性作用，加强需求侧政策对创新的引导和支持，释放全社会创新活力和潜能。

1. 最大限度减少政府对企业创新创业活动的干预。

对应由市场作主的事项，政府做到少管、不管，最大限度取消企业资质类、项目类等审批审查事项，消除行政审批中部门互为前置的认可程序和条件。完善事中事后监管，以“管”促“放”，深化商事制度、“多规合一”等改革，进一步完善配套监管措施，探索建立符合创新规律的政府管理制度。根据新兴产业特点，完

善企业行业归类规则和经营范围的管理方式。对国有企事业单位技术和管理人员参与国际创新合作交流活动，取消因公出境的批次、公示、时限等限制。

调整现有行业管理制度中不适应“互联网+”等新兴产业特点的市场准入要求，改进对与互联网融合的金融、医疗保健、教育培训等企业的监管，促进产业跨界融合发展。

主动探索药品审评审批管理制度改革，试点开展创新药物临床试验审批制度改革。试点推进药品上市许可和生产许可分离的创新药物上市许可持有人制度。

2. 改革政府扶持创新活动的机制。

改革以单向支持为主的政府专项资金支持方式。建立健全符合国际规则的支持采购创新产品和服务的政策体系，完善政府采购促进中小企业创新发展的相关措施，加大对创新产品和服务的采购力度，促进创新产品研发和规模化应用。完善相关管理办法，加强对创新产品研制企业和用户方的双向支持，加大支持力度，拓展支持范围，突破创新产品示范应用瓶颈。

3. 改革科研项目经费管理机制。

简化科研项目预算编制，改进科研项目结余资金管理，进一步落实科研项目预算调整审批权下放，适应创新活动资源配置特点；实施科研项目间接费用补偿机制，完善间接费用管理，项目承担单位可以结合一线科研人员实际贡献，公开公正安排绩效支出，充分体现科研人员价值。

完善对基础前沿类科技工作持续稳定的财政支持机制，为科学家静下来潜心研究和自由探索创造条件；对市场需求明确的技术创新活动，通过风险补偿、后补助、创投引导等方式发挥财政资金的杠杆作用，促进科技成果转移转化和资本化、产业化。

4. 建立财政科技投入统筹联动机制。

建立科技创新投入决策和协调机制，加强顶层设计和部门间沟通协调。转变政府科技管理职能，逐步实现依托专业机构管理科研项目，政府相关部门的主要职责是制定科技发展战略、规划、政策，做好评估和监管。建立公开统一的科技管理平台，统筹衔接基础研究、应用开发、成果转化、产业发展等各环节工作，优化科技计划（专项、基金等）布局，梳理整合和动态调整现有各类科技计划（专项、基金等）。

5. 建立上海科技创新评价机制。

在完善现有科技指标体系基础上，参考和借鉴国际、国内主要科技创新评价指标，建立和发布上海科技创新指数，从科技创新资源、科技创新环境、科技创新投入、科技创新产出、科技创新溢出与驱动等五个方面，综合评价上海科技创新总体发展情况。

6. 完善促进创新发展的地方性法规。

统筹促进科技创新的地方立法。制修订技术转移等地方性法规。制定促进张江国家自主创新示范区发展的政府规章。在对实施效果进行评估的基础上，及时清理、更新涉及创新的法规、规章和政策文件。对新制订政策是否制约创新进行审查。

（二）构建市场导向的科技成果转移转化机制

建立科技成果转化、技术产权交易、知识产权运用和保护协同的制度，确立企业、高校、科研机构在技术市场中的主体地位，强化市场在创新要素配置中的决定性作用。

1. 下放高校和科研院所科技成果的管理、使用和处置权。

由高校和科研院所自主实施科技成果转移转化，主管部门和财政部门不再审批或备案，成果转化收益全部留归单位，不再上缴国库；探索建立符合科技成果转化规律的市场定价机制，收益分配向发明人和转移转化人员倾斜，充分调动高校、科研院所及科技人员积极性。对于高校、科研院所由财政资金支持形成的、不涉及国家安全的科技成果，明确转化责任和时限，选择转化主体，实施转化。研究完善专利强制许可制度。

2. 改革高校和科研院所管理体制。

建立现代科研院所分类管理体制，推行章

程式管理考核模式。探索理事会制度，推进取消行政级别。推进科研院所编制管理、人员聘用、职称评定等方面创新，探索建立科研事业单位领导人员管理制度。根据科研院所职能定位、特点、收支等情况，对从事基础研究、前沿技术研究和社会公益研究的科研院所，完善财政投入为主、引导社会参与的支持机制，并建立健全稳定支持和竞争性支持相协调的机制，扩大科研院所管理自主权和科研课题选择权，探索体现科研人员劳动价值的收入分配办法。探索建立上海科研院所联盟，统筹配置相关创新资源，组织科研院所开展协同创新。完善高校与企业开展技术开发、技术咨询、技术服务等横向合作项目经费管理制度，鼓励开展产学研合作。

3. 实行严格的知识产权保护制度。

强化权利人维权机制。建立知识产权侵权查处快速反应机制，完善知识产权行政管理和执法“三合一”机制。强化行政执法与司法衔接，加强知识产权综合行政执法。建立健全知识产权多元化纠纷解决机制。为企业“走出去”提供知识产权侵权预警、海外维权援助等服务。依托上海市公共信用信息服务平台，建立知识产权信用体系，强化对侵犯知识产权等失信行为的联动惩戒。

4. 建立知识产权资本化交易制度。

简化知识产权质押融资流程，拓展专利保险业务，建立知识产权评估规范。严格按照国家规定，探索开展知识产权证券化业务。

5. 探索新型产业技术研发机制。

培育新型产业技术研发组织，形成购买服务、后补助、奖励等财政投入与竞争性收入相协调的持续支持机制，采用产业技术创新联盟等市场化机制，探索建立专利导航产业创新发展工作机制，组织推进产学研一体化，在承担政府科技计划、人才引进等方面加大支持力度。

(三) 实施激发市场创新动力的收益分配制度

充分发挥利益导向作用，建立尊重知识、尊重创新、让创新主体获益的创新收益分配制度，完善创新业绩考核、长期激励和职务晋升制度，激发市场主体的创新动力。

1. 完善职务发明法定收益分配制度。

制定职务发明方面的政府规章，建立职务发明法定收益分配制度。支持国有企业按照国家有关法律法规，制定并实施科技成果收益分配具体实施办法，探索建立健全科技成果、知识产权归属和利益分享机制，鼓励国有企业与职务发明人（团队）事先协商，确定科技成果收益分配的方式、数额和比例，适度提高骨干团队和主要发明人的收益比例。

2. 完善股权激励制度。

鼓励符合条件的转制科研院所、高新技术企业和科技服务机构等按照国有科技型企业股权和分红激励相关规定，采取股权出售、股权奖励、股权期权、项目收益分红和岗位分红等多种方式开展股权和分红激励。

3. 完善创新导向的国企经营业绩考核制度。

突出创新驱动发展，完善国有企业经营业绩考核办法，建立鼓励创新、宽容失败的考核机制。在国有企业领导人员任期考核中加大科技创新指标权重。对竞争类企业，实施以创新体系建设和重点项目为主要内容的任期创新转型专项评价，评价结果与任期激励挂钩。落实创新投入视同于利润的鼓励政策，对主动承接国家和上海市重大专项、科技计划、战略性新兴产业领域产业化项目，收购创新资源和境外研发中心，服务业企业加快模式创新和业态转型所发生的相关费用，经认定可视同考核利润。

4. 创新国资创投管理机制。

允许符合条件的国有创投企业建立跟投机制，并按市场化方式确定考核目标及相应的薪酬水平。探索符合条件的国有创投企业在国有资产评估中使用估值报告，实行事后备案。

5. 实施管理、技术“双通道”的国企晋升制度。

改革国有企业技术人员主要依靠职务提升的单一晋升模式，拓宽技术条线晋升渠道，鼓励设立首席研究员、首席科学家等高级技术岗位，给予其与同级别管理岗位相一致的地位和薪酬待遇。

（四）健全企业为主体的创新投入制度

建立有利于激发市场创新投入动力的制度环境，发挥金融财税政策对科技创新投入的放大作用，形成创业投资基金和天使投资人群集聚活跃、科技金融支撑有力、企业投入动力得到充分激发的创新投融资体系。

1. 强化多层次资本市场的支持作用。

支持科技创新企业通过发行公司债券融资，支持政府性担保机构为中小科技创新企业发债提供担保或者贴息支持。在上海股权托管交易中心设立科技创新专门板块，在符合国家规定的前提下，探索相关制度创新，为挂牌企业提供股权融资、股份转让、债券融资等创新服务。

2. 鼓励创业投资基金和天使投资人群发展。

对包括创业投资基金和天使投资人在内的上海市各类创业投资主体，上海市以不同方式给予有针对性的支持和引导，有效激发各类创业投资主体对处于种子期、初创期创业企业的投入。

3. 创新和健全科技型中小企业融资服务体系。

成立不以盈利为目的的市级信用担保基金，通过融资担保、再担保和股权投资等形式，与上海市现有政府性融资担保机构、商业性融资担保机构合作，为科技型中小企业提供信用增进服务；完善相关考核机制，不进行盈利性指标考核，并设置一定代偿损失容忍度；建立与银行的风险分担机制。

完善上海市科技企业和小型微型企业信贷风险补偿办法，优化补偿比例和门槛设定机制，继续扩大商业银行试点小微企业信贷产品的品种和范围；研究单列商业银行科技支行和科技金融事业部信贷奖励政策，按单户授信一定标准以下、信贷投向对象为科技型小微企业形成的年度信贷余额增量进行专项奖励。

鼓励保险机构通过投资创业投资基金、设立股权投资基金或与国内外基金管理公司合作等方式，服务科技创新企业发展。鼓励在沪保险公司积极推出符合科技创新企业需求的保险产品，针对科技创新企业在产品研发、生产、销售各环节以及数据安全、知识产权保护等方面提供保险保障方案。

（五）建立积极灵活的创新人才发展制度

建设一支富有创新精神、勇于承担风险的创新型人才队伍，充分发挥市场在人才资源配置中的决定性作用，建立健全集聚人才、培养人才的体制机制，创造人尽其才、才尽其用的政策环境。

1. 打造具有国际竞争力的人才引进制度。

建立更加便捷、更有针对性、更具吸引力的海内外人才引进制度。开展海外人才永久居留、出入境等便利服务试点。健全国际医疗保险境内使用机制，扩大国际医疗保险定点结算医院范围。开展在沪外国留学生毕业后直接留沪就业试点。在稳定非沪籍高校毕业生直接留沪政策的基础上，进一步完善户籍和居住证积分制度，突出人才业绩、实际贡献、薪酬水平等市场评价标准，加大对企业创新创业人才的倾斜力度。

统筹协调上海市各类人才计划，加大企业高层次人才引进力度，取消海外高层次人才引进的年龄限制，允许符合条件的外籍人士担任国有企业部分高层管理职务。建立更便捷的人才引进和服务体系，将人才工作纳入领导干部考核的核心指标。

推进张江国家自主创新示范区建设国际人才试验区，建设海外人才离岸创业基地；开展将申办亚太经合组织（APEC）商务旅行卡审批权下放园区试点，支持企业主动参与全球人才竞争，集聚海内外优秀人才。

2. 打通科研人才双向流动通道。

推进社会保障制度改革，完善社会保险关系转移接续办法，促进科技人才自由流动。改进专家教授薪酬和岗位管理制度；完善科研人员兼职兼薪管理政策，鼓励科研院校人才向企业流动，科研人员可保留人事关系离岗创业，在 3 ～ 5 年的创业孵化期内返回原单位的，待遇和聘任岗位等级不降低。探索支持高校形成专职科研队伍建设机制。探索建立弹性学制，允许在校学生休学创业。具有硕士学位授予权的高校、科研机构可聘任企业的高层次人才担任研究生导师，促进产学研用各环节之间协同创新。

3. 改革高校人才培养模式。

把握“互联网 +”、“中国制造 2025”背景下全球产业变革和技术融合的大趋势，优化学科设置，在国内率先创设一批前沿交叉型新学科。聚焦微电子、生物医药、高端装备制造、新材料等重点领域，在高校建设若干个标志性学科，试点建立“学科（人才）特区”，力争 2020 年前 20 个左右一级学科点和一批学科方向达到国际一流水平，培育一批在国际上有重要影响力的杰出人才。对标国际先进水平，改革本科教学，建设一批具有国际水平的本科专业。推进部分普通本科高校向应用型高校转型，探索校企联合培养模式，提升高校人才培养对产业实际需求的支撑水平。

4. 完善高校和科研机构考核聘用机制。

改革高校和科研机构考核制度，完善人才分类评价体系。对从事基础研究和前沿技术研究的优秀科研人员，弱化中短期目标考核，建立持续稳定的财政支持机制。改革高校和科研机构岗位聘用机制，灵活引进高层次人才及其团队，对高层次人才探索建立协议工资和项目工资等符合人才特点和市场规律、有竞争优势的薪酬制度。支持部分高校推进“长聘教职制度”，实施“非升即走”或“非升即转”的用人机制。

5. 有效配置高校的创新资源。

落实高校办学自主权，逐步将市属高校经常性经费比例提高到 70%，实现市属和部属高校的统一。分步推广市属和部属高校综合预算管理制度试点，由高校自主统筹经费使用和分配，让创新主体自主决定科研经费使用、成果转移转化等，更大程度调动科技人员积极性。着力打破创新资源配置的条块分割，赋予高校和科研院所更大自主权，鼓励市属和部属高校协同创新，支持上海市统筹用好各类创新资源。

（六）推动形成跨境融合的开放合作新局面

坚持扩大对内对外开放与全面增强自主创新能力相结合，发挥自贸试验区制度创新优势，营造更加适于创新要素跨境流动的便利环境，集聚全球创新资源，全面提高上海科技创新的国际合作水平。

1. 加大对境外创新投资并购的支持力度。

探索开展设立境外股权投资企业试点工作，支持上海市企业直接到境外设立基金开展创新投资。鼓励上海市创业投资、股权投资机构加大境外投资并购，支持其与境外知名科技投资机构合作组建国际科技创新基金、并购基金。

探索拓宽上海市产业化专项资金使用范围，允许资金用于支持企业以获取新兴技术、知识产权、研发机构、高端人才和团队为目标的境外投资并购活动，增强创新发展能力。

2. 大力吸引境内外创投机构落户上海。

进一步扩大上海市外商投资的股权投资企业试点工作范围，吸引具有丰富科技企业投资经验的创业投资基金、股权投资基金参与试点。

积极吸引具有国内外综合优势的基金，在自贸试验区开展境内外双向直接投资。积极创造条件，吸引国有金融机构发起设立的国家海外创新投资基金落户上海。

3. 积极发挥外资研发机构溢出效应。

大力吸引外资研发中心集聚，鼓励其转型升级成为全球性研发中心和开放式创新平台。鼓励外资研发中心与上海市高校、科研院所、企业，共建实验室和人才培养基地，联合开展产业链核心技术攻关。在确保对等开放、保障安全、利益共享的前提下，支持外资研发中心参与承担政府科技计划，强化相关成果在本地转化的机制。简化研发用途设备和样本样品进出口、研发及管理人员出入境等手续，优化非贸付汇的办理流程。

4. 加强国内外创新交流服务平台建设。

鼓励国内知名高校、科研机构、企业与上

海市相关单位开展科技创新合作，支持本土跨国企业在沪设立和培育全球研发中心和实验室，加强联合攻关，进一步发挥上海市对长江经济带的辐射带动作用。

探索允许国外企业、机构、合伙人或个人参照《民办非企业单位登记管理暂行条例》在自贸试验区内设立提供科技成果转化、科技成果输入或输出以及其他相关科技服务的非企业机构。

鼓励上海市高科技园区创新国际科技合作模式，与重点国家和地区共建合作园、互设分基地、联合成立创业投资基金等，利用两地优势资源孵化创新企业。用好中国（上海）国际技术进出口交易会等国家级科技创新交流平台，吸引全球企业在上海发布最新创新成果。建设国际技术贸易合作平台，发挥上海国际技术进出口促进中心、国家技术转移东部中心、南南全球技术产权交易所等的作用，健全面向国际的科技服务体系，形成国际化的科技创新成果发现、项目储备对接和跟踪服务机制。

（七）授权推进的先行先试改革举措

全面贯彻落实国家关于深化体制机制改革、加快实施创新驱动发展战略的有关要求，加快实施普惠性财税、创新产品采购、成果转化激励等政策，加强知识产权运用和保护，改革行业准入和市场监管、科研院所和高校科研管理等制度，完善产业技术创新、人才发展等机制，推进开放合作创新。在此基础上，结合上海市特点，在研究探索鼓励创新创业的普惠税制、开展投贷联动等金融服务模式创新、改革药品注册和生产管理制度、建立符合科学规律的国家科学中心运行管理制度等 10 个方面进行重点突破和先行先试。

1. 研究探索鼓励创新创业的普惠税制。

按照国家税制改革的总体方向与要求，对包括天使投资在内的投向种子期、初创期等创新活动的投资，研究探索相关税收支持政策。（财政部、税务总局）

落实新修订的研发费用加计扣除政策，研究探索鼓励促进研究开发和科研成果转化的便利化措施。（财政部、科技部、税务总局）

2. 探索开展投贷联动等金融服务模式创新。

争取新设以服务科技创新为主的民营银行，建立灵活的运作、考核和分配机制，探索与科技创新企业发展需要相适应的银行信贷产品，开展针对科技型中小企业的金融服务创新。选择符合条件的银行业金融机构，探索试点为企业创新活动提供股权和债权相结合的融资服务方式，与创业投资、股权投资机构实现投贷联动。（银监会、人民银行）

探索设立服务于现代科技类企业的专业证券类机构，为科技企业提供债权融资、股权投资、夹层投资、并购融资等融资服务，在上市培育、并购交易等方面提供专业化服务。（证监会）

支持符合条件的银行业金融机构在沪成立科技企业金融服务事业部，在企业贷款准入标准、信贷审批审查机制、考核激励机制方面建立特别的制度。（银监会、人民银行）

3. 改革股权托管交易中心市场制度。

支持上海股权托管交易中心设立科技创新专门板块。支持上海地区为开展股权众筹融资试点创造条件。（证监会）

4. 落实和探索高新技术企业认定政策。

落实新修订的高新技术企业认定管理办法，积极探索促进高新技术产业发展的便利化措施。（科技部、财政部、税务总局）

5. 完善股权激励机制。

实施股权奖励递延纳税试点政策，对高新技术企业和科技型中小企业转化科技成果给予个人的股权奖励，递延至取得股权分红或转让股权时纳税，并加强和改进相关配套管理措施。（财政部、税务总局、科技部）

6. 探索发展新型产业技术研发组织。

从事科技研发的民办非企业单位，登记开办时允许其国有资产份额突破合法总财产的三分之一，发展国有资本和民间资本共同参与的非营利性新型产业技术研发组织。（民政部、科

技部）

7. 开展海外人才永久居留便利服务等试点。

在上海开展海外人才永久居留、出入境便利服务以及在沪外国留学生毕业后直接留沪就业等政策试点。推进张江国家自主创新示范区建设国际人才试验区，建设海外人才离岸创业基地。（公安部、人力资源社会保障部、国家外专局等）

8. 简化外商投资管理。

支持外资创业投资、股权投资机构创新发展，积极探索外资创业投资、股权投资机构投资项目管理新模式。（国家发展改革委、商务部）

9. 改革药品注册和生产管理制度。

探索开展药品审评审批制度改革。试点实施上市许可和生产许可分离的药品上市许可持有人制度，允许上市许可持有人委托生产企业生产药品。（食品药品监管总局）

10. 建立符合科学规律的国家科学中心运行管理制度。

完善重大科技基础设施运行保障机制。支持国家科学中心发起组织多学科交叉前沿研究计划。探索设立全国性科学基金会，探索实施科研组织新体制，参与承担国家科技计划管理改革任务。建立生命科学研究涉及的动物实验设施建设、临床研究等事项的行政审批绿色通道。（国家发展改革委、科技部、财政部、税务总局、教育部、中科院、民政部、自然科学基金会等）

要强化责任意识，明确年度工作重点，聚焦目标，力争通过2 ～ 3年的努力，在上述10个方面先行先试重点突破，形成一批向全国复制推广的改革经验。同时，上海市要进一步加强政策研究，加快制订新一批改革举措，根据“成熟一项，实施一项”的原则，分批争取国家授权实施。要切实加强组织实施，建立部门协同推进工作机制，落实工作责任，按照方案明确的目标和任务，推动各项改革举措和政策措施加快实施。

国务院办公厅关于印发促进科技成果转移转化行动方案的通知

国办发〔2016〕28号 2016年4月21日

各省、自治区、直辖市人民政府，国务院各部委、各直属机构：

《促进科技成果转移转化行动方案》已经国务院同意，现印发给你们，请认真贯彻落实。

国务院办公厅
2016年4月21日

促进科技成果转移转化行动方案

促进科技成果转移转化是实施创新驱动发展战略的重要任务，是加强科技与经济紧密结合的关键环节，对于推进结构性改革尤其是供给侧结构性改革、支撑经济转型升级和产业结构调整，促进大众创业、万众创新，打造经济发展新引擎具有重要意义。为深入贯彻党中央、国务院一系列重大决策部署，落实《中华人民共和国促进科技成果转化法》，加快推动科技成果转化为现实生产力，依靠科技创新支撑稳增长、促改革、调结构、惠民生，特制定本方案。

一、总体思路

深入贯彻落实党的十八大、十八届三中、四中、五中全会精神和国务院部署，紧扣创新发展要求，推动大众创新创业，充分发挥市场配置资源的决定性作用，更好发挥政府作用，完善科技成果转移转化政策环境，强化重点领域和关键环节的系统部署，强化技术、资本、人才、服务等创新资源的深度融合与优化配置，强化中央和地方协同推动科技成果转移转化，建立符合科技创新规律和市场经济规律的科技成果转移转化体系，促进科技成果资本化、产业化，形成经济持续稳定增长新动力，为到2020年进入创新型国家行列、实现全面建成小康社会奋斗目标做出贡献。

（一）基本原则

1. 市场导向。发挥市场在配置科技创新资源中的决定性作用，强化企业转移转化科技成果的主体地位，发挥企业家整合技术、资金、人才的关键作用，推进产学研协同创新，大力发展技术市场。完善科技成果转移转化的需求导向机制，拓展新技术、新产品的市场应用空间。

2. 政府引导。加快政府职能转变，推进简政放权、放管结合、优化服务，强化政府在科技成果转移转化政策制定、平台建设、人才培养、公共服务等方面职能，发挥财政资金引导作用，营造有利于科技成果转移转化的良好环境。

3. 纵横联动。加强中央与地方的上下联动，发挥地方在推动科技成果转移转化中的重要作用，探索符合地方实际的成果转化有效路径。

加强部门之间统筹协同、军民之间融合联动，在资源配置、任务部署等方面形成共同促进科技成果转化的合力。

4. 机制创新。充分运用众创、众包、众扶、众筹等基于互联网的创新创业新理念，建立创新要素充分融合的新机制，充分发挥资本、人才、服务在科技成果转移转化中的催化作用，探索科技成果转移转化新模式。

（二）主要目标

“十三五”期间，推动一批短中期见效、有力带动产业结构优化升级的重大科技成果转化应用，企业、高校和科研院所科技成果转移转化能力显著提高，市场化的技术交易服务体系进一步健全，科技型创新创业蓬勃发展，专业化技术转移人才队伍发展壮大，多元化的科技成果转移转化投入渠道日益完善，科技成果转移转化的制度环境更加优化，功能完善、运行高效、市场化的科技成果转移转化体系全面建成。

主要指标：建设100个示范性国家技术转移机构，支持有条件的地方建设10个科技成果转移转化示范区，在重点行业领域布局建设一批支撑实体经济发展的众创空间，建成若干技术转移人才培养基地，培养1万名专业化技术转移人才，全国技术合同交易额力争达到2万亿元。

二、重点任务

围绕科技成果转移转化的关键问题和薄弱环节，加强系统部署，抓好措施落实，形成以企业技术创新需求为导向、以市场化交易平台为载体、以专业化服务机构为支撑的科技成果转移转化新格局。

（一）开展科技成果信息汇交与发布

1. 发布转化先进适用的科技成果包。围绕新一代信息网络、智能绿色制造、现代农业、现代能源、资源高效利用和生态环保、海洋和空间、智慧城市和数字社会、人口健康等重点领域，以需求为导向发布一批符合产业转型升级方向、投资规模与产业带动作用大的科技成果包。发挥财政资金引导作用和科技中介机构的成果筛选、市场化评估、融资服务、成果推介等作用，鼓励企业探索新的商业模式和科技成果产业化路径，加速重大科技成果转化应用。引导支持农业、医疗卫生、生态建设等社会公益领域科技成果转化应用。

2. 建立国家科技成果信息系统。制定科技成果信息采集、加工与服务规范，推动中央和地方各类科技计划、科技奖励成果存量与增量数据资源互联互通，构建由财政资金支持产生的科技成果转化项目库与数据服务平台。完善科技成果信息共享机制，在不泄露国家秘密和商业秘密的前提下，向社会公布科技成果和相关知识产权信息，提供科技成果信息查询、筛选等公益服务。

3. 加强科技成果信息汇交。建立健全各地方、各部门科技成果信息汇交工作机制，推广科技成果在线登记汇交系统，畅通科技成果信息收集渠道。加强科技成果管理与科技计划项目管理的有机衔接，明确由财政资金设立的应用类科技项目承担单位的科技成果转化义务，开展应用类科技项目成果以及基础研究中具有应用前景的科研项目成果信息汇交。鼓励非财政资金资助的科技成果进行信息汇交。

4. 加强科技成果数据资源开发利用。围绕传统产业转型升级、新兴产业培育发展需求，鼓励各类机构运用云计算、大数据等新一代信息技术，积极开展科技成果信息增值服务，提供符合用户需求的精准科技成果信息。开展科技成果转化为技术标准试点，推动更多应用类科技成果转化为技术标准。加强科技成果、科技报告、科技文献、知识产权、标准等的信息化关联，各地方、各部门在规划制定、计划管理、战略研究等方面要充分利用科技成果资源。

5. 推动军民科技成果融合转化应用。建设国防科技工业成果信息与推广转化平台，研究设立国防科技工业军民融合产业投资基金，支持军民融合科技成果推广应用。梳理具有市场应用前景的项目，发布军用技术转民用推广目录、“民参军”技术与产品推荐目录、国防科技工业知识产权转化目录。实施军工技术推广专项，推动国防科技成果向民用领域转化应用。

（二）产学研协同开展科技成果转移转化

6. 支持高校和科研院所开展科技成果转移转化。组织高校和科研院所梳理科技成果资源，发布科技成果目录，建立面向企业的技术服务站点网络，推动科技成果与产业、企业需求有效对接，通过研发合作、技术转让、技术许可、作价投资等多种形式，实现科技成果市场价值。依托中国科学院的科研院所体系实施科技服务网络计划，围绕产业和地方需求开展技术攻关、技术转移与示范、知识产权运营等。鼓励医疗机构、医学研究单位等构建协同研究网络，加强临床指南和规范制定工作，加快新技术、新产品应用推广。引导有条件的高校和科研院所建立健全专业化科技成果转移转化机构，明确统筹科技成果转移转化与知识产权管理的职责，加强市场化运营能力。在部分高校和科研院所试点探索科技成果转移转化的有效机制与模式，建立职务科技成果披露与管理制度，实行技术经理人市场化聘用制，建设一批运营机制灵活、专业人才集聚、服务能力突出、具有国际影响力的国家技术转移机构。

7. 推动企业加强科技成果转化应用。以创新型企业、高新技术企业、科技型中小企业为重点，支持企业与高校、科研院所联合设立研发机构或技术转移机构，共同开展研究开发、成果应用与推广、标准研究与制定等。围绕“互联网 +”战略开展企业技术难题竞标等“研发众包”模式探索，引导科技人员、高校、科研院所承接企业的项目委托和难题招标，聚众智推进开放式创新。市场导向明确的科技计划项目由企业牵头组织实施。完善技术成果向企业转移扩散的机制，支持企业引进国内外先进适用技术，开展技术革新与改造升级。

8. 构建多种形式的产业技术创新联盟。围绕“中国制造 2025”、“互联网 +”等国家重点产业发展战略以及区域发展战略部署，发挥行业骨干企业、转制科研院所主导作用，联合上下游企业和高校、科研院所等构建一批产业技术创新联盟，围绕产业链构建创新链，推动跨领域跨行业协同创新，加强行业共性关键技术研发和推广应用，为联盟成员企业提供订单式研发服务。支持联盟承担重大科技成果转化项目，探索联合攻关、利益共享、知识产权运营的有效机制与模式。

9. 发挥科技社团促进科技成果转移转化的纽带作用。以创新驱动助力工程为抓手，提升学会服务科技成果转移转化能力和水平，利用学会服务站、技术研发基地等柔性创新载体，组织动员学会智力资源服务企业转型升级，建立学会联系企业的长效机制，开展科技信息服务，实现科技成果转移转化供给端与需求端的精准对接。

（三）建设科技成果中试与产业化载体

10. 建设科技成果产业化基地。瞄准节能环保、新一代信息技术、生物技术、高端装备制造、新能源、新材料、新能源汽车等战略性新兴产业领域，依托国家自主创新示范区、国家高新区、国家农业科技园区、国家可持续发展实验区、国家大学科技园、战略性新兴产业集聚区等创新资源集聚区域以及高校、科研院所、行业骨干企业等，建设一批科技成果产业化基地，引导科技成果对接特色产业需求转移转化，培育新的经济增长点。

11. 强化科技成果中试熟化。鼓励企业牵头、政府引导、产学研协同，面向产业发展需求开展中试熟化与产业化开发，提供全程技术研发解决方案，加快科技成果转移转化。支持地方围绕区域特色产业发展、中小企业技术创新需求，建设通用性或行业性技术创新服务平台，提供从实验研究、中试熟化到生产过程所需的仪器设备、中试生产线等资源，开展研发设计、检验检测认证、科技咨询、技术标准、知识产权、投融资等服务。推动各类技术开发类科研基地合理布局和功能整合，促进科研基地科技成果转移转化，推动更多企业和产业发展亟需的共性技术成果扩散与转化应用。

（四）强化科技成果转移转化市场化服务

12. 构建国家技术交易网络平台。以“互联网 +”科技成果转移转化为核心，以需求为导向，连接技术转移服务机构、投融资机构、高校、科研院所和企业等，集聚成果、资金、人才、服务、政策等各类创新要素，打造线上与线下相结合的国家技术交易网络平台。平台依托专业机构开展市场化运作，坚持开放共享的运营理念，支持各类服务机构提供信息发布、融资并购、公开挂牌、竞价拍卖、咨询辅导等专业化服务，形成主体活跃、要素齐备、机制灵活的创新服务网络。引导高校、科研院所、国有企业的科技成果挂牌交易与公示。

13. 健全区域性技术转移服务机构。支持地方和有关机构建立完善区域性、行业性技术市场，形成不同层级、不同领域技术交易有机衔接的新格局。在现有的技术转移区域中心、国际技术转移中心基础上，落实“一带一路”、京津冀协同发展、长江经济带等重大战略，进一步加强重点区域间资源共享与优势互补，提升跨区域技术转移与辐射功能，打造连接国内外技术、资本、人才等创新资源的技术转移网络。

14. 完善技术转移机构服务功能。完善技术产权交易、知识产权交易等各类平台功能，促进科技成果与资本的有效对接。支持有条件的技术转移机构与天使投资、创业投资等合作建立投资基金，加大对科技成果转化项目的投资力度。鼓励国内机构与国际知名技术转移机构开展深层次合作，围绕重点产业技术需求引进国外先进适用的科技成果。鼓励技术转移机构探索适应不同用户需求的科技成果评价方法，提升科技成果转移转化成功率。推动行业组织制定技术转移服务标准和规范，建立技术转移服务评价与信用机制，加强行业自律管理。

15. 加强重点领域知识产权服务。实施“互联网 +”融合重点领域专利导航项目，引导“互联网 +”协同制造、现代农业、智慧能源、绿色生态、人工智能等融合领域的知识产权战略布局，提升产业创新发展能力。开展重大科技经济活动知识产权分析评议，为战略规划、政策制定、项目确立等提供依据。针对重点产业完善国际化知识产权信息平台，发布“走向海外”知识产权实务操作指引，为企业“走出去”提供专业化知识产权服务。

（五）大力推动科技型创新创业

16. 促进众创空间服务和支撑实体经济发展。重点在创新资源集聚区域，依托行业龙头企业、高校、科研院所，在电子信息、生物技术、高端装备制造等重点领域建设一批以成果转移转化为主要内容、专业服务水平高、创新资源配置优、产业辐射带动作用强的众创空间，有效支撑实体经济发展。构建一批支持农村科技创新创业的“星创天地”。支持企业、高校和科研院所发挥科研设施、专业团队、技术积累等专业领域创新优势，为创业者提供技术研发服务。吸引更多科技人员、海外归国人员等高端创业人才入驻众创空间，重点支持以核心技术为源头的创新创业。

17. 推动创新资源向创新创业者开放。引导高校、科研院所、大型企业、技术转移机构、创业投资机构以及国家级科研平台（基地）等，将科研基础设施、大型科研仪器、科技数据文献、科技成果、创投资金等向创新创业者开放。依托 3D 打印、大数据、网络制造、开源软硬件等先进技术和手段，支持各类机构为创新创业者提供便捷的创新创业工具。支持高校、企业、孵化机构、投资机构等开设创新创业培训课程，鼓励经验丰富的企业家、天使投资人和专家学者等担任创业导师。

18. 举办各类创新创业大赛。组织开展中国创新创业大赛、中国创新挑战赛、中国“互联网 +”大学生创新创业大赛、中国农业科技创新创业大赛、中国科技创新创业人才投融资集训营等活动，支持地方和社会各界举办各类创新创业大赛，集聚整合创业投资等各类资源支持创新创业。

（六）建设科技成果转移转化人才队伍

19. 开展技术转移人才培养。充分发挥各类创新人才培养示范基地作用，依托有条件的地方和机构建设一批技术转移人才培养基地。推动有条件的高校设立科技成果转化相关课程，打造一支高水平的师资队伍。加快培养科技成果转移转化领军人才，纳入各类创新创业人才引进培养计划。推动建设专业化技术经纪人队伍，畅通职业发展通道。鼓励和规范高校、科研院所、企业中符合条件的科技人员从事技术转移工作。与国际技术转移组织联合培养国际化技术转移人才。

20. 组织科技人员开展科技成果转移转化。紧密对接地方产业技术创新、农业农村发展、社会公益等领域需求，继续实施万名专家服务基层行动计划、科技特派员、科技创业者行动、企业院士行、先进适用技术项目推广等，动员高校、科研院所、企业的科技人员及高层次专家，深入企业、园区、农村等基层一线开展技术咨询、技术服务、科技攻关、成果推广等科技成果转移转化活动，打造一支面向基层的科技成果转移转化人才队伍。

21. 强化科技成果转移转化人才服务。构建“互联网+”创新创业人才服务平台，提供科技咨询、人才计划、科技人才活动、教育培训等公共服务，实现人才与人才、人才与企业、人才与资本之间的互动和跨界协作。围绕支撑地方特色产业培育发展，建立一批科技领军人才创新驱动中心，支持有条件的企业建设院士（专家）工作站，为高层次人才与企业、地方对接搭建平台。建设海外科技人才离岸创新创业基地，为引进海外创新创业资源搭建平台和桥梁。

（七）大力推动地方科技成果转移转化

22. 加强地方科技成果转化工作。健全省、市、县三级科技成果转化工作网络，强化科技管理部门开展科技成果转移转化的工作职能，加强相关部门之间的协同配合，探索适应地方成果转化要求的考核评价机制。加强基层科技管理机构与队伍建设，完善承接科技成果转移转化的平台与机制，宣传科技成果转化政策，帮助中小企业寻找应用科技成果，搭建产学研合作信息服务平台。指导地方探索“创新券”等政府购买服务模式，降低中小企业技术创新成本。

23. 开展区域性科技成果转移转化试点示范。以创新资源集聚、工作基础好的省(区、市)为主导，跨区域整合成果、人才、资本、平台、服务等创新资源，建设国家科技成果转移转化试验示范区，在科技成果转移转化服务、金融、人才、政策等方面，探索形成一批可复制、可推广的工作经验与模式。围绕区域特色产业发展技术瓶颈，推动一批符合产业转型发展需求的重大科技成果在示范区转化与推广应用。

（八）强化科技成果转移转化的多元化资金投入

24. 发挥中央财政对科技成果转移转化的引导作用。发挥国家科技成果转化引导基金等的杠杆作用，采取设立子基金、贷款风险补偿等方式，吸引社会资本投入，支持关系国计民生和产业发展的科技成果转化。通过优化整合后的技术创新引导专项（基金）、基地和人才专项，加大对符合条件的技术转移机构、基地和人才的支持力度。国家科技重大专项、重点研发计划支持战略性重大科技成果产业化前期攻关和示范应用。

25. 加大地方财政支持科技成果转化力度。引导和鼓励地方设立创业投资引导、科技成果转化、知识产权运营等专项资金（基金），引导信贷资金、创业投资资金以及各类社会资金加大投入，支持区域重点产业科技成果转移转化。

26. 拓宽科技成果转化资金市场化供给渠道。大力发展创业投资，培育发展天使投资人和创投机构，支持初创期科技企业和科技成果转化项目。利用众筹等互联网金融平台，为小微企业转移转化科技成果拓展融资渠道。支持符合条件的创新创业企业通过发行债券、资产证券化等方式进行融资。支持银行探索股权投资与信贷投放相结合的模式，为科技成果转移转化提供组合金融服务。

三、组织与实施

（一）加强组织领导

各有关部门要根据职能定位和任务分工，加强政策、资源统筹，建立协同推进机制，形成科技部门、行业部门、社会团体等密切配合、协同推进的工作格局。强化中央和地方协同，加强重点任务的统筹部署及创新资源的统筹配置，形成共同推进科技成果转移转化的合力。各地方要将科技成果转移转化工作纳入重要议事日程，强化科技成果转移转化工作职能，结合实际制定具体实施方案，明确工作推进路线图和时间表，逐级细化分解任务，切实加大资金投入、政策支持和条件保障力度。

（二）加强政策保障

落实《中华人民共和国促进科技成果转化法》及相关政策措施，完善有利于科技成果转移转化的政策环境。建立科研机构、高校科技成果转移转化绩效评估体系，将科技成果转移转化情况作为对单位予以支持的参考依据。推动科研机构、高校建立符合自身人事管理需要和科技成果转化工作特点的职称评定、岗位管理和考核评价制度。完善有利于科技成果转移转化的事业单位国有资产管理相关政策。研究探索科研机构、高校领导干部正职任前在科技成果转化中获得股权的代持制度。各地方要围绕落实《中华人民共和国促进科技成果转化法》，完善促进科技成果转移转化的政策法规。建立实施情况监测与评估机制，为调整完善相关政策举措提供支撑。

（三）加强示范引导

加强对试点示范工作的指导推动，交流各地方各部门的好经验、好做法，对可复制、可推广的经验和模式及时总结推广，发挥促进科技成果转移转化行动的带动作用，引导全社会关心和支持科技成果转移转化，营造有利于科技成果转移转化的良好社会氛围。

国务院关于促进外贸回稳向好的若干意见

国发〔2016〕27号　2016年5月5日

各省、自治区、直辖市人民政府，国务院各部委、各直属机构：

外贸是国民经济重要组成部分和重要推动力量。当前，外贸形势复杂严峻，不确定不稳定因素增多，下行压力不断加大。促进外贸回稳向好，对经济平稳运行和升级发展具有重要意义。为此，提出以下意见：

一、充分发挥出口信用保险作用

进一步降低短期出口信用保险费率。对大型成套设备出口融资应保尽保，在风险可控的前提下，抓紧评估和支持一批中长期险项目。

二、大力支持外贸企业融资

通过差别准备金、利率、再贷款、再贴现等政策，引导金融机构加大对小微企业的支持力度。鼓励和支持金融机构对有订单、有效益的外贸企业贷款。加强银贸合作，鼓励和支持金融机构进一步扩大出口信用保险保单融资和出口退税账户质押融资规模。

三、进一步提高贸易便利化水平

积极改善通关便利化的技术条件，提高机检比例，进一步降低海关出口平均查验率，加强分类指导，对信用好的出口企业降低查验率，对信用差的出口企业加大查验力度。2016年年底前将国际贸易“单一窗口”建设从沿海地区推广到有条件的中西部地区，建立标准体系，落实主体责任。全面推进通关作业无纸化。

四、调整完善出口退税政策

优化出口退税率结构，对照相机、摄影机、内燃发动机等部分机电产品按征多少退多少的原则退税，确保及时足额退税，严厉打击骗取退税。完善出口退税分类管理办法，逐步提高出口退税一类企业比例，发挥好一类企业的示范带动作用。

五、减免规范部分涉企收费

落实收费目录清单制度和《港口收费计费办法》，加快推进市场化改革，着重打破垄断，加强和创新收费监管，建立打击违规收费机制。加大对电子政务平台收费查处力度，对海关、出入境检验检疫、税务、商务等部门电子政务平台开展全面检查。合理规范港口、保险、运输、银行等收费，支持实体经济发展。加快将货物港务费并入港口建设费。电器电子产品出口符合政策条件的，可按规定免征废弃电器电子产品处理基金。

六、进一步完善加工贸易政策

综合运用财政、土地、金融政策，支持加工贸易向中西部地区转移。中西部地区要加大加工贸易产业用地保障力度，优先纳入供地计划并优先供应，东部地区加工贸易梯度转移腾退用地经批准可转变为商业、旅游、养老等用途。加工贸易企业依法取得的工业用地可按合同约定分期缴纳土地出让价款，对各省（区、市）确定的优先发展产业且用地集约的工业项目可按不低于相关标准的70%确定土地出让底价。鼓励转移到中西部地区的加工贸易企业参与电力直接交易。抓紧做好阶段性降低社会保险费率政策落实工作。优化财政支出结构，支持中西部地区加工贸易发展。鼓励金融机构为加工贸易梯度转移项目提供金融支持。

在全国范围内取消加工贸易业务审批，建立健全事中事后监管机制。在符合条件的海关特殊监管区域积极探索货物状态分类监管试点，在税负公平、风险可控的前提下，赋予具备条件的企业增值税一般纳税人资格。在自贸试验区的海关特殊监管区域积极推进选择性征收关税政策先行先试，及时总结评估，在公平税负原则下适时研究扩大试点。

七、支持边境贸易发展

将边贸政策与扶贫政策、民族政策相结合。加大中央财政对边境地区转移支付力度，继续支持边境小额贸易企业发展能力建设，并督促地方规范资金使用，确保将资金落实到基层一线地区，大力促进边境小额贸易企业发展。

八、实行积极的进口政策

完善进口贴息政策，调整《鼓励进口技术和产品目录》，重点支持先进设备、先进技术进口，鼓励企业引进消化吸收再创新。完善现行汽车品牌销售管理办法，切实推进汽车平行进口。赋予符合条件的原油加工企业原油使用和进口资质。降低部分日用消费品关税，引导境外消费回流。

九、加大对外贸新业态的支持力度

开展并扩大跨境电子商务、市场采购贸易方式和外贸综合服务企业试点。支持企业建设一批出口产品“海外仓”和海外运营中心。总结中国（杭州）跨境电子商务综合试验区和市场采购贸易方式的经验，扩大试点范围，对试点地区符合监管条件的出口企业，如不能提供进项税发票，按规定实行增值税免征不退政策，并在发展中逐步规范和完善。加快建立与外贸综合服务企业发展相适应的管理模式，抓紧完善外贸综合服务企业退（免）税分类管理办法。

十、加快国际营销服务体系建设

支持企业建立国际营销网络体系，建设一批境外展示中心、分拨中心、批发市场和零售网点等。鼓励企业建立境外服务保障体系，支持重点企业建设汽车、机床、工程机械、通信、轨道交通、航空、船舶和海洋工程等境外售后维修服务中心及备件生产基地和培训中心。鼓励中国出口信用保险公司、进出口银行、开发银行对企业建设国际营销和售后服务网络提供信保和融资支持。鼓励各类金融机构与企业合作，在重点市场为国际营销服务体系建设提供融资和消费信贷支持。

十一、加快培育外贸自主品牌

鼓励外贸企业创立自主品牌，提升出口质量。建立品牌商品出口统计制度。提高非商业性境外办展质量，培育一批重点行业专业性境外品牌展。加强自主品牌对外宣传，利用高层访问、国际会议、广交会等多渠道加大中国品牌推介力度。利用外经贸发展等专项资金支持品牌、专利等方面境外并购和国际营销体系建设。在风险可控前提下对外贸企业收购境外品牌、营销体系等加大信贷支持。

十二、发挥双向投资对贸易的促进作用

提高国家级经济技术开发区和各类园区的发展水平，加大招商引资力度，稳定外商投资规模和速度，提高引进外资质量。积极引导外资投向新兴产业、高新技术、节能环保等领域。进一步改善投资环境，大力引进国际人才，推动中关村国家自主创新示范区有关人才政策尽快在全国复制推广。促进引资和引智相结合，培育新的外贸经营主体。推动对外投资合作和贸易相结合。大力推进“一带一路”建设和国际产能合作，带动我国产品、技术、标准、服务出口。加大磋商协调力度，推动解决企业“走出去”面临的签证申办难点和普遍性问题。

十三、加强外贸知识产权保护

持续开展外贸领域打击侵权假冒专项行动，依法打击有关违法行为。支持企业开展商标、专利注册保护，加强境外知识产权争端解决和维权援助机制建设。健全多双边知识产权交流和执法协作机制，切实支持进出口企业应对境外知识产权纠纷，有效遏止境外恶意注册、恶意诉讼等行为。加强指导和帮助，提高外贸企业防范和应对国际技术性贸易壁垒的能力和水平。加强外贸领域诚信体系建设，探索建立外贸企业信用评价体系。

十四、加强组织实施

各地区、各部门要进一步提高认识，更加重视外贸工作，加强协调，形成合力。要加大政策落实力度，早部署、早落实，加强督促检查。各地区要提高政策的精准度，借鉴有益经验做法，根据形势需要和本地区实际，出台有针对性的配套措施。各部门要明确责任分工，抓紧制定实施细则。要多措并举，促进外贸创新发展，千方百计稳增长，坚定不移调结构，努力实现外贸回稳向好。

国务院办公厅关于建设大众创业万众创新示范基地的实施意见

国办发〔2016〕35号 2016年5月8日

各省、自治区、直辖市人民政府，国务院各部委、各直属机构：

根据2016年《政府工作报告》部署和《国务院关于大力推进大众创业万众创新若干政策措施的意见》（国发〔2015〕32号）等文件精神，为在更大范围、更高层次、更深程度上推进大众创业万众创新，加快发展新经济、培育发展新动能、打造发展新引擎，建设一批双创示范基地、扶持一批双创支撑平台、突破一批阻碍双创发展的政策障碍、形成一批可复制可推广的双创模式和典型经验，重点围绕创业创新重点改革领域开展试点示范，经国务院同意，现提出以下实施意见。

一、总体思路

（一）指导思想

牢固树立并贯彻落实创新、协调、绿色、开放、共享的新发展理念，加快实施创新驱动发展战略，全面落实推动双创的各项政策措施。加强顶层设计和统筹谋划，通过试点示范完善双创政策环境，推动双创政策落地，扶持双创支撑平台，构建双创发展生态，调动双创主体积极性，发挥双创和“互联网+”集众智汇众力的乘数效应，发展新技术、新产品、新业态、新模式，总结双创成功经验并向全国推广，进一步促进社会就业，推动形成双创蓬勃发展的新局面，实现发展动力转换、结构优化，促进经济提质增效升级。

（二）基本原则

1. 坚持政府引导，加强政策协同。通过试点示范加强各类政策统筹，实现地方与部门政策联动，确保已出台扶持政策具体化、可操作、能落地，切实解决政策落实“最后一公里”问题。结合现有工作基础，更加注重政策前瞻性、引领性，不断完善体制机制，营造有利于双创的政策环境。

2. 坚持市场主导，搞活双创主体。充分发挥市场配置资源的决定性作用，结合科技、教育和国有企业等改革，放开市场、放活主体，通过环境营造、制度设计、平台搭建等方式，聚焦新兴产业和创新型初创企业，扩大社会就业，培育全社会双创的内生动力。

3. 坚持问题导向，鼓励先行先试。系统梳理不同领域推动双创的特点和难点，从解决制约双创发展的核心问题入手，明确试点方向，充分调动地方、部门和企业的积极性，大胆探索，勇于尝试，突破制度障碍，切实解决创业者面临的资金、信息、政策、技术、服务等瓶颈问题。

4. 坚持创新模式，完善双创平台。以构建双创良好生态为目标，系统谋划、统筹考虑，结合各类双创支撑平台的特点，支持建立多种类型的双创示范基地。探索创新平台发展模式，不断丰富平台服务功能，引导社会资源支持双创。

（三）主要目标

力争通过三年时间，围绕打造双创新引擎，统筹产业链、创新链、资金链和政策链，推动双创组织模式和服务模式创新，加强双创文化建设，到2018年底前建设一批高水平的双创示范基地，培育一批具有市场活力的双创支撑平台，突破一批阻碍双创发展的政策障碍，推广一批适应不同区域特点、组织形式和发展阶段的双创模式和典型经验，加快推动创新型企业成长壮大，努力营造鼓励创新、宽容失败的社会氛围，带动高质量的就业，促进新技术、新产品、新业态、新模式发展，为培育发展新动能提供支撑。

二、示范布局

（一）统筹示范类型

强化顶层设计，注重分类指导，充分考虑各类主体特点和区域发展情况，有机衔接现有工作基础，有序推进双创示范基地建设。

依托双创资源集聚的区域、高校和科研院所、创新型企业等不同载体，支持多种形式的双创示范基地建设。引导双创要素投入，有效集成高校、科研院所、企业和金融、知识产权服务以及社会组织等力量，实施一批双创政策措施，支持建设一批双创支撑平台，探索形成不同类型的示范模式。

（二）统筹区域布局

充分考虑东、中、西部和东北地区双创发展情况和特点，结合全面创新改革试验区域、国家综合配套改革试验区、国家自主创新示范区等布局，统筹部署双创示范基地建设，依托各自优势和资源，探索形成各具特色的区域双创形态。

（三）统筹现有基础

有机衔接各地方、各部门已有工作基础，在双创示范基地遴选、政策扶持、平台建设等方面充分发挥现有机制作用，依托众创空间、小微企业创业基地和城市等各类双创平台和示范区域，各有区别，各有侧重，协同完善双创政策体系。

（四）统筹有序推进

分批次、分阶段推进实施。首批双创示范基地选择在部分创新资源丰富、体制机制基础好、示范带动能力强的区域和单位先期开展示范布局，建立健全工作机制。在此基础上，逐步完善制度设计，有序扩大示范范围，探索统筹各方资源共同支持建设双创示范基地的新模式。

三、改革举措

积极推进结构性改革尤其是供给侧结构性改革，支持示范基地探索创新、先行先试，在双创发展的若干关键环节和重点领域，率先突破一批瓶颈制约，激发体制活力和内生动力，营造良好的创业创新生态和政策环境，促进新旧动能顺畅转换。

（一）拓宽市场主体发展空间

持续增强简政放权、放管结合、优化服务改革的累积效应，支持示范基地纵深推进审批制度改革和商事制度改革，先行试验一批重大行政审批改革措施。取消和下放一批行政审批事项，深化网上并联审批和纵横协同监管改革，推行政务服务事项的“一号申请、一窗受理、一网通办”。最大限度减少政府对企业创业创新活动的干预，逐步建立符合创新规律的政府管理制度。

（二）强化知识产权保护

在示范基地内探索落实商业模式等新形态创新成果的知识产权保护办法，推行知识产权管理规范的国家标准。开展知识产权综合执法，建立知识产权维权援助网点和快速维权通道，加强关键环节、重点领域的知识产权保护。将侵犯知识产权行为情况纳入信用记录，归集到全国信用信息共享平台，构建失信联合惩戒机制。

（三）加速科技成果转化

全面落实《中华人民共和国促进科技成果转化法》，落实完善科研项目资金管理等改革措施，赋予高校和科研院所更大自主权，并督促指导高校和科研院所切实用好。支持示范基地完善新兴产业和现代服务业发展政策，打通科技和经济结合的通道。落实新修订的高新技术企业认定管理办法，充分考虑互联网企业特点，支持互联网企业申请高新技术企业认定并享受相关政策。

（四）加大财税支持力度

加大中央预算内投资、专项建设基金对示范基地支持力度。在示范基地内探索鼓励创业创新的税收支持政策。抓紧制定科技型中小企业认定办法，对高新技术企业和科技型中小企业转化科技成果给予个人的股权奖励，递延至取得股权分红或转让股权时纳税。有限合伙制创业投资企业采取股权投资方式投资于未上市中小高新技术企业满 2 年的，该有限合伙制创业投资企业的法人合伙人可享受企业所得税优惠。居民企业转让 5 年以上非独占许可使用权取得的技术转让所得，可享受企业所得税优惠。

（五）促进创业创新人才流动

鼓励示范基地实行更具竞争力的人才吸引制度。加快社会保障制度改革，完善社保关系转移接续办法，建立健全科研人员双向流动机制，落实事业单位专业技术人员离岗创业有关政策，促进科研人员在事业单位和企业间合理流动。开展外国人才永久居留及出入境便利服务试点，建设海外人才离岸创业基地。

（六）加强协同创新和开放共享

加大示范基地内的科研基础设施、大型科研仪器向社会开放力度。鼓励大型互联网企业、行业领军企业通过网络平台向各类创业创新主体开放技术、开发、营销、推广等资源，加强创业创新资源共享与合作，构建开放式创业创新体系。

四、建设任务

以促进创新型初创企业发展为抓手，以构建双创支撑平台为载体，明确示范基地建设目标和建设重点，积极探索改革，推进政策落地，形成一批可复制可推广的双创模式和典型经验。

（一）区域示范基地

建设目标：

结合全面创新改革试验区域、国家综合配套改革试验区、国家自主创新示范区等，以创业创新资源集聚区域为重点和抓手，集聚资本、人才、技术、政策等优势资源，探索形成区域性的创业创新扶持制度体系和经验。

建设重点：

1. 推进服务型政府建设。进一步转变政府职能，简政放权、放管结合、优化服务，在完善市场环境、深化审批制度改革和商事制度改革等方面采取切实有效措施，降低创业创新成本。加强创业创新信息资源整合，面向创业者和小微企业需求，建立创业政策集中发布平台，完善专业化、网络化服务体系，增强创业创新信息透明度。

2. 完善双创政策措施。加强政府部门的协调联动，多管齐下抓好已出台政策落实，打通政策落地的“最后一公里”。结合区域发展特点，面向经济社会发展需求，加大财税支持力度，强化知识产权保护，在科技成果转化、促进人才流动、加强协同创新和开放共享等方面，探索突破一批制约创业创新的制度瓶颈。

3. 扩大创业投资来源。落实鼓励创业投资发展的税收优惠政策，营造创业投资、天使投资发展的良好环境。规范设立和发展政府引导基金，支持创业投资、创新型中小企业发展。丰富双创投资和资本平台，进一步拓宽投融资渠道。

4. 构建创业创新生态。加强创业培训、技术服务、信息和中介服务、知识产权交易、国际合作等支撑平台建设，深入实施“互联网 +”行动，加快发展物联网、大数据、云计算等平台，促进各类孵化器等创业培育孵化机构转型升级，打通政产学研用协同创新通道。

5. 加强双创文化建设。加大双创宣传力度，培育创业创新精神，强化创业创新素质教育，树立创业创新榜样，通过公益讲坛、创业论坛、创业培训等形式多样的活动，努力营造鼓励创新、宽容失败的社会氛围。

（二）高校和科研院所示范基地

建设目标：

以高校和科研院所为载体，深化教育、科技体制改革，完善知识产权和技术创新激励制度，充分挖掘人力和技术资源，把人才优势和科技优势转化为产业优势和经济优势，促进科技成果转化，探索形成中国特色高校和科研院所双创制度体系和经验。

建设重点：

1. 完善创业人才培养和流动机制。深化创业创新教育改革，建立创业理论研究平台，完善相关课程设置，实现创业创新教育和培训制度化、体系化。落实高校、科研院所等专业技术人员离岗创业政策，建立健全科研人员双向流动机制。加大吸引海外高水平创业创新人才力度。

2. 加速科技成果转化。全面落实改进科研项目资金管理，下放科技成果使用、处置和收益权等改革措施，提高科研人员成果转化收益比例，加大股权激励力度，鼓励科研人员创业创新。开放各类创业创新资源和基础设施，构建开放式创业创新体系。

3. 构建大学生创业支持体系。实施大学生创业引领计划，落实大学生创业指导服务机构、人员、场地、经费等。建立健全弹性学制管理办法，允许学生保留学籍休学创业。构建创业创新教育和实训体系。加强创业导师队伍建设，完善兼职创业导师制度。

4. 建立健全双创支撑服务体系。引导和推动创业投资、创业孵化与高校、科研院所等技术成果转移相结合。完善知识产权运营、技术交流、通用技术合作研发等平台。

（三）企业示范基地

建设目标：

充分发挥创新能力突出、创业氛围浓厚、资源整合能力强的领军企业核心作用，引导企业转型发展与双创相结合，大力推动科技创新和体制机制创新，探索形成大中小型企业联合实施双创的制度体系和经验。

建设重点：

1. 构建适合创业创新的企业管理体系。健全激励机制和容错纠错机制，激发和保护企业家精神。结合国有企业改革，强化组织管理制度创新，鼓励企业按照有关规定，通过股权、期权、分红等激励方式，支持员工自主创业、企业内部再创业，增强企业创新发展能力。

2. 激发企业员工创造力。加快技术和服务等双创支撑平台建设，开放创业创新资源，为员工创业创新提供支持。积极培育创客文化，激发员工创造力，提升企业市场适应能力。

3. 拓展创业创新投融资渠道。建立面向员工创业和小微企业发展的创业创新投资平台，整合企业内外部资金资源，完善投融资服务体系，为创业项目和团队提供全方位的投融资支持。

4. 开放企业创业创新资源。依托物联网、大数据、云计算等技术和服务平台，探索服务于产业和区域发展的新模式，利用互联网手段，向社会开放供应链，提供财务、市场、融资、技术、管理等服务，促进大中型企业和小微企业协同创新、共同发展。

五、步骤安排

2016年上半年，首批双创示范基地结合自身特点，研究制定具体工作方案，明确各自建设目标、建设重点、时间表和路线图。国家发展改革委会同教育部、科技部、工业和信息化部、财政部、人力资源社会保障部、国务院国资委、中国科协等部门和单位论证、完善工作方案，建立执行评估体系和通报制度。示范基地工作方案应向社会公布，接受社会监督。

2016年下半年，首批双创示范基地按照工作方案，完善制度体系，加快推进示范基地建设。

2017年上半年，国家发展改革委会同相关部门组织对示范基地建设开展督促检查和第三方评估。对于成熟的可复制可推广的双创模式和典型经验，在全国范围内推广。

2017年下半年，总结首批双创示范基地建设经验，完善制度设计，丰富示范基地内涵，逐步扩大示范基地范围，组织后续示范基地建设。

双创示范基地所在地人民政府要高度重视，加强领导，完善组织体系，把双创示范基地建设作为重要抓手和载体，认真抓好落实；要出台有针对性的政策措施，保证政策真正落地生根，进一步释放全社会创新活力。各相关部门要加强指导，建立地方政府、部门政策协调联动机制，为高校、科研院所、各类企业等提供政策支持、科技支撑、人才引进、公共服务等保障条件，形成强大政策合力；要细化评估考核机制，建立良性竞争机制，实现对示范基地的动态调整，推动形成大众创业万众创新的新局面。

国家发展改革委关于印发2016年国家级新区体制机制创新工作要点的通知

发改地区〔2016〕1032号 2016年5月12日

天津市、辽宁省、吉林省、黑龙江省、上海市、江苏省、浙江省、福建省、山东省、湖南省、广东省、重庆市、四川省、贵州省、云南省、陕西省、甘肃省发展改革委，各国家级新区管委会：

为贯彻落实国家“十三五”规划《纲要》关于鼓励国家级新区深化体制机制和管理模式创新的部署，进一步发挥国家级新区在引领发展改革和创新体制机制等方面的试验示范和引领带动作用，经与有关方面沟通衔接，我委制定了《2016年国家级新区体制机制创新工作要点》，现印发你们。

国家级新区要着眼于服务全国改革开放大局，立足自身基础和特点，按照确定的体制机制创新重点方向和主要任务，研究制定具体实施方案，切实抓好组织实施，认真总结工作成效，推动形成可复制可推广的经验，并及时将体制机制创新工作进展情况反馈我委，今年底前报送整体工作情况。有关省市发展改革委要加强工作指导，完善工作机制，切实加强对国家级新区体制机制创新的支持。

我委将会同有关部门对各国家级新区改革创新继续予以指导和支持，协调帮助解决面临的困难和问题，及时总结国家级新区体制机制创新经验并上报国务院。

附件：2016年国家级新区体制机制创新工作要点

国家发展改革委
2016年5月12日

附件：

2016年国家级新区体制机制创新工作要点

为落实国家“十三五”规划《纲要》关于鼓励国家级新区体制机制和管理模式创新的部署，进一步发挥国家级新区（以下简称“新区”）在引领发展改革和创新体制机制等方面的试验示范和引领带动作用，特制定本要点。

2016年，各新区要全面贯彻落实党的十八大和十八届三中、四中、五中全会精神，按照“五位一体”总体布局和“四个全面”战略布局，牢固树立新发展理念，主动引领经济发展新常态，坚持高起点谋划、大力度推进，围绕国家重大战略实施，率先全面推进简政放权、放管结合、优化服务和构建市场化营商环境等共性改革任务，同时继续结合各自发展阶段和比较优势，围绕1～2个重点方向开展体制机制先行探索，以创新发展新经济，以改革培育新动能，力争形成可复制、可推广经验，为其它地区提供引领示范。

一、上海浦东新区

进一步深化和有序推广自由贸易试验区制度创新，以政府服务、投资管理、贸易监管、金融制度等创新为重点，加快构建开放型经济新体制。

一是以“三个清单”为突破口，运用“互联网+”技术，深化“先照后证”等改革，大力提升政府服务效能。

二是深入推进以准入前国民待遇加负面清单管理为重点的投资管理制度创新。

三是以贸易便利化为重点，创新贸易监管、流通等制度框架，积极探索具有国际先进水平的贸易监管制度。

四是探索推进以资本项目可兑换和金融服务业开放为目标的金融制度创新，推动面向国际的金融市场建设。

五是依托张江高科技园区，大力推进上海全面创新改革试验区建设，在发展新经济、培育新动能方面创造经验。

二、天津滨海新区

务实深化京津协同创新体系建设，大力推进投资与服务贸易便利化改革创新，全方位推动港区协调联动探索，提升服务京津冀协同发展能力。

一是率先开展京津冀全面创新改革试验区建设探索，推进滨海－中关村科技园建设，构建重点领域对接合作机制，促进协同研发和技术扩散，推动建设“双创”示范基地，率先形成个性化定制、服务型制造等新模式。

二是深化自贸试验区制度创新，拓展金融业务新领域，发挥自主创新示范区和自贸试验区联动效应。

三是依托海空两港优势，提升融资租赁等高端服务业对临港临空产业的服务水平，创新海空联运通关便利化模式，探索促进海空、海铁联运业务发展新途径。

四是加强滨海新区与天津港行政管理体制改革、规划、产业等方面融合联动，探索多种形式合作的市场机制和港区一体的现代治理新机制。

五是深化“一份清单管边界”、“一颗印章管审批”、“一个部门管市场”和基层综合执法模式等创新，在简政放权、放管结合、优化服务等方面创造经验。

三、重庆两江新区

深化内陆通关和口岸监管模式等重点领域探索创新，发挥和提升丝绸之路经济带和长江经济带重要交汇点服务引领作用。

一是创新水陆空口岸联动开放机制，探索建立空域动态灵活使用机制，提高空域资源配置使用效率，改造升级口岸集疏运体系。

二是深化区域大通关协作探索，推进全域海关业务一体化改革。

三是创新口岸监管模式，探索建立区港一体联动的动态监管体系。

四、浙江舟山群岛新区

创新通关和口岸监管模式，推动江海联运中心建设取得新进展，探索重点产业转型升级新路径。

一是承接国际贸易“单一窗口”落地，探索推动舟山港综保区功能拓展。

二是推动宁波舟山港通关监管一体化，争取实现信息互换、监管互认、执法互助，强化江海联运信息化建设。

三是探索完善助推船舶工业转型升级新举措，深化远洋渔业发展创新。

五、兰州新区

探索建立促进产业集聚和科技创新的新机制，创新生态保护与经济发展统筹推进适宜模式，提升新区综合竞争力。

一是围绕兰白科技创新改革试验区建设，以产业孵化器、“双创”品牌活动等为载体，构建“创业苗圃 + 孵化器 + 加速器 + 产业园”的孵化链条，加快集聚高端创新要素。

二是结合推进中央和省属在兰州市区企业“出城入园”到兰州新区发展、城区老工业区搬迁改造试点等，探索统筹优化新老城区布局、实现产业错位发展的有效途径。

三是加快生态保护赔偿制度改革，积极探索建立生态损害赔偿中心、生态损害赔偿基金和设立碳交易中心，为全面推开生态环境损害赔偿积累经验。

六、广州南沙新区

探索构建与国际投资贸易通行规则相衔接的基本制度框架，引领粤港澳合作模式创新。

一是加快大通关体系建设，深化口岸业务创新研究，力争在国际贸易、国际中转、检测维修、船舶登记管理、航运交易、航运保险、跨境支付结算等方面形成一批全国领先、可复制可推广的经验。

二是优化法治环境，组建一批专业仲裁机构，建立涉港澳案件会商协调机制。

三是创新与港澳深度合作模式，拓展专业领域合作和专项合作。

七、陕西西咸新区

深化城市发展方式创新和以文化促发展模式探索，进一步发挥在“一带一路”建设中的重要作用。

一是创新特色化的城市发展方式，推广城市发展集成创新，探索形成可复制可推广的优美小镇建设模式。

二是运用“互联网 + 文化产业”的方式，以产业平台建设为载体，推动形成智慧链、平台链、服务链、贸易链四大产业链条，打造新一代文化产业集群。

三是探索 21 世纪海上丝绸之路与丝绸之路经济带联动的合作机制，创新同其它国家级新区、丝路沿线国家园区合作路径，完善“一园多地”互补合作模式。

八、贵州贵安新区

深化以产业集聚促进新型城镇化发展等方面的探索，创新产城融合发展机制。

一是创新以特色支柱产业、优势新兴产业和高端产业引领产业转型发展模式，提升产业对城市发展的带动力和聚集力。

二是探索农业转移人口成本分担机制，创新有利于城镇化发展的人口、土地、投融资、住房、生态环保等体制。

三是以全面实施国家新型“海绵城市”建设试点为抓手，深化城市综合建设管理创新。

九、青岛西海岸新区

重点围绕促进军民融合发展和推动形成以海洋科技创新促进海洋产业发展的有效途径开展探索。

一是以装备技术保障、军地人才培养、军队社会化保障、军民科技产业发展 4 个军民融合中心建设为载体，积极探索军民产业融合发展、军民科技协同研发孵化、军地基础设施共建共享、军地人才培养使用等方面的新模式。

二是全面布局科技创新计划，推动海洋类等科研院所落地，积极推行“持股孵化”等新型孵化模式，创新科技金融合作模式，深化科技创新引领海洋产业发展探索。

三是积极促进海水淡化产业健康发展，在水资源费补偿、水价电价优惠、科研应用、检测标准等方面进行实践探索。

十、大连金普新区

着力创新管理体制，加快形成创新发展的内在动力，进一步深化面向东北亚区域开放合作。

一是加快建立务实高效的管理体制，进一步优化各功能区管理模式，形成同市场完全对接、充满生机活力的体制机制。

二是加强面向日韩合作，充分利用中韩自贸区机制安排，探索优势产业发展与边境贸易互动模式，创新大连东北亚国际航运中心建设模式，深化面向东北亚开放合作，培育开放型经济新优势。

三是积极开展科技体制改革和机制创新，以沈大自主创新示范区建设为契机，加快促进产业转型升级，打造新兴产业集群，提升拓展保税区功能，在新一轮东北振兴中发挥重要引领带动作用。

十一、四川天府新区

以深化土地管理制度改革为引领，着力构建有利于产业集聚发展和城乡一体化发展的体制机制。

一是依托成都科学城建设，培育集聚新技术、新产业、新业态，率先推进全面创新改革试验。

二是结合幸福美丽新村、特色小镇建设、社会事业发展和精准扶贫，有序推进土地管理制度改革探索。

三是制订产业用地投资强度、开发强度、产出效益指标体系，严格土地规划管控制度，深化集约节约用地探索。

十二、湖南湘江新区

创新投融资模式，深化生态文明建设体制机制改革，走绿色低碳循环发展道路。

一是推动设立城市发展和产业发展基金，拓展融资租赁和海外融资途径，多渠道吸引社会资本参与城市基础设施投资和运营，发挥开发性金融机构支持新区发展的主渠道作用，形成全链条融资新模式。

二是创新土地管理制度，推进土地“征转分离”和低丘缓坡开发利用等试点，完善地价形成机制和评估制度，建立统一的区片地价体系。

三是进一步完善生态文明发展的框架设计和绿色生态指标体系，试点“河长制”和环境质量绩效考核，构建多元化的生态建设投资和管理机制。

十三、南京江北新区

大力实施创新驱动发展战略，探索以自主创新引领产业转型升级有效路径。

一是突出生态优先、绿色发展，积极融入长江经济带发展战略，率先探索形成节约能源资源和保护生态环境的产业结构、增长方式和消费模式。

二是完善产学研协同机制，发挥高校和科研院所的创新源头作用，构建定位明晰、特色鲜明的新区智库体系。探索建设协同创新基地，开展创业创新人才管理改革试验，在集聚创新资源、推动成果转化、带动产业发展等方面先行先试。

三是完善创业创新机制，实施创新型企业培育行动，探索建设知识产权法庭。

十四、福州新区

探索完善科学规划体系，创新制造业转型升级方式，提升核心竞争力，加快两岸交流合作重要承载区建设。

一是通过规划立法，加快“多规合一”试点，推进统一规划平台建设，增强各类规划的统一性、连续性和实效性。

二是推动产业优化再造，实施龙头促进计划和技术改造专项计划，重点培育工业制造业龙头企业。开展生态文明体制机制改革的创新实验，率先形成绿色循环低碳的新区开发建设模式。

三是探索新形势下对外开放的新模式，引领我国21世纪海上丝绸之路核心区建设。加快推进福州新区与平潭综合实验区、自贸试验区福州片区融合发展，探索建立两地共建共享机制。

十五、云南滇中新区

重点围绕建设面向南亚东南亚辐射中心的重要支点和创新新型城镇化体制机制深化探索。

一是搭建开放平台，探索创新招商机制、招商方式和合作模式，加快培育现代特色产业体系。

二是加强与昆明市相关规划的衔接融合，创新人口城镇化发展机制和城乡建设管理制度，探索构建产城互动、城乡统筹、一体发展的体制机制。

十六、哈尔滨新区

创新面向东北亚开放合作机制，探索老工业基地转型发展新路径。

一是推动设立中以（色列）产业园，加快对俄合作载体建设，探索推动对俄贸易优化升级的有效途径。

二是探索建立精简高效的管理体制和运行机制，以负面清单为抓手，推动形成各类投资者平等准入、公平竞争的市场环境。

三是积极开展服务贸易管理体制、发展模式、便利化等方面的创新探索，依托冰雪、民俗等资源和比较优势，加快创新产业转型升级有效途径。

十七、长春新区

构建科技产业创新平台，着力创新面向图们江区域合作开发体制机制。

一是推动创新创业示范基地建设，搭建创新孵化载体，加强金融人才服务创新，探索以创新创业促转型的发展模式。

二是促进招商力量向产业园区服务力量转型，建立“招商、落位、投产”一条龙的项目落实机制。

三是以东北亚国际内陆港和长春机场建设为载体，探索提升参与图们江区域合作开发水平新路径。

国家发展改革委关于建设长江经济带国家级转型升级示范开发区的通知

发改外资〔2016〕1111号　2016年5月25日

上海市、江苏省、浙江省、安徽省、江西省、湖北省、湖南省、重庆市、四川省、云南省、贵州省发展改革委：

为贯彻落实党中央、国务院关于长江经济带发展的战略部署，根据《关于建设长江经济带国家级转型升级示范开发区的实施意见》（发改外资〔2015〕1294号），国家发展改革委对各地报送的创建长江经济带国家级转型升级示范开发区（以下简称“转型升级示范开发区”）方案进行了评审。经商推动长江经济带发展领导小组办公室同意，现将有关事项通知如下：

一、同意将苏州工业园区等33个开发区确定为转型升级示范开发区（具体名单见附件1）。

二、建设转型升级示范开发区要全面贯彻党的十八大和十八届三中、四中、五中全会精神，按照“五位一体”总体布局和“四个全面”战略布局，牢固树立创新、协调、绿色、开放、共享的发展理念，进一步增强开发区功能优势，把生态文明建设放在更加突出地位，在保护生态的条件下推进发展，为推动长江经济带产业转型升级和分工协作发挥积极作用。

三、长江经济带各省（直辖市）发展改革委要按照《长江经济带国家级转型升级示范开发区建设要求》（见附件2），加强对转型升级示范开发区建设的指导，以坚持生态优先、转变发展方式、创新体制机制为导向，推进转型升级示范开发区在绿色发展、创新驱动发展、产业升级、开放合作、深化改革等方面探索所有经验、取得实际成效。对于转型升级示范开发区建设过程中出现的新情况、新问题，要及时报告国家发展改革委。

四、国家发展改革委将按照长江经济带发展战略部署，统筹协调转型升级示范开发区建设，对转型升级示范开发区实行动态管理，总结复制推广转型升级示范开发区典型经验和做法，并从规划引导、改革试点、专项安排等方面予以支持，全面推进转型升级示范开发区建设和发展。

附件：长江经济带国家级转型升级示范开发区建设要求

国家发展改革委

2016 年 5 月 25 日

附 件：

长江经济带国家级转型升级示范开发区建设要求

为贯彻落实党中央、国务院关于长江经济带发展的战略部署，做好长江经济带国家级转型升级示范开发区（以下简称“转型升级示范开发区”）建设工作，探索开发区转型升级有益经验，引导开发区朝着绿色生态、创新驱动、产业优化、开放引领、设施完备、服务高效的方向发展，现提出如下建设要求。

一、总体要求

（一）坚持生态优先

转型升级示范开发区要符合主体功能区规划、环境保护规划，严格执行生态环境保护和水资源管理制度，把生态文明建设放在更加突出地位，在保护生态的条件下推进发展，实现经济发展与资源环境相适应，充分发挥开发区在绿色发展、循环发展、低碳发展中的示范带动作用。

（二）转变发展方式

转型升级示范开发区要构建符合开发区特点的创新体系，推动开发区发展由要素驱动、投资驱动向创新驱动转变。要形成特色鲜明的主导产业，培育竞争力强、影响力大的产业集群。要提高开放型经济发展水平，成为区域对外开放基地。要优化开发区功能布局，提升土地利用和产出效率。

（三）创新体制机制

转型升级示范开发区要在开发区管理体制改革方面先行先试，推进重点领域和关键环节改革，建设国际化、高水平的营商环境，通过体制机制创新增强发展动力。鼓励长江经济带上中下游开发区建立合作机制，促进产业分工协作和有序转移，形成各类开发区错位发展、协同发展的新格局。

二、推进绿色发展

（一）强化生态环境保护

限制在长江沿线开发区新建石油化工、煤化工等化工项目，强化环评管理，新建、改建、扩建项目实行主要水污染物排放减量置换，严控新增污染物排放。坚决取缔“十小”企业，整治造纸、制革、电镀、印染、有色金属等行业。严格排放标准，对不能达标排放的企业一律停产整顿。全面建成污水集中处理设施及自动在线监控装置，并稳定运行。转型升级示范开发区所在县（市、区）工业项目要向开发区集中，促进环境综合治理。

（二）大力发展循环经济

探索具有开发区特色的“企业小循环、产业中循环、园区大循环”循环经济发展模式，健全激励约束机制，加快形成产业共生体系，构建生态工业链条。全面实施园区循环化改造，按照循环经济“减量化、再利用、资源化”理念，搭建资源共享、废物处理、服务高效的公共平台，促进废物交换利用、能量梯级利用、水的分类利用和循环使用。

（三）积极推行绿色制造

加快制造业绿色改造升级，应用清洁设备和工艺，降低能耗及限用物质含量，实现绿色生产。支持企业开发绿色产品，提升产品节能环保低碳水平。建设绿色工厂，实现厂房集约化、原料无害化、生产洁净化、废物资源化、能源低碳化。推进转型升级示范开发区产业耦合，实现近零排放。强化绿色监管，开展绿色评价，推广低碳管理模式。积极参加全国碳交易市场建设和运行，针对开发区内企业发展碳交易相关支撑服务体系。

三、推进创新驱动发展

（一）强化企业技术创新能力

贯彻落实创新驱动发展战略，吸引集聚创新资源，加快建立以企业为主体、市场为导向、产学研结合的技术创新体系，强化科技同经济对接、创新成果同产业对接，激发创新活力和创造潜能。支持企业开展研发活动，推动产业技术创新平台建设，积极培育企业技术中心和技术创新示范企业。完善人才引进政策和机制，构建多层次创新人才体系。

（二）完善创业创新服务体系

提高创新服务水平，构建公共技术服务平台，加快发展众创空间、大学科技园、科技企业孵化器等创业服务平台建设，设立科技创新发展基金、创业投资基金、产业投资基金，完善融资、咨询、培训、场所等创业创新服务，营造大众创业、万众创新良好氛围。构建开放的创新体系，吸引国外创新资源，鼓励国内外企业研发合作。

四、推进产业升级

（一）培育壮大主导产业集群

主动适应产业变革新趋势，加快实施《中国制造2025》战略。充分利用长江经济带综合立体交通走廊优势，加强招商引资谋划，完善配套支持措施，以大型企业为骨干，延伸产业链条，形成特色主导产业，推动电子信息、高端装备、新材料、医药、家电、纺织服装等产业集聚发展，打造具有国际竞争力的产业集群，在长江经济带制造业由大变强中发挥引领作用。

（二）促进产业结构调整优化

汇集资金、技术、人才等资源，结合本地区优势，积极培育战略性新兴产业，推动区域经济结构转型，形成产业竞争新优势。支持传统产业加大技术改造力度，促进信息技术与制造业结合，推进去产能、去库存，淘汰落后产能。大力发展科技服务、现代物流等生产性服务业，推动生产型制造向服务型制造转变。

五、推进开放合作

（一）提升开放型经济发展水平

完善对外贸易综合服务措施，发展新型贸易方式，加快对外贸易优化升级。加大吸引外资力度，扩大先进制造、高技术、生产性服务业等领域吸引外资规模，通过控制成本、提升附加值等措施增强劳动密集型产业引资竞争力。加强中上游示范开发区基础设施建设，提升产业配套能力，加快发展外向型产业集群。推进双边国际合作产业园建设，引进国外商业模式、资金、科技资源，促进开发区发展。

（二）推动区域间产业协作对接

加强长江上中下游开发区间的信息交流、经验分享、联合招商、分工合作，立足各自强项和特色，开展互补型、共享型产业协作。长江下游和中上游开发区可按照优势互补、产业联动、市场导向、利益共享的原则，积极探索合作共建开发区模式和机制，带动中上游产业平台建设，促进产业有序转移。

六、推进深化改革

（一）全面提升营商环境

体现“小机构、大服务”的特色，精简开

发区管理机构，加大投资促进工作力度，完善“一站式”服务，健全政企沟通机制，提高服务效率和行政效能，营造高效、便捷、透明的服务体系。对接营商环境国际标准，在企业设立、项目审批、设施配套、投资服务等方面进行流程优化改革。

（二）推进运营模式创新

吸引社会资本参与开发区建设，促进开发区开发运营企业专业化、品牌化发展，推进开发区运营模式创新。以示范开发区为主体，对所在地小而散的各类园区进行整合，提高产业集聚度，避免低水平重复建设和恶性竞争。推动具备条件的开发区城市综合功能改造，合理配置生产生活生态空间，推动新型城镇化建设。

工业和信息化部关于印发《国家小型微型企业创业创新示范基地建设管理办法》的通知

工信部企业〔2016〕194号　2016年6月2日

各省、自治区、直辖市及计划单列市、新疆生产建设兵团中小企业主管部门：

为深入贯彻落实国务院关于促进小型微型企业发展的政策措施，推动大众创业、万众创新，加快小型微型企业创业创新基地发展步伐，优化小型微型企业创业创新环境，支持中小企业健康发展，工业和信息化部研究制定了《国家小型微型企业创业创新示范基地建设管理办法》。现印发给你们，请遵照执行。

工业和信息化部

2016年6月2日

国家小型微型企业创业创新示范基地建设管理办法

第一章 总则

第一条 为贯彻落实国务院《关于进一步支持小型微型企业健康发展的意见》（国发〔2012〕14号）、《关于扶持小型微型企业健康发展的意见》（国发〔2014〕52号）和《关于大力推进大众创业万众创新若干政策措施的意见》（国发〔2015〕32号），切实推动大众创业、万众创新，进一步营造小微企业创业创新发展的良好环境，引导和支持小型微型企业创业创新基地按照创新、协调、绿色、开放、共享的理念发展，培育一批基础设施完备、综合服务规范、示范带动作用强的国家小型微型企业创业创新示范基地，制定本办法。

第二条 本办法所指国家小型微型企业创业创新示范基地（以下简称示范基地）是经工业和信息化部公告的小型微型企业创业创新示范基地，是由法人单位建设或运营，聚集各类创业创新服务资源，为小微企业提供有效服务支撑的载体和场所。示范基地具有基础设施完备、运营管理规范、商业模式清晰、创新链完整、产业链协同、服务功能齐全、服务业绩突出、社会公信度高、示范带动作用强等特点。

第三条 各类符合条件的服务小微企业创业

创新的创业基地、创业园、孵化器；产业集群、中小企业国际合作区、经济技术开发区、高新技术产业开发区、新型工业化产业示范基地等产业集聚区中面向小微企业的园中园；依托高校和科研院所的大学科技园；行业龙头骨干企业设立的面向小微企业、创业团队、创客的创业创新基地均可申报示范基地。

第四条 工业和信息化部负责示范基地的公告和管理。各省（自治区、直辖市及计划单列市、新疆生产建设兵团）中小企业主管部门（以下统称省级中小企业主管部门）协助工业和信息化部对辖区内示范基地进行管理。

第五条 示范基地申报遵从自愿原则。工业和信息化部对示范基地予以重点扶持。

第二章 申报条件

第六条 示范基地申报需同时满足以下基本条件：

（一）经省级中小企业主管部门认定的小型微型企业创业创新（示范）基地。

（二）申报主体具有独立法人资格并运营管理本基地，基地成立时间 3 年以上。

（三）目前基地入驻小微企业 80 家以上，从业人员 1500 人以上。

（四）专职从事创业创新服务的人员不少于 10 人，其中创业辅导师不少于 3 人，引入或战略合作的外部专业服务机构不少于 5 家。

（五）服务有特色，业绩突出。为小微企业提供的公益性服务或低收费服务不少于总服务量的 20%。

第七条 示范基地申报需同时满足以下运营条件：

（一）有良好的基础设施条件，有满足入驻企业生产经营、创业孵化、创业创新的场地和服务场所。

（二）基地运营主体治理结构完善、内部运营管理体系规范。具有明确的发展规划、年度发展目标和实施方案。

（三）基地具有健全的管理制度、完备的创业创新服务流程、收费标准和服务质量监督保证措施。基地具备清楚、明晰的服务台账（台账内容应包括但不限于：企业服务诉求、提供服务的记录，服务时间、地点、参与的企业及人数，企业对服务的意见反馈等）。

第八条 示范基地申报需同时具备不少于以下四种服务功能并达到相应的服务能力：

（一）信息服务。具有便于入驻企业查询的、开放的信息服务系统；具有在线服务、线上线下联动功能，线下年服务企业 / 团队 100 家次以上，年组织开展的相关服务活动 6 次以上。

（二）创业辅导。为创业人员或入驻小微企业提供创业咨询、开业指导、创业辅导和培训等服务。年服务企业 50 家次以上。

（三）创新支持。具有知识产权转化或组织技术服务资源的能力，能够进行研发项目、科研成果和资本等多方对接。年组织技术洽谈会和技术对接会 6 次以上。

（四）人员培训。为创业人员、企业经营者、专业技术人员和员工提供各类培训，年培训 300 人次以上。

（五）市场营销。组织企业参加各类展览展销、贸易洽谈、产品推介与合作等活动，每年 2 次以上；组织入驻企业与行业龙头企业的产品对接、合作交流等活动，每年 2 次以上。

（六）投融资服务。提供融资信息、组织开展投融资推介和对接等服务。年服务企业 30 家次以上，组织融资对接会 4 次以上。

（七）管理咨询。为企业提供发展战略、财务管理、人力资源、市场营销等咨询服务，年服务企业 20 家次以上。

（八）专业服务。为企业提供法律咨询及援助、代理会计、专利申请、审计、评估等服务，年服务企业 20 家次以上。

以上服务能力和次数的要求含基地引入的第三方专业机构的服务。

第九条 申报示范基地应当在物业服务智慧化、项目管理数字化、创业服务平台化、产业布局生态化等基地运营模式、管理模式上有创新，或在孵化效果、创新支持等方面具有突出的特色优势和示范性。

第十条 西部地区的示范基地可适当放宽条件，优先支持新型工业化产业示范基地内符合条件的基地申报。

第三章 申报程序

第十一条 工业和信息化部每年组织开展一次示范基地申报、公告工作，具体时间及要求以当年申报工作通知为准。

第十二条 示范基地的申报主体通过省级中小企业主管部门进行推荐。

第十三条 省级中小企业主管部门按照本办法第六条至第九条规定的条件和要求，负责本地区示范基地的推荐工作。省级中小企业主管部门对推荐的示范基地运营情况、服务业绩、满意度等进行测评，填写《国家小型微型企业创业创新示范基地推荐表》（见附件 1），并附被推荐示范基地的申报材料，报工业和信息化部。示范基地的申报主体需提交下列材料：

（一）国家小型微型企业创业创新示范基地申请报告（见附件 2）。

（二）运营主体的法人证书和营业执照副本（复印件）。

（三）上一年度与本基地相关的专项审计报告。

（四）土地、房屋的不动产权证书（或租赁合同）复印件。

（五）开展相关服务的证明材料（通知、照片、总结等）。

（六）省级小型微型企业创业创新（示范）基地认定文件（复印件）。

（七）基地主要管理人员、服务人员和创业辅导师名单及相应的资质证明材料。

（八）基地典型服务案例（不超过 3000 字，可附照片）。

（九）能够证明符合申报条件的其他材料。

（十）对申报材料真实性的声明（加盖申报单位公章）。

第十四条 工业和信息化部组织专家对申报材料进行评审，评审结果在工业和信息化部网站及有关媒体公示 15 个工作日。

第十五条 工业和信息化部对公示无异议的公告为“国家小型微型企业创业创新示范基地”，并及时在工业和信息化部门户网站及有关媒体公布。

第四章 示范基地管理

第十六条 在工业和信息化部门户网站建立示范基地信息数据库，方便社会公众查询。

第十七条 示范基地每次公告有效期为三年。

第十八条 示范基地要不断完善创业创新基础设施环境，增强服务能力，提高入驻企业创业成功率和创新能力，提升示范基地品牌影响力，发挥示范带动作用。示范基地须在每年 2 月底前将上一年度工作总结报省级中小企业主管部门，并自觉接受社会监督。

第十九条 建立年度报告制度。省级中小企业主管部门负责对辖区内示范基地的台账建立、服务质量、服务收费情况以及服务满意度等进行定期检查，并于每年 3 月底前将上一年度示范基地工作总结和检查情况报告报工业和信息化部。

第二十条 建立年度测评制度。工业和信息化部将委托第三方机构或省级中小企业主管部门组织专家对示范基地进行测评，测评不合格的基地将撤销示范基地资格。

第二十一条 示范基地公告管理工作接受审计、监察部门和社会的监督。

第五章 附则

第二十二条 本办法由工业和信息化部负责解释。

第二十三条 本办法自2016年7月1日起施行。

工业和信息化部关于印发《工业绿色发展规划（2016-2020年）》的通知

工信部规〔2016〕225号 2016年6月30日

各省、自治区、直辖市及计划单列市、新疆生产建设兵团工业和信息化主管部门，各省、自治区、直辖市通信管理局，有关中央企业，部属有关事业单位：

为贯彻落实《中华人民共和国国民经济和社会发展第十三个五年规划纲要》和《中国制造 2025》，加快推进生态文明建设，促进工业绿色发展，我部制定了《工业绿色发展规划(2016-2020 年)》。现印发你们，请结合实际认真贯彻落实。

工业和信息化部

2016 年 6 月 30 日

工业绿色发展规划（2016-2020 年）

为落实《国民经济和社会发展第十三个五年规划纲要》和《中国制造 2025》战略部署，加快推进生态文明建设，促进工业绿色发展，制定本规划。

一、面临的形势

“十二五”时期，工业领域坚持把发展资源节约型、环境友好型工业作为转型升级的重要着力点，把节能减排作为转方式、调结构的重要抓手，大力推进技术改造，推广节能环保新技术、新装备和新产品，逐步完善节能减排工作体系，圆满完成“十二五”目标任务。工业能效和水效大幅提升，规模以上企业单位工业增加值能耗累计下降 28%，实现节能量 6.9 亿吨标准煤，单位工业增加值用水量累计下降 35%，提前一年完成“十二五”淘汰落后产能任务。工业清洁生产先进适用工艺技术大范围示范推广，开展有毒有害原料替代，工业产品绿色设计推进机制初步建立。工业资源综合利用产业规模稳步壮大，技术装备水平不断提高，五年利用大宗工业固体废物约 70 亿吨、再生资源 12 亿吨。节能环保产业快速增长，2015 年节能环保装备、资源综合利用、节能服务等节能环保产业产值约 4 万亿元。

未来五年，是落实制造强国战略的关键时期，是实现工业绿色发展的攻坚阶段。资源与环境问题是人类面临的共同挑战，推动绿色增长、实施绿色新政是全球主要经济体的共同选择，资源能源利用效率也成为衡量国家制造业竞争力的重要因素，推进绿色发展是提升国际竞争力的必然途径。我国工业总体上尚未摆脱高投入、高消耗、高排放的发展方式，资源能源消耗量大，生态环境问题比较突出，形势依然十分严峻，迫切需要加快构建科技含量高、资源消耗低、环境污染少的绿色制造体系。加快推进工业绿色发展，也是推进供给侧结构性改革、促进工业稳增长、调结构的重要举措，有利于推进节能降耗、实现降本增效，有利于增加绿色产品和服务有效供给、补齐绿色发展短板。

二、总体要求

（一）指导思想

贯彻落实党的十八大及十八届三中、四中、五中全会精神，牢固树立创新、协调、绿色、开放、共享的发展理念，全面落实制造强国战略，坚持节约资源和保护环境基本国策，高举绿色发展大旗，紧紧围绕资源能源利用效率和清洁生产水平提升，以传统工业绿色化改造为重点，以绿色科技创新为支撑，以法规标准制度建设为保障，实施绿色制造工程，加快构建绿色制造体系，大力发展绿色制造产业，推动绿色产品、绿色工厂、绿色园区和绿色供应链全面发展，建立健全工业绿色发展长效机制，提高绿色国际竞争力，走高效、清洁、低碳、循环的绿色发展道路，推动工业文明与生态文明和谐共融，实现人与自然和谐相处。

（二）基本原则

创新驱动，标准引领。促进工业绿色发展科技创新、管理创新和商业模式创新，研发推广核心关键绿色工艺技术及装备。加快完善工业能效、水效、排放和资源综合利用等标准，依法实施绿色监管，引导绿色消费。

政策引导，市场推动。发挥政府在推进工业绿色发展中的引导作用，优化工业结构和区域布局，加强机制创新，形成有效的激励约束机制。强化企业在推进工业绿色发展中的主体地位，激发企业活力和创造力，积极履行社会责任。

改造存量，优化增量。加快传统制造业绿色改造升级，鼓励使用绿色低碳能源，提高资源利用效率，淘汰落后设备工艺，从源头减少污染物产生。积极引领新兴产业高起点绿色发展，强化绿色设计，加快开发绿色产品，大力发展节能环保产业。

全面推进，重点突破。着力解决重点行业、企业和区域发展中的资源环境问题，充分发挥试点示范的带动作用。积极推进新兴产业和中小企业的绿色发展，加快工业绿色发展整体水平提升。

（三）发展目标

到 2020 年，绿色发展理念成为工业全领域全过程的普遍要求，工业绿色发展推进机制基本形成，绿色制造产业成为经济增长新引擎和国际竞争新优势，工业绿色发展整体水平显著提升。

1. 能源利用效率显著提升。工业能源消耗增速减缓，六大高耗能行业占工业增加值比重继续下降，部分重化工业能源消耗出现拐点，主要行业单位产品能耗达到或接近世界先进水平，部分工业行业碳排放量接近峰值，绿色低碳能源占工业能源消费量的比重明显提高。

2. 资源利用水平明显提高。单位工业增加值用水量进一步下降，大宗工业固体废物综合利用率进一步提高，主要再生资源回收利用率稳步上升。

3. 清洁生产水平大幅提升。先进适用清洁生产技术工艺及装备基本普及，钢铁、水泥、造纸等重点行业清洁生产水平显著提高，工业二氧化硫、氮氧化物、化学需氧量和氨氮排放量明显下降，高风险污染物排放大幅削减。

4. 绿色制造产业快速发展。绿色产品大幅增长，电动汽车及太阳能、风电等新能源技术装备制造水平显著提升，节能环保装备、产品与服务等绿色产业形成新的经济增长点。

5. 绿色制造体系初步建立。绿色制造标准体系基本建立，绿色设计与评价得到广泛应用，建立百家绿色示范园区和千家绿色示范工厂，推广普及万种绿色产品，主要产业初步形成绿色供应链。

三、主要任务

（一）大力推进能效提升，加快实现节约发展

坚持节约优先，大力推进能源消费革命，

专栏1 “十三五”时期工业绿色发展主要指标

指　　标	2015 年	2020 年	累计降速
(1) 规模以上企业单位工业增加值能耗下降（%）	—	—	18
吨钢综合能耗（千克标准煤）	572	560	
水泥熟料综合能耗（千克标准煤 / 吨）	112	105	
电解铝液交流电耗（千瓦时 / 吨）	13 350	13 200	
炼油综合能耗（千克标准油 / 吨）	65	63	
乙烯综合能耗（千克标准煤 / 吨）	816	790	
合成氨综合能耗（千克标准煤 / 吨）	1 331	1 300	
纸及纸板综合能耗（千克标准煤 / 吨）	530	480	
(2) 单位工业增加值二氧化碳排放下降（%）	—	—	22
(3) 单位工业增加值用水量下降（%）	—	—	23
(4) 重点行业主要污染物排放强度下降（%）	—	—	20
(5) 工业固体废物综合利用率（%）	65	73	
其中：尾矿（%）	22	25	
煤矸石（%）	68	71	
工业副产石膏（%）	47	60	
钢铁冶炼渣（%）	79	95	
赤泥（%）	4	10	
(6) 主要再生资源回收利用量（亿吨）	2.2	3.5	
其中：再生有色金属（万吨）	1 235	1 800	
废钢铁（万吨）	8 330	15 000	
废弃电器电子产品（亿台）	4	6.9	
废塑料（国内）（万吨）	1 800	2 300	
废旧轮胎（万吨）	550	850	
(7) 绿色低碳能源占工业能源消费量比重（%）	12	15	
(8) 六大高耗能行业占工业增加值比重（%）	27.8	25	
(9) 绿色制造产业产值（万亿元）	5.3	10	

注：本专栏均为指导性指标，大多为全国平均值，各地区可结合实际设置目标。

提高工业能源利用效率，促进企业降本增效，加快形成绿色集约化生产方式，增强制造业核心竞争力。

以供给侧结构性改革为导向，推进结构节能。把优化工业结构和能源消费结构作为新时期推进工业节能的重要途径，加强节能评估审查和后评价，进一步提高能耗、环保等准入门槛，严格控制高耗能行业产能扩张。以钢铁、石化、建材、有色金属等行业为重点，积极运用环保、能耗、技术、工艺、质量、安全等标准，依法淘汰落后和化解过剩产能。加快发展能耗低、污染少的先进制造业和战略性新兴产业，促进生产型制造向服务型制造转变。大力调整产品结构，积极开发高附加值、低消耗、低排放产品。大力推进工业能源消费结构绿色低碳转型，鼓励企业开发利用可再生能源，加快工业企业分布式能源中心建设，在具备条件的工业园区或企业实施煤改气或可再生能源替代化石能源，推广绿色照明。实施煤炭清洁高效利用行动计划，在焦化、煤化工、工业锅炉、窑炉等重点用煤领域，推进煤炭清洁、高效、分质利用。

以先进适用技术装备应用为手段，强化技术节能。全面推进传统行业节能技术改造，深入推进重点行业、重点企业能效提升专项行动，加快推广高温高压干熄焦、无球化粉磨、新型结构铝电解槽、智能控制等先进技术。继续推进锅炉、电机、变压器等通用设备能效提升工程，组织实施空压机系统能效提升计划。围绕高耗能行业企业，加快工艺革新，实施系统节能改造，鼓励先进节能技术的集成优化运用，推广电炉钢等短流程工艺和铝液直供，推动工业节能从局部、单体节能向全流程、系统节能转变。提升产品的轻量化水平，推广复合材料、轻合金、真空镀铝纸等高强韧度新型材料，推广超高强度钢热冲压成型技术、真空高压铸造、超高真空薄壁铸造等轻量化成型工艺。普及中低品位余热余压发电、供热及循环利用，积极推进利用钢铁、化工等行业企业的低品位余热向城市居民供热，促进产城融合。实施工业园区节能改造工程，加强园区能源梯级利用，推进集中供热制冷。

以能源管理体系建设为核心，提升管理节能。贯彻强制性能耗标准，在电解铝、水泥行业落实阶梯电价、差别电价等价格政策。推动重点企业能源管理体系建设，将能源管理体系贯穿于企业生产全过程，定期开展能源计量审查、能源审计、能效诊断和对标，发掘节能潜力，构建能效提升长效机制。实施重点行业能效领跑者引领行动，带动行业整体能效提升。围绕中小工业企业节能管理，搭建公共服务平台，组织开展节能服务公司进企业活动，全面提升中小企业能源管理意识和能力。加强工业节能监察，组织开展强制性能耗、能效标准贯标及落后用能设备淘汰等监察，实施重点行业、重点用能企业专项监察和督查，严格执行《节约能源法》和《工业节能管理办法》等法规。进一步完善覆盖全国的省、市、县三级节能监察体系，支持完善硬件设施、开展业务培训，切实履行监察职能。

专栏2　能效提升工程

重点行业系统改造。钢铁行业实施高温高压干熄焦、烧结烟气循环等技术改造；有色行业实施新型结构铝电解槽、铝液直供、富氧熔炼等技术改造；石化化工行业实施炼化能量系统优化、烯烃原料轻质化、先进煤气化、硝酸生产技术提升等技术改造；水泥行业实施高固气比熟料煅烧、大推力多通道燃烧等技术改造；造纸行业实施纸机高效成型、高效双盘磨浆机等技术改造；纺织行业实施小浴比染色、氨纶单甬道64头纺丝等技术改造。

高耗能通用设备改造。在电机系统实施永磁同步伺服电机、高压变频调速等技术改造。在配电变压器系统实施非晶合金变压器、有载调容调压等技术改造。推广应用新型电力电子器件等信息技术。实施工程机械、农机、内河船舶用柴油机能效提升改造。到2020年，电机和内燃机系统平均运行效率提高5个百分点，高效配电变压器在网运行比例提高20%。

余热余压高效回收利用。在自备电厂实施烟气系统余热深度回收利用、超临界混合工质高参数一体化循环发电等技术改造。推广矿热炉高温烟气净化回收利用、冶金余热余压能量回收同轴机组应用、螺杆膨胀动力驱动等技术。到2020年，中低品位余热余压利用率达到80%。

煤炭清洁高效利用。焦化、煤化工行业重点推动产品结构优化，加大资源加工转化深度，推广整体煤气联合循环发电技术（IGCC）、焦炉煤气制合成氨、甲醇或天然气及煤粉气流床加压气化等技术。工业锅炉优先实施高效节能技术改造或清洁能源替代。工业窑炉重点推进全（富）氧燃烧、蓄热式燃烧、燃料替代及余热利用等技术改造。

园区系统节能改造。开展风能、太阳能等分布式能源和园区智能微电网建设，提高园区可再生能源使用比例。实施园区绿色照明改造，建设园区能源管理中心，加强园区余热余压梯级利用，推广集中供热和制冷。

能效领跑者引领行动。在重点用能行业实施能效领跑者行动，开展企业能效对标达标，定期发布领跑企业名单及其指标，引导企业实施节能技术改造。发布《节能机电设备（产品）推荐目录》和《能效之星产品目录》。

（二）扎实推进清洁生产，大幅减少污染排放

围绕重点污染物开展清洁生产技术改造，推广绿色基础制造工艺，降低污染物排放强度，促进大气、水、土壤污染防治行动计划落实。

减少有毒有害原料使用。修订国家鼓励的有毒有害原料替代目录，引导企业在生产过程中使用无毒无害或低毒低害原料，从源头削减或避免污染物的产生，推进有毒有害物质替代。推进电器电子、汽车等重点产品有毒有害物质限制使用。继续实施高风险污染物削减行动计划，强化汞、铅、高毒农药等减量替代，逐步扩大实施范围，降低环境风险。实施挥发性有机物削减计划，在涂料、家具、印刷、汽车制造涂装、橡胶制品、制鞋等重点行业推广替代或减量化技术。推广无铬耐火材料。

推进清洁生产技术改造。针对二氧化硫、氮氧化物、化学需氧量、氨氮、烟（粉）尘等主要污染物，积极引导重点行业企业实施清洁生产技术改造，逐步建立基于技术进步的清洁生产高效推行模式。在京津冀、长三角、珠三角、东北地区等重点区域组织实施钢铁、建材等重点行业清洁生产水平提升工程，降低二氧化硫、氮氧化物、烟（粉）尘排放强度。在长江、黄河等七大流域组织实施重点行业清洁生产水平提升工程，降低造纸、化工、印染、化学原料药、电镀等行业废水排放总量及化学需氧量、氨氮等污染物排放强度。推进工业领域土壤污染源头防治，推广先进适用的土壤修复技术装备和产品。

加强节水减污。围绕钢铁、化工、造纸、印染、饮料等高耗水行业，实施用水企业水效领跑者引领行动，开展水平衡测试及水效对标达标，大力推进节水技术改造，推广工业节水工艺、技术和装备。强化高耗水行业企业生产过程和工序用水管理，严格执行取水定额国家标准，围绕高耗水行业和缺水地区开展工业节水专项行动，提高工业用水效率。推进水资源循环利用和工业废水处理回用，推广特许经营、委托营运等专业化节水模式，推动工业园区集约利用水资源，实行水资源梯级优化利用和废水集中处理回用。推进中水、再生水、海水等非常规水资源的开发利用，支持非常规水资源利用产业化示范工程，推动钢铁、火电等企业充分利用城市中水，支持有条件的园区、企业开展雨水集蓄利用。

推广绿色基础制造工艺。推广清洁高效制造工艺，以铸造、热处理、焊接、涂镀等领域为重点，推广应用合金钢无氧化清洁热处理、热处理气氛减量化、真空低压渗碳热处理、感应热处理等高效节能热处理工艺，无铅波峰焊接抗氧化、氮气保护无铅再流焊接、高效节材摩擦焊等焊接工艺，绿色化除油、无铅电镀、三价铬电镀、电镀铬替代等清洁涂镀技术，减少制造过程的能源消耗和污染物排放。推进短流程、无废弃物制造，重点发展近净成形、数字化无模铸造、增材制造、新型防腐蚀等短流程绿色节材工艺技术，以及干式切削加工、低温微量润滑切削加工、铸件余热时效热处理等无废弃物制造技术，减少生产过程的资源消耗。

专栏3 绿色清洁生产推进工程

重点区域清洁生产水平提升行动。在京津冀、长三角、珠三角等重点区域实施大气污染重点行业清洁生产水平提升行动。到2020年，

全国工业削减烟粉尘100万吨/年、二氧化硫50万吨/年、氮氧化物180万吨/年。

重点流域清洁生产水平提升行动。在长江、黄河、珠江、松花江、淮河、海河、辽河等重点流域实施水污染重点行业清洁生产水平提升行动。到2020年，全国工业削减废水4亿吨/年、化学需氧量50万吨/年、氨氮5万吨/年。

特征污染物削减计划。以挥发性有机物、持久性有机物、重金属等污染物削减为目标，围绕重点行业、重点领域实施工业特征污染物削减计划。到2020年，削减汞使用量280吨/年，减排总铬15吨/年、总铅15吨/年、砷10吨/年。

绿色基础制造工艺推广行动。重点推广绿色的铸造、锻压、焊接、切削、热处理、表面处理等基础制造工艺技术与装备。到2020年，铸件废品率降低10%，锻造材料利用率提高10%，切削材料利用率提升10%，电镀和涂装行业减少污染物排放30%以上。

中小企业清洁生产推行计划。提升中小企业清洁生产技术研发应用水平，开展政府购买清洁生产服务试点，实施中小企业清洁生产培训计划。继续实施粤港清洁生产伙伴计划，在其他地区推广示范。

工业节水专项行动。围绕钢铁、纺织印染、造纸、石化化工、食品发酵等重点行业实施节水治污改造工程，实施用水企业水效领跑者引领行动，推进节水技术改造，在缺水地区实施工业节水专项行动，加强非常规水资源利用。

(三) 加强资源综合利用，持续推动循环发展

按照减量化、再利用、资源化原则，加快建立循环型工业体系，促进企业、园区、行业、区域间链接共生和协同利用，大幅度提高资源利用效率。

大力推进工业固体废物综合利用。以高值化、规模化、集约化利用为重点，围绕尾矿、废石、煤矸石、粉煤灰、冶炼渣、冶金尘泥、赤泥、工业副产石膏、化工废渣等工业固体废物，推广一批先进适用技术装备，推进深度资源化利用。深入推进承德、朔州、贵阳等资源综合利用基地建设，选择有基础、有潜力、产业集聚和示范效应明显的地区，合理布局，突出特色，加强体制机制和运行管理模式创新，打造完整的工业固体废物综合利用产业链。探索资源综合利用产业区域协同发展新模式，发挥各地优势，推动区域资源综合利用协同发展，实施京津冀地区资源综合利用产业协同发展行动计划，建立若干工业固体废物综合利用跨省界协同发展示范区。

加快推动再生资源高效利用及产业规范发展。围绕废钢铁、废有色金属、废纸、废橡胶、废塑料、废油、废弃电器电子产品、报废汽车、废旧纺织品、废旧动力电池、建筑废弃物等主要再生资源，加快先进适用回收利用技术和装备推广应用。建设一批再生资源产业集聚区，推进再生资源跨区域协同利用，构建区域再生资源回收利用体系。落实生产者责任延伸制度，在电器电子产品、汽车领域等行业开展生产者责任延伸试点示范。促进行业秩序逐步规范，定期发布符合行业规范条件的企业名单，培育再生资源行业骨干企业。

积极发展再制造。围绕传统机电产品、高端装备、在役装备等重点领域，实施高端、智能和在役再制造示范工程，打造若干再制造产业示范区。加强再制造技术研发与推广，研发应用再制造表面工程、疲劳检测与剩余寿命评估、增材制造等关键共性技术工艺，开发自动化高效解体、零部件绿色清洗、再制造产品服役寿命评估、基于监测诊断的个性化设计和在役再制造关键技术。引导再制造企业建立覆盖再制造全流程的产品信息化管理平台，促进再制造规范健康发展。推进产品认定，鼓励再制造产品推广应用。

全面推行循环生产方式。推进钢铁、有色、石化、化工、建材等行业拓展产品制造、能源转换、废弃物处理—消纳及再资源化等行业功

能，强化行业间横向耦合、生态链接、原料互供、资源共享。因地制宜推进水泥窑协同处置固体废物，鼓励造纸行业利用林业废物及农作物秸秆等制浆。推进各类园区进行循环化改造，实现生产过程耦合和多联产，提高园区资源产出率和综合竞争力。

专栏4 资源高效循环利用工程

大宗工业固体废物综合利用行动。重点推进冶炼渣及尘泥、化工废渣、尾矿、煤电废渣等综合利用。到2020年，大宗工业固体废物综合利用量达到21亿吨，磷石膏利用率40%，粉煤灰利用率75%。

再生资源综合利用行动。在废旧金属、废弃电器电子产品、报废汽车、建筑废弃物等领域，重点应用和推广高效破碎、稀贵金属成分快速检测、多金属综合回收利用等重大关键技术装备。到2020年，主要再生资源利用率达到75%。

区域资源综合利用行动。在京津冀及周边、长江经济带、珠三角地区、东北等老工业基地，建立10个冶炼渣与矿业废弃物、煤电废弃物、报废机电设备等协同利用示范基地，建设5个共伴生钒钛、稀土、盐湖等资源深度利用示范项目。

再制造示范推广。围绕航空发动机、燃气轮机、盾构机等大型成套设备及医疗设备、计算机服务器、复印机、打印机、模具等开展高端智能再制造示范。围绕数控机床、透平压缩机等装备实施在役再制造示范。到2020年，再制造产业规模达到2 000亿元。

（四）削减温室气体排放，积极促进低碳转型

工业是应对气候变化的重点领域，实现2030年碳排放达峰目标，必须在加大工业节能力度的同时，多措并举，推动部分行业、部分园区率先达峰。

推进重点行业低碳转型。结合碳排放重点行业特点，制定重大低碳技术推广实施方案，促进先进适用低碳新技术、新工艺、新设备和新材料的推广应用。研究制定钢铁、建材、有色、化工等重点行业碳排放控制目标和行动方案，提升重点行业碳生产力水平。在重点行业，选择一批减排潜力大、成熟度高、先进适用的重大低碳技术示范推广，促进工业行业碳排放强度下降。

控制工业过程温室气体排放。以减少工业过程二氧化碳、氧化亚氮、氢氟碳化物、全氟化碳、六氟化硫等温室气体排放为目标，以水泥、钢铁、石灰、电石、己二酸、硝酸、化肥、制冷剂生产等为重点，控制工业过程温室气体排放。开展水泥生产原料替代，利用工业固体废物等非碳酸盐原料生产水泥，减少生产过程二氧化碳排放。开展高碳产品替代，引导使用新型低碳水泥替代传统水泥、新型钢铁材料或可再生材料替代传统钢材、有机肥或缓释肥替代传统化肥，减少高碳排放产品消费。

开展工业低碳发展试点示范。继续开展园区试点示范，结合新型工业化产业示范基地建设，加大低碳工业园区建设力度，制定国家低碳工业园区指南，推进园区碳排放清单编制工作，推动园区企业参与碳排放权交易。开展低碳企业试点示范，引导企业实施低碳发展战略，逐步建立低碳企业评价标准、指标体系和激励约束机制，培育低碳标杆企业，增强企业低碳竞争力。鼓励建材、化工等行业实施碳捕集、利用与封存试点示范，促进二氧化碳资源化利用。

专栏5 工业低碳发展工程

绿色能源推广行动。控制和削减煤炭消耗总量，提高太阳能、风能、生物质能、水能等可再生能源使用比例。开展工业园区和企业智能微电网试点示范，鼓励智能微电网接入本地区电力需求侧管理平台。

控制工业过程温室气体排放计划。推广电炉炼钢—热轧短流程工艺，有色金属冶炼短流程工艺，改进电石、石灰生产工艺，减少生产过程二氧化碳排放。改进化肥、己二酸、硝酸、

己内酰胺等生产工艺，减少工业生产过程氧化亚氮的排放。实施高温室效应潜能值气体替代，通过采用合理防护性气体、创新操作工艺、开展替代品研发、改进设备使用等措施，大幅度降低工业生产过程含氟气体排放。

工业低碳发展试点示范行动。在钢铁、有色、建材、石化和化工、装备制造等重点行业，开展低碳企业创建试点。在化工、水泥、钢铁等行业实施碳捕集、利用与封存示范，加强二氧化碳在石油开采、塑料制品、食品加工等领域的应用。

（五）提升科技支撑能力，促进绿色创新发展

紧跟科技革命和产业变革的方向，加快绿色科技创新，加大关键共性技术研发力度，增加绿色科技成果的有效供给，发挥科技创新在工业绿色发展中的引领作用。

加快传统产业绿色化改造关键技术研发。围绕钢铁、有色、化工、建材、造纸等行业，以新一代清洁高效可循环生产工艺装备为重点，结合国家科技重大工程、重大科技专项等，突破一批工业绿色转型核心关键技术，研制一批重大装备，支持传统产业技术改造升级。重点支持钢铁行业研发换热式两段焦炉及高效、清洁全废钢电炉冶炼新工艺，有色行业研发超大容量电解槽、连续吹炼等设备与工艺，化工行业研发流化床多晶硅生产、氯化法钛白粉生产、新一代分离膜及膜器等新工艺及装备，水泥行业研发新型低碳、高标号熟料生产工艺，造纸行业研发高速造纸机智能化控制设备、非木浆黑液高浓度提取及蒸发工艺。

支持绿色制造产业核心技术研发。面向节能环保、新能源装备、新能源汽车等绿色制造产业的技术需求，加强核心关键技术研发，构建支持绿色制造产业发展的技术体系。节能环保产业重点研发煤炭清洁高效利用、朗肯循环等余热高效利用、高耗能行业节能新工艺等节能技术，挥发性有机物在线分析仪、高浓度氨氮废水处理、化工废盐焚烧处理及资源化、污泥高速流体喷射破碎干化等环保技术及装备，以及低品位共伴生矿产资源高效利用、赤泥和电解锰渣资源化利用、钢渣微粉等综合利用技术装备。新能源装备重点研发核心装备部件制造、并网、电网调度和运维管理等关键技术。电动汽车重点推进动力电池、电机、电控等技术研发。

鼓励支撑工业绿色发展的共性技术研发。按照产品全生命周期理念，以提高工业绿色发展技术水平为目标，加大绿色设计技术、环保材料、绿色工艺与装备、废旧产品回收资源化与再制造等领域共性技术研发力度。重点突破产品轻量化、模块化、集成化、智能化等绿色设计共性技术，研发推广高性能、轻量化、绿色环保的新材料，突破废旧金属、废塑料等产品智能分选与高值利用、固体废物精细拆解与清洁再生等关键产业化技术，开展基于全生命周期的绿色评价技术研究。

（六）加快构建绿色制造体系，发展壮大绿色制造产业

强化产品全生命周期绿色管理，支持企业推行绿色设计，开发绿色产品，建设绿色工厂，发展绿色工业园区，打造绿色供应链，全面推进绿色制造体系建设。

开发绿色产品。按照产品全生命周期绿色管理理念，遵循能源资源消耗最低化、生态环境影响最小化、可再生率最大化原则，大力开展绿色设计示范试点，以点带面，加快开发具有无害化、节能、环保、低耗、高可靠性、长寿命和易回收等特性的绿色产品。积极推进绿色产品第三方评价和认证，发布工业绿色产品目录，引导绿色生产，促进绿色消费。建立各方协作机制，开展典型产品评价试点，建立有效的监管机制。

创建绿色工厂。按照厂房集约化、原料无害化、生产洁净化、废物资源化、能源低碳化的原则分类创建绿色工厂。引导企业按照绿色工厂建设标准建造、改造和管理厂房，集约利用厂区。鼓励企业使用清洁原料，对各种物料

严格分选、分别堆放，避免污染。优先选用先进的清洁生产技术和高效末端治理装备，推动水、气、固体污染物资源化和无害化利用，降低厂界环境噪声、振动以及污染物排放，营造良好的职业卫生环境。采用电热联供、电热冷联供等技术提高工厂一次能源利用率，设置余热回收系统，有效利用工艺过程和设备产生的余（废）热。提高工厂清洁和可再生能源的使用比例，建设厂区光伏电站、储能系统、智能微电网和能管中心。

发展绿色工业园区。以企业集聚化发展、产业生态链接、服务平台建设为重点，推进绿色工业园区建设。优化工业用地布局和结构，提高土地节约集约利用水平。积极利用余热余压废热资源，推行热电联产、分布式能源及光伏储能一体化系统应用，建设园区智能微电网，提高可再生能源使用比例，实现整个园区能源梯级利用。加强水资源循环利用，推动供水、污水等基础设施绿色化改造，加强污水处理和循环再利用。促进园区内企业之间废物资源的交换利用，在企业、园区之间通过链接共生、原料互供和资源共享，提高资源利用效率。推进资源环境统计监测基础能力建设，发展园区信息、技术、商贸等公共服务平台。

建立绿色供应链。以汽车、电子电器、通信、机械、大型成套装备等行业的龙头企业为依托，以绿色供应链标准和生产者责任延伸制度为支撑，带动上游零部件或元器件供应商和下游回收处理企业，在保证产品质量的同时践行环境保护责任，构建以资源节约、环境友好为导向，涵盖采购、生产、营销、回收、物流等环节的绿色供应链。建立绿色原料及产品可追溯信息系统。

支持企业实施绿色战略、绿色标准、绿色管理和绿色生产，开展绿色企业文化建设，提升品牌绿色竞争力。引导企业建立集资源、能源、环境、安全、职业卫生为一体的绿色管理体系，将绿色管理贯穿于企业研发、设计、采购、生产、营销、服务等全过程，实现生产经营管理全过程绿色化。培育一批具有自主品牌、核心技术能力强的绿色龙头骨干企业，发挥大型企业集团示范带动作用，在绿色发展上先行先试，引导企业建立信息公开制度，定期发布社会责任报告和可持续发展报告。

专栏6 绿色制造体系创建工程

绿色产品设计示范。推进绿色设计试点示范，开展典型产品绿色设计水平评价试点，培育一批绿色设计示范企业，制定绿色产品标准。到2020年，创建百家绿色设计示范企业、百家绿色设计中心，力争开发推广万种绿色产品。

绿色示范工厂创建。制定绿色工厂建设标准和导则，在钢铁、有色、化工、建材、机械、汽车、轻工、纺织、医药、电子信息等重点行业开展试点示范。到2020年，创建千家绿色示范工厂。

绿色示范园区创建。选择一批基础条件好、代表性强的工业园区，开展绿色园区创建示范工程。到2020年，创建百家示范意义强、综合水平高的绿色园区。

绿色供应链示范。以供应链核心企业为抓手，开展试点示范，实施绿色采购，推行生产者责任延伸制度，在信息通信、汽车、家电、纺织等行业培育百家绿色供应链示范企业。

（七）充分发挥区域比较优势，推进工业绿色协调发展

在区域工业发展中贯彻绿色理念，发挥地区比较优势，加强区域协同，促进区域工业绿色发展。

紧扣主体功能定位，进一步调整和优化工业布局。发挥主体功能区规划的引导作用，根据区域资源承载力和环境容量，确定区域工业发展方向和开发强度。优化开发区域积极发展节能、节地、环保的先进制造业，推动产业结构向高端、高效、高附加值转变，大力提高清洁能源比重，能源和水资源消耗以及污染物排放强度达到或接近国际先进水平。重点开发区

域合理开发并有效保护能源和矿产资源，将资源优势转化为经济优势，改造传统产业，大力发展新兴产业，大幅提高清洁生产水平，降低资源消耗、污染物和二氧化碳排放强度。限制开发区域加强开发强度管制，限制进行大规模高强度工业化开发。禁止开发区域进行工业化开发。

落实重大发展战略，推动绿色制造示范和产业升级。推动京津冀地区绿色协同发展，围绕北京非首都功能疏解，以产业转移带动区域产业结构优化调整，构建区域资源综合利用协同发展体系，推动煤炭替代和绿色能源消费，提升区域资源能源利用效率，降低污染物排放。大力推动长江经济带生态保护，推进沿江工业节水治污、清洁生产改造，加快发展节能环保、新能源装备等绿色产业，支持一批节能环保产业示范基地建设和发展。

推进区域工业绿色转型，实施区域绿色制造试点示范。进一步提高区域工业资源能源利用效率，降低污染排放，强化资源环境标准约束与引领，探索工业绿色低碳转型的新模式、新机制、新思路。引导试点城市加严能耗、水耗、排放标准，加强科技创新与管理创新，率先实现工业绿色低碳转型。梳理总结试点城市成功经验和做法，形成各具特色的工业绿色转型发展模式，以点带面推动工业绿色转型发展。

（八）实施绿色制造+互联网，提升工业绿色智能水平

推动互联网与绿色制造融合发展，提升能源、资源、环境智慧化管理水平，推进生产要素资源共享，用分享经济模式挖掘资源与数据潜力，促进绿色制造数字化提升。

推动能源管理智慧化。实施数字能效推进计划，鼓励企业通过物联网、大数据、云计算、先进过程控制等技术应用，对能源消耗情况特别是大型耗能设备，实施动态监测、控制和优化管理，提高企业能源分析、预测和平衡调度能力，实现企业能源管理数字化和精细化。加大能源管控中心建设力度，在钢铁、化工、纺织、造纸等行业继续普及和完善能源管控中心建设。积极培育工业节能云服务市场，鼓励广大中小企业利用云计算技术共享能源管理。创新能耗监管模式，推进园区和区域能耗监测系统建设，建立分析与预测预警机制。

促进生产方式绿色精益化。利用移动互联网、云计算、大数据、物联网及分享经济模式促进生产方式绿色转型，推动研发设计、原材料供应、加工制造和产品销售等全过程精准协同，强化生产资料、技术装备、人力资源等生产要素共享利用，实现生产资源优化整合和高效配置。加快形成企业智能环境数据感知体系，落实生态环境保护信息化工程。加快绿色数据中心建设。发展大规模个性化定制、网络协同制造、远程运维服务，降低生产和流通环节资源浪费。推动电子商务企业直销或与实体企业合作经营绿色产品和服务，鼓励利用网络销售绿色产品，满足不同主体多样化的绿色消费需求。利用线上线下融合等模式推动绿色消费习惯形成，增进民众绿色消费获得感。

创新资源回收利用方式。发展“互联网+”回收利用新模式，支持利用物联网、大数据开展信息采集、数据分析、流向监测，鼓励再生资源利用企业与互联网回收企业建立战略联盟、电商业务向资源回收领域拓展以及智能回收机向互联网回收延伸。支持利用电子标签、二维码等物联网技术，跟踪废弃电器电子产品流向。鼓励互联网企业积极参与工业园区废弃物信息平台建设，推动现有骨干再生资源交易市场向线上线下结合转型升级，逐步形成行业性、区域性、全国性的产业废弃物和再生资源在线交易系统。

（九）着力强化标准引领约束，提高绿色发展基础能力

建立完善工业绿色发展标准、评价及创新服务等体系，打造绿色制造服务平台，加快培育壮大节能环保服务业，全面提升绿色发展基础能力。

健全标准体系。聚焦工业绿色发展需求，

围绕绿色产品、绿色工厂、绿色园区和绿色供应链构建绿色制造标准体系，提高节能、节水、节地、节材指标及计量要求，加快能耗、水耗、碳排放、清洁生产等标准制修订，提升工业绿色发展标准化水平。充分发挥企业在标准制定中的作用，鼓励制定严于国家标准、行业标准的企业标准，促进工业绿色发展提标升级。积极推进标准互认，鼓励企业、科研院所、行业组织等主动参与国际标准化工作，围绕节能环保、新能源、新材料、新能源汽车等领域，主导或参与制定国际标准，提升标准国际化水平。加强强制性标准实施的监督评估，开展实施效果评价，建立强制性标准实施情况统计分析报告制度。

建立评价机制。加快建立自我评价、社会评价与政府引导相结合的绿色制造评价机制。加快制定绿色制造评价制度，研究提出绿色制造评价方法和指南，制定分行业、分领域绿色评价指标和评估方法，开发应用评价工具。开展绿色产品、绿色工厂、绿色园区、绿色供应链评价试点，引导绿色生产，促进绿色消费。鼓励引导第三方服务机构创新绿色制造评价及服务模式，面向重点领域开展咨询、检测、评估、认定、审计、培训等一揽子服务，提供绿色制造整体解决方案。强化绿色评价结果应用，建立实施能效、水效和环保领跑者制度，逐步建立评价结果与绿色消费的衔接机制。

夯实数据基础。加快建设覆盖工业产品全生命周期资源消耗、能源消耗、污染物及温室气体排放、人体健康影响等要素的生态影响基础数据库。推动建设包括绿色材料库、设备资源库、绿色工艺库、零件信息库等在内的绿色生产基础数据库和产值数据库。支持钢铁、有色、造纸、印染、电子信息等重点行业建设行业绿色制造生产过程物质流和能量流数据库。建立绿色产品可追溯信息系统，提高绿色产品物流信息化和供应链协同水平。研究制定数据标准和采集方法，完善数据计量、信息收集、监测分析保障体系，开发企业生产数据与数据库公共服务平台对接的软件系统。

强化创新服务。鼓励企业与高校、科研机构、服务机构共建研发中心、实验室、中试基地等科技创新载体，推进建设若干国家绿色创新示范企业和企业绿色技术中心。建立产业绿色创新联盟等创新平台，开展产学研用协同创新。加强绿色制造关键核心技术知识产权储备，构建产业化导向的专利组合和战略布局，建设绿色制造技术专利池，推动知识产权资源共享。提升绿色制造项目甄别、技术鉴定、成果推广、信息交流等服务能力，建立企业、中介机构与金融机构之间的互动机制，利用市场机制和信息化手段，提供知识培训、问题诊断、技术方案、融资支持、效果评估一体化服务。实施绿色制造培训行动计划，完善绿色制造人才培训、咨询、信息等绿色促进服务体系，针对中小企业开展网上培训、免费义诊等。

（十）积极开展国际交流合作，促进工业绿色开放发展

把握“一带一路”建设机遇，全面提升工业绿色发展领域的国际交流层次和开放合作水平，共谋绿色发展，为全球生态安全做出新贡献。

推进绿色国际经济合作。在“一带一路”等国际合作中贯彻绿色发展理念，着眼于全球资源配置，采用境外投资、工程承包、技术合作、装备出口等方式，推动绿色制造和绿色服务率先走出去。钢铁、建材、造纸等行业注重以循环经济模式进行合作，石化化工行业加强境外绿色生产基地建设，积极参与风电、太阳能、核能、电网等国际新能源项目的投资、建设和运营。

强化绿色科技国际合作。紧跟全球绿色科技和产业发展动向，加强工业绿色发展国际交流与合作，充分利用市场规模、装备生产能力、创新环境和人才队伍等方面的优势，吸引全球顶尖研发资源和先进技术转移。加快建立国际化的绿色技术创新平台，加强绿色工业、应对气候变化等领域国际科技合作研究，鼓励国内

研发机构与世界一流科研机构建立稳定的合作伙伴关系，广泛开展科研人员交流培训，在更高层次和更广领域推动国际绿色科技合作。

完善对外交流合作长效机制。充分利用多边和双边合作机制，加强节能减排、气候变化、清洁技术、清洁能源开发等方面的交流对话，积极参与工业绿色发展相关谈判和相关规则制定，推动建立公平、透明、合理的全球绿色发展新秩序。加强与联合国开发计划署、全球环境基金等的合作，继续推进与联合国工业发展组织在工业绿色发展领域的合作交流。在中欧、中美及相关国际组织等合作框架下，推动双边及多边政府部门、研究机构、行业协会、相关企业间的交流互动，深入推进中欧绿色产品政策交流与对话，加强中美绿色能源开发利用领域交流合作。支持港澳等地区与内地合作开展节能环保展示交流活动。

四、保障措施

（一）加强组织领导

各级工业和信息化主管部门要充分认识工业绿色发展的重大意义，将推进工业绿色发展作为推动生态文明建设的一项重要任务，加强组织领导，积极会同相关部门健全工作机制，结合实际情况提出加快推进工业绿色发展的目标任务和工作方案，加强地方规划与本规划的衔接。建立责任明确、协调有序、监管有力的工业绿色发展工作体系，切实履行职责，进一步强化目标责任评价考核，加强监督检查，保障规划目标和任务的完成。充分发挥行业协会、产业联盟等的桥梁纽带作用，推动重点行业绿色发展。

（二）创新体制机制

充分发挥市场调节作用，构建工业绿色发展长效机制。深化资源体制改革，通过理顺资源价格体系，建立以市场化为导向的、能够反映市场供求关系、资源稀缺程度、环境损害成本的资源价格形成机制，建立健全用能权、用水权、排污权、碳排放权初始分配制度，创新有偿使用、预算管理、投融资机制，培育和发展交易市场。建立覆盖工业产品全生命周期、全价值链的绿色管理体系。开展能效、水效、环保领跑者引领行动。发布实施《工业节能管理办法》，强化工业绿色发展的法规、标准约束，严格监管，营造良好市场环境。

（三）落实财税政策

加大投入力度，充分利用中央预算内投资、技术改造、节能减排、清洁生产、专项建设基金等资金渠道及政府和社会资本合作（PPP）模式，集中力量支持传统产业改造、绿色制造试点示范、资源综合利用等。落实资源综合利用、节能节水及环保（专用）装备等领域财税支持政策，将绿色节能产品纳入政府采购。

（四）发展绿色金融

以绿色金融支持工业绿色发展，不断扩大工业绿色信贷和绿色债券规模，创新金融产品和服务，积极开展绿色消费信贷业务。积极研究设立工业绿色发展基金，鼓励社会资本投入绿色制造业。建立企业绿色发展水平与企业信用等级评定、贷款联动机制。鼓励金融机构为中小企业绿色转型提供便捷、优惠的担保服务和信贷支持，积极发展融资租赁、知识产权质押贷款、信用保险保单质押贷款。

（五）强化宣传引导

加强舆论宣传引导，开展多层次、多形式的宣传教育，积极开展公益性的宣传活动，大力传播绿色发展理念。充分发挥各类媒体、公益组织、行业协会、产业联盟、公众参与、舆论监督等积极作用，引导消费者树立绿色消费理念，为工业绿色发展营造良好舆论氛围。

国家发展改革委关于印发贯彻落实区域发展战略促进区域协调发展的指导意见的通知

发改地区〔2016〕1771号 2016年8月16日

各省、自治区、直辖市人民政府，国务院有关部委、直属机构：

《关于贯彻落实区域发展战略促进区域协调发展的指导意见》已经国务院同意，现印发你们，请认真贯彻执行。

附件：关于贯彻落实区域发展战略促进区域协调发展的指导意见

国家发展改革委

2016 年 8 月 16 日

附件：

关于贯彻落实区域发展战略促进区域协调发展的指导意见

党中央、国务院高度重视促进区域协调发展工作。近年来，在区域发展总体战略指引下，我国区域发展空间布局逐步优化，区域良性互动格局加快形成，区域发展协调性进一步增强，为国民经济平稳健康发展做出了重要贡献。经济发展新常态下，区域发展的内外部环境正在发生深刻变化，促进区域协调发展面临重大机遇，也存在诸多挑战，特别是区域发展差距仍然较大、老少边穷地区发展相对落后、一些区域无序开发情况比较突出、促进区域协调发展体制机制还不完善等问题亟待解决。为进一步贯彻落实新时期党中央、国务院关于区域发展的一系列重大战略部署，统筹协调东中西部和东北地区四大板块，优化经济发展空间格局，促进区域协调发展、协同发展、共同发展，根据《国民经济和社会发展第十三个五年规划纲要》有关工作部署，提出以下指导意见。

一、总体要求

（一）指导思想。全面贯彻党的十八大和十八届三中、四中、五中全会精神，深入贯彻习近平总书记系列重要讲话精神，按照“五位一体”总体布局和“四个全面”战略布局，牢固树立和贯彻落实创新、协调、绿色、开放、共享的新发展理念，主动适应引领经济发展新常态，以区域发展总体战略为基础，以“一带一路”建设、京津冀协同发展、长江经济带发展为引领，坚定不移实施主体功能区制度，创新完善区域规划和区域政策，健全区域协调发展机制，推进全国统一市场建设，积极推动形成以沿海沿江沿线经济带为主的纵向横向经济轴带，塑造要素有序自由流动、主体功能约束有效、基本公共服务均等、资源环境可承载的区域协调发展新格局，为国民经济持续健康发展和全面建成小康社会做出新贡献。

（二）基本原则。市场导向，政府推动。充分发挥市场在资源配置中的决定性作用，更好发挥政府作用。打破地区分割和隐形壁垒，推动形成全国统一市场，促进各类生产要素有序自由流动、优化配置；加强区域发展战略、规划、政策的制定实施和优化调整，不断完善促进基本公共服务均等化的制度保障。

统筹协调，分类指导。国家层面统筹区域发展战略布局、总体规划和制度安排，组织编制重要跨区域、次区域规划，强化区域重大项目、重大政策、重大制度、重大体制的对接，促进区域协调发展。坚持从各地实际出发，因地制宜、分类指导，按照生态文明建设的要求，引导各地合理确定经济社会发展目标，并根据区域主体功能定位，提出不同任务要求，实施差别化的区域政策。

改革创新，开放合作。坚持实施创新驱动发展战略，尊重基层首创精神，支持重点地区先行先试，打造和依托必要的改革开放平台，努力探索促进区域协调发展的新路径新方式。统筹国际国内区域合作，深入实施“一带一路”建设、京津冀协同发展、长江经济带发展三大战略，构建合作机制与交流平台，加快培育参与和引领国际经济合作竞争新优势。

问题导向，循序渐进。坚持从解决当前影响区域协调发展的突出问题入手，分阶段设定目标任务，在抓好区域规划和政策文件贯彻实施的同时，加快建立健全区域协调发展体制，逐步形成长效机制，推动区域协调发展工作进入法治化、规范化轨道。

（三）主要目标。到2020年，区域协调发展新格局基本形成，区域发展差距进一步缩小，区域协调发展体制机制更加完善，区域开发秩序进一步规范，区域一体化发展、城乡协调发展和全国统一市场建设取得重大进展，基本公共服务均等化总体实现，社会发展和人民生活水平显著提高，区域性整体贫困问题得到解决，绿色循环低碳发展水平明显提升，生态环境质量持续改善，全国各地区人民共享全面建成小康社会成果。

二、优化经济发展空间格局

（四）深入推进实施区域发展总体战略。进一步加强对东、中、西部和东北地区发展的统筹协调，积极推动沿大江大河、沿边沿海和沿重要交通干线的经济增长带建设，促进生产要素在更广区域内有序自由流动，构建东中西、南北方协调联动发展的新格局。把深入实施西部大开发战略放在优先位置，更好发挥“一带一路”建设对西部大开发的带动作用，促进生产要素向西部地区流动和集聚，着力培育新的经济增长点和增长极，开工建设一批重大项目，不断提升基础设施建设和基本公共服务水平，巩固国家生态和边疆安全。大力推动东北地区等老工业基地全面振兴，着力完善体制机制，深入推进重点领域改革，扩大面向东北亚及欧美国家（地区）的开放合作，积极推进结构调整，支持产业结构单一地区（城市）加快转型，着力鼓励创新创业，培育提升内生发展动力，着力保障和改善民生，促进资源型城市可持续发展。进一步发挥中部地区承东启西、连接南北的独特优势，制定实施新十年促进中部地区崛起规划，完善支持政策体系，激活发展潜力，加快综合交通运输体系建设，有序承接产业转移，积极推进新型城镇化，全面深化对内对外开放合作，进一步吸纳人口、集聚产业和增强综合实力。支持东部地区率先创新发展，积极借鉴国际先进经验，着力推动全面深化改革和制度创新，加快实现创新驱动发展，进一步扩大对外开放合作，加快建立全方位开放型经济体系，积极探索陆海统筹新机制，更好发挥在全国经济增长中的重要引擎和辐射带动作用。

（五）重点实施好三大战略。深入推进“一带一路”建设，注重与区域开发开放相融合，强化东部地区的龙头引领和中西部内陆腹地的战略支撑作用，加快推进“一带一路”核心区、战略支点、开放门户及对外大通道建设，推进与沿线国家和地区互联互通，开展多领域务实合作，打造陆海内外联动、东西双向开放的全面开放新格局。积极推动京津冀协同发展，以资源环境承载能力为基础，强化水资源环境承载能力刚性约束，调整优化经济结构和空间结构，有序疏解北京非首都功能，推进交通一体化、生态环保、产业转型升级三大领域率先突破，加快推进大气污染联防联控，完善协同发展体制机制，编制京津冀空间规划，建设以首都为核心的世界级城市群，打造京津冀协同创新共同体，辐射带动环渤海地区和北方腹地发展。推进长江经济带发展，坚持生态优先、绿色发展，把修复长江生态环境摆在压倒性位置，共抓大保护，大力提升资源环境承载能力，着力推进长江重大生态修复、航道治理、沿江公用码头等重大工程和项目建设，构建高质量综合立体交通走廊，引导产业优化布局和分工协作，推动长江上中下游地区协同发展、东中西部互动合作。

（六）全力实施脱贫攻坚。充分发挥政治优势和制度优势，采取超常规措施，坚决打赢脱贫攻坚战。推进精准扶贫、精准脱贫，创新扶贫开发方式，进一步整合资源，加快实施发展生产、易地扶贫搬迁、生态补偿、教育扶贫、社保兜底等精准扶贫工程，健全精准扶贫工作机制，因人因地施策，提高扶贫实效。加强贫困地区基础设施建设，支持因地制宜发展特色经济。不断提高贫困地区公共服务水平，基本完成存量危房改造，提升医疗服务水平，切实抓好义务教育和职业培训，尽力阻断贫困代际传递。

（七）扶持特殊类型地区发展。加大对革命老区、民族地区、边疆地区和困难地区的支持力度。支持革命老区开发建设，完善革命老区振兴发展支持政策，推动赣闽粤原中央苏区等重点贫困革命老区振兴发展。把加快民族地区发展摆到更加突出的战略位置，坚持和完善民族区域自治制度，完善差别化支持政策，推动建立各民族相互嵌入式的社会结构和社区环境，促进各民族交往交流交融。推进边疆地区开发开放，加强基础设施互联互通，大力推进兴边富民行动。加强规划引导和政策支持，促进资源枯竭、产业衰退、生态严重退化等困难地区转型发展，研究支持产业衰退地区振兴发展的政策措施。加大对特殊类型地区的财政金融支持力度，改善基础设施条件，提高基本公共服务能力和水平，支持有序承接产业转移，发展优势产业和特色经济，吸引富余劳动力转移就业，强化生态保护和修复，完善生态补偿机制。

（八）加快城市群建设发展。优化提升东部城市群，支持京津冀、长江三角洲、珠江三角洲三大城市群继续在制度创新、科技进步、产业升级、绿色发展等方面走在全国前列，加快形成国际竞争新优势，建设具有世界影响力的城市群。支持北京、上海建设具有全球影响力的科技创新中心，建设一批创新型（试点）省份和城市，推进以科技创新为核心的全面创新，为全国创新驱动发展做好示范。提升山东半岛、海峡西岸城市群开放竞争水平。培育中西部地区城市群，支持成渝、中原、长江中游、哈长、关中平原、北部湾等城市群深化对内对外开放，加快新型工业化和新型城镇化进程，壮大现代产业体系，完善基础设施网络，增强对区域和全国经济社会发展的支撑作用。依托省会城市、重要节点城市等区域性中心城市，加强区域协作对接，加快产业转型升级，实现集约发展、联动发展、互补发展，形成辐射带动区域整体发展的城市群。编制重点城市群规划，以重点城市群为依托，促进跨行政区经济区发展。促进城镇发展与产业就业支撑和人口集聚相协调，统筹推进国家级新区、产城融合示范区、临空经济区等发展，研究制定促进县域特色经济发展的政策举措，加快推进城乡协调发展。

（九）拓展蓝色经济空间。坚持陆海统筹，发展海洋经济，科学开发海洋资源，保护海洋生态环境，加快建设海洋强国，拓展我国发展战略空间。按照以陆促海、以海带陆、人海和谐的原则，促进海洋经济发展，加强陆海基础设施对接，促进陆海产业融合发展，构建陆海统筹开发格局。以全国海洋经济发展试点区建设为重点，优化海洋产业结构，发展海洋科学技术，打造若干海洋经济圈和特色海洋产业园区。加强远洋和大洋深部资源的开发利用。严格控制围填海规模，强化近海、海岸带和沿海滩涂的保护与合理开发利用，适时出台关于加强沿海滩涂保护与开发的政策措施。加强沿海地区海洋防灾减灾能力建设，保障沿海社会经济可持续发展。推进海岛保护利用，预留后备开发资源，推动海岛地区经济社会发展，创新绿色、节能、环保的生态型海岛经济发展新模式。

（十）构建生态安全屏障。把生态文明理念贯穿区域发展总体战略实施的全过程，构建高效安全国土开发保护格局。加快完善主体功能区政策体系，推动各地区依据主体功能定位发展，加快生态安全屏障建设，形成以青藏高原、黄土高原—川滇、东北森林带、北方防沙带、南方丘陵山地带、近岸近海生态区以及大江大河重要水系为骨架，以其他重点生态功能区为重要支撑，以禁止开发区域为重要组成生态安全战略格局。健全国土空间用途管制制度，将用途管制扩大到所有自然生态空间。加强重点生态功能区、生态环境敏感区和脆弱区等保护和管理，合理划定生态保护红线，落实最严格水资源管理制度，强化水资源节约保护，加大重要饮用水水源地保护力度，推进河湖生态保护和修复，加强水土流失综合防治，增强涵养水土、防风固沙能力，保护生物多样性，加强海洋和海岛生态系统保护和修复。全面推动资源能源节约，落实最严格的耕地保护制度和最严格的节约用地制度，大力发展循环经济，加强环境保护和污染治理。加快解决重点区域、流域和海域的突出环境问题，鼓励开展跨行政区的生态环保合作，促进生态产品和环保基础设施共建共享，推行全流域、跨区域联防联控和城乡协同治理模式，开展跨区域联合执法。以流域为单元，系统推进国土综合整治，维护流域生态安全。

三、完善创新区域政策

（十一）加强区域政策顶层设计。探索建立科学规范的区域发展水平评价体系。按照建设全国统一大市场的要求，在科学划分区域类型的基础上，以区域发展总体战略为基础框架，以不同地区主体功能定位、经济社会发展水平和基本公共服务水平为基本依据，推进建立和完善内涵清晰、措施有效、管理规范、分类指导的区域政策体系。完善区域政策制定实施的磋商与协同推进机制，以及政策调整的综合评估与决策机制，探索将公众参与、专家论证、风险评估、合法性审查等确定为政策制定的重要程序。加强区域发展环境影响评价及水资源论证，依法开展环境影响跟踪评价，强化能源资源节约管理，促进区域经济与资源环境协调发展。

（十二）提高区域政策的精准性。充分发挥区域发展总体战略的指向作用，完善区域政策与财政政策、货币政策、产业政策、投资政策、消费政策、价格政策协调配合的政策体系，优化政策目标体系和工具组合，缩小政策单元，完善差别化的区域发展政策，提高区域政策协同性、精准性、可操作性和有效性。适应引领经济发展新常态，根据经济走势和地区经济分化的特点，加强分类指导。对制造业体系比较完整、产能过剩行业比重较大、国有企业比重较大、生态功能和农业地位重要、滞缓衰退严重和资源枯竭等不同类型地区，出台有针对性的政策举措，积极推进供给侧结构性改革，发展新经济，培育新动能，促进各地区充分发挥比较优势，破解发展瓶颈和发展难题，提升综合竞争力和实力，推动结构优化和动力转换，对于重大改革政策可在重点区域、行业、领域先行开展试点示范。区域政策应更加注重促进区域间社会事业均衡发展和基本公共服务均等化，特别要加大对老少边穷等欠发达地区的扶持力度。推进中央与地方财政事权和支出责任划分改革，加大一般性转移支付比重，提高地方自身发展能力。强化对区域经济形势的监测预测和跟踪分析，建立与之联动的区域政策动态调整机制。

（十三）发挥区域规划指导约束作用。充分发挥区域规划对国土空间开发和经济社会发展的综合协调作用，做好区域规划与国民经济和社会发展总体规划、主体功能区规划、土地利用总体规划、城市总体规划、镇总体规划、环境保护规划、水资源综合规划等衔接配合。落实国家级区域规划管理有关规定，进一步突出国家对跨行政区的重要发展轴带和经济区布局发展的宏观统筹，促进各区域联动协调发展，强化跨省（区、市）的区域规划对编制区域内省（区、市）级总体规划、专项规划的指导和约束作用。

（十四）优化规划政策实施与评价机制。健全区域规划实施体系，综合运用法律、经济、技术、行政等多种手段，充分发挥相关工作推进领导小组、部际联席会议等协调机制作用，建立和完善运行高效的规划实施机制。探索构建区域规划与政策实施绩效评价及考核体系，建立区域规划与政策实施跟踪评估及动态优化完善机制。根据区域规划实施情况中期评估和执行期满全面评估结果，可以按程序调整、废止或续编规划。其中国家级规划评估结果需向国务院报告。完善公众参与和社会监督机制，对于不涉及国家秘密的区域规划，尽可能开展第三方评估，定期向社会公布规划实施及相关评估情况。

四、加强区域合作互动

（十五）推进区域协同发展。进一步加强规划引导和政策指导，加快基础设施互联互通，推动科技合作与协同创新，推进生态环境保护合作，深化社会事业领域合作，促进区域协同发展、有条件的地区一体化发展。推动京津冀、长三角、珠三角不断扩大协同合作领域和范围，促进环渤海地区合作发展，推动东北地区新一轮振兴，深化泛珠三角、泛长三角区域合作，提升合作层次和水平。支持成渝、中原、长江中游、关中—天水、北部湾等中西部重点经济区结合贯彻国家战略规划，加快一体化发展进程。探索建立毗邻省份发展规划衔接机制，支持和鼓励在省际交界地区开展区域一体化发展试点试验。注重以区域一体化促进全国统一市场建设，通过改革创新打破地区分割和利益藩篱，清理和废除妨碍全国统一市场和公平竞争的各种规定和做法，促进人员、技术、资本、货物、服务等要素有序自由流动，全面提高资源配置效率。

（十六）促进产业有序转移与承接。结合实施三大战略，充分发挥中西部和东北地区比较优势，落实和完善相关支持政策，加强对重点地区产业转移的政策引导，支持承接产业转移示范区建设，进一步优化产业空间布局，引导产业集聚发展。坚持市场导向，完善产业协作体系，尊重企业在产业转移中的主体地位，充分利用信息化手段推动区域产业结构优化调整，探索建立区域产业转移引导制度和区域产业链条上下游联动机制。创新各类园区管理模式和运行机制，鼓励有条件地区发展“飞地经济”，鼓励中西部和东北地区通过委托管理、投资合作等多种形式与东部沿海地区合作共建产业园区，支持在省（区、市）毗邻地区合作共建产业园区，及时推广成功模式和做法。充分发挥高新技术产业开发区在产业转移升级中的作用，积极推进产业技术协同创新，鼓励新业态新模式，发现和培育新的经济增长点。支持设立老工业基地产业转型升级示范区（园区），促进产业向高端化、集聚化、智能化升级。要严把产业承接准入门槛，加强重点用能企业节能监管，加大污染防治和环境保护力度，发展循环经济，推动产业转移、经济发展与资源环境相协调。

（十七）加大对口支援和帮扶工作力度。深入推进对口支援西藏、新疆和青海等四省藏区工作，进一步加大对民族地区、革命老区、集中连片特殊困难地区、丹江口库区及其上游地区等的对口支援或帮扶力度。优化对口支援和帮扶工作体制机制，充分发挥支援方在资金、技术、人才、体制、信息等方面的优势，创新帮扶形式，拓展工作领域，突出改善民生，加强支援方与受援方互动，促进受援地区经济社会又好又快发展。强化东西扶贫协作，推动人才、资金、技术等要素有效对接。鼓励各地区自行开展对口支援和结对帮扶工作。

（十八）深化内地和港澳、大陆和台湾地区合作发展。进一步发挥港澳在对外开放和“一带一路”建设中的独特优势，鼓励内地与港澳企业合作走出去。加大内地对港澳开放力度，推动内地与港澳关于建立更紧密经贸关系安排升级。加快深圳前海、广州南沙、珠海横琴等粤港澳合作平台建设。深化泛珠三角区域合作，支持广东省会同港澳共同编制粤港澳大湾区发展规划。促进两岸经济融合发展，推动两岸产业优势互补、融合发展，加快海峡西岸经济区以及平潭综合实验区、福州新区、昆山深化两岸产业合作试验区等平台建设，积极探索两岸合作新模式。

（十九）积极参与国际区域合作。以“一带一路”建设为统领，实行更加积极主动的开放战略，完善互利共赢、多元平衡、安全高效的开放型经济体系。完善对外开放区域布局，探索扩大内陆沿边开放新模式和新路径，建设内陆开放战略支撑带，继续坚定不移扩大沿海开放，支持沿海地区全面参与全球经济合作和竞争，培育具有全球竞争力的经济区。加强区域、次区域合作，进一步发挥澜沧江—湄公河合作、大湄公河次区域经济合作、孟中印缅经济走廊、中亚区域经济合作、图们江地区开发合作等国际区域合作机制作用。充分利用高层领导会晤、各类政府间合作委员会及下设的地方政府合作分委会等平台机制，推动地方开展国际区域合作。加强边境口岸建设管理，提高通关效能，提升对外开发开放平台水平，推进重点开发开放试验区建设，支持边境经济合作区发展，稳步建设跨境经济合作区，更好发挥境外经贸合作区的带动作用。

五、健全区域协调发展机制

（二十）建立健全区际利益平衡机制。健全市场机制，有效发挥政府、企业和社会组织等多元主体的作用，充分调动社会力量，鼓励成立各类区域性社会组织，构建多层次、多领域的区域合作网络。创新合作机制，健全区域合作服务体系，形成东西互动、南北协调的合作发展格局。强化互助机制，完善发达地区对欠发达地区的对口支援制度和措施，促进对口支援从单方受益为主向双方受益进一步深化。健全扶持机制，以推进基本公共服务均等化为方向，加大对欠发达地区的支持力度，继续在经济政策、资金投入和产业发展等方面加大对中西部地区的支持，进一步完善对粮食主产区、资源产区的利益补偿机制，建立健全稀缺资源、重要农产品的价格形成机制，有效平衡输出地和输入地的利益关系。健全生态保护补偿机制，坚持谁受益、谁补偿原则，完善对重点生态功能区的生态保护补偿机制和地区间横向生态保护补偿制度，探索市场化的生态保护补偿机制。

（二十一）支持发挥平台创新示范作用。鼓励国家级新区、国家级综合配套改革试验区、重点开发开放试验区以及其他各类区域发展平台大胆创新探索，在建立区际间利益分享与平衡机制、跨区域综合管理机制、统筹城乡发展等方面进行探索试验，努力形成一批可复制、可推广的成功经验。积极推进国家自主创新示范区建设，继续在部分区域系统推进全面创新改革试验，形成若干具有创新示范和带动作用的区域性创新平台。同时，通过在有条件的地区新设特殊功能区、试验区等，打造重大改革试验平台，支持在一些重点领域和关键环节进行探索，为推动我国深化改革发挥积极的试验示范作用。

（二十二）推动区域治理法治化。进一步深化促进区域协调发展法规体系建设的基础问题研究，在总结过去实践经验和借鉴国外成功做法的基础上，逐步推进促进区域协调发展立法进程，实现以法律形式规范区域协调发展的目标原则、战略重点、责任分工、体制机制等，增强约束性和权威性。

六、切实加强组织领导

（二十三）加强统筹协调指导。发展改革

委要会同有关部门切实加强对全国区域协调发展的战略规划和政策统筹，加快推进重点领域、关键环节改革创新，建立健全有利于区域协调发展的长效机制和跨地区跨部门重点项目、重大工程、重要事项协调推进机制。

（二十四）加大督促落实力度。国务院有关部门要加强对促进区域协调发展各项工作落实的督促检查，做好对区域规划与区域政策实施情况的跟踪分析和评估，强化重点项目建设、重大事项落实的督查，重要情况及时向国务院报告。要根据国家总体要求，积极研究出台并落实有利于促进区域协调发展的专项政策和具体举措。开发性、政策性金融机构要结合自身优势，为促进区域协调发展发挥积极作用。要完善社会监督机制，鼓励社会传媒和公众有序参与区域规划与区域政策的实施和监督。

（二十五）强化上下联动协作。国务院有关部门要加强对地方工作的指导，支持地方落实好国家区域发展总体战略，积极参与地方政府合作联席会议和区域合作组织开展的相关活动，协助地方制定专项方案和具体举措，推动区域发展总体战略以及重大区域规划、区域政策在地方落到实处、见到实效；要指导并鼓励各地开展有利于促进区域协调发展的试点试验，着力帮助解决试点中的突出问题。各省（区、市）人民政府要按照党中央、国务院决策部署，明确责任分工，完善激励约束机制，积极主动作为，落实各项工作任务，着力解决本地区发展不平衡、不协调问题；要加强与国家有关部门和毗邻地区的沟通衔接，积极探索跨区域利益协调机制，形成区域协调发展合力，实现互利共赢。

工业和信息化部印发《关于完善制造业创新体系，推进制造业创新中心建设的指导意见》

工信部科〔2016〕273号　2016年8月19日

各省、自治区、直辖市及计划单列市工业和信息化主管部门：

为深入实施《中国制造2025》，加快完善制造业创新体系，根据工业和信息化部、发展改革委、科技部、财政部联合印发的《制造业创新中心建设工程实施指南（2016—2020年）》（以下简称《指南》），现就推进制造业创新中心建设提出以下意见：

一、重要意义

创新是制造业发展的源动力和主引擎。当前，我国产业创新能力不强，关键核心技术受制于人、产业共性技术供给不足、创新成果产业化不畅的问题依然存在，现有的制造业创新体系已难以适应经济社会发展需要，亟需在发挥已有各类创新载体作用的基础上，围绕产业链部署创新链，围绕创新链完善资金链，瞄准制造业发展薄弱环节，打造高水平有特色的国家制造业创新平台和网络，形成以制造业创新中心为核心节点的制造业创新体系，推动我国制造业向价值链中高端跃升，为制造强国建设提供有力支撑。

二、总体思路和主要目标

（一）总体思路

坚持把创新摆在制造业发展全局的核心位

置，按照《中国制造2025》战略部署，围绕制造业创新发展的核心任务，有效发挥市场主导作用和政府引导作用，按照“一案一例一策”方式，统筹推进国家制造业创新中心和省级制造业创新中心建设，汇聚创新资源，建立共享机制，发挥溢出效应，打通技术开发到转移扩散到首次商业化应用的创新链条，进一步完善以企业为主体、市场为导向、产学研相结合的制造业创新体系，形成制造业创新驱动、大中小企业协同发展的新格局，切实提高制造业创新能力，推动我国制造业由大变强。

（二）主要目标

国家制造业创新平台包括国家制造业创新中心和省级制造业创新中心。按照《中国制造2025》和《指南》总体部署和要求，围绕重点行业转型升级和新一代信息技术、智能制造、增材制造、新材料、生物医药等领域创新发展的重大共性需求，建设一批制造业创新中心。到2020年，形成15家左右国家制造业创新中心；到2025年，形成40家左右国家制造业创新中心。在有条件、综合实力较强的地方，建成一批省级/区域制造业创新中心，作为国家制造业创新中心的支撑和补充。

通过突破重点领域共性关键技术，加速科技成果商业化和产业化，优化制造业创新生态环境，形成以国家制造业创新中心和省级制造业创新中心为核心节点的多层次、网络化制造业创新体系，显著提升国家制造业创新能力。

三、基本原则

（一）政府引导，统筹布局

加强顶层设计和总体布局，发挥政府的引导作用。充分调动中央和地方积极性，统筹协调国家制造业创新中心和省级制造业创新中心建设。

（二）市场导向，共同建设

充分发挥市场在资源配置中的决定性作用，由具有行业领先地位的企业、高校、科研院所等自愿组合，自主决策，实现可持续发展。

（三）因地制宜，差异发展

探索有效建设模式，针对各地产业发展状况、创新环境和创新资源特点，实现差异化发展，切忌一哄而上，避免重复建设。

（四）试点先行，有序推进

以“中国制造2025试点示范城市”、国家新型工业化产业示范基地、国家高新技术产业开发区等创新资源集聚区域为依托开展试点，有序推进制造业创新中心建设。

四、总体部署

围绕《中国制造2025》重点领域，每个领域布局一家国家制造业创新中心，形成支撑国家制造业创新体系的核心节点。国家制造业创新中心应汇聚该领域国内主要创新资源，主要解决面向行业的共性技术，以企业为主体，产学研用相结合，采用企业法人等形式组建，探索并完善运行机制，形成内生发展动力。

按照《中国制造2025分省市指南》布局要求，重点产业集聚的省市可选择优势领域建设省级制造业创新中心，打造区域制造业创新平台。省级制造业创新中心应汇聚区域创新资源，探索多种产学研协同组建模式，其牵头组建单位一般应是具有业界影响力的企业，以资本为纽带，联合具有较强研发能力的高校、具有行业领先地位的科研院所或能够整合区域服务的产业园区平台共同组建。省级制造业创新中心应围绕区域性重大技术需求，探索实现多元化投资、多样化模式和市场化运作，打造新型研发机构。

对于聚焦事关制造业发展全局的重点领域的省级制造业创新中心，符合《指南》要求、能够整合国内本领域创新资源、运行稳定并可持续发展、在本领域形成较强影响力时，经制造业创新中心建设工程专家组审核通过后，可升级为国家制造业创新中心。

五、主要任务

（一）开展产业前沿及共性关键技术研发

面向战略必争的重点领域，开展前沿技术

研发及转化扩散，突破产业链关键技术屏障，支撑产业发展。面向优势产业发展需求，开展共性关键技术和跨行业融合性技术研发，突破产业发展的共性技术供给瓶颈，带动产业转型升级。

（二）建立产学研协同创新机制

整合各类创新资源，依托现有或新组建的产业技术创新联盟，发挥行业骨干企业主导作用、中小企业协同配套作用、高校科研院所技术支撑基础作用、行业中介组织的保障服务作用，形成联合开发、优势互补、成果共享、风险共担的产学研协同创新机制。

（三）加强知识产权保护运用

建立完善的知识产权管理制度，在制造业创新中心成员间形成知识产权协同创造、联合运营和收益共享。加强关键核心技术和基础共性技术知识产权战略储备，形成战略前瞻布局。加强知识保护，支撑和保障制造业创新发展。

（四）促进科技成果商业化应用

建立以市场化机制为核心的成果转移扩散机制，通过孵化企业、种子项目融资等方式，推动科技成果首次商业化应用和产业化。探索采取股权、期权激励和奖励等多种方式，鼓励科技人员积极转化科技成果。

（五）强化标准引领和保障作用

围绕重点领域组建标准推进联盟，研制对提升产业竞争力具有重要影响的关键技术标准，通过标准固化创新成果、推动创新成果应用、增强市场信心，促进标准与技术和产业发展的紧密结合。积极参加各类国际标准化活动，主导和参与国际标准制定，增加国际标准话语权，提升我国相关产业的国际竞争力。

（六）服务大众创业万众创新

建立众创空间、新型孵化器等各种形式的平台载体，利用“互联网+”，为企业提供信息服务，加速创意孵化和技术成果产业化。推动互联网企业构建制造业“双创”服务体系，培育“互联网+”制造新模式。加强与各类投资基金合作，拓展创新创业投融资渠道，为企业“双创”提供持续支持。

（七）打造多层次人才队伍

集聚培养高水平领军人才与创新团队，开展人才引进、人才培养、人才培训、人才交流。建立和完善人才培训服务体系，加强专业技术人才和高技能人才队伍建设，把创新精神与企业家精神、工匠精神有机结合起来，为我国制造业发展提供多层次创新人才。

（八）鼓励开展国际合作

加强国际科技创新信息的跟踪、收集、分析，通过人才引进、技术引进、参股并购、专利交叉许可等形式，促进行业共性技术水平提升和产业发展。与全球创新要素深度融合，通过建立联合研发中心或实验基地等，开展联合研发。

六、保障措施

（一）完善部门协同机制

在国家制造强国建设领导小组领导下，强化各部委工作组织协调，形成工作合力，推进制造业创新中心建设工程的实施。组建制造业创新中心建设工程专家组，完善专家组的调研机制、反馈机制和跟踪机制，提高决策的科学性和可行性。充分发挥行业协会的宣传组织和沟通桥梁作用。

（二）加强地方组织实施

加强部省资源统筹协调和交流互动，形成中央和地方上下联动的协同工作机制，共同推进制造业创新中心建设。鼓励地方加强规划布局，因地制宜制定各类优惠政策，探索地方财政的有效支持方式，支持制造业创新中心建设。加强省级制造业创新中心与国家新型工业化产业示范基地、两化融合示范区建设等相关工作的结合，鼓励相关试点示范地区建立有利于制造业创新中心建设的服务体系和政策环境。

（三）加大资金支持力度

对于列入重点培育对象的省级制造业创新中心，争取地方财政资金支持，积极探索中央财政资金的支持方式。《中国制造2025》中有关工程和国家科技计划项目对国家制造业创新中心和省级制造业创新中心申报项目予以倾斜。

（四）用好税收金融政策

落实制造业与互联网融合发展的增值税优惠政策，加快落实研发费用加计扣除等支持创新的所得税优惠政策。充分发挥各类产业基金的引导作用，鼓励探索打造多元化的融资渠道，调动和增强社会各方力量参与的主动性、积极性，引导社会资本支持制造业创新中心建设。鼓励银行探索支持制造业创新中心建设的金融产品。

（五）强化考核评估和指导落实

完善考核评估机制，对国家制造业创新中心开展阶段性考核评估，对重点培育的省级制造业创新中心，根据阶段发展目标开展考核评估。鼓励地方加大对省级制造业创新中心建设的跟踪、分析和指导。根据产业发展和评估情况，择优支持省级制造业创新中心参与国家制造业创新中心建设。

国务院关于促进创业投资持续健康发展的若干意见

国发〔2016〕53号　2016年9月16日

各省、自治区、直辖市人民政府，国务院各部委、各直属机构：

创业投资是实现技术、资本、人才、管理等创新要素与创业企业有效结合的投融资方式，是推动大众创业、万众创新的重要资本力量，是促进科技创新成果转化的助推器，是落实新发展理念、实施创新驱动发展战略、推进供给侧结构性改革、培育发展新动能和稳增长、扩就业的重要举措。近年来，我国创业投资快速发展，不仅拓宽了创业企业投融资渠道、促进了经济结构调整和产业转型升级，增强了经济发展新动能，也提高了直接融资比重、拉动了民间投资服务实体经济，激发了创业创新、促进了就业增长。但同时也面临着法律法规和政策环境不完善、监管体制和行业信用体系建设滞后等问题，存在一些投资“泡沫化”现象以及非法集资风险隐患。按照党中央、国务院的决策部署，为进一步促进创业投资持续健康发展，现提出以下意见。

一、总体要求

创业投资是指向处于创建或重建过程中的未上市成长性创业企业进行股权投资，以期所投资创业企业发育成熟或相对成熟后，主要通过股权转让获取资本增值收益的投资方式。天使投资是指除被投资企业职员及其家庭成员和直系亲属以外的个人以其自有资金直接开展的创业投资活动。发展包括天使投资在内的各类创业投资，应坚持以下总体要求：

（一）指导思想。牢固树立和贯彻落实创新、协调、绿色、开放、共享的发展理念，着力推进供给侧结构性改革，深入实施创新驱动发展战略，大力推进大众创业、万众创新，使市场在资源配置中起决定性作用和更好发挥政府作用，进一步深化简政放权、放管结合、优化服务改革，不断完善体制机制，健全政策措施，加强统筹协调和事中事后监管，构建促进创业投资发展的制度环境、市场环境和生态环境，加快形成有利于创业投资发展的良好氛围和“创业、创新＋创投”的协同互动发展格局，进一步扩大创业投资规模，促进创业投资做大做强做优，培育一批具有国际影响力和竞争力的中国创业投资品牌，推动我国创业投资行业跻身世界先进行列。

（二）基本原则。

一是坚持服务实体。创业投资是改善投资

结构、增加有效投资的重要手段。要进一步深化简政放权、放管结合、优化服务改革，创新监管方式，既要重视发挥大企业的骨干作用，也要通过创业投资激发广大中小企业的创造力和活力。以支持实体经济发展、助力创业企业发展为本，引导创业投资企业和创业投资管理企业秉承价值投资理念，鼓励长期投资和价值投资，防范和化解投资估值“泡沫化”可能引发的市场风险，积极应对新动能成长过程中对传统产业和行业可能造成的冲击，妥善处理好各种矛盾，加大对实体经济支持的力度，增强可持续性，构建“实体创投”投资环境。

二是坚持专业运作。以市场为导向，充分调动民间投资和市场主体的积极性，发挥市场规则作用，激发民间创新模式，防止同质化竞争。鼓励创业投资企业和创业投资管理企业从自身独特优势出发，强化专业化投资理念和投资策略，深化内部体制机制创新，加强对投资项目的投后管理和增值服务，不断提高创业投资行业专业化运作和管理水平，夯实“专业创投”运行基础。

三是坚持信用为本。以诚信为兴业之本、发展之基，加强创业投资行业信用体系建设，建立和完善守信联合激励和失信联合惩戒制度，促进创业投资企业和创业投资管理企业诚信守法，忠实履行对投资者的诚信义务，创建“信用创投”发展环境。

四是坚持社会责任。围绕推进创新型国家建设、支持大众创业万众创新、促进经济结构调整和产业转型升级的使命和社会责任，推动创业投资行业严格按照国家有关法律法规和相关产业政策开展投资运营活动，按照市场化、法治化原则，促进创业投资良性竞争和绿色发展，共同维护良好市场秩序，树立“责任创投”价值理念。

二、培育多元创业投资主体

（三）加快培育形成各具特色、充满活力的创业投资机构体系。鼓励各类机构投资者和个人依法设立公司型、合伙型创业投资企业。鼓励行业骨干企业、创业孵化器、产业（技术）创新中心、创业服务中心、保险资产管理机构等创业创新资源丰富的相关机构参与创业投资。鼓励具有资本实力和管理经验的个人通过依法设立一人公司从事创业投资活动。鼓励和规范发展市场化运作、专业化管理的创业投资母基金。（国家发展改革委、科技部、工业和信息化部、人力资源社会保障部、商务部、国务院国资委、工商总局、银监会、证监会、保监会按职责分工负责）

（四）积极鼓励包括天使投资人在内的各类个人从事创业投资活动。鼓励成立公益性天使投资人联盟等各类平台组织，培育和壮大天使投资人群体，促进天使投资人与创业企业及创业投资企业的信息交流与合作，营造良好的天使投资氛围，推动天使投资事业发展。规范发展互联网股权融资平台，为各类个人直接投资创业企业提供信息和技术服务。（国家发展改革委、科技部、证监会按职责分工负责）

三、多渠道拓宽创业投资资金来源

（五）大力培育和发展合格投资者。在风险可控、安全流动的前提下，支持中央企业、地方国有企业、保险公司、大学基金等各类机构投资者投资创业投资企业和创业投资母基金。鼓励信托公司遵循价值投资和长期投资理念，充分发挥既能进行创业投资又能发放贷款的优势，积极探索新产品、新模式，为创业企业提供综合化、个性化金融和投融资服务。培育合格个人投资者，支持具有风险识别和风险承受能力的个人参与投资创业投资企业。（国家发展改革委、财政部、国务院国资委、银监会、证监会、保监会按职责分工负责）

（六）建立股权债权等联动机制。按照依法合规、风险可控、商业可持续的原则，建立创业投资企业与各类金融机构长期性、市场化合作机制，进一步降低商业保险资金进入创业投资领域的门槛，推动发展投贷联动、投保联动、投债联动等新模式，不断加大对创业投资企业的投融资支持。加强“防火墙”相关制度建设，有效防范道德风险。支持银行业金融机构积极稳妥开展并购贷款业务，提高对创业企业兼并重组的金融服务水平。完善银行业金融机构投贷联动机制，稳妥有序推进投贷联动业务试点，推动投贷联动金融服务模式创新。支持创业投资企业及其股东依法依规发行企业债券和其他债务融资工具融资，增强投资能力。（国家发展改革委、科技部、人民银行、银监会、证监会、保监会按职责分工负责）

四、加强政府引导和政策扶持

（七）完善创业投资税收政策。按照税收中性、税收公平原则和税制改革方向与要求，统筹研究鼓励创业投资企业和天使投资人投资种子期、初创期等科技型企业的税收支持政策，进一步完善创业投资企业投资抵扣税收优惠政策，研究开展天使投资人个人所得税政策试点工作。（国家发展改革委、科技部、财政部、商务部、税务总局、证监会按职责分工负责）

（八）建立创业投资与政府项目对接机制。在全面创新改革试验区域、双创示范基地、国家高新区、国家自主创新示范区、产业（技术）创新中心、科技企业孵化器、众创空间等，开放项目（企业）资源，充分利用政府项目资源优势，搭建创业投资与企业信息共享平台，打通创业资本和项目之间的通道，引导创业投资企业投资于国家科技计划（专项、基金等）形成科技成果的转化。挖掘农业领域创业投资潜力，依托农村产业融合发展园区、农业产业化示范基地、农民工返乡创业园等，通过发展第二、三产业，改造提升第一产业。有关方面要配合做好项目对接和服务。（国家发展改革委、科技部、工业和信息化部、农业部、商务部按职责分工负责）

（九）研究鼓励长期投资的政策措施。倡导长期投资和价值投资理念，研究对专注于长期投资和价值投资的创业投资企业在企业债券发行、引导基金扶持、政府项目对接、市场化退出等方面给予必要的政策支持。研究建立所投资企业上市解禁期与上市前投资期限长短反向挂钩的制度安排。（国家发展改革委、科技部、财政部、人民银行、证监会按职责分工负责）

（十）发挥政府资金的引导作用。充分发挥政府设立的创业投资引导基金作用，加强规范管理，加大力度培育新的经济增长点，促进就业增长。充分发挥国家新兴产业创业投资引导基金、国家中小企业发展基金、国家科技成果转化引导基金等已设立基金的作用。对于已设立基金未覆盖且需要政府引导支持的领域，鼓励有条件的地方按照“政府引导、市场化运作”原则推动设立创业投资引导基金，发挥财政资金的引导和聚集放大作用，引导民间投资等社会资本投入。进一步提高创业投资引导基金市场化运作效率，促进政策目标实现，维护出资人权益。鼓励创业投资引导基金注资市场化母基金，由专业化创业投资管理机构受托管理引导基金。综合运用参股基金、联合投资、融资担保、政府出资适当让利于社会出资等多种方式，进一步发挥政府资金在引导民间投资、扩大直接融资、弥补市场失灵等方面的作用。建立并完善创业投资引导基金中政府出资的绩效评价制度。（国家发展改革委、科技部、工业和信息化部、财政部按职责分工负责）

五、完善创业投资相关法律法规

（十一）构建符合创业投资行业特点的法制环境。进一步完善促进创业投资发展相关法律法规，研究推动相关立法工作，推动完善公司法和合伙企业法。完善创业投资相关管理制度，推动私募投资基金管理暂行条例尽快出台，对创业投资企业和创业投资管理企业实行差异化监管和行业自律。完善外商投资创业投资企业管理制度。（国家发展改革委、商务部、证监会按职责分工负责）

（十二）落实和完善国有创业投资管理制度。鼓励国有企业集众智，开拓广阔市场空间，增强国有企业竞争力。支持有需求、有条件的国有企业依法依规、按照市场化方式设立或参股创业投资企业和创业投资母基金。强化国有创业投资企业对种子期、初创期等创业企业的支持，鼓励国有创业投资企业追求长期投资收益。健全符合创业投资行业特点和发展规律的国有创业投资管理体制，完善国有创业投资企业的监督考核、激励约束机制和股权转让方式，形成鼓励创业、宽容失败的国有创业投资生态环境。支持具备条件的国有创业投资企业开展混合所有制改革试点，探索国有创业投资企业和创业投资管理企业核心团队持股和跟投。探索地方政府融资平台公司转型升级为创业投资企业。依法依规豁免国有创业投资企业和国有创业投资引导基金国有股转持义务。（国家发展改革委、财政部、国务院国资委、证监会按职责分工负责）

六、进一步完善创业投资退出机制

（十三）拓宽创业投资市场化退出渠道。充分发挥主板、创业板、全国中小企业股份转让系统以及区域性股权市场功能，畅通创业投资市场化退出渠道。完善全国中小企业股份转让系统交易机制，改善市场流动性。支持机构间私募产品报价与服务系统、证券公司柜台市场开展直接融资业务。鼓励创业投资以并购重组等方式实现市场化退出，规范发展专业化并购基金。（证监会牵头负责）

七、优化创业投资市场环境

（十四）优化监管环境。实施更多的普惠性支持政策措施，营造公平竞争的发展环境，深化简政放权、放管结合、优化服务改革，搞好服务，激发活力。坚持适度监管、差异监管和统一功能监管，创新监管方式，有效防范系统性、区域性风险。对创业投资企业在行业管理、备案登记等方面采取与其他私募基金区别对待的差异化监管政策，建立适应创业投资行业特点的宽市场准入、重事中事后监管的适度而有效的监管体制。加强信息披露和风险揭示，引导创业投资企业建立以实体投资、价值投资和长期投资为导向的合理的投资估值机制。对不进行实业投资、从事上市公司股票交易、助推投资泡沫及其他扰乱市场秩序的创业投资企业建立清查清退制度。建立行业规范，强化创业投资企业内控机制、合规管理和风险管理机制。加强投资者保护，特别是要进一步完善产权保护制度，依法保护产权和投资者合法经营、合法权益和合法财产。加强投资者教育，相关投资者应为具有风险识别和风险承受能力的合格投资者。建立并完善募集资金的托管制度，规范创业投资企业募集资金行为，打击违法违规募集资金行为。健全对创业投资企业募集资金、投资运作等与保护投资者权益相关的制度规范，加强日常监管。（国家发展改革委、科技部、国务院国资委、证监会按职责分工负责）

（十五）优化商事环境。各地区、各部门不得自行出台限制创业投资企业和创业投资管理企业市场准入和发展的有关政策。建立创业投资行业发展备案和监管备案互联互通机制，为创业投资企业备案提供便利，放宽创业投资企业的市场准入。持续深化商事制度改革，提高工商登记注册便利化水平。促进创业投资行业加强品牌建设。（国家发展改革委、工商总局、证监会会同各有关部门按职责分工负责）

（十六）优化信用环境。有关部门、行业组织和社会征信机构要进一步建立健全创业投资企业、创业投资管理企业及其从业人员信用记录，实现创业投资领域信用记录全覆盖。推动创业投资领域信用信息纳入全国信用信息共享平台，并与企业信用信息公示系统实现互联互通。依法依规在“信用中国”网站和企业信用信息公示系统公示相关信息。加快建立创业投资领域严重失信黑名单制度，鼓励有关社会组织探索建立守信红名单制度，依托全国信用信息共享平台，按照有关法律法规和政策规定实施守信联合激励和失信联合惩戒。建立健全创业投资行业信用服务机制，推广使用信用产品。（国家发展改革委、商务部、人民银行、工商总

局、证监会按职责分工负责）

（十七）严格保护知识产权。完善知识产权保护相关法律法规和制度规定，加强对创业创新早期知识产权保护，在市场竞争中培育更多自主品牌，健全知识产权侵权查处机制，依法惩治侵犯知识产权的违法犯罪行为，将企业行政处罚、黑名单等信息纳入全国信用信息共享平台，对严重侵犯知识产权的责任主体实施联合惩戒，并通过“信用中国”网站、企业信用信息公示系统等进行公示，创造鼓励创业投资的良好知识产权保护环境。（国家发展改革委、人民银行、工商总局、知识产权局、证监会等按职责分工负责）

八、推动创业投资行业双向开放

（十八）有序扩大创业投资对外开放。发展创业投资要坚持走开放式发展道路，通过吸引境外投资，引进国际先进经验、技术和管理模式，提升我国创业投资企业的国际竞争力。按照对内外资一视同仁的原则，放宽外商投资准入，简化管理流程，鼓励外资扩大创业投资规模，加大对种子期、初创期创业企业支持力度。鼓励和支持境内外投资者在跨境创业投资及相关的投资贸易活动中使用人民币。允许外资创业投资企业按照实际投资规模将外汇资本金结汇所得的人民币划入被投资企业。（国家发展改革委、商务部、人民银行、国家外汇局按职责分工负责）

（十九）鼓励境内有实力的创业投资企业积极稳妥“走出去”。完善境外投资相关管理制度，引导和鼓励创业投资企业加大对境外及港、澳、台地区高端研发项目的投资，积极分享高端技术成果。（国家发展改革委、商务部、人民银行、国家外汇局按职责分工负责）

九、完善创业投资行业自律和服务体系

（二十）加强行业自律。加快推进依法设立全国性创业投资行业协会，鼓励具备条件的地区成立创业投资协会组织，搭建行业协会交流服务平台。充分发挥行业协会在行业自律管理和政府与市场沟通中的积极作用，加强行业协会在政策对接、会员服务、信息咨询、数据统计、行业发展报告、人才培养、国际交流合作等方面的能力建设，支持行业协会推动创业投资行业信用体系建设和社会责任建设，维护有利于行业持续健康发展的良好市场秩序。（国家发展改革委、科技部、民政部、证监会按职责分工负责）

（二十一）健全创业投资服务体系。加强与创业投资相关的会计、征信、信息、托管、法律、咨询、教育培训等各类中介服务体系建设。支持创业投资协会组织通过高等学校、科研院所、群团组织、创业投资企业、创业投资管理企业、天使投资人等多种渠道，以多种方式加强创业投资专业人才培养，加大教育培训力度，吸引更多的优秀人才从事创业投资，提高创业投资的精准度。（国家发展改革委、科技部、证监会按职责分工负责）

十、加强各方统筹协调

（二十二）加强政策顶层设计和统筹协调。国家发展改革委要会同有关部门加强促进创业投资发展的政策协调，建立部门之间、部门与地方之间政策协调联动机制，加强创业投资行业发展政策和监管政策的协同配合，增强政策针对性、连续性、协同性。建立相关政府部门促进创业投资行业发展的信息共享机制。（国家发展改革委、证监会会同有关部门按职责分工负责）

各地区、各部门要把促进创业投资持续健康发展作为深入实施创新驱动发展战略、推动大众创业万众创新、促进经济结构调整和产业转型升级的一项重要举措，按照职责分工抓紧制定相关配套措施，加强沟通协调，形成工作合力，确保各项政策及时落实到位，积极发展新经济、培育新动能、改造提升传统动能，推动中国经济保持中高速增长、迈向中高端水平。

国务院关于加快推进“互联网+政务服务”工作的指导意见

国发〔2016〕55号 2016年9月25日

各省、自治区、直辖市人民政府，国务院各部委、各直属机构：

推进“互联网+政务服务”，是贯彻落实党中央、国务院决策部署，把简政放权、放管结合、优化服务改革推向纵深的关键环节，对加快转变政府职能，提高政府服务效率和透明度，便利群众办事创业，进一步激发市场活力和社会创造力具有重要意义。近年来，一些地方和部门初步构建互联网政务服务平台，积极开展网上办事，取得一定成效。但也存在网上服务事项不全、信息共享程度低、可办理率不高、企业和群众办事仍然不便等问题，同时还有不少地方和部门尚未开展此项工作。为加快推进“互联网+政务服务”工作，切实提高政务服务质量与实效，现提出以下意见。

一、总体要求

（一）指导思想

认真落实党的十八大和十八届三中、四中、五中全会精神，深入贯彻习近平总书记系列重要讲话精神，牢固树立创新、协调、绿色、开放、共享的发展理念，按照建设法治政府、创新政府、廉洁政府和服务型政府的要求，优化服务流程，创新服务方式，推进数据共享，打通信息孤岛，推行公开透明服务，降低制度性交易成本，持续改善营商环境，深入推进大众创业、万众创新，最大程度利企便民，让企业和群众少跑腿、好办事、不添堵，共享“互联网+政务服务”发展成果。

（二）基本原则

坚持统筹规划。充分利用已有资源设施，加强集约化建设，推动政务服务平台整合，促进条块联通，实现政务信息资源互认共享、多方利用。

坚持问题导向。从解决人民群众反映强烈的办事难、办事慢、办事繁等问题出发，简化优化办事流程，推进线上线下融合，及时回应社会关切，提供渠道多样、简便易用的政务服务。

坚持协同发展。加强协作配合和工作联动，明确责任分工，实现跨地区、跨层级、跨部门整体推进，做好制度衔接，为“互联网+政务服务”提供制度和机制保障。

坚持开放创新。鼓励先行先试，运用互联网思维，创新服务模式，拓展服务渠道，开放服务资源，分级分类推进新型智慧城市建设，构建政府、公众、企业共同参与、优势互补的政务服务新格局。

（三）工作目标

2017年底前，各省（区、市）人民政府、国务院有关部门建成一体化网上政务服务平台，全面公开政务服务事项，政务服务标准化、网络化水平显著提升。2020年底前，实现互联网与政务服务深度融合，建成覆盖全国的整体联动、部门协同、省级统筹、一网办理的“互联网+政务服务”体系，大幅提升政务服务智慧化水平，让政府服务更透明，让企业和群众办事更方便、更快捷、更有效率。

二、优化再造政务服务

（一）规范网上服务事项

各省（区、市）人民政府、国务院各部门要依据法定职能全面梳理行政机关、公共企事业单位直接面向社会公众提供的具体办事服务事项，编制政务服务事项目录，2017年底前通过本级政府门户网站集中公开发布，并实时更新、动态管理。实行政务服务事项编码管理，规范事项名称、条件、材料、流程、时限等，逐步做到“同一事项、同一标准、同一编码”，为实现信息共享和业务协同，提供无差异、均等化政务服务奠定基础。

（二）优化网上服务流程

优化简化服务事项网上申请、受理、审查、决定、送达等流程，缩短办理时限，降低企业和群众办事成本。凡是能通过网络共享复用的材料，不得要求企业和群众重复提交；凡是能通过网络核验的信息，不得要求其他单位重复提供；凡是能实现网上办理的事项，不得要求必须到现场办理。推进办事材料目录化、标准化、电子化，开展在线填报、在线提交和在线审查。建立网上预审机制，及时推送预审结果，对需要补正的材料一次性告知；积极推动电子证照、电子公文、电子签章等在政务服务中的应用，开展网上验证核对，避免重复提交材料和循环证明。涉及多个部门的事项实行一口受理、网上运转、并行办理、限时办结。建立公众参与机制，鼓励引导群众分享办事经验，开展满意度评价，不断研究改进工作。各级政府及其部门都要畅通互联网沟通渠道，充分了解社情民意，针对涉及公共利益等热点问题，积极有效应对，深入解读政策，及时回应关切，提升政府公信力和治理能力。

（三）推进服务事项网上办理

凡与企业注册登记、年度报告、变更注销、项目投资、生产经营、商标专利、资质认定、税费办理、安全生产等密切相关的服务事项，以及与居民教育、医疗、户籍户政、社会保障、劳动就业、住房保障等密切相关的服务事项，都要推行网上受理、网上办理、网上反馈，做到政务服务事项“应上尽上、全程在线”。

（四）创新网上服务模式

加快政务信息资源互认共享，推动服务事项跨地区远程办理、跨层级联动办理、跨部门协同办理，逐步形成全国一体化服务体系。开展政务服务大数据分析，把握和预判公众办事需求，提供智能化、个性化服务，变被动服务为主动服务。引入社会力量，积极利用第三方平台，开展预约查询、证照寄送，以及在线支付等服务；依法有序开放网上政务服务资源和数据，鼓励公众、企业和社会机构开发利用，提供多样化、创新性的便民服务。

（五）全面公开服务信息

各地区各部门要在政府门户网站和实体政务大厅，集中全面公开与政务服务事项相关的法律法规、政策文件、通知公告、办事指南、审查细则、常见问题、监督举报方式和网上可办理程度，以及行政审批涉及的中介服务事项清单、机构名录等信息，并实行动态调整，确保线上线下信息内容准确一致。规范和完善办事指南，列明依据条件、流程时限、收费标准、注意事项等；明确需提交材料的名称、依据、格式、份数、签名签章等要求，并提供规范表格、填写说明和示范文本。除办事指南明确的条件外，不得自行增加办事要求。

三、融合升级平台渠道

（一）规范网上政务服务平台建设

各省（区、市）人民政府、国务院有关部门要依托政府门户网站，整合本地区本部门政务服务资源与数据，加快构建权威、便捷的一体化互联网政务服务平台，提供一站式服务，避免重复分散建设；已经单独建设的，应尽快与政府门户网站前端整合。中央政府门户网站是全国政务服务的总门户，各地区各部门网上政务服务平台要主动做好对接，形成统一的服务入口。推进政府部门各业务系统与政务服务平台的互联互通，加强平台间对接联动，统一身份认证，按需共享数据，做到“单点登录、全网通办”。建立健全政务服务平台电子监察系统，实现全部事项全流程动态监督。利用统一的政务服务资源，积极推进平台服务向移动端、自助终端、热线电话等延伸，为企业和群众提供多样便捷的办事渠道。

（二）推进实体政务大厅与网上服务平台融合发展

适应“互联网+政务服务”发展需要，进一步提升实体政务大厅服务能力，加快与网上服务平台融合，形成线上线下功能互补、相辅相成的政务服务新模式。推进实体政务大厅向网上延伸，整合业务系统，统筹服务资源，统一服务标准，做到无缝衔接、合一通办。完善配套设施，推动政务服务事项和审批办理职权全部进驻实体政务大厅，实行集中办理、一站式办结，切实解决企业和群众办事在政务大厅与部门之间来回跑腿的问题。实体政务大厅管理机构要加强对单位进驻、事项办理、流程优化、网上运行的监督管理，推进政务服务阳光规范运行。

（三）推动基层服务网点与网上服务平台无缝对接

乡镇（街道）政务服务中心和村（社区）便民服务点直接服务基层群众，要充分利用共享的网上政务服务资源，贴近需求做好政策咨询和办事服务，重点围绕劳动就业、社会保险、社会救助、扶贫脱贫等领域，开展上门办理、免费代办等，为群众提供便捷的综合服务。加快将网上政务服务向老少边穷岛等边远贫困地区延伸，实现“互联网+政务服务”基层全覆盖。

四、夯实支撑基础

（一）推进政务信息共享

国家发展改革委牵头整合构建统一的数据共享交换平台体系，贯彻执行《政务信息资源共享管理暂行办法》，打通数据壁垒，实现各部门、各层级数据信息互联互通、充分共享，尤其要加快推进人口、法人、空间地理、社会信用等基础信息库互联互通，建设电子证照库和统一身份认证体系。国务院各部门要加快整合面向公众服务的业务系统，梳理编制网上政务服务信息共享目录，尽快向各省（区、市）网上政务服务平台按需开放业务系统实时数据接口，支撑政务信息资源跨地区、跨层级、跨部门互认共享。切实抓好信息惠民试点工作，2017年底前，在80个信息惠民国家试点城市间初步实现政务服务“一号申请、一窗受理、一网通办”，形成可复制可推广的经验，逐步向全国推行。

（二）加快新型智慧城市建设

创新应用互联网、物联网、云计算和大数据等技术，加强统筹，注重实效，分级分类推进新型智慧城市建设，打造透明高效的服务型政府。汇聚城市人口、建筑、街道、管网、环境、交通等数据信息，建立大数据辅助决策的城市治理新方式。构建多元普惠的民生信息服务体系，在教育文化、医疗卫生、社会保障等领域，积极发展民生服务智慧应用，向城市居民、农民工及其随迁家属提供更加方便、及时、高效的公共服务。提升电力、燃气、交通、水务、物流等公用基础设施智能化水平，实行精细化运行管理。做好分级分类新型智慧城市试点示范工作，及时评估工作成效，发挥创新引领作用。

（三）建立健全制度标准规范

加快清理修订不适应“互联网+政务服务”的法律法规和有关规定，制定完善相关管理制度和服务规范，明确电子证照、电子公文、电子签章等的法律效力，着力解决“服务流程合法依规、群众办事困难重重”等问题。国务院办公厅组织编制国家“互联网+政务服务”技术体系建设指南，明确平台架构，以及电子证照、统一身份认证、政务云、大数据应用等标准规范。

（四）完善网络基础设施

建设高速畅通、覆盖城乡、质优价廉、服

务便捷的网络基础设施。将通信基础设施建设纳入地方城乡规划，实现所有设区城市光纤网络全覆盖，推进农村地区行政村光纤通达和升级改造。提升骨干网络容量和网间互通能力，大幅降低上网资费水平。尽快建成一批光网城市，第四代移动通信（4G）网络全面覆盖城市和乡村，80% 以上的行政村实现光纤到村。充分依托现有网络资源，推动政务云集约化建设，为网上政务服务提供支撑和保障。

（五）加强网络和信息安全保护

按照国家信息安全等级保护制度要求，加强各级政府网站信息安全建设，健全“互联网 + 政务服务”安全保障体系。明确政务服务各平台、各系统的安全责任，开展等级保护定级备案、等级测评等工作，建立各方协同配合的信息安全防范、监测、通报、响应和处置机制。加强对电子证照、统一身份认证、网上支付等重要系统和关键环节的安全监控。提高各平台、各系统的安全防护能力，查补安全漏洞，做好容灾备份。建立健全保密审查制度，加大对涉及国家秘密、商业秘密、个人隐私等重要数据的保护力度，提升信息安全支撑保障水平和风险防范能力。

五、加强组织保障

（一）强化组织领导

各地区各部门要高度重视，充分认识“互联网 + 政务服务”工作对建设廉洁高效、人民满意的服务型政府的重要意义，切实加强组织领导。主要负责同志要亲自部署，狠抓落实，并明确一位负责同志具体分管，协调督促，常抓不懈。各省（区、市）人民政府办公厅、国务院各部门办公厅（室）要牵头负责统筹推进、监督协调本地区本部门“互联网 + 政务服务”工作，明确工作机构、人员和职责，建立政务服务部门、信息化部门和有关业务单位分工明确、协调有力的工作机制。国务院办公厅要加强对各地区各部门“互联网 + 政务服务”工作的督促指导，开展督查评估，推动工作取得实效。

（二）强化考核监督

建立“互联网 + 政务服务”工作绩效考核制度，纳入政府绩效考核体系，加大考核权重，列入重点督查事项，定期通报并公开工作进展和成效。发挥媒体监督、专家评议、第三方评估等作用，畅通群众投诉举报渠道，通过模拟办事、随机抽查等方式，深入了解服务情况，汇聚众智改进服务。在政府门户网站设立曝光纠错栏目，公开群众反映的办事过程中遇到的困难和问题，及时反馈处理结果。完善正向激励机制，对综合评价高、实际效果好的按照有关规定予以表彰奖励；建立健全问责机制，对工作开展不力的予以通报，对不作为、乱作为、慢作为，损害群众合法权益的依法依规进行问责。

（三）加大培训推广力度

将“互联网 + 政务服务”工作纳入干部教育培训体系，定期组织开展培训。把面向公众办事服务作为公职人员培训的重要内容，提高服务意识、业务能力和办事效率。加强专业人才培养，建设一支既具备互联网思维与技能又精通政务服务的专业化队伍。积极开展试点示范工作，建立交流平台，加强业务研讨，分享经验做法，共同提高政务服务水平。做好宣传推广和引导，方便更多群众通过网络获取政务服务，提高“互联网 + 政务服务”的社会认知度和群众认同感。

各省（区、市）人民政府、国务院有关部门要根据本意见，抓紧制定工作方案，明确责任单位和进度安排，加强衔接配合，加大财政支持，认真抓好落实。工作方案报国务院办公厅备案。

工业和信息化部 财政部关于印发智能制造发展规划（2016–2020年）的通知

工信部联规〔2016〕349号 2016年12月8日

各省、自治区、直辖市及计划单列市、新疆生产建设兵团工业和信息化、财政主管部门，有关行业协会、有关中央企业：

为贯彻落实《中华人民共和国国民经济和社会发展第十三个五年规划纲要》《中国制造2025》（国发〔2015〕28号）和《国务院关于深化制造业与互联网融合发展的指导意见》（国发〔2016〕28号），工业和信息化部、财政部联合制定了《智能制造发展规划（2016–2020年）》。现印发你们，请结合本地区、本部门实际认真贯彻实施。

附件：

智能制造发展规划（2016–2020年）

智能制造是基于新一代信息通信技术与先进制造技术深度融合，贯穿于设计、生产、管理、服务等制造活动的各个环节，具有自感知、自学习、自决策、自执行、自适应等功能的新型生产方式。加快发展智能制造，是培育我国经济增长新动能的必由之路，是抢占未来经济和科技发展制高点的战略选择，对于推动我国制造业供给侧结构性改革，打造我国制造业竞争新优势，实现制造强国具有重要战略意义。

根据《中华人民共和国国民经济和社会发展第十三个五年规划纲要》《中国制造2025》和《国务院关于深化制造业与互联网融合发展的指导意见》，编制本规划。

一、发展现状和形势

全球新一轮科技革命和产业变革加紧孕育兴起，与我国制造业转型升级形成历史性交汇。智能制造在全球范围内快速发展，已成为制造业重要发展趋势，对产业发展和分工格局带来深刻影响，推动形成新的生产方式、产业形态、商业模式。发达国家实施“再工业化”战略，不断推出发展智能制造的新举措，通过政府、行业组织、企业等协同推进，积极培育制造业未来竞争优势。

经过几十年的快速发展，我国制造业规模跃居世界第一位，建立起门类齐全、独立完整的制造体系，但与先进国家相比，大而不强的问题突出。随着我国经济发展进入新常态，经济增速换挡、结构调整阵痛、增长动能转换等相互交织，长期以来主要依靠资源要素投入、规模扩张的粗放型发展模式难以为继。加快发展智能制造，对于推进我国制造业供给侧结构性改革，培育经济增长新动能，构建新型制造体系，促进制造业向中高端迈进、实现制造强国具有重要意义。

随着新一代信息技术和制造业的深度融合，我国智能制造发展取得明显成效，以高档数控机床、工业机器人、智能仪器仪表为代表的关键技术装备取得积极进展；智能制造装备和先进工艺在重点行业不断普及，离散型行业制造装备的数字化、网络化、智能化步伐加快，流程型行业过程控制和制造执行系统全面普及，关键工艺流程数控化率大大提高；在典型行业不断探索、逐步形成了一些可复制推广的智能制造新模式，为深入推进智能制造初步奠定了一定的基础。但目前我国制造业尚处于机械化、电气化、自动化、数字化并存，不同地区、不同行业、不同企业发展不平衡的阶段。发展智能制造面临关键共性技术和核心装备受制于人，智能制造标准 / 软件 / 网络 / 信息安全基础薄弱，智能制造新模式成熟度不高，系统整体解决方案供给能力不足，缺乏国际性的行业巨头企业和跨界融合的智能制造人才等突出问题。相对工业发达国家，推动我国制造业智能转型，环境更为复杂，形势更为严峻，任务更加艰巨。我们必须遵循客观规律，立足国情、着眼长远，加强统筹谋划，积极应对挑战，抓住全球制造业分工调整和我国智能制造快速发展的战略机遇期，引导企业在智能制造方面走出一条具有中国特色的发展道路。

二、总体要求

（一）指导思想

深入贯彻党的十八大及十八届三中、四中、五中全会精神，牢固树立创新、协调、绿色、开放、共享的发展理念，全面落实《中国制造2025》和推进供给侧结构性改革部署，将发展智能制造作为长期坚持的战略任务，分类分层指导，分行业、分步骤持续推进，“十三五”期间同步实施数字化制造普及、智能化制造示范引领，以构建新型制造体系为目标，以实施智能制造工程为重要抓手，着力提升关键技术装备安全可控能力，着力增强基础支撑能力，着力提升集成应用水平，着力探索培育新模式，着力营造良好发展环境，为培育经济增长新动能、打造我国制造业竞争新优势、建设制造强国奠定扎实的基础。

（二）基本原则

坚持市场主导、政府引导。充分发挥市场在配置资源中的决定性作用，强化企业市场主体地位，以需求为导向，激发企业推进智能制造的内生动力。发挥政府在规划布局、政策引导等方面的积极作用，形成公平市场竞争的发展环境。

坚持创新驱动、开放合作。建立健全创新体系，推进产学研用协同创新，激发企业创新创业活力，加强智能制造技术、装备与模式的创新突破。坚持互利共赢，扩大对外开放，加强在标准制定、人才培养、知识产权等方面国际交流合作。

坚持统筹规划、系统推进。统筹整合优势资源，加强顶层设计，调动各方积极性，协调推进。针对制造业薄弱与关键环节，系统部署关键技术装备创新、试点示范、标准化、工业互联网建设等系列举措，推进智能制造发展。

坚持遵循规律、分类施策。立足国情，准确把握智能制造的发展规律，因势利导，引导行业循序渐进推进智能化。针对不同地区、行业、企业发展基础、阶段和水平差异，加强分类施策、分层指导，加快推动传统行业改造、重点领域升级、制造业转型。

（三）发展目标

2025 年前，推进智能制造发展实施“两步走”战略：第一步，到 2020 年，智能制造发展基础和支撑能力明显增强，传统制造业重点领域基本实现数字化制造，有条件、有基础的重点产业智能转型取得明显进展；第二步，到 2025 年，智能制造支撑体系基本建立，重点产业初步实现智能转型。

2020 年的具体目标：

——智能制造技术与装备实现突破。研发一批智能制造关键技术装备，具备较强的竞争力，国内市场满足率超过50%。突破一批智能制造关键共性技术。核心支撑软件国内市场满足率超过30%。

——发展基础明显增强。智能制造标准体系基本完善，制（修）订智能制造标准200项以上，面向制造业的工业互联网及信息安全保障系统初步建立。

——智能制造生态体系初步形成。培育40个以上主营业务收入超过10亿元、具有较强竞争力的系统解决方案供应商，智能制造人才队伍基本建立。

——重点领域发展成效显著。制造业重点领域企业数字化研发设计工具普及率超过70%，关键工序数控化率超过50%，数字化车间/智能工厂普及率超过20%，运营成本、产品研制周期和产品不良品率大幅度降低。

三、重点任务

（一）加快智能制造装备发展

聚焦感知、控制、决策、执行等核心关键环节，推进产学研用联合创新，攻克关键技术装备，提高质量和可靠性。面向《中国制造2025》十大重点领域，推进智能制造关键技术装备、核心支撑软件、工业互联网等系统集成应用，以系统解决方案供应商、装备制造商与用户联合的模式，集成开发一批重大成套装备，推进工程应用和产业化。推动新一代信息通信技术在装备（产品）中的融合应用，促进智能网联汽车、服务机器人等产品研发、设计和产业化。

专栏1 智能制造装备创新发展重点

创新产学研用合作模式，研发高档数控机床与工业机器人、增材制造装备、智能传感与控制装备、智能检测与装配装备、智能物流与仓储装备五类关键技术装备。重点突破高性能光纤传感器、微机电系统（MEMS）传感器、视觉传感器、分散式控制系统（DCS）、可编程逻辑控制器（PLC）、数据采集系统（SCADA）、高性能高可靠嵌入式控制系统等核心产品，在机床、机器人、石油化工、轨道交通等领域实现集成应用。

依托优势企业，开展智能制造成套装备的集成创新和应用示范，加快产业化。促进智能网联汽车、智能工程机械、智能船舶、智能照明电器、服务机器人等研发和产业化，开展远程无人操控、运行状态监测、工作环境预警、故障诊断维护等智能服务。

到2020年，研制60种以上智能制造关键技术装备，达到国际同类产品水平，国内市场满足率超过50%。

（二）加强关键共性技术创新

围绕感知、控制、决策和执行等智能功能的实现，针对智能制造关键技术装备、智能产品、重大成套装备、数字化车间/智能工厂的开发和应用，突破先进感知与测量、高精度运动控制、高可靠智能控制、建模与仿真、工业互联网安全等一批关键共性技术，研发智能制造相关的核心支撑软件，布局和积累一批核心知识产权，为实现制造装备和制造过程的智能化提供技术支撑。

专栏2 智能制造关键共性技术创新方向

建设若干智能制造领域的制造业创新中心，开展关键共性技术研发。整合现有各类创新资源，引导企业加大研发投入，突破新型传感技术、模块化/嵌入式控制系统设计技术、先进控制与优化技术、系统协同技术、故障诊断与健康维护技术、高可靠实时通信、功能安全技术、特种工艺与精密制造技术、识别技术、建模与仿真技术、工业互联网、人工智能等关键共性技术。引导企业、高校、科研院所、用户组建智能制造创新联盟，推动创新资源向企业集聚。

加快研发智能制造支撑软件，突破计算机

辅助类（CAX）软件、基于数据驱动的三维设计与建模软件、数值分析与可视化仿真软件等设计、工艺仿真软件，高安全高可信的嵌入式实时工业操作系统、嵌入式组态软件等工业控制软件，制造执行系统（MES）、企业资源管理软件（ERP）、供应链管理软件（SCM）等业务管理软件，嵌入式数据库系统与实时数据智能处理系统等数据管理软件。

到2020年，建成较为完善的智能制造技术创新体系，一批关键共性技术实现突破，部分技术达到国际先进水平；核心支撑软件市场满足率超过30%。

（三）建设智能制造标准体系

依据国家智能制造标准体系建设指南，围绕互联互通和多维度协同等瓶颈，开展基础共性标准、关键技术标准、行业应用标准研究，搭建标准试验验证平台（系统），开展全过程试验验证。加快标准制（修）订，在制造业各个领域全面推广。成立国家智能制造标准化协调推进组、总体组和专家咨询组，形成协同推进的工作机制。充分利用现有多部门协调、多标委会协作的工作机制，形成合力，凝聚国内外标准化资源，扎实构建满足产业发展需求、先进适用的智能制造标准体系。

专栏3 智能制造标准提升专项行动

组织开展参考模型、术语定义、标识解析、评价指标、安全等基础共性标准和数据格式、通讯协议与接口等关键技术标准的研究制定，探索制定重点行业智能制造标准。强化方法论、标准库和标准案例集等实施手段，以培训、咨询等方式推进标准宣传贯彻与实施。推进智能制造标准国际交流与合作。

到2020年，国家智能制造标准体系基本建立，制（修）订智能制造国家标准200项以上，建设试验验证平台100个以上，公共服务平台50个以上。

（四）构筑工业互联网基础

研发新型工业网络设备与系统，构建工业互联网试验验证平台和标识解析系统。推动制造企业开展工厂内网络升级改造。鼓励电信运营商改良工厂外网络，开展工业云和大数据平台建设。研发安全可靠的信息安全软硬件产品，搭建面向智能制造的信息安全保障系统与试验验证平台，建立健全工业互联网信息安全风险评估、检查和信息共享机制。

专栏4 工业互联网建设重点

研发融合IPv6、4G/5G、短距离无线、WiFi技术的工业网络设备与系统，构建工业互联网试验验证平台及标识解析系统、企业级智能产品标识系统。开发工业互联网核心信息通信设备、工业级信息安全产品及设备。支持工业企业利用光通信、工业无线、工业以太网、SDN、OPC-UA、IPv6等技术改造工业现场网络，在工厂内形成网络联通、数据互通、业务打通的局面。利用SDN、网络虚拟化、4G/5G、IPv6等技术实现对现有公用电信网的升级改造，满足工业互联网网络覆盖和业务开展的需要。面向智能制造发展需求，推动工业云计算、大数据服务平台建设。推动有条件的企业开展试点示范，推进新技术、产品及系统在重点领域的集成应用。

到2020年，在重点领域制造企业建设新技术实验网络并开展应用创新。

（五）加大智能制造试点示范推广力度

在基础条件好和需求迫切的重点地区、行业，选择骨干企业，围绕离散型智能制造、流程型智能制造、网络协同制造、大批量定制、远程运维服务、工业云平台、众包众创等方面，开展智能制造新模式试点示范，形成有效的经验和模式。围绕设计、研发、生产、物流、服务等全生命周期，遴选智能制造标杆企业，在相关行业进行移植、推广。

专栏5 智能制造试点示范及推广应用专项行动

第一阶段，聚焦制造过程关键环节，在基础条件较好、需求迫切的地区和行业，遴选一批智能制造试点示范项目，总结形成有效经验和模式。第二阶段，围绕产品全生命周期，研究制定智能制造标杆企业遴选标准，在实施智能制造成效突出的企业中，遴选确定一批标杆企业，在相关行业大规模移植、推广所形成的经验和模式。

到2020年，建成300个以上智能制造试点示范项目，数字化车间/智能工厂试点示范项目实施前后实现运营成本降低20%，产品研制周期缩短20%，生产效率提高20%，产品不良品率降低10%，能源利用率提高10%；遴选确定150个以上智能制造标杆企业。

（六）推动重点领域智能转型

围绕《中国制造2025》十大重点领域，试点建设数字化车间/智能工厂，加快智能制造关键技术装备的集成应用，促进制造工艺仿真优化、数字化控制、状态信息实时监测和自适应控制。加快产品全生命周期管理、客户关系管理、供应链管理系统的推广应用，促进集团管控、设计与制造、产供销一体、业务和财务衔接等关键环节集成。针对传统制造业关键工序自动化、数字化改造需求，推广应用数字化技术、系统集成技术、智能制造装备，提高设计、制造、工艺、管理水平，努力提升发展层次，迈向中高端。加强传统制造业绿色改造，推动产业间绿色循环链接，提升重点制造技术绿色化水平。

专栏6 重点领域智能转型重点

围绕新一代信息技术、高档数控机床与工业机器人、航空装备、海洋工程装备及高技术船舶、先进轨道交通装备、节能与新能源汽车、电力装备、农业装备、新材料、生物医药及高性能医疗器械、轻工、纺织、石化化工、钢铁、有色、建材、民爆等重点领域，推进智能化、数字化技术在企业研发设计、生产制造、物流仓储、经营管理、售后服务等关键环节的深度应用。支持智能制造关键技术装备和核心支撑软件的推广应用，不断提高生产装备和生产过程的智能化水平。在基础条件较好的领域，开展数字化车间/智能工厂的集成创新与应用示范。支持地方、园区、龙头企业等建设一批公共服务平台，开展技术研发、产品设计、软件服务、数据管理、测试验证等服务。

到2020年，量大面广、有基础、有条件的重点领域数字化研发设计工具普及率达到70%以上，关键工序数控化率达到50%以上，数字化车间/智能工厂普及率达到20%以上。

（七）促进中小企业智能化改造

引导有基础、有条件的中小企业推进生产线自动化改造，开展管理信息化和数字化升级试点应用。建立龙头企业引领带动中小企业推进自动化、信息化的发展机制，提升中小企业智能化水平。整合和利用现有制造资源，建设云制造平台和服务平台，在线提供关键工业软件及各类模型库和制造能力外包服务，服务中小企业智能化发展。

专栏7 中小企业智能化改造专项行动

支持第三方机构提供分析诊断、创新评估等服务，鼓励系统集成商、装备供应商、软件供应商等，针对中小企业实际需求，研究制定简便易行的智能化改造方案，推广一批成熟使用的单元装备和先进技术。推进“互联网+小微企业”，推广适合中小企业发展需求的信息化产品和服务，促进互联网和信息技术在生产制造、经营管理、市场营销各个环节中的应用。推进云制造，构建云制造平台和服务平台。推动中小企业与大企业协同创新，鼓励有条件的大企业搭建信息化服务平台，向中小企业开放入口、数据信息、计算能力。

到2020年，有基础、有条件的中小企业生产自动化程度大幅提高，管理信息化和数字化水平明显提升。

（八）培育智能制造生态体系

面向企业智能制造发展需求，推动装备、自动化、软件、信息技术等不同领域企业紧密合作、协同创新，推动产业链各环节企业分工协作、共同发展，逐步形成以智能制造系统集成商为核心、各领域领先企业联合推进、一大批定位于细分领域的“专精特”企业深度参与的智能制造发展生态体系。加快培育一批有行业、专业特色系统解决方案供应商；大力发展具有国际影响力的龙头企业集团；做优做强一批传感器、智能仪表、控制系统、伺服装置、工业软件等“专精特”配套企业。

专栏8 智能制造系统解决方案供应商培育专项行动

支持以技术和资本为纽带，组建产学研用联合体或产业创新联盟，鼓励发展成为智能制造系统解决方案供应商。支持装备制造企业以装备智能化升级为突破口，加速向系统解决方案供应商转变。支持规划设计院以车间/工厂的规划设计为基础，延伸业务链条，开展数字化车间/智能工厂总承包业务。支持自动化、信息技术企业通过业务升级，逐步发展成为智能制造系统解决方案供应商。研究制定智能制造系统解决方案供应商标准或规范，发布智能制造系统解决方案供应商推荐目录。

到2020年，主营业务收入超10亿元的智能制造系统解决方案供应商达到40家以上，系统集成能力明显提升，基本满足制造业智能转型的需要。

（九）推进区域智能制造协同发展

打造智能制造装备产业集聚区。积极推动以产业链为纽带、资源要素集聚的智能制造装备产业集群建设，完善产业链协作配套体系。加强规划引导，提升信息网络、公共服务平台等基础设施水平，促进产业集聚区规范有序发展。

促进区域智能制造差异化发展。结合《中国制造2025分省市实施指南》，紧密依靠本区域智能制造发展基础，聚焦重点。大力推进制造业发展水平较好的地区率先实现优势产业智能转型，积极促进制造业欠发达地区结合实际，加快制造业自动化、数字化改造，逐步向智能化发展。

加强区域智能制造资源协同。搭建基于互联网的制造资源协同平台，不断完善体系架构和运行规则，加快区域间创新资源、设计能力、生产能力和服务能力的集成和对接，推进制造过程各环节和全价值链的并行组织和协同优化，实现区域优势资源互补和资源优化配置。

（十）打造智能制造人才队伍

构建多层次人才队伍。大力弘扬工匠精神，突出职业精神培育。加强智能制造人才培训，培养一批能够突破智能制造关键技术、带动制造业智能转型的高层次领军人才，一批既擅长制造企业管理又熟悉信息技术的复合型人才，一批能够开展智能制造技术开发、技术改进、业务指导的专业技术人才，一批门类齐全、技艺精湛、爱岗敬业的高技能人才。

健全人才培养机制。创新技术技能人才教育培训模式，促进企业和院校成为技术技能人才培养的“双主体”。鼓励有条件的高校、院所、企业建设智能制造实训基地，培养满足智能制造发展需求的高素质技术技能人才。支持高校开展智能制造学科体系和人才培养体系建设。建立智能制造人才需求预测和信息服务平台。

四、保障措施

（一）加强统筹协调

发挥国家制造强国建设领导小组作用，有效统筹中央、地方和其他社会资源，协调解决智能制造发展中遇到的问题，形成资源共享、协同推进的工作格局。发挥国家制造强国建设战略咨询委员会作用，为把握技术发展方向提供咨询建议。加强规划与其他专项、工程有机衔接。

（二）完善创新体系

在智能制造领域研究建立若干制造业创新

中心，建立市场化的创新方向选择机制和鼓励创新的风险分担、利益共享机制，解决技术研究与产业化应用的鸿沟。围绕重点领域智能制造发展需求，建设重大科学研究和实验设施。支持智能制造公共服务平台建设，增强为行业服务能力。鼓励企业加大研发投入力度，加强智能制造关键技术与装备创新。

（三）加大财税支持力度

充分利用现有资金渠道对智能制造予以支持。按照深化科技计划（专项、基金等）管理改革的要求，统筹支持智能制造关键共性技术的研发。完善和落实支持创新的政府采购政策。推进首台（套）重大技术装备保险补偿试点工作。落实税收优惠政策，企业购置并实际使用的重大技术装备符合规定条件的，可按规定享受企业所得税优惠政策。企业为生产国家支持发展的重大技术装备或产品，确有必要进口的零部件、原材料等，可按重大技术装备进口税收政策有关规定，享受进口税收优惠。

（四）创新金融扶持方式

发挥国家财政投入的引导作用，吸引企业、社会资本，建立智能制造多元化投融资体系。鼓励建立按市场化方式运作的各类智能制造发展基金，鼓励社会风险投资、股权投资投向智能制造领域。搭建政银企合作平台，研究建立产融对接新模式，引导和推动金融机构创新产品和服务方式。依托重点工程项目，推动首台（套）重大技术装备推广应用，完善承保理赔机制。支持装备制造企业扩大直接融资，发展应收账款融资，降低企业财务成本。

（五）发挥行业组织作用

发挥行业协会熟悉行业、贴近企业优势，推广先进管理模式，加强行业自律，防止无序和恶性竞争。各相关行业协会要指导企业深化改革、苦练内功，抓好技术创新、人才培养，及时反映企业诉求，反馈政策落实情况，积极宣传和帮助企业用足用好各项政策。鼓励行业协会、产业联盟提升服务行业发展的能力，引导企业推进智能制造发展。

（六）深化国际合作交流

在智能制造标准制定、知识产权等方面广泛开展国际交流与合作，不断拓展合作领域。支持国内外企业及行业组织间开展智能制造技术交流与合作，做到引资、引技、引智相结合。鼓励跨国公司、国外机构等在华设立智能制造研发机构、人才培训中心，建设智能制造示范工厂。鼓励国内企业参与国际并购、参股国外先进的研发制造企业。

五、组织实施

规划是指导未来5年智能制造发展的纲领性文件，工业和信息化部、发展改革委、科技部、财政部联合印发的《智能制造工程实施指南（2016–2020年）》明确的重点任务是规划的核心内容。工业和信息化部、财政部负责规划的组织实施，加强领导，精心组织，及时解决规划实施过程中遇到的问题，推动各项任务和措施落到实处。建立规划实施动态评估机制，适时对目标和任务进行必要的调整。

各地工业和信息化、财政主管部门要按照职责分工，抓紧制定与规划相衔接的实施方案，落实相关配套政策，做好信息反馈工作。相关行业协会和中介组织要充分发挥桥梁和纽带作用，协同推动本规划的贯彻落实。

专题研究篇

适度把握 合理推进
——产城融合是当下开发区发展的必然选择

文/天津经济技术开发区政策研究室副主任　张瑞华

产业发展与城市发展原本是不可分割的“一体两面”，但源于特殊的功能定位，国家级经开区一度便以产业先行，城市功能发展则相对滞后。但在当前步入产业转型升级的关键阶段，制造业升级、服务业发展和研发创新水平的提升引致了就业人口结构的深刻变化，高学历、高素质、高收入的各类人才在新增就业人口中所占的比重逐步提高，随之也对商业商务、文化教育、休闲娱乐等各类城市服务功能提出了更高的要求。在实际发展中，各开发区已经明显感受到城市功能品质对引进高端发展资源的巨大影响，也正因如此，兼顾产业功能和城市功能的“产城融合”发展模式便成为大多数开发区的共同选择。

与此同时，也有不少人对开发区谋求产城融合发展提出质疑，较为典型的观点有两种：一是过往30多年的成功经验足以证明，专注产业发展本是一条正确路径，如果一味追求“产城融合”发展，大有庸人自扰之嫌；二是开发区作为经济功能区的基本宗旨即是发挥好经济职能，社会职能应该交由其所在行政区承担。这两种观点看似不无道理，但实则却与开发区当下的发展实际不相符。集中精力发展产业的确曾是经开区的“制胜法宝”，但是，随着经开区发展阶段的推进和发展特点的不断变化，必须因势利导、与时俱进，那些要求开发区沿袭单一产业功能区发展模式的主张已经不合时宜。

新的发展特点决定新的功能定位

建设规模数倍于前。在创建之初，国家级经开区的规划面积大都仅有几个或十几个平方公里，狭小的空间范围自然无法同时兼顾产业发展和城市功能，这也决定了其作为“产业园”的基本发展方向——“只搞产业、不搞生活”。然而发展至今，各开发区的规划建设规模动辄上百甚至数百平方公里，与百万人口中等城市的城区面积相比不遑多让，在如此规模的空间内，依旧单纯发展产业功能就显得不够合乎逻辑。并且，从国内外的既有经验看，单一功能产业园区的发展模式仅适用于小型、袖珍型园区，其面积一般不会超过几个平方公里，甚至只有几十公顷。因此，当产业发展聚集到一定程度后，必然要求服务业的配套跟进，但若缺乏城市功能作为基础，服务业的发展便完全无从谈起。

主导方向明显改变。在起步发展阶段，国家级经开区大多从国际产业链条的低端切入，承接的项目也多以劳动密集型的简单加工制造业为主。因此，当时所聚集的产业主体是“车间”，即有形的产品制造，其不仅对金融、保险、财务、法律等专业服务功能的需求非常有限，而且从业人口也以相对低收入的一线“蓝领”为主，生活服务的需求并不集中；相对而言，产业链中研发、设计、营销、商务、决策等高端环节则普遍设在区外。如今，经开区的发展范畴早已不再局限于工业，现代服务业、科技创新能力均已成为重要的主攻方向，且制造业渐趋高端高质化发展，商业商务行为日益密集，创新创业活动日渐活跃，这些新趋势及其引致的人口结构的深刻变化必然对城市配套功能提出越来越高的要求。

人口结构发生质变。如前所述，开发区早期的从业人口多以“蓝领”为主，以天津开发区为例，其一线工人占全区从业人员的比例曾一度超过70%，且大多数为来自河北、山东等周边省份的外来务工人员。对于外地户籍的“蓝领阶层”而言，由于当时正值中国“近乎无限的人口红利”开始释放之时，人员流动性极高，很少会有在开发区内置业安家的需求；加之创业阶段区内的生活条件并无优势，当地户籍的从业人员也没有入区居住的强烈愿望。正是从业人口的特点，决定了早期的开发区无需过多顾及城市功能建设。

进入新世纪，随着现代服务业和科技研发的加速发展，具有大专以上学历的各类“白领”成为开发区新增就业大军的主力。从白领的角度看，“安居”与“乐业”同等重要；从企业角度看，鉴于岗位培训的长周期和高成本，也不希望职工流动性过高。因此，如何吸引并最终留住更多高素质人才便成为开发区必须面对的问题，由此，城市服务功能的完善程度和品质高低就成为其中极为重要的一环。与此同时还应注意到，即使是一线“蓝领”，其价值取向和生活理念与20年前的“前辈”相比也已经发生了较大变化，“新生代外来务工人员”更加渴望融入城市、更为重视生活质量。

竞争优势迥异于前。从目前的发展情况看，一方面，国家级经开区已不再享有任何特殊的优惠政策；另一方面，随着我国全方位开放格局的形成，亲商理念、政府高效服务蔚然成风，“一站式”审批、企业服务体系已成“标配”，与地方政府相比，管委会的行为模式其实已无本质区别。在此背景下，若不重视自身城市功能和城市品质的提升，就极可能出现与周边区域相比更加明显的差距，难以继续保持对优质项目资源的吸引力和竞争力。

产业功能与城市功能不应强制分割

从理论层面看，难以对经济事务和社会事务划出明确界限。以就业促进工作为例，从为企业提供充足的人力资源角度看当属经济事务，从为居民提供更多就业岗位的角度看又属社会事务；对于劳动纠纷仲裁问题，从维护和谐劳资关系、保障区域经济有序运行角度看是经济事务，而从保护职工合法权益、化解潜在社会矛盾的角度看又属社会事务；再如常见的摊群管理问题，从规范经营、营造有序市场环境的角度看无疑是经济事务，但从优化市容环境、方便居民生活的角度看，将其归于社会事务也无可厚非。

从职能设置层面看，行政单位往往要兼管经济事务和社会事务。在现有的职能框架下，卫生主管部门既要管理辖区内的医院、卫生站等公共医疗机构，又要负责餐饮、酒店及食品药品类生产企业的行业监管；文教主管机关在统筹管理国民教育、公益性文化活动机构的同时，还要实施包括文艺演出、娱乐场所、音像出版等文化产业的行政审批；房管单位除承担对房地产市场和开发商的管理责任外，还具有对保障性住房、住宅区公共部位维修等方面的管理职责。由此可见，如果坚持经济事务和社会事务分别由功能区与行政区各自管理，就会在机构设置上难以明确划分职能界线；若要求相关部门按照具体事务划分职能并分别设立机构，则会引致机构臃肿、重复，即使完全由某一方设立职能机构，也无法实现经济职能和社会职能的完全分开。

从行政管理的实践层面看，许多事务涉及多部门联动，需要联合审批、联合执法。如果经济职能和社会职能分离，必然会经常出现需要开发区和行政区两个政府协调、协作的情况，但由于职能不同，考虑工作的出发点便不尽一致，很可能产生体制摩擦，进而影响到行政效率。更为重要的是，行政区本身也有经济发展的任务，在社会事业发展水平已经对区域经济发展环境形成显著影响的现实下，未来还可能会引致开发区与地方政府在社会事务相关资源配置方面的竞争。

综上所述，“产城融合”是开发区未来发展中一种合乎理性的必然选择，但在推进城市功能发展的过程中，决不能淡化其作为经济功能区的“底色”，必须注意把握适宜的“度”：资源投入要适度，应在保证支撑到位和对开发区产业发展的主业不造成过大干扰间拿捏好分寸；目标设定要适度，应针对关键环节集中投入，突出产业功能区的特色；与周边城区的功能互补、融合发展也要适度，应通过加强规划布局、交通体系的有效衔接，充分整合利用周边资源。

对我国产业发展若干潜在性问题的思考

文/ 国家发展和改革委员会宏观经济研究院产业经济与技术经济研究所　徐建伟　王岳平

当前，我国经济发展正处于“三期叠加”的特殊阶段，同时又面临全面深化改革的关键任务，产业发展中的一些潜在性问题日益凸显：如因对“新常态”认识不够准确而导致的对结构调整时期的增长趋势判断问题，探索未来发展方式过程中出现的新兴产业培育问题，对历史遗留问题匆忙改革而产生的国有企业整合问题等。这些问题实际上都关乎产业结构调整升级的总体布局和长期战略，必须在下一阶段的深化改革进程中加以解决。

产业发展中的潜在性问题不容忽视

“调结构”与“保增长”之间存在矛盾。国外发展经验表明，产业结构调整时期往往伴随着较低的增长速度。因此，我国经济发展进入增速回落阶段具有很强的规律性和必然性，是与经济发展的阶段性变化相适应的。当前，由于已经进入主导产业演替的结构调整时期，上一轮主导产业发展优势不断消退，新一轮主导产业尚在培育过程中，经济发展的最主要任务便是促进产业提质增效和转型升级，而经济增速有所回落正是去产能化和促进产业结构调整的必然结果。如果不能客观正确地认识和接受经济潜在增长率下降的事实，反而在失业问题没有明显加剧的情况下，试图通过实施强力扩张政策将经济增速重新推高至超出潜在增长区间的水平，将可能带来更多问题。如果此时推出一些不当政策，反而可能会出现大量的“僵尸企业”，并进而导致落后产能得以继续生存，致使“优者不能胜出、劣者不能淘汰”，最终阻碍发展方式的转变和产业结构的优化调整。调研发现，在一些生产经营困难的产业领域，就存在着大量占据厂房、土地却没有任何实际生产经营行为的企业。根据国家工商总局发布的数据，在2014年新登记的1 341万家市场主体中约有三成市场主体已经变成“僵尸企业”。此外，由于地方政府、企业、职工都不愿承受去产能所带来的转型阵痛，导致过剩产能难以退出市场，致使这一进程的推进显得异常艰难。

新兴产业培育存在引导不当问题。如今，我国经济发展动力正在发生深刻变化，即从传统的资源要素驱动转向未来的创新价值驱动，这是新兴产业发展的战略背景。与传统产业通过资本投入、技术引进和规模扩张实现发展壮大的已有路径不同，新兴产业对于创新要素、制度环境、商业模式等均存在强烈的依赖性。可以说，新兴产业发展的核心即是探索新的产业发展方式和新的政府管理与支持方式。长期以来，我国政策体制一直倾向于鼓励传统产业的技术追赶和规模扩张，而要实现新兴产业的发展，则应更多侧重于培育良好的创新环境和有效的市场竞争机制，政府制定的各项政策也应特别着力于此，否则便难有大的突破。

目前，各地对于发展新兴产业均表现出较高的积极性，但在实际工作中的推进思路依然延续着发展传统工业的旧有路径，以至于促进新兴产业发展的政策和努力多是事倍功半。一方面，许多政策并未切中新兴产业发展的关键，导致产业发展混乱并深藏隐患。例如，对于新兴技术和企业采取点对点的支持，造成企业间不公平竞争，扼杀了一些具有潜力的创新资源；一些地方继续沿用招商引资、简单投资拉动总量增长的传统手段，甚至直接购买国外的生产线，这种“一窝蜂”式的发展势必会引致布局雷同、重复建设和产能过剩的隐患。另一方面，目前实施的产业政策多以短期政策为主，这种支持与限制政策频繁交替的情况，致使企业缺乏稳定预期，无法且不敢进行长期投资。

营造有利于产业可持续发展的良好环境

构建有利于提质增效的政策环境。针对我国中长期经济增速呈现趋势性放缓的客观现实，当前及未来一段时期的政策制定不应过多集中于增速变化，而应将政策重心集中在去过剩产能、提质增效、转型升级等方面。一是要摒弃将基础设施投资作为刺激经济增长“杀手锏”的传统做法，适当减少大规模的长期投资，避免基础设施项目的闲置或浪费；二是要停止对“僵尸企业”输血，并对资不抵债的企业进行破产清盘或实施破产保护下重组，通过财政补贴等方式引导落后产能退出市场，避免风险累积；三是要鼓励各地建立闲置资产档案，通过收回企业闲置土地、引入新兴产业项目、鼓励中小企业入驻、支持企业并购重组等方式整合闲置资产，实现资产盘活。

营造长期稳定的新兴产业发展环境。一要建立公平合理的市场准入规则，创造企业能够公平竞争、平等获得创新资源的市场环境和机制，特别是对于新产品、新技术和新业态要采取宽松的准入环境，为创新和产业发展创造条件。二要实施普惠性政策，减少政府直接选择企业和项目的点对点资助，以市场机制引导创新要素配置，形成各类技术路线和企业竞相发展的政策环境。三要增强政策预期和稳定性，鼓励投资者进行长期技术创新投入，避免反复频繁地、行政命令式地推出政策，以及不同技术路径之间的反复游移和演变。四要确保供给与需求政策并重，在重点支持核心技术研究开发和重大技术示范项目的同时，注重早期市场的引导和培育，给予创新者、企业家和消费者明确的信号方向和市场预期。

推进更有利于市场竞争的国企改革。进一步理顺政府、市场和企业三者间的关系，特别要明确企业定位，区别对待公益性国有企业、自然垄断性国有企业和竞争性领域的国有企业，并制定不同的发展战略和政策方针。一是要打破垄断、放松管制、放宽准入、鼓励竞争，破除阻挡社会资本进入的“弹簧门”“玻璃门”，鼓励和吸引民间资本进入电力、能源、金融等国民经济关键领域；二是要推进国有企业管理由“管企业”向“管资本”转变，特别是在国有企业整合方面，要谨慎而有选择地推进整合进程，同时引入有效规制央企滥用市场垄断行为的管理机制；三是要将更多国有资本注入国防军工、战略储备、社会保障、义务教育等公益性、战略性和不完全竞争领域，以弥补市场失灵和公共服务缺位问题。

中国制造业的智能转型之路

文/工信部规划司副司长　李北光

当前，全球经济结构正在经历深刻调整，以美、英、法、德、日、韩为代表的一批发达国家纷纷推出“再工业化”或“制造业回归”战略，对我国制造业的转型发展形成了较为激烈的竞争。在“前堵后追”的双重压力下，2015 年 5 月，我国正式提出“中国制造 2025”，并确立了“制造强国”这一重大发展战略。

众所周知，“中国制造 2025”的英文翻译为“China Manufacturing 2025”而并非是“Made in China 2025”，这便意味着我国制造业要彻底告别传统的加工、组装的老路，转而走上创新驱动、智能转型、绿色发展、质量为先的新路。与此同时，“中国制造 2025”的核心要义、政策基点和改革调整方向均是围绕肩负振兴实体经济重任的企业进行设计——通过实施制造强国战略，建立产业新体系；通过对共性关键技术的突破，实现真正的创新驱动发展。

“制造强国”之路势在必行

从国际趋势看，智能制造是全球新一轮科技革命的大势所趋。一直以来，制造业始终是一国经济发展的重中之重，其兴衰印证着大国兴衰的轨迹——通过第一次工业革命，英国于 1850 年成为全球第一制造大国；而第二次工业革命中，美国凭借电力在制造业领域的广泛应用，于 1900 年超越英国成为全球第一大经济体。进入 20 世纪 80 年代，以制造业高度自动化为核心特征的第三次工业革命接近尾声，资源密集型和劳动密集型产业逐渐从发达国家向发展中国家转移，我国牢牢抓住这一重大战略机遇，利用显著的劳动力成本优势和资源、容量优势，通过实施改革开放，保持了长达 30 年的快速发展，实现了经济腾飞。

历次工业革命的经验证明，技术革命在制造业领域的普及必将带来制造方式的变革，并最终演化成为推动新一轮经济转型的动力，由此影响大国博弈格局。当前，信息技术已经逐渐全面渗透和融合到制造业的发展中，并进而带动生产方式和制造模式发生重大改变，形成了正在悄然兴起的智能制造模式。可以预见，下一阶段，智能制造将以前所未有的发展速度，引领和实现国际分工及价值链的重大调整。

从国内形势看，我国拥有大规模内需市场的独特发展优势。目前，我国城镇化率约为 54%（按常住人口计算），且仍保持着年均 1.3 个百分点的增速，即每年约有 1 600 万农村人口转化为城镇人口。如果按照平均 1 万元的安置费用计算，我国制造业每年都将新增 1 000 多亿元的基本消费需求和约 5 万亿元的固定资产投资需求。与此同时，《关于〈中共中央关于制定国民经济和社会发展第十三个五年规划的建议〉的说明》中明确提出，到 2020 年，我国将通过产业扶持、转移就业、易地搬迁和纳入低保等途径，实现 7 000 余万农村贫困人口脱贫，这也为我国制造业的振兴与提升带来了重要的战略纵深和较大的回旋余地。此外，我国各个行业的生产设备升级、居民消费水平提升以及民生保障、国防安全等高层次需求，也对制造业塑造竞争新优势、形成增长新动力提出了新的目标要求。

从产业发展看，应走向数字化、网络化和智能化。从本质上看，智能化制造的核心内容是制造业的数字化、网络化和智能化，是产品设备创新、生产技术创新和产业模式创新的共性技术，一般称其为先导共性技术。具体而言，产品设备创新的共性技术可以使产品设备向“数控一代”乃至“智能一代”发展，从根本上提高产品功能、性能和市场竞争力；生产技术创新的共性技术可以使制造业向数字化、网络化、智能化集成制造发展，全面提升产品设计、制造和管理水平；产业模式创新的共性技术可以快速促进规模定制生产方式的发展，延伸基本产品的服务价值，深刻改变制造业的生产模式和产业形态。由上述分析可见，智能制造的核心目的即是提升产业的全球化竞争能力——一方面，企业运用大数据、云计算等方式，能够依据客户需求，实现个性化产品的批量化生产，从而最大限度地降低成本，并提高资源和能源的利用效率；另一方面，制造设备的智能化与网络化协同制造的广泛应用，使企业拥有了更为庞大的需求数据和创新数据资源，能够在提升产品复杂性、针对性的同时，大大缩短产品创新及上市周期。

智能制造需以“问题”为导向

工业存在大而不强问题。世界银行数据库和联合国工业统计数据库数据显示，2010 年，我国制造业增加值为 1.9 万亿美元（现价），高出美国的 1.88 万亿美元（现价）；我国 22 个工业产品大类中的 7 个大类产量位列世界第一，其中 500 个细分品种中的 220 种工业品产量居世界第一。但同时也应看到，虽然我国制造业规模居世界首位，但却并未真正形成创新发展型的制造业。

自主创新能力整体偏弱。统计数据显示，在国家研发投入强度方面，2013 年，我国首次突破 2 %，而美国早在 2011 年便已达到 3.2%；在企业研发投入强度方面，相比 2% ～ 3% 的国际平均水平，我国大中型企业普遍不足 1%，一般加工业的中小微企业甚至更低；在科研成果转化率方面，我国平均水平仅为 10% 左右，远低于发达国家 40% 的平均水平。由上述指标对比可见，我国制造业部分关键自主核心技术缺失的问题已经较为凸显，致使高端技术对外依赖度达到 50% 以上。

制造业结构性矛盾突出。一方面，高端装备制造业、生产性服务业供给能力明显不足，生产设备多来自进口，高技术服务、原创新设计等中高端服务发展明显滞后。例如，我国虽为全球机器人第一大市场，但工业机器人高端减速器、控制器、伺服电机等却基本被欧美日企业垄断。另一方面，由于产业技术结构偏低，致使诸多产品处于产业链的中低端环节，钢铁、电解铝、平板玻璃、水泥等行业的结构性产能过剩矛盾十分突出。以钢铁行业为例，2012—2014 年，其产能利用率分别为 72%、74.9% 和 72.2%，行业盈利水平持续下降。

资源环境承载能力与要素供给能力不均衡。从资源能源利用效率看，我国 GDP 约占世界总量的 8.6%，但能源消耗却占全球的 19.3%，单位国内生产总值能耗仍是世界平均水平的 2 倍以上。其中，钢铁、建材、化工等行业单位产品能耗比国际先进水平高出 10% ～ 20%，机电产品工业锅炉效率却比国际平均水平低 15% ～ 20%。从要素成本看，过去 10 年，我国人均工资上涨 2.7 倍，加之劳动年龄人口不断下降、用工成本上升，最终导致我国制造业对发达国家的成本优势已经由 2004 年的 14% 下降到 2014 年的 4%。从环境压力看，目前全国有 70% 左右的城市未能达到新的环境空气质量标准，17 个省（区、市）约 6 亿人口受雾霾天气影响。

智能制造应以“创新”为主题

当前，国家大力提倡供给侧改革，其实质即是通过科技创新和制度创新快速发展生产力，为此，必须认识到，传统的对发达国家技术模仿的路径已经不可持续，必须由以模仿为主走向模仿创新和原始创新并行的新路。

“中国制造 2025”中明确提出，制造业要以创新发展为主题，以工业化和信息化融合为主线，以智能制造为主攻方向，将基础能力和集成水平作为战略实施的两个着力点，坚持“创新驱动、质量为先、绿色发展、结构优化、人才为本”的基本方针，科学协调和处理市场与政府、当前与长远、整体与重点、自主与开放之间的关系。同时，计划用30年的时间，统筹考虑传统产业和新兴产业发展，彻底解决我国制造业发展的自身瓶颈和关键共性问题，通过制造业发展“三步走”，实现由“制造大国”向“制造强国”的完美蜕变。

由此可见，制造业作为科技创新的主战场，是实施创新驱动发展战略的主力军，其顺利与否决定着我国整体经济转型的推进速度。加快制造业的智能转型即是要以“制造业创新”为核心，通过信息技术和制造技术的充分应用，提升包括传统产业、新兴产业在内的各个行业的竞争能力，实现整个制造业的创新发展，并进而带动我国由粗放式的经济发展方式转向内涵、绿色、集约和可协调、可持续的发展方式。

实现技术提升和创新发展。针对目前制造业存在的普遍问题，国家提出“1+X”智能转型路径，“1”是“中国制造2025”的总体行动方案，“X”是支撑其具体实施的一系列措施，其中，实施制造业创新中心建设、推进智能制造、实现工业强基、推广绿色制造、实现高端装备创新等五大重点工程，将成为下一轮中国制造实现高端发展和转型创新的突破点，成为国家和区域层面夯实制造业发展的根基，以及打造“高海拔”关键共性技术平台的有力手段。

一是实施制造业创新中心建设工程。瞄准传统行业转型升级和新兴行业发展的重大需求，围绕产业链部署创新链，围绕创新链配置资源链，重点开展行业内、跨行业、跨领域的基础、关键、共性技术研发成果的产业化和人才培训，力求切实解决“缺失的中间带”问题。具体而言，要通过产业联盟等形式整合和集聚创新资源，吸收科研院所、企业甚至社会风投资本，市场化地运作创新中心平台，以新机制和新模式加强关键共性技术研发，力争到2020年形成15家制造业创新中心，到2025年形成40家制造业创新中心。

二是实施智能制造工程。利用新一代信息技术改造提升传统产业，推进信息化与工业化深度融合，面向高端推进智能转型，特别是鼓励互联网企业向实体经济进发，培育新型生产方式，全面提升企业的研发、生产、管理和服务的智能化水平；推广智能制造生产模式，开发智能产品和自主可控的智能装置，加速推动产品产业化进程，防止形成新的对外依赖。力争到2020年，试点示范项目的运营成本、生产周期和不良品率各降低30%，到2025年各降低50%。

三是实施工业强基工程。紧紧围绕核心基础零部件、先进基础工艺、关键基础材料和产业技术基础等工业基础能力的薄弱点，坚持“问题导向、产需结合、协同创新、重点突破”的原则，着力破解制约我国制造业创新发展和质量提升的关键症结，提升价值链的分工效率。到2020年，力争实现40%的核心基础零部件、关键基础材料的自主保障，到2025年，将这一占比提高到70%，实现从国外高价进口核心零部件和材料的数量大量减少，我国企业能够以较低成本采购国内外产品和材料。

四是实施绿色制造工程。按照全生命周期的理念，革新传统设计、制造技术和生产方式，加快新一代可循环流程工艺技术研发，用高效绿色的生产工艺和技术装备改造传统制造流程，实现重点行业的绿色升级；在新兴领域打造绿色全产业链条，增强企业绿色设计、绿色生产、绿色技术和绿色管理能力，提高产品的绿色运行、绿色回收与绿色再生水平；推进资源高效循环利用，提高绿色低碳能源使用比率，促进企业、园区、行业间链接共生、原料互供和资源共享，增强绿色精益制造能力；积极构建绿色制造体系，支持企业开发绿色产品，推行生态设计，引导绿色生产和绿色消费。

五是实施高端装备创新工程。针对新一代

信息技术产业、工业高档数控机床和机器人、航空航天轨道交通装备、节能与新能源汽车、海洋工程装备和高技术船舶领域，以及民生方面的生物制药和高性能诊疗设备、新材料产业、农业机械现代化等重点领域，持续增加资金支持并鼓励企业积极参与资本投入，强化关键核心技术攻关，加速科技成果产业化，提高关键环节和重点领域的创新能力，实现高端新兴产业的重点突破。力争到2020年，实现一批标志性、带动性强的重点产品和重大装备领域的自主研制及应用；到2025年，实现具有自主知识产权的装备达到国际领先水平。

加强质量监管和品牌建设。推广先进质量管理技术和方法，建设重点产品标准符合性认定平台，推动重点产品技术、安全标准全面达到国际先进水平。一方面，制定和实施与国际先进水平接轨的制造业质量、安全、卫生、环保及节能标准，建立一批制造业发展急需的高准确度、高稳定性计量基标准，提升与制造业相关的国家量传溯源能力；完善质量监管体系，建立区域和行业质量安全预警制度，强化企业质量主体责任，健全产品质量标准体系、政策规划体系和质量管理法律法规。另一方面，加快打造产品质量品牌，组织攻克一批长期困扰产品质量提升的关键共性质量技术，使重点实物产品的性能稳定性、质量可靠性、环境适应性、使用寿命等指标达到国际先进水平；实施覆盖产品全生命周期的质量管理、质量自我声明和质量追溯制度，鼓励企业追求卓越品质，形成具有自主知识产权的名牌产品，不断提升企业品牌价值和中国制造整体形象。

实施结构调整和水平提升。深入推进制造业结构调整，加快传统产业向中高端迈进，逐步化解过剩产能，促进大企业与中小企业协调发展，进一步优化制造业布局。一方面，大力推动重点领域突破发展，瞄准新一代信息技术、高端装备、新材料、生物医药等战略重点，引导社会各类资源集聚，推动优势和战略产业快速发展。另一方面，加快推进制造与服务的协同发展，着力培育与制造业紧密相关的生产性服务业，推动服务功能区和服务平台建设，促进生产型制造向服务型制造转变。同时，要提高制造业国际化水平，统筹利用两种资源、两个市场，实行更加积极的开放战略，将“引进来”与“走出去”更好结合，拓展新的开放领域和空间，提升国际合作的水平和层次，推动重点产业的国际化布局，引导企业提高国际竞争力。

经济转型阵痛期应如何求新求变
——基于昆山发展调查的思考

文/国家发展和改革委员会宏观经济研究院副院长　王昌林

昆山是全国改革开放18个典型地区之一，多年来一直位居全国百强县市的首位。2001—2010年，昆山经济年均增速高达20%，曾一度以占全国1/10 000的土地面积，贡献了约1/200的GDP和近1/50的货物进出口，这段时间被誉为昆山经济高速增长的“黄金十年”。但进入“十二五”时期后，昆山经济发展进入经济增速的换挡期、转型升级的阵痛期和攻坚期，稳增长、调结构、促创新、转方式的任务十分艰巨。2010年，当地地区生产总值增长14.2%，至2014年却下降到7.7%，2015年上半年更是下降到6.5%；工业增速更不乐观，2011—2014年，年均增速分别为14.3%、6.5%、4.1%和−1.8%，远低于全国平均水平。作为我国外向型经济发展的一个典型缩影，昆山经济发展的转型阵痛期带有一定的普遍性和共性，其所遇到的诸多困难和制约因素值得高度重视和深入研究。

转型阵痛期问题凸显

从宏观环境看，一方面，为了稳增长，不得不加快加工贸易方面的招商引资，但要培育新的经济增长点，又需要一个较长过程。另一方面，政府管理部门的配套也难以适应转型升级的需要。2014年，昆山地区生产总值已达3 001亿元，全市总人口254.8万人，但现行行政管理人员以及学校、医疗机构等事业单位编制数量均仍按照县级标准设置，导致社会公共服务承受巨大压力。与此同时，由于实质性、突破性的支持措施较少，致使相关“试验区”的建设进展情况并不十分理想。

经济下行压力较大。一是产业向外转移日益加剧。目前，区内劳动密集型产业持续向外转移，新旧动力转换艰难。以笔记本电脑组装加工产业为例，已有50%的企业转移至中西部地区，产业链条内与之相配套的民营企业也有30%相继倒闭。预计“十三五”期间，产业转移趋势仍将持续。如此一来，尽管新的产业增长点发展较快，但要弥补传统产业向外转移而形成的缺口，压力仍然较大。二是投资拉动力持续减弱。2013年，昆山工业投资仅增长1%，2014年更是下降了10.4%；2015年上半年，工业生产虽有所回升，但工业投资增速同比仍下降0.9%。三是区内出口增长乏力。自2010年进出口总额达到821.2亿美元后，近年来，随着占比较大的笔记本电脑产业向外转移，出口大幅下滑，全市进出口年均增速由“十一五”期间的19.8%，下降至“十二五”前4年的0.8%，预计“十三五”期间要保增长确有难度。四是生产要素约束强化。目前，昆山土地开发强度已超过28%，接近国际公认的1/3临界点，同时，单位土地面积排放的化学需氧量和二氧化硫约为全国平均水平的4倍和9倍。

结构性矛盾凸显。内外资结构方面，虽然近年来内资经济快速发展，但加工贸易“一贸独大”的格局仍未改变，外资企业收入占比仍在80%以上。产业结构方面，服务业特别是现代服务业发展滞后，2014年，服务业占GDP比重仅为42.8%；工业结构中电子信息产业“一业独大”“一企独大”“一品独大”的现象较为严重，2014年，IT产业占工业总收入的比重仍然高达58.6%，仁宝、纬创、富士康三大企业约占全市工业产值比重的1/3，全市工业经济对笔记本电脑产业的依赖程度仍然较高。社会结构方面，高素质人才严重缺乏，2013年，小学和初中学历人口的全市占比约为57.2%，专科学历以上人口的比重仅为14.5%。

思路误区亟待破除

不应单纯套用西方经济学的固有理论。目前，昆山人均GDP达到近2万美元，按照钱纳里的工业化阶段理论，即已进入后工业化阶段，应以“金融、信息等服务业作为推动经济增长的主要力量”，但显然，昆山的实际情况并非如此，且这一发展路径也与其战略定位存在偏差。客观而言，钱纳里的理论主要是对几十年前一些国家和地区的发展经验的归纳总结，此刻，将其简单套用于一个县级市自然并不完全适合。与此同时，近年来昆山的发展实践也充分印证了这一点——从2005年开始，虽然投入巨大财力、物力兴办服务业开发区，但并未取得预期成效，一个重要原因便是发展金融、总部经济等服务业不完全符合昆山的比较优势。

不可简单照搬发达国家和地区的创新模式。近年来，昆山非常重视科技创新，如借鉴日本集成电路发展模式，与台资企业组建了龙腾光电公司，借鉴我国台湾地区经验组建了昆山工研院，借鉴硅谷斯坦福大学经验，投资100余亿元建设了昆山杜克大学等；此外还建设了清华科技园、阳澄湖科技园、机器人产业基地、留学生创业园等一批创新创业载体和平台。这些举措虽然取得了一定成效，但其可持续性不尽理想。究其原因，科技创新与工业、服务业的发展存在较大不同，难以简单凭借建设一批创新机构和平台而实现。加之目前我国创新创业的宏观支撑环境仍不成熟，天使投资、创业投资、资本市场等配套链条不够完善，人才、创新文化等软环境存在欠缺，政府采购等政策力度不足，在此情况下，要在一个县级市简单复制国外的成功经验和模式是难以取得成功的。

应避免重视经济转型而忽略城市化建设。城市化和工业化是推动地区经济社会协调发展的两个轮子。改革开放以来，我国走出了一条以工业化带动城市化发展的路径。如今，在已经步入城市化带动工业化的阶段，许多地方却对此重视不够，特别是不重视农民工市民化，甚至有部分县市将此视为负担。与此同时，在现行体制下，地方政府对教育、医疗等社会发展事务的重视程度较低，这并非是由于地方政府财力不足，而是上述方面的投资难以实现GDP增长和增加财政收入。

宏观引导措施亟需调整

调适现有发展定位。要适应经济发展阶段性和趋势性变化，引导地方政府调适理念方法，转变思路，走特色发展之路。例如，实施昆山的创新驱动发展战略，应走开放创新之路，而不能照搬中关村模式，一味搭建科研机构和大学合作平台；在战略定位上，也应着力打造高水平的中高端制造基地，重点发展生产性服务业，与上海实现错位发展。

鼓励开放创新探索。要支持昆山成为开放型经济发展的新试验田，特别是要在对台合作方面给予实质性、创新性的支持措施，使其开放型经济发展取得新的突破。例如，支持昆山发展离岸金融，探索建设两岸自贸区；支持台资企业由加工贸易向销售中心、研发中心等环节转型；支持其在行政体制改革方面大胆先行先试，根据区域经济社会发展实际，按照财权、事权相匹配的原则，增加在教育、医疗等方面的编制数量；支持在农民工市民化方面先行先试等。

优化创新创业环境。近年来，我国在科技创新及新兴产业发展的硬环境方面已经有了大幅提升，但软环境建设仍然存在较大差距，主要表现在金融创新滞后、融资难融资贵、知识产权保护不足、政策环境不完善等方面。针对这些问题，应着力创造良好的创新创业体制和政策环境，大力支持天使投资和创新投资发展，加快推进企业上市向注册制转变，建立适应新兴产业和创新驱动发展的投融资体系；更加注重需求侧政策的引导，加强政府采购等需求政策对自主创新产品的支持，强化新技术、新模式的研发和应用示范；切实加强知识产权保护，保护创新积极性。

转变政府考核重点。目前，昆山的GDP规模已经超过青海、宁夏和西藏，也高于中西部地区的许多地级市。作为一个面积仅有900多平方公里的县级市，这一规模已然触及“天花板”，再继续保持如此增长的确具有较大难度，并且，一味的高速增长也难以使实际工作侧重于转型升级和创新发展。因此，对于昆山这种发展体量的地区，应淡化GDP考核，转为加强对其服务业发展、科技创新能力提升、经济发展质量等转型升级指标的考核，鼓励昆山将大部分加工贸易产能向外转移，实现“腾笼换鸟”。与此同时也应看到，改革开放以来，我国许多成功有效的经验均源自于一些地方的先行先试，这种试验很可能会违背现有的既定路径，因此有必要对这些做法实行一定的免责试错机制，从而在全社会营造出勇于改革、宽容失败的氛围。

如何实现开发区的产城有机深度融合？
——基于北京经济技术开发区向亦庄新城转型的调查思考

文/国家发展和改革委员会宏观经济研究院　杨长湧　盛朝迅

经过20多年发展，北京经济技术开发区形成了电子信息、装备制造、生物工程和医药、汽车及交通设备等四大支柱产业，以及新媒体、新能源汽车、生产性服务业和新空港产业、军民结合产业等五大特色专业产业园，吸引了京东方、中芯国际、拜耳、奔驰等多家知名企业入驻，并在完善城市综合功能进而向新城转型发展方面取得了突出成绩，为推进开发区向城市功能区转型积累了丰富经验。但与此同时，亦庄新城的发展也面临着一些亟待解决的突出问题，需要通过制度创新和先行探索寻得破解良方。

向亦庄新城转变的核心基础

做好前瞻规划是必要条件。2007年，北京市政府批复了《亦庄新城规划(2005—2020年)》，将2020年亦庄新城人口规模控制在70万人左右，城市建设规模控制在100平方公里，并确立了“职住均衡、职住近接、同步成长”的发展模式，改变了开发区原先以工业用地为主、缺乏生产性和生活性服务设施的单一发展模式，构建起“两带、七片、多中心”的组团网络式城市空间结构。2012年，北京市委、市政府出台《关于进一步加快推进北京经济技术开发区发展的意见》，将大兴区的旧宫镇、亦庄镇、瀛海镇和南海子公园“三镇一园”作为开发区的综合服务配套区，延伸弥补了开发区生活配套设施和服务业发展空间的不足。这些规划意见的出台，为开发区引进优质资源、增加公共服务供给、拓展城市综合功能提供了必要保障和有效指导。

为产业科学发展提供坚实基础。始终将产业作为发展核心，通过引进国内外知名跨国公司、承接北京市城区产业转移，不断推动产业规模扩大，并在产业发展过程中，大力汇聚研发、设计、总部经济等价值链高端环节，构建了以先进制造业和现代服务业为主的产业体系。目前，开发区拥有国家级高新技术企业485家，各类企业研发中心300多家，国家级、市级研发机构超过160家；规模以上高新技术企业产值占规模以上工业产值的比重达到90%以上，企业研发支出占工业增加值的比重达到7%。

这些高端产业活动对开发区向亦庄新城转型发挥了至关重要的作用。首先，伴随高素质人才的聚集，对教育、医疗、文化、休闲等服务的高水平需求日益旺盛，从需求端对完善城市综合功能提出更高要求。其次，伴随高增值能力的提升，为政府提供了丰厚的财政收入来源，从供给端为完善城市综合功能提供了充足条件。1992—2013年，北京开发区财政收入年均增速达40%以上。并且，由于高新技术产业成为产业结构主体，目前，其单位土地税收收入超过1 200万元/公顷。2014年，开发区实现公共财政预算收入120亿元，同比增长19.7%，为提高教育、医疗、社会保障等公共服务水平创造了有利条件。再次，伴随低资源消耗水平，有利于生态文明的可持续发展，开发区的万元GDP能耗和水耗均为北京市的1/3，达到发达国家水平，从改革端为完善城市综合功能创造了良好环境。

提升生活功能是关键之举。大力拓展生活功能，在住宅、交通、教育、医疗等方面为“庄民”提供宜居环境。一是满足多层次住房需求。率先建成全市首个产业配套小区、200多万平方米公租房以及园区配套公寓，既满足了中高层人才的住宅需求，也为大批产业工人提供了就近居住条件，极大地减少了通勤时间。二是构建公共交通体系。随着2010年轨道交通亦庄线的建成，实现了小汽车出行为主向公共交通出行为主的转变。目前，开发区内共有39条公共交通线路，其中1条轨道交通，15条连接北京各市区线路，8条连接大兴区线路，7条连接通州区线路，每天客运量达到29万人次。三是提高教育质量。引进北京二中、八中等名校，现已形成以北京二中为主体的核心区、十一学校为主体的河西区、北京八中为主体的路东区等三个教育组团，并从全国吸引了13名特级教师在亦庄安家落户；同时，对教育设施用地给予了充分预留，根据人口变化和子女入学需求适时启动学校改扩建工程，确保开发区享受义务教育的覆盖范围。四是提升医疗服务水平。引进了同仁医院、市120急救中心等优质资源，使原有医疗资源匮乏的局面得到较大改观。

高效灵活管理的体制保障。在北京开发区向亦庄新城的转型过程中，拓展空间、增加功能等工作均需得到大兴区土地管理、公共服务等方面的支持，为此，2010年北京市启动北京开发区与大兴区的行政资源整合工作，旨在发挥大兴区的土地管理、社会管理和公共服务等方面的优势，以及开发区的品牌、产业、科技优势，从而形成两区优势互补、强强联合的态势，携手抢滩国际高端产业市场。

一方面，实施大兴区和北京开发区党政主要领导交叉任职。目前，大兴区委书记兼任开发区工委书记，大兴区委副书记、区长兼任开发区工委副书记，一位大兴区委副书记、区政府副区长兼任开发区工委副书记、管委会主任，一位大兴区委常委兼任开发区工委委员、管委会副主任。另一方面，推进开发区扩区机制、项目推进机制、招商机制、就业促进机制、社会管理机制和科技人才工作机制“六个创新”，实现大兴区和开发区的资源共享。特别是两区整合招商资源，打造专业化招商团队，开展联合招商，共用“北京•亦庄”品牌，统一产业布局和基础设施建设。由此，开发区招商项目落户在大兴区，既解决了开发区内的产业配套问题，也为大兴区增加了经济总量和税收收入；而大兴区派出社会管理和公共服务方面具有经验和专长的干部作为开发区相关部门工作人员，编制和工资由大兴区承担，机构运转费用由开发区承担，又实现了两区在社会管理方面的良好合作。

现存矛盾问题不容忽视

体制机制束缚较多并已阻碍城市功能完善。增强和完善开发区的医疗、教育、卫生等城市功能，是当产业发展到一定阶段，由于人口集聚而对城市功能提出的必然要求。但由于开发区不是一级政府，在这些方面存在诸多体制机制障碍，导致公共服务设施存在一定缺口，优质公共服务供给不足，教育、医疗、卫生、体育、文化等设施建设及发展水平有待提高，大型超市、酒店、休闲娱乐等生活型服务业和基础设施配套有待完善。例如，由于开发区没有赋予编制的权限，区内的学校、医院等机构只能由大兴区赋予编制，但随着人口聚集带来的快速发展，编制不足和教学配套设施不足等矛盾日益突出。

嵌入城市功能面临土地指标约束。作为以产业功能为主的经济开发区，北京开发区的用地属性主要为工业用地，且由于周边可拓展用地空间有限，随着开发区城市功能需求的不断提高，亟需将一批工业用地转为商业用地或综合功能用地。但受到相关规定的约束，审批程序较为复杂，在一定程度上制约了与城市功能提升相关的商业项目落地，甚至与开发区产业转型升级方向较为吻合的科技研发、商务服务、金融、总部经济等项目也难以落地。

城市功能不足制约产业高端化发展。事实证明，城市功能特别是教育配套不完善、质量不优等问题已经制约了开发区引进高端产业的步伐。如百度公司曾有意到开发区，但公司中层以上干部和工程师在填写搬迁意向调查问卷时，由于担心子女教育、通勤时间过长等问题，大多数人在“搬迁意向”一栏划“×”，否决了这项动议。

促进转型应确保发展积极性

为促进开发区城市功能的完善，并充分发挥其产业优势带动周边地区实现协同发展，近年来，部分地区加大了对开发区与所在区域行政区的行政资源整合力度，力图形成一种优势互补、强强联合的发展态势。但对于开发区与行政区充分融合，直至最终成为一个行政主体，各方观点不一。有些开发区甚至持反对态度，认为开发区模式有其固有优势，如果完全变为行政区便会降低发展效率，失去设立开发区的意义和初衷，并建言“增强和完善开发区城市功能，不等于把开发区变成行政区”“开发区要把产业功能牢牢定位好，开发区向城市功能区转型，要定位在为产业服务的城市功能，不能定位为一个普通城市，不是回归为传统城市。”因此，在推进开发区产城融合的过程中，必须确立科学合理的发展方向，并确保双方发展的积极性。

创造有利的体制机制环境。从北京开发区增强和完善城市功能的经验和做法可见，向城市功能区转型是开发区产业发展到一定阶段的必然产物，具有较强的内生动力机制。为此，应适应开发区向城市功能区转型的新形势、新要求，加快营造良好的制度环境。要赋予开发区在经济社会全面发展中的统筹协调职能和城市综合运营职能；创新开发运营机制，在有条件的开发区成立城市综合开发投资运营公司，并以此为平台，探索市场化的城市经营新机制；采用PPP、BOT等多种方式，广泛吸收社会资本参与城市和开发区经营，构建起多方经营、利益共享和风险共担机制；逐步放开户籍限制，减少外来人口落户限制，探索外来人口入户及管理体制改革试点，逐步出台公共服务供给由户籍人口向常住人口覆盖的配套措施，建立起以常住人口为基准的社会保障、就业服务和子女就学体制。

建立土地可持续供给与调整机制。随着开发区的高速发展与托管面积的不断扩大，现有的供地规划与模式已经不能满足功能完善的需要。为此，应加快土地管理制度创新，建立与开发区发展实际相配套的可持续土地供给机制，为城市功能嵌入园区整体开发提供重要保障。同时，要积极探索统筹城乡土地管理的新办法，努力扩大土地跨区域流转范围，支持开发区利用农村新社区建设，在占补平衡的情况下，将土地指标用于城市建设与园区开发。

针对开发区现有工业用地土地性质调整等问题，应积极探索新模式，参照有关先行地区盘活存量工业用地的办法，允许符合条件的开发区调整土地利用总体规划，增加商业、住宅、生态用地，并允许开发主体通过存量补地价方式，将工业用地转换为研发总部、商务办公、教育养老等类型土地。

合理定位转型发展方向。在促进开发区向城市功能区转型的过程中，如何既能够提升开发区的城市功能，促进产城融合，又能够保护好开发区推进产业发展的积极性，鼓励其向产业新城、科技新城转变，是当前值得思考的问题。可按照因地制宜的原则，探索有条件的开发区与行政区融合发展的体制机制，推动开发区依法规范发展。对于整区托管、基本实现机构融合的成熟地区，可支持开发区实施全面彻底的行政管理体制改革，为增强和完善城市功能奠定基础；对于整合条件尚未成熟的开发区，要重点加强开发区的城市功能，实现城乡一体化模式，增强对周边地区的辐射带动作用，加快由单一的工业型园区向多功能城市新区转型。

注重前沿需求 鼓励内外联动 全面深化中新跨境金融合作

文/苏州工业园区工委、管委会研究室

伴随我国深化金融改革与推进人民币国际化进程的不断加速，中外跨境金融合作试点区域逐步增多，其业务主要集中在跨境人民币贷款及借款、内资企业借用外债、资本金意愿结汇、企业境外发债等领域。目前，跨境金融实践体系较为完善的有上海自贸区以及前海深港合作区，属于自上而下制定了完整方案的国家战略；与此同时，还包括霍尔果斯离岸人民币金融业务试点、昆山深化两岸产业合作试验区的台资集团内借款、天津生态城的中新跨境人民币业务、广西沿边金融综改试验区的跨境金融业务、张家港以及中关村等地的外债审慎管理等。在这一趋势下，苏州工业园区（以下简称“园区”）正在着力推进中新跨境金融合作，并已取得阶段性成果，使园区的金融国际化发展特色日益明显。

跨境金融合作初具基础

金融机构跨境合作极具实效。目前，新加坡3家本土银行均已入驻园区，星展银行苏州分行已在园区经营近10年，业绩良好；华侨银行苏州分行于2014年10月入驻，大华银行苏州分行也在2015年11月正式开业。此外，2014年中新协调理事会原则批复支持园区内法人机构东吴证券到新加坡设立资产管理公司、苏州银行到新加坡设立代表处，各项后续报批工作正在加快推进中。

金融业务跨境合作进展顺利。2013年的中新协调理事会确定在园区开展中新金融合作，并同意园区开展新加坡银行对园区企业发放跨境人民币贷款、股权投资基金人民币对外投资、园区内企业到新加坡发行人民币债券、个人跨境人民币业务等四项创新业务试点；2014年的中新协调理事会又同意园区试点RQFLP（人民币境外有限合伙人）制度。截至2015年年底，园区企业与新加坡银行的人民币跨境贷款合同余额及提款分别超过24亿元和17亿元，主要投向交通运输、通信设备、电子器件、新型材料等行业，股权投资基金对外投资超亿元；此外，园区已制定RQFLP管理办法，并进一步获得省级授权，可自行办理对外投资备案管理。

金融产业实现快速集聚。近年来，园区大力推动金融产业实现跨越发展。目前，共集聚银、证、保等金融机构109家，融资租赁、股权投资基金等金融服务机构577家；苏州全市近90%的银行分行、50%以上的保险分公司均在园区落户。不仅如此，园区的外资金融机构集聚度全省最高、外资银行数量全省第一。同时，园区获批成为首批总部外汇管理便利化试点、资本金意愿结汇试点和中新跨境人民币业务试点，并成为江苏省首批科技金融合作创新示范区、江苏省商贸金融集聚示范区和江苏省创业投资集聚示范区。

深入合作尚存突出问题

新加坡是国际金融中心，也是重要的离岸人民币结算中心。因此，开展中新金融跨境合作试点，有利于推动园区在全新领域深化中新合作，更好发挥园区在中外合作中的引领示范作用，为推进人民币国际化、资本项目可兑换积累经验；同时也有利于推动园区加快借鉴、学习新加坡金融行业发展的先进经验，提升金融产业发展水平，为加快构筑装备制造、生物医药、纳米技术应用、云计算等高端产业发展新格局提供资金配套需求；还可“走出去”，带动苏宿、苏通、霍尔果斯等相关区域经济的转型升级，为各类优质项目拓宽融资渠道。但跨境金融合作在推进过程中也存在一些突出问题。

缺乏合理可行的顶层设计。跨境金融合作的最终目的是实现投资贸易便利化和资本、资金的跨境有效流动，这便需要金融、发改、商务、海关等各个环节的全面配合。而当前的试点创新工作还仅仅停留在逐个争取、点上突破的阶段，尚未明确中新金融创新合作的定位、目标等顶层方案，未能将各项创新举措勾稽整合起来。

合作需求无法实质对接。对新加坡金融机构而言，中国市场是一块巨大的“蛋糕”；对园区来说，试点跨境金融合作则能够有效推动金融的转型升级。因此，双方的合作意愿均较为迫切。但由于两国存在机制差异，相关金融合作机制与信息交流平台尚未建立，使合作需求无法完全得到有效对接。

企业跨境金融需求意愿有限。尽管园区企业数量多、质地较好，但是层级不高，多为上海总部的加工工厂，由此，企业跨境金融需求一般会由上海总部一并打包解决，致使苏州工厂的金融需求意愿较少且相对简单。

金融分支研发创新能力偏弱。园区虽然集聚了绝大部分金融机构的苏州区域总部，但由于苏州市自身法人金融机构数量较少、分支机构研究力量有限，使区域内缺乏具有总部研究能力的跨境金融专业部门，导致区域整体创新能力不强。

分步推进 完善金融创新

园区拥有雄厚的经济基础、合理的产业结构、优质的企业资源、国际化的发展视野、健康的金融环境以及21年的中新合作经验和良性互动等优势。并且，江苏省以及苏州市均将推进园区的中新金融合作作为未来几年的金融发展重点，园区也将进一步完善促进区内投资贸易便利化的金融生态环境作为“十三五”期间的经济转型升级的重中之重。因此，要稳步推进中新金融跨境合作，全面探索行之有效且具有普遍意义的路径经验。

搭建中新跨境金融对接平台。为寻求高效务实的中新跨境金融合作，需将双方实际需求进行有效对接，从而开发出相关的创新产品与服务。为此，在园区建立中新金融跨境需求的对接协调机制至关重要。一经如此，便可定期就相关合作议题进行探讨，真正搭建起金融交流与合作的长效平台，推进中新金融创新合作实现双赢。

积极争取建立统筹协调机制。建议积极争取国家部委组成深化中新金融跨境合作联席会议，并逐级下达，建立省级、市级的联动机制，以便统筹协调各个部门能够更好推进已有政策的落地。同时，也可以有效整合各部门的研究力量，不断创新思路，提出新的跨境金融合作需求，尽早形成统一高效的协调机制。

研究跨境金融合作整体方案。区域金融创新是一项整体系统工程，需要从机构、业务、人才、环境、监管等多方面加以协调整合创新，唯有如此，才能真正促进投资贸易便利化。当前，园区已在跨境人民币业务、资本项目可兑换上启动试点，可在“一带一路”和“走出去”等国家倡议的引导下，进一步紧抓企业进行国际化发展的有利契机，并借鉴自贸区模式，制定相关金融改革整体方案，争取在推进中新金融全方位合作中营造区域优势，并逐步向外辐射。

鼓励金融机构内外联动。为提升区域金融研究能力，要进一步推进区内金融机构以及各分支机构加强与总部的沟通汇报，争取更多跨境合作产品的开发和经营授权；鼓励区内法人金融机构加快“走出去”步伐，借助园区中新合作平台到新加坡设立分支机构，在服务国内企业“走出去”的同时，不断借鉴新加坡金融发展经验，进一步提升区内金融的国际化水平。

注重前沿跨境金融需求。前期调研显示，区内高净值人群配置离岸资产的比例已经达到33%，跨境投资理财、出国留学和投资移民的金融市场巨大，亟需QDII2等个人创新金融产品和服务供给。并且，发展跨境金融必须依靠互联网思维，如跨境电商金融服务需将线上、线下统筹结合，借助互联网的技术和渠道，便利客户，提升效率，从而形成新的优势和竞争力。

加快吸引各类总部集聚。只有发达的经济基础和产业环境，才能更好地推动跨境金融合作。因此，园区应立足实际，加快经济结构和产业结构的调整与升级，通过政府搭建平台、市场培育环境，进一步吸引国内外人员流、物流、资金流、技术流、信息流等各种要素以及结算中心、研发中心、销售中心等各类总部集聚，为园区跨境金融合作提供基础。

运用PPP模式 强化与社会资本的有效合作

文/天津经济技术开发区政策研究室 杨 丹

当前，公共产品供给融资的PPP模式已在全球范围内被广泛应用。2015年5月19日，国务院办公厅转发财政部、发改委、人民银行《关于在公共服务领域推广政府和社会资本合作模式的指导意见》（简称“42号文”）明确提出，地方政府要在能源、交通运输、水利、环境保护、农业、林业、科技、保障性安居工程、医疗、卫生、养老、教育、文化等公共服务领域广泛采用PPP模式，加强与社会资本的有效合作。自此，PPP模式成为解决融资问题的优选方案被广泛应用。

以盈利为前提并强调风险分担

PPP是“Public-Private-Partnerships”的缩写，即“公私合作伙伴关系”。目前，关于PPP的定义，虽然学术界尚未形成统一表述，但基本可以归纳出“公私合作、提供公共产品或服务、利益共享和风险共担”四个特质。

党的十八届三中全会提出，“允许社会资本通过特许经营等方式参与城市基础设施投资和运营”。随即，在财政部《关于2014年中央和地方预算草案的报告》中，首次使用了PPP的概念，并在《关于推广运用政府和社会资本合作模式有关问题的通知》中，对PPP的通用模式进行了阐述。具体而言，PPP的通常模式即由社会资本承担设计、建设、运营以及维护基础设施等大部分工作，并通过“使用者付费”以及必要的“政府付费”获得合理的投资回报；政府部门则主要负责基础设施及公共服务价格和质量监管，以保证公共利益最大化。

目前，我国PPP项目大致可分为外包类（政府购买服务）、特许经营类和私有化类（股权合作）三种类型，并以特许经营类为主。而从PPP的实际操作案例看，其内涵主要包括六大要素：第一，PPP的目的是提供公共服务或公共设施，方式则是由私人部门提供或公共部门购买；第二，通过合同界定各方的权利与责任，并以此为基础进行长期深入合作；第三，公共部门的重要职责是制定各种清晰标准；第四，引入私人部门的资金与专业技能，以缓解资金支出压力、提升效率；第五，要有基于产出的费用支付与回报；第六，要进行合理的风险分担与转移。

还应看到，PPP作为一种项目融资模式，对项目回报存在较高要求，其归属于项目融资的性质决定了项目的预期收益、资产以及政府补贴的力度（而非项目投资人或发起人的资信）将成为获取融资和偿还贷款的重要保障。因此，尽管政府部门并不以盈利为目的，但如果成本和利润间缺乏一定的差额，即未能实现VFM(物有所值)，便很难吸引社会资本进入基础设施建设领域。这便意味着，PPP融资模式必须要以一定的盈利为前提。由亚洲开发银行对PPP项目的追踪和分析数据可知，某一投资项目的收益率不低于12%时，才会有社会资本进入的意愿。因此，项目收益已经成为确定是否采用PPP模式或者采用何种PPP模式的重要标准。

由此可见，PPP模式在缓解政府当期支出压力、拉长义务期限、解决期限错配问题的同时，也是对政府部门的项目经营能力的考验。一方面，如何确保收益分配的合理性？即如何既能够鼓励社会资本提高服务质量并获取合理回报，又能够有效防止投资者和公众利益受损？另一方面，如何能够确保项目的经营效率？因为如果无法保证能够提升效率、降低全生命周期成本，PPP反而可能会增加政府的直接债务负担，成为一种潜在的财政风险。

此外，“风险分担”机制在提高项目效率，防范债务风险中的作用至关重要。PPP最为重要的功能之一即通过引进私人部门的先进技术和经验，提高公共产品和服务的供给效率。并且，能够利用政府和企业间的比较优势，将不同风险分配给能以最小成本有效管理的一方，从而实现风险的最优分配和提高项目收益的目标。与此同时，PPP强调从项目的设计、建设、运营、维护等全过程、各环节实现风险共担，由于政府在项目初期即分担了部分风险，这便对提升社会资本的参与积极性、降低融资难度具有积极的促进作用。

审慎选择PPP项目的操作模式

按照国际惯例和经验，PPP模式主要适用于政府负有提供责任又适宜市场化运作的公共服务和基础设施类项目。例如，燃气、供电、供水、供热、污水及垃圾处理等市政设施；公路、铁路、机场、城市轨道交通等交通设施；医疗、旅游、教育培训、健康养老等公共服务项目，以及水利、资源环境和生态保护等项目。2014年8月，重庆市市长黄奇帆在PPP投融资模式改革专题培训班中指出，地方政府开展PPP项目融资需要参考四个边界性条件进行决策：一是凡是能够真正实现市场化收费的公共服务项目，均可采用PPP；二是收费不能市场化，但具备价格调整空间的公共服务项目，政府若要开展PPP，则需首先调整价格；三是对于价格无法实现一步到位的公共服务项目，要明确政府的采购和补贴标准；四是对一些收益可观的公共服务项目，必须事先约定社会投资者的合理收益。由此可见，对于经营性项目、准公益性和公益性项目实施PPP，各自采取的操作模式不尽相同。

经营性项目。对于具有明确的收费基础，并且通过经营收费能够完全覆盖投资成本的项目，可由政府授予特许经营权，采用建设—运营—移交（BOT）、建设—拥有—运营—移交（BOOT）等模式进行推进，并要依法放开相关项目的建设和运营市场，积极推动自然垄断行业逐步实行特许经营。

准公益性项目。对于经营收费不足以覆盖投资成本、需要政府补贴部分资金或资源的项目，可通过政府授予特许经营权附加部分补贴或直接投资参股等措施，采用建设—运营—移交（BOT）、建设—拥有—运营（BOO）等模式加以推进，并要建立投资、补贴与价格的协同机制，为投资者获得合理回报创造积极条件。而对于此类的存量项目，则可以采用转让—运营—移交（TOT）和改建—运营—移交（ROT）等模式承接地方政府融资平台项目，将政府性债务置换为非政府性债务，以此化解地方的政府性债务风险。

公益性项目。对于缺乏“使用者付费”基础、主要依靠“政府付费”回收投资成本的项目，则可通过政府购买服务，采用委托运营（O&M）

等市场化模式进行推进，并要合理确定购买内容，将有限的资金用在实处，切实提高资金的使用效益。

稳妥推进 PPP 模式下的项目融资

基础设施项目类别繁多且具体项目差异较大，加之地方财政和债务情况各不相同，因此，采用 PPP 模式缓解地方政府的投融资压力时，需要具体情况具体分析，以确保积极稳妥地加以推进。

谨慎甄选项目。专家建议，对 PPP 项目的选择需要符合投资规模较大且经营期长、边界清楚、区域性强、收费较容易等具体条件。因此，对于市政建设、土地收储、交通运输设施建设、保障性住房、教科文卫、农林水利建设等 6 类较多采用 PPP 模式的项目，也需要在实际操作中进行具体分析。一般而言，市政建设中的供水、供暖、燃气、污水和垃圾处理、停车场、文体设施，土地收储、交通运输设施建设中的高速公路、地铁、轻轨、隧道、大桥，教育领域的学生宿舍、体育馆，医院的住院大楼，保障房中的公租房和廉租房，以及农林水利中的供水和灌溉类水库、公益水电站等项目，原则上可以采用 PPP 模式。

努力控制财政风险。通过 PPP 模式缓解地方政府的融资困境，能够改变政府的支出现金流，缓解当期支出压力，但债务性质并未发生根本改变，因此并非越多越好。甚至，一旦监管不力，还会造成巨额的隐性债务。因此，地方政府使用 PPP 模式进行基础设施建设时，应加强监管和风险防范，将其与存量项目进行统筹考虑，做好总量控制。

制定相关支持政策。除赋予特许经营权和财政补贴外，对经济性较弱、特许期内收益保障难度较大的项目，需要给予灵活的激励引导政策。如准许特殊目的公司在授权范围内进行适度的商业开发，担保在该项目经营期内不再建设第二设施等。

工作思路一经确定，就项目操作而言，可分为五个步骤：一是项目确认可行性研究阶段，由政府先提出 PPP 项目，并对项目进行市场、技术和经济等方面的评价，对项目的民营化可行性进行评估，确认可行后方可组织招标。二是项目招标阶段，根据项目实际选择合适的私人投资机构，签订 PPP 协议。PPP 协议中一般包含政府与中标机构签订的“特许协议草案”，以及项目公司与金融机构、原料供应商等签订的一系列合同。三是项目建设阶段，PPP 项目公司负责项目的设计、融资、施工，保证按照计划投入使用资金。四是项目运营阶段，工程建设完工后，项目公司可自行运营项目，也可交由专门的运营公司运营。五是项目移交阶段，特许期满后，PPP 项目公司须按照协议，将项目资产、维护基金以及经营管理权等移交给政府。

“新三单一平台” 实现全覆盖智慧监管

文/广州开发区组织人事局（编办）局长　严　晖

作为广东省“创新行政管理方式加强事中事后监管”和“相对集中行政许可权”行政审批制度的改革试点，2014年以来，广州开发区按照“规权、简政、监管、保障”的改革思路，出台实施了“1+18”改革方案，并围绕集中清单、绿色清单、监管清单和审批监管大数据平台（“新三单一平台”），实现全链条再造审批流程、全方位服务企业、全覆盖智慧监管。在推进试点改革的过程中，继2015年3月公布了全市首份区级政府权责清单后，2016年3月又在全省范围内率先完成审批事项标准化建设，重点细化所承担的415项审批及公共服务事项自由裁量权，以夯实规权基础，确保无差别审批。

“集中清单”助力企业投资便利化

围绕自身的经济功能定位，开展“一集中、两分离、三提高”的相对集中行政许可权试点改革。

“一集中”，成立全省首家审批局。“集中清单”涵盖企业投资建设项目从获得建设用地指标到工程竣工验收的全链条行政许可及公共服务事项。首批的集中事项涉及规划、建设等8个专业领域，基本涵盖了企业筹建主流程的核心事项。与此同时，开发区新成立了全省首家行政审批局，对列入清单的事项实施融合集中审批，实现了审批局“一门受理”、申请材料“一套多用”和多事项“并联审批”。

“两分离”，优化再造审批全流程。在审批局下设建设工程设计审查事务管理服务中心，实施技术审查与行政审查相分离，全链条优化再造审批流程，有效避免了企业多头报批、反复修改的问题。在项目准入阶段，审批部门也做到及早介入提供服务，由政府牵头开展环境影响、考古调查勘探、地质灾害等区域评估工作。同时，通过集中事项、集中审批，确保了事前行政审批与事中事后监管的相对分离。

“三提高”，审批时间、报批材料减半。通过“一集中”和“两分离”，不仅有效提高了企业投资的便利化程度，提升了开发区的行政效率、服务质量和事中事后监管水平，而且也解决了以往“重审轻管”、甚至“以审代管”的问题。并且，全流程中配合实行的“一码”管理，极大地缩短了多部门间的协调时间，切实降低了沟通成本。改革后，企业从取得土地到动工建设的审批时限由原先的110个工作日缩减为60个工作日，报批所需材料则减少近50%。

“绿色清单”全方位提升政务服务水平

“绿色清单”以快速审批和优质服务为特色，打破了传统的以审代管模式。凡是列入绿色清单的事项可在注册、审批、经营等环节放开部分限制，并围绕企业“全生命周期”打造星级服务。

企业注册，实现全面放开与拓宽。对列入注册登记绿色清单内的事项，全面放宽住所（经营场所）登记（备案条件），允许将住宅性质场所改为经营性用房；全面放开“一址多照”，拓展注册登记“多证联办”。

政务服务，开展绿色信任审批。建立“政务服务绿色清单”，对行政审批及公共服务事项实行“一窗式”集成服务，实现统一咨询、统一受理、统一出件；对于不涉及人身健康、生命安全，且申请材料、技术标准简单的审批事项，实施审批、监管、信用“三联动”管理，开展容缺信任审批。

经营服务，定期推送绿色清单。在市场主体准入、经营、退出等阶段，按照奖励扶持、行政指导、认证认定等类别，编制经营服务绿色清单并开展定期推送。2015 年 7 月，开发区已推送首批包含发改、科信、规划、建设、国土等 21 个职能部门的 132 项服务。

“监管清单”构建智能型监管体系

监管清单涵盖监管主体、监管范围、监管标准、监管协同、监管数据和监管服务六个方面，通过与“集中审批”互补联动，避免传统“谁审批、谁监管”带来的弊端。并且，以“监管清单”为统领，打造标准化、智慧化和精准化的监管体系，用监管清单“一张网”管好市场，维护好公平公正的市场竞争秩序。目前，开发区已基本完成环保、安全、食品、药品、劳动和公共卫生六个领域的“监管清单”建设工作。

明确权责，制定监管分工指引。依托权责清单，界定具体行业、领域及审批事项的监管部门，做到“清单之外无职权”“有权必有责，权责必一致”；按照行业主管和属地监管原则，编制监管分工指引，明确各部门相对应的具体监管对象在国民经济行业分类中的分布范围。

规范程序，优化监管服务内容。依托部门内部制度建设，梳理规范具体监管标准，明确界定监管程序，通过“双随机”抽查、分级分类监管等方式，规范监管行为；通过联合专家力量“量身式”执法的行政指导和上门法规案例宣教，寓服务于监管中；通过说理式行政处罚告知、处罚案件回访，规范行政执法自由裁量权；通过事中监管行为“网上留痕”、事后监管结果对外公开，增强监管行为透明度。

创新手段，引入第三方促进协同监管。依托审批监管大数据平台，用科技手段提升监管效率和精准度。目前，开发区环保局已针对区内 110 家重点污染源建立全国最为先进的排放特征（指纹）数据库及污染源快速识别模型，市场监管局建立了婴幼儿配方乳粉等重点产品电子追溯系统，各监管系统平台间及其与区审批监管大数据平台也已开始对接。

以“互联网 +”模式做出精准科学决策

运用“互联网 + 审批”模式，整合政府、市场和社会三方数据资源，打破多头采集、重复采集和分散管理的行政壁垒，全面构建集“行政审批系统、事中事后监管系统、网上办事大厅、企业信用管理系统、权责清单管理系统和大数据分析运用系统”于一体的大数据平台。

信息共享，支撑协同精准监管。建立市场主体“一企一档”数据库、建设项目“一码一档”数据库，将行政审批、巡查执法和行政处罚等日常审批监管信息全部在网上公布。实行各单位信息共享，以及业务全流程网络化、电子化，依托审批事项标准化和标准化监管清单，促进审批监管规范化，不断改善政务服务环境和提升政务服务水平。

智能政务，提供阳光服务。实行“互联网 + 政务”的服务新模式，全面构建集“行政审批、网上办事和企业信用”为一体的大数据平台，推广网上办事和便民终端，为企业提供阳光服务。目前，区审批监管大数据平台已开发集成有行政审批分析、行政处罚情况分析、流动人口登记分析、参保情况分析、用水用电情况分析、企业经营分析、门户请求分析以及国有土地及物业分布功能模块。

深挖资源，应用大数据管理。收集、存储和管理全区范围内的信息资源，将跨部门的数据进行横向整合，通过对行政审批和监管过程中的数据进行分析，按不同主题和需求计算挖掘数据的深层次价值，帮助政府部门更加全面地掌握全区经济社会运行状况。特别是建立高危行业、重点工程、生产安全等重点领域的动态监测和风险预警机制，辅助政府部门做出科学合理的决策。

全面深化“双创”供需侧服务

文/国家发展和改革委员会宏观经济研究院社会发展研究所　曾红颖

2015年的政府工作报告指出，2014年，我国全年新登记注册市场主体达到1 293万户，其中，新登记注册企业增长45.9%，形成了一股新的创业热潮。国家工商总局发布的《全国市场主体发展报告》也显示，截至2015年5月底，全国实有各类市场主体7 264万户，其中，企业1 959.5万户（内资企业1 912.6万户，外商投资企业46.9万户），内资企业中的私营企业1 684.5万户；个体工商户5 165.2万户，农民专业合作社139.3万户。由此可见，在各类市场主体中，私营企业和个体工商户彰显出明显的创业属性，约占全部市场主体的94%，成为规模庞大的创业大军。如果按照每家企业平均3人的创业团队、每家个体工商户平均1人创业进行估算，目前我国的创业人员总量约为1.22亿。

创新创业蔚然成风

科技工作者创业意愿强烈。2015年1月，中国科学技术协会发布《第三次全国科技工作者状况调查》，全面反映了2010—2013年，包括科研院所、高等院校、企业、医疗卫生机构和县域基层单位在内的各类科技工作者群体的真实状况，并于同年7月开展了《全国科技工作者创新创业情况调查》。对比两次调研数据发现，科技工作者的创业意愿实现了大幅提升——由2013年5月的26.1%跃升至2015年7月的49.1%。与此同时，尝试过创业的人数比例也呈现出倍增效应，由2013年5月的1.2%跃升至2015年7月的2.5%。

创新创业热点地区层出不穷。2015年7月，中国科学技术协会发布的《全国科技工作者创新创业情况调查数据报告》显示，我国已经形成了良好的创业氛围，除已经成为创业热点的北京、上海、天津、广东、浙江和江苏之外，还涌现出广西、甘肃、江西和重庆等一批新的创业热点地区。并且，这些地区怀有创业意愿和认同“双创”政策的科技工作者的比重较高，其中，近70%的科技工作者表示周围已有朋友或同学开始创业，50%左右的科技工作者表示家人、亲戚中有人创业，40%的科技工作者表示单位同事中已有人创业。

着力解决“双创”现实需求

创业服务的供需匹配存在错位与缺口。调查显示，创业者对创业服务的需求，由高到低依次为创业投资资金（60.3%）、信息资源服务（52.1%）、技术交流平台（45.8%）、市场对接或项目推介（40%）；而创业者可以获得的实际创业服务，由高到低依次为技术交流（45.2%）、信息资源服务（44%）、办公空间（32.3%）或科技中介服务（23.7%）。由此可见，现阶段的公共服务供给和创业者需求间存在错位，普遍存在供需缺口。以信息需求为例，公共服务的供需缺口主要体现为政策信息传递的深度不够。具体而言，在调查的12项政策中，知晓率虽然普遍较好，但对具体政策的了解率仅为3%～4%。目前，创业公共服务平台均将市场信息提供、融资渠道介绍作为服务的主要内容，但其有效性与可及性仍然存在一定差距，特别是无法实质性满足专业高技术人员在创业中对特定行业和技术服务的对口信息需求。

面临困难无法全部通过政策解决。调查显

示，2013 年，科技工作者面临的创业困难主要表现为缺乏创业资金、缺乏好的项目、缺乏管理经验以及害怕承担风险。而在 2015 年，一批有创业经验的科技工作者除了创业资金缺乏的状况略有好转外，管理经验的缺乏已经由 2013 年的 33.6% 上升至 2015 年的 38.9%。同时，创业之初未能深入考虑的团队、技术和市场等一系列问题已经成为创业过程中面临的主要难题。显然，这些问题虽然具有普遍性，但解决方案必须是极具个性化的，并且无法通过出台统一政策的方式加以解决。

积极优化“双创”环境

着力营造更好的市场环境。市场环境包括市场主体的成长环境、服务敏捷可及环境和消费安全保护环境。当前，我国在商事制度改革、专利保护和服务、公共服务平台建设、融资渠道多样化等方面进展较快，也颇具亮点，但在服务全面、反应敏捷方面依然存在较大的提升空间。从产业发展角度看，虽然服务本身即是第三产业的核心所在，但由于吃、住、行、购、游等产业较成规模，因而能够得到足够重视；而新型服务虽然范围小、与产业的契合度较高，但却无法得到充分重视。例如，在农村发展电商，如果缺失理念教育、互联网技术普及、产品传播和推广等一系列服务则是根本不可想象的。

以杭州对口支援新疆阿克苏的项目为例，通过植入电商推广服务和一年的广泛普及，有效带动了阿克苏地区的电商产业和当地经济发展，并且电商服务企业也因此获得了多地政府和资本的认可，业务范围不断扩展，初步具有了项目孵化的功能。由此可见，要积极推进类似服务的市场化与产业化，通过数个小的服务项目组成一个较大规模的长尾市场，以便在培育市场环境的过程中发挥更大作用。

大力发展嵌入式第三方服务。按照企业发展规律，通常企业规模达到 1 亿～ 3 亿元时，才会开始寻求专业技术解决方案。因此，对于创业者而言，咨询、开发、设计等服务的价格显得十分昂贵。对此，可以试点专业技术服务收费的模式，采取组合报酬方式，即按照专业服务时间支付劳动报酬，按照对企业发展的持续投入和效果支付期权，按照项目完整评估便利性支付项目经费等组合付费模式，切实降低专业服务和产业对接门槛。同时也要通过政府购买引导第三方服务和产业嵌入式发展，加大力度促进第三方服务落地，实现多方共赢。

现阶段，双创工作最为成功的一方面即是营造了良好的创业氛围。但与此同时也要看到，创业本身是一项高风险、高收益的活动，真正的商业成功者更是少数。依据麦肯锡的研究，某一创意最终能够获得市场成功的概率仅为万分之二。因此，创业过程、创业经历以及在创业中面对困难勇往直前的精神应由社会大众加以传播，而创业工具、创业技能和融资服务则应由各类专业渠道和平台加以传播，从而培育出良性的、可持续的长效创业氛围，有力激发出市场活力。

发挥国有创投平台作用 助推智能工业发展

文/ 吴江经济技术开发区管委会

智能工业是物理设备、信息网络、智能技术相互融合、三位一体的新型工业体系，是为国民经济提供技术装备的基础性产业，市场前景广阔、发展潜力巨大、回报率较高。正因如此，智能工业成为创投机构关注的新焦点。

与此同时，发展智能工业既是国家实施《中国制造2025》的战略选择，也是助推吴江经济技术开发区产业从中低端向中高端迈进的必由之路。当前，开发区将高效平稳地完成新老产业的转换衔接作为经济发展的重要任务。一方面，积极强化传统产业的智能化改造，实现生产过程的自动化、信息化、精密化与绿色化，从而提高产品质量和附加值，提升高端产品占比，推动产业链低端环节向高端环节跃升；另一方面，不断加大智能制造、高端装备、工业机器人和智慧物流等新兴产业的培育力度，推动新兴产业的智能技术及成果在产业链中广泛运用，创造巨大的新兴市场。

创投机构依据发展实际支持智能工业发展

引领产业升级、优化创业环境、创造财富价值是国有创投机构的任务使命。因此，要充分发挥国有创投机构的集聚效应，引导和鼓励社会资本投入智能工业，完善区域性金融产业业态，优先支持智能工业企业开展技术改造和技术创新。同时，要积极发挥先行企业的引领作用，通过国有创投平台充分展现领先企业的示范效应，助推一批“专、精、特、新”的优质智能工业企业跨入多层次资本市场发展，通过提升先进制造业与实体经济的发展水平，推动产业转型升级。

通常，智能工业企业的生命周期大致可分为种子期、初创期、成长期及成熟期四个阶段，因智能工业在不同成长阶段具有差异化的特征和使命，致使创投机构介入后的支持作用也各有侧重。

种子期的“雪中送炭”。种子期的智能工业企业处于新技术、新产品的研究开发、测试评估阶段，国有创投机构发挥着“天使基金”般的作用。一方面，提供启动资金支持。由于种子期的技术创新市场前景不甚明朗，具有较大的风险性，因此，难以吸引市场化的商业基金支持，而国有创投公司的政策性扶持，可有效弥补此类市场失灵，为新兴企业技术、产品的研发提供启动资金。另一方面，提供技术能力支持。创投机构能够利用自身的经验以及关系网络帮助企业识别新技术的价值，协助企业开发新技术、新产品及新服务，并确认技术转化为产品的可行性。如东运创投公司政策性跟进投资处于早期阶段的赛伍应用技术有限公司等企业，在为其提供启动资金的同时，催化其技术进步，帮助智能企业顺利“出壳”。

初创期的能力建设。初创期的智能工业企业开始进入产品营销阶段，需要投入大量的设备、技术、人才、资金并加以密切配合。这一时期的创业投资主要发挥四方面作用：一是导入资金支持，用于基础生产设施的构建以及产品试销过程中的原料采购、初步销售渠道的建立，加快创新技术的产业化步伐。二是生产能力支持，为企业提供建厂、设备引进、生产计划制订等方面支持，帮助其建立良好的生产运作系统。三是管理能力支持，帮助相对缺乏管理经验的科技创业者建立起适合的管理创业团队。四是融资能力支持，创投机构通过对企业进行事先评估，在衡量企业价值的同时，有效提高了企业声誉度，有利于企业向其他金融机构进行再融资。在吴江开发区，科创基金、区域扶持基金等政策性创投基金承担了聚合市场、技术、管理、政府服务、人力资源等的功能，重点扶持科技领军型项目，推动了迈为技术、达胜高聚物等一批企业健康成长。

成长期的加速推动。成长期的智能工业企业处于技术发展、生产扩大和产品推广阶段，创业投资的支持尤为关键。一是提供成长资金支持，补充流动资金，用于购置扩大生产的土地、厂房和设备，以便迅速扩张产能，抢占市场份额；二是提供营销能力支持，强化市场推广，推荐营销专家，帮助企业关注市场需求，拓宽分销渠道，确立市场地位；三是提供财务能力支持，为智能工业企业建立较为完备的财务制度，实现合理的成本控制及预算制订，降低财务风险；四是提供市场能力支持，充分评估行业发展市场，及时把握市场最新动态，降低市场环境变动带来的市场风险。如东运创投公司依托清华大学汽车研究院的专业背景和专门化的商业基金管理团队，成功导入华创赢达汽车产业基金，完成了20多个创新科技型项目的投资与服务，培育出绿控传动等优秀企业。

成熟期的理性引导。成熟期的智能工业企业往往已经达到规模经济，发展潜力充分展现，创业投资对于企业实现良性发展至关重要。在扩张资金支持方面，创业投资可有效提高企业知名度，扩大其经营规模，引入战略合作伙伴，打通供应、销售的上下游渠道，占据业内竞争优势。在战略规划支持方面，协助确立企业未来经营模式、战略方向及各类利益主体的重新配置。在技术创新支持方面，可积极协助企业加大技术升级力度，推动“产学研”发展，加快国内外技术合作或技术转移。在企业升级支持方面，努力将企业推向资本市场或采取首次公开发行上市、并购、股份回购等方式，寻找创投资本退出的最好途径。如东运创投依托国有创投平台集聚商业化运作基金，推动了多家企业首次公开发行上市或IPO预披露，引导更多的优秀智能企业进入多层次资本市场实现跨越发展，形成了创业投资专业力量和成熟期智能企业资源优势的有效互补，实现了企业自身发展和地区经济增长的多赢格局。

股权投资助推智能工业发展

当前，作为地方国有创投平台的东运创投公司，已经成为推动吴江开发区智能工业产业健康发展的“牵引器”“助推器”和“加速器”，并将继续打造成为开放包容的国有地方金融股权投资平台。

促进智能工业创新创业的“牵引器”。充分发挥东运创投旗下政策性创投基金的优势，助推智能工业在资本市场的创新发展，逐步形成“拨改投”基金天使孵化、科创基金培育成长、引导基金示范引领、产业基金助推做强的投融资体系。同时，以智能设计、智能生产、智能产业、智能ERP管理、智能供应链管理和生产性电商六大环节为抓手，打造一批优秀标杆企业，拓宽吴江开发区智能工业企业赴多层次资本市场发展的渠道，实现创投和项目企业共赢发展。

实现智能工业产业升级的“助推器”。东运创投平台将大力引进知名创投管理机构，设立专门化的智能工业产业投资基金，规划打造“基金+孵化器”的发展新模式，助推吴江智能装备产业园等科技产业孵化器建设，重点发展以3D技术、工业机器人、高端装备等为主的智慧制造产业，加快新能源、新材料、信息网络技术、节能环保等高新技术产业的发展，破解资源要素瓶颈制约，带动关联产业发展壮大。

集聚智能工业资源资本的“加速器”。瞄准科创园产业集聚区定位，引导和促进入驻园区内的各类基金、科贷担保、融资租赁、银行、券商及其他专业中介机构，投资服务于区内具有核心技术、成长性强的智能工业企业，形成“政府+银行+担保+保险+科贷+创投”六合一的科技金融服务模式。同时，集聚社会投资机构组成“资本群”，以“群对群”投资模式对智能工业“产业群”实现规模投资，放大国有资本创新驱动效能，打造省级创投产业示范园区升级版。

如何化危为机 顺利度过转型“阵痛”期?

文/广州开发区政策研究室主任　陈永品

在进入经济发展的新常态后，我国开发区普遍面临着转型之痛，面对这一可谓前所未有的压力，如何巧妙地化危为机，进一步成长为区域经济发展的动力引擎，便成为当前工作中亟需思考和解决的首要问题。

营造适宜转型的良好环境

面对全新形势，开发区亟需通过转换发展动力，加快转型升级、创新发展的步伐。

加大创新投入。开发区财政对科技创新的投入已经达到了前所未有的高度。以广州开发区为例，预计2016年对科技创新和人才的投入将达到13亿元，比2015年翻一番。具体而言，只要企业设立研发机构，经过认定评级，即可获得财政资金扶持；只要企业开展研发活动，即可通过审核获得研发经费补贴；只要创新产生了效益，即可获得相应奖励。

更新发展理念。新一代信息技术、生物医药与健康、智能装备产业、新材料、新能源、节能与环保产业等新兴产业虽然目前对于动辄几千亿元级经济体量的开发区而言，对经济增长的拉动作用十分有限，但作为未来发展的重要储备，依旧要积极对其加以扶持。以广州开发区为例，现阶段，全区正致力于智能装备产业的培育和发展，预计“十三五”期末可形成500亿元的产值。

引进高端人才。由过去单纯引进项目转向引项目、引人才并重。并且，对人才的投入不断加大，特别是对于拥有核心技术的高端人才，资金支持额度最高可达上千万元。

优化创新环境。目前，开发区内的孵化器、加速器、众创空间等的规模均在不断扩大，新型研究院数量不断增加，创新氛围日益浓厚，创新文化悄然形成。需要注意的是，转型非一日之功，非一蹴而就，而是一个漫长的过程。在这一过程中，政府和企业都需要经受得住“煎熬”。以生物医药产业为例，一般需要10～15年方可形成产能。

助力企业创新发展方式

毫无疑问，开发区经济发展的主体是企业，企业好则开发区好，企业强则开发区强。现阶段，既有优势企业订单不足，普遍增长乏力，甚至汽车、化工、钢铁、食品饮料等领域的龙头企业也出现了行业性下滑；加之技术创新的成效终归无法立竿见影，发展遇到了一定瓶颈。对此，必须在继续采取措施鼓励传统优势企业保增长、稳存量的同时，助力企业适应经济发展新常态。

将闲置物业转化为孵化器。经过管委会批准并审核认定，部分企业改变了闲置物业的功能，转变成为专业的孵化器，并引进专业管理团队，设立专门的创业投资基金。这一方式有效化解了企业资源闲置的困惑，同时也极大地缓解了开发区创新空间不足的问题。

助力实施机器换人。为应对人工成本不断上升、利润不断下降的局面，部分企业对生产线实施了智能化改造，通过引进自动化生产线和机器手，提高了生产效率，降低了生产成本。当前，早期进入开发区的外资企业，基本均采用了自动化、智能化生产线。伴随“中国制造2025”战略的实施，将有更多企业对生产线进行智能化改造。

积极发展电子商务。为顺应互联网经济发展形势，一些传统企业开始积极实行两化融合战略，大力发展电子商务，开辟线上销售渠道，扩大销售规模。对此，开发区必须加以有效引导，鼓励企业尽快实施“互联网+”战略。

抢先铺设新产品生产线。当前，许多跨国企业已经意识到，中国的市场巨大，但有效需求不足，若要继续保持在中国的市场地位，就必须将最好的产品引入中国。因此，一些跨国公司为稳定中国市场份额，积极铺设新产品生产线，并将总部研发的最新产品第一时间在中国生产，以提高市场竞争力。

着力提升产业链和价值链。为顺应经济发展新常态，部分既有企业特别是跨国企业开始在中国设立研发中心，并密切跟踪国内消费者的需求，不断开发新产品。有的企业甚至将生产环节全部转移出去，仅仅将研发和销售总部留在开发区。

以供给侧改革为转型良方

加速培育科技小巨人和龙头企业。种子能不能成长为参天大树，关键看“土壤”。在大众创业、万众创新的热潮中，开发区迎来了新一轮发展机遇，一大批创新型企业迅速涌现。对此，就要更新“土壤”，备好“养料”，将这批“种子”培养成“森林”。要配置好创新所需的各类要素，完善众创空间—孵化器—加速器—科技园等创新创业空间；要完善创新政策链，让政策能够雪中送炭，助力创新创业；要完善创新资金链，推动科技与金融融合发展。

盘活存量资源聚集战略性项目。在未来发展中，对于大部分开发区而言，土地资源短缺将会成为常态，若要保持经济稳定增长，就需要聚集战略性骨干项目。因此，开发区要通过市场和行政手段，对现有土地资源进行优化，特别是要盘活闲置用地和低效用地，以承载战略性骨干项目，使存量资源发挥最大效用。

为原有企业转型升级提供支持。促进原有企业重新焕发活力，保持增长，是开发区当前面临的首要任务。为此，要加大对此类企业转型升级的支撑力度，特别是在土地供给方面，要有效满足其合理需求，鼓励其增资扩产、兴办专业孵化器。同时，要为企业开展技术开发、开拓市场提供强力支撑，创造保障条件。

进一步优化企业服务。要继续将服务作为开发区的“金字招牌”，加快行政审批制度改革，减少审批事项，简化审批环节，优化审批流程，提高行政管理服务效率，再造效率开发区。为此，要以企业需求为导向，根据其阶段特点，按照“缺什么给什么”的原则，为企业提供更有针对性的服务与支持，推动企业实现快速发展。

构建全方位开放平台 开创对外开放新局面

文/国家发展和改革委员会国土开发与地区经济研究所　贾若祥

党的十八届五中全会提出要牢固树立“创新、协调、绿色、开放、共享”的五大发展理念。其中，开放理念对于顺应我国经济深度融入世界经济、奉行互利共赢的开放战略和发展全方位的开放型经济具有重要意义。因此，要建设全方位的开放平台，开创对外开放新局面，就必须丰富对外开放内涵，拓宽对外开放领域，努力形成深入融合的对外开放新格局。

构建海陆双向开放体系

根据“一带一路”倡议深入实施的发展需要，依托国家各类功能平台竞相发展的机遇，坚持对外和对内开放相结合，“走出去”与“引进来”相结合，完善双边和多边合作机制，加快构建海陆内外联动、东西双向开放的新格局。

积极建设沿边对外开放平台。充分发挥我国广大沿边地区的比较优势，加强内陆沿边地区的口岸和基础设施建设，开辟跨境多式联运交通走廊，发展外向型产业集群，形成各有侧重的对外开放平台。加强能源资源合作，提高就地加工转化率，完善资源开放合作平台；共建境外产业集聚区，推动建立当地产业体系，不断拓展教育、科技、文化、旅游、卫生、环保等社会领域的开放合作；加强同国际金融机构合作，参与亚洲基础设施投资银行、金砖国家新开发银行建设，发挥丝路基金作用，吸引国际资金共建开放多元共赢的金融合作平台。

继续完善沿海对外开放平台。继续发挥我国沿海地区对外开放的先发优势，支持沿海地区全面参与全球经济合作和竞争，培育具有全球影响力的先进制造基地和经济区，以此作为沿海地区对外开放的重要平台。

推进建设国际合作平台。依托国际合作平台，积极参与全球经济治理，推动国际治理体系改革完善，适度引导全球经济议程，促进国际经济秩序朝着平等公平、合作共赢的方向发展。推动国家重点开发开放试验区、中国图们江区域（珲春）国际合作示范区以及喀什、霍尔果斯经济开发区建设。支持边境经济合作区加快发展，提高中哈霍尔果斯国际边境合作中心、中老磨憨—磨丁经济合作区发展水平，稳步推进中越、中蒙等跨境经济合作区建设。支持中德（沈阳）高端装备制造产业园、中日韩循环经济示范基地和中马、中印、中孟、中韩产业园以及马六甲临海工业园区、西哈努克港经济特区、瓜达尔自由区等国际产业园区合作发展。鼓励和支持相关地区开展中欧区域政策合作试点。

稳步拓展试验性功能平台。依托我国自由贸易试验区、综合保税区、国家级新区等各类功能平台，先行开展对外开放试点试验，积极探索构建全方位对外开放的新路径、新方式，力争在重点领域和关键环节取得突破，不断提升我国对外开放层次。认真总结上海、天津、福建和广东自由贸易试验区的成功经验，尽快将可复制、可推广的经验在更大范围内推广，提高边境经济合作区和跨境经济合作区的发展水平，探索内外联动新方式，为创建边境自由贸易区和跨境自由贸易区提供实践基础。

进一步扩大对港澳台开放力度。加快推动深圳前海深港现代服务业合作区、广州南沙新区、珠海横琴和平潭综合实验区、汕头华侨经济文化合作试验区等内地与港澳台合作平台建设，深化与港澳台地区在经济、社会、文化等领域的交流合作。充分利用多层次的沟通协调机制，推动解决相关合作平台在政策落实、项目安排、体制机制创新等方面的重大事项，不断丰富和完善政策体系。

不断扩大开放领域

有序扩大服务业对外开放。我国服务业对外开放明显滞后，服务贸易发展水平偏低，高端服务业领域竞争力较弱。因此，有序扩大服务业对外开放，不仅有利于提升服务业竞争力，而且有利于推动服务业与制造业在开放中融合发展，从而提升我国制造业在全球价值链中的地位。为此，要有序扩大银行、保险、证券、养老等市场准入，重点推进金融、教育、文化、医疗等服务业领域有序开放，放开育幼养老、建筑设计、会计审计、商贸物流、电子商务等服务业领域外资准入限制；同时，对扩大开放条件比较成熟的服务业领域要大胆试验，推动对外开放迈出更大步伐。

重点扩大金融业双向开放。在完善审慎监管和有效管控风险的基础上，有序实现人民币资本项目可兑换，稳步推进人民币国际化。实现人民币加入特别提款权，成为可兑换、可自由使用货币；深化外汇管理体制改革，从正面清单转为负面清单，进一步便利市场主体用汇；放宽境外投资汇兑限制，放宽企业和个人外汇管理要求，放宽跨国公司资金境外运作限制；进一步便利境外机构投资境内债券市场，探索境外发债备案制，稳妥推进境内金融机构和企业赴境外发行人民币债券；加快人民币离岸市场建设，扩大人民币的境外循环；推进资本市场双向开放，改进并逐步取消境内外投资额度限制。在完善境外投资管理方面，要放宽境外投资限制，简化境外投资管理程序，除少数有特殊规定外，境外投资项目一律实行备案管理。在健全对外投资促进政策和服务体系方面，要清理取消束缚企业对外投资的各种不合理限制；完善对外投资合作国别指南和产业指引，为企业提供便利服务。

继续推进国际产能合作。近年来，我国装备制造业持续快速发展，产业规模、技术水平和国际竞争力实现大幅提升，国际产能和装备制造合作初见成效。当前，全球产业结构加速调整，基础设施建设方兴未艾，发展中国家大力推进工业化、城镇化进程，为推进国际产能和装备制造合作提供了重要机遇。为此，要适应经济全球化新形势，着眼全球经济发展新格局，把握国际经济合作新方向，将我国产业优势和资金优势与国外需求相结合，以企业为主体，以市场为导向，加强政府统筹协调，创新对外合作机制，加大政策支持力度，健全服务保障体系，大力推进国际产能和装备制造合作，有力促进国内产业转型升级。

加快优化体制机制

完善开放合作新环境。努力营造公平公正的法治环境、平等竞争的市场环境、透明高效的行政环境，逐步建立起法治化、国际化、便利化的营商环境，健全有利于合作共赢并与国际贸易投资规则相适应的体制机制。建立统一开放、竞争有序的市场体系和监管规则，尊重非歧视性规则的国际营商惯例，平等对待包括外商投资企业在内的所有市场主体。

健全开放合作新体制。完善市场准入和监管方式，健全知识产权保护、信用体系等方面的制度，并通过统筹双边、多边、区域、次区域开放合作，与各国在合作中扩大共同利益，以共同利益推进互利合作。提高贸易便利化水平，加强国际协调，解决跨境电子商务在境内外的标准、支付、物流、通关、检验检疫、税收等方面的问题，建立便利跨境电子商务等新型贸易方式的体制机制。健全服务贸易促进体系，建立与服务贸易相适应的口岸管理和通关协作模式，全面实施单一窗口和通关一体化，推行口岸管理部门“联合查验、一次放行”等协作机制，保持传统贸易方式的竞争优势，促进外贸可持续发展。对外商投资全面实行准入前国民待遇加负面清单管理制度，促进内外资企业公平竞争；与此同时，建立健全与负面清单管理制度相适应的外商投资安全审查制度。

构建开放合作新规则。积极参与全球经济治理，推动国际经济治理体系改革完善，积极引导全球经济议程，促进国际经济秩序朝着平等公正、合作共赢的方向发展。加快形成同国际贸易投资规则相适应的体制规则，全面推进外贸、外资等领域管理体制便利化，建立国际经贸谈判新机制，健全对外开放中有效维护国家利益和国家安全的体制机制，以体制机制创新赢得国际竞争的主动。推动多边贸易谈判进程，促进多边贸易体制均衡、共赢、包容发展，形成公平、合理、透明的国际经贸规则体系。加快实施自由贸易区战略，推进区域全面经济伙伴关系协定谈判，推动亚太自由贸易区建设，致力于形成面向全球的高标准自由贸易区网络。

切实强化组织保障

注重上下内外联动。建设全方位对外开放平台，一方面，需要上下联动，既要发挥顶层设计在推进全方位对外开放平台中的引领性作用，也要积极发挥地方政府在全方位平台建设中的主动性和积极性。另一方面，要注重内外联动和双向开放，通过不断完善国内统一市场体系建设，以及加强多边或双边合作，切实提升对外开放水平。

加大宣传推介力度。围绕“政策沟通、设施联通、贸易畅通、资金融通、民心相通”，加强对外开放合作宣传推介，与相关国家和地区一起打造利益共同体和责任共同体。在此过程中，要充分利用积极因素，设法化解消极因素，求同存异，形成对外开放合作的最大公约数，塑造新时期开放合作的良好形象，不断提高我国在世界经济中的影响力和掌控能力。

提升风险防控能力。在提升对外开放层次和扩大对外开放领域的同时，要加强国别政治、经济、安全风险分析，为风险防控提供科学依据。加快健全金融风险防控体系，提高对跨境资本流动的监测和风险防控能力。建立健全境外中资企业和境外国有资产监管机制，构建海外利益保护体系，健全安全风险预警机制和突发事件应急处置机制，切实保障境外人员和财产安全。

浅议大数据时代的园区创新

文/ 上海虹桥经济技术开发区联合发展有限公司综合管理部副经理　郑英豪

对于大数据，可以从三个方面加以理解：一是把握大数据的三个基本维度（3V），即海量（Volume）、高速适时产生（Velocity）、形式多样（Variety）；二是把握其技术要求，即作为传统技术或计算方法无法处理的数据，需要通过新的技术架构进行处理；三是把握其应用价值，即大数据能够助力于组织决策，发现新的洞察，从而实现流程的不断优化。据统计，全球数据量每两年便会翻一番，到 2020 年将会达到 35ZB（1ZB = 1 024EB，1EB 相当于 4 000 个美国国会图书馆的数据总量）。

当前，大数据的战略资源属性已经成为各国的广泛共识。2012 年，美国总统奥巴马宣布了美国的“大数据研究及发展计划”，探索大数据在美国政府所面对的主要问题中的应用；2015 年，中国国务院印发《促进大数据发展行动纲要》，正式认定大数据的战略资源意义，并将大数据上升为国家战略。

因此，在当前被称作“第二次机器时代”的大数据时代，开发区更应充分认识到，大数据作为一种基础资源，不仅具有量的意义，更存在着丰富的数据挖掘潜力，其推动创新发展的潜力无限，将对生产和生活带来根本性影响——于政府而言，大数据会使社会高度透明，从而带来更加高效的社会治理；于企业而言，大数据可以带来可观的商业模式创新机会，甚至可以帮助企业分析员工的工作情绪。同时，大数据哺育的人工智能（如百度大脑、谷歌母公司 Alphabet 的 Alpago 等机器人）已经成为广泛现实。为此，开发区要主动进行思维创新，利用大数据实现园区发展的新突破。

基于大数据的思维创新

积极把握大数据的发展趋势。以海量、快速、多样化等为特征的大数据，以及机器学习、相关性分析、分布式存储等为要点的大数据技术，其最终要实现的是以人工智能（AI）为核心的智能化时代。发明家、计算机科学家雷蒙德•库兹韦尔（Raymond Kurzweil）曾预言，信息技术的奇点将在 2045 年到来，彼时，AI 将超越人脑。近年来，火热的无人机、无人驾驶汽车、虚拟现实、物联网、云计算、机器人等，每一个都是通向全面数据化以及 AI 奇点的路标。

充分认识大数据的基础资源属性。IBM 认为“大数据是一种新的自然资源”，高德公司认为“大数据是一种信息资产”，我国2015年发布的《促进大数据发展行动纲要》明确提出，“大数据已成为国家的重要的基础性战略资源”。由此可见，大数据的这一资源属性，可以成为开发区利用大数据推动创新的基本出发点；同时，这一属性也要求开发区准确把握大数据的基本特点，注意对大数据资源的储备与积累，从而为园区建设、产业促进、服务保障等各项工作提供重要的基础要素。

具备一定的“科幻”思维。大数据的技术与应用大多呈现出一定的“科幻”特征，例如，关于人移动轨迹的定位、机器学习、自动化决策等，而大数据时代所通向的AI奇点，则又是真正的科幻品。对此，开发区可以形成具有一定“科幻”色彩的建设发展愿景——远期要以建立真正智能化的园区为最终目标，中期要以园区发展的数据化、联网化、工业4.0等为努力方向，近期则可以互联网思维、大数据的应用为基本着眼点。

运用大数据推动创新发展

大数据推动产业创新。借助大数据推动众创孵化。目前，在国家“双创”政策的驱动下，众创孵化空间已经成为各类开发区的“标配”。而在众创孵化方面，开发区可以利用大数据、云计算等资源或技术，助力创业者的加速成长。在上海，依靠AWS云计算及大数据技术的支撑，推动了创业主体快速成长，成为全市最为成功的创业孵化器之一；毛大庆所创立的优客工场，也通过大数据将创业者凝聚成为共同成长的社群。

借助大数据推动传统产业升级。可以利用工业4.0思维，推动实现区内产业集群间大数据的共享，在园区层面实现与电商、社交网络等互联网企业的合作，为区内产业转型升级提供大数据资源，还可以借助开发区在公共服务方面的优势，推动政府公共数据向企业开放。

发展大数据产业。大数据产业可以包括大数据的来源产业（互联网、物联网等能够带来大数据积累的产业）、管道产业（网络、通信设施等）、动力产业（包括IAAS、PAAS、SAAS的云计算产业）和应用产业（以大数据为基础的咨询服务、营销服务等）。阿里云总裁胡晓明称，未来3年，大数据市场规模将达到1万亿元。面对如此潜力可观的市场规模，开发区完全可以结合自身的产业基础，对大数据产业进行适度超前的合理布局。

大数据推动招商创新。大数据可以为开发区的招商引资提供新的视野和助力。传统的开发区招商引资项目库、商情等的信息数据库一般限于企业的名称、行业、经营概况、人员规模等基本情况，属于结构化的数据信息。大数据则可以通过对与企业相关的数据文本、邮件、招聘信息、电话记录、社交网络数据等各种类型的数据的挖掘，确保开发区更加准确地判断企业动态。例如，可以通过捕捉企业新的招聘计划、新的融资计划等大数据，分析企业的扩张意图，确保招商工作更加具有针对性；又如，可以利用社交网络大数据，对潜在企业客户的决策层进行一定的“画像”，以确定更加适宜的招商引资谈判策略。此外，大数据的实时交互特征也将有助于开发区把握变化中的商机，最大限度地把握发展机遇。

大数据推动规划创新。新加坡的城市规划经验认为，规划需要考虑到未来30年，甚至是50年后的发展，开发区的规划也不外如此。当前，部分开发区在发展中不断推进产城融合，既要保留产业功能，还要发展城市功能，确保产城共生、相互促进。为实现这一发展目标，制定科学的远、中、近期规划已经成为开发区的一项核心重点工作，而大数据的大规模试验或模拟能力恰好可以为其规划提供较好助力。例如，来自于手机APP等软件的人口地理位置大数据，来自于公共渠道的产业大数据，来自于微信、微博等社交网络的社交大数据等，均可分别为开发区的产业、居住、交通等方面的规划提供海量数据资源。

大数据推动园区服务创新。园区服务包括投融资服务、人才服务、教育培训服务等多项内容，通过高水平的园区服务增强企业的入区体验，是当前许多成功开发区的发展策略之一，而大数据在这些方面有着显而易见的用武之地。开发区可以通过大数据对客户行为、情感、习惯等进行全方位、适时的把握和分析，以实现园区服务的定制化、适时化，从而不断提升园区服务的核心竞争优势。

整合拓展 融合创新 培育国家级经开区发展新动力

文/ 上海地产闵虹(集团)有限公司

2016 年是国务院批准上海闵行经济技术开发区和虹桥经济技术开发区成为首批国家级经济技术开发区 30 周年。在 30 年的发展历程中，上海闵行开发区和虹桥开发区始终积极探索市场化运行、公司化运转和集约化发展，创造出了良好的经济和社会效益。如今，两个开发区累计实现销售收入 3 000 亿元 / 平方公里，税收贡献 250 亿元 / 平方公里，在全国开发区“单位土地面积产出”中名列前茅。与此同时，开发区内企业每平方公里产生利润超过 300 亿元人民币，为社会提供就业岗位 16 000 个。闵行开发区也是邓小平同志视察南方讲话的发表地之一，在我国开发区发展历程中具有特殊的重要意义。

在闵行、虹桥开发区创立之初，同期成立了上海闵行联合发展有限公司（以下简称“闵联公司”）和上海虹桥经济技术开发区联合发展有限公司（以下简称“虹联公司”），经上海市政府授权，分别负责两个国家级开发区的开发建设和经营管理工作。多年实践中，闵联公司逐步形成了以工业地块一级开发、工业厂房定制和物业租赁为主，以股权投资、房地产开发等为辅的多元化、综合型发展格局。虹联公司涉及区域土地开发、房产开发销售和物业租赁、股权投资、物业管理等多个领域。1987 年，全国首家批准设立的外商独资企业格雷斯中国有限公司落户闵行开发区；1988 年虹桥开发区首次以国际招标方式，成功开展了国内第一块土地国际招标批租试点，成为我国通过国际招标方式有偿出让土地使用权的“发站”。

2014 年，闵行开发区与虹桥开发区的管理公司实施国资股权整合重组，成立了上海地产闵虹（集团）有限公司（以下简称“闵虹集团”），定位为上海地产集团产业园区板块的投资开发管理主体，明确了打造研发中心、创新创业中心、制造中心和总部商贸办公中心的战略目标。自此，两个国家级开发区重装出发，开启“二次创业”新征程。

协调优化，促进先进制造业转型提升

坚守制造业，延伸做长产业链、价值链。始终坚守先进制造业这一特色，开发区内 100% 为工业制造企业，当前正引导企业向“微笑曲线”两端集中，大力吸引研发、设计、销售、企业总部等机构落户。瞄准高端制造业需求，优化招商环境，先后引进强生医药、亨斯迈化工、圣戈班建材、艾仕得、米其林等多家世界级研发机构入驻，不断积蓄发展潜力。积极帮助企业做长价值链，主动拓展 7 万平方米厂房，供三菱电梯开展电梯新品研发、后续维修、保养等增值服务，其产值迅速达到 160 亿元的新量级。

效率优先，主动调整产业结构。更加注重企业质量和效益，着力提高企业集中度，企业数量从最多时的100多家调整至70余家，其中，超过40%为全球500强投资项目或著名跨国集团的企业集群和核心企业，其销售收入、利润已占总量的75%以上，产业结构正不断向优势企业集群和新兴产业转型。

绿色制造，注重生态低碳式发展。坚持可持续发展、绿色发展，坚决调整“三高一低”产业，开发区单位产值能耗、水耗水平约为全市的1/3；结合开发区工业增加值，碳排放强度处于快速下降趋势。2002年，兴建占地面积约为40万平方米的集观光、科普、休闲、生态为一体的生态公园，开创企业建设大型绿地的先例。2014年，批准成为国家生态工业示范园区，并经环保部推荐，成为国内首家被联合国环境规划署作为“南南合作”经济与环境协调发展的典型案例。

综合平衡，坚持功能性平台定位。坚持将经济运行质量作为基本评价标准，通过对土地资源的严格管理和节约集约利用，始终掌握产业结构调整和土地二次开发主动权。投入4亿元建设10万平方米定制厂房，确保ABB等重点企业和项目实现“拎包入住”，通过租金及其他收益等市场化方式实现投入产出的平衡和综合效益。

“重彩虹桥”，打造现代服务业新格局

虹桥开发区积极把握“畅享虹桥”“无界虹桥”“绿色虹桥”三条主线，全面实施“重彩虹桥”计划，努力开创高档办公、商务会展、商业金融、休闲娱乐、服务贸易等现代服务业发展新局面。

“畅享虹桥”，实现资源整合利用。以显著增强开发区投资吸引力为目标，加强综合服务能力建设，不断完善载体功能。在服务方面，启动开发区客户彩虹卡积分计划，有效整合区内高档酒店、商场、会展、会务、餐饮等配套资源，为企业客户提供综合性服务体验。更新完善载体功能，实施存量楼宇项目更新改造，形成一套可实施、可复制、可持续的楼宇改造模式，不断为企业提供功能先进的智慧型办公或经营载体。坚持招商选资，以整层招商、功能招商、产业招商为标准，优化提升存量楼宇入驻客户结构，积极引进产业带动性强、创新性优、概念品牌好的大企业客户，打造开发区的产业引擎。

“无界虹桥”，实现区域与产业联动。区内拥有13个领馆及大量外资企业，实现“国别无界”。通过打破区域和产业、专业界限，在闵虹集团系统内开展区域联动、产业链联动、团队联动和协同联动，并共享集团旗下闵行开发区、临港园区、零号湾创新园区资源，引进了世界最大的糖果生产企业不凡帝集团的地区总部，达成“模式无界”。积极融入长宁虹桥商圈，引入“互联网+”概念，助力智慧商务区建设，促进“思想无界”。

“绿色虹桥”，秉持环保低碳式发展。根据上海市政府关于开发区转型、创新、绿色生态发展要求，通过绿色低碳引领，助力创新发展与品牌形象提升。携手上海国际汽车城，正式启动EVCARD电动汽车分时租赁项目在区内的三个热点，有效拓宽入驻企业和员工的出行方式；在楼宇建设或更新改造过程中，推动应用绿色节能建筑技术或材料，打造低碳楼宇载体；重建新虹桥中心花园景观桥，有效发挥环境调节作用，提升绿色休闲体验；通过推动锅炉“油改气”项目，改造鑫达大厦、上海国际贸易中心、扬子江大酒店和上海世贸商城，每年可节约能源费支出200余万元，减少碳排放1 300多吨。

整合拓展，实现全方位跨界融合发展

成立闵虹集团后，融合产业园区和商务园区各自优势，推进“跨界合作发展”，充分发挥“1+1>2”效应，力争成为构建开放型经济新体制的“探路者”和培育产业竞争新优势的“顶梁柱”。

资源整合，为拓展创新夯实基础。在资产

层面，全面梳理整合原闵行、虹桥、临港等开发区的资产、股权资产与合资资产，逐步理顺权属关系。在产业层面，实现闵行开发区与虹桥开发区融合互动，将总部型企业逐步向虹桥开发区集中。目前，闵行开发区内的不凡帝范梅勒、英联食品、百事可乐等企业均已经或计划将地区总部迁入虹桥开发区。同时，将生产型企业向闵行开发区聚集，通过提供全产业链服务，有效降低企业内部运营成本。在招商层面，通过资源整合，有效拉长和丰富了开发区的产品链条，可以为企业提供从研发、设计、厂房定制到商务办公、企业总部等一体化解决方案，还可以地产集团的土地资源为依托，有效扩展发展空间。

品牌联动，拓展发展全新空间。通过“区区合作，品牌联动”，实施“走出去”战略。在招商“走出去”方面，改变以往相对封闭、自我循环的招商局面，注重以市场化、专业化方式加强与社会资源合作，重点跟踪创新中心、高端制造、移动互联等项目。在品牌“走出去”方面，通过提供品牌使用权、传输管理经验、资本运作和人力资源等方式，与其他区域主体结成共同体，实施整体开发。在开发“走出去”方面，与新加坡腾飞集团合作，采取“资源和产业地产招商管理”优势互补方式，创新“基金 + 产业 + 基地”的园区开发模式，建设宝山智慧产业社区，通过打造集创业创新、科技研发、配套服务于一体的“智慧产业社区”，融合工业智能化的发展规律，整体推进城市更新，努力建设成为上海市工业综合发展示范区和城市工业升级标杆（工业 4.0），培育成为具有全球影响力的先进制造业和现代服务业发展基地。此外，响应“大众创业、万众创新”，建设上海科创中心的上海市一号课题，闵虹集团联合上海交通大学、闵行区政府，充分发挥各方优势，打造“政、产、学、研、资”资源充分整合的“零号湾”全球创新创业集聚区。通过开发区链接、资本嫁接、运营管理，由闵行、虹桥开发区承接其中具有高成长性和创新性的项目与产业，打造闵行开发区、虹桥开发区、临港园区和“零号湾”共通共融的众创空间。

目前“零号湾”已成功获评成为国家“双创”示范基地重点项目，拥有 1 个国家资质，7 个市级资质，引进 5 家专业孵化器；现已入驻 225 个创业团队和 1 000 余名创业者，并有多个项目获得天使投资。计划到 2018 年，集聚约 5 000 名国内外创业者。通过加快建设周边数十平方公里内的创业加速器和接力园及人才公寓等创业服务支撑体系，将“零号湾”建设成为人才集聚、功能完备、具有广泛吸引力和影响力的创业园区，成为上海“嵌入”全球创新网络的重要“接口”。与此同时，“零号湾”的开发建设也有助于增强闵行、虹桥两个国家级开发区的管理运营与市场开拓能力，有助于探索闵虹集团与高校、政府、资本合作的新模式，使开发区产品形态从工业园、商务园进一步拓展到科技产业园、创新创业园，全面打造“创新园区”品牌。

积极推动创新创业 构建经济社会发展新动力

文/国家发展和改革委员会宏观经济研究院产业经济与技术经济研究所 姜江

从近期全球科技产业发展态势看，大力推进创新创业已经成为大势所趋——发达国家纷纷依据本国实际，发布创新发展战略规划，努力争占全球创新发展制高点。美国于2009年、2011年、2015年三次发布国家创新战略，2016年2月19日再次发布美国制造业创新战略规划；欧盟面向2020年提出“创新型联盟战略”；德国发布了包括工业4.0计划在内的《高技术发展2020战略》；韩国也发布了绿色增长国家战略、制造业创新3.0战略等。

近两年来，我国围绕创新创业进行了系列部署，形成了“大众创业、万众创新”的活跃氛围，逐渐取得了显著成效。2015年以来，我国创新创业市场主体呈现井喷式增长，每天约有1.2万家企业注册，平均每分钟便诞生8家企业；新登记注册市场主体的产业结构不断优化，文化创意、体育娱乐、金融、教育等行业中新增了大量中小微企业。并且，创新创业的发展活力初显。一方面，创业投资进入快速发展轨道，政府引导基金数量及管理资本倍增，投资阶段和行业结构不断优化，投资退出渠道不断拓宽。商事制度改革扎实推进，财税支持力度不断加大，金融服务体系日趋健全，公平竞争的市场环境建设取得重要进展。双创支撑平台快速发展，初步构建起“双创”政策体系，创新创业的文化氛围逐渐浓厚。另一方面，大量的科研人员、海归人才、大学生，以及浙商、温商纷纷回国回乡创业，创新创业理念深入人心；与此同时，创新创业还加速了“四新”经济发展，带动就业效果显著，有助于推动地区经济的转型升级。

但在推进创新创业的过程中也暴露出许多问题，主要集中在以下四个方面：

市场环境不平衡。主要包括传统大企业垄断、不同区域市场分割、地方保护主义、不合理的市场准入限制等因素，一定程度上造成了对新进入企业的挤压。

创新创业人才缺乏。主要由于社会上普遍缺乏创新意识、高等教育特别是研究生教育脱离实际、职业教育发展滞后、科研人员受制度约束严重等因素导致。目前，我国科技成果转化率不足10%，部分重点大学、科研院所的科技成果产业化率不足5%，而发达国家则高达40%～50%。

现有金融体系支持创新创业力度有限。创新型企业的资金需求量大，且不确定性较强，因此，在发展过程中普遍面临贷款难、融资成本高的问题。而传统大型商业银行往往遵循安全性原则，造成处于成长期的新兴行业难以获得贷款支持；类似的，文化、旅游等服务行业的轻资产、无形化、知识化特点，也使其缺乏金融机构认可的抵押担保品和稳定现金流，同样难以获得金融服务。还应看到，近年来，北京、上海、广州等发达地区推出的知识产权质押融资、新兴产业创业投资基金、政府牵头的创业者支持计划等，由于在操作过程中暴露出种种问题而难以复制推广。

知识产权制度不健全。集中体现为侵权成本低而维权成本高。一项针对近4 000余件知识产权侵权赔偿案件的研究显示，97%以上的专利与商标侵权案件和79%以上的著作权侵权案件由于难以证明实际损失和违法所得，被迫采用法定赔偿方式判赔，而最终赔偿数额往往远低于实际损失。此外，创业秘密保护法律体系缺失问题，也长期限制着企业创新。

进一步挖掘创新潜能

突出企业的创业主体地位。鼓励大企业开展内部创新创业，探索以内部创业股份激励员工，充分利用社会人才、技术、资金发展众包，并制定后期利益分享机制。扩大企业技术创新决策权，搭建一批企业上下游间、产学研间和纵横链条间的合作联盟。

扩大科研创新创业自主权。激发科研人员的创新创业热情，全面破除束缚科技成果产业化的体制机制，加快下放科技成果使用、处置和收益权，提高科研人员成果转化收益比例，允许科研项目列支人员费用，拓宽创新成果利益分享渠道。破除阻碍科研院所创新创业的制度瓶颈，优化基础研究支持方式，加大对科研工作的绩效激励力度。

激发各类创新人才活力。构建创新型人才培养模式，实施素质教育、职业再教育，营造良好的创新创业氛围。建立科研人才双向流动机制，加快高校和科研单位“去行政化”改革；改革事业单位职称评定制度；改进专家教授薪酬和岗位管理制度，允许携带科研项目和成果、保留基本待遇到大型企业开展创新工作或创办企业；鼓励拥有创新实践经验的企业家和企业科技人才到高校科研机构兼职；消除事业单位与企业间在基本养老、基本医疗、失业、工伤等方面的差别，清除人才流动障碍。鼓励企业引进高端人才，对企业引进博士研究生给予一定时限的生活补贴；将更多的国家科技创新平台布局建设到企业中，吸引和留住海外人才。

着力为创新创业提供强效保障

明确创新创业过程中政府和市场的职能边界。当前，许多创新创业行为和新业态、新模式等，均可能对现有部分行业的规定、利益和监管制度造成不同程度的影响。相关决策部门既不能以传统监管思维对待新事物，也不能完全照搬国外政策，而是要在全面洞悉、深刻认识事物发展的客观规律和趋势的基础上进行管理，以市场为主体，了解市场失灵的痛点。

加大重点领域的技术经济政策扶持。“十三五”时期，要围绕加大重点领域关键技术扶持、建立产业创新网络、强化标准建设和知识产权保护等方面积极开展部署。要及时把握新技术革命和产业变革的前沿趋势，组建一批国家级创新中心，集中一批跨学科专家组成团队，从基础研究起步，着力加强原始创新、集成创新，努力取得一批原始创新的科研成果。

支持完善财税金融政策。切实解决创新创业企业发展初期的资金缺乏、投资风险大等问题，进一步加大对部分领域的研发投入力度和支持力度。建立健全支持创新创业的金融体系，推动设立一批天使投资和风险投资机构，允许商业银行直接投资产业新增长点领域的潜力企业并给予优惠，降低准入门槛以充分吸纳各类机构。

夯实支持创新创业的人才基础。加大专业人才培养力度，鼓励高校教育机构加强专业学科建设，促进高校培养出能够密切对接企业发展需求的人才，加快推进部分普通本科高校向应用型高校转型。积极引进海外优秀人才，放宽管理条件，鼓励人才在企业和科研院所间双向流动。

破除制约公平竞争的市场环境束缚。全面开展知识产权保护，加快相关法律的修法进程。健全产业技术政策，改革产业准入和监管制度，将以前置审批为主转变为以技术政策和法规监管为主，明确并逐步完善生产环节和市场准入的环境指标。

完善深度融合的开放创新机制。支持并购海外创新资源，开展境外投资和外汇管理改革试点。引导企业建立国际技术同盟，实现“引资”向“引智”、“引进”向“合作”的转变。完善我国知识产权、技术合作等制度环境，鼓励中外企业开展深度合作，由单纯鼓励国外企业、机构在华建立研发中心逐步转变为鼓励与其他企业合作。完善“走出去”部门协调机制，加快自主技术和品牌“走出去”，引导国内企业加强合作，建立有效应对国际贸易、知识产权纠纷的新机制。

新材料产业应向智能化、绿色化方向发展

文/国家发展和改革委员会宏观经济研究院产业经济与技术经济研究所 王君

当前，随着技术的不断突破，新材料产业的全产业链条正面临难得的发展机遇，市场前景十分广阔。为此，应进一步转变发展模式和路径，以企业为主体整合相关资源，并通过注重产业链下游应用领域的预先介入，鼓励产业链纵向融合和区域间错位协调等各项举措，加快推动新材料产业实现智能化、绿色化的可持续发展。

新材料产业成为全球热点

产业规模增长速度加快，市场前景广阔。近年来，全球新材料产业的增长速度不断加快，被认为是21世纪最具发展潜力的产业。据赛瑞产业研究院预测，到2019年，全球3D打印材料、无纺滤材和超导材料的市场规模将分别达到6.5亿美元、57.1亿美元和41.9亿美元，超导电气设备的市场规模也有望实现显著增长；智能材料、特种纤维和超导材料的市场规模将分别达到422.4亿美元、141.4亿美元和11.7亿美元；石墨烯市场在2018年后将实现加速增长，到2023年可实现13.4亿美元的市场规模。

各国发展领域侧重不同，着力抢占先机。主要发达国家为争夺科技创新和产业发展优势，纷纷将新材料产业置于重要的战略地位进行优先发展，并基于自身研究基础，形成了各具特色的新材料产业：美国侧重于生物材料、信息材料、极端环境材料及材料计算科学等领域；日本注重实用性，将纳米技术和材料列为四大重点领域之一；欧盟重点发展催化剂、光学材料、光电材料等十大领域；俄罗斯将结构材料和功能材料定为主要研发方向。

产业重大技术加快突破，研发合作增强。新材料技术研发格局的全球化趋势日渐显著，一批重大技术正在加快突破：美国在超导材料、碳纳米管、石墨烯等领域取得重大进展；英国用石墨烯墨水打印出射频天线；法国开发出新款18650钠离子电池；德国研制出新型镍钛铜记忆合金；加拿大首次完成石墨烯超导性实验；俄罗斯开发出纳米纤维素制备新方法；日本合成了世界上最强的分子磁石。同时，近1/3的世界500强企业均在新材料技术研发和产业化方面投入了大量的资金和人力，以杜邦、道康宁、巴斯夫、TDK、信越等为代表的大型跨国集团已经结成战略研发同盟，新材料产业的国际化合作趋势不断加强。

新领域新产品亮点频现，石墨烯成热点。目前，新材料产业发展热点较多：石墨烯距离产业化应用越来越近；隐形材料、隐声材料推动军事工业新发展；OLED显示材料及量子点样机已登台展出；电子信息材料恢复增长；生物医用材料市场容量大、发展迅猛。特别是与石墨烯相关的研究和产业化开发持续升温，欧洲、美国、日本、韩国等国家和地区均对推动石墨烯材料发展做出了战略部署。总体而言，全球石墨烯产业发展呈现三个特征：亚太地区成为石墨烯市场增长速度最快的地区，其中，中国

市场增长态势最为迅猛；氧化石墨烯成为石墨烯市场最大门类；能源应用成为石墨烯的第三大消费市场，是石墨烯应用增长最快的市场。

产业融合发展趋势明显，产业链条不断完善。新材料产业发展的低维化、复合化、结构功能一体化、功能材料智能化、材料与器件集成化、制备及应用绿色化的趋势日益明显，新材料技术与信息技术、生物技术、能源技术相互融合，并已渗透到其他高新技术领域和新兴产业中，形成了跨学科、跨领域的发展态势，对其他产业起到了较好的推动和支撑作用。同时，国外许多先进企业十分重视行业的系统布局，着重培育产业链向下游应用延伸，形成上下游产业的纵向联合。如在汽车材料领域，欧美发达国家就形成了一套包括基础设计、车辆制造、营销和保养在内的产业合作体系。此外，更加注重可持续发展，高效、绿色、低能耗和可回收利用的新材料发展较快。

国内产业链条快速形成

产业体系初步形成。“十二五”期间，我国新材料产业一直保持较快增长态势，年均增速达到25%左右，产业规模由2010年的6 500亿元增长至2014年的16 000亿元。其中，特种金属功能材料占比约为32%，高端金属结构材料占比约为19%，先进高分子材料占比约为24%，初步形成了包括研发、设计、生产和应用等环节在内的门类较为齐全的产业体系。并且，产业关键技术不断取得重大突破，产品品种不断增加，其中，稀土功能材料、先进储能材料、光伏材料、有机硅、超硬材料、特种不锈钢、玻璃纤维及其复合材料等产品的产能居世界前列。但总体而言，我国新材料产业尚处于低端水平，与发达国家相比仍有较大差距，大量高性能和高端产品仍需依赖进口。

集群发展态势初显。经过多年发展，我国在新材料领域已经建立了约70家高新技术产业化基地，并在此基础上成立了多个专业化区域联盟，基本形成长三角、珠三角和环渤海三个大型新材料产业集群。其中，长三角地区以发展航空航天、新能源、电子信息、新型化工等领域的新材料为主；珠三角地区在电子信息材料、改性工程塑料、陶瓷材料等领域发展较快；环渤海地区在稀土功能材料、膜材料、硅材料、高技术陶瓷、磁性材料、特种纤维等领域具有较大优势。同时，许多地方也制定实施了本地区新材料产业发展的专项政策，且与国外先进地区、科研机构和企业间的合作不断加强，如中关村科技园区丰台园启动了与英国布鲁内尔大学等机构以石墨烯新材料为关键技术的国际合作项目。

部分领域技术领先。随着我国基础化学和材料以及纳米、生物、信息技术等方面科研实力的不断积累，新材料领域的创新点不断涌现，石墨烯、碳酸锂、纳米、碳纤维细分领域技术的不断突破，商业应用领域有望得到进一步拓宽。在石墨烯方面，相关专利申请数量已稳居世界首位，研究水平走在国际前列；石墨烯散热、导电等性能应用已进入产业化阶段，各地涌现出一批产业技术联盟和产业基地。

在超导材料方面，低湿超导材料已研发成功具有自主知识产权的NbTi锭、棒及线材制造技术并进入产业化阶段；高温超导材料研发取得新进展，BSCCO高温超导带材、MgB2材料在理论和实用化研究等方面达到国际先进水平，三相交流高温超导电缆、高温超导滤波器系统、高温超导磁透镜等创新产品也已研制成功。

在液态金属方面，研制出世界首台自主运动可变形液态金属机器，进而开发了一系列原创技术，如全球首支液态金属电子手写笔，标志着我国在液态金属领域跻身世界前列，液态金属可能成为我国向世界输出的原创科技之一。此外，碳纤维目前正处于T300通用级向高性能T700和T800级的过渡期，近年来T800级的研制取得了技术突破。

产业发展路径明确。2014年《关键材料升级换代工程实施方案》提出，将选择一批产业发展急需、市场潜力巨大且前期基础较好的关键新材料，重点支持产业链上下游优势互补与协同合作；科技部首批发布的25个国家重点研发计划重点专项中，包括纳米科技、重点基础材料技术提升与产业化、战略性先进电子材料、材料基因工程关键技术与支撑平台等多个新材料领域专项；工信部也编制了《促进新材料产业发展的指导意见》和《新材料产业“十三五”发展规划》，大力推动新材料产业发展。

探寻可持续发展新路径

提升产业创新发展能力。技术优势是新材料产业和企业立于不败之地的基础，因此，要摆脱以往快速扩张的规模化发展模式，加大对高端和前沿新材料的研究开发支持力度，加强对研发成果的产业化应用开发；要积极引进国外高端技术和产品，鼓励消化吸收再创新，参与国际相关行业标准的制定；支持创立研究型新材料企业，鼓励企业间的战略合作和兼并重组，培育发展具有自主创新能力的大型新材料企业。

构建区域错位发展格局。新材料技术发展更新较快，已呈现出高功能化、超高性能化、复杂化和智能化的发展方向，未来应用领域十分广泛，可形成诸多行业门类。考虑到目前各地发展新材料产业的热情较高，行业门类难免重复，因此，应积极对各地加以引导，推动其按照量力而行的原则，立足区域创新能力、产业基础等条件，选择重点发展方向聚力推进，争取在专业领域有所突破，并进而形成稳固市场，构建起区域间错位发展的格局。

推进产业纵向融合发展。实践证明，新材料在推广应用环节的投入强度和难度往往要大于研究开发阶段。因此，培育发展新材料产业要在上下游环节间建立交流合作平台，做好产业链的纵向衔接，特别要注重下游应用领域的预先介入。具体而言，上游企业可根据应用需求制定新材料研发生产方案，深化产、学、研、用的紧密合作，缩短市场推广应用期，以有效规避研发创新风险，激励企业提高研发生产动力。同时，要大力支持上下游产业以联盟等形式建立战略合作，在产业技术创新联盟中引入下游用户，通过建立深度合作，实现纵向融合发展。

积极发挥企业主体作用。各项规划设计、项目设置和政策措施实施均要以能够促进企业经济效益最大化为出发点，使企业有能力、有动力加强创新、加快发展并进而实现创新价值。同时，也应更有效地整合资源，提高要素配置效率，从而支撑整个产业实现快速发展。

引导产业绿色低碳发展。新材料的生产技术大多较为复杂，部分制备技术虽然生产成本较低，符合经济可行性原则，能够快速打开市场，但能耗和污染排放较高。必须认识到，在资源和环境约束日益紧迫的前提下，这类技术终将被淘汰。因此，在新材料产业发展过程中，应严格执行高水平的环保标准，生产制造过程必须向智能化、绿色化发展，同时要加快制定相关行业标准和产品标准，通过强化行业监管和市场机制作用，淘汰落后技术和企业，引导新材料产业走上绿色、和谐、高端的可持续发展之路。

用“城市更新”理念促进开发区产业结构转型

文/ 刘志峰

众所周知，“城市更新”的概念起源于美国，其主要目的在于拯救主城区的衰败；但在我国的城市化进程中，包括上海市在内的多个发达地区贯彻落实的“城市更新”概念却与之有着本质区别，即更为注重重新挖掘利用城市用地空间，以满足产业更新升级和人口迁移涌入带来的巨大用地需求。以上海市为例，作为全国最早提出“建设用地负增长”目标并付诸实施的城市之一，其建设用地总量约占全市陆域面积的45%，增量空间仅余约150平方公里，不得不将2020年规划建设用地的“终极规模”锁定为3 226平方公里。显然，单纯依靠农用地转为建设用地以扩充城市用地空间的做法已经不为之，必须从结构优化方面寻找出路，即加快推动“城市更新”步伐、优化调整用地模式。

2012年，住建部重新修订了用地分类与标准，增加了公共设施用地，调高了居住、交通、绿地的用地比例，同时摒弃了原有的绝对数量标准，改为使用占地比例这一概念。目前，住建部推荐的人均城市建设用地为100平方米/人；尽管如此，我国整体工业用地标准仍然居高不下，在国内大城市用地结构方面，存在的最大问题依然是工业用地比例过高。因此，城市更新需要解决的首要问题便是工业用地存量问题，即要通过“退二进三”“腾笼换鸟”，加快产业结构调整升级。

实际上，基于城市更新的产业结构调整，其实质是在经济全球化格局下，国内各个城市依照世界经济秩序的逻辑进行重新分工洗牌——全球化导致了产业空间布局的重构，特别是垂直领域分工体系的重构，即跨国公司出现了“管理总部”“研发结算中心”“制造工厂”等网格化结构，完全打破了传统的产业横向体系，以往按照产业板块分工的时代已然结束，取而代之的是以北京、上海、深圳为代表的总部城市、创新城市、设计城市，而中西部地区一些发展中城市，则成为承接制造业的基地。

但与此同时也要注意，在城市更新的同时，决不能一味允许存量工业用地倒灌至公共设施用地，简单地将存量用地包装改建成科技创业园区、文化创意产业园、主题商业购物区等，这极有可能引发新的结构性不平衡。

随着城市的高速发展和土地利用的饱和，开发区如何打破空间桎梏、实现产业能级的提升，已经成为业内普遍关注和讨论的焦点问题。在城市更新的大趋势下，作为城市的重要组成部分，国家级经济技术开发区理应成为城市更新和二次开发的核心与首要对象，在产业结构调整中率先发力、走在前列。比如，上海闵行、虹桥两个国家级开发区，自规划建设之日起便不断改革探索、破陈立新，率先从创新市场化、社会化的运营管理体制入手，通过土地有效供应和高质量服务，突破区域城乡建设的薄弱基础，克服了建设资金缺乏的现实瓶颈。并且，在上海创新驱动、转型发展的产业调整过程中，闵虹集团在城市存量资源的二次释放方面具有领先经验，创造出了城市建设、产城融合和土地节约集约利用的奇迹。

区区融合，优化分工。闵虹集团的成立，实现了工业园区闵行开发区和商务园区虹桥开发区的优势互补、融合互动，推进了“跨界合作发展”。目前，总部型企业逐步向虹桥开发区集中，生产型企业不断向闵行开发区聚集，有效拉长和丰富了开发区的产品链条，也为市场提供了从研发、设计、厂房定制到商务办公、企业总部的一体化解决方案，充分发挥了“1+1>2”的效应。

构建平台，品牌联动。实施“走出去”战略，与新加坡腾飞集团合作，共同开发建设宝山顾村智慧产业社区，努力建设上海市工业综合发展示范区和城市工业升级标杆（工业 4.0）；携手上海交通大学、闵行区政府，共同建设“零号湾”全球创新创业集聚区，打造集创业服务、加速接力、高端智造、研发创新和现代服务为一体的创新创业集聚区。

集约发展，优化功能。借力上海市“建设全球影响力的科创中心”系统工程，实现城市产业地产更新的整体策略，着力凸显产业集聚性、园区多样性、服务公共性和发展定位特色性。坚持土地集约利用模式，在城市建设中坚持土地合理利用，打造紧凑园区和高密度产业；探索空间混合利用模式，引入科创等综合体概念，打破建筑模式单一用途利用模式；实践功能拓展延伸模式，将城市更新平台细分到创业社区、专业园区、高端商务区、装备制造区和新兴产业区。更新后的产业园区密度提升、功能混合、服务多元、配套充足、交通便利以及人气旺盛，已形成城市更新的全新生态链，成为结构优化调整、产业集聚发展的优秀样板。

（作者系住建部原副部长。本文根据作者在“城市更新背景下的开发区转型升级与创新发展”高峰论坛上的发言内容整理）

浅议开发区的转型创新

文/ 陈青洲

当前，随着国内外形势的变化和国家区域发展战略的深入推进，转型发展已经成为开发区的必然之举。开发区的转型，要遵守“坚持发展不动摇，求新求变不停步”的理念，特别是在转型过程中，要更加注重科技引领与产业发展相融合，营造全心全意为企业服务的优质环境，搭建起“政产学研孵金中媒协园”融合发展的大平台。

转型发展是大势所趋

经过 30 余年的发展建设，开发区迎来了新的变化周期，正在进行战略转型——增长方式由注重规模向更加注重质量转型，资源配置由粗放式向更加集约化转型，产业结构从制造业为主向制造业、专业服务业和高科技产业相结合转型，并且，在环境建设方面，更加注重打造生态环境。同时，随着园区经济和城区经济逐渐走向融合，开发区正在走向产城融合、城乡一体的综合城区。

产业转型升级瞄准高端化。要率先对产业进行深度整理优化，推动招商引资逐渐精细化，通过精准定位，开展定向招商，并采取系统性、有序性运作；注重品牌化和连锁化发展，品牌建设要逐渐从标识化发展到资本化，逐渐以品牌展现开发区个性，建立威信、引领市场、降低风险，打造新的园区引擎。

金融资本支持迈向多元化。当前，随着社会投资者的进入，园区开发主体已不再仅是国有制，而是逐步向多元化发展，各种商业园、主题园等正在兴起。与此同时，在产业资本战略的推动下，贷款上市、债券等传统融资方式与信托、私募基金、租赁经营、资产证券化等现代资本运作方式正在进行有效结合，助推园区开发模式和产业结构升级。

集聚创新要素渐趋常态化。开发区日益重视知识和智力资源的引进，开始从引资向引智转变，积极营造以人为本的发展环境，知识经济逐步显现。并且，在平台经济发展的背景下，着手搭建了经济发展、科技孵化、产业合作、公共服务、文化交流、社会事务等一系列公共平台。

政策措施的创新空间逐步扩大化。在目前转方式、调结构的背景下，经济发展不再拘泥于原有的投资、消费、出口“三驾马车”，逐渐适当收缩外溢刺激政策，建立起高科技引导基金、国家专项引导资金，指向非常明确地扶持战略性新兴产业和高新技术发展。

创新求变才能增添动力

由硬环境建设向软硬环境建设并举转变。在开发区建立之初，注重基础设施等硬环境建设非常重要，但在实践过程中发现，企业从引进落地到开工建设、再到顺利生产，需要得到开发区的持续性服务，特别是民营企业更需要这种服务。因此，要不断健全开发区的服务功能，努力做到生产与服务同步，让更多企业体验软硬环境建设并举的发展。

由工业重地向高科技中心转变。由于高新技术没有界限，随着高新技术的渗透，产业也随之发生改变，企业在发展到一定阶段后便会出现地区总部、研发设计中心、管理服务中心、运营结算中心“一部三中心”聚集的现象。

由单个项目引进向产业链发展转变。开发区最初以引进单个高新技术项目为主，但在发展过程中，根据企业发展需求逐渐推动相关联的项目，特别是拥有自主知识产权的项目加入形成产业链，并培育多个产业链，壮大形成产业集群，可以有效提高资源利用率，实现开发区产业链、产业群、产业化发展。

由全盘引进向腾笼换鸟转变。经过30多年的发展，一些企业已经不再具有先进优势，或者不再适合园区的发展定位，这种情况下就需要调整优化、淘汰落后，将空间腾退给更具有发展潜力、更集约利用资源的产业项目。

由“引进来”向“引进来”和“走出去”并举转变。在当前出口受阻、贸易壁垒加剧，国家提出扩大内需方针政策的形势背景下，区内企业必然要综合分析各种要素成本，包括东部地区的研发优势、中西部地区的生产成本优势，从而重新考虑在东、中西部地区的布局。由此，东部地区的开发区也要注重向中西部地区的开发区输出成功经验，这也是在取得先发效应后，助推中西部地区开发区实现转型的必要之举。

（作者系上海漕河泾新兴技术开发区总顾问。本文根据作者在“2016中国开发区论坛”上的发言内容整理）

分类施策 积极应对 培育转型发展新动力

文/国家发展和改革委员会宏观经济研究院副院长 王昌林

近年来，我国各地区不同程度地面临着转型升级的紧迫任务，加之受稳增长与调结构两难，资金、技术、人才等要素支撑不足，以及产业结构偏重、市场化程度不高等问题的影响，已然进入转型阵痛期。要有效解决上述问题，就必须切实加大转型攻坚力度，将综合施策与分类施策相结合，着力打造转型升级示范区。

区域发展分化日渐明显

转型升级的阵痛期：结构性问题凸显。作为我国老工业城市的典型代表和国家重要的装备制造业基地，沈阳市曾经创造了诸多辉煌。但近年来，随着转型升级进入阵痛期，其经济发展增速开始出现大幅下滑。据统计，2001—2012年，沈阳市GDP和工业增加值平均增速分别保持在13%和18%以上，但进入2013年后，经济增长明显放缓，2014年的GDP和工业增加值仅分别增长6%和5.3%；2015年上半年，GDP同比增长3.8%，比2014年上半年回落3.4个百分点。2015年1—8月，全市实现规模以上工业增加值1 902亿元，同比下降2.4%；固定资产投资4 621.1亿元，同比下降13.4%；实现进出口总额97.3亿美元，同比下降10.3%，降幅比上半年扩大11.9个百分点；新签合同外资额9亿美元，同比下降55.9%。究其原因，除一定程度上受全球性、阶段性、周期性等环境因素影响外，核心根源则来自于自身经济发展的结构性问题，主要表现为服务业发展滞后、工业结构以重化工业为主、国有经济占比较大、民营经济发展不足、开放型经济发展缓慢、创新能力不强等；而更深层次的原因则表现在体制机制制约和思想观念开放不足等方面。

转型升级的攻坚期：经济发展回落。改革开放以来，在外向型经济快速发展的带动下，苏州经济实现高速增长，1978—2014年，其生产总值年均复合实际增长率达到18.4%，2014年的地区生产总值达到1.38万亿元，人均GDP突破2万美元。但近年来，随着成本优势弱化，部分产业和企业开始向外转移，经济增速开始大幅回落。据统计，2015年1—9月，苏州市实现地区生产总值10 434.65亿元，同比增长7.3%；公共财政预算收入增长7.5%；而全部工业总产值、全社会固定资产投资、进出口总额和实际利用外资则分别下降0.5%、2.7%、3.3%和28.3%。

转型升级的调整期：增速明显放缓。武汉、成都和重庆是近年来我国快速崛起的新兴地区，始终保持着良好发展态势。但2015年以来，受国内外经济持续调整的影响，其在转型发展方面的压力渐趋凸显。2015年上半年，武汉市GDP增长8.7%，增速比一季度提高0.3个百分点；进入下半年，重点行业、重点区域和重点企业的经济增速呈现回落态势。成都市受汽车等产业增速放缓的影响，2015年下半年的重点行业和重点区域增长减弱，前三季度经济增速为8%，面临较大的下行压力。重庆市主导产业的增长压力不断加大，汽车产销逐步放缓，部分汽车配套企业的生产规模缩减1/3；电子信息产业产值增长明显放缓，笔记本电脑产量降幅进一步扩大。

转型升级的探路者：发展质量提升。作为改革开放的前沿阵地，深圳是我国进行转型升级较早的地区之一。20 世纪 80 年代以来，深圳紧抓信息技术革命的机遇，发挥先行开放优势，成功实现了产业结构由以纺织服装、制鞋等为主向以电子信息产业和知识密集型服务业为主转变，发展动力由“三来一补”向创新驱动转变。近年来，虽然受外部环境影响，经济增速有所回落，但总体依然呈现平稳增长态势。2015 年 1—9 月，深圳市实现地区生产总值 12 376.66 亿元，同比增长 8.7%；规模以上工业增加值 4 827.68 亿元，同比增长 7.8%；全市固定资产投资额 2 211.16 亿元，同比增长 22.9%；实际外商直接投资额 52.04 亿美元，同比增长 25.9%；公共财政预算收入 2 096.69 亿元，同比增长 32.8%。

瓶颈制约问题仍然凸显

面临稳增长与调结构两难问题。通过创新驱动推进结构调整是一个漫长过程，需要将不符合比较优势的产业转移出去，同时淘汰“僵尸企业”，由此必然会导致经济增速减缓。而对于目前仍然将 GDP 增长作为考核指标的部分区域而言，当下的现实情况必然面临着稳增长与调结构两难的问题。

传统发展思路与锁定效应难以破除。改革开放以来，我国许多城市实现了经济高速发展，走出了一条以工业化带动城市化发展的道路。但如今，在普遍进入由工业经济转向服务经济、由投资和要素驱动转向创新驱动的新时期，一些城市却仍然沿袭传统思路，采用发展工业的固有模式发展服务业和进行创新培育。比如，一些地区简单复制工业开发区的发展模式，投资数百亿元兴办服务业开发区，但由于受区位交通制约、服务业开放程度不高等因素影响，并未达到预期效果；也有地区投资数百亿元建设科技园区，但由于吸引人才、留住人才的政策环境不完善，也难以取得预期成效。

资金、人才、技术等要素支撑不足。与过去主要依靠工业发展带动、投资与土地要素驱动不同，当前，要实现产业结构的服务化、高端化和知识化发展，就必须有足够的人才、技术和投资进行支撑。但目前，许多地区的人才结构、双创环境和技术创新能力等条件尚不能完全适应创新创业的发展要求，主要表现在人才和技术缺乏、天使投资和创业投资环境不完善、融资难和融资贵问题较为突出等方面，甚至部分地区还出现人才外流现象，对实现转型发展形成严重制约。

体制机制制约和政策障碍依然存在。目前，传统产业发展已然接近“天花板”，要保持经济的平稳持续增长，就必须加快发展服务业、大力培育战略性新兴产业，并不断增强创新驱动力，但这些培育经济增长的新动力均不同程度地受到外部体制机制和政策的制约。比如，沈阳市的科研院所受教育体制、科研体制的束缚，难以有效发挥服务地方经济的作用。而在服务业发展方面，由于目前国家对服务业的市场准入管制较多，地方政府可以自主作为的空间也十分有限。

分类施策推进动力转换

一般而言，在经济发展进入工业化中后期和中高收入水平后，便会面临经济增速大幅下降的特殊时期。以韩国为例，1995 年，在其人均国民收入超过 1 万美元后，经济增速由之前的 8% 以上下降至 1995—2005 年的 5.4%；而当人均国民收入超过 2 万美元后，经济增速进一步下降至 2006—2013 年的 3.7%。目前，我国沈阳、武汉、成都的人均 GDP 分别为 1.4 万美元、1.59 万美元和 1.14 万美元，苏州和深圳的人均 GDP 超过 2 万美元。由此，从国内外经验可见，上述地区当前出现的经济增速下降有其必然性和合理性。只是，随着发展基础和约束条件的变化，也正应结合国家（地区）经济发展的阶段和实际情况，采取有针对性的政策措施，适时推进结构转型和动力转换。

开展重点城市转型升级试点示范。我国经济能否成功实现转型升级，跨越“中等收入陷阱”，关键取决于一些重点地区能否顺利实现创新升级发展。因此，要选择一些条件和基础较好的地区，率先建设转型升级示范区，在统筹考虑体制机制改革、政策支持、新增长动力培育等多个方面后制定一揽子方案，明确路线图和时间表，争取快速取得实质性突破。

切实加大对各地转型升级的政策支持力度。要根据各地发展阶段和比较优势，坚持分类指导，加大政策支持。对于沈阳等老工业城市，要重点支持其进行体制机制改革，同时，可引导国家重大生产力优先在这些地区布局；对于苏州等外向型经济较为发达的地区，要通过支持其建设自由贸易区等举措，着力提高其开放型经济水平；对于武汉、成都、重庆等处于转型发展中的地区，要支持其在继续积极承接产业转移、改造提升传统产业的同时，加快培育发展新兴产业；对于深圳等已基本完成转型的地区，应重点支持其进一步集聚全球技术、人才等创新资源，提升创新型经济发展水平。

以创新机制推动职业教育和人才队伍建设。随着我国一些地区进入转型升级阶段，技术工人和专业人才不足的问题日趋突出。为此，必须适应经济转型发展需求，着力加强职业教育、提高劳动力素质，特别要注重对先进制造业和战略性新兴产业等领域的技工人才的培养；大力支持企业和高等院校联合办学，推进一批高等院校向应用型大学转变，提高教育质量。同时，要创新建立免责试错机制，营造勇于改革、宽容失误、宽容失败的氛围；也要结合地方实际，创新建立差别化的考核指标体系，如针对苏州等已经进入转型发展阶段、发展增速不断减缓的地区，应重点考核其经济增长的质量和效益。

创新资金供给方式 提高资金供给效益

——探索推进财政供给侧结构性改革

文/苏州工业园区工委、管委会研究室

据财政部统计，2015 年，全国实现一般公共预算收入 152 217 亿元，比上年增长 8.4%；一般公共预算支出 175 768 亿元，比上年增长 15.8%，约两倍于收入增速。考虑到今后一个时期财政收入潜在增长率下降，以及实施“营改增”等减税措施后，收入形势可能更为严峻；但与此同时，财政支出刚性增长的趋势并无改变，稳增长、调结构、促改革、惠民生、防风险等增支需求依然较大。因此，在收入放缓、支出快增的情况下，推动财政供给侧结构性改革已成为必然趋势。

与之相应，地方财政在支持区域经济发展的思路上也必须进行调整：应逐步矫正财政资源配置属性，让市场在资源配置中发挥决定性作用；通过改革财政资金供给，为区域经济建设释放新需求。具体而言，要从财政资金供给的方向、方式、效益等方面实现改革创新，以促进区域经济发展动力的顺利转换。

作为财政资金和财政制度的供给侧，地方财政部门在供给侧改革中担负的责任、发挥的作用、产生的影响尤其重大，为此，更应通过深入研究，不断调整自身定位，以更好适应供给侧改革的客观需要，进一步推动区域经济实现健康长效发展。

推动区域经济发展作用凸显

引导支持高端产业，提升经济整体实力。通过核心产业发展专项资金、金融产业发展专项资金以及服务外包专项资金的引导，优先保障发展高端装备制造业，重点支持高端产业和现代服务业，逐步形成了以高端制造业为支柱、服务业全面发展的产业格局。对比2013年和2014年园区各行业企业数量及注册纳税情况可见，制造业占比虽略有下降，但总量仍占据半壁江山，支柱地位毫无动摇；而高水平制造业不仅是区域产业实力的重要体现，也为金融、物流等现代服务业的发展提供了有力支撑，成为区域经济发展的重要依靠和主要推动力量。

壮大配套服务产业，打造完整支撑体系。为进一步优化提升产业发展环境，园区财政在兼顾原有优势产业的基础上，着力加强对服务业、金融业和物流业的财政支持力度。2014年，园区金融保险业和现代服务业注册资本额分别较上年实现了69%和488%的增幅，迅速形成了新的产业规模和集聚效应，有效提升了区域经济的综合发展水平。而金融保险和社会服务作为现代服务业的重要内容，不仅为产业发展提供了资金支持和服务保障，也成为进一步聚拢资金、技术、人才等发展要素的重要条件和调结构、促转型、谋升级的重要依靠力量。

加大科技投入，推动产业转型升级。长期以来，园区始终重视科技发展对产业提升的引领带动作用，将科教兴区作为园区发展战略的优先方向，着力引进和培养了一批高水平领军人才，打造了一流的人才和技术高地。园区财政在科教发展和人才开发引进方面始终保持着较高的支持力度，且投入额逐年上升，孵化培育的一批技术密集型新兴企业，通过破解技术瓶颈，着力提升产业产品附加值和企业市场竞争力，不断促进产业转型升级。

财政资金管理制度尚待完善

供给方式单一，导向作用有限。目前，直接补贴依然是园区财政资金供给的主要方式。以2013年和2014年为例，直接补贴方式的财政支出约为94%，投资基金和购买服务方式分别仅占5%和1%；同时，园区投资基金的主要资金来源也是财政资金，并未进行市场化运作。而供给方式的单一,一定程度上限制了财政资金的放大效应，对社会资本的引领带动作用也十分有限。

分析而言，直接补贴方式的弊端较为明显，从激发企业风险意识的角度考虑，无偿的财政补贴在提升企业资金运用的审慎性和调动企业积极性方面的作用有限；从解决企业融资问题的角度考虑，直接补贴方式无法及时缓解企业特别是中小微及科技型企业的融资困境，从而难以快速推进科技成果的产业化进程。

从财政资金使用效率的角度考虑，投资基金方式通过市场选择项目，具备放大效应、集中支持、循环使用等特点，相比传统的直接补贴方式更有效率。因此，在财政资金的供给方式上，园区财政应探索资金改基金的新模式，逐步减少无偿的直接补贴支出，以扩大投资基金规模。与此同时也应看到，单一来源的投资基金存在一定缺陷。目前，园区投资基金仍以财政全额出资为主要资金来源，在项目选择上具有明显的政策导向性，且在项目管理上以事业单位为运作主体，行政色彩相对浓厚。为此，下一阶段应着力构建混合制产业发展基金，牵引带动社会资本参与产业发展，真正发挥财政资金“四两拨千斤”的作用。

从财政资金的撬动作用分析，以财政资金和社会资本共同出资设立的混合制投资基金，能够最大限度地发挥财政资金撬动社会资本的杠杆作用——以相对较小的财政资金投入带动社会资本投资，在财政力量相对有限的情况下可以扩大财政资金投入的覆盖面，从而放大财政资金的使用效能；从财政资金的使用效率分析，混合制投资基金能够在较大程度上避免因政府部门对市场信息不敏感和行政体制相对封闭僵化而带来的投资效益低下等问题，更应被着力提倡和发展。

重分配轻管理，效益有待提升。由于部分扶持政策重复，使财政资金在使用方向、实施范围、项目安排等方面存在一定程度的重叠交叉，造成资金浪费；加之政策存废机制尚未建立，导致政策有增无减、过于泛滥，着力重点并不突出。比如，区内存在的商标补贴、租金补贴、启动补贴、设备购置补贴等各类不同导向的财政补贴措施，虽然都曾在园区发展的不同阶段为培育壮大市场主体、完善提升产业结构发挥过重要作用，但是，随着补贴政策越来越多，对财政资金的分散效应也愈加突出——资金投入多而散，呈现“天女散花”式，客观上造成了财力分散，也难以真正发挥财政资金的规模效应。

另外，在财政资金管理制度方面，仍然存在着“重事前分配、轻事后管理”的问题；在资金拨付的具体操作上，更重视项目的选择论证和资金分配，而缺乏对资金使用和执行情况的问效机制与追踪管理，绩效评价结果对管理决策的参与度也不高。还应看到，部分财政资金采用前补助方式，虽然在提高企业积极性方面能够发挥一定作用，但也存在着成果转化效果不确定、资金使用风险大等突出问题，对推动科技创新、促进经济发展的效果并不明显。因此，对于主要由企业研发部门进行、具有明确可考核的产品目标或产业化目标的项目，应更多采取后补助方式。

提高财政供给体系的质量和效率

进一步优化资金供给方向。供给侧结构性改革强调压降无效产能，提供满足消费需求的高端产品，这就要求企业不断提高创新能力，生产适销对路和具有市场竞争力的高附加值产品，通过增加有效供给，向高端技术领域进行转型升级。因此，必须更加突出重点，鼓励优势支柱产业向高端技术领域创新发展，进一步优化以高端制造业为支撑、高新技术产业为先导和服务业全面发展的产业格局。

在高端技术领域，应扬长避短，充分发挥和利用园区制造业的已有优势，重点支持原有制造业在核心技术研发、重大装备制造等方面的攻关突破；要结合园区产业规划，着力支持生物医药、纳米技术等新兴产业培育新的经济增长点，鼓励企业向高端技术领域创新发展。

在现代服务业领域，应通过政策倾斜，进一步倡导和鼓励以物流服务、金融保险和商贸服务为代表的现代服务业发展，为制造业发展聚拢资金、准备人才、消除风险、创造市场，构成有利于制造业发展的软环境，逐步形成与制造业发展相得益彰的第三产业繁荣局面。

进一步创新资金供给方式。供给侧结构性改革意在推动经济的长期可持续发展，因此，不能仅仅依靠原有的财政力量，更应在增量上做文章。

一方面，要探索资金改基金的新模式，逐步减少无偿的直接补贴支出，压缩一般性竞争领域的专项资金，构建以股权投资基金、债券投资基金、风险补偿基金和PPP融资基金组成的多元化产业发展基金，以利于在提高资金使用效率的同时，能够及时有效解决企业的融资问题。并且，要以尊重企业的技术创新主体地位、充分发挥市场资源配置作用为理念，逐步减少运用前补助方式，探索以事前立项、事后补助、奖励性后补助、共享服务后补助等方式对企业给予支持。

另一方面，要积极引进社会资本投入，建立以政府投资为引导、社会资本为主体的投资基金，实现投资基金的混合制；引导社会资本参与产业投资，进一步拓展企业融资渠道。在基金管理方面，要着力推进基金的市场化运作，委托专业的基金管理公司或团队管理，并设立激励约束机制，将绩效评价结果作为管理费的计算依据，将政府“有形的手”和市场“无形的手”充分联结形成合力，不断提高投资基金收益。

进一步提高资金供给效益。要在充分论证区域产业发展方向、明确阶段性经济发展目标任务的基础上，进一步强化企业研发补贴、设备技改补贴等对产业升级具有引领推动作用的补贴政策，集有限的财政资金投入产业升级改造，力争取得实效。与此同时，应建立绩效评价体系，实施严格的绩效管理，在资金执行期内开展绩效跟踪；组织开展年度绩效评价，以评价考核结果作为下年度预算编制的衡量标准，通过形成倒逼机制，使财政资金投入获得实实在在的效果，从而对导向不明显的政策条款，在绩效考核的基础上逐步控制缩减规模，对效用不明显或不符合产业发展方向的政策条款，应逐步予以取消。

在创新经济时代寻求区属国有企业的全新定位

文/广州开发区政策研究室主任　陈永品

区属国有企业因开发区实施精简高效的管理体制而设立，随后又深入参与和推动了开发区的发展，在开发区发展史上具有重要的地位和作用。因此，如何在改革的攻坚期和深水区再次对区属国有企业进行明确定位？如何进一步推动开发区与区属国有企业的紧密联系，促进其做优做强做大？又应如何加快实施区属国有企业的混合所有制改革，均成为当下亟待解决的重要课题。

在互促发展中应运而生

自建区初期，开发区就按照“小政府、大社会”的理念，在行政管理体制上力求精简高效。由此，作为开发建设、招商引资和企业服务等具体政府职能“市场化”的实际承担者，区属国有企业便具有一定的规划建设审批权，其总经理也往往兼任开发区管委会领导。与此同时，由于早期国家不允许外商独资企业入区经营，许多开发区便根据招商项目成立了若干国有企业与外商投资项目进行合作，共同设立中外合资、合作企业。以广州开发区为例，到20世纪末，除设立工业总公司、建设总公司、商业总公司和国有资产公司之外，还先后设立了能源总公司、新技术总公司、进出口总公司、口岸公司等21家公司。

到20世纪90年代初期，开发区进入开疆拓土、向外扩张的大拓展时期，区属国有企业开始率先承担起新区开发建设的重要任务。但由于当时国有企业产权制度不甚清晰，一些企业在开发建设过程中过度融资、过度负债，发展包袱十分沉重；之后，随着国家清理整顿经济秩序实行硬着陆——实施国有企业改革、推进国有企业转制重组；实施分类改革、明晰产权制度；实施主辅业分离、促进发展方式转变等，开发区的区属国有企业也逐渐开始对子公司进行产权制度改革，通过推动小企业民营化，使其甩掉包袱、轻装上阵。

进入新时期以来，区属国有企业按照现行企业制度运营，已经充分适应了市场经济的发展需求并不断发展壮大。天津泰达集团总资产达到7 930亿元，目前拥有1家上市公司以及100余家全资、控股和参股企业；上海漕河泾开发区发展总公司已连续五届获评为上海市文明单位，拥有一级房地产开发资质，是“上海房地产开发企业50强”企业。

园区开发运营的承载者

早期开发的建设者。建区之初，许多开发区在盐碱滩涂、淤泥沙地上起步，创业条件十分艰苦。区属国有企业坚持压缩成本、提升效益，建设了道路桥梁等基础设施、学校医院等公共设施、商场酒店等商业设施以及工业标准厂房、员工楼等，完成了十分艰巨的建设任务，创造了“开发区效率”。

企业服务的主力军。区属国有企业作为外商投资企业的股东，发挥了较好的桥梁和纽带作用，特别是在外商投资企业刚刚进入中国、尚不熟悉国内情况和办事规则的情况下，帮助其协调解决了在工商注册、厂房建设和生产经营中遇到的诸多困难和问题。可以说，区属国有企业是开发区服务品牌的重要塑造者之一。时至今日，部分区属国有企业开始“走出去”，成为开发区企业服务方面的品牌代言人。以苏州工业园区为例，中新苏州工业园区开发集团股份有限公司（简称“中新集团”）不断输出经验，在宿迁、南通、滁州、常熟市海虞镇、张家港市乐余镇和凤凰镇等地成功开发实施了多个新型城镇化项目。

招商引资的核心团队。除承担开发建设任务外，区属国有企业在实践中还建立了十分完善的招商体系，组建了专业招商团队，建立了畅通的招商渠道，创新了小分队招商、上门招商、以商引商等高效招商模式，积累了丰富经验，成功引进了一大批大型外商投资项目。特别是近10年引进的项目，几乎占据全区项目的半壁江山。与此同时，区属国有企业还不断将成功的招商经验向外输出，比如，广州开发区的企业化招商模式已经成为全国许多开发区学习的样板，培养的企业招商团队既服务于广州开发区，也服务于其他经济功能区。

坚持改革、创新、发展

当前，开发区已经进入创新经济时代，区属国有企业也应着手转型升级、创新驱动，调整自身发展的方向和思路，在创新经济中找准定位，以便获得新的发展。一方面，要大力支持国有企业实行混合所有制改革，真正实现由“管企业”向“管资本”转变，彻底打破僵化的体制机制，重新激发国有企业活力；另一方面，要充分提供机会、资本和资源，鼓励区属国有企业参与开发平台性科技基础设施，进军科技创新和科技金融领域。

加快现代企业治理制度改革。积极探索实行混合所有制，将自身的地缘优势、区域优势和服务优势与民营企业的资本优势、管理优势和市场优势结合起来，实现优势互补、资源共享、合作共赢，积极“走出去”开拓市场，不断做优做强做大。同时，探索建立有效的激励机制，充分调动员工的积极性和创造性，形成以人才为引领的竞争新优势。

积极提供优质科技创新服务。虽然传统的区属国有企业在工程管理与服务方面拥有丰富经验，集聚了大量工程技术人才，但鉴于其目前普遍存在资金不足、优势分散等问题，在日益激烈的工程行业竞争中，优势不再明显。为此，区属国有企业要顺应形势，积极融入创新经济发展，从工程建设服务向科技创新服务转变。具体而言，要提高对科技创新的认识，着力打造孵化器、加速器等创新平台，为创新型企业构建优质载体；积极提供创新服务，特别是科技创新增值服务，推动创新企业的孵化育成，加速将科技种子培育成幼苗甚至参天大树；大力发展科技金融，设立创业投资基金并深入参与到企业的创新活动中。

积极融入新兴产业发展大潮。要关注互联网经济，树立互联网思维，用“互联网+”改进自身业务模式，提升服务水平；要在开发区创新发展中发现机会、找准切入点，主动融入新兴产业发展浪潮。特别应充分发挥区属国有企业在招商引资方面的传统优势，依托已有客户资源，嫁接资金、技术和人才，建立起面向全球的招商渠道；同时也要密切关注新一代信息技术、生物医药与健康、新材料、新能源与节能环保等新兴产业项目，主动寻求机会和机遇。

工业园区绿色发展的国际经验及启示

文/香港城市大学公共政策系教授、博士　施涵

近年来，以较低质量的人造资本存量和极大的资源环境流量以获取较高的GDP增长速度的传统发展模式备受诟病。因为，在这一模式下，看似较低的初始建设投资和较快的建设周期，带来的却是较短的生命周期，以及较高的运行维护成本、社会成本和资源环境代价。显然，这种以牺牲GDP质量换取GDP数量、以牺牲资源环境换取GDP增长的经济发展模式已然不可持续。

与之相反，以高质量的人造资本存量和较小的资源环境流量以获取可持续的经济增长的新型经济发展模式，正在成为全球公认的主流发展模式。这一模式通过增加初始投资、采用科学的建设周期等方式，极大地延长了基础设施、建筑厂房、机械设备等人造资本的使用寿命，切实降低了使用阶段的运行维护成本，实质性增强了各种人造资本存量的质量，有效降低了经济系统运行所需的资源环境和资本流量，从而实现经济与环境的双赢发展，是真正可持续的绿色发展模式。

园区绿色发展势在必行

对于工业园区而言，在新时期、新形势和新常态下，以较为完善的规划设计和较高质量的基础设施，着力推进和努力实现绿色发展势在必行。

有利于增强核心竞争力。开发区的竞争力日益取决于其自然资本的禀赋水平，以及利用自然资本产生社会经济效益的效率。优良的环境质量有助于减少职业健康风险、提高劳动生产率，已经成为吸引一流人才的前提和吸引世界领先企业的重要条件，也是具有国际领先水平园区的应有之义。

有利于改善环境质量。“十三五”期间，改善环境质量在开发区环境保护工作中的核心作用将日益增强。自然资本存量和污染物排放强度两大指标，可以从减少控制污染和增强吸纳污染物能力的正反两个方面验证开发区的整体环境质量状况。因此，在进一步削减自身污染物排放的同时，投资和增强所在区域的关键自然资本已经成为有效改进开发区环境质量的重要途径。

有利于提升整体发展效益。由于开发区的经济活动强度和人口密度增加，其社会经济发展对生态系统服务，特别是生态系统调节服务和文化服务的需求也随之快速增加。可以说，只有开发区不断增强其关键自然资本，并能够直接服务于区内企业和居民的消费需求，才会产生更高的边际投资回报率。

综上所述，开发区实现绿色发展的必要而非充分条件即是人造资本、人力资本和自然资本均保持正向增长。同时，在高效的环境治理下，通过对人造资本、人力资本和自然资本的合理有机组合，确保自身的经济产出能够居于生产力前沿。

工业园区绿色发展的国际经验

美国的生态工业园区建设。位于美国波士顿的Devens生态工业园建立了生态效率中心，设定了整套较为完善的评估体系，并对全部入区企业进行辅导，通过企业间的协同共生，实现经济可持续发展和保护当地自然生态资源的

目标。

始终致力于推进企业间副产品协同的美国可持续工商理事会于2015年开发了美国二次资源交换平台（The US Materials Marketplace）。这一平台集聚了通用、耐克等一些消耗大量资源、产生大量废弃物的企业，并积极吸引大学和科研机构参与其中，面向全美寻求大众化的、价值较高的二次资源的相互利用。仅仅4个月，这一资源交换平台就得到了分布于美国各个州的23家大型企业的认可和支持，为美国的绿色发展做出了积极贡献。

欧洲的生态工业园区建设。位于丹麦哥本哈根西部约100公里处的卡伦堡生态工业园区是目前世界上工业生态系统运行的最佳代表，被称为“实践循环经济原理的典范”。在该园区内，各相关企业按照生态系统互利共生、承补协同等生态控制原理建立起和谐稳定的能量物质循环利用关系，各企业间通过稳定的贸易契约方式将生产过程中产生的废弃物或副产品销售给相关企业作为原材料，从而形成稳定协同的生态产业链网。

英国国家产业共生计划(NISP)遍布英格兰、威尔士、苏格兰和北爱尔兰等12个区域网络，通过与国家和地方政府机构开展合作，推动企业与潜在协同者进行匹配；通过参与公司间的开放和利益相关者团体的持续协调，建立和维持彼此间的共生关系，以促进产业间的废物交换和应用。目前，该计划已有康力斯、壳牌、宜家家居、日电电子等超过1万家会员。

以赫斯特和拜耳为核心的德国化工园区在20世纪90年代化工企业大批向国外转移的情况下，将原先的供水、动力和污染均由生产企业自身承担的模式转变为由园区统一提供专业化的生产服务，由此，入驻企业仅需专注于生产过程本身，而环保方面的服务需求均由园区统一提供。这一模式开启了园区专业化运行的新时代，并取得巨大成功，成为园区保持旺盛生命力和较强市场竞争力的关键所在。

亚洲的生态工业园区建设。韩国的工业园区已经走过了50年的发展道路，其在经济总量的集聚程度上已经高达50%甚至更多。韩国始终将推动园区工业化与生态化同步发展作为一项重要工作，政府每年投入大量财政资金用于可行性研究，并细分为试点、扩散和完善三个阶段加以推进。

日本是全球最早关注经济产业与生态环境关系的国家之一，在面对产业空心化问题时，政府通过强制划拨土地用以集聚再生企业，并通过强化其与科研院所合作等方式，进一步提升企业的专业技术水平。日本北九州生态镇通过与钢铁、水泥、化工企业和垃圾填埋场合作，积极推进当地废物的妥善处置，目前已经形成了由26家资源再生企业构成的资源再生企业集群，内部的再生资源可供当地制造业企业用于生产。

国际经验的启示

全方位建设绿色发展促进平台。要建设循环经济市场化推进平台，积极探索社会资本参与市场化运作的新模式，激发循环经济市场活力，着力打造产业共生体系、市场服务体系和公共服务与管理体系。要打造多部门协同、市场化运作的开放性公共服务平台，实现循环经济的数据分析，开展实施线上交易和线下增值服务。促进管理咨询、技术服务和绿色金融等专项服务不断增加，通过推荐先进技术、推广典型模式和解决资金瓶颈，有效对接项目需求，引导资源循环和再生利用，实现循环经济的信息集成、政策引导和辅助决策，从而为园区和企业发展循环经济提供一站式、集成化的解决方案。

与企业合作开展绿色供应链管理。鼓励工业园区与行业大型企业开展合作，通过建设和发展绿色供应链，推进产业链关键环节的节能降耗和升级；加快推进制造业绿色化进程，全力推行绿色制造、绿色产业和绿色贸易，进一步提升企业竞争力，实现可持续发展。进一步完善配套扶持政策，打造和提升绿色供应链的专业服务能力，着力形成具有示范和推广意义的认证标准和管理制度体系。同时，要通过推动企业参与绿色供应链认证等方式，引导其主动实施转型升级，提升市场竞争力。

着力培育和发展生态产业集群。将生态产业集群作为未来经济增长的着力点。一方面，要对传统产业集群实行生态化改造。通过制定产业集群生态化改造科学规划，将区域的国土规划、城乡建设规划、生态环境规划和社会经济发展规划融为一体；要淘汰现有产业集群中的技术落后、效率低下和污染严重的项目，建设能够提高资源循环利用和综合利用水平的新项目。另一方面，要引导园区向生态产业集群的方向发展，合理选择产业项目，促进动脉产业与静脉产业的良性循环，确立一批具有示范意义的生态产业集群。

编制工业园区自然资源资产负债表。要开展自然资源资产负债表的编制工作，在用以评估新投资项目的同时，也能够更加科学地识别现有企业中存在的低效、过度消耗自然资本但经济产出不高的企业，从而为开展产业结构调整提供依据。要对园区的环境负债开展深入分析比较，以便更好地为园区分配环境保护方面的财政资金提供科学依据。要开展生态恢复措施前后的自然资本评价，对生态环境保护措施和投入的实际效果开展科学定量评估。

（本文根据作者在“首届国家级经济技术开发区绿色发展论坛”上的发言内容整理，未经本人审核）

开放创新应“双向”而为

文/隆国强

改革开放不仅为我国的经济发展插上了腾飞的翅膀，而且成功地将中国的工业化置于全球化背景下加以推进。正是在这种开放环境中，我国学习、借鉴和引进了先进国家的经验和技术，甚至跨越了科技进步的台阶，实现了“压缩式”增长。在这一过程中，以开发区为代表的中国园区扮演了十分重要的角色，在我国工业化、城镇化和现代化进程中发挥了巨大作用——作为其所在城市重要的经济增长极，成为最具发展活力的区域；作为我国多个领域改革开放的探路者，成为创新实践的典范。

当前，中国经济发展进入新常态，这种新常态并非是一种周期性的变化，而是一个发展阶段的变化，主要表现为增速换挡、产业结构升级加速和增长动力转换。并且，无论是经济发展的内在规律，抑或是处理经济与社会发展关系、人与环境关系的迫切要求，都决定了必须摒弃依靠要素投入的粗放型增长模式，以快速进入新的增长阶段。

以新体制支撑创新发展

纵观追赶型经济体的发展过程，大都需要经历要素驱动、投资驱动、创新驱动和财富驱动四个阶段，我国已经实现了从要素驱动向投资驱动的跨越，正在迈向创新驱动阶段。但这并不是一个“发展到一定程度即可自然过渡”的转变过程，如果不能顺利转型，则很可能掉入中等收入陷阱。

从国际经验看，从投资驱动转向创新驱动，需要一套全新的要素结构和体制机制进行支撑。因此，面对当前所处的转型关键阶段，就需要开发区继续围绕“创新发展”的新目标，构建起一套全新的体制机制。具体而言，一方面，要学习先进国家在创新体制机制方面的成功经验，但绝不可完全照搬，而是要将有效的体制机制与自身发展阶段进行充分结合；另一方面，要研究建立与开发区比较优势相适应的体制机制，真正使创新发展成为企业和开发区的主动选择。

善用技术革命的催化作用

在以大数据、云计算、物联网等信息技术为代表的新一轮技术革命中，世界各国纷纷出台相关国家战略，旨在抢占新一轮技术制高点，我国也必须顺应竞争趋势，加速实施“中国制造 2025”和“互联网 +”等战略。

与此同时，尽管我国在少数部分领域已经达到全球技术先进水平，但在传统产业技术领域仍与发达国家存在较大差距。以汽车工业为例，我国最初实施的是瞄准国内市场的进口替代型发展战略，目前已经成为世界上最大的汽车生产国和消费国；但总体而言，我国汽车行业的国际竞争力仍然较弱——全球汽车工业的市场版图依旧主要被十几家大型跨国公司垄断，如果没有重大技术突破，我国便难以在全球市场版图上占有一席之地。

正因如此，必须认识到，新一轮技术革命催生了新产业、新业态、新产品，也打破了以往的产业格局，这在一定程度上为发展中国家创造了“弯道超车”的机会；同时，基于其渗透性较强的特点，对传统产业的改造提升也将带来较强影响。对于我国园区和企业而言，必须抓住新技术革命的发展机遇，既要在传统产业领域奋起直追，又要在新技术革命浪潮中与世界同步，并且也要注重利用新技术、新模式改造和提升传统产业。

打通技术创新的双向开放路径

在全球化时代，要真正实现创新，就必须强调“开放”——从目标上看，要实现具有国际竞争力的创新成果；从过程上看，要用好国内外两种资源、两个市场，以全球视野推进创新。

从“引进来”的角度看，目前，越来越多的跨国公司将先进制造活动、现代服务业加速向中国转移。究其原因，一方面，研发是开拓中国市场的最根本路径，如果单纯植入或嫁接国外先进技术，难以与本土企业相抗衡；另一方面，我国人力资源丰富，拥有 400 万专职研发人员，以及平均每年 700 万左右的大学毕业生，研发资源十分充裕。与此同时，高端的产业活动、活跃的创新要素等也正在吸引高素质人才加速向国内汇聚。以归国留学人员为例，2004 年，回国人员仅有 2 万余人，2015 年却达到了 40 万人。值得注意的是，虽然跨国公司在本土的创新活动可能对我国本土企业存在较强的挤出效应，但同时也具有较大的溢出效应。比如，多数本土企业优秀研发团队中的领军人物或骨干人物，均有在跨国公司从事研发工作的经历。为此，应用动态眼光看待跨国公司对于本国创新能力的影响，同时也要将跨国公司的研发活动纳入我国的创新体系中，以进一步发挥其溢出效应。

从“走出去”的角度看，诸多研发能力突出的国内企业，在主动整合全球研发资源方面均起步较早。以华为为例，多年前，为充分利用当地移动通讯领域和算法语言的资源优势，在斯德哥尔摩、莫斯科等地建立研发中心后，又在美国硅谷、印度班加罗尔等地建立了 10 余个海外研发中心，以便深度整合全球创新要素。

还需关注的是，当前，我国企业正迎来低成本海外并购的难得机遇，能够以较低成本便可获取一些海外大型企业的技术、专利、研发人才、研发能力及其品牌和国际销售渠道。由此，应如何继续引进创新型企业？如何自主培育创新型企业？又应如何鼓励企业以优质服务和多维支撑体系进一步整合全球市场资源，成为亟待思考的问题。

（作者系国务院发展研究中心副主任。本文根据作者在“2016城市更新背景下的开发区转型升级与创新发展”高峰论坛上的发言内容整理）

工业经济全球化背景下的园区转型之思

文/金 碚

纵观人类长达几万年的发展史和几千年的文明史，拥有高速增长的时代至多不过200～300年。公元0—公元1700年，世界各洲人均产值的年均增长率约为0.02%；而自18世纪至今，这一指标值则高达0.8%，对比十分鲜明。由此可见，经济增长在人类漫长的发展过程中只不过是一个伴随工业化发展而来的小概率事件。而在这一过程中，有两大时期需要特别关注：一是第二次世界大战后的1945年至20世纪70年代初，这是全世界经济高速增长的黄金时代，全球的人均增长率约为2.8%，尤以欧洲以及亚洲四小龙的贡献最为突出；二是自1990年开始至今，全球的人均增长率约为2.1%，这一过程中贡献最为突出的是亚洲，其中又属中国的贡献最大。并且，经济学家们普遍认为，现阶段，中国的工业化进程尚未完成，至少到本世纪中叶，中国仍将继续保持较高的经济增长速度。

经济全球化3.0时代的新挑战

与农业、服务业不同，工业是人类创造和积累物质财富的主要生产形态，且其发展通常伴随着空间拓展——换言之，工业化进程本身便具有全球化的先天特性。现阶段，原有的全球经济格局正在逐步改变，随之建立起的是新型大国关系，但与此同时，由于多种阻碍因素相互作用，全球化进程步履维艰，世界经济增长速度不尽如人意。

工业经济全球化进程障碍重重。目前，经济全球化正在沿海国家快速推进，但仍缺乏广阔的内陆发展空间，因此，应更加深入地挖掘经济腹地的工业化潜力，特别是应将广阔的欧亚大陆和非洲大陆腹地纳入工业全球化的进程中。然而，在现实的推进过程中，却存在着诸多瓶颈问题亟待解决，如上述“潜力”地区的基础设施不够完善，加之地缘格局的复杂化影响了部分国家的内部治理成果，使全球治理十分艰难。

技术创新在实体经济中应用不足。一般而言，技术进步作用于产业发展，并以此极大改变了人类的生产和生活方式，进而推动经济实现长期高速增长，但这一情况在目前有所改变。以美国为例，据统计，与第二次工业革命推动美国经济高速增长了81年相比，以“高技术”为关键词的第三次工业革命，仅推动美国经济在1992—2000年期间高速增长了8年。可见，受未与实体经济深度契合以及科技进入生产后创新不足等因素的影响，“高技术”并未能够广泛提高当时的生产效率。与此同时，实体经济创新不足也引致了工业化进程中大量闲置资金的积累，而过度的金融创新除“自娱自乐”和“自我膨胀”外，也远未能够形成对实体经济的有效融资手段和金融支持。

新使命下的园区转型发展

统计数据显示，美国利用2%的土地创造出了超过50%的GDP。由此可见，工业的发展往往集中于数个增长极。在我国，园区正是这样培育经济增长极和优化产业发展空间的重要载体。因此，从国内视角看，应切实贯彻落实长江经济带、京津冀一体化等一系列国家区域战略，大力开发腹地新区，突出体现工业化向腹地空间拓展，全力形成新的增长极；从全球视角看，则要通过全面实施“一带一路”战略，将中国高增长的工业能力与全球的工业化进程紧密结合，大幅拓展中国工业的增长空间，进而助力全球经济扩大增长范围。

通过创新驱动助推产业结构升级。中国科学院一项研究表明，虽然经济总量位居世界之首，但我国的工业发展水平距离发达国家仍存在50余年甚至近100年的差距；《中国制造2025》也提出，要用20年时间使我国制造业整体达到世界制造强国阵营的中等水平，用35年时间使我国制造业大国地位更加巩固，综合实力位居世界制造强国前列。

实践经验显示，作为我国技术升级的孵化器和制高点，开发区将再次成为实施“中国制造2025”这一国家战略的具体落脚点。在这一过程中，需要认真处理好制造业与服务业的关系、传统产业与战略性新兴产业的关系、实体产业与虚拟经济的关系，并充分发挥工匠精神，坚持实施创新驱动，真正形成产业技术高地，打造大国“筋骨”。其中，应特别强调的是，制造业与服务业之间是相辅相成、互不分离和缺一不可的。服务业的发展建立在坚实的制造业基础上，工业基础的进一步夯实也将伴随服务业的更加繁荣，从而才能不断加快我国产业结构的优化升级步伐。

通过深化改革释放经济增长活力。在改革开放30余年的进程中，开发区不仅是各种产品的生产者，更是各种思想的创造者，是改革开放的先行者和引领者；在未来发展中，开发区要在体制机制创新方面，大力推行以商事便利化和竞争公平化为主要内容的改革，不仅要“为企业松绑”，而且要“为人才松绑”“为创新松绑”。为此，必须以全新思维拓展园区经济，构建更为广阔的经济增长和自由贸易空间，进而适应中国工业化向中西部地区、向腹地延伸的历史阶段。唯有如此，才能使中国开发区在新的工业化和全球化进程中，继续担当起开放发展的增长极和排头兵重任。

（作者系中国社会科学院学部委员，中国社会科学院工业经济研究所原所长。本文根据作者在“2016城市更新背景下的开发区转型升级与创新发展”高峰论坛上的发言内容整理）

2016，深化改革再出发——昆山综保区开启全国首批一般纳税人资格试点

文/昆山经济技术开发区管委会

近年来，受国际金融危机、市场需求萎缩、综合成本上升等因素影响，昆山综合保税区内的企业亟需通过拓宽经营业态和转变贸易方式谋求转型发展。但与此同时也面临着诸多政策限制：一是综保区内企业不具备一般纳税人资格，无法开具增值税发票，不利于拓展内销市场；二是按照制成品征税，导致内销产品成本高，削弱了区内企业的竞争能力；三是服务业增值税无法抵扣，增加了区内企业的成本负担；四是一线、二线出入区货物实行全监管，造成监管和运行成本较高。

为帮助企业解决上述问题，昆山市政府、昆山开发区管委会通过广泛调研、认真研究和科学论证，率先创意提出赋予综保区企业增值税一般纳税人资格，并得到了国家相关部委的认同与支持。2016年，昆山开发区入选全国首

批综合保税区企业增值税一般纳税人资格试点，作为开发区重要组成部分的昆山综保区肩负起了先行先试的重任。

2016年11月1日零点30分，昆山综保区一般纳税人资格首家试点企业——昆山扬皓光电有限公司开出了全国第一张海关特殊监管区内企业内销增值税发票。与此同时，全国首个非保税货物管理系统正式上线运行，标志着此项由昆山率先创意、率先提出、率先争取并率先突破的试点政策得以实质性启动。

这一试点是继获准开展保税物流功能和研发、检测、维修业务试点后，昆山综保区又一项对全省乃至全国意义重大、含金量极高的政策突破，将有效激发企业技术升级、创新发展的内生动力，持续推动内外贸一体化发展，增创开放型经济新优势。

主动创新改革举措

建立推进协调工作机制。成立工作推进小组，指定专管领导和专办人员，明确日常工作制度及重点工作，统筹协调试点工作中的各重大事项，确保试点工作有序开展。与此同时，分类建立企业信息库，积极鼓励企业率先试点；深入研究政策落地红利，争取更多的品牌企业在区内设立销售、分拨、结算中心。

贴合实际制定实施方案。针对扬皓、昆达、欧司朗等自有品牌企业，鼓励支持企业加快整合区内外资源，降低成本、提高效率，积极开发销售渠道，不断扩大内销市场份额；针对仁宝、纬创、世硕等龙头代工企业，积极推广戴尔在区内设立销售公司开展内销的模式，争取惠普、联想、苹果等品牌企业参照该模式在区内实现内销；针对麦格纳、六和轻合金等零部件配套企业，鼓励其充分利用试点政策作用，加快内销业务拓展，提升产能产值；针对昆达电脑等企业，支持其转变经营方式，鼓励企业自行购买材料进行加工，不断提高营业收入。

全面满足试点工作需求。在硬件设施方面，调整和完善综保区卡口、场站、围网等基础设施；在软件环境方面，加快海关与企业的信息化联网建设和建立电子账册，着力优化监管信息平台和辅助监管系统，尽快明确操作流程，确保分类监管试点工作全面顺利推进。

资格试点释放重大利好

利于推动内外贸一体化发展。试点实施后，综保区内企业可通过拓展经营业态、开辟内销市场、利用剩余产能承接国内企业委托加工等途径增加营业收入，在有效解决内外资源市场分割、产能利用不足等问题的同时，还可有效增强企业在国际市场的接单能力，提高进出口业绩，预计将释放企业产能1 000亿元。

利于企业参与供给侧结构性改革。试点实施后，将减少出口转内销环节，推动企业利用先进装备和开拓国际市场的经验，为居民提供更多物美、价廉、质优的产品，更好地推动供给侧改革的实施，进一步满足国内市场对电子信息、光电、精密机械等领域高端产品的需求。

利于企业降本增效、提升竞争力。试点将打通国内增值税“免抵退”链条，通过企业进项税抵扣，降低税负成本，减轻企业负担。同时，内销渠道的打开，便于企业更加高效地配置产能，减少资源闲置，降低运营成本。据测算，试点实施后，每年将为区内企业减少运营管理成本4 000万元，加上每年的增值税抵扣6 000万元，可减少运营成本近1亿元。

利于促进先进技术设备和关键零部件进口。在赋予一般纳税人资格的同时，保留进口设备免税等原有政策，不仅可有效提升企业增加长期投资的信心和动力，而且还将进一步激发企业扩大设备进口、加快提档升级的积极性。2011—2015年，综保区内企业年均进口设备1.7亿美元，据此估算，试点实施后企业每年进口设备可达4亿美元。

利于为特殊监管区转型发展提供示范。通过改革兴利除弊，破除政策与形势不适应的障碍，以政策试点探索一条适合特殊区域发展的新路径，为全国海关特殊监管区域营造新优势。

综 合 篇

2016年北京市开发区发展情况

2016年，北京市开发区主要经济指标持续增长，企业经济效益明显改善，开发区招商工作取得明显成效，土地集约利用水平进一步提高，企业创新能力不断提高。

一、开发区经济规模稳步扩大

2016年，北京市开发区实现总收入5.2万亿元。其中，中关村国家自主创新示范区实现总收入4.6万亿元；3个市级开发区实现总收入2 229.2亿元。北京市开发区实现工业总产值10 497.2亿元，占全市工业总产值的比重为58%。北京市开发区实现利润总额3 968.8亿元。其中，中关村国家自主创新示范区实现利润总额3 732.5亿元，3个市级开发区实现利润总额193.3亿元。

二、招商引资工作取得丰硕成果

2016年，北京市开发区招商项目共计60 732个，项目总投资2.1万亿元，注册资本2万亿元。其中，三资企业注册资本276.2亿元，外商实际投资259.6亿美元。中关村国家自主创新示范区招商项目47 264个，项目总投资1.7万亿元，注册资本1.6万亿元。其中，三资企业注册资本2 111.8亿元，外商实际投资197.7亿美元。

三、土地开发建设进度逐步加强

2016年，北京市开发区规划面积466.9平方公里。其中，3家国家级开发区规划面积454平方公里，3家市级开发区规划面积12.9平方公里。截至2016年年底，北京市开发区累计开发土地面积和累计供应土地面积分别为327.5平方公里和298.8平方公里，累计建成城镇建设用地面积269.9平方公里。全市开发区单位土地工业总产值产出率约为103.5亿元/平方公里。

四、创新能力不断提升

2016年，北京市开发区规模以上国家高新技术企业数量达到1.1万家，占开发区全部企业的55.5%，占全市高新技术企业总数的88.9%；开发区高新技术企业实现总收入2.15万亿元，占全市开发区总收入的41%；实现工业总产值8 503.3亿元，占开发区工业总产值的81%；实现利润2 018.4亿元，占开发区利润总额的50.9%；高新技术企业从业人员总数为174.3万人，占开发区从业人员的65.8%。

五、开展开发区年报编制和示范基地评价工作

组织开发区、产业基地针对2015年在经济发展、企业疏解转移、土地集约利用、创新能力、信息化和公共服务能力建设、生态园区建设、节能减排等方面建设的进展情况、存在问题进行总结。编制开发区年报，针对北京市当

北京经济技术开发区主要经济综合指标一览表

项目	单位	2016年	2015年	增减(%)
工业总产值（现价）	亿元	10 497.2	10 184.8	3.1
高新技术企业	亿元	8 503.3	6 132.8	38.7
利润总额	亿元	3 968.8	3 657.3	8.5
第二产业	亿元			
工业	亿元	900.7	808	11.5
合同外资金额	亿美元	237.1	306.5	−22.6
外商实际投资	亿美元	259.6	212.9	21.9
固定资产投资	亿元	1 805.9	1 026	76.0
年末从业人员	万人	264.8	244.4	8.3

前土地利用现状，在创新土地供给模式、挖掘土地资源潜力、优化资源空间配置、保障重点产业发展空间需求等方面提出若干政策建议。

六、推进工业园区生态化改造工作

对北京市 19 家市级以上工业园区进行生态化调研、数据收集与分析工作，系统分析园区的经济效益、物质减量与循环、污染控制以及生态化管理情况，进一步挖掘园区生态化发展潜力，指导园区进一步完善生态化建设工作方案。

（北京市开发区协会）

2016年河北省经济技术开发区发展综述

2016 年，《国务院办公厅关于完善国家级经济技术开发区考核制度促进创新驱动发展的指导意见》（国办发〔2016〕14 号，以下简称《指导意见》）下发后，河北省委、省政府高度重视，出台《关于加快开发区改革发展的意见》，对开发区改革创新发展作出全面部署。按照商务部的要求，全省国家级经开区打破固有思维，积极进行新模式、新机制探索，改革发展逐步深入并取得阶段性成效，国家级经开区作为经济新增长极的引领示范与辐射带动作用日益明显。

一、以总体要求为主线促进创新驱动发展

在河北省委、省政府领导下，全省 6 家国家级经开区重点领域改革实现突破，创新驱动发展呈现良好态势，开放主战场和创新示范区效应明显增强，引擎作用凸显，成为河北经济发展新的增长极，成为地方经济发展的领头羊。邯郸经开区拥有国家新材料产业基地、国家新型工业化产业示范基地和国家科技兴贸创新基地等 11 个发展平台。曹妃甸经开区为商务部推广的推进供给侧结构性改革的实践案例。

二、以发展目标为统领确保完成主要任务

2016 年，河北省 6 家国家级经开区完成主营业务收入 7 386 亿元，实际利用外资 11 亿美元，外贸进出口 62 亿美元，同比分别增长 11.6%、47.7% 和 −2.8%，占全省经开区相应指标总量的 15%、24.4% 和 23.3%。石家庄经开区财政收入占该市藁城区财政收入的近八成。

三、以改革发展为主导完善考核评价体系

河北省委办公厅、省政府办公厅印发《河北省开发区综合发展水平评价考核办法(试行)》；河北省商务厅、省科技厅印发《河北省开发区综合发展水平评价考核办法实施细则（试行）》。

四、以软硬件设施建设为基础提升承载水平

国家级经开区围绕投资者、创业者和从业者需求，健全载体功能，优化综合环境，提高服务产业、企业发展的承载能力和供给水平，由“九通一平”向“新九通一平”（信息通、市场通、法规通、配套通、物流通、资金通、人才通、技术通、服务通 + 双创平台）延伸拓展，打造宜业、宜创、宜居的升级版投资环境。石家庄经开区开展绿化、亮化、硬化、美化、净化提升工程，高标准建设日供水 30 万吨的南水北调地表水厂和污水处理厂扩容改造，推进园区道路供排水管网升级改造等重点项目。

五、以投融资平台为抓手夯实产业基础

2016 年，推进 6 家国家级经开区建立投融资平台。通过投融资平台有效融资，保障了重

大项目和基础设施建设。鼓励有条件的国家级经开区利用PPP方式，同社会资本共办园区。国家级经开区的“区中园”或重点项目运用PPP模式、PFI模式、联合模式、基金模式、孵化模式、飞地模式、整引模式、分引模式等多形式实行市场化运营。邯郸经开区成立高科技创业投资公司，引进社会资本筹建了总投资31.5亿元、总建筑面积24万平方米的中小企业加速器，入驻了50多家科技型中小企业。

六、以科技创新为导向激发创新活力

2016年，国家级各经开区创新驱动活力十足，围绕主导产业转型升级，提高区域创新能力，实施了新能源、新材料、先进装备制造、大数据与电子信息、大健康与生物医药等科技专项，在动力电池、新型半导体材料、大数据应用等方面取得了一批技术突破。秦皇岛经开区中关村海淀园分园累计引进项目123个，秦皇岛（中科院）技术创新成果转化基地已形成知识产权148项；科泰创新工场晋升国家级众创空间，北岛博智被评为国家级科技企业孵化器和中国创新创业示范基地。

七、以京津冀协同发展为契机促进区域协调发展

2016年，重点组织了“河北开发区（北京）投资说明会”，邀请100多家北京总部企业和现代服务业企业参加，发布重点项目180个，签约项目22个，总投资245亿元。秦皇岛经开区建设中关村海淀园秦皇岛分园、沧州临港经开区与北京市有关方面共建北京生物医药产业园等项目进展顺利。

八、以示范试点为榜样强化绿色集约发展

河北省筛选出包括秦皇岛经开区和廊坊经开区在内的5家开发区作为改革发展综合性示范试点，2016年省财政拨付各试点开发区支持资金6 000万元；认定了一批战略性新兴产业示范基地、新兴产业“双创”示范基地、新型工业化产业示范基地、军民融合产业园区、创新型产业集群、省级清洁生产试点园区、知名品牌创建示范区、引智示范单位、引智工作站等。

九、以项目开发为主业推进主导产业发展

2016年，河北省国家级各经开区始终坚持大项目立区，狠抓招商引资、招才引智、项目对接和产业合作，提高签约项目履约率和落地项目开工率，上下游项目不断聚集，完善了主导产业链条。石家庄经开区生物医药产业工业总产值488亿元，占全区工业总产值的42%；秦皇岛经开区汽车制造业产值197亿元，占比29%；唐山曹妃甸经开区钢铁产值302亿元，占比43%；廊坊经开区电子设备产值257亿元，占比43%；沧州临港经开区石油化工产值358亿元，占比62%；邯郸经开区白色家电产值104亿元，占比43%。

十、以深化改革为要义推进体制机制创新

河北省委、省政府主要领导把推进开发区改革发展作为加快全省转型升级跨越发展的战略举措和关键一招来抓，省政府主管领导具体组织指挥了开发区重点领域改革“百日攻坚战”，强力推进省委、省政府决策和《指导意见》落地。成立以省政府主要领导为组长的省开发区改革发展领导小组，35个省直部门成员单位团结协作、齐抓共管，有力地推进了工作落实。省委、省政府出台加快开发区改革发展的意见和评价考核办法，以及机构编制和人事薪酬改革、专项资金管理、投融资平台建设、土地储备供应管理和“飞地”税收分享等一系列打破常规、含金量高、可操作性强的政策性文件，形成支持开发区改革发展较为完整的“1+N”政策体系。坚持以点带面，靠典型引路破解改革难题。廊坊经开区改革发展的经验得到省委主要领导的肯定和批示并在全省推广，全面创新体制机制改革，全面改革优化营商环境，出现了管理体制更顺、审批效率更高、服务更优、发展更好更快的可喜局面。在“十三五”开局之年，迈

入建区第25个年头，全部财政收入、地方公共预算收入、城镇固定资产投资和实际利用外资等主要经济指标增速仍保持两位数增长，创近年新高，重回全省开发区前列，交出了一份“靓丽”的发展成绩单，焕发出跨越提质、转型升级的新活力，掀起了加快推进廊坊全市乃至河北全省重要增长极的新高潮，实现了四个方面的新突破。一是推进开发区重点改革“百日攻坚战”取得新突破。按照河北省委、省政府的部署，2016年9月末至年底100天，就开发区机构编制管理改革、行政审批制度改革、人事和薪酬制度改革、投融资平台建设四项重点改革，明确责任，倒排工期，挂图作战，强力推进。二是机构编制管理改革实现新突破。创新开发区机构编制管理办法，不再明确开发区规格、编制，实行人员控制数管理，赋予开发区内设机构设立、调整、撤并的更大自主权。对开发区管理体制、管理职能、领导职数、内设机构和派出机构等进行了规范和明确。全省6家国家级经开区全部完成机构编制管理改革，河北省编委将开发区改革方案统一批复各市。选优配强开发区主要领导，市委常委兼任市直接管理的开发区党工委书记，县（市、区）党政主要领导分别兼任县（市、区）管理的省级开发区党工委书记、管委会主任。三是行政审批制度改革实现新突破。6家国家级经开区已完成行政审批局组建并挂牌运行。审批制度的改革，使行政效率进一步提高，行政成本进一步压减。秦皇岛经开区审批机构由过去的9个减少为1个，审批印章由28枚削减为1枚。四是人事薪酬制度改革实现新突破。明确开发区人员能进能出、岗位能上能下、待遇能高能低的改革目标，推行全员聘任制、绩效工资制重点改革，建立开发区人事薪酬新制度，赋予开发区充分的用人权和分配权。全面总结廊坊经开区改革的经验，在全省开发区复制推广。另外5家国家级经开区人事和薪酬制度改革方案得到当地党委和政府的批准。

(河北省商务厅)

2016年山西省开发区发展情况综述

一、基本情况

山西省从1992年设立第一个开发区以来，截至2016年年底，经国务院或山西省人民政府批准设立的各类省级以上开发区共有31家。其中，国家级经济技术开发区4家，分别是太原、大同、晋中和晋城经济技术开发区；省级经济开发区23家，分别是朔州、忻州、阳泉、临汾、侯马、运城、运城空港、绛县、风陵渡、清徐、祁县、文水、交城、孝义、壶关、左云、原平、汾阳杏花村、介休19家经济开发区和太原、太原不锈钢、榆次、盐湖4家工业园区；国家级高新技术产业开发区2家，分别是太原和长治高新技术产业开发区；省级高新技术产业开发区1家，为山西科技创新城高新技术产业开发区；综合保税区1家，为太原武宿综合保税区。

二、2016年全省开发区发展情况

（一）主要经济指标完成情况

2016年，全省开发区（25家纳入统计，下同）完成地区生产总值1 799.22亿元，比2015年（以下简称“上年”）增长5.5%；工业增加值完成1 213亿元，比上年增长5%；高新技术产业增加值 467 亿元，与上年同期持平；第三产业增加值 541 亿元，比上年增长 7.8%。

2016 年，全省开发区完成工业总产值 4 063 亿元，比上年增长 5.2%；高新技术领域企业工业总产值 1 584.25 亿元，比上年下降 11%。开发区企业主营业务收入 6 454 亿元，比上年增长 3.5%；利润总额 383.7 亿元，比上年增长 1%。实现财政收入 203.73 亿元，比上年下降 2.8%；税收收入 177.65 亿元，比上年下降 8%。完成固定资产投资 1 171.89 亿元，比上年增长 1.4%；进出口总额 111.29 亿美元，比上年增长 35%；实际利用外资 11.29 亿美元，比上年增长 20.5%；实际引进境内省外投资 902.65 亿元，比上年增长 12.8%。

与全省 2016 年经济运行情况比较，全省开发区 GDP 占全省的 13.9%；固定资产投资占全省的 8.5%；进出口总额占全省的 70%；实际利用外资占全省的 48.5%。

（二）全省开发区工作推进情况

1. 开发区体制机制改革实现重大突破。山西省商务厅代省委、省政府起草制定了《关于开发区改革创新发展的若干意见》。2016 年 12 月 1 日，省委、省政府召开了全省开发区改革创新发展电视电话会议，对今后全省开发区改革创新发展各项工作任务作了安排部署，山西开发区体制机制改革实现了重大突破。同时，指导各市制定开发区改革创新发展实施方案，编制完成了山西省开发区总体发展规划，修改制定了《关于开发区建设和发展水平综合考核办法》《关于经济技术开发区招商引资考核办法》等配套政策文件和制度。

2. 开发区扩区升级取得新成绩。报请省政府批准新设了原平、汾阳杏花村、介休 3 个省级经济技术开发区，批准了运城经济开发区、太原不锈钢产业园区 2 个省级开发区扩区。完成了右玉、山阴、潞城、襄垣、太原西山、临汾、侯马等开发区设立、扩区考察评审的前期工作。会同海关、国检等部门完成对运城临汾设立海关特殊监管区的考察，向省政府提出支持临汾申建侯马综合保税区的意见。

3. 推动开发区转型升级。以考核为抓手，以考核促转型，省商务厅完成了 2015 年度开发区综合考核工作和开发区招商引资专项考核工作，印发了考核通报。发挥专项资金作用，支持开发区基础设施和公共服务平台建设。积极为开发区承接产业转移引进新兴产业搭建平台，组织开发区和企业开展园区国际合作，组织参加招商推介对接会和中澳、中韩投资合作会。

4. 开发区基础设施建设扎实推进。

5. 开发区招商引资成效明显。全省开发区新签约项目超过 300 个，大部分是高新技术和战略性新兴产业项目。据不完全统计，19 家开发区签约额已达 3 074.6 亿元，新签约项目数和签约额都保持了较大幅度增长。

6. 开发区创新驱动能力提高。太原高新区不断加强创新创业平台建设，目前共有国家级科技企业孵化器 4 家，省级科技企业孵化器 3 家，园区各类孵化器、加速器及科技园的总面积达到 230 万平方米。晋中开发区在抓好新能源汽车配套项目的同时，加快推进 3D 打印、智能机器人等高端智能制造项目产业化进程，推进中关村互联网 + 品牌项目的引进和落地。长治高新区先后与中国科学院、清华大学、北京大学、英国曼彻斯特大学等国内外科研院所和高校建立了合作关系，有效提高了企业的研发水平和创新能力。临汾开发区引进了投资 112 亿元的沃特玛新能源汽车产业园项目、高功率激光加工服务项目、年产 25 万套 LED 项目、中美合资 JDH 等项目，大大加快了新兴工业园的建设步伐。

7. 开发区绿色集约发展意识增强。

8. 开发区营商环境进一步优化。

（山西省开发区协会）

2016年上海市开发区发展情况综述

2016年，上海市开发区进入转型升级攻坚期，在上海市委、市政府的正确领导下，围绕上海城市功能整体转型要求、上海市开发区创新转型和创建全球科创中心的总体目标，进一步发挥开发区先行先试的改革开放排头兵和核心载体作用，推进上海全球科技创新中心建设，推进中国（上海）自由贸易试验区建设，推进全市开发区转型升级；大力推进“四新”产业、先进制造业、现代服务业和高新技术产业发展，推进开发区产业结构调整；提高工业用地利用效率，通过开发区二次开发，控制产业用地总体规模；着力推进科创中心建设，大力发展“四新”经济载体，已成为全市推进“四新”经济、先进制造业、现代服务业和高新技术产业发展的重要载体，同时也是承载上海建设全球科创中心和深化改革开放的主要战场。

2016年，上海市开发区（含全市国家公告开发区、两规合一规划产业园区，即104产业区块，下同）经济运行呈现出以下十个方面的特点。

一、开发区经济总量进一步增加

2016年，上海市开发区营业总收入67 400.22亿元，同比增长6.77%。[①] 全市营业总收入千亿元以上的开发区（产业基地）有14个，其中，国家级开发区4个，市级开发区8个，产业基地1个，经济总量为52 932.22亿元，同比增长8.98%，占全市开发区营业总收入的78.53%。其中，上海综合保税区产业规模2016年达到1.73万亿元，相比2015年增长了13.31%；上海金桥经济技术开发区产业规模超过6 000亿元；张江高科技园区和嘉定工业区产业规模超过3 000亿元；康桥工业区、上海松江经济技术开发区、上海市市北高新技术服务业园区、上海青浦工业园区、松江出口加工区和莘庄工业区等超过1 000亿元，成为全市开发区经济能级持续提升的龙头和重要引擎。

二、开发区制造业转型升级提升，园区产业结构更趋合理

2016年，上海市开发区第二、第三产业营业收入之比为44.6∶55.4，产业结构中三产所占比重比2015年进一步提高了1个多百分点，但以市级开发区为代表的中小型制造型园区的制造业有所回升，园区产业结构更趋合理。

2014年，全市开发区第三产业比重首次超过第二产业后，以市级开发区为代表的制造型园区的第三产业也呈现快速发展态势。2016年，全市进一步促进制造业改型升级，提升智能制造水平，开发区重视对制造业的引导和支持，使第二产业比重有所回升，开发区产业结构更趋合理。

三、工业生产先抑后扬，全年实现增长

2016年，上海市开发区规模以上企业工业产值占全市的比重比上年增加1个多百分点。

工业向开发区集聚度较高。2016年，全市开发区规模以上工业企业完成工业总产值24 576.85亿元，占全市规模以上工业总产值的79.07%，集中度为81.64%，较上年增长1.8%，开发区的载体地位保持稳步提升。

① 本书中的“同比增长”均为本年比上年的百分比。

四、单位土地产出居于较高水平

上海市开发区工业用地2016年平均产出率为68.9亿元/平方公里（按已供应工业用地计算）。其中，国家级开发区为98.42亿元/平方公里，市级开发区为66.6亿元/平方公里，而城镇工业地块只有35.1亿元/平方公里。各区的开发区产出水平差异较大：嘉定区和静安区的单位土地产值超过135亿元/平方公里，排名前两名；浦东新区以100.14亿元/平方公里排名第三；徐汇区为92.58亿元/平方公里。

五、产业集群规模化发展成效显著，汽车制造业产值最高

2016年，全市规模以上工业产值超过500亿元的行业有12个。其中，汽车制造业继续成为第一大行业，计算机、通信和其他电子设备制造业排名第二，两者的生产产值超过4 700亿元，为全市开发区制造业的第一阵营；其次是化学原料、化学制品制造业和通用设备制造业，超过1 900亿元产业规模，为第二阵营。十大行业规模以上的工业企业2016年共完成工业总产值20 304.5亿元，占全市开发区完成工业总产值的83%。同时，全市十大行业的前五大行业中有四个行业属于先进装备制造业，说明全市开发区产业结构调整取得了一定成效。超千亿元规模的行业还有电气机械和器材制造业、黑色金属冶炼和压延加工业两个行业。

对行业增长进行分析，2016年全市开发区16个行业实现可比增长。其中，汽车制造业可比增长12.5%，排名第一；废弃资源综合利用业增长10.8%，排名第二；医药制造业可比增长8.5%，排名第三。

六、工业企业销售逐月好转，利润实现两位数增长

2016年，上海市开发区规模以上工业企业实现主营业务收入27 375.74亿元，同比上升1%；规模以上工业企业利润总额为2 335.61亿元，占全市规模以上工业企业利润总额的80.6%，同比增长11.9%。近5年全市开发区工业企业主营业务收入与工业生产保持高度一致。

对重点园区进行分析，2016年国际汽车城实现利润430.42亿元，排名第一；其次是张江高科技园区和上海金桥经济技术开发区。利润排名前三的园区均为汽车制造业重点园区。

七、引进内外资出现较大幅度的下降

2016年，上海市开发区引进外资项目3 192个，吸引合同外资金额265.89亿美元；引进内资项目37 293个，落户内资企业注册资金为7 470.78亿元；实际到位外资金额88.78亿元，同比增长14.36%，特别是国家级开发区到位外资金额大幅增加。

八、开发区工业固定资产投资连续下降

2016年，上海市开发区完成固定资产投资金额为1 601.88亿元，累计完成工业固定资产投资768.07亿元，同比下降1.56%，连续4年工业投资额下降，投资比重下降3个百分点，占全市工业投资的78.41%。

九、上缴税金保持个位数增长，第三产业保持稳定

2016年，上海市开发区上缴税费5 166.89亿元，同比增长6.12%，高于全市税收增幅，占全市税收的35.23%。2016年，全市共有10个园区税收超100亿元，其中，中国（上海）自由贸易试验区上缴税费1 649.35亿元，排名第一；陆家嘴金融贸易区排名第二；上海金桥经济技术开发区和张江高科技园区排名第三、四位，上缴税费超过240亿元；国际汽车城等6个园区超过100亿元。

2016年，全市开发区第三产业实现营业收入36 874.53亿元，同比增长10.98%。

2016年，全市共有7个园区第三产业营业收入超1 000亿元。其中，中国（上海）自由贸易试验区3 353.98亿元，排名第一；上海金桥经

济技术开发区排名第二；漕河泾新兴技术开发区、张江高科技园区和国际汽车城（合计）排名三、四、五位，第三产业营业收入超过2 000亿元。

十、开发区主要工作特点

（一）坚持规划引领，实施分类指导，进一步优化产业园区空间布局

按照《上海城市总体规划（2015—2040）纲要》的要求，2015年完成了《上海工业和生产性服务业空间布局专项规划（2040）》，明确提出了面向2040年全市产业体系和用地规模、信息化与工业化、城市化深度融合、规划土地管理政策保障等方面产业发展的意见，明确提出了2020年高端制造业规划用地规模不低于550平方公里，并纳入了《上海市土地资源利用“十三五”规划》，2040年高端制造业规划用地规模不低于450平方公里。

编制完成并向全社会发布《上海市工业区转型升级“十三五”规划》，明确“十三五”期间转型升级的总体思路、工作目标、空间布局和部门分工。

上海市开发区启动产业园区功能定位与规土环保保障机制专题研究。积极推动部门间联动，实现上海市经信委与市规土局、市环保局在园区规划和政策指引层面的工作协同。

（二）产业园区转型升级工作深入开展

2016年作为全市工业区转型升级“十三五”规划的开局之年，按照全市工业区发展联席会议的要求，多次征求相关单位意见，确认和确定了各区县2016年考核结果与2017年考核目标。有效的绩效考核方式，激发了各区推进园区转型升级和土地有效利用的积极性，园区质量提升、土地节约、存量盘活、基础设施建设、管理优化等，基本完成了各项指标任务。

针对转型升级园区投融资模式亟需创新的问题，经过近两年的调查研究、分析和广泛征求意见，设立上海市产业园区转型升级引导基金工作已经基本完成。根据“上海产业转型升级投资基金”的工作部署和要求，准备开展实施《上海市产业园区转型升级引导基金设立》研究，并与浦发银行、太平保险、国开行上海分行、上海信托、复星集团等进行了深入讨论，并获得了一致支持，初步明确了投资意向。

在制定全市工业区转型升级的评价考核体系基础上，研究制定并印发了评估方案，以单位土地营业收入、单位土地税收、104低效存量工业用地盘活量等指标为重点，从园区质量提升、增量节约、存量盘活、总量优化、环境基础设施和管理完善等方面，探索对区县工业区转型升级进行评价加强引导。

（三）国家级新型工业化产业示范基地创建工作持续推进

上海开发区积极开展国家新型工业化产业示范基地创建工作，2016年宝山区（新材料）、市北高新技术服务业园区（软件和信息服务业）成功创建第七批“国家新型工业化产业示范基地”，至此，上海先后七批共17家示范基地获工信部批准并授牌，超预期实现了《上海市工业区转型升级三年行动计划（2013—2015）》提出“力争到2015年创建国家级产业示范基地15个左右”的目标。金桥经济技术开发区、闵行区军民结合（民用航天）2家基地的复核工作成功完成；同时，嘉定智能网联汽车产业基地、漕河泾松江新兴产业园正在争创上海市级新型工业化产业示范基地。这些产业示范基地坚持科技创新、要素集约、结构优化、质量提升、转型发展，已成为引领全市开发区产业经济发展的动力和引擎。

（四）“四新”经济创新基地创建工作继续推进

2016年，经各区县经济信息化委、经委（商务委）和张江高新区分园管理机构推荐，并经试点区域所在区县政府审核同意、第三方机构初评、专家评审、部门会商，以及市经济信息化委和张江国家自主创新示范区门户网公示等程序，第三批14家上海市“四新”经济创新基地建设试点单位获得两委授牌。这些试点基地主要集中在大数据与云计算平台、高端医疗器

械（设备）、工业机器人、3D 打印、大宗商品交易平台等细分领域。

在工业和信息化部的大力支持和指导下，工业和信息化部、上海市人民政府共同签署了《关于推进“四新”经济实践区建设、促进上海产业创新转型发展的战略合作协议》，合力发展以新技术、新产业、新业态、新模式为特征的“四新”经济，全面落实《中国制造 2025》，主动对接国家制造强国战略目标，加快推进新型工业化进程，以及上海建设具有全球影响力的科技创新中心。

（五）开发区品牌联动发展工作继续深化

上海开发区大力推进“区区合作、品牌联动”发展模式，充分利用国家级开发区品牌和资源的优势，在完善管理体制和开发机制上推动联动发展。如自由贸易区从 28.78 平方公里扩展到张江、金桥、陆家嘴等区域，着力推动贸易、投资的便利化和金融创新，在全市产业园区发挥了可复制、可推广的引领和带动效应；大张江“1 区 22 园”联动发展、统筹推进；上海化工区与金山、奉贤分区实施一体化管理；临港产业区与奉贤分区实施一体化开发管理等。上海开发区推动国内外有品牌、有实力的园区开发机构在沪发展。利用市场化手段，积极推动招商局等央企，大连亿达、联东 U 谷等民企，万科、绿地、上实城开、地产集团、万通、招商局等传统房企参与全市产业园区的开发联动。

2016 年，上海开发区在区区合作品牌联动方面成果显著，主要有推进松江区、临港松江科技城与清华启迪合作联动，共同打造启迪漕河泾（中山）科技园，推动崇明县—金桥集团—张江集团合作开发智慧岛数据产业园。

（上海市开发区协会）

2016年江苏省开发区发展情况综述

一、2016 年全省开发区发展概况

江苏是沿海开放地区，也是最早建设开发区的省份。江苏开发区经过 30 多年的建设，已成为外商投资的密集区、新兴产业的集聚区、科技创新的先导区、改革开放和产城融合的示范区。2016 年新批国家级开发区 2 家，截至 2016 年年底，全省共有各类省级及以上开发区 131 家。其中，国家级开发区 46 家，省级开发区 85 家。

2016 年，在江苏省委、省政府的领导下，全省开发区认真贯彻党的十八大和十八届三中、四中、五中和六中全会精神，深入学习习近平总书记系列重要讲话，认真贯彻落实省委、省政府决策部署，坚持稳中求进的工作总基调，自觉践行五大发展理念，牢牢把握供给侧结构性改革主线，坚持以提高发展质量和效益为中心，加快结构调整和转型升级的步伐，努力走可持续发展之路。在经济新常态下全省开发区主要经济指标总体稳定，经济建设发展持续保持良好态势。

二、2016 年全省开发区经济发展情况

2016 年，江苏省开发区（不含省级及以上高新类开发区，下同）实现业务总收入 155 193.76 亿元、地方一般公共财政预算收入 3 261.56 亿元，同比增长均为 9.9%（见表 1）。国家级开发区业务总收入 73 667.3 亿元、地方一般公共预算收入 1 622.51 亿元，同比分别增长 6.4% 和 12.9%。全省开发区呈现苏南、苏中地区在高

平台上平稳增长、苏北地区快速发展的态势。

（一）工业经济

开发区产业规模稳步扩大。全省开发区结合自身特点，着力加快重点产业发展，现代化新兴产业集聚效应明显。全省开发区实现规模以上工业增加值 19 496.14 亿元，同比增长 5.4%(现价，下同)。其中，国家级开发区实现规模以上工业增加值 9 534.2 亿元，同比增长 2.4%。工业增加值排名的行业情况见表 2。

开发区产业结构进一步优化。围绕转型升级目标，全省开发区内产业不断调整、优化和集聚，结构进一步优化。全省开发区完成主导产业增加值 19 241.76 亿元，同比增长 8.4%。其中，国家级开发区完成主导产业增加值 8 070.14 亿元，同比增长 4.2%。

（二）固定资产投入

全省开发区完成全社会固定资产投资 21 312.76 亿元，其中工业项目固定资产投资 13 140.89 亿元，同比分别增长 9.5% 和 10.1%；完成基础设施投入 3 104.36 亿元，同比增长 19.7%。国家级开发区完成全社会固定资产投资 8 198.47 亿元，同比增长 7%；工业项目固定资产投资 4 415.17 亿元，同比增长 6%；完成基础设施投入 1 021.88 亿元，同比增长 16.1%。

（三）招商引资

全省开发区实际利用外资 154.56 亿美元，同比增长 6.3%，占全省比重的 63.1%。其中，国家级开发区实际利用外资 81.54 亿美元。全省开发区新批外商投资企业 1 665 家，同比增长 12.7%，占全省比重的 58.2%。其中，国家级开发区新批外商投资企业 907 家，同比增长 4.6%。

开发区吸引内资企业快速增长。全省开发区新增内资企业注册资本 7 736.58 亿元，同比增长 26.1%。其中，工业项目注册资本 2 006.78 亿元，同比增长 15.8%。国家级开发区新增内资企业注册资本 4 723.63 亿元，同比增长 38.1%。其中，工业项目注册资本 733.63 亿元，同比增长 10.5%。全省开发区新增内资企业 83 013 家，同比增长 25.5%。其中，国家级开发区新增内资企业 55 906 家，同比增长 28.3%。

（四）对外贸易

全省开发区实现进出口总额、出口额和进口额分别为 3 083.24 亿美元、1 847.88 亿美元和 1 235.36 亿美元，同比分别下降 6.2%、5.8% 和 6.9%；进出口总额、进口额同比分别高于全省 0.4、1.1 个百分点。国家级开发区实现进出口总额和出口额分别为 2 422.53 亿美元和 1 394.04 亿美元，同比分别下降 10.1% 和 9.7%。

（五）科技创新

全省开发区积极推进科技创新载体建设，区内设有高新技术孵化器、众创空间 396 家，孵化器、众创空间内共有 22 414 家企业，同比分别增长 18.5% 和 1.1%。现有高新技术企业 6 717 家，完成工业产值 28 447.76 亿元，同比分别增长 16% 和 2.5%。其中，国家级开发区内有高新技术企业 3 598 家，完成工业产值 14 317.20 亿元，同比分别增长 16.9% 和 4.8%。2016 年，全省开发区新增授权发明专利 14 864 项。

（六）社会贡献

全省开发区在稳增长的基础上，加快调结构、促转型，走可持续发展之路，转型升级取得了显著成效。全省开发区期末从业人员达 883.87 万人，同比增长 2.1%。其中，工业从业人员 685.1 万人，同比增长 11.8%；境外人士在开发区从职人员 6.4 万人，同比增长 23.7%。国家级开发区期末从业人员 409.99 万人，同比下降 1.6%。其中，工业从业人员 373.08 万人，同比增长 21.8%；境外人士在开发区从职人员 4 万人，同比下降 0.2%。

（七）生态环境

全省共有 112 家开发区开展生态工业园的创建。其中，通过验收并正式命名的国家级生态工业示范园有 21 家，批准创建的国家级生态工业示范园区 7 家。通过省级验收并正式命名的省级生态工业园 40 家，批准创建的省级生态工业园区 44 家。

（八）海关特殊监管区

全省现有 19 家海关特殊监管区，其中，综合保税区17家，出口加工区1家，保税港区1家。2016年，全省海关特殊监管区（不含保税港区）完成境外进区货值358.73亿美元，本区至境外货值702.95亿美元；完成国内至本区货值852.76亿美元，本区至国内货值693.96亿美元。

（九）共建园区

共建园区是省委、省政府为加快苏北振兴促进区域共同发展采取的一项重大举措。经过多年的努力，全省共建园区已达45家。苏南开发区共派出460多名各级各类干部及管理人员到共建园区工作。

共建园区主要经济指标稳定增长。南北共建园区产出快速提升，全年完成工业产品销售收入5 320.65亿元，规模以上企业工业增加值1 040.27亿元，地方公共预算收入92.85亿元。共建园区完成基础设施投入140.94亿元，同比增长3.4%；批准进区项目1 020个，内资项目注册资金256.45亿元，实际到账注册外资11.26亿美元。开工在建项目436个，建成投产项目1 416个。

（十）特色产业

截至2016年年底，全省开发区内累计批准设立了158家特色产业园区，主导产业销售收入超百亿元的特色产业园达到45个。

（十一）知识产权

从2011年开始，在全省开发区开展知识产权试点示范园区建设，截至2016年年底，共有119个开发区成为国家级、省级知识产权试点示范园区，占总数的90.1%。其中，国家级示范园区7个，国家级试点园区18个，省级示范园区16个，省级试点园区78个。

表1　分区域业务总收入和公共财政预算收入完成情况

地区	业务总收入（亿元）	同比增长（%）	地方一般公共预算收入（亿元）	同比增长（%）
全省	155 193.76	9.9	3 261.56	9.9
苏南	85 597.78	11.0	1 881.08	16.7
苏中	36 375.95	5.9	632.10	0.4
苏北	33 220.03	11.9	748.38	5.1

表2　完成工业增加值排名前8位的行业

行业名称	完成增加值（亿元）
计算机、通信和其他电子设备制造业	3 327.30
化学原料及化学制品制造业	2 029.95
电气机械及器材制造业	1 857.52
通用设备制造业	1 624.32
汽车制造业	1 458.12
专用设备制造业	1 054.52
纺织业	892.55
铁路、船舶、航空航天和其他运输设备制造业	779.94

注：2016年全省开发区统计公报中不含省级及以上高新类开发区的数据，同口径计算同比。

（江苏省开发区协会）

2016年浙江省经济（技术）开发区发展情况综述

2016年，浙江省经济（技术）开发区认真贯彻落实党中央、国务院和省委、省政府的决策部署，根据《国务院办公厅关于促进国家级经济技术开发区转型升级创新发展的若干意见》（国办发〔2014〕54号）、《国务院办公厅关于完善国家级经济技术开发区考核制度　促进创新驱动发展的指导意见》（国办发〔2016〕14号）和《浙江省人民政府关于进一步提升全省开发区发展水平的指导意见》文件要求，主动把握引领经济新常态，推进供给侧结构性改革，推进转型升级创新发展，开发区发展呈现稳中有进的良好态势。

一、2016 年全省开发区工作亮点

（一）开放平台进一步优化

中国（浙江）自由贸易试验区的设立，标志着自由贸易试验区建设在浙江进入了试点探索的新航程，标志着浙江对外开放进入了新阶段。由自由贸易试验区、国家级经济技术开发区、海关特殊监管区域和各类省级经济开发区组成的全方位、多层次、宽领域的对外开放平台体系已经形成。各开发区积极参与义甬舟开放大通道建设，发挥了重要的支点作用。

（二）开发区队伍进一步壮大

2016 年整合设立 5 家省级经济开发区，分别为前洋经济开发区、龙游经济开发区、百步经济开发区、秀洲经济开发区和天台经济开发区。截至 2016 年年末，全省有国家级经济技术开发区 21 个，海关特殊监管区域 8 个，省级经济开发区 57 个，浙台经贸合作区 4 个。

（三）国际化程度进一步提高

通过创建国际产业合作园，创新开发区国际化模式，打造了一批开放程度高、产业结构优、研发创新功能强、国际交流渠道畅、综合服务效率高和产城联动效果好的专业园区，以扩大吸引外资、促进转型升级和推进绿色发展。截至 2016 年年末，已创建 15 家国际产业合作园，其中 2016 年新增 3 家。

（四）全省开发区工作会议成功召开

2016 年省政府召开了全省开发区工作会议。会议明确了开发区“十三五”时期的目标、任务和措施；明确了通过考核评价促进开发区转型升级创新发展的一系列举措。

二、全省经济（技术）开发区经济发展情况

（一）主要经济贡献

截至 2016 年年底，全省经济（技术）开发区及其托管地区已开发面积 2 200 平方公里，其中已开发完成工业土地面积 1 100 平方公里。期末实有投产企业 30 万家，其中规模以上企业 3.6 万家，从业人口 700 万。2016 年新设企业 8 万家。2016 年完成主要经济指标及贡献如下：

1. 利用外资。开发区利用外资占全省五成以上，大项目集聚、工业集聚，是全省利用国际资本发展先进制造业的主要平台。截至 2016 年年末，全省经济（技术）开发区实有投产外商投资企业 10 805 家，累计实际利用外资 905 亿美元。2016 年新批外资项目 643 个（核心区），合同利用外资 139.3 亿美元（核心区），实际利用外资 91.8 亿美元，分别占全省的 30%、49.6% 和 52.2%，同比分别增长 7.5%、9.3% 和 1.4%。2016 年新批（含增资）3 000 万美元以上外资大项目 197 个，占全省的 63.9%。新批外资项目中，第一、二、三产业占比分别为 1.8%、46.7% 和 51.4%，与全省新批外资项目三类产业分布比例 1.2%、18.7% 和 80.1% 相比，开发区第二产业占比高出 28 个百分点，而第三产业占比则低 28.7 个百分点。开发区利用国际资本发展先进制造业的作用明显。

2. 对外贸易。进出口实现增长，占全省的比重接近五成。2016 年，全省经济（技术）开发区实现进出口总额 1 599.1 亿美元，其中出口额 1 191.1 亿美元，进口额 408 亿美元，分别占全省的 47.5%、44.5% 和 59.4%，同比分别增长 2.7%、2.5% 和 3.4%。

3. 有效投资。继续扩大有效投资，创建良好的营商环境，推进项目落地，改造提升传统产业。2016 年，全省经济（技术）开发区实现限额以上固定资产投资 12 484.1 亿元，同比增长 10.6%，占全省的 42.3%。其中，基础设施投资 3 180.6 亿元，同比增长 31.4%，占全省的 34.0%；企业技术改造投入 4 719.6 亿元，占全省的 66.4%，技改投入率为 37.8%。开发区土地投入产出效益逐年提高，2016 年累计投资密度 205 万元 / 亩（3 075 万元 / 公顷），比 2015 年（以下简称“上年”）提高 8.4 万元 / 亩（126 万元 / 公顷）；当年工业土地增加值产出率 101 万元 / 亩（1 515 万元 / 公顷），比上年提高 8 万元 / 亩（120 万元 / 公顷）；当年土地税收产出率为 9.1 万元 / 亩（136.5 万元 / 公顷），比上年提

高 0.1 万元 / 亩（1.5 万元 / 公顷）。

4. 规模以上工业。开发区规模以上工业占全省规模以上工业的六成半，增加值率进一步提高，千亿元级开发区再增两家。截至 2016 年年末，全省开发区规模以上工业企业 2.2 万家，占全省的 55%；2016 年实现规模以上工业增加值 9 091.2 亿元，占全省的 65%，同比增长 12.3%，增幅较上年提高 3 个百分点，增加值率为 21.2%，比上年提高 0.9 个百分点。有 15 家开发区规模以上工业总产值超千亿元，其中 10 家为国家级开发区，分别是宁波、嘉兴、杭州、柯桥、甬石化、杭州湾上虞、萧山、宁波杭州湾、富阳和温州经济技术开发区；5 家为省级开发区，分别是乐清、余姚、诸暨、桐乡和海宁经济开发区。萧山、宁波杭州湾开发区为 2016 年新增的千亿元级开发区，宁波、嘉兴经济技术开发区规模以上工业总产值超过 2 000 亿元，杭州经济技术开发区接近 2 000 亿元。

5. 财税收入。实现财政总收入 3 178.7 亿元，占全省的 34.5%（见表 1），其中税收收入 3 091.6 亿元，同比增长 8.3%，占全省财政总收入的 33.5%，占比较上年提高 0.6 个百分点。7 家开发区税收收入超过 100 亿元，其中 5 家为国家级开发区。

表 1　全省经济（技术）开发区 2016 年主要经济指标

项目	绝对值	占全省比重（%）	增幅（%）
实际利用外资（亿美元）	91.8	52.2	1.1
进出口总额（亿美元）	1 599.1	47.5	4.3
固定资产投资（亿元）	12 484.1	42.2	13.3
规模以上工业增加值（亿元）	9 091.2	64.9	11.8
财政总收入（亿元）	3 178.7	34.5	8.6

（二）发展质量和综合效益情况

2016 年，全省开发区在保持一定发展速度的基础上，紧紧围绕创新发展转型升级主线，集聚创新要素，淘汰落后产能，改造提升传统产业，积极培育壮大新兴产业，努力提升发展质量和效益。

1. 吸引国内外优质资本，着力培育引进高端项目，提升产业层次。全省开发区 2016 年新设企业 8 万多家，新设企业注册资本 6 893.5 亿元。全年引进投资总额 3 000 万美元以上的外资项目 197 个，新批外资项目中，第一、二、三产业占比分别为 1.8%、46.7% 和 51.4%；当年扩大再生产、技术改造和新增项目等总投资 2 亿元人民币以上的内资项目 929 个，第一、二、三产业占比分别为 2%、52% 和 46%；新增院士、国千等高层次人才领衔入股项目 120 个，涉及生物医药、环保、电子信息和新材料的生产、研发和以服务为主的多门类、多层次领域。

2. 集聚创新要素，强化科技创新驱动转型发展。近年来，开发区更加注重依靠科技进步提升发展质量和经济效益，许多开发区实施了“人才强区、创新驱动”战略，加快推进开发区转型升级。2016 年年底引用“国千”“省千”、院士和外国专家达到 509、503、198 和 850 人次，分别比上年增加 127、101、43 和 290 人次；拥有省级以上高新技术企业 4 029 家，研发中心、技术中心、院士工作站和博士后工作站 1 201 家；2016 年规模以上工业企业科技活动经费支出 782.1 亿元，占工业增加值的 8.6%，高于上年 0.5 个百分点；工业技改投入 4 719.6 亿元，占全省的 66.2%，同比增长 11%，比全省高出 4.7 个百分点。在创新成果方面，新产品产值率连续几年上升，2016 年实现新产品产值 15 981.1 亿元，新产品产值率为 37.2%，比上年提高 2.3 个百分点，比 2014 年提高 7.2 个百分点；企业新获发明专利授权 10 484 件，同比猛增 51.4%，占全省的 39.4%；3 年内经评定的知名品牌（商标）、出口名牌共计 4 091 件。

3. 提高生产效率，推进绿色、协调、共享发展。2016 年，全省开发区积极推进“四换三名”工程，一批高能耗、高污染企业被关停腾换，传统行业比重下降，结构优化，效率继续提升。①集约节约利用土地。全省开发区已开发完成土地面积占实际管辖面积（即土地利用率），2016 年为 28.6%，较上年上升 1.69%，工业土地累计投资强度 204.7 万元 / 亩（3 070.5 万元/公顷），比上年提高8.1万元/亩（121.5万元/公顷）；税收产出率为9.34万元/亩（140.1万元/公顷），比上年提高0.34万元/亩（5.1万元/公顷），规模以上工业企业亩均工业增加值101.6万元，比上年提高8.5万元/亩（127.5万元/公顷）。②劳动生产率。人均实现税收收入4.4万元，比上年提高0.1万元，规模以上工业企业人均实现工业增加值22.7万元，比上年提高1.9万元。③绿色生产。70%的开发区已通过了ISO14001认证，439家规模以上工业企业获得"清洁生产先进企业"称号。当年规模以上工业企业能耗下降率为6.3%。④就业创业。为社会提供大量的工作岗位，为创业者提供良好的创业环境。2016年年末，全省开发区就业人口为700万，新设企业8万多家。

（三）主要产业发展情况

近年来，全省开发区按照"工业集中、产业集聚、用地集约"的要求，对外商投资、浙商回归、央企集团"三管齐下"，大力引进和发展现代新兴产业，已初步形成若干个电子信息、生物医药、船舶制造、家用电器、新能源新材料、汽车整车及零部件等现代产业集群。2016年，全省开发区在加快提升改造传统业态的同时，新业态、新经济正孕育新的发展动力，战略性新兴产业崭露头角，各种新经济模式较快发展。

1. 战略性新兴产业。2016年，全省开发区实现九大战略性新兴产业产值13 284.5亿元，占工业总产值的30.9%，比上年提高5.4个百分点。其中，新材料、节能环保、高端装备制造业和生物产业贡献较大，分别占全省开发区工业总产值的9.8%、6.7%、6.1%和2.5%。

2. 制造业主导产业。传统制造业依然是开发区的主要产业，但汽车制造等开始成为一些开发区的主导产业。2016年，全省17%的开发区以化学原料和化学制品制造业为第一大主导产业，15%的开发区以电气机械和器材制造业为第一大主导产业，13%的开发区以纺织、纺织服装业为第一大主导产业。汽车制造业已经成为8家开发区的首要主导产业，比上年增加了4家。

三、国家级经济技术开发区发展情况

在数量上，国家级经济技术开发区不足全省省级开发区的1/3，但起步早，优势明显，经济总量贡献大，发展质量和效益都走在全省前列，发挥了应有的辐射带动作用。虽然由于区位等原因，国家级经济技术开发区之间发展不均衡，但总体上承载了全省主要的开放型经济、先进制造业和高端前沿产业。

（一）经济总量大

开发区经济总量五成以上来自国家级经济技术开发区。国家级经济技术开发区现有规模以上企业1.6万家，占全部开发区的44.4%。其中，外资企业6 565家，占全部开发区外资企业的60.8%。2016年，开发区五成以上外资、外贸、税收和工业增加值都来自国家级经济技术开发区，其中实际利用外资占六成，详细数据见表2。

表2 国家级经济技术开发区主要经济指标

项目	绝对值	占开发区比重（%）	占全省比重（%）
实际利用外资（亿美元）	60	65.3	34.1
进出口总额（亿美元）	870.7	54.4	25.9
规模以上工业增加值（亿元）	4 954.2	54.5	35.4
税收收入（亿元）	1 833	59.3	19.9

（二）辐射带动作用强

自2008年全省开发区实施整合提升策略以来，国家级开发区整合了较多周边低、小、散园区和部分发展落后和体量小的省级经济开发区，在做精做强核心区块的前提下，对周边地区的带动辐射作用显现。虽然由于质量和效益的提升需要一个过程，不排除有些国家级开发区效益指标并不理想，但在整体上，国家级开发区整合区块质量和效益基本运行在全省开发区的平均水平以上，工业土地投资强度、工业增加值产出和税收产出分别超过开发区平均水平41.4万元/亩(621万元/公顷)、8.8万元/亩（132万元/公顷）和0.8万元/亩（12万元/公顷），工业企业劳动生产率则每人超过3.1万元，清洁生产企业通过率比平均水平高0.6个百分点。

四、各地市开发区经济发展情况

经济（技术）开发区是各地经济发展的主要引擎，是各地市开放型经济以及先进制造业的高地。宁波市、湖州市、嘉兴市和衢州市五成以上的实际利用外资、进出口总额和规模以上工业总产值都来自开发区。开发区实际利用外资对当地贡献列前三位的分别为嘉兴市、台州市和温州市，比重分别达到95%、77.5%和75%；进出口总额列前三位的分别为湖州市、嘉兴市和衢州市，比重分别达到88.5%、87.5%和79.8%；规模以上工业总产值列前三位的分别为嘉兴市、衢州市和金华市，比重分别达到86.2%、81.9%和71.9%。详细数据见表3。

表3　浙江省各地市经济（技术）开发区主要经济指标

地　市	实际利用外资		进出口总额		规模以上工业总产值	
	绝对值（亿美元）	占当地比重（%）	绝对值（亿美元）	占当地比重（%）	绝对值（亿元）	占当地比重（%）
杭州市	20.2	28.0	223.4	35.9	6 184.0	50.0
宁波市	25.8	57.1	479.5	50.5	9 746.2	67.5
温州市	1.4	75.0	79.5	44.0	2 937.8	55.1
湖州市	7.0	70.2	90.4	88.5	3 171.0	68.8
嘉兴市	25.6	95.0	274.4	87.5	6 761.1	86.2
绍兴市	4.9	61.7	122.4	44.3	5 452.4	54.3
金华市	2.3	65.9	148.7	30.8	3 635.3	71.9
衢州市	0.4	67.0	33.8	79.8	1 334.9	81.9
舟山市	0.5	22.9	51.0	48.4	1 069.7	55.7
台州市	2.6	77.5	82.6	41.6	1 803.0	43.3
丽水市	1.1	49.7	13.4	39.4	888.5	49.7

（浙江省商务厅开发区处）

2016年山东省开发区发展情况综述

2016年，山东省国家级经济技术开发区牢固树立创新、协调、绿色、开放、共享的发展理念，坚持以产业发展为主，努力把开发区建设成为新型工业化发展的引领区、高水平营商环境的示范区、大众创业万众创新的集聚区、开放型经济和体制创新的先行区，推进供给侧结构性改革，形成新的集聚效应和增长动力。

一、2016年山东省经济发展

（一）固定资产投资

全省经济开发区实现固定资产投资27 160亿元，增长12.7%，高于全省固定资产投资增幅2.2个百分点，占全省固定资产投资的51.3%。其中，基础设施投入4 016亿元，增长9.6%，工业性投入23 144亿元，增长13.1%。

（二）工业增加值

全省经济开发区实现规模以上工业增加值24 345.1亿元，增长7.5%，高于全省规模以上工业增加值增幅0.7个百分点。

（三）公共财政预算收入

全省经济开发区实现公共财政预算收入2 460.8亿元，增长10.2%，高于全省公共财政预算收入增幅 1.7 个百分点，占全省公共财政预算收入的 42.8%。

（四）对外贸易

全省经济开发区实现进出口总额 10 991 亿元，增长 4.1%，高于全省进出口增幅 0.6 个百分点。其中，出口 6 136 亿元，增长 2.4%；进口 4 855 亿元，增长 6.9%。进出口、出口和进口分别占全省的 58.2%、59.6% 和 57.5%。

（五）实际到账外资

全省经济开发区实际到账外资 665.1 亿元，增长 10.4%，高于全省实际到账外资增幅 0.6 个百分点，占全省的 56.8%。

二、平台建设主要亮点

（一）推动出台《山东省经济开发区条例》

2016 年，山东省及时将国办发〔2016〕14 号文件精神充实到《山东省经济开发区条例》草案之中，通过多轮调研、修改，2016 年 7 月 22 日，山东省第十二届人大常委会第二十二次会议审议通过了《山东省经济开发区条例》，并于 2016 年 10 月 1 日起施行，标志着山东开发区发展步入法制化、规范化轨道。一是明确了经济开发区的发展原则和功能定位，规定“经济开发区应坚持创新、协调、绿色、开放、共享的发展理念，坚持新型城镇化和新型工业化相结合，遵循统一规划、市场主导、产业集聚、产城融合、差异化发展的原则”；功能定位界定为“改革开放的先行区、经济转型升级的引领区、创新驱动和生态文明建设的示范区，带动地区经济发展”。二是明确了经济开发区的管理体制，赋予了经济开发区管委会法律地位。三是促进经济开发区的整合优化，规定对经济开发区实施分类指导、建立动态管理制度，对整改达不到要求或者无法完成整改任务的，按照有关规定进行撤并整合等内容，对经济开发区数量、规模、产业布局、产城融合等制约发展的瓶颈问题作出了规范。四是规范保障经济开发区的建设发展，并规定了县级以上人民政府、有关部门和经济开发区管理委员会，应通过营商环境建设、创新投融资机制、创新用人机制和分配机制、加强事中事后监管等措施，为经济开发区的发展创造良好环境等内容，增强经济开发区发展的活力和内生动力。邹平经济技术开发区内的魏桥创业集团 2012 年跨入世界 500 强，2016 年位列第 163 位，4 年上升 277 个位次，成功跨入世界 200 强行列。

（二）加强对开发区转型升级、创新发展的协调指导

2016 年，在充分调研的基础上，结合贯彻国办发〔2016〕14 号文件精神，省政府办公厅专门印发了《全省经济开发区转型升级五年行动计划（2016—2020 年）》（鲁政办字〔2016〕202 号）、《促进全省海关特殊监管区域整合优化科学发展实施方案》（鲁政办发〔2016〕46 号）；省商务厅会同省发改委、经信委、科技厅、财政厅、人社厅印发了《关于在全省经济开发区开展创新创业公共服务平台提升计划的指导意见》和《山东省经济开发区产业集群培育行动计划》，指导开发区转换新理念、新动能，发展新经济、新模式。

全省经济开发区已形成百亿元级以上产业集群 126 个，其中千亿元级产业集群 5 个，500 亿元级产业集群 18 个，300 亿元级产业集群 35 个，百亿元级产业集群 68 个，青岛、烟台、明水、德州、临沂等 13 家开发区被认定为国家级新型工业化产业示范基地。在充分调研和征求意见的基础上，修改完善了省级经济开发区综合发展水平评价办法，把创新能力、品牌建设、生态环境、节约集约用地、投资环境、行政效能等作为评价的重要内容，引导开发区在发展理念、产业发展、管理方式等方面加快转型。依据国办发〔2016〕14 号文件精神和《山东省经济开发区条例》，报请山东省人民政府批复（鲁政字〔2017〕33 号），将在 2014、2015 年省级经济开发区综合评价连续 2 年列最后一位的兖州经济开发区撤销，大力营造奖优罚劣的良好氛围。东营经济技术开发区空港产业区快速起步，中国商飞试飞基地一期工程建成启用，

成为国内唯一的民用飞机专用试飞基地，为航空服务和配套产业发展提供了依托。

2016年年底，山东省商务厅会同省发改委、经信委、科技厅、财政厅、人社厅，评审认定首批13家全省经济开发区创新创业公共服务示范平台，进一步激发了全省经济开发区创新创业平台建设热情，加快营造良好的创新创业生态环境。2016年年底，全省经济开发区已拥有国家级企业技术中心和工程技术研究中心108个，院士工作站120个，博士后科研流动站和工作站130个；台湾鸿富泰、韩国LG和现代汽车、日本锦筑食品、朗讯科技、三星造船等跨国公司建立了研发中心21个；潍坊滨海等13家开发区被认定为国家火炬特色产业基地。青岛经济技术开发区拥有省部级以上科研机构59家，成立创新战略联盟6个、院士（专家）工作站5家，荣获“全国科技进步考核先进区”。临沂经济技术开发区的中印软件园成功创建“国家国际创新园”和“国际科技合作示范基地”。

（三）务实推进开发区体制机制创新试点工作

2016年，山东省继续组织12家开展试点开发区，按照“1+N”模式，在创新行政管理体制、项目审批机制、开发运营机制、用人分配机制和市场监管机制方面先行先试。先后召开了开发区首批体制机制创新试点工作调度会议、中期评估会议和工作座谈会，组织12家体制机制创新试点开发区介绍试点工作进展情况。特别是国办发〔2016〕14号文件下发后，专门指导试点开发区对照文件内容及时修订试点方案措施，坚持问题导向，紧密结合地方实际，紧紧围绕试点主题，大胆探索，采取多项改革创新举措，积极推进试点工作落实。日照、济南、枣庄三市以市委、市政府文件的形式出台了开发区制度创新举措。日照经济技术开发区深入开展了职员制、行政审批、综合执法和区域化评估评审“四大改革”，进一步激发全区转型升级创新发展的动力，释放国家级开发区的活力。

（四）组织开展专题招商和交流培训活动

组织了开发区赴美加、日新出国招商团组和新加坡培训活动，达成一批合作意向。2016年6月，组织部分市商务部门及全省15家国家级开发区负责人共33人，赴江苏、浙江学习考察，学习两省开发区转型升级创新发展的先进理念，推进开发区改革创新、强化开放引领、建设特色化园区、实施科技创新驱动、推进产城融合发展等方面的创新举措。7月，组织15家国家级经济技术开发区参加省委组织部、省商务厅等单位联合举办的“双向战略”专题研讨班，邀请商务部研究院、山东大学、江苏省开发区协会等机构（单位）相关领域的专家学者，就“一带一路”国家战略、自贸区建设、开发区转型升级等内容进行专题讲座。9月，联合山东省行政学院组织了“坚持开放发展理念、塑造山东开放型经济新优势专题研讨班”，17市商务局局长和省级以上经济（技术）开发区负责人180余人参加学习研讨，省商务厅厅长佘春明做开班动员并专题授课。10月，在青岛组织各市商务局开发区科（处）长及省级以上经济开发区相关负责人共190余人，举办了全省经济（技术）开发区综合评价和信息宣传培训，邀请人民网山东频道和省统计局领导就开发区围绕“创新发展”主题开展综合评价、统计分析和信息宣传等工作进行授课。烟台经济技术开发区“引进来、走出去”成果丰硕，引进过亿美元外资项目5个、过5亿元内资项目7个，总投资5亿美元的韩美药品成为全省年度最大的外资项目；19家企业完成境外投资，万华匈牙利宝思德经贸合作区晋升为国家级境外合作园区，国家级境外合作园区数量占全省的50%。滨州经济技术开发区内芬兰奥斯龙集团具备国际标准的世界级研发中心成功落户，东方地毯公司拥有行业内唯一一家国家级地毯检测中心。威海临港经济技术开发区立足区内碳纤维产业基础好、发展快，并且拥有国内碳纤维生产领军企业——拓展纤维等优势，高标准规划建设碳纤维产业园，通过省市区联动，获批国家级碳纤维及其复合材料产业基地。

三、以考核评价工作为抓手，推动全省国家级经济技术开发区转型升级创新发展

一是抓制度创新。以落实《山东省经济开发区条例》为契机，深入推进开发区体制机制创新试点工作，总结推广首批开发区体制机制创新试点可复制、可推广、可检验、可考核经验，进一步扩大试点范围，做好第二批体制机制创新试点工作，增强开发区的体制机制活力。

二是抓项目支撑。创新招商引资方式，从政府主导向政府招商与市场化招商相结合转变，加强招商引资人员培训，提升招商引资工作的专业化水平。进一步完善开发区考核评价体系，把引进的项目数量、规模、质量作为一项重中之重的指标。结合实际，科学谋划、储备、推进一批布局合理、高端高质、带动能力强的大项目，助推开发区转型升级。

三是抓产业集聚。在全省开发区培育发展一批百亿元级的特色产业集群，形成若干创新能力较强、主导产业价值链完善、产业形态优化、带动作用大的千亿元级产业集群。学习借鉴先进地区的经验，积极培育各类特色园区。在总结推广第一批创新创业公共服务示范平台建设经验的基础上，筛选新一批示范平台，通过典型引导带动，实现创新、创业、创投、创客等优质资源联动，聚焦各类资源要素，形成面向中小微企业、风格独特的创新创业生态系统。

四是抓营商环境。推动开发区提高管理效能，科学制定开发区权责清单，优化开发区行政管理流程，积极推进并联审批、网上办理等模式，提高审批效率。鼓励开发区设立综合服务平台，为投资者提供一站式服务。科学规划功能布局，突出生产功能，统筹生活区、商务区、办公区等城市功能，提升承载能力。鼓励开发区结合产业发展方向，在政策允许和权限范围内制定相应的招商引资优惠政策。

五是抓动态管理。按照国办发 14 号文件有关要求，支持符合条件的国家级开发区进行扩区，对排名最后一位的国家级开发区进行通报。

（山东省商务厅开发区处）

2016年安徽省开发区发展情况综述

一、发展空间不断拓展，承载能力逐步增强

截至 2016 年年底，安徽省 175 个省级以上开发区占地面积达 4 276.9 平方公里，建成区面积 1 847 平方公里，分别比 2015 年年底增长 1.9% 和 6.5%。商事制度改革持续推进，大众创业热情高涨，市场主体发展迅猛，年底区内共有各类企业 11.7 万家，增长 21%。其中，规模以上工业企业 1.1 万家，增长 7.6%；限额以上批发零售和住宿餐饮业企业 2 362 家，增长 15.2%；资质以内建筑业企业 623 家，增长 12.7%；规模以上服务业企业 1 461 家，增长 15.8%。

二、投资建设稳步推进，基础设施日趋完善

2016 年，全省开发区固定资产投资 11 890 亿元，比 2015 年增长 12.8%，增幅高于全省 1.1 个百分点，总量占全省的 44.4%，比上年提高 0.4 个百分点。其中，工业投资 7 950.7 亿元，增长 11.8%，占总投资的 66.7%；基础设施投资 1 341.7 亿元，增长 26.4%，占总投资的 11.3%。大多数园区基础设施建设标准基本达到“七通一平”，有的甚至达到“九通一平”，污水处理、园林绿化、环境保护、企业服务等公用工程和公共服务基础设施基本完备。

三、经济总量持续扩大，运行效益有所提升

2016年，全省开发区实现经营（销售）收入43 620.6亿元，比2015年增长13.6%。其中，合肥经开区、芜湖经开区、合肥高新区、肥西桃花工业园、合肥新站高新区、安庆经开区超千亿元。分类型看，20家国家级开发区为17 988.4亿元，增长10.8%；71家省级开发区为18 738.8亿元，增长15.8%；84个筹建开发区为6 893.4亿元，增长15.3%。从效益看，全年开发区税收1 284.8亿元，增长14.4%，增幅高于全省7.7个百分点，总量占全省的36.9%，比2015年提高2.8个百分点。

四、工业生产平稳增长，结构调整步伐加快

2016年，全省开发区规模以上工业增加值7 130.8亿元，比2015年增长11.7%，增幅高于全省2.9个百分点，总量占全省的70.7%，比2015年提高1.8个百分点。高新技术产业增长较快，全年实现产值15 808.5亿元，增长17.6%，高于规模以上工业产值增幅4.7个百分点，占规模以上工业的比重为52.3%，提高2.1个百分点。依托开发区建设的24个战略性新兴产业集聚发展基地实现规模以上工业产值5 100亿元，增长26%，高于规模以上工业产值增幅13个百分点。

五、主导产业逐步明晰，产业集群初步形成

2016年，开发区前三位主导产业实现经营（销售）收入24 649亿元，占全区经营（销售）收入的56.5%，比2015年提高0.8个百分点。随着主导产业的加快聚集，一批产业集群初步形成，如合肥新站高新区依托合肥京东方科技积极打造国家级新型平板显示产业基地，2016年平板显示产业产值近500亿元；无为高沟经开区已经聚集电线电缆制造企业250余家，2015年产值突破450亿元，已成为全国四大电缆产业基地之一。

六、开放合作水平提升，对外贸易逆势增长

2016年，马鞍山综合保税区、合肥高新区中德（合肥）智慧产业园、芜湖经开区中德（芜湖）中小企业国际合作园等国际合作平台获批准建设。全年开发区进出口总额299亿美元，比2015年增长3.7%（全省为下降7.2%），总量占全省的67.4%，比2015年提高了7.1个百分点。其中，出口212.5亿美元，下降1.1%，降幅低于全省10.6个百分点，占全省的74.6%，同比提高8个百分点；进口86.5亿美元，增长17.5%，增幅高于全省15.4个百分点，占全省的54.4%，同比提高7.1个百分点。

七、科技投入不断增加，创新能力日益加强

2016年年末，全省开发区有研发机构3 057个，创新服务机构517个，分别比2015年年底增长24.1%和32.2%。全年研究与实验发展（R&D）经费支出301亿元，同比增长14.7%，增幅高于全省4.8个百分点，总量占全省的63.4%，同比提高2.7个百分点；申请专利9.9万件，增长33.7%，增幅低于全省1.4个百分点，占全省的57.4%，同比下降0.6个百分点；授权专利4.3万件，增长10.2%，增幅高于全省6.9个百分点，占全省的71%，同比提高4.4个百分点。

八、产城融合加速推进，三产发展态势良好

2016年，各开发区主动顺应单纯工业区向产城新区发展的趋势，积极调整优化生产、生活、生态空间布局，城市功能不断完善。一方面，人口明显增多，2016年年末，全省开发区总人口589.8万，比2015年增长4%。其中，非农业人口365.8万，增长9.1%。另一方面，服务业发展良好，全年限额以上批零住宿餐饮企业、房地产企业、规模以上服务业企业销售（营业收入）7 685.2亿元，增长19.5%，高于全区经营（销售）收入增幅5.9个百分点。

（安徽省商务厅开发区处）

2016年福建省开发区发展情况综述

截至2016年年底，福建省共有省级以上开发区100家。其中，国家级28家（包括经济技术开发区、高新区、台商投资区、海关特殊监管区、旅游度假区等类型）、省级72家（包括经济开发区、高新区、工业园区等类型），批准总规划面积808.12平方公里，已开发1 073.5平方公里，已建成884.38平方公里。

2016年，全省开发区实现地区生产总值8 361.63亿元，规模以上工业总产值23 879.6亿元，工业增加值6 162.61亿元，固定资产投资6 668.12亿元，分别增长12%、11.8%、10.5%和22.8%。完成税收收入1 054.03亿元、财政收入1 121.2亿元，同比分别增长2%和3.8%。全年新批外资项目965项，合同外资（验资口径，下同）58.27亿美元，实际利用外资30.96亿美元，同比分别增长37.7%、2.7%和14.4%。实现出口总额（海关口径，下同）561.79亿美元，进口总额356.72亿美元。全省开发区规模以上工业总产值、固定资产投资、税收收入、实际利用外资及外贸出口，分别约占全省的53.4%、29.1%、21.4%、37.8%和57%。2016年，全省开发区围绕转型升级、创新发展，大力推进供给侧结构性改革，积极调整、优化产业结构，努力改善投资环境，各项工作取得新的成效。

一、大力推动转型升级

2016年，全省开发区认真贯彻落实国务院办公厅《关于促进国家级经济技术开发区转型升级创新发展的若干意见》、国务院办公厅《关于完善国家级经济技术开发区考核制度促进创新驱动发展的指导意见》和福建省人民政府办公厅《关于国家级和省级开发区（工业园区）创新提升八条措施的通知》等文件精神，推动开发区转型升级、创新发展。福建省商务厅出台《福建省开发区“十三五”发展规划纲要》，分析福建省开发区建设面临的形势，提出“十三五”期间的指导思想、发展原则和目标，确定了提升产业集聚水平、提高开发区对外开放水平、积极培育开发区创新体系、提升要素保障能力、优化空间发展布局、推进产城融合发展、推动绿色开发区建设七项主要任务。为进一步实施动态管理，福建省商务厅研究出台《福建省国家级和省级开发区综合发展水平评价暂行办法》，从发展业绩、科技创新能力、开放水平、绿色集约发展水平、管理与服务水平五个方面的32项指标对全省开发区进行综合评价。评价工作委托第三方评价机构实施，完成《2015年度福建省国家级和省级开发区综合发展水平评价报告》，对考评成绩居前10名的开发区给予奖励，对居后3名的开发区进行督促整改，促进开发区转型升级、创新发展。

二、不断强化招商引资

近年来，各开发区利用外资总量不断提升、项目质量逐步提高。2016年，全省开发区积极参加“9•8国际投洽会”布展招商，设立福建省开发区馆、漳州台投区、武夷新区、漳州古雷港开发区等8个国家级、省级重点开发区参展，取得了良好的招商宣传效果。厦门火炬高新区共签约外资项目6个，总投资约9.7亿美元；三明高新区（金沙园）初步落实4个项目，总投资1.6亿美元，拟利用外资9 000万美元。进一步完善全省开发区信息资源库，实时动态掌握开发区招商需求，帮助开发区精准招商、产业链招商。福清融侨经济技术开发区总投资300亿元的京东方8.5代新型液晶面板大项目建成，有力吸引东旭光电、联华林德气体项目等上下游产业进驻。漳州招商局经济技术开发区在华为云服务平台及互动数据中心(IDC中心)落户的基础上，加快培育泛信息技术产业、智能汽车小镇、大健康产业、旅游产业和临港产业等五大百亿元产业。

三、创新驱动持续增强

2016年，福建省各级政府和开发区管委会积极搭建技术创新平台，为区内企业提供包括研发、设计、创意、孵化、鉴定、检验检测等在内的技术创新服务，并对在开发区内设立产品研发中心、孵化器等公共技术服务平台给予资金扶持，努力营造良好的创新发展环境。截至2016年年底，开发区内省级部门认定的高新技术企业共计1 676个，实现高新技术企业产值6 226.96亿元，累计建成省级以上技术研发中心945个，累计建成创业投资服务中心（孵化器）335.65万平方米。各开发区积极推进政产学研用合作模式，支持高校、科研院所等社会创新资源与政府、企业在开发区内共建研发平台，实现优势互补、合作共赢。福州经济技术开发区与国家知识产权局合作设立“物联网产业规划专利导航”项目，每年安排资金推动开发区企业的科技创新，华为NB-IOT窄带物联网实验室、清华大学智能系统与技术国家重点实验室相继在区内落户。泉州经开区“2.5产业园”已有深圳鼎创等20多家企业和高校创业设计团队入驻，网商（虚拟）产业园核准入驻企业1 000多家。

四、产城融合有效推进

以产兴城、依城促产、产城互动、产城一体，建设“产城融合、宜居宜业”的现代化产业新城是开发区发展的必然趋势。经过多年发展，福州经开区、厦门海沧台投区、宁德东侨经开区等已基本配套建成集产业发展、科技研发、生活配套等多功能为一体的综合型产业园区，并加快从以制造业为主导向第二、第三产业并举转变，实现新型工业化与新型城镇化互动发展。2016年，厦门市海沧区和泉州市泉港区被国家发改委纳入全国首批58个产城融合示范区建设。福建省商务厅与国家开发银行福建省分行签订战略合作协议，支持有条件的开发区通过PPP模式引入社会资本、金融资本，加大开发区基础设施和公共服务设施建设，改善综合投资环境，促进产城融合发展。

五、绿色开发区建设进展顺利

2016年，福建省商务厅下发《福建省商务厅关于加强开发区环境保护工作的通知》，进一步指导各开发区管委会加大污染减排、环境整治、风险防控、生态保护等重点环保工作力度；与联合国工发组织共同推动“绿色开发区示范区”创建工作，确认了厦门海沧台商投资区等11家开发区作为第一批“绿色开发区示范区”创建单位，并指导各创建单位积极与专业机构合作开展创建，争取获得联合国工发组织的授牌。截至2016年年底，已有32家开发区通过ISO14000环境管理体系认证。全省100家省级以上开发区已有84家开发区实现了污水集中处理。全省大部分开发区绿化覆盖率均达到25%以上。

（福建省开发区协会）

2016年江西省工业园区发展情况综述

2016年，江西省工业园区围绕“决胜全面建成小康社会、建设富裕美丽幸福江西”的总目标，以建设智能化、生态化园区为主线，以产业集群为主抓手，深入实施园区提升工程，大力推进机制创新、产业对接、服务配套，加快转型发展、换挡升级，为全省工业“十三五”开好局提供了有力支撑。

一、经济总量继续扩张，综合实力不断增强

2016年，江西省工业园区实现主营业务收入28 302.6亿元，比2015年(以下简称“上年”)同期增加2 794.3亿元，增长8.9%，增速同比提高4.3个百分点；完成工业增加值6 468.4亿元，比上年同期增加461.4亿元，增长9.3%，增速超过全省规模以上工业0.3个百分点，为全省工业增速保持在全国第一方阵提供了有力支撑；利税总额3 337.1亿元，增长8.9%；从业人员231.4万，增长4.1%；投产工业企业10 400家。60个省级重点工业产业集群完成主营业务收入11 874.9亿元，同比增长15.1%；实现利税1 000.4亿元，同比增长12.3%。各工业园区综合实力稳步增强，主营业务收入过百亿元的工业园区达到79个，新增4个，其中过千亿元的园区4个；过500亿元的园区18个，新增2个；过300亿元的园区32个，新增2个。17个国家级园区领跑全省，主营业务收入增速快于全省园区平均水平1.9个百分点，经济总量占全省园区的41.4%。南昌高新区“领头羊”作用突出，主营业务收入达到1 911.2亿元；南昌经济技术开发区、九江经济技术开发区、南昌小蓝经济技术开发区主营业务收入均超过千亿元。

二、载体建设卓有成效，承载能力不断提高

2016年，江西省制定了《关于大力建设智能化生态化园区的指导意见》，引导全省工业园区推进智能制造，打造智慧园区、绿色园区，加快推进智能化、绿色化发展。出台《江西省战略性新兴产业集聚区认定管理办法(试行)》，在全省优选了南昌高新区光电产业集聚区和井冈山经开区电子信息产业集聚区两个战略性新兴产业集聚区给予重点支持，培育园区产业升级和经济增长的新动力。各工业园区不断夯实平台，加快建设发展载体，提升园区发展能级。鹰潭高新区铜及铜合金循环利用产业集群被国家工信部确定为全国第三批产业集群区域品牌建设试点区，新建长垓工业园区被国家发改委确定为“长江经济带国家级转型升级示范开发区”，南昌经开区获批“国家级循环化改造园区”。

三、产业结构持续优化，集聚水平不断提升

《江西省“十三五”工业园区和产业集群发展升级规划》明确了“一核四区百群”目标，即重点打造昌九一体化核心区，突出中部吉抚、赣东北景鹰饶、赣西新宜萍、南部赣州四大区域，推进各地特色块状经济集群化发展。大力培育重点产业集群，国家级园区突出发展2至3个、省级园区突出发展1至2个，力争到2020年培育壮大100个重点工业产业集群。实施战略性新兴产业倍增工程，分类分层推进电子信息、生物医药、航空制造等“领跑方阵”爆发式增长；光伏、汽车及零部件、节能环保等“新兴方阵”跨越式发展；新能源汽车、智能装备

和集成电路等“潜力方阵”突破式增长。推进传统产业转型升级工程，促进有色、石化、建材、纺织等传统优势产业向高端化、智能化、绿色化和个性化方向转变。

四、服务配套日益完善，发展环境不断创优

出台《关于鼓励建设和使用标准厂房的指导意见》和《江西省标准厂房建设专项资金管理暂行办法》，建立省级标准厂房建设专项资金，促进标准厂房规模化开发、标准化建设、功能化配套、市场化推进，有效提高了园区土地节约集约利用水平，夯实了招商引资的硬件基础，较好地构筑了投资创业和承接投资项目的有效载体。近两年，全省园区已规划建设标准厂房1 000多万平方米，切实推动了企业集聚、产业集群、用地集约。推进产城融合，结合保障房、棚户区改造等政策推进，建设一批人才公寓和新市民公寓，完善教育、医疗、购物、文体等配套设施和交通网络，建设一批生产生活无缝衔接、园区城区互动发展的新型社区。扎实开展降成本、优环境专项行动，实现省、市、县领导干部联点帮扶在工业园区、重点企业全覆盖。坚持以问题为导向，以企业需求为目标，精准对接、精准帮扶、精准破解，一企一策帮助企业解决实际困难和问题，激发了园区和企业发展的活力。

五、改革创新继续深化，发展动力不断增强

大力推进工业园区体制机制改革创新，加快推进大部制改革，逐步实现行政职能和经营职能分离。深入推进简政放权，推动各级政府相关部门依法有序向园区下放行政权力。加快人事和薪酬制度改革，选优配强领导班子，特别是党政主要领导，探索岗位能上能下、人员能进能出和以岗定酬、按绩定酬的人事及收入分配机制。制定全省工业园区“两率一度”（投入产出率、资源利用率和园区开发度）考核评价试行办法，以提升投入产出率、资源能源利用率、开发度“两率一度”为导向，明确投入产出强度、节能减排和环境保护标准，探索具有江西特色的园区绿色发展新路。建立园区激励约束机制，完善考核评价办法，实施分类管理，按照筹建、省级、重点、国家级四类园区进行梯队建设，逐步实现“有升有退”的动态管理。

（江西省工信委工业园区处）

2016年甘肃省开发区发展情况综述

2016年，在国内经济结构步入深度调整期、经济下行压力持续加大的新形势下，甘肃省开发区坚决贯彻执行省委、省政府各项工作部署，以提高对县域经济发展支撑能力为目标，以培育壮大特色优势产业集群为重点，着力推进供给侧结构性改革，不断加大招商引资力度，加快提升基础设施配套水平，园区经济平稳较快增长，产业结构不断优化，整体发展水平持续提升。全省35个省级以上开发区全年共完成地区生产总值1 680亿元，同比增长8.9%，占全省的23.7%，占比较2015年提高1个百分点；实现第二产业增加值1 152亿元，增长8.9%，占全省的46%，占比较2015年提高3个百分点；完成第三产业增加值425亿元，增长30%，占全省的11.5%。35个省级以上开发区中有27个开发区对所属县（市、区）经济贡献率超过

30%，有11个开发区对所属县（市、区）经济贡献率超过50%，开发区对县域经济发展的支撑带动作用稳步提升。

从考核情况看，35个开发区平均得分72.41分，较2015年度平均77分的得分有较大下滑。得分80分以上的开发区仅有5个，比2015年减少了7个，得分在70～80分区间的开发区有13个，较2015年减少了3个，主要原因是受国外市场波动和国内经济结构调整的影响，大部分开发区工业生产和固定资产投资不稳定。从考核排名情况看，7个国家级开发区位列全省前8位，整体排名靠前；28个省级开发区排名相对稳定，其中嘉峪关工业园区排名靠前，位列第5位（各开发区考核排名见得分排名表）。

为充分发挥考核评价机制的引导作用，进一步激发全省开发区加快发展的积极性，省开发区建设发展领导小组决定将在2016年度工作考核中排名前3位的国家级开发区和前5位的省级开发区确定为考核优秀等次。其中，国家级开发区中考核优秀的为：兰州高新技术产业开发区、兰州经济技术开发区、天水经济技术开发区；省级开发区中考核优秀的为：嘉峪关工业园区、平凉工业园区、陇西经济开发区、定西经济开发区、武威黄羊工业园区。考核为优秀的开发区将进一步发挥示范引领作用，在开发区建设发展工作中再创佳绩；排名靠后的开发区将突出问题导向，结合考核排名情况认真分析原因、查找不足、弥补短板、迎头赶上。

全省各市州要进一步加大力度贯彻落实国务院办公厅《关于促进开发区改革开放和创新发展的若干意见》，围绕服务县域经济发展，加快提升开发区在体制改革、科技创新、产业集聚等方面的载体和引领作用，引导区域首位产业、特色产业入园发展，做大做强特色优势产业，培育优势产品和优势品牌，形成县域经济新的经济增长点，促进区域经济协调发展。

全省开发区2016年度工作考核得分排名表

开发区名称	类别	排名	得分	考核指标							备注
				经济运行	招商商贸	投入产出	科技创新	环境保护	土地集约	组织管理	
兰州高新技术产业开发区	国家级	1	91.787	16.40	13.00	23.49	11.00	9.90	7.00	11.00	优秀
兰州经济技术开发区	国家级	2	87.874	16.10	12.00	22.26	10.00	10.00	6.51	11.00	优秀
天水经济技术开发区	国家级	3	84.246	16.00	12.00	20.56	10.00	8.00	6.69	11.00	优秀
金昌经济技术开发区	国家级	4	82.311	15.10	11.50	20.51	8.50	9.00	6.70	11.00	
嘉峪关工业园区	省级	5	80.212	15.60	12.00	21.89	7.00	6.00	6.72	11.00	优秀
张掖经济技术开发区	国家级	6	77.760	15.30	11.00	20.91	8.50	4.00	7.05	11.00	
白银高新技术产业开发区	国家级	7	77.511	15.20	11.00	20.38	9.00	6.30	4.63	11.00	
酒泉经济技术开发区	国家级	8	77.036	14.00	13.00	20.45	9.00	4.50	5.09	11.00	
平凉工业园区	省级	9	76.750	16.10	10.50	19.95	6.50	6.50	6.20	11.00	优秀
定西经济开发区	省级	10	76.040	15.60	11.00	20.47	6.00	6.90	5.07	11.00	优秀
陇西经济开发区	省级	11	75.305	16.20	9.50	21.93	6.50	4.00	6.18	11.00	优秀
武威黄羊工业园区	省级	12	75.260	15.90	10.00	19.57	6.80	8.00	3.99	11.00	优秀
玉门经济开发区	省级	13	75.031	15.20	10.00	20.73	8.00	6.50	5.10	9.50	
高台工业园区	省级	14	74.756	14.90	9.00	20.22	7.00	6.00	6.64	11.00	
武威工业园区	省级	15	73.790	16.10	8.00	20.09	6.00	8.20	5.40	10.00	
临夏经济开发区	省级	16	73.770	16.40	9.00	20.35	6.50	5.00	5.52	11.00	
民乐生态工业园区	省级	17	73.070	15.70	11.00	21.37	7.00	7.00	4.00	7.00	
临洮经济开发区	省级	18	71.794	15.40	10.00	20.20	7.50	7.50	4.19	7.00	
西峰工业园区	省级	19	67.561	15.10	6.00	20.96	2.50	8.00	6.00	9.00	

续表

开发区名称	类别	排名	得分	考核指标							备注
				经济运行	招商商贸	投入产出	科技创新	环境保护	土地集约	组织管理	
华亭工业园区	省级	20	67.516	15.30	7.50	20.17	2.50	7.50	5.55	9.00	
临泽工业园区	省级	21	67.440	14.10	9.00	20.74	6.00	7.00	4.00	6.60	
岷县工业园区	省级	22	67.388	14.90	7.00	20.89	5.00	6.00	4.10	9.50	
陇南经济开发区	省级	23	67.204	15.50	9.00	20.07	3.00	5.00	4.83	9.80	
静宁工业园区	省级	24	66.972	15.10	11.00	20.43	1.80	3.00	5.64	10.00	
九州经济开发区	省级	25	66.770	14.70	7.50	20.02	4.00	10.00	4.05	6.50	
连海永登经济开发区	省级	26	66.686	14.50	8.00	20.72	5.60	6.80	4.07	7.00	
白银平川经济开发区	省级	27	66.617	13.00	10.00	20.90	6.30	6.50	3.92	6.00	
山丹城北工业园区	省级	28	66.600	13.60	6.80	21.13	4.00	9.70	4.37	7.00	
永昌工业园区	省级	29	66.444	15.30	7.00	19.32	6.00	5.00	5.82	8.00	
西固工业园区	省级	30	66.024	9.60	8.00	22.56	4.50	10.00	6.36	5.00	
榆中和平工业园区	省级	31	65.992	12.30	7.00	22.55	6.50	9.00	2.64	6.00	
白银西区经济开发区	省级	32	65.190	12.00	8.00	23.24	8.00	6.00	3.45	4.50	
广河经济开发区	省级	33	63.590	14.70	8.00	19.59	3.50	4.50	3.80	9.50	
东乡经济开发区	省级	34	61.193	14.80	6.00	20.05	4.00	3.00	3.84	9.50	
永靖工业园区	省级	35	60.200	13.50	5.00	19.90	4.30	3.00	5.00	9.50	

（甘肃省开发区建设发展领导小组办公室）

2016年新疆园区（开发区）发展情况综述

新疆园区（开发区）作为承载产业集聚发展的平台，已经成为推动经济发展的重要力量和促进新型工业化、新型城镇化协同发展的纽带。在培育特色产业、辐射和带动区域经济发展、吸纳就业、培育产业集聚、发挥产业集群效应、提升规模经济效益等方面发挥了积极作用。

2016年，在经济下行压力加大的宏观经济形势下，新疆园区经济运行实现平稳增长。截至2016年年末，经国务院和自治区人民政府批准设立的各类园区共93家，其中，国家级园区22家，自治区级园区71家。

2016年，全区园区完成工业总产值5 918.7亿元，同比增长5.3%；规模以上企业实现工业增加值1 432.6亿元，同比增长8%；园区实际开发面积1 503平方公里，比2015年新增50平方公里；园区累计基础设施投资1 702亿元，新增基础设施投资285亿元；园区企业完成固定资产投资2 876.4亿元，同比增长2.6%，其中完成工业企业固定资产投资2 076.8亿元，同比下降0.57%；园区累计入驻企业34 495家（其中工业企业7 962家），比2015年年末增加6 111家（经过经济普查调整企业数量，乌鲁木齐高新区比2015年同期多2 746家，喀什经济开发区新增中小微企业和股权投资企业724家）；园区规模以上企业1 553家，比2015年年末多37家；园区期末从业人员77.3万人，同比增加5万人。

［新疆园区（开发区）协会］

国家级经济技术开发区篇

金普新区（含大连经济技术开发区）

【经济发展】2016年，金普新区主要经济指标的体量和增速均位居辽宁省、大连市前列，为省、市稳增长做出了应有贡献，除固定资产投资外，其余指标均完成任务。其中，地区生产总值2 296亿元，同比增长7%；一般公共预算收入125.31亿元，增长16.9%，非税收入占18.3%；规模以上工业总产值2 584亿元，与2015年（以下简称“上年”）持平；实际利用外资13.27亿美元，增长272.75%；内联引资585亿元，增长8.4%；外贸出口总额126.64亿美元，下降6.16%；社会消费品零售总额554.3亿元，增长9.5%。

【营商环境优化】2016年，金普新区实施新区机构改革，构建起大部制、扁平化的行政管理体制，管委会组成部门及人员编制数量均压缩30%，新区统领、功能区（园区）和街道各有侧重的体制机制初步形成。公车改革工作完成。大连市政府首批下放的123项权限承接到位。动态调整区级权责清单。普湾经济区行政服务大厅投入使用。提前3个月实现上级要求的企业登记注册“五证一章、一照一码”一日办结。在东北地区率先建立工商注册与金融网点联动机制。创新建设项目联审制度，将取得施工许可时限压缩至3个工作日。财政投资项目审批及竣工验收、资产移交时限由116个工作日压缩至“35+10”个。将12大类582项执法权限下放至街道综合执法大队，以食品生产加工领域为试点，探索采购市场监管服务扎实推进，事中事后监管得到加强。新区获批国家质量强市示范城区。完成38.8万亩（2.59万公顷）农村集体土地确权。出台系列资源要素供给改革措施。组建不动产登记中心，实现土地、房产、林地、海域的统一集中登记。公共资源交易平台组建工作稳步推进。新增市场主体20 018户，总数达13.55万户。

【园区特色】2016年，大连经济技术开发区（金普新区）坚持不等不靠、抢先谋划，四大机遇推动新区成功纳入国家战略布局。跨境电商综合试验区建设卓有成效，注册企业800家，运营600家，开办体验店160家；大连“互联网+”跨境电商公共检测服务平台和大连检验检疫局技术中心入驻并投入使用；与丹东、锦州签署协议合作建设跨境电商分园区。自主创新示范区建设深入推进，与多所高校签署战略合作协议，搭建协同创新平台；“研创公社”等20家众创空间获得区级以上备案，大艺文化科技创意园等4家科技孵化器获得市级认定；全国首家综合性一站式的大连计量检测中心正式启用；获得发明专利授权506项，同比增长29%，其中企业发明专利授权占70%，增速为全市第一。构建开放型经济新体制综合试点试验责任有效落实，22项年度任务圆满完成，中东欧产业园、中日环保产业园规划建设工作扎实推进。自由贸易区建设全面启动，完成第一批上海自由贸易区经验和商务部8个最佳案例复制工作，全面开展第二批经验复制工作，深入研究构建金普新区自由贸易政策体系。初步形成了对外贸易方面以保税区为重点、金融服务方面以小窑湾为重点、先进制造业以双D港为重点的自由贸易区建设格局。

【科技创新】2016年，金普新区有市级以上各类研发机构161家，其中国家级9家，省级

58家，市级94家。有市级以上工程研究中心22家，工程技术研究中心38家，企业技术中心50家，工程实验室30家，重点实验室21家。全年新增国家级高新技术企业32家，复审通过27家，全区累计有国家级高新技术企业171家(不含大连保税区)。

2016年是金普新区“大众创业，万众创新”年，为推动全区创新创业工作有效开展，区管委会陆续出台《推进大众创业万众创新行动方案》(以下简称《行动方案》)、《大连金普新区加强孵化平台建设 推进大众创新创业实施办法》(以下简称《实施办法》)以及《关于促进科技创新的若干措施》(以下简称《措施》)。《行动方案》提出今后一段时期金普新区的重点任务，即建立一个开放式、多功能、社会化的创新创业综合服务平台；以综合服务平台为中心，建设10个以上专业化、特色化的创新创业（示范）基地；培育企业的技术和管理人员、高校和研究机构的科研人员、归国留学人员、大学生四大创新创业主力军；加快形成创业孵化服务、科技要素服务、创业金融服务、人才配置服务、咨询辅导服务和专业社会服务六大服务功能，形成机制灵活、协同高效、具有特色优势和社会普遍认可的创新创业综合服务。

为集聚创新资源，实现集群升级，重点在高端装备、电子元器件及通信设备、新能源新材料、生物医药、通用航空等领域建设产业创新基地。依托大连机床（数控）股份有限公司、大连光洋科技集团有限公司等龙头企业，发展以智能化自动生产线、数控机床、智能化高端装备等为核心的智能制造产业。以大连光洋科技集团有限公司为依托，建立智能制造装备产业园。项目建成后，以“高档数控机床控制集成技术国家工程实验室”为研发平台，将凭借完整的技术链和产业链，逐步实现中国设计制造的高档五轴数控机床和智能制造装备所需的关键功能部件产品逐渐替代进口并扩大国际市场占有。着力推进创新创业重点任务，德泰创新创业基地等6家“双创示范基地”挂牌运营，聘任创业导师23人为金普新区创新创业者和孵化器载体提供专业化服务。实施创新创业申报和评审工作，受理项目57个，立项49个，扶持资金721.6万元。

【投资促进】2016年，大连经济技术开发区（金普新区）整合出台50条产业招商政策，深化内外并举、全员招商行动，举办16次大型国内外招商洽谈活动，巩固“四个一批”工作格局。签约一批大项目，新签约投资7 500万美元的富士冰山第二工厂等5个外资项目，投资总额4.15亿美元；签约投资170亿元的鲲鹏石化MTO等42个内资项目，投资总额831.5亿元。建设一批大项目，全力推进84个亿元以上市级重点项目，投资23.6亿元的光洋智能装备制造产业园、投资5亿元的远东工具二期等28个项目开工建设，投资40亿元的鲁能金石滩旅游综合体等52个项目复工续建并扎实推进。投产一批大项目，推动投资55亿美元的英特尔二期提前投产，投资15亿元的融科储能、投资5亿元的华鹰玻璃等19个项目竣工投产。储备一批大项目，投资25亿元的逸盛大化聚酯瓶片等95个项目深入洽谈，储备投资总额达千亿元。同时，通用航空产业区获批全国首批通航综合示范区，军民融合产业园规划建设全面启动，农产品物流分拨中心等要素市场建设进展顺利。区域性金融中心建设成效显著。大商所铁矿石期货保税交割业务成功落地。7家大宗商品及权益类交易中心上线运营，聚集金融、类金融企业438家，注册资本139亿元。都市型现代农业和海洋经济稳步发展，新增设施农业334.4公顷、蔬菜400公顷、果树133.3公顷，东霖食品一期等5个重点项目建成投产。

年内，金普新区有进出口实绩企业2 750家，自营进出口333.83亿美元，比上年下降6.7%。其中，全年累计出口128.77亿美元，比上年下降4.9%，低于全市出口降幅0.5个百分点，占全市出口总额的52.8%。全区全年累计进口205.07亿美元，比上年下降7.8%，降幅高于全市0.1个百分点，占全市进口总额的75.8%。

一般贸易出口占全区出口总额的26.1%，比上年下降6.9%。加工贸易出口占全区出口额的73.4%，比上年提高近4个百分点。其中，进料加工增长9.1%，占加工贸易出口总额的72.8%。外商投资企业全年出口额占全区出口总额的84.6%，比上年有小幅增长。私营企业出口额占全区的14.1%，比上年下降1.4%。国有企业出口额占全区的1.3%，比上年下降65.1%。全区出口前10位的国家和地区分别为日本、中国台湾、美国、新加坡、韩国、德国、香港、荷兰、马来西亚和印度，占全区出口总额的71.6%，比上年增长4.8%。电子电器、化工和机械加工产品列全区出口前3位，分别占全区出口总额的27%、19.4%和17.8%。全区外贸企业主要分布于电子电器、化工、机械加工、服装纺织、金属制品加工等13个行业。其中，电子电器企业96家，代表企业有英特尔半导体、阿尔派电子、佳能、罗姆等；化工企业75家，代表企业有西太平洋石油、逸盛大化、韩顺石油化工、凯威塑胶等；机械加工企业213家，代表企业有中村精密部件、远东工具、丸祐金属、(林)精密铸造等；服装纺织企业172家，代表企业有欣万代制衣、一广毛巾、万代拉瓦多洗水服装、华歌尔时装等；金属制品加工企业63家，代表企业有淡水河谷、奥镁、斯瑞特、汇程铝业、浦项钢板等。出口百强企业出口总额98.08亿美元，占全区出口总额的76.17%。百强企业出口总额比上年下降1.13%。出口百强企业中，外商独资、合资企业76家。

【生态环保】2016年，金普新区党工委、管委会批准成立大连金普新区环境保护委员会。印发《大连金普新区环境保护职责规定(试行)》，明确环境保护各部门职责。按照《金普新区环境保护目标（2016年度）任务分解方案》，分解党政同责、环境质量、节能减排、生态维护和宜居环境5大类40项具体工作任务，明确考核目标、考核标准和责任单位，确保指标任务落实完成。围绕国务院发布的《大气污染防治行动计划》（以下简称“气十条”）和《水污染防治行动计划》（以下简称“水十条”），全面落实《金州新区大气污染防治行动计划实施方案》，编制、印发《金普新区水污染防治工作方案》等水域管理相关方案、计划和通知7个，强化责任、监督意识，促进区域空气环境质量改善成效明显，水环境质量稳步改进。全年核收排污费1 645万余元，核定企业生产状态近1 800家；完成水监测报告、空气质量分析报告各12期，编制环境保护验收报告186份，出具比对监测报告48份。授予3家单位环境教育基地称号；区环境监控中心发布环境空气质量监测数据2.6万条，接待公众参观4 300人次。

【项目建设】2016年，金普新区投资1亿元以上项目共105项(含普湾经济区)，总投资1 485.3亿元，年度计划投资268.6亿元。其中，续建项目62项，总投资843.8亿元，年度计划投资148.3亿元，已复工58项，复工率为93.5%，累计完成投资119亿元；新开工项目20项，总投资191.7亿元，年度计划投资115.3亿元，已经开工19项，开工率为90%，累计完成投资97亿元；前期项目23项，总投资449.7亿元。

【社会事业】2016年，金普新区坚持文化引领，大力培育和弘扬社会主义核心价值观，推动精神文明建设迈上新台阶。家风家训、企风企训教育活动引起了新区人民群众的强烈共鸣和积极响应。组织开展建党95周年、红军长征胜利80周年主题纪念活动，承办了中国美协第四届架上连环画展及晋京汇报展。树立张强、姜长伟2名先进典型，祝瑞伍获评“全国最美志愿者”。举办“榜样的力量”宣传季，广泛深入宣传14位国家级道德典型，激发全区人民向上向善的正能量。“金普发布”等新媒体作用凸显。日语电视节目《中日之桥》正式开播。制定实施文化产业发展“十三五”规划及实施意见。“文化+”作用初见成效，金石滩获评国家生态旅游示范区，启动与海航集团的全面战略合作，加快打造东北休闲度假后花园。光线传媒集团投资100亿元规划建设的全国第一个以华语电影为核心引擎的主题公园综合体项目确定入驻。

盛京（大连）妇女儿童医院正式启用。金州区第四人民医院改造工程完工。在全市率先建成居家养老服务综合示范中心。《金州年鉴》获评全国地方志优秀成果（年鉴类）特等奖。

【民生工程】2016年，金普新区大力推进21个“惠民实事”项目，完成投资2.1亿元。坚持把加强培训、扩大就业作为首要民生来抓，城镇新增就业16 065人，城镇登记失业率为2.8%。调整机关事业单位人员基本工资标准，提高机关企事业单位人员离退休金标准。城乡最低生活保障标准统一提高到人均每月640元。搭建“引智大连、追梦金普”等载体平台，强化招才引智工作，引进一批优秀人才。教育事业坚持优质均衡特色发展方向。紧盯重点领域、关键环节，狠抓制度建设和责任落实，“平安新区”建设进一步深化，社会大局总体保持和谐稳定。

【城乡建设】2016年，编制了“多规合一”空间发展战略规划，建成了“一张图”规划编制信息管理平台（一期），完成了新区发展规划、城市总体规划、“十三五”规划和特色风貌规划等专项规划编制工作，基本形成了“1+4+N”规划体系。获得20.7亿元国家专项建设基金支持。渤海大道、金普城际铁路建设加快，永安大街北延等5条、46.3公里重点道路连接工程全面启动，41条43公里屯通油路及大正路工程建成通车。与“中电科”签署联合共建协议，启动实施“智慧金普”工程。狠抓征地动迁和供水、供电、供气等源点工程及配套管网建设，全力保障项目建设需求，各功能区（园区）承载能力切实提高。小窑湾航海公园、“两河一湖”公园建设进展顺利。农村植树144万株，荒山造林5 000亩（333.3公顷）。推进生态文明建设，扎实开展水、大气、土壤、河道治理行动，污水处理厂、垃圾焚烧发电厂建设加快推进。

【农业经济】2016年，金普新区农业局大力开展优势产业基地、青山生态系统工程、农田基础建设及民生工程建设，加强农畜产品质量管理、农村土地确权、海洋与渔业管理等工作。全年农林牧渔及服务业总产值141.06亿元（现价），比上年下降0.5%。其中，农业产值47.46亿元，比上年增长0.1%；林业产值6 251万元，比上年下降53.2%；畜牧业产值32.1亿元，比上年下降10.5%；渔业产值48.28亿元，比上年增长11.3%；服务业产值12.59亿元，比上年下降8.2%。粮豆总产量12.7万吨，水果总产量12万吨，蔬菜及食用菌总产量50.3万吨，肉类总产量7.6万吨，禽蛋总产量6.1万吨，奶类总产量2.9万吨。

【重大事项】2016年1月16日，大连医科大学附属第一医院金州新区医疗中心封顶；2016年3月25日，吉星电子240万平方米／年柔性线路板项目开工，田菱精细化工40吨／年光引发剂树脂项目开工，卡莎•慕玻璃小镇挂牌，金普新区农产品物流分拨中心项目签约；2016年3月26日，宝讯畜牧兽医大数据项目签约落户；2016年3月30日，金普新区管委会与新加坡丰树集团签署投资意向书；2016年3月31日，丰树大连现代产业园项目启动；2016年4月5日，SGS东北区农产食品检测中心揭牌；2016年4月8日，大连金融服务产业园项目奠基，金凯制药、汇德天成项目落户；2016年4月10日，德国大都会新型建材项目落户；2016年4月11日，鲲鹏石化MTO项目和特色街镇建设基金项目签约；2016年4月28日，冠军小镇（大连•杏树）项目启动；2016年5月6日，大连金州经济开发区与山东奥德集团签约；2016年5月11日，大连海关“一站式”通关服务中心启用；2016年6月1日，盛京妇女儿童医院暨双D港院区启用；2016年6月6日，大连巴赛尔聚烯烃工程塑料新厂建设项目奠基；2016年6月18日，大连经济技术开发区管委会举行迁址挂牌仪式暨项目建设和企业服务年动员大会；2016年7月6日，大连富士冰山自动售货机有限公司第二工厂奠基，大连长之琳航空器材项目奠基；2016年7月16日，中铁铁龙冷链物流园项目奠基；2016年7月26日，钓鱼岛海洋食品深加工项目开工；2016年8月5日，石墨烯电池项目签约落户；2016年8月25日，大连非得生物制品项目签约落户；2016年8月27日，中国电影世界主题乐园落户；2016年8月30日，大连全球商品总部基地项目签约落户；2016年9月24日，辽宁省暨大连市举行消防应急演练；2016年9月28日，松下冷机系统(大连)有限公司开业；2016年10月15日，大连计量检测中心启动；2016年11月1日，融科储能装备公司项目试生产；2016年11月7日，新型智慧金普项目启动举行签约仪式；2016年11月8日，苏宁云商、丰萃实业2个项目举行开工典礼；2016年12月5日，欧伦船业（大连）有限公司向青岛港引航站交付23米铝合金引航艇、向威海港引航站交付17.3米铝合金引航艇交船仪式举行；2016年12月6日，国家级高端装备和智能制造软件检测中心东北分中心项目签约；2016年12月16日，中国大连航天小镇项目合作协议签署。

【机构设置与管委会领导】2016年3月4日，正式宣布金普新区机构设置方案及部门负责人任免意见，机构设置方案本着进一步转变政府职能、先行先试、“大部制和扁平化”的原则，原机构、人员编制分别精简30%。

至2016年年末，党工委设置纪工委(监察局合署办公)、党工委办公室、组织部、宣传部、统战部、政法委(信访局、司法局合署办公)6个工作部门；管委会设置管委会办公室、经济发展局、商务局、社会事业局、民政局、财政金融局、人力资源和社会保障局、环境保护局、城乡建设局(与国土局合署办公)、城市管理综合执法局、交通局、农业局、审计局、市场监督管理局和安全生产监督管理局15个工作部门；群团机关设置4个部门，设置功能区管委会9个。

至2016年年末，金普新区党工委、管委会在职领导人员为：大连市委常委，金普新区党工委书记、管委会主任，金州区委书记张世坤；金普新区党工委副书记、管委会副主任，大连经济技术开发区管委会党组书记、主任刘德春；金普新区党工委副书记、管委会副主任，保税区党工委书记、管委会主任刘爱民。

2016年金普新区经济与社会发展主要指标

指标	单位	数量	比上年增减（%）
年末总人口	万人	79.85	29.9
年末总户数	万户	29.81	29.8
年末单位从业人员	万人	24.44	−2.0
地区生产总值	亿元	1 611.30	6.3
第一产业增加值	亿元	63.70	4.2
第二产业增加值	亿元	992.20	6.5
第三产业增加值	亿元	555.40	5.9
公共财政收入	亿元	107.19	31.4
公共财政支出	亿元	115.99	19.0
农林牧渔业总产值（现价）	亿元	141.06	22.5
粮豆总产量	万吨	12.70	348.8
蔬菜及食用菌总产量	万吨	50.28	51.3
水果总产量	万吨	12.03	57.7
肉类总产量	万吨	6.04	117.3
水产品总产量	万吨	39.52	4.3
规模以上工业企业	家	563.00	11.7
规模以上工业企业工业总产值（现行价）	亿元	2 143.47	13.5
规模以上工业企业产品销售收入	亿元	2 099.21	10.8

续表

指标	单位	数量	比上年增减（%）
境内公路里程	公里	1 552.20	—
境内铁路营业里程	公里	162.50	—
社会消费品零售总额	亿元	492.00	10.0
出口总额	亿美元	91.20	2.2
实际使用外资金额	亿美元	13.30	272.8
全社会固定资产投资额	亿元	296.31	−70.0
房地产开发投资额	亿元	101.84	−23.4
普通中学	所	48.00	23.1
小学	所	59.00	7.3
普通中学在校学生	万人	4.61	15.5
小学在校学生	万人	6.79	18.7
医疗机构	所	454.00	−26.4
医疗机构实有床位	张	5 143.00	40.9
城镇在岗职工年平均人数	万人	21.34	−0.6
城镇在岗职工工资总额	亿元	144.50	2.6

（金普新区党工委、管委会）

秦皇岛经济技术开发区

【经济发展】2016年，秦皇岛经济技术开发区(以下简称“开发区”)全年完成地区生产总值266.75亿元，增长8%，占秦皇岛市（以下简称“全市”）的19.9%；全区完成规模以上工业企业增加值159.54亿元，增长8.1%，占全市的47.6%；完成全社会固定资产投资168亿元，增长21.9%，占全市的18.8%；实现一般性公共预算收入18.6亿元，增长8.9%，实现了较快增长。

【项目建设】2016年，开发区坚持抓“龙头”、筑“链条”、强产业，狠抓重大项目落地，总投资35亿元的京能热电联产项目已完成项目核准，总投资15亿元的北京威卡威汽车零部件制造基地项目已开工，总投资8 000万元的甲骨文人才产业基地项目已运营，威卡威汽车密封条项目和中信戴卡零部件试验中心提前竣工投产。11月15日，首创思泰意达公司年产3 000套干雾抑尘装置的新厂区建设项目举行了开工仪式。同时，开发区还响应国家“一带一路”倡议，加强与境外合作，与俄罗斯远东地区开展国际粮食产业一体化项目合作，在出口加工区引进了中欧创新科技聚乳酸生产项目、国际储运物流园区项目和冷链物流产业基地项目。2016年，中欧农业发展有限公司已与俄方签订了10万吨大豆和10万吨海产品的订货合同，并已经通过舟山和珲春口岸进口了部分海产品样品。

【京津冀协同发展】2016年，开发区牢牢抓住京津冀协同发展的重要历史机遇，充分发挥中关村海淀园秦皇岛分园、中科院秦皇岛技术成果转化基地的平台作用，积极推广“科学家+企业家”项目引进模式，承接现代产业和高端优质资源转移，成功引进九次方大数据、图问天下等20个战略性新兴产业项目；北京化工大学生物工程产业园已初步选定4个入园项目，总投资3.5亿元。到2016年，中关村海淀园秦皇岛分园已引进项目108个，中科院成果转化基地已引进12家科研院所的19个项目入驻，成立了16个实体企业和3个所企共建平台，逐渐形成了区域特色鲜明、引领和服务当地新兴产业发展创新与转化的产业集群。

【创新创业】2016年，开发区适应“双创”的特点和需求，努力集聚创新要素，全力营造创业生态。7月28日，中国北京（海淀）留学人员创业园秦皇岛分园正式开园，星网锐捷、有生博大等项目落地运营。同时，以数谷翔园、创业港湾为平台，以北岛博智、e谷创想空间、科泰创业工厂等为基地，加快引进创新创业主体，吸引近300家入孵企业和创业团队入驻。有36家企业的46个项目被列入省、市各类科技计划，获得扶持资金1 712万元，10项成果获市级科技进步奖，呈现出了“双创”之花百花齐放的良好态势。

【深度合作】2016年7月31日，开发区与抚宁区签署深度合作协议，以双方规划、产业、土地为基础，集中两区资源优势，向抚宁经济开发区转移优质项目，共同建设秦皇岛经济技术开发区抚宁园区，力争到2030年将合作区建成全市功能拓展核心区、市域协同发展创新区、产城融合发展示范区、承接京津产业转移领航区。2016年，北岛博智等4家企业已与抚宁经济开发区签署了项目转移协议。9月19日，开发区与卢龙县进行了对接洽谈，双方将在项目招商、金融融资和耕地开发项目及土地占补平衡指标利用等方面开展合作，2016年，双方协同发展框架协议以及合作领导小组成立文件已起草完毕。

【环境建设】2016年，开发区基础建设加速推进。着力推进重大基础设施建设，秦抚快速路开发区段建成通车，庐山路、东湖路、深河道、吉利湖路、沙湖路等道路工程均已完工，围海造地二期一标段工程完成全部施工，配套功能进一步提升。秦皇岛国际会展中心正式投入使用，成功承办中国秦皇岛智慧健康城市大会和中国能源互联网大会暨智慧能源产业博览会，有效提升了区域知名度和影响力。出口加工区二期封关验收的相关工作正在积极推动之中。城乡环境水平持续提升，以“洁、绿、序、便、美”的高标准，打造宜居宜业靓化新城区，重点实施了戴河生态园环境建设、戴河综合治理等工程，完成了锦江公园等民生工程和华山南路等道路绿化工程。狠抓落实“河长制”，完成戴河及干流整治工作，实现“水清、流畅、面洁、岸绿”。精心组织“全民洗城”，全区机关、企事业单位、沿街商户、社区群众广泛参与，洗城区域逐渐由街路向社区延伸，广大群众爱护环境、保护环境的意识显著增强。

【投资服务】2016年，开发区坚持通过改革优化发展环境，破解发展难题，激活发展要素。进一步完善行政审批局体制机制，顺利承接上级下放的审批权限，简化审批流程，提升服务效率。全年累计办理审批和服务事项42 824件，同比增长41%，办结率达99.5%，对审批和服务事项实现了接得住、用得上、管得好。行政审批局的高效、便捷运行，成为开发区招商引资的新优势和新亮点。认真贯彻落实全省加快开发区改革发展会议精神，着眼转作风、提效率、强服务，积极探索实施全员聘用制改革。2016年，总体方案已经市政府常务会审议原则通过，修改完善后上报市委批准实施。

【科技创新】2016年，开发区高新技术产业完成工业总产值407.9亿元，实现主营业务收入438.7亿元，实现利润25.2亿元，同比增长4.09%、6.31%和66.63%，分别占全区总量的60.56%、62.71%和92.52%；区内有效高新技术企业达到65家，占全市总量的64%；全区科技型中小企业达到582家，科技小巨人企业达到35家，分别占全市总量的38%和39%；区域创新平台达到50个；引进智道科技、迈洿医疗、九次方大数据等20个科技项目，为全区战略性新兴产业注入了新的活力；全区创新创业平台建设多元并进，北岛博智被认定为国家级科技企业孵化器，科泰创新工场被认定为国家级众创空间，鹏远光电、中兴网信、精匠、化育天工分别被认定为市级众创空间。

开发区科技系统坚持不懈地探索和打造低成本、便利化、全要素、开放式的创业孵化平台，建成了以数谷翔园、创业港湾为代表的一批创新创业孵化平台，至2016年年底，开发区已有经国家、省、市各级认定的孵化器及众创空间10家。其中，国家级孵化器2家，分别为国资公司运营的科技企业孵化器、北岛博智科技企业孵化器；省级孵化器1家：燕山大学科技园；国家级众创空间1家：科泰创新工场；省级众创空间1家：e谷创想空间，其余均为市级众创空间。经认定的市级以上孵化器及众创空间总建筑面积24.45万平方米，入孵企业约340家。

鼓励企业科技立项，积极申报科技奖项。一是加大科技计划项目申报。2016年，共有34家企业、45个项目列入省、市各类科技计划，获得扶持资金1 703万元。其中，列入2016年河北省科技型中小企业技术创新基金、河北省科学技术研究与发展计划两类省级计划25项，获得扶持资金1 610万元；列入2016年秦皇岛市科学技术研究与发展计划20项，获得扶持资金93万元。二是积极开展申报奖项和专利工作。2016年，开发区10项成果荣获市级科技进步奖。同时，开展办理市级专利补助工作，累计办理专利补助461项，金额累计99.76万元。全年开发区专利申请量达到1 857项。其中，发明专利378项，实用新型专利798项，外观设计专利681项；授权量达到1 218项。其中，发明专利 108 项，实用新型专利 531 项，外观设计专利 579 项。

2016 年，中科院基地项目在商业模式、股权投资、业务拓展等方面都有较大发展。截至 2016 年年底，基地已成立院士工作站 2 家，拥有院士 2 名、研究员 11 名、博士以上学历高层次人才 35 人，从业人员达 318 人，并促成多家企业与中科院开展技术与项目合作，取得知识产权 148 项。

【投融资工作】2016 年，开发区经过政策研究、案例分析、可行性论证后，明确地下综合管廊项目适宜采用政府和社会资本合作（PPP）模式，同时出具项目实施方案，为地下综合管廊项目顺利实施奠定坚实的基础。国家开发银行已经对此项目授权 10 亿元贷款额度，全区融资到位资金 103 亿元。其中，财政部门通过省级债券平台发行到位政府置换债券 19.2 亿元，专项政府债券 4 000 万元。加大力度引进各类金融机构落户，2016 年有 10 家金融机构入驻秦皇岛开发区。积极培育上市后备企业，全年有 6 家企业在“新三板”挂牌，有 4 家企业在石交所挂牌，全区上市企业累计达 15 家。

【社会事业】2016 年，开发区民生工程扎实推进。以改善民生、提高群众生活幸福感为目标，扎实做好民生实事。加快实施保障房建设，天池路青年周转公寓、王校庄安置房、计新庄改造二期等保障房项目陆续开工，房建工程已完成投资 2.5 亿元；中国音乐学院附中、第二小学新建工程已开工建设，第四小学已完工并投入使用。开发区医院改造项目已完成，体检中心已投入使用。同时，作为中国第一家引进国际最前沿的康复治疗技术和服务的机构，泰盛健瑞仕国际康复中心项目已于 2016 年 6 月 14 日正式营业；作为北京市公立医院在秦皇岛市开展的首个医疗合作项目，北京大学第三医院北戴河国际医院正式签约，项目以“小综合大专科”为办院模式，计划引入 20 个国家临床重点专科，建设成集医疗、教学、科研和预防保健、康复医养为一体的现代化、国际化综合性三级甲等医院，对有效引进北京优质资源、提升秦皇岛市乃至区域医疗水平具有重要意义。

社会保障全面提升。千方百计扩大就业，城镇新增就业 5 613 人，城镇失业人员再就业 1 879 人，转移农村劳动力 482 人，60 多家用人单位提供就业岗位 3 000 余个，发放吸纳高校毕业生补贴 461.83 万元。全面提升社会保险服务水平，企业养老保险征缴基金 7.9 亿元，新增参保人数 8 672 人，失业保险征缴基金 4 083.9 万元，支付失业保险金 3 290.8 万元，新增扩面人数 3 518 人，医疗保险参保总数 70 590 人，全区农民新农合参合率为 98.8%，连续 8 年居全市首位，群众幸福感和满意度进一步提升。

社会大局和谐稳定。以创建“平安开发区”为目标，全面加强政法综治、信访稳定工作，持续开展平安创建，充分发挥民生服务热线作用，积极开展安全生产、交通安全、食品药品安全集中整治行动，落实制度责任，强化基层监管，深入排查治理隐患，全区未发生重特大食品安全事故，区内工商贸企业未发生安全死亡事故，保持了和谐稳定的良好局面。

【体制机制创新】2016 年，开发区全面启动“三次创业”，扎实推进“四市战略”落地生根，连续 5 年在河北省开发区综合发展测评中位居第一；在国家级开发区绿色发展联盟组织的“绿色发展领军园区”评选中排名第一。进一步完善行政审批局体制机制，不断简化审批流程，提升服务效率，实现“一枚印章”管审批。绩效管理改革全面推动，认真贯彻落实河北省加快开发区改革发展会议精神，着眼于“一张聘书”激活力，积极探索实施全员聘用制改革。公务用车改革卓有成效，以规范公务用车运行管理、有效降低行政成本为目标，积极做好公务用车改革，留用车辆统一喷涂标识，实现“一个标识”促廉洁。相关配套改革深入推进。改革农村基层乡处、街道管理体制，创新国有资产管理体制，实施返迁安置房市场化运作，进一步提高行政效能和资产收益，满足群众住房需求，实现“一起联动”促发展。

【机构设置与管委会领导】2016年，秦皇岛经济技术开发区落实河北省委、省政府《关于加快开发区改革发展的意见》精神，为理顺秦皇岛开发区管理体制，规范区机构设置，对全区人员编制、领导职数、机构设置等情况逐一汇总，填报秦皇岛经济技术开发区基本情况及派出机构、所属事业单位信息表，逐级上报。2016年，完成劳务协作服务中心、大项目办等15个部门更名，成立工委党校、综合考核办等机构，另有外国专家局、工委改革办等10个机构挂牌。

秦皇岛经济技术开发区工委工作部门下设工委办公室、纪律检查工作委员会、政法委、法院、检察院、编办。群众团体为工会联合会、妇女联合会、共青团工委、国际商会。

秦皇岛经济技术开发区管委工作部门下设管委办公室、政策法制局、建设规划局、人事劳动和社会保障局、城市发展局、社会发展局、经济发展局、财政局、审计局、秦皇岛市国土资源局开发区分局、监察局、秦皇岛市公安局开发区分局、国土分局（海洋局）、行政审批局；另有出口加工区管理委员会。直属事业机构为招商局、科技局、大项目办、农村工作局、教育局、安全生产管理局。

秦皇岛经济技术开发区领导班子成员：工委书记胡英杰、李国勇；工委副书记苏景文、张立群、李生、陈永富、郝凤斌、王建峰；纪工委书记王家林；管委主任苏景文，管委副主任郑宝亮、李生、邵宏根、李颖熹（女）、扈秋宁、郭晓城、刘洪柱、何华庆、吕爱国、华占豪、王建峰。

（秦皇岛经济技术开发区管委会）

天津经济技术开发区（南港工业区）

【经济发展】2016 年，天津经济技术开发区（南港工业区，以下简称天津开发区；“泰达”是天津开发区的英文缩写音译）经济发展保持稳定，社会民生持续进步，实现了“十三五”良好开局。全年实现地区生产总值（GDP）3 049.83 亿元，按可比价格计算，比 2105 年（以下简称“上年”）增长 10.6%。其中，第二产业增加值完成 2 160.63 亿元，可比增长 8.9%；第三产业增加值完成 889.19 亿元，可比增长 15.3%。二、三产业结构由上年的 73.5∶26.5 优化为 70.9∶29.1。全员劳动生产率 56.3 万元 / 人，增长 10.7%。全区完成财政收入 468.08 亿元，税收收入 435.4 亿元。其中，增值税 166.22 亿元，消费税 37.13 亿元，营业税 26.79 亿元，企业所得税 125.37 亿元。全年新区口径公共财政预算收入 233.81 亿元。其中，地方收入 149.96 亿元。财政支出 130.87 亿元。其中，公共财政预算支出 121.1 亿元。

2016 年，全区进出口总额 349.85 亿美元。其中，出口 168.8 亿美元，进口 181.06 亿美元。全区全社会固定资产投资 430.72 亿元。社会消费品零售总额 150.39 亿元，比上年下降 5.1%。2016 年国民经济主要指标见表 1。

【产业发展】2016 年，天津开发区工业保持平稳增长，全区工业增加值 2 144.95 亿元，按可比价格计算，比上年增长 9.1%。其中，规模以上工业增加值 2 131 亿元，可比增长 9.1%。全部工业总产值 7 964.02 亿元。其中，规模以上工业总产值 7 935.76 亿元。在规模以上工业企业中，外商及港澳台投资企业工业总产值 5 535.66 亿元，内资企业工业总产值 2 400.1 亿元。

表 1　2016 年国民经济主要指标

指标	单位	数量	比上年增减（%）
地区生产总值 *	万元	30 498 285	10.6
第二产业 *	万元	21 606 349	8.9
第三产业 *	万元	8 891 936	15.3
“四上”企业主营业务收入	万元	108 077 473	−5.9
工业	万元	72 718 620	−7.1
外商及港澳台投资企业	万元	52 067 036	−7.1
第三产业	万元	33 632 341	−3.7
工业总产值	万元	79 640 194	−3.2
规模以上工业总产值	万元	79 357 590	−3.1
固定资产投资	万元	4 307 185	—
基础设施	万元	523 218	17.5
财政收入	万元	4 680 757	−6.4
“四上”企业期末从业人员	万人	51.32	3.2
外商及港澳台投资企业从业人员	万人	33.74	5.5
进出口总额	万美元	3 504 462	−17.7
出口	万美元	1 688 456	−22.9
进口	万美元	1 816 007	−12.1
批准外商及港澳台投资企业	家	32	−77.5
合同外资金额	万美元	190 418	—
实际使用外资金额	万美元	329 039	—
注册内资企业	家	1 853	10.8
内资企业注册资金	万元	21 988 158	—
全员劳动生产率 *	万元 / 人	55.08	8.1
工业全员劳动生产率 *	万元 / 人	65.15	14.2

注：带“*”号指标绝对额按现价计算，增长速度按可比价格计算。

2016 年，全区有 281 家企业工业总产值超过 1 亿元，产值合计占全区工业总产值的比重为 98.7%。其中，86 家企业超过 10 亿元，产值合计占比为 90.5%；19 家企业超过 100 亿元，产值合计占比为 64.6%。2016 年工业企业指标见表 2。

表2 2016年工业企业指标 单位：万元

指标	数量	比上年增减（%）
工业增加值	21 449 457	9.1
规模以上工业总产值	79 357 590	-3.1
按经济类型分		
内资企业	24 000 964	-3.7
# 民营	19 130 800	0.3
外商及港澳台投资企业	55 356 626	-2.8
按重点行业分		
汽车制造	16 674 155	7.6
电子信息	12 774 368	-16.4
现代石化	11 936 266	-6.7
医药健康	8 702 726	6.2
装备制造	7 542 635	-7.7
高新技术企业	10 169 227	-8.1
按区域分		
东区	41 455 627	-1.4
西区	16 252 581	1.0
微电子工业区	6 451 720	-22.7
南港工业区	3 661 090	-9.2
现代产业区	1 041 195	-6.4
逸仙科学工业园	807 735	-12.4
中区	168 830	-45.2
区外	9 518 812	5.3
规模以上工业销售产值	75 656 541	-3.4
规模以下工业总产值	282 604	-1.1

注：工业增加值“同比增长（%）”按可比口径计算。

2016年，天津开发区规模以上工业企业中，汽车制造、电子信息、现代石化、医药健康、装备制造五大支撑行业工业增加值达到1 610.33亿元，按可比价格计算，比上年增长7.9%，占全区工业增加值的75.1%，拉动全区工业增长6%，贡献率为65.8%。汽车制造、医药健康行业增长较快，增速均超过10%。其中，汽车制造行业可比增长16.5%，拉动全区工业增长3.7%，贡献率为40.2%；医药健康行业可比增长13.3%，拉动全区工业增长1.9%，贡献率为20.8%。年内五大支撑行业实现规模以上工业总产值5 763.01亿元，占全区规模以上工业总产值的72.6%。高技术产业（制造业）增加值可比增长1.9%，占规模以上工业增加值的18.6%，拉动增长4%。

在主要工业产品产量中，平板显示器、集成电路、半导体分立器件等电子信息业产品，基本型乘用车（轿车）、汽车发动机、装载机等汽车制造业产品，电梯、风力发电机组、装载机等装备制造业产品，化学药品原药、胰岛素等医药健康产品，高密度聚乙烯树脂、合成纤维聚合物、原油加工量等现代石化业产品产量保持增长。2016年主要工业产品产量及增长速度见表3。

2016年，天津开发区规模以上工业企业利润总额503.89亿元，主营业务收入利润率6.9%。经济效益综合指数为510.5，比上年提高6.65%，总资产贡献率为17.2%，资本保值增值率为81.7%，成本费用利润率为7.6%，产销率为95.3%。工业全员劳动生产率为65.15万元/人，增长14.2%。

2016年，建筑业实现增加值15.69亿元，可比下降8.9%。第三产业增加值889.19亿元，按可比价格计算，比上年增长15.3%。其中，批发和零售业130.39亿元，增长2.1%；交通运输、仓储和邮政业37.04亿元，增长23.2%；住宿和餐饮业3.83亿元，增长0.5%；金融业291.22亿元，增长11.6%；房地产业83.73亿元，增长24%；其他服务业342.99亿元，增长22%。批发和零售业实现商品销售额2 990.46亿元，比上年增长4.3%。

【科技创新】2016年，天津开发区创新环境持续优化。进一步深化科技体制创新，完善“1+N”科技政策体系，出台“泰达科技发展金”。发布《2016年创业鼓励计划启动资金申报指南》，打造科技型企业“一条龙”服务体系。年内，博迈科在上交所主板上市，凯莱英在深交所中小板上市，商科数控等11家企业在“新三板”挂牌。顺利推进193家规模亿元以上科技型企业的帮扶工作。全年科技发展金投入2.34亿元，累计投入35.69亿元；新增上市挂牌企业22家，累计在各类资本市场挂牌及上市企业47家，其中科技型企业35家。

科技载体建设加快推进。建设并启用泰达

表 3 2016 年主要工业产品产量及增长速度

产品名称	单位	数量	比上年增减（%）
饲料	万吨	107.26	-12.3
精制食用植物油	万吨	85.56	-21.5
糖果	吨	3 958	0.8
方便面	万吨	22.80	-3.7
乳制品	万吨	1.50	3.8
软饮料	万吨	421.49	15.7
家具	万件	59.67	-61.8
原油加工量	万吨	441.32	1.9
汽油	万吨	126.99	14.6
柴油	万吨	224.46	-4.7
乙烯	万吨	96.61	-11.2
丙烯	万吨	48.90	-13.1
聚氯乙烯树脂	万吨	39.02	-2.2
化学药品原药	吨	1 977.03	4.9
中成药	吨	19.55	-33.0
子午线轮胎外胎	万条	1 568.33	-1.2
汽车用发动机	万兆瓦	9.26	13.3
铝合金	万吨	10.23	-47.6
电梯	万台	1.86	4.7
数码照相机	万部	0.49	-99.0
减速机	万台	25.12	-1.0
中型拖拉机	万台	0.57	-35.8
汽车	万辆	99.15	0.7
风力发电机组	兆瓦	436.00	14.6
锂离子电池	亿只	1.58	-20.6
铅酸蓄电池	万千伏安时	311.64	6.1
太阳能电池	兆瓦	506.83	12.5
电子计算机整机	万台	1 659.07	3.8
平板显示器	万部	840.33	30.1
移动通信手持机（手机）	亿部	0.50	-31.6
彩色电视机	万部	224.10	-8.8
半导体分立器件	亿只	162.45	8.7
集成电路	亿块	11.81	9.9
发光二极管（LED）	亿只	89.74	0.4
液晶显示模组	万套	177.00	-25.4
电子元件	亿只	5 439.54	0.7
工业自动调节仪表与控制系统	万台（套）	437.29	4.2
汽车仪器仪表	万台	299.08	23.8

双创示范区，整合优质资源组建天津泰达双创联盟，制定科技创新券管理制度，搭建双创线上公共服务平台 APP。年内，七一二通信获得国家级工业设计中心认定，凯莱英获得国家地方联合工程实验室认定，国家粳稻工程技术研究中心通过科技部验收，滨海新区信息技术创新中心和天河先进制造创新联合实验室揭牌运营。至年末，全区运营和在建的市级以上众创空间 8 家。其中，国家级众创空间 3 家。科技企业孵化器 15 家，各类孵化载体面积 115 万平方米，在孵企业 720 家；工程技术研究中心 39 家，企业技术中心 60 家，企业重点实验室 22 家，跨国公司研发中心 58 家。

科技创新取得成果。康希诺获得两个“脑膜炎球菌结合疫苗”临床批件，膜天膜获得第十八届中国专利优秀奖。全年技术合同登记 453 份，累计登记 4 491 份；技术交易总额 24 亿元，累计交易总额 124.2 亿元；科技成果鉴定登记 32 项，累计登记 383 项。

科技企业稳步发展。2016 年，新增国家级高新技术企业 91 家，科技型中小企业 809 家。其中，科技小巨人企业 71 家。全年高新技术企业完成主营业务收入 1 136.57 亿元，占“四上”企业主营业务收入的比重为 10.5%；科技小巨人企业主营业务收入 2 685.18 亿元，占比 24.9%，比上年提高 1.3%。至年末，全区共有国家级高新技术企业 399 家，科技型中小企业 6 370 家，科技小巨人企业 480 家。

区域人才实力不断提升。2016 年，引进高级人才 57 人，新建青年见习基地 10 个，全年培训技工 30 114 人。其中，中级工以上 9 864 人。举办各类人才招聘会 60 场，共吸引 11.81 万人次、6 847 家单位参加。至年末，引进高级人才 1 312 人，累计建成博士后工作站 68 家，在站博士后 80 人。人力资源中介服务机构 23 个。其中，民营机构 21 个。青年见习基地共 115 家。

【投资促进】2016 年，综合投资环境不断提升。落实京津冀协同发展战略，成立开发区京津冀协同发展领导小组，承接北京非首都功能疏解和产业外溢，促进京津冀经贸合作。编制完成天津开发区“十三五”规划纲要和 14 个重点专项规划。推动“促惠上”和“解敢促”活动，完善一站式、全过程和全方位的企业服务方式，从税费、用工、融资、能源等方面帮助企业解难题。“十项民生工程”进展顺利，国际商会、工商联等协会组织为企业提供全方位的服务。

2016 年，新批外商及港澳台投资项目 32 个，办理增资项目 59 个，项目（含增资）投资总额 38.91 亿美元；合同外资金额 19.04 亿美元，实际使用外资金额 32.9 亿美元。新设立登记内资企业 1 853 家，内资企业注册资本 2 198.82 亿元。其中，新增民营企业 1 630 家，注册资本 2 179.77 亿元。

2016 年，新批外商及港澳台项目合同外资平均规模 2 004.23 万美元。投资规模在 1 000 万美元以上的项目 13 个。新批《财富》全球 500 强项目 9 个。外商及港澳台项目合同外资增资金额 15.64 亿美元，平均增资规模 5 508.34 万美元。全年新设立内资企业平均注册资本 1 186.62 万元，注册资本在 1 000 万元以上的 533 家。

新批及增资制造业外资项目 32 项，合同外资金额 (含增资)2.98 亿美元；内资企业 53 家，注册资本 18.5 亿元。瑞典希丁安家具、大陆汽车电子新工厂、PPG 水性涂料三期、中农机械、三环乐喜北区新工厂等一批制造业项目签约落户，大众变速器、三星电机、奥的斯、托普索催化剂等优势产业项目增资扩产，为全区工业持续增长起到强有力的推动作用。

新批服务业外资项目 30 项，增资项目 27 项，合同外资金额（含增资）15.99 亿美元；内资企业 1 739 家，注册资本 2 170.83 亿元。昆仑互联网资产中心、海尔家居创展中心及智能停车设施、修正药业销售、兰亭资产管理等服务类项目签约落户，捷信消费金融、中信资本、永旺梦乐城、五八同城等项目完成增资，为现代服务业发展注入强劲动力。

至 2016 年年末，天津开发区累计批准来自 88 个国家和地区的外商及港澳台投资企业 5 613 家，项目投资总额 1 187.26 亿美元，合同外资金 847.69 亿美元，实际使用外资 564.12 亿美元。其中，投资规模超过 1 000 万美元的项目有 1 415 家。设立登记内资企业 12 322 家，注册资本 7 117.15 亿元，注册资本在 1 000 万元以上的内资企业达 3 541 家。2016 年《财富》全球 500 强企业中，共有来自境内外的 90 家企业在天津开发区投资，投资项目达 282 个。一大批国际著名跨国公司，如美国联合技术、约翰•迪尔、惠普、可口可乐、百事可乐、哈里伯顿、霍尼韦尔、邦基，日本丰田通商、松下电器，韩国三星、现代、乐喜金星国际，瑞士雀巢，法国施耐德，英国葛兰素史克、渣打，荷兰阿克苏诺贝尔、壳牌，丹麦诺和诺德，台湾地区鸿海、顶新，以及中石油、中石化、一汽集团、长城汽车、腾讯、滴滴、五八同城、搜狐等已经成为天津开发区的投资主体。

2016 年，全区进出口总额 349.86 亿美元，比上年下降 17.8%。其中，出口 168.8 亿美元，下降 23%；进口 181.06 亿美元，下降 12.4%。按贸易方式分，加工贸易出口 143.32 亿美元，占全区出口的 84.9%；一般贸易出口 24.03 亿美元，占全区出口的 14.2%，比上年提高 0.9%。高新技术产品出口 115.78 亿美元，占全区出口的 68.6%；机电产品出口 153.34 亿美元，占全区出口的 90.9%。

【绿色集约】2016 年，天津开发区成为国内首个通过 ISO14001:2015 环境管理体系换版认证的园区。在中国国际循环经济展览会上获评首批“2016 中国循环经济推广先进园区”，荣获“最具投资价值园区奖”。

区域环境质量持续改善。2016 年，有针对性地开展特征污染物、挥发性有机物治理。推进燃煤锅炉治理，泰达西区热电热源一厂 1、2 号炉、现代产业区热源厂完成除尘提标改造，滨海能源二厂 7 台燃煤锅炉完成改燃。加强水环境治理，发布水污染防治行动实施方案，推进东、西区污水处理厂提标改造工程。全年空气质量达到二级良好及以上天数 230 天。细颗粒物（PM2.5）年均浓度 63 微克 / 立方米，区域环境噪声平均值 52.5 分贝，道路交通噪声平均值63.9分贝，臭氧（O3）最大8小时滑动平均第90百分位数141微克/立方米。

园区绿色低碳发展水平不断提高，完成国家园区循环化改造示范试点中期评估自查报告。梳理开发区国家低碳工业园区试点创建各项重点工程完成进度，确保试点创建工作顺利推进。发起组建国家级经开区绿色发展联盟，举办首届国家级经开区绿色发展论坛暨启动仪式。完成中美绿色合作伙伴项目泰达国际清洁技术转移平台建设，中日合作项目“回收废灯管 远离汞危害”顺利结题。至2016年年末，有282家企业通过ISO14001认证。

节能环保取得成效。2016年，全区万元地区生产总值能耗270.37公斤标准煤，比上年下降8%，万元工业增加值能耗338.57公斤标准煤，下降6.6%；万元地区生产总值耗电325.85千瓦时，比上年下降3.9%，万元工业增加值耗电405.06千瓦时，下降2.1%；万元地区生产总值新鲜水消耗3.1立方米，比上年下降2.4%，万元工业增加值耗水3.58立方米，下降1.2%。年内，完成主要污染物排放总量指标控制任务。

推进区域绿化建设。全年新增绿地面积10.51万平方米。至年末，全区绿地面积2 353.06万平方米。其中，公园面积155.3万平方米。建成区绿地率为28%，绿化覆盖率为30%。

【社会事业】教育事业实现新跨越。第一中学改扩建一期、国际学校改扩建三期加紧施工。第一小学食堂、体育馆重建，贝肯山幼儿园新建等教育教学项目年内完工。深化教育体制改革，推出《泰达中小学生行为习惯养成教育纲要》。扎实推动“义务教育现代化达标”“高中现代化达标”“星级幼儿园”评估等特色建设。第二中学通过高中现代化学校达标验收。当年义务教育入学率为100%，巩固率为100%，高中入学率为99%。流动人口子女占义务教育阶段学生总数的8%。至年末，全区共有各级各类学校27所。其中，大学3所，民办学校13所，幼儿园11所。

医疗卫生事业实现新发展。泰心医院纳入北京协和医院管理体系，建立全国首个新生儿先心病医疗联合体，智慧医疗建设取得进展。完善社区卫生功能，提高免疫接种水平。至年末，全区共有12家综合性医院、5家专科医院，24家社会力量办其他医疗机构、1家社区卫生服务中心、11个社区卫生服务站、49家企业保健站。拥有各类卫生技术人员2 063人。其中，高级职称卫生技术人员213人。病床1 402张。

构建良好文化氛围。区域文化品牌逐渐形成，夏日艺术季、泰达全民马拉松、创意设计大赛等各类活动有声有色。开展“全民阅读”计划。泰达图书馆档案馆全年档案借阅利用0.3万人次，图书流通17.8万册次，提供文献检索10.46万次，接待读者用户56.85万人次。至年末，档案馆馆藏总量55.3万卷（件），图书馆馆藏总量132.63万册，图书馆馆藏数据库64个。

城市管理成效显著。至2016年年末，全区共成立9个社区，9个社区居委会，建立9个社区志愿者服务站和154个社区志愿团体。全区共有全民健身场所106个。社会救济、优抚安置、老龄、民族和宗教、计划生育等工作落到实处。

【基础设施建设】2016年，天津开发区共完成基础设施投资52.32亿元。至年末，基础设施投资累计完成1 218.66亿元。南港工业区东港池东侧围堤及吹填工程、红旗路南侧公用走廊用地工程等设施建成运营。西区第三热源厂、天津港大港港区新建通用泊位工程、一汽大众华北生产基地市政工程等重点项目有序推进。

2016年，南港工业区完成固定资产投资76.97亿元，其中，基础设施投资34.17亿元。西区完成固定资产投资56.31亿元，其中，基础设施投资0.65亿元。微电子工业区、逸仙科学工业园和现代产业区完成固定资产投资分别为2.52亿元、9.04亿元和4.08亿元，其中，基础设施投资分别为0.22亿元、0.07亿元和0.16亿元。一汽大众华北基地完成固定资产投资14.77亿元，其中，基础设施投资9.37亿元，完成场地填土、主机厂场地处理桩基工程，市政、能源、城建等配套设施陆续开工。城市功能全面提升，东区MSD核心区和扩展区基本建成，周大福金融中心竖向结构封顶，天津科技大学体育馆竣工，津滨轻轨9号线太湖路站新建及东海路站恢复重建完工，年内全线恢复通车。九大街实现双向通车。

【法制建设和政府管理】推进法制建设。加强重点领域立法工作，围绕能源管理、应急管理、金融创新等重点领域，对全区规范性文件进行梳理修订。审核规范性文件9件，重新编纂《天津经济技术开发区法规及规范性文件汇编》。做好行政执法监督工作。建立并完善开发区行政执法监督平台，组织全区20个行政执法部门开展专项培训。完成全区403名行政执法人员执法证件申领、注册培训考试及行政执法人员资格清理工作。加大政策兑现力度，全年兑现企业政策申请8 686件。

区域和谐稳定。坚持信访工作联席会议制度。公安、检察院、法院、消防、武警、交警等多部门联动，严厉打击各项违法犯罪活动。开展人民调解、安置帮教、法治宣传教育，持续提升法律援助、公证服务等工作水平。发挥社区“四社联动”机制作用，及时妥善化解纠纷。

政府效能提升。建立开发区行政审批服务中心，推动行政审批、市场监管体制改革。建立基本建设项目储备库，规范项目决策程序，强化项目预算控制。提高财政运行水平。进一步落实“全覆盖”审计监督。推动“一区十园”管理体制改革。推动国资体制机制改革，实现国有资产保值增值。

【国际国内合作】2016年，天津开发区加强与国家部委、各类商会、产业协会、产业联盟合作，借助外事资源，提升区域国际化程度。在美国、日本、欧洲和我国的北京、上海、香港、台湾等地设立办事处。

对外宣传和推广活动活跃。年内，举办2016中国开发区论坛（泰达论坛）、首届国家级开发区绿色发展论坛、中国汽车产业（泰达）国际论坛。通过举办商贸对接活动，参加“津洽会”“生博会”等高端展会，为企业搭建供需平台。借助各类平台要素，提高天津开发区知名度和美誉度。

【机构设置与管委会领导】2016年，天津开发区管委会设置工作部门为：管委会办公室、西区办公室、政策研究室（法制局、司法局）、发展和改革局、投资促进领导小组办公室、投促一局、投促二局、投促三局、投促四局、外事局、市场和质量监督管理局（经发局）、贸易发展局、建设和交通局（规划和国土资源管理局）、科技发展局、教育文化卫生体育局、财政局、人力资源和社会保障局、环境保护局、审计局、公用事业局（节能办公室）、安全生产监督管理局、城市管理局、南港综合办、南港规建局、南港经发局、南港公用局、南港环保局、南港安监局、中区办公室、北塘企业总部园区办公室。

至2016年年末，天津开发区管理委员会主任王盛（工委副书记）；副主任艾亚民、马玫、李泽民、张国盛、郑凯（挂职）；南港开发有限公司总经理王俊明；天津开发区管理委员会副巡视员张军、施扬、贾守月；天津开发区管理委员会主任助理王雪佳。

（天津经济技术开发区地志办）

烟台经济技术开发区

【经济发展】2016年，烟台经济技术开发区（以下简称“烟台开发区”）完成生产总值1 290.79亿元。其中，第二产业增加值905.85亿元，第三产业增加值372.95亿元。公共财政预算收入90.35亿元，地方税收收入73.57亿元，同比分别增长10%、9.4%；固定资产投资543.06亿元，增长14.2%。

【产业发展】2016年，烟台开发区实现工业总产值4 516.05亿元，同比增长6%；规模以上工业总产值4 196.8亿元，增长6.2%。工业总产值中的外商及港澳台投资工业总产值3 718.41亿元，增长0.4%；机械制造、电子信息两大主导产业实现产值3 633.6亿元，增长7.1%。各类服务业企业达到14 790家，规模以上服务业企业365家，服务业增加值372.95亿元，占地方生产总值的比重达到28.9%。

【科技创新】2016年，烟台开发区研发投入50.8亿元，占GDP比重达4.05%；规模以上高新技术产业产值2 634.4亿元，占规模以上工业总产值的比重为64.3%，产值和占比稳居全市首位；新认定高新技术企业30家，总数达到85家；31家企业入选市科技型中小企业，总数达到109家，占全市的1/5。正海生物“再生修复材料”等11个项目列入国家重点研发专项，在全国科技创新大会上，普罗吉公司研制的HSP90α肿瘤检测产品被列为新中国成立以来的基础科学突破之一。在全市率先推行社会化引才，新增千人计划15人、泰山学者12人，总数达到40人和37人，分别占全市的1/2和1/3；新增万人计划4人，总数达到6人。

【投资促进】2016年，烟台开发区完成进出口1 648亿元，其中出口874亿元。全年新引进内、外资项目83个，总投资265亿元，完成实际使用外资6亿美元、内资315亿元，稳居烟台市第一。重大项目引进成果丰硕，引进过亿美元外资项目5个，过5亿元内资项目7个，总投资5亿美元的韩美药品成为山东省年度最大外资项目。新兴产业招商连续突破，成功引进总投资18亿元的3D打印产业园等一批大项目，项目数量和投资均占到新设项目的1/3。现代服务业项目加速聚集，新引进中关村数字电视等3个大型产业园、云融通跨境电商等5个电商总部，引进项目数量和投资也占到新设项目的1/3。“走出去”发展成效显著，19家企业完成境外投资，万华匈牙利宝思德经贸合作区晋升为国家级境外合作园区，国家级境外合作园区数量占全省的50%。

【绿色集约】2016年，烟台开发区严格落实大气污染物排放标准，强力推进热电厂脱硫除尘改造、燃煤机组（锅炉）超低排放改造，按期按要求完成西部热电等17台燃煤锅炉改造任务。建成投用总投资近2亿元的古现、大季家2个污水处理厂提标扩建工程，污水处理能力由原来的6万吨/天增加至10万吨/天，出水水质由一级B提升至一级A标准，污泥全部进行无害化处置利用。建成投用机动车尾气排放检测站，每年累计检测机动车2万辆以上；淘汰老旧公交车190辆，更新增加新能源公交车164辆，营运车辆上线检测率95%以上，为全面完成总量减排任务奠定良好基础。

【基础设施建设】2016年，烟台开发区坚持以高层次规划为引领，引进大品牌开发商、高资质施工队伍参与城市开发建设。金沙滩公园改造基本完成，海滨公共艺术品及沙丘之风广场项目完工，嘉陵江路建成通车，柳林河改造加快推进，城市品质大幅提升。继续坚持以重大基础设施引领城市发展，完成长江路南侧等4项一级热力管网改造、林语逸景等48项热力配套，敷设改造供热管网46公里，新增入网面积300多万平方米。新建改造供水管线10余公里，完成柳子河南侧供水管道，实现供水主动脉双保险。

【投融资服务】2016年，烟台开发区资本运营实现重大突破，艾迪精密通过证监会审核，全区主板和创业板上市企业达到7家；新增“新三板”挂牌企业7家、区域性股权市场挂牌9家，总数分别达到19家和20家。财政引导基金成功参股5只基金，投资项目达到27个；新增基金管理机构7家，基金85只，总数分别达到16家和105只，基金总规模达到733亿元，占全市的近80%。

【社会事业】11件为民服务实事全部完成。教育和医疗卫生事业取得新进展，新扩建学校10所，国际学校对外招生。高考成绩再创新高，学前教育资源公办普惠率提高到53%。公立医院改革扎实推进，业达医院晋升为三级综合医院，北儿集团烟台医院正式营业，疾控妇幼综合楼主体竣工。新增城镇就业再就业3万人以上，新增创业2 800户，成为省市共建和谐劳动关系综合试验区。完成陈家、小王家、岗嵛等村3 200多栋房屋和谐搬迁，竣工安置小区和旧村改造40万平方米，交付保障房1 200多套。完成10个老旧小区“美化家园”改造，群众居住环境进一步改善。顺利通过国家公共文化服务体系示范区测评，荣膺全市唯一、全国首批“书香城市”称号。

【国际合作】2016年，烟台开发区新增境外投资项目19个，中方协议投资额1.2亿美元，累计境外投资项目69个，中方协议投资额7.6亿美元，主要包括万华在匈牙利投资的宝思德经贸合作区、中航林业有限公司在俄罗斯投资的托木斯克工贸合作区和东诚生化股份有限公司在泰国投资的中泰生物等项目。其中，万华匈牙利宝思德经贸合作区晋升为国家级境外合作园区，国家级境外合作园区数量占山东省的50%。

【机构设置与工委管委领导】烟台开发区工委工作部门为：工委办公室、纪工委、组织部、宣传部、群工部、政法委。管委工作部门为：发改经信局、投资促进局、商务局、人社局、财政局、教体局、住建局、环保局、综合执法局、交通运输局、农海局、安监局、旅游局、科技知识产权局、民政局、卫生计生局、公安分局、规划分局、国土分局、政管办、保税港区西区管理局、市场监管局、金融办、资源再生区管理局、物流园区管委。

工委管委领导成员为：市委常委、工委书记、管委主任王曰义；工委副书记、管委副主任刘建民，工委副书记武维刚；工委委员、组织部部长高松敏；工委委员、纪工委书记邵力波；工委委员、政法委书记吕永坤；工委委员、管委副主任苏智、于少轩、杨林盛、于玲、闫庆华；工委委员、办公室主任王培海；工委委员、宣传部部长张华志；工委委员、物流园区管委主任范吉宏；工委委员、财政局局长李守鹏；工委委员、福莱山街道党委书记刘厚波。

（烟台经济技术开发区管委会）

青岛经济技术开发区

【经济发展】青岛经济技术开发区（以下简称“青岛开发区”）经过30年的开发建设，综合发展水平连续多年位居全国前列。随着西海岸新区开发建设上升为国家战略，青岛开发区站在新的历史起点，以“五大发展理念”为引领，以“产城融合 转型发展”为指导，进一步发挥开发区作为改革开放排头兵的作用，加快新旧动能转换步伐，引领经济结构优化调整和发展方式转变，着力形成新的集聚效应和增长动力。2016年，青岛开发区完成地区生产总值1 930亿元，增长10.1%（可比价），占青岛市地区生产总值的比重为18.7%。实现公共财政预算收入174亿元，增长9.4%；实现税收收入342亿元，同比增长11.8%；完成固定资产投资989亿元，增长12.5%。

【产业发展】2016年，青岛开发区紧跟全球新一轮科技和产业革命步伐，以“中国制造2025”为指导，发挥陆海统筹、产城融合优势，着力构建以海洋经济为特色的现代产业体系。坚持推进工业化与信息化深度融合，家电、船舶海工、汽车等四大集群产值占据青岛市的“半壁江山”，家电电子产业基地成为青岛市首个千亿元级产业集聚区。培育发展战略性新兴产业，产值占规模以上工业产值的比重达到20%。促进服务业跨界融合、高端发展，加快发展楼宇经济和总部经济，为高端制造业打造优质生产性服务和社会性服务。大力推进旅游、住宿餐饮业和特色商业街区发展，社会消费品零售总额年均增长12.4%。

【科技创新】2016年，青岛开发区深入实施创新驱动战略，搭建园区、企业、机构和众创“四大平台”，强化人才、金融、品牌和改革“四大支撑”，构建科研管理、科技成果转化、科技金融服务和政企协同创新“四大体系”，营造良好创新生态。高新技术产业产值占青岛市的1/3。构建人才支撑体系，集聚复旦大学、石油大学、山东科技大学等9所知名高校，人才总量占全区总人口的35.2%。

【投资促进】2016年，青岛开发区主动融入国家“一带一路”倡议，深化投资便利化改革，着力营造市场化、法治化、国际化的营商环境，聘请第三方对开发区营商环境进行综合评估，营商环境客商满意度达到90%。创新招商引资机制，加强联合招商、靶向招商、零地招商，持续推进“三集中”等项活动。全年批准外商投资项目70个，实际到账外资11.41亿美元。进出口实现188亿美元，占青岛市的28.1%，高新技术产品出口16.1亿美元。青岛港货物和集装箱吞吐量均居全球第七位。

【绿色集约】2016年，青岛开发区牢固树立生态优先、绿色发展理念，大力推进园区循环化改造示范试点工作，大力推动新能源、新材料等战略性新兴产业和现代服务业发展，促进产业优化和绿色升级。培育壮大节能环保产业，使环境改善与经济发展实现双赢。顺利通过国家生态工业示范园区预验收，入选“中国绿色发展优秀示范园区”重点推荐名单。

【智慧园区】2016年，青岛开发区积极推进国家智能化工业园区示范试点工作，工业4.0、大数据、机器人等新经济形态涌现，赛轮金宇集团和昌隆文具被工信部认定为全国首批“智能制造示范项目”，已建成斐雪派克智能互联工程等4个智能工厂、青岛海信通信有限公司6个数字化车间、青岛智动精工电子有限公司等5条自动化生产线。

【投融资服务】2016年，青岛开发区深化投融资体制改革，完善金融市场体系，集聚金融服务机构87家。积极利用社会资金，综合运用PPP、组合融资、基金投资等方式，新增两项政策性扶持基金。鼓励企业上市，拥有海信、澳柯玛、赛轮等上市企业18家，中德联合集团借壳上市，是中国首家在德国上市的国有园区发展商。

【体制机制创新】2016年，青岛开发区坚持大胆试、大胆创，以供给侧改革为重点，持续推进国家级、省级、市级试点，向改革要活力、要动力。建立起"一个窗口受理，一枚印章审批"的行政审批新机制，重点项目全程帮办，行政审批效能提速50%以上。深化知识产权示范区建设，完善创新导向的人才激励保障机制，发明专利申请量和授权量保持全省各县区之首。

【国际合作】2016年，青岛开发区青岛中德生态园项目是由中德两国政府建设的首个可持续发展示范合作项目，作为彰显中德合作、倡导低碳环保、促进产业转型、推动研发创新、引领绿色生活、实现持续发展的活力园区。委托德国GMP建筑设计事务所进行整体规划编制，园区规划容积率为0.65，规划总人口约6万人。

【重大事项】胶州湾海底隧道、跨海大桥建成通车，跨海地铁1号线即将开通，开启了青岛东西海岸一体发展的新时代。联通西海岸的首条地铁轻轨线路的13号线全面开工，将实现与1号线轨道交通线网的有机结合，未来与青连铁路相接，将形成完善的现代综合交通体系。

【机构设置与管委会领导】加快服务型管委会建设，建立完善权责到位、分工明确、精简高效的管理体制和运行机制。深化行政管理体制改革，按照大部制要求，进一步精简优化机构设置，精简整合职能部门，提升行政效能和服务效率。荣获"中国最具投资潜力十强开发区"荣誉称号。管委会领导成员为：工委书记王建祥；管委主任李奉利；工委副书记、管委常务副主任于东明；工委委员、管委副主任高嵘、陈国良、赵增高；工委委员、纪工委书记王艳。

2015—2016年青岛经济技术开发区主要经济综合指标一览表

项目	单位	2016年	2015年	增减（%）
开发区生产总值	亿元	1 930.28	1 805.01	6.9
第二产业	亿元	935.40	917.08	1.9
工业	亿元	851.99	849.06	0.3
第三产业	亿元	981.40	873.08	12.4
工业总产值（现价）	亿元	4 736.92	4 863.68	−2.6
高新技术企业	亿元	2 083.73	2 288.33	−8.9
销售（营业）收入	亿元	5 492.66	5 483.38	0.2
第二产业	亿元	4 843.18	4 886.47	−0.9
工业	亿元	4 650.24	4 673.93	−0.5
第三产业	亿元	649.49	596.91	8.8
利润总额	亿元	305.30	311.36	−1.9
第二产业	亿元	253.45	252.39	0.4
工业	亿元	243.06	241.01	0.9
第三产业	亿元	51.85	58.97	−12.1
区内主导产业及产值				

续表

项目		单位	2016 年	2015 年	增减（%）
主导产业	1. 家电产业	亿元	939.15	859.24	9.3
	2. 石化产业	亿元	680.97	674.23	1.0
	3. 机械装备制造业	亿元	414.19	431.99	-4.1
	4. 汽车产业	亿元	430.73	448.35	-3.9
进出口总额		亿美元	188.04	279.34	-32.7
出口		亿美元	93.02	114.75	-18.9
财政收入		亿元	372.63	372.88	-0.1
税收收入		亿元	342.51	306.33	11.8
财政支出		亿元	203.53	184.52	10.3
新批企业数量		家	6 197	4 774	29.8
外商及港澳台企业		家	70	73	-4.1
内资企业		家	6 127	4 701	30.3
区内世界 500 强企业		家	100	98	2.0
国家级高新技术企业		家	165	121	36.4
新批企业投资额	外商及港澳台企业	亿美元	17.06	16.83	1.4
	内资企业	亿元	281.51	269.00	4.7
	增资企业	亿美元	3.78	4.16	-9.1
规模以上企业数量		家	844	848	-0.5
科学研究与试验发展（R&D）经费支出		万元	577 916	532 275	8.6
合同外资金额		亿美元	11.78	20.99	-43.9
外商实际投资		亿美元	11.41	11.32	0.8
固定资产投资		亿元	988.99	878.79	12.5
年末从业人员		万人	48.46	47.65	1.7
万元 GDP 能耗		吨标煤／万元	0.383 9	0.397 8	-3.5
水资源消耗总量		万立方米	7 678	7 369	4.2
单位国内生产总值取水量		立方米／万元	3.977 5	4.082 4	-2.6
上市企业		家	22	18	22.2
区内建立的创新创业平台		个	37	28	32.1
区内职业教育学校		所	74	68	8.8

（青岛经济技术开发区管委会）

福州经济技术开发区

【概况】马尾区行政区域面积为276平方公里，下辖三镇一街道（琅岐镇、亭江镇、马尾镇、罗星街道），设13个社区，62个村委会，常住人口25.1万。1985年1月，国务院批准在马尾设立开发区，福州经济技术开发区（以下简称“福州开发区”）成为全国首批14个国家级经济技术开发区之一。1992年，福州开发区与马尾行政区实行“两区合一”行政管理体制。之后，国务院又批准在开发区内设立台商投资区、高科技园区、福州保税区、福州出口加工区。2015年4月21日，福建自由贸易区正式挂牌成立，福州开发区全境（22平方公里）纳入自由贸易区范围，占福州片区31.26平方公里的70.4%。2015年8月30日，国务院批复同意设立福州新区，马尾区135.27平方公里纳入福州新区规划范畴。

【经济建设】2016年，福州开发区完成地区生产总值424.91亿元，增长8.1%；规模以上工业增加值266.05亿元，增长7.7%；一般公共预算总收入34.38亿元，增长8.1%，其中地方一般公共预算收入21.46亿元，增长16.2%；固定资产投资309.74亿元，增长13.1%；社会消费品零售总额160亿元，增长16.5%；出口总额184.1亿元，增长9.5%；实际利用外资2.93亿美元，增长12.2%；城镇居民人均可支配收入4.14万元，增长8.2%；农村居民人均可支配收入2.12万元，增长7.2%。

【农业发展】2016年，福州开发区农林牧渔业总产值109 412万元，增长4.7%。实施“强龙带动”战略，培育扶持了名成、大昌、坤兴等一批有规模、有实力、带动力强的农业龙头企业。全区共有市级以上农业产业化龙头企业12家，其中省级3家（福建佳客来食品股份有限公司、福建坤兴海洋股份有限公司、福建名成集团有限公司），推进对台农业合作，引进台湾优良品种，推广先进管养经验。

【工业发展】2016年，福州开发区积极推进“马尾制造2025”行动计划。实施大通机电新能源汽车漆包线等22项技改项目，加快实施飞毛腿高密度新能源电池、星云电子电池智能装备等项目。推动传统产业转型升级，扶持万德电气高效同步电机、中日达镀锡生产线技改等项目建设。开展互联网与工业融合创新试点，建成飞毛腿智能工厂等重点项目。2016年全区140家规模以上工业企业实现产值944.14亿元，增长8%。全区25个行业大类中，2016年共有15个行业累计实现增长，增产面达60%。高技术产业成为拉动全区工业增长的主力军。高新技术企业充分发挥科技创新优势，实现快速增长。2016年，35家高技术产业企业共实现产值427.96亿元，增长11.8%，增幅高于全区规模以上工业3.8个百分点，占全区规模以上工业总产值的45.3%，比上年提高0.3个百分点，对工业增长的贡献率达到64.4%，拉动全区工业增长5.2个百分点。

【建筑业】2016年，福州开发区建筑业实现增加值22.22亿元，增长8.1%。全区共有总承包和专业承包资质建筑企业52家，完成产值273.36亿元，增长12.2%；房屋建筑施工面积3 120万平方米，增长13.9%；房屋建筑竣工面积400.84万平方米，增长42.6%。

【科技创新】2016年，全国首个窄带物联网规模化商用局、清华大学智能系统与技术国家重点实验室落户福州开发区。科立视成功研发国内首个拥有自主知识产权的超薄抗菌玻璃，东北理光获得全国首张再制造资质证书，创高安防被认定为省级工业设计中心，伊时代与福建高交所签署战略投资协议。全年新增6家省级创新型企业和12家高新技术企业。传统产业加快升级，23项福建省、福州市重点技改项目完成投资19.5亿元，增长52.5%。2016年福州开发区获批省级智能制造试点示范基地。全年共有10项科技成果获省市科技进步奖；全区拥有国家创新型企业1家，省级创新型企业23家；新增1家省级企业工程技术研究中心，年末全区拥有16家省级企业工程技术研究中心；新增3家省级企业技术中心，拥有国家级企业技术中心1家，省级技术中心18家，市级技术中心21家；新认定专家工作站2家，院士工作站3家，专家工作站14家；新认定12家高新技术企业，年末高新技术企业共69家。2016年全区专利申请量1 807件，专利授权量904件。至2016年年底，全区拥有中国驰名商标6件，省著名商标52件，省名牌产品32项。2016年全区推荐了2名专家参加国家“千人计划”申报评选工作，推荐了16个专家（团队）参评第五批省“百人计划”申报工作，发动企业大力挖掘人才资源，踊跃参评全省ABC类引进人才，全年共有7名人才确定为B类人才，3名人才确定为C类人才；在第二批省“海纳百川”计划人才评选中，科技创新人才、技能大师项目各入选1人；推荐了9名人才参加福州市第三届优秀人才评选活动，其中3名进入候选人公示名单。

【招商引资】2016年，福州开发区支持海峡金桥保险等本土金融机构发展壮大。立足自由贸易区政策优势，以金融小镇、多层次资本交易中心等项目为载体，积极引入银行、证券、保险等金融和类金融机构，吸引融资租赁、第三方支付等现代金融产业入驻开发区，鼓励金融企业设立区域总部。出台扶持基金加快发展的各项政策，重点引进产业引导、股权投资等基金项目，打造福州“基金小镇”。全年进出口总额272.15亿元，增长0.7%。其中，出口总额184.1亿元，增长9.5%；进口总额88.05亿元，下降13.7%。全年新批合同外资项目218项，增长14.7%。其中，千万美元项目23项，增资项目8项；新批合同外资金65 145万美元，下降31.8%。全年新批台资项目151项，合同利用台资16 488万美元；实际利用外资29 346万美元，增长12.2%。

【生态环境】福州开发区持续改善生态环境，推进琅岐岛生态红线划定工作。实施2016年度空气质量提升行动，完成黄标车年度淘汰任务，全区建成区绿化覆盖面积1 113.27公顷，增长0.6%，绿化覆盖率39.77%；2016年年末建成区绿地面积1 012.06公顷，增长1.7%，建成区绿地率为36.16%，新增绿地面积16.7公顷。全区人工造林面积1 685亩（112.3公顷），森林覆盖率46.89%，全年空气质量优良率达到98.3%，饮用水源水质达标率为100%。

【物联网产业】福州开发区被国家工信部授予“国家新型工业化产业示范基地（电子信息·物联网）”称号，成为国内第四个国家级物联网产业园。2016年9月完成“全国电子信息（微电子物联网）产业知名品牌示范区”创建答辩工作。产业基地中通过认定的物联网企业65家，关联企业超过100家，集聚了新大陆等上市企业18家，三鑫隆等“新三板”挂牌企业20家，上市后备企业33家。2016年全区物联网相关企业产值560亿元，同比增长17.6%。全区物联网产业链逐步完善，产品涉及传感器、二维码采集器设备、光学镜头等；传输层企业包括星海通信、国脉科技、腾景光电等，产品涉及GPS/北斗导航终端、电信业务支撑、光纤光学元件等；应用层企业包括新大陆、上润精密、慧翰微电子、冠林科技、志品技术等，产品涉及金融POS机、智能水务系统、车联网T-Box、智能家居、iEN智能管理系统等。扩大物联网在智慧水务、城市管理、家居安防等领域的应用，推动物联网应用产业化、规模化。发挥新大陆、上润精密、福光股份、冠林科技等物联网骨干企业的引领作用，用好用活省、市支持物联网产业发展的各项政策，积极引进物联网龙头企业及关联企业，加快形成物联网产业集聚园区的步伐。预计到2020年，全区物联网产业规模将达到1 000亿元。

【机制体制创新】福州开发区深化行政审批制度改革，推进简政放权，放管结合，优化营商环境。全年清理规范中介服务和前置审批，清理前置审批事项109项，行政审批中介服务事项101项。2016年在全国率先实行“一照一码”登记制度，并推行电子营业执照，企业设立时间由15个工作日缩短到1个工作日；推行投资建设项目审批“一口受理”的业务办理，将审批时限缩短到了32个工作日；开通重点项目、台湾青创企业注册绿色通道，拓展上门服务、预约服务、延时服务、代办服务等形式；对外商投资实施“负面清单+准入前国民待遇”管理制度，并创新外商投资“负面清单”以外领域直接登记模式；在全国率先“简化CEPA以及ECFA线下货物进口原产地证书提交需求”，使每票通关货物准备时间减少1～2天，节省成本8%；全国首创对外贸易经营者备案和原产地企业备案“两证合一”，每年帮助企业至少节约费用100万元，压缩时间成本1 000个工作日。

【城乡建设与管理】2016年，福州开发区共实施基础设施项目46项，累计投资28.3亿元。完成快安、马江、长安、琅岐4个片区控制性详细规划编制。启动31.6万平方米旧屋区改造，完成房屋征收2 252户。启动中国—马尾船政文化城规划建设，马尾造船厂搬迁基本完成。市政建设与管理日趋完善。实施交通治堵专项行动，整治魁岐互通、青洲环岛、东江滨儿童公园等路段的交通拥堵。优化市政路网，新改扩建魁岐大道、儒江大道等40公里市政道路。易安居、儒江和谐家园实现回迁。完成聚英花园、济安苑等5个老旧小区综合整治。儒江苑、龙津苑、闽江佳园安置房提前完工，启动104国道景观改造，建设天马山休闲步道（一期），新增绿地16.7万平方米。

（福州经济技术开发区管委会）

南通经济技术开发区

【经济发展】2016年，南通经济技术开发区（以下简称“南通开发区”）完成地区生产总值619.45亿元，增长10.3%；工业总产值1 980.8亿元，增长9.1%；工业应税销售收入2 018.4亿元，增长9.3%；固定资产投资532.7亿元，增长12%；进出口总额350亿元，增长5.5%，其中出口202亿元，增长9.5%；社会消费品零售总额155.4亿元，增长10.6%。

【产业发展】2016年，南通开发区获批为长江经济带国家级转型升级发展示范开发区。2016年，实现高新技术产业产值784.5亿元，增长12%，占规模工业产值的43.6%；新兴产业产值585.8亿元，增长4%，占规模工业产值的32.5%；医药健康、光纤通信产业板块产值增长超过20%。8家企业获批为江苏省、南通市“两化融合”示范试点企业。瑞慈医疗在香港联交所上市，伊士生物、辰华能源、天盛新能源、海珥玛4家企业在“新三板”挂牌。现代服务业加快发展，大数据、软件信息、服务外包等新业态不断集聚，智慧之眼、中侨大厦、中兴网络云计算中心、盈通电子商务、丰驰物流等一批重点服务业项目加快建设；完成服务业增加值180.13亿元，增长12%；服务业应税销售收入853.3亿元，增长5.36%；服务外包合同额7亿美元、执行额6.27亿美元，均超过南通市总额的1/3。“3+3”特色园区水、电、气等基础配套设施不断完善，产业集聚度持续提升。南通综保区在江苏省率先实施“仓储货物按状态分类监管”制度，二期顺利通过封关验收，通关便利化服务水平不断提高；通海港区码头加快建设；中仓国际物流园项目成功落户；石化交易、进口商品展示直销等平台运营良好；全年新增注册项目250个，总投资85亿元，实现经营收入102亿元，增长27.5%。国际数据中心产业园建设加快推进，入驻项目总投资超200亿元，香港脉络、易信科技、龙软数据、深圳算云等一批项目开工建设，中兴网信一期1 000个机柜投入运行。

【科技创新】2016年，南通开发区全社会研发投入占GDP比重达2.61%；南通高新技术创业服务中心被认定为国家级科技企业孵化器；“文创坊”被认定为国家级众创空间，“双创营”获批为市级众创空间。获批省级以上科技计划项目19个、市级科技项目40个，争取上级扶持资金3 768万元；新增国家高新技术企业11家；新认定省级企业研发机构8家、市级工程技术中心13家；新增授权发明专利294件，增长26%，期末万人发明专利拥有量达46.96件，获批为江苏省知识产权示范园区。南通留学人员创业园获批为国家级留学人员创业园、江苏省留学回国人员创新创业示范基地；新引进工程院院士1人、国家杰出青年2人、国家千人计划专家4人、中科院百人计划专家1人，入选省“双创计划”9人；落户人才创业项目24个，总投资14亿元。

【投资促进】2016年，南通开发区围绕新材料、电子信息、医药健康、精密机械以及现代服务业等主导产业，开展精准化、专业化、产业化招商。新增注册外资8.92亿美元，实际利用外资5.2亿美元；新批外资项目43个，增资项目16个，其中总投资超亿美元项目5个，总投资3 000万美元以上项目21个。美乐家健康科技、意力速电子工业、麦加新材料、德之馨香精香料、厚成新材料、日本食研、欧域数据服务、仁衡融资租赁等一批重大项目成功落户。默克生命科学、宣伟涂料、奇华顿香精香料、恒亿天嘉石墨烯等39个总投资141亿元的已批待建项目前期工作有序开展；丘比食品、东艾科尖端薄膜、元佳新材料等55个总投资140.2亿元的在建项目加快推进；默克制药、武藏精机、爱信精机汽车零部件研发中心、斯福瑞制药、迈图有机硅等项目竣工投产。

【绿色集约】 2016年，南通开发区实施新一轮“环境保护三年提升行动计划”，推动环境质量不断改善。全区规划环评获得环保部批复；一污扩容改造、二污三期扩建、空气自动预警监测系统等环保基础设施加快推进；中水回用工程稳定运行；第二批36家重点企业刷卡排污系统投入使用；升达固废处置项目建成运行；挥发性有机物污染治理、秸秆禁烧、燃煤锅炉整治等工作成效明显，PM2.5浓度比2013年同期下降约40%；推进重点河道整治，集中式饮用水源地水质达标率为100%；东方大道、沈海高速西侧等道路绿化工程和生态通廊、通启运河城市风景带、星盛湖等园林绿化工程加快推进，新增绿地面积170公顷，绿化覆盖率进一步提升。

【城市建设】 2016年，南通开发区累计完成城建工程实际投资20.7亿元。新建及改造道路33公里，东方大道、通盛大道、通富南路等改造工程顺利竣工，路网体系不断完善；新辟公交线路2条，优化调整6条，公交能级持续提升；永旺梦乐城、越秀城市广场等项目主体竣工；南通市“三城同创”28项重点工程，中央公园、老洪港湿地公园等重点项目拆迁进度全市领先，全年完成拆迁30万平方米。加快实施“美城三年行动计划”，启动垃圾分类管理试点工作，扎实开展通沪大道沿线“五违”整治、营船港闸及通启运河沿线非法占用清理、重型超载车辆整治、废品收购点清理等专项工作，取得明显成效。

【社会文化事业】 2016年，南通开发区老小区改造、小游园建设、农贸市场建设、公交优化、安置小区地下停车库启用等10项民生实事工程顺利完成。住房保障体系不断完善，总面积150万平方米的6个安置房和农民集居区项目加快建设，安置拆迁居民1 500户。教育现代化步伐不断加快，能达小学、小海小学二期、中心区域公办幼儿园建设有序推进，教师发展中心通过省级评审，中高考再创佳绩。卫生服务水平不断提升，小海街道社区卫生服务中心异地新建项目进展顺利，全区社区卫生服务中心标准化建设全面达标，7个社区卫生服务站新建项目通过市级验收。社会保障不断强化，举办各类招聘会47场，促进就业5 700多人；申请各类创业贷款及补贴2 190万元，帮助群众创业765人；全年新纳入失地生活保障人员3 100人，投入养老保险补贴资金2.3亿元，落实居民医保个人缴费补贴3 683万元。文化体育事业不断发展，4个街道建立了具有“7+5+N”功能的综合文化站，6家社区综合文化中心通过市级验收，全民健身中心主体已竣工验收。食品药品监督有力有效，基本药物制度进一步巩固。文明城市建设持续深化，“栾馨仁”品牌效应进一步放大，入选省总工会十大优质项目。依法治区深入推进，重要事项决策、重大项目建设社会稳定风险评估率为100%，获得省委、省政府的表彰，成为2014—2015年度法治江苏建设示范区。

【机构设置与管委会领导】 2016年，南通开发区党工委、管委会下设办公室（宣传部、文明办）、纪工委（监察审计局）、组织部（人力资源和社会保障局、编办、民政局）、政法委（综治办、610办、依法治区办、司法局）、法院、机关党工委、群工部（总工会、商会、妇联、团委）、人武办公室、农村工作局、社会事业局、经济发展局、招商局、投资促进局、财政局、房产管理局、建设局、综合执法局、安全生产监督管理局、环境保护局、综合保税区管理局、市场监督管理局、行政审批局（投资服务中心）。

南通经济技术开发区党工委、管委会领导成员为：党工委书记羌强；党工委副书记、管委会主任顾淑英；党工委副书记、政法委书记丁秉华；党工委副书记董克新、陈本高、周建；党工委委员、管委会副主任陈强、陈琦、王世瑞、范志强、李晓斌、成晓静、王康力；党工委委员、组织部部长、人力资源和社会保障局局长刘锋；党工委委员、纪工委书记周静；南通经济技术开发区党工委委员、公安分局局长成明。

2015—2016年南通经济技术开发区主要经济综合指标一览表

项目		单位	2016年	2015年	增减（%）
开发区生产总值		亿元	619.45	561.61	10.30
第二产业		亿元	438.08	399.01	9.79
工业		亿元	419.68	381.15	10.11
第三产业		亿元	180.13	160.78	12.04
工业总产值（现价）		亿元	1 980.80	1 815.59	9.10
高新技术企业		亿元	518.10	428.18	21.00
销售（营业）收入		亿元	2 875.04	2 658.80	8.13
第二产业		亿元	2 018.40	1 846.24	9.32
工业		亿元	1 980.30	1 812.45	9.26
第三产业		亿元	853.30	809.88	5.36
利润总额		亿元	187.50	168.64	11.19
第二产业		亿元	139.50	127.80	9.15
工业		亿元	116.90	106.91	9.33
区内主导产业及产值					
主导产业	1. 化学新材料	亿元	536.47	504.73	6.29
	2. 现代纺织	亿元	229.72	225.00	2.10
	3. 精密机械	亿元	203.42	164.32	23.80
	4. 通用设备制造	亿元	135.86	131.19	3.56
进出口总额		亿美元	53.09	53.41	−0.60
出口		亿美元	20.63	29.73	−30.60
财政收入		亿元	96.62	108.15	−10.66
税收收入		亿元	69.26	79.91	−13.32
财政支出		亿元	44.66	44.99	−0.73
新批企业数量		家	1 939	1 690	14.73
外商及港澳台企业		家	43	41	4.88
内资企业		家	1 896	1 649	14.98
新批企业投资额	外商及港澳台企业	亿美元	7.73	11.60	−33.36
	内资企业	亿元	160.80	155.10	3.68
	增资企业	亿美元	2.50	4.24	−41.04
规模以上企业数量		家	797	781	2.05
合同外资金额		亿美元	8.92	6.21	43.64
外商实际投资		亿美元	5.21	6.36	−18.08
固定资产投资		亿元	532.70	475.58	12.01
年末从业人员		万人	14.25	14.94	−4.62
万元GDP能耗		吨标煤／万元	0.75	0.78	−3.85

续表

项目	单位	2016年	2015年	增减（%）
水资源消耗总量	万立方米	6 956	6 688	4.01
单位国内生产总值取水量	立方米/万元	11.23	11.91	-5.71
上市企业数量	家	10	9	11.11
区内建立的创新创业平台	个	85	80	6.25
区内职业教育学校数量	所	4	—	—

（南通经济技术开发区管委会）

连云港经济技术开发区

【经济发展】2016年，连云港经济技术开发区（以下简称“全区”）牢牢把握“工业立区、产业强区”发展导向，以“四争”工程为抓手，统筹做好稳增长、调结构、促改革、惠民生、防风险各项工作，实现了“十三五”发展的良好开局。2016年，全区实现地区生产总值348.5亿元，增长8.4%；第二产业增加值297.3亿元，增长8.6%，占地区生产总值比重85.3%，第三产业增加值50.66亿元，增长8%，占地区生产总值比重14.5%；工业总产值1 430亿元，增长9.2%；全社会固定资产投资349.6亿元，增长19.6%，规模以上固定资产投资309.8亿元，增长20%，其中规模以上工业投资213.5亿元，增长20.2%；财政收入71.6亿元，下降6.6%；公共财政预算收入35亿元，财政支出21.8亿元；社会消费品零售总额11.9亿元，增长11.6%。地区生产总值、公共财政预算收入、税收收入、实际利用外资、高技术制造业产值、第三产业增加值占连云港全市的比重分别为14.7%、16.6%、23.9%、22.6%、67.1%和4.9%。

【产业发展】2016年，全区全面实施“五大提升行动”，推动主导产业持续攀升，优势企业培大育强。2016年，全区工业增加值288.7亿元，增长8.9%；工业总产值1 430亿元，增长9.2%，其中，外商及港澳台投资企业工业总产值932.7亿元，增长9.7%，占全区产值比重达65.2%，内资企业工业总产值497.3亿元，增长8.1%，占全区产值比重达34.8%；产业集群发展势头强劲，生命健康、先进材料和临港装备制造等三大主导产业实现产值870.7亿元，增长13.8%，占全区规模以上工业总产值比重的60.9%，其中，生命健康491亿元，增长18.3%，先进材料115.8亿元，增长14.5%，临港装备制造263.9亿元，增长0.6%。9家企业年产值超过50亿元，11家企业进入连云港市30强。新增规模以上工业企业7家，上榜江苏省“自主工业品牌50强”企业3家。南北共建园区加快建设，江宁开发区连云港工业园实现工业产品销售收入174亿元，增长13.7%；规模以上工业增加值38.3亿元，增长13.3%；公共财政预算收入3.4亿元，增长17%；工业企业固定资产投资41.18亿元，基础设施投入3.69亿元。新批内外资项目9个，其中外资项目4个，产业转移项目6个，企业总投资额6亿元。

【科技创新】2016年，全区以科技创新为引领，力推区域转型发展、创新发展。强化创新驱动，中国化纤科技大会等成功举办，创新发展政策兑现指南、众创空间认定扶持办法等文件陆续出台。获批省级科技企业孵化器、众创空间各1家，新增省级以上研发机构10家、领军人才25人。国家靶向药物工程技术研究中心通过验收，生命健康产业公共服务平台完成建设，市药检所挂牌成立，原创化学药创新中心获批江苏省两大制造业创新中心之一，恒瑞医药成为江苏省唯一的“国家创新企业百强工程试点企业”；碳纤维复合材料试验公共服务平台列入国家工业强基工程；国内首条千吨级T800碳纤维原丝线建成投产；国内首个IL-17A靶点生物创新药获得临床批件。荣获国家科技进步奖2项。全社会研发投入占GDP比重达4.5%。

【投资促进】2016年，全区持续加大招商引资力度，强化专业研究、精准出击，组织开展“招商会战季”活动，成功举办连博会医药产业高峰论坛，新签约项目14个。其中，投资12亿元的康惠生命健康产业园、3 000万美元的正坦传动精密仪器加工等外资项目4个，投资32亿元的林洋新能源、10亿元的恒瑞胰岛素等内资项目10个。批准、备案新设外商投资企业20家，合同外资57 724.7万美元；批准、备案增资外商投资企业4家，新增合同外资6 728.7万美元。实际利用外资11 832万美元，下降66.4%，占全市比重达42.3%。新批内资项目55个，增长25%，合计投资96.9亿元，增长29.7%。全年完成进出口总额246 603万美元，下降22.1%。其中，出口额95 859万美元，下降9.1%，进口额150 744万美元，下降28.6%。医药产业实现进出口2.2亿美元，增长50.8%；先进材料产业实现进出口0.5亿美元，增长4.5%；新能源产业实现进出口2.2亿美元，增长115.8%。

【绿色集约】2016年，全区牢固树立“绿色发展、生态优先”理念，以创建国家生态工业示范园区等为抓手，推动资源能源节约和高效利用。节能减排稳步推进，实施投资2.2亿元的晨兴环保垃圾干化，投资3 000万元的氨纶设备节能升级综合技术改造等节能技改项目15个，其中投资100万元以上的项目9个。创智街区通过省级建筑节能和绿色建筑示范区验收。污染控制能力显著增强，中央环保督察组交办的4项问题全部办结，淘汰整治企业33家，区内单位地区生产总值化学需氧量（COD）排放量0.11千克/万元，单位地区生产总值二氧化硫排放量0.35千克/万元，单位地区生产总值氮氧化物排放量0.43千克/万元，单位地区生产总值氨氮排放量0.008千克/万元，主要减排指标全部达标。土地节约利用成效显著。建立项目准入评价机制，成立项目预审小组，全面审查新招引项目的可行性、用地规模、产出效益、税收贡献等重点指标，真正从源头上控制低效用地发生的风险。严格控制项目用地规模，加强分期投资项目用地管理，提高工业用地投资强度确保不低于300万元/亩（4 500万元/公顷）。完善项目退出机制，清理盘活处置土地1 514.8亩（101公顷），收取土地闲置费1 360.1万元。5月26日，连云港经济技术开发区国家生态工业示范园区创建工作高水平通过国家环保部、科技部及商务部三部委组织的联合验收。8月1日，在国家环保部官方网站获得拟批复命名公示，标志着全区正式建成连云港市首家国家级生态园区。

【智慧园区】2016年，全区先后获批建设江苏省三网融合试点园区、省新型电力装备制造业特色产业基地；成功入选中国移动“企企通”建设试点园区，恒瑞、康缘、豪森和中复连众4家企业获批江苏省“企企通”试点企业；中复连众等4家企业获批2016年互联网与工业融合创新示范工程企业；伍江数码获批2016年江苏省两化融合管理体系贯标试点；康缘药业、杜钟新奥神两家企业成功入选江苏省智能制造示范车间项目。

【投融资服务】2016年，全区不断优化金融服务理念，加大政策及服务载体配套力度，切实解决企业融资难题。设立区中小企业转贷基金，出台中小企业转贷应急资金管理暂行办法，为科技型中小企业降低融资成本提供支撑。银企对接更加紧密，建立开发区金融联席会议制度，构建“开放式会员制金融服务网络平台”，形成了“政府+企业+金融”的“线上”信息沟通桥梁，吸引银行、证券等金融机构、类金融机构近30家入驻，发布近百种金融产品。开展全区融资需求征集工作，建立企业项目融资需求数据库，协助企业办理“苏科贷”、科技贷款等共计7 610万元。鼓励企业借力资本市场，直接上市融资，新增挂牌上市企业5家。其中，诺泰生物、华海诚科成功挂牌“新三板”，易代收公司挂牌上海股权托管交易中心，创亿科贷、恒顺化工挂牌江苏股权交易中心，形成了“上市(挂牌）一批，开展一批，储备一批”的良好态势。

【设施配套】2016年，全区持续完善园区功能配套，推进园区精细管理，产城融合渐成趋势。建成创智大厦、大数据中心等重点功能设施，完成大浦路改建等路网工程 23.8 公里。强力推进旧城改造，完成猴嘴片区 21 万平方米房屋征收工作；管理水平加快提升。大力实施“创卫十大专项整治工程”，全面落实创硬件设施建设、“六小”行业整治等专项工程，累计投入创卫资金 1.3 亿元，出台无物业管理小区整治、街道硬件投入等长效管理文件 13 个，完成重点和难点整治任务 2 835 项。

【民生服务】2016 年，全区 3 个街道实现公共财政预算收入 6.68 亿元，同比增长 10.3%，猴嘴街道首次突破亿元大关。涉农村居集体经济收入全部超过 100 万元。农民人均纯收入 2.4 万元，增长 13%。朝阳街道黄桃等农产品出口稳居全省乡镇前列。民生工程全面推进，投入 3.7 亿元，实施民生实事 62 项，养老、医疗、失业保险基本实现全覆盖，义务教育教学质量进入连云港市“前三甲”。实施就业保障“456 工程”，新增就业 5 086 人、参保 6 125 人。综合整治成效凸显，推进法治建设，区法院、检察院成立运行，开展社会治安集中清理清查、安全生产隐患排查、信访积案化解等专项行动，确保社会稳定。工会、民政、档案、武装、防火等工作均取得新进展。

【社会文化事业】2016 年，全区群众文化活动精彩纷呈，承办“中国梦港城情”开幕式、“路在脚下”书画展等大型文体活动 6 场，街道、社区级演出活动 20 余场，惠及观众 8 万多人次。文体基础设施日趋完善，辖区 3 个街道均建有省级标准的文化中心，33 个村（社区）均建有农家书屋和活动室。完善城市社区 10 分钟健身圈建设，街村两级健身设施实现全覆盖。切实加强文物保护工作，对 21 处区级及以上文物保护单位开展巡查。稳步推进非物质文化遗产保护和传承，田横岗传说、盐民习俗和盐坨高跷 3 个项目被评为第六批市级非遗项目。强化旅游宣传，组织 2016 年连云港市乡村旅游节暨开发区首届朝阳桃花节开幕式；参加江苏省首届“乐购江苏”特色旅游商品展销大会，区域旅游知名度进一步提升。

【基层党建】2016 年，全区扎实开展“两学一做”学习教育，推动党员干部增强“四个意识”、提高党性修养。严格执行干部选任规定，推行岗位责任清单考核机制，建立干部晋升“双轨制”，引导干部到一线岗位锻炼成长。紧扣园区实际，组织开展实干作风建设大讨论活动，凝聚实干共识、形成实干自觉。狠抓基层党建，村（社区）党组织换届圆满完成，非公企业“党群一体化”共建格局初步形成。精神文明建设深入推进，涌现出“中国好人”“江苏好人”等一批先进典型。全面落实“两个责任”，“三企联控”等经验在省级媒体上进行宣传，党风政风持续向好。

【国际合作】2016 年，全区加快升级开放开发载体，国际化营商环境氛围更加浓厚。出口加工区跨境电子商务公共服务平台获批建设，成功复制推广“先入区、后报关”“委内加工”和“仓储货物按状态分类监管”3 项自由贸易试验区新海关监管创新制度。组建新海诚集团，新海连集团主体信用评级提升至 AA+，发行海外债 3 亿美元。持续扩大开放，区内有 130 家企业与“一带一路”沿线国家有进出口贸易往来，企业数量和贸易金额逐年上升。新核准境外投资项目 12 个，中方协议对外投资 5.02 亿美元，较 2015 年翻一番，投资额占全市的 68.6%。

【机构设置与管委会领导】2016 年，全区大力推进体制机制创新和园区职能转变，行政服务效能显著提升。目前，连云港经济技术开发区管委会的下设机构为：党政办公室（政策研究室）、纪工委（监察局、重大事项督查推进办公室）、党群工作部（人力资源和社会保障局）、政法委（信访办、综治办）、经济发展局、科学技术局、安监局、社会事业局、教育局、财政局（金融办、上市办）、规划建设局、综合行政执法支队、环保局、企业服务中心（行政服务中心）、新医药和生物技术产业招商局、新能源和新能源汽车产业招商局、新材料和高端装备制造产业招商局、现代服务业招商局、出口加工区管理局（出口加工业招商局）、平台建设指挥部、投融资促进办公室。

连云港经济技术开发区党工委、管委会领导成员为：市委常委，开发区党工委书记曹卫东；党工委副书记、管委会常务副主任王刚；党工委委员、管委会副主任王强、张昭华、张汝凯、王成、曹洪秋；党工委委员、纪工委书记王波；管委会副主任、政法委书记及市公安局党委委员、开发区分局局长、党委书记杨健；党工委委员、管委会主任助理田海鹏；党工委委员、党群工作部部长、总工会主席万军。

2015—2016年连云港经济技术开发区主要经济综合指标一览表

项目		单位	2016年	2015年	增减（%）
地区生产总值		亿元	348.5	321.3	8.4
第二产业		亿元	297.3	273.7	8.6
工业		亿元	288.7	264.9	8.9
第三产业		亿元	50.7	46.9	8.1
工业总产值（现价）		亿元	1 430.0	1 309.5	9.2
高新技术企业		亿元	799.6	729.6	9.6
销售（营业）收入		亿元	1 714.7	1 573.1	9.0
第二产业		亿元	1 434.0	1 314.4	9.1
工业		亿元	1 395.5	1 275.6	9.4
第三产业		亿元	279.1	258.4	8.0
利润总额		亿元	192.4	175.4	9.7
第二产业		亿元	174.0	158.3	9.9
工业		亿元	173.2	157.2	10.2
第三产业		亿元	18.6	17.0	9.4
区内主导产业及产值		亿元	870.7	765.1	13.8
主导产业	1. 生命健康	亿元	491.0	415.0	18.3
	2. 先进材料	亿元	115.8	101.1	14.5
	3. 临港装备制造	亿元	263.9	262.3	0.6
进出口总额		亿美元	24.7	31.7	−22.1
出口		亿美元	9.6	10.6	−9.4
财政收入		亿元	71.6	76.7	−6.6
税收收入		亿元	63.8	69.1	−7.7
财政支出		亿元	21.8	33.8	−35.5
新批企业数量		家	110	64	71.9
外商及港澳台企业		家	20	19	5.3
内资企业		家	90	45	100.0
区内世界500强企业		家	12	12	0
国家级高新技术企业		家	43	35	22.9
新批企业投资额	外商及港澳台企业	亿美元	6.4	4.5	42.2
	内资企业	亿元	125.0	74.7	67.3
	增资企业	亿美元	2.1	2.9	−27.6
规模以上企业数量		家	237	226	4.9
科学研究与试验发展（R&D）经费支出		万元	207 080	172 914	19.8
研究与试验发展（R&D）经费投入强度		%	1.562	1.209 4	29.2

续表

项目	单位	2016 年	2015 年	增减（%）
合同外资金额	亿美元	5.8	6.2	−6.5
外商实际投资	亿美元	1.2	3.5	−65.7
固定资产投资	亿元	349.6	292.3	19.6
年末从业人员	万人	8.4	8.0	5.0
万元 GDP 能耗	吨标煤 / 万元	0.6	0.6	0
水资源消耗总量	万立方米	863.8	838.4	3.0
单位国内生产总值取水量	立方米 / 万元	2.478 6	2.609 4	−5.0
上市企业数量	家	3	3	0
区内建立的创新创业平台	个	3	3	0
区内科研院所	家	70	73	−4.1
区内职业教育学校	所	5	5	0

(连云港经济技术开发区管委会)

上海闵行经济技术开发区

【经济发展】2016年，上海闵行经济技术开发区（以下简称“闵行开发区”）积极适应国家供给侧结构性改革的有关要求，全面融入上海科技创新中心建设，按照上海地产闵虹（集团）有限公司（以下简称“闵虹集团”）战略部署，进一步发挥先进制造业产业基础优势，不断延伸产业链、做长价值链，积极吸引研发、设计、销售、企业总部等机构落户园区，大力推进第二、第三产业融合发展，进一步促进开发区产业结构优化升级与转型发展。

面对全球制造业不景气和国内经济下行压力加大的宏观经济背景，闵行开发区保持了园区经济发展稳定。2016年实现销售收入570亿元，企业利润54亿元，上缴税收41.8亿元，引进外资705.26万美元。

【招商引资】2016年，闵行开发区扎实推进招商项目落地。艾仕得研发中心一期项目主体建筑施工完成，二期项目预留土地协议正式签署，并已交付使用。该项目对园区利用现有资源实行“二次开发”与产业结构转型升级具有示范作用，成为园区招商引资的一大亮点。其体量达到1.55万平方米，建成后将成为业界领先的涂料研发中心。全球压缩机制造领域的领导者——宝华压缩机项目签约落户闵行开发区，并正式投产运营。引进交大实验室孵化项目——上海态昌基因科技有限公司。

积极推进园区原有优势企业产能扩大。集行政、办公、研发、生产等功能于一体的亨斯迈上海园区落成，用地总面积达4.18万平方米，包含亨斯迈亚太区行政办公室、亚太地区技术中心以及聚氨酯事业部闵行系统工厂。与强生（中国）签署《强生亚洲地区科创产业聚集基地项目协议书》，助力强生集团打造其全球第二大科创中心。强生重点项目“李施德林”新生产线预计2018年投产，当年产值可达18亿元人民币，2020年产值可达25亿元人民币。

【纪念闵行开发区成立30周年系列活动】2016年正值闵行开发区经国务院批准成为国家级经开区30周年，在闵虹集团的统一部署下，组织开展了纪念闵行开发区成立30周年系列活动：于8月29日即闵行开发区批准日，在上海扬子会议中心举办“城市更新背景下的开发区转型升级与创新发展”高峰论坛，邀请知名学者、嘉宾就宏观经济趋势、产业经济发展、开发区转型升级与创新发展等内容做主题演讲，谋划开发区未来的发展道路；开展集中宣传报道，《解放日报》集中在头版头条、专版刊登相关文章，回顾园区发展历史，以创新城、产城融合的转型升级展现园区的二次创业；《新民晚报》夜光杯“十日谈”栏目连续刊登开发区老领导、员工等撰写的开发区故事文章；与《中国开发区》杂志合作，每期刊登员工专访、工作研究、经验交流、理论探讨等文章。“而立年激情依旧，新未来携手共创”系列活动回顾闵行开发区的历史成绩、凝聚发展愿景，推动闵行开发区的转型升级与创新发展，进一步提升闵行开发区的美誉度和园区品牌。

【绿色生态】2016年8月，闵行开发区与兄弟开发区共同发起成立“国家级经开区绿色发展联盟”，并经商务委筛选成为联盟发起单位和理事单位。绿色发展联盟积极推进绿色技术创新、产业结构优化调整，加快绿色制造和转型升级，创新发展步伐。开展园区VOCs有机废气治理工作，协助园区企业完成治理方案编制并通过专家评审。编制完成《闵行开发区环境跟踪影响评价报告》，并上报国家环保部。继续发挥闵行开发区“环境共建组织”的作用，邀请上海环科院专家对园区企业进行节能技术培训宣讲，持续推进园区节能减排工作。积极开展场地本底环境调查工作，为亨斯迈等13家园区企业的改扩建项目提供环评等方面的协调服务。

【提升园区产业能级】闵行开发区通过园区已有的三菱电梯、强生、施贵宝、西门子、ABB等10余个核心企业和企业集群，吸引上下游配套企业和研发中心、企业区域总部等项目入驻园区，进一步促进园区的转型发展。随着艾仕得、亨斯迈、圣戈班、强生、米其林等一批具有国际先进水平的研发机构相继入驻园区，闵行开发区已逐步迈上产业价值链“微笑曲线”的高端。

闵行开发区按照“上海科创22条”精神，积极参与零号湾—全球创新创业集聚区建设，进一步开拓园区创新发展的思路、观念和实现路径，致力于通过市场手段回购产业低端、能级低的园区企业厂房，释放土地资源价值，为创新企业提供理想的环境空间，为零号湾内自主创新企业落户园区、实现产业承接奠定基础。利用政府扶持“四新”经济企业的相关政策，促进闵行开发区生物医药、新材料等相关产业的研发中心、工业设计、培训、再制造等生产性服务业发展，推动园区创新技术的产业链向服务和营销两端延伸，实现园区创新能级的不断提升。

【服务企业】在上海市商务委的授权范围内，全年完成了11家园区企业的变更经营范围、股权转让、章程修改等事项的审批。为强生集团“李施德林”漱口水生产线等项目提供政府审批方面的协调服务，获得企业好评。为强生集团等园区企业新生产线的投产做好环保指标和规划等方面的协调服务。与开发区海关、检验检疫等政府部门联合召开政策宣讲会。在制造业不景气的大环境中，收集、汇总开发区企业需要政府部门支持的各项诉求，向闵行区人大、政府相关部门反映。

【基础设施建设】2015年与闵行区政府签订园区基础设施移交协议，2016年实质性推动此项工作，分别与闵行区水务、市政、绿化市容等部门签署了道路移交、排水设施移交等协议。同时，本着对园区企业负责的态度，闵行开发区继续做好移交过渡期的服务工作，履行企业的社会责任。

【安全生产】依托“园区EHS网络工作会议”平台，有效指导园区企业按政府部门要求开展安全生产工作。从贯彻落实市委一号课题“补城市管理短板”与支持闵行区创建全国文明城区的高度，配合政府部门在园区开展“打非拆违”工作，积极督促违建的园区企业主动拆违，共完成17 975平方米拆违工作，完成率为100%。继续加强园区防台防汛工作，强化值守，做好向园区企业发布预警信息与抢险物资储备等各项应急响应工作。

2015—2016年闵行开发区主要经济综合指标一览表

项目	单位	2016年	2015年	增减（%）
开发区生产总值	亿元	199.63	197.16	1.3
第二产业	亿元	195.55	193.19	1.2
工业	亿元	195.55	193.19	1.2
第三产业	亿元	4.08	3.98	2.5
工业总产值（现价）	亿元	511.78	513.11	−0.26
高新技术企业	亿元	254.77	290.03	−12.2
销售（营业）收入	亿元	570.37	563.32	1.3
第二产业	亿元	558.72	551.96	−1.2

续表

项目		单位	2016 年	2015 年	增减（%）
工业		亿元	558.72	551.96	1.2
第三产业		亿元	11.64	11.36	2.5
利润总额		亿元	54.05	57.68	-6.3
第二产业		亿元	51.96	55.53	-6.4
工业		亿元	51.96	—	—
区内主导产业及产值					
主导产业	1. 机电	亿元	272.49	277.12	-1.7
	2. 轻工	亿元	50.46	47.52	6.2
	3. 食品	亿元	39.93	47.45	-15.8
	4. 医药医疗	亿元	96.07	88.51	8.5
进出口总额		亿美元	19.98	26.64	-25.0
出口		亿美元	10.94	14.82	-26.2
财政收入		亿元	37.61	41.63	-9.7
税收收入		亿元	37.61	41.63	-9.7
财政支出		亿元	0.91	0.87	4.6
新批企业数量		家	1	1	0
上缴税收		亿元	41.80	44.60	-6.3
外商及港澳台企业		家	1	1	0
区内世界 500 强企业		家	21	—	—
国家级高新技术企业		家	11	11	0
新批企业投资额	外商及港澳台企业	亿美元	0.008 5	0.20	-95.8
	增资企业	亿美元	0.062	0.045	37.8
规模以上企业数量		家	65	64	1.6
合同外资金额		亿美元	0.112 5	0.179 8	-37.4
外商实际投资		亿美元	0.129 8	1	-87.0
固定资产投资		亿元	5.11	2.86	78.7
年末从业人员		万人	3.10	3.10	0
万元 GDP 能耗		吨标煤 / 万元	0.060 6	0.089 9	-32.6
水资源消耗总量		万立方米	404.55	436.20	-7.3
单位国内生产总值取水量		立方米 / 万元	2.077 5	3.113 7	-33.3
区内职业教育学校		所	6	4	50.0

（上海闵行联合发展有限公司）

上海虹桥经济技术开发区

【经济发展】2016年，上海虹桥经济技术开发区（以下简称“虹桥开发区”）积极适应宏观经济新常态的特点和形势，根据《关于促进上海国家级经济技术开发区转型升级创新发展的实施意见》（沪府办发〔2015〕38号）对虹桥开发区“成为以商贸、会展、国际仲裁等为特色的绿色、智慧商务区”的定位要求，围绕上海地产闵虹（集团）有限公司（以下简称“闵虹集团”）的战略部署，聚焦产业地产的发展方向，创新思路，转型发展，着力为区内企业提供全方位的智造、商务空间组合与综合运营服务。

2016年，虹桥开发区经济指标保持稳定。年度新增内资企业41家，注册资金6.07亿元；新增外资企业27家，项目总投资1.31亿美元，合同外资4 946万美元，实到外资4 597万美元。

2016年，开发区内注册外资企业实现销售收入206.15亿元，同比增长11.23%；实现利润18.8亿元，同比增长51%；上缴税金15.04亿元。截至2016年年底，开发区累计引进外资项目500余个，总投资50.36亿美元，合同外资38.93亿美元，实际利用外资37.54亿美元；开发区内注册外资企业累计实现营业收入1 984.62亿元，利润总额174.23亿元，上缴税金152.61亿元。1985—2016年虹桥开发区外商投资情况见下表。

【招商引资】在上海创建具有全球影响力的科创中心的大潮中，虹桥开发区积极探索传统经济技术开发区转型升级、创新发展之路。2016年成功引进XNode、裸心社、富克拉姆（FULCRUM）3家共享办公类的新业态企业，完成开发区创新发展的“黄金三角”布局，为开发区传统办公模式转型升级奠定基础，逐步形成创新产业的集聚。

利用新落成的新虹桥俱乐部，引入国际联合办公类产业的先驱——裸心社及其集团总部，在虹桥开发区内打造工作、生活体验式的共享社区。依托虹桥开发区的优质资源，引入欧美高端客户，增强区域活力，推动“虹桥—古北城市圈”的有机融合。裸心社已承诺未来将敦促所有入驻企业实现楼内注册，年税收收入可达千万元。

上海虹桥经济技术开发区历年外商投资情况表（1985—2016）

国家和地区	企业（家）	总投资额（万美元）	合同外资额（万美元）	合同外资比例（%）
中国香港	119	157 733	128 834.5	33.09
日本	275	152 393	119 771.5	30.76
亚洲其他国家	73	67 165	49 693	12.76
美国、加拿大	37	39 057	28 355	7.28
欧洲	44	83 192	59 603	15.32
澳大利亚	5	2 067	2 049	0.53
其他	18	2 027	1 040	0.26
合计	571	503 634	389 346	100.00

依据区内拥有13国领事馆的特殊性及交通区位优势，虹桥开发区着力打造以服务日韩跨境电商类客户为主的众创空间孵化器，同时与闵虹集团旗下的科创品牌“零号湾”有机融合，为创业者提供多层次、多元化的办公选择，助力虹桥开发区传统外贸类产业的转型升级。

富克拉姆专注于服务“私募、律所”等金融类创新企业，在一定程度上帮助开发区金融产业增强实力。富克拉姆已与前滩综研、SIFO科技等国内知名金融及科技企业达成合作，未来发展前景良好。

【开展纪念虹桥开发区成立30周年系列活动】2016年正值虹桥开发区经国务院批准成为国家级经开区30周年，在闵虹集团的统一部署下，组织开展了纪念虹桥开发区成立30周年系列活动：于8月29日即虹桥开发区批准日，在上海扬子会议中心举办“城市更新背景下的开发区转型升级与创新发展”高峰论坛，邀请知名学者、嘉宾就宏观经济趋势、产业经济发展、开发区转型升级与创新发展等内容做主题演讲，谋划开发区未来的发展道路；开展集中宣传报道，《解放日报》集中在头版头条、专版刊登相关文章，回顾园区发展历史，以创新城、产城融合的转型升级展现园区的二次创业；《新民晚报》夜光杯“十日谈”栏目连续刊登开发区老领导、员工等撰写的开发区故事文章；与《中国开发区》杂志合作，每期刊登员工专访、工作研究、经验交流、理论探讨等文章。“而立年激情依旧，新未来携手共创”系列活动回顾虹桥开发区的历史成绩、凝聚发展愿景，推动虹桥开发区的转型升级与创新发展，进一步提升虹桥开发区的美誉度和园区品牌。

【区域文化建设】虹桥开发区内自建自营的自然生态景观型公园——新虹桥中心花园占地面积13万平方米，是沪西重要的休闲绿地和文娱活动举办地。2016年，虹桥开发区利用该绿地资源，承接多场市政府主办的“文化体育”活动，如由上海市体育局主办、上海市登山户外运动协会承办的2016“上海坐标•城市定向挑战赛”，由中共上海市长宁区委、长宁区人民政府主办的“2016上海世界音乐季”，由长宁区文化局举办的“长宁星期音乐会十周年庆典”等，为周边市民提供一个追求生活品质、享受艺术之美的平台；同时，逐步践行虹桥开发区的“文化兴园”战略，强化开发区的文化传播功能，推动区域文化发展。

【生态环保】2016年，虹桥开发区加强与长宁区有关部门沟通联系，通过对道路、绿化和市政设施等加强实地摸排与定期巡查的方式，实现了由被动接受网格化信息交流转变为主动管理的模式。同时，强化园区内绿化、植被树冠养护管理和道路保洁管理，根据自身特点和需求，制定出日常实时保洁与定时定点深度保洁相结合的精细化道路保洁方案，确保了市政设施安全有效，道路保洁和绿化养护工作有序运行。顺利通过年度ISO14001再认证审核。

【智慧园区】虹桥开发区紧跟互联网时代，采用“大数据”“云计算”等信息技术手段指导招商引资工作。2016年年底启动了“信息化招商平台”的前期搭建工作，拟从“载体信息、客户信息和财务信息”三大维度出发，建立健全信息化招商管理系统。同时，着手研究覆盖虹桥开发区全境的公共WIFI方案和“虹桥开发区智能APP”，强化园区运营效果。

【基础设施建设】稳步推进园区办公楼宇更新改造，完善园区硬件载体功能。完成新虹桥中心大厦第四批楼层公共部位更新改造；启动新虹桥大厦改造。采取“集思广益调整设计”和“逐步优化探索推进”的方式科学推进，确保施工现场管理有序、物业维护服务同步配合，客户感受良好。园区已形成了一套可实施、可复制、可持续的楼宇更新改造模式，并计划在园区内其他办公楼宇中逐步推广。稳步推进延安西路地下人行通道改造项目，除主体改造外，新增了延安西路地面人行道出入口改建延伸部分，积极与政府各相关部门沟通协调，项目推进有序，于8月25日正式开工。

【体制机制创新】虹桥开发区积极推动经营

理念战略转型，由传统“招租”逐步向“招商”转变。国家级开发区一般均布局于城市郊区并以工业厂房为主导资源，而虹桥开发区作为上海最早的CBD，主要资源是办公楼、沿街商铺及周边其他商务配套产业，自有资源的商务属性决定了虹桥开发区内的客户普遍体量较小。自“招租”转“招商”战略思路提出后，虹桥开发区加强对园区业态的把握和对入驻企业的筛选，同时逐步推动自身工作模式、客户服务优化，坚持以服务促发展，充分发挥企业化、市场化运作的开发区的自身优势。

2016年，虹桥开发区积极把握“双创”风口，引入3家知名联合办公企业。以XNode为例，虹桥开发区派驻专人协助其办理工商注册等手续，始终在第一时间帮助其了解国家相关产业政策，判断项目的可行性，并提前与主管政府部门进行沟通，搭建服务企业的桥梁。高效优质的服务使客户能在最短的时间内进行决策并做好项目落地，为客户节省了大量行政、人力成本。

2015—2016年上海虹桥经济技术开发区主要经济综合指标一览表

项目		单位	2016年	2015年	增减（%）
开发区生产总值		亿元	206.15	127.71	61.42
第二产业		亿元	1.55	7.34	-78.88
工业		亿元	0.59	0.27	118.52
第三产业		亿元	204.60	120.36	69.99
销售（营业）收入		亿元	650.27	861.63	-24.53
工业		亿元	1.08	1.12	-3.57
第三产业		亿元	610.53	841.75	-27.47
利润总额		亿元	13.68	18.67	-26.73
区内主导产业及产值					
主导产业	1. 批发零售	亿元	64.89	42.03	54.39
	2. 住宿餐饮	亿元	7.28	5.16	41.09
	3. 金融	亿元	51.84	24.25	113.77
	4. 其他服务业	亿元	54.72	31.11	75.89
第三产业		亿元	204.60	120.36	69.99
进出口总额		亿美元	5.97	4.55	31.21
出口		亿美元	1.25	1.98	-36.87
财政收入		亿元	5.48	6.77	-19.05
税收收入		亿元	17.68	24.04	-26.46
财政支出		亿元	1.61	0.52	209.62
新批企业数量		家	68	74	-8.11
外商及港澳台企业		家	27	35	-22.86
内资企业		家	41	39	5.13
区内世界500强企业		家	9	1	800.00
国家级高新技术企业		家	2	3	-33.33
新批企业投资额	外商及港澳台企业	亿美元	1.31	0.58	125.86
	内资企业	亿元	6.07	9.13	-33.52
	增资企业	亿美元	0.21	0.45	-53.33
科学研究与试验发展（R&D）经费支出		万元	255	0	—
研究与试验发展（R&D）经费投入强度		%	2.352	0	—

续表

项目	单位	2016年	2015年	增减（%）
合同外资金额	亿美元	0.49	0.50	-2.00
外商实际投资	亿美元	0.20	0.55	-63.64
固定资产投资	亿元	1.12	0.55	103.64
年末从业人员	万人	2.07	2.27	8.81
万元GDP能耗	吨标煤/万元	0.003	0.008	-62.50
上市企业	家	2	1	100.00
区内职业教育学校	所	3	0	-

（上海虹桥经济技术开发区联合发展有限公司）

上海漕河泾开发区

【经济发展】2016年，上海漕河泾经济技术开发区发展总公司（以下简称“漕河泾开发区”）面对园区转型与公司自身转型升级的严峻挑战，细化目标，落实措施，继续保持了经济发展的良好势头，为“十三五”发展奠定了基础。

在经济下行压力加大的外部环境中，2016年开发区经济逆势而上，多项关键指标稳步攀升。开发区产业结构持续优化，行业布局更加均衡，重点行业发展稳定，项目引进平稳。2016年，漕河泾开发区地区营业收入2 933亿元，同比上升13.2%。其中，第二产业收入800亿元，同比上升1.2%；第三产业收入2 133亿元，同比上升18.7%。生产总值（GDP）991亿元，同比上升13.5%。其中，第二产业增加值完成180亿元，同比下降0.5%；第三产业增加值完成811亿元，同比上升17.2%。工业总产值626亿元，同比下降0.5%；利润总额276亿元。进出口总额84亿美元，其中，进口额35亿美元，出口额49亿美元。税收总额超过104亿元，同比上升9%。

开发区蝉联上海市明星软件园（领先型），新获批“知识产权服务业”四新基地，获批市级服务业创新发展示范区。在全市开发区综合评价体系排名中，漕河泾开发区获中型园区综合发展指数第一名。

【招商引资】2016年，面对严峻的外部挑战和竞争，漕河泾开发区不断创新招商模式，努力拓展招商引资渠道，平衡空置率，坚持“大招商”，切实抓好税收落地，招商引资工作取得了新突破。

新引进了一批世界500强和细分领域领军企业，如美国力博特投资新设地区总部，注册资本4.4亿美元、世界500强韩国LG集团设生活健康中国研发中心、全球媒体及娱乐行业技术领导者法国特艺集团、美国棒约翰总部、财富500强贝塔斯曼下属企业浦胜信息等。在关注“大块头”的同时不忘“小老虎”，陆续引入了葡萄维度科技、车轮网、挂号网、天矶科技、维坤智能、昊翔科技等“四新经济”“互联网+”企业。

2016年，漕河泾开发区建设项目总数为17个，总施工面积52.8万平方米。其中，前期设计项目科技绿洲四期、桂平路700号进展顺利，基本完成施工图设计；新开工项目1个，即集聚区商贸区，开工面积32.1万平方米；竣工项目1个，即科汇大厦，竣工面积5.7万平方米；续建工程3个，续建面积15万平方米；另外还完成了宝石园孵化器、国际孵化联合体等项目的改造装修，推动园区形态转型升级。新研大楼获得了美国能源与环境设计先锋奖（LEED）金奖认证。

【科创服务】2016年，漕河泾开发区立足科创中心重要承载区建设，积极实施《漕河泾开发区加快建设上海科创中心重要承载区行动方案》。按照“国际化、专业化、市场化、标准化”的要求，各大服务板块由“铺摊子”转向“打造重点模块”，进一步提升了开发区核心竞争能力和服务水平。

载体建设方面，成立“漕河泾众创联盟”，创业中心、COCOSPACE、优客工场、创嘉站、启创中国（腾讯创业基地）等10余家众创空间成为联盟首批成员单位。创营•科技绿洲和创营•宝石园投入运营；与国内外知名孵化器和科技园 Founders Space、Fishburners、DEMO SPACE、IUIA、德国黑森州等打造联合孵化空间；在硅谷成功举办 2016 创新中国硅谷峰会，谷歌中国开发者社区、微软创投加速器等国际众创空间项目也相继进驻漕河泾开发区。

项目培育方面，创业中心孵化基地共有 482 家企业（项目），新引进 207 家企业（或项目），毕业企业 13 家。同时，注重项目成果转化，做强知识产权服务。建设上海市知识产权交易中心，编制完成《上海漕河泾国家知识产权服务业集聚发展示范区实施方案》。开发区 2016 年全年新申请专利 3 364 件，发明专利 2 345 件、发明授权 1 038 件。

氛围营造方面，在科创嘉年华活动期间，集中开展了 TEDx 沙龙、海外创业大赛、TMT 专场创业大赛、中国 500 强企业需求发布会、海外招聘会美食节、音乐节等 52 场平行活动，来自全球 10 个国家和地区的 400 个创业团队的跨界精英和创业者参与，营造开发区创新创业氛围。

【投融资服务】2016 年，漕河泾开发区成立 1 000 万元天使投资基金；与 IDG、复旦—SBI、东兴投资等知名海内外投资机构沟通磋商，拟新成立漕河泾科技创新投资基金。融资平台合作银行增加到 3 家，授信额度达 3.01 亿元。开发区全年 28 家企业完成上市或挂牌，截至 2016 年年底，区内共有各类上市（挂牌）企业 111 家。

【机构设置及开发区领导】2016 年，漕河泾开发区发展总公司党委、总经理室下设党办及办公室、工会、招商中心、建设部、土地管理部、企业服务部、园区管理中心、投资经营部、组织处及人力资源部、计划财务部、审计室、战略发展部、科技部。集团公司主要领导班子成员为：漕河泾新兴技术开发区发展总公司党委书记、董事长刘家平；漕河泾新兴技术开发区发展总公司监事长达孺牛；漕河泾新兴技术开发区发展总公司党委副书记、总经理桂恩亮。

2016 年漕河泾开发区各行业销售收入统计见下表。

2016 年漕河泾开发区各行业销售收入统计

行业	销售收入（亿元）
合计	2 933.20
工业	701.31
建筑业	42.91
服务业	1 393.42
商业	610.71
住宿餐饮业	103.26
交通运输业	48.59
房地产业	25.20
物业中介服务业	7.80

（上海漕河泾经济技术开发区发展总公司）

宁波经济技术开发区

【经济发展】2016年，宁波经济技术开发区（以下简称“宁波开发区”）主动适应新常态，沉着应对新挑战，积极谋求新作为，全区经济社会发展取得了新的进展。全年实现地区生产总值769.6亿元，同比增长8.4%；固定资产投资549亿元，同比增长11.5%；财政总收入98.3亿元，同比增长10.45%。

【产业发展】宁波开发区发挥重大项目建设对稳增长的关键作用，开展重大项目会战攻坚，中芯国际等一批优质项目落户。大企业培育成效明显，截至2016年年底，产值超亿元企业达到199家，超10亿元企业达到36家，超百亿元企业达到5家。服务业增加值比重从34.8%提高到42.5%，先进制造业对经济增长的拉动作用不断显现，高新技术产业产值达1 594亿元，同比增长24.18%，工业新产品产值率为32.3%，成功获批国家新型工业化产业示范基地。

【科技创新】2016年，宁波海洋研究院、宁波大学海洋科教园、中东欧国际物流与服务学院，以及中科院上海有机所新材料创制中心、国家智能制造装备质检中心等一批创新平台相继落地，智能装备研发园建成开园，梦想4.0创新工场成为国家级众创空间，霞浦国际物流产业基地、小港装备产业基地分别被评为全国知名品牌示范物流园区和浙江省高端装备制造业特色基地。新增市级以上企业工程技术中心98个、院士工作站3个，研发经费投入占地区生产总值的比重升至2.9%。

【投资促进】2016年，宁波开发区实际利用外资10.62亿美元，约占宁波市实际利用外资的1/3。利用市外内资84亿元，完成外贸进出口总额166亿美元，实现境外中方投资额7.84亿美元。新引进投资10亿元项目4个，分别为迈科增资项目2.7亿美元、台化兴业增资项目1.9亿美元、维科动力电池项目14.15亿元、拓普智能刹车系统项目22.11亿元。

【绿色集约】宁波开发区严格落实“生态立区”战略，2016年初专门排定了100项生态文明建设项目，投入资金72亿元，全面推动新一轮大气、水、土壤、城乡环境整治和生态基础设施建设，致力补齐区域能耗和环境质量短板，全面优化生态环境。2016年，全区化学需氧量、氨氮、二氧化硫和氮氧化物排放分别削减2 406吨、358.2吨、3 540吨和8 476吨，削减比例达16.2%、14.8%、4.44%和8.31%。严把项目环境准入关，坚决否定高污染建设项目，严格执行以新带老、增产减污。全年共审批各类建设项目环评185个，否决项目24个。

【投融资服务】宁波开发区资本市场不断扩容，2012年以来新增上市企业6家，“新三板”挂牌企业11家，募集资金88.7亿元。

【体制机制创新】宁波开发区加快政府职能转变和机构改革，区政府工作机构和开发区管委会职能部门由26个调整为23个。出台建设市场主体及政府采购供应商不良行为积分制实施细则、区级事业单位公款竞争性存放管理办法、规范征地管理操作意见、政府投资项目审批管理办法、落实党风廉政建设责任主体实施办法等一系列文件，法治政府建设扎实推进。积极实施政府信息公开，畅通政民互动渠道，开通12345政务服务热线服务平台，电子政务建设继续处于领先水平。继续深化行政审批制度改革，在全省率先建成电子审批和电子监察系统，在全市首创“五环审批”并率先开通行政权力运行系统北仑分平台，再造审批流程，行政审批承诺事项平均办理时间压缩至2个工作日。

【管委会领导】2106年，宁波开发区工委、管委领导班子成员为：管委会主任（2016.12.7免）、党工委书记（2016.11.8免）马卫光，管委会主任、党工委书记（2016.11.8任）毛宏芳；管委会副主任、党工委副书记胡奎、陈承奎（2016.11.28免）、沈恩东（2016.11.28任）；管委会副主任、党工委委员胡培良、张国平（2016.8.15免）、王海军、丁丁、顾立群；宁波市临港办副主任、开发区党工委委员谢开定；原开发区管委会副主任、党工委副书记史卫国；管委会巡视员王一鸣。

2015—2016年宁波经济技术开发区主要经济综合指标一览表

项目		单位	2016年	2015年	增减（%）
开发区生产总值		亿元	833.1	773.0	7.8
第二产业		亿元	471.4	409.6	15.1
工业		亿元	435.0	373.6	16.4
第三产业		亿元	353. 4	355. 4	-0.6
工业总产值（现价）		亿元	2 646.5	2 381.4	11.1
高新技术企业		亿元	848.7	840.6	1.0
销售（营业）收入（“四上”企业）		亿元	5 487.6	4 974.7	10.3
第二产业		亿元	2 619.6	2 238.7	17.0
工业		亿元	2 476.0	2 087.1	18.6
第三产业		亿元	2 868.0	2 736.0	4.8
利润总额（“四上”企业）		亿元	266.8	183.8	45.2
第二产业		亿元	173.2	113.5	52.6
工业		亿元	165.1	107.7	53.3
第三产业		亿元	93.6	70.3	33.1
区内主导产业及产值					
主导产业	1. 化学原料和化学制品制造业	亿元	576.3	601.9	-4.3
	2. 汽车制造业	亿元	576.3	340.0	69.5
	3. 黑色金属冶炼和压延加工业	亿元	185.8	188.0	-1.2
	4. 纺织服装、服饰业	亿元	170.0	154.0	10.4
	5. 专用设备制造业	亿元	141.6	125.0	13.3
	6. 电力、热力生产和供应业	亿元	174.7	117.0	49.3
进出口总额		亿美元	176.0	178.0	-1.1
出口		亿美元	98.0	102.0	-3.9
财政收入		亿元	252.2	217.1	16.2
税收收入		亿元	228.5	206.0	10.9
财政支出		亿元	113.4	115.4	-1.7
新批企业数量		家	4 536	3 739	21.3
外商及港澳台企业		家	56	59	-5.1

续表

项目		单位	2016年	2015年	增减（%）
内资企业		家	4 480	3 680	12.7
新批企业投资额	外商及港澳台企业	亿美元	17.7	15.9	11.3
	内资企业注册资本	亿元	511.8	263.0	94.6
	增资企业	亿美元	6.2	5.9	5.1
规模以上企业数量		家	1 340	1 434	-6.6
合同外资金额		亿美元	17.2	17.0	1.2
外商实际投资		亿美元	12.7	10.9	16.5
固定资产投资		亿元	629.2	558.9	12.6
年末从业人员		万人	36.0	30.0	20.0
万元GDP能耗		吨标煤／万元	0.66	0.7	-5.7
水资源消耗总量		万立方米	21 250	20 707	2.6
单位国内生产总值取水量		立方米／万元	25.5	26.8	-4.9

（宁波经济技术开发区管委会）

温州经济技术开发区

【经济发展】2016年，温州经济技术开发区（以下简称“温州开发区”，按省政府批复一区七园整合后统计口径）实现地区生产总值413亿元，工业总产值1 225亿元。完成限额以上固定资产投资190亿元，产业增加值102亿元，利税总额41亿元。区本级实现地区生产总值204.72亿元，增长8.5%；工业总产值650.8亿元，增长9.8%；规模以上工业增加值82.98亿元，可比价格增长8.5%；区域总收入51.8亿元，其中，财政总收入20.5亿元，增长10.5%，一般公共预算收入11.3亿元，增长14.3%；限额以上固定资产投资134.91亿元，增长6.8%；限额以上社会消费品零售总额29.3亿元，增长30.1%；外贸进出口总额70.7亿元，增长8.7%；R&D占比达2.6%；城镇常住居民人均可支配收入48 217元，农村常住居民人均可支配收入28 855元，分别增长8.7%、7.7%。

【产业发展】2016年，温州开发区以工业为主导、产业为核心，出台了“40条”政策举措，着力抓龙头、铸链条、建集群，推动企业做强、产业做大。先进装备、汽车、电子信息和现代物流等主导产业产值分别增长20.4%、12.9%、35%和21.3%，主导产业集聚度达65.4%。市级“两型”企业工业总产值、利税分别增长14.7%、35.4%，增速均居全市前列。新增正泰电器科技产值超20亿元，新增产值超10亿元企业1家、产值超亿元企业18家。长江汽车电子、金帝、立可达3家企业纳税超亿元。恒丰泰等3家企业成功挂牌“新三板”，2家企业分别与上市公司重组。“小升规”达标企业35家，达标率为140%。新增福达合金国家级技术中心及1家省级技术中心、6家市级技术中心，全年完成技改投资47.53亿元，增长16.8%，占工业投资比重的74.2%。新增省名牌产品2个、省著名商标4个、市名牌产品3个、市知名商标2个、省信用管理示范企业1家。深化“两化”融合发展，金帝集团等3家企业被认定为省级“两化”融合试点示范企业，1家企业被认定为市级“两化”融合示范试点企业。推进僵尸企业处置，金融机构不良贷款率从年初的4.54%下降到1.74%。

【科技创新】2016年，温州开发区以省级高新园区创建为抓手，深化产学研合作，加快海洋科技创新园、众创空间等创新载体建设。加强与浙大技术转移中心、哈工大成果转化中心战略合作，与吉林大学共建温州汽车研究院，与重庆大学共建标准件行业公共技术服务平台。充分发挥企业创新主体作用，新增福达合金省级重点企业研究院和康乐药业、丰迪接插件等省级企业研究院；新认定高新技术企业18家、省科技型中小企业61家、市科技（创新）型企业61家，省级高新技术企业研发中心4家、市级企业研发中心10家。全区新产品产值86.98亿元，同比增长15.9%，新产品产值率为22.1%；高新技术、装备制造和战略新兴产业规模以上工业增加值分别增长10.2%、13.2%和21.3%，持续数年保持高增长态势。加强高层次人才培育与引进，新增国千人才1名、省千人才1名，新增省级博士后工作站1个。

【投资促进】2016年，温州开发区引进项目100个，完成温商回归到位资金44.5亿元，同比增长15.9%；合同利用外资1.39亿美元，实际利用外资5 710万美元，利用外资总量、增速均居全市前列。成功引进上市企业总部仁智股份项目、5 家总资金规模达 34.5 亿元的基金公司，引进总投资 10 亿元以上产业项目 4 个；同时，与三一重能集团、北斗应用科技集团签订重大项目合作协议。全力推动重大项目提速提效，总投资 60 亿元的中国电子信息产业城、总投资 20 亿元的百威英博、总投资 5 亿元的楚天激光二期等外资项目落地建设，省 411 项目、省重点项目、市重点项目、省市集中开工项目分别完成年度目标任务的 122.1%、118.7%、120%、129%，推动了有效投资持续增加，重大产业项目投资增长 30%、高新技术产业投资增长 42%。

【基础设施建设】2016 年，温州开发区全面聚焦核心区发展，获评国家生态工业示范园区及浙江产城融合十大示范新城。金海园区产业支撑不断增强，48 个产业项目投产或试生产；功能配套日趋完善，金海总部大厦、交通枢纽中心、人才公寓、东方学院、职教基地等项目基本建成，污泥热电联产项目正式发电并集中供热，碧桂园德信、置信等房地产项目热销。积极创建汽车时尚小镇，汽车梦工场、汽车品牌 4S、星级酒店、小镇客厅等项目建设扎实推进。沈海高速复线、环山东路、市域铁路 S2 线、滨海大道提升工程等重大基础设施项目及旧城片天柱大道、三甲街、永沧路等道路项目有序推进。持续深化“五水共治”，完成治水投资 21.4 亿元，中横河星海段获评省级示范河道。加强城市管理，深入开展“五乱”治理，数字城管考核排名保持在温州市前列。

【土地利用】2016 年，温州开发区充分挖掘存量土地潜力，清理批而未供土地 537 亩（35.8 公顷），盘活存量土地 527 亩（35.1 公顷），完成做地 764.95 亩（51 公顷），累计收储土地 346.3 亩（23.1 公顷）。高速高效推进瓯飞起步区、瓯飞一期北片两大围垦建设，瓯飞工程累计完成投资 110.3 亿元，其中完成年度投资 19.4 亿元。瓯飞起步区主体工程完工验收，完成 6 000 亩（400 公顷）吹填造地。瓯飞一期（北区）海堤全线达 6 米高程，比原计划提前一年实现龙口合龙。

【体制机制创新】2016 年，温州开发区积极争创体制机制新优势，综合审批国家相对集中行政许可权试点改革方案获省委、省政府批复，成立全市首个行政审批局，新审批中心正式对外服务。深化“五张清单一张网”改革。积极探索实践大综合执法模式。深化财税体制改革，实行财政封闭运行体制，“营改增”工作全面推进，“金税三期”系统上线运行。充分发挥两大国有投融资平台的作用，通过争取省级补助、政策性银行项目贷款、发行“经开债”等方式，有效解决了建设资金难题。推进国有企业改革，制定出台两大国有集团改革意见，切实增强国有集团服务经济社会发展的能力。深入开展改革满意度评估工作，进一步提升了改革知晓率和获得感。

【社会事业】2016 年，温州开发区加快推动社会事业发展，全年民生类财政支出 9.6 亿元，占一般公共预算支出的 77.7%。创立浙江省教育基本现代化区，籀园小学、绣山中学滨海分校顺利落户并正式办学。建成街道文化中心 1 个、社区文化中心 6 个，海城城市书房获“温州市读者最喜爱的乡镇、社区图书馆”称号。新增体育场地面积 16.35 万平方米，人均达 1.7 平方米。加快完善社会救助体系，新增 3 家定向救助基金。建成居家养老服务照料中心 5 家。基本建成沙城、天河 21 个村饮用水提升改造工程。新建绿地 68.5 公顷、绿道 7.4 公里，人均公园绿地面积提升至 24.83 平方米。推进交通治堵，建成专用停车位 3 892 个、公共停车位 420 个，打通 2 条断头路，新建改造城市道路 5.3 公里，新增公共自行车站点 10 个。强化食品药品监管，完成农贸市场改造 4 家、关闭 4 家、新建 1 家。大力促进就业，举办各类人力资源招聘活动 36 场次，帮助企业引进各类人才 1.5 万余人。首部开发区年鉴正式出版发行。推动社保扩面，参保人员数量超额完成年度任务。

【党建工作】2016 年，温州开发区以“两学一做”学习教育活动为载体，健全基层党建工作机制，推进“示范、达标、整转”三大行动，打造样板村3个、示范村8个，整改软弱落后村3个。培育优秀非公企业党建品牌20个。严格执行中央八项规定，认真落实党风廉政建设责任制，组织实施“敢担当，树标杆”作风建设六大行动，深入开展机关、基层作风巡察和问题整改，完善“三重一大”事项监督管理机制，加大执纪问责力度。强化宣传，与浙报传媒集团开展战略合作，与温州日报报业集团合作开辟《今日开发区》《浙南产业集聚区》等宣传阵地，建立信息视频联播网。

【机构设置与管委会领导】温州开发区机构设置包括直属机构、直属事业单位、派驻机构和街道办事处。

直属机构 党政办公室、纪委（监察室）、组织宣传部、综治办、机关党委、人大（政协）工作联络室、经济发展局、科技局、财政局（地税分局）、人力资源局、文教体工作局、公安分局、民政卫生和计划生育局、住房与建设局、综合行政执法局、交通市政环保局、商务局、审计局、海洋渔业与农林局、安监局、瓯飞工程建设协调办公室（水利局）、行政审批局、总工会、团委。

直属事业单位 行政事务服务中心、建设项目前期管理中心、财政集中支付中心、建设工程质量安全监督站、土地储备中心、机关事务管理局、档案馆、产业研究中心、招商服务中心、交警五大队、消防大队；滨海新城投资集团、市政园林有限公司、城建发展有限公司、农业发展有限公司、交通建设发展有限公司、金海保安服务有限公司；瓯飞集团、瓯飞经投公司、龙达公司、水投公司、砂石料公司。

派驻机构 国税分局、市场监督管理局、国土资源分局、质监分局、社保分局、开发区海关、司法分局。

街道办事处 星海街道、海城街道、沙城街道、天河街道。

管委会领导成员 徐蓬勃、王爱光、郑俊、黄伟龙、郑炳婷、夏禹桨、金旭东、沈林杰、潘国杰、董学德、朱城、王学峰。

2016年温州经济技术开发区主要经济综合指标一览表

项目		单位	2016年	比上年增减（%）
开发区生产总值		亿元	204.74	8.5
第二产业		亿元	146.91	7.1
工业		亿元	131.98	7.9
第三产业		亿元	57.23	12.7
工业总产值（现价）		亿元	512.74	9.8
高新技术企业（规模以上）		亿元	145.03	7.4
销售（营业）收入（规模以上）				
工业（规模以上）		亿元	343.75	12.7
利润总额（规模以上）				
工业（规模以上）		亿元	21.83	31.8
区内主导产业及产值（规模以上）				
主导产业	1. 电气机械和器材制造	亿元	77.56	38.1
	2. 通用设备制造业	亿元	52.64	3.2
	3. 汽车制造业	亿元	36.04	15.5
进出口总额		亿美元	70.70	8.7
财政收入		亿元	20.50	10.5
税收收入		亿元	38.55	—
新批企业数量		家	933	—

续表

项目	单位	2016年	比上年增减（%）
外商及港澳台企业	家	10	—
内资企业	家	923	—
区内世界500强企业	家	3	—
国家级高新技术企业	家	85	—
规模以上企业	家	311	—
科学研究与试验发展（R&D）经费支出	万元	58 534	—
研究与试验发展（R&D）经费投入强度	%	2.60	—
合同外资金额	亿美元	1.39	—
外商实际投资	亿美元	0.57	—
固定资产投资	亿元	134.91	6.8
年末从业人员（规模以上）	万人	5.92	6.3
万元GDP能耗	吨标煤／万元	0.46	—
上市企业	家	1	—
区内建立的创新创业平台	个	5	—
区内科研院所数量	家	0	—
区内职业教育学校	所	2	—

（温州经济技术开发区管委会）

广州开发区

【概况】广州经济技术开发区与广州高新技术产业开发区、广州出口加工区、广州保税区、中新广州知识城合署办公(统称“广州开发区”),实行“五区合一”的管理体制。为实现经济功能区的辐射作用,带动周边农村的发展,2005年,经国务院批准在广州开发区基础上成立萝岗区,实现经济功能区与行政区合署办公的模式。2014年,国务院批准撤销萝岗区、黄埔区,两区合并成立新黄埔区。2016年,黄埔区、广州开发区融合发展进入新阶段。经过30多年的发展,广州开发区综合实力一直在全国开发区中排名前列,是广州市重要的经济发展增长极、科技创新重大引擎、创新驱动发展核心区。

【经济发展】2016年,广州开发区实现地区生产总值2 471亿元,增长6.01%;规模以上工业总产值5 676亿元,增长3.47%;固定资产投资723亿元,增长7.3%;合同利用外资42亿美元,增长3倍;实际使用外资22亿美元,增长91%,实际使用外资和合同利用外资约占全市的1/3,主要经济指标在全国开发区中位居前列。获批成为全国首批“双创”示范基地、国家级产城融合示范区、全国首批中欧、中以合作试点区,成为全国唯一一个经国务院批准开展知识产权运用和保护综合改革试验区。聚集高新技术企业1 047家,上市企业42家,“新三板”挂牌企业98家,推动分众传媒成为广州市市值最大的上市公司。引进LG液晶面板三期、通用生物产业园、百济神州等一批重大产业项目,新增注册外资项目92个,建成南方电网总部、海格通信北斗产业园等61个重大项目。

【科技创新】2016年,广州开发区制定和落实《建设国家自主创新示范区实施方案》,修订完善“1+7”科技政策和“1+9”人才政策体系。创新资源加速集聚,新增国家“千人计划”创业人才12名、省新型研发机构11家,清华珠三角研究院、浙江大学华南工业技术研究院、中国(广州)智能装备研究院、中新联合国际研究院、中国科学院广州生物医药与健康研究院、华南生物医药研究院等6个产学研协同创新机构建设有序推进。打造全链条孵化器集群,新增孵化器13家,其中国家级3家,总孵化面积达到398万平方米。建成创客空间25家,其中国家级8家,引进国内首家以知识产权全产业链为主体的创客空间。科技金融支撑功能增强,设立“融资汇”常态对接平台,在全市率先发放科技创新券,广州科技金融路演中心落户广州开发区。开展专利灭零倍增工程,全年专利申请量增长69.7%,专利授权量增长25.6%。2016年评审认定的创新和创业领军人才共30人,同比增长300%,达到6年评定人数总和的50%。“广州国家高新技术产业标准化示范区”顺利通过国家标准委验收。

【深入改革】2016年,广州开发区落实“三去一降一补”,推进供给侧结构性改革。开展售电体制改革第一批试点,全年为企业节约电费超过2亿元。深入推进“放管服”改革,推行信任审批、多证联办。开展相对集中行政许可权试点,在企业投资建设领域实现“一个公章管审批”。深化商事登记制度改革,全年新登记市场主体7 729万户,同比增长69.2%。深化知识产权改革,获批成为国家专利导航产业发展实验区。出台国企改革实施意见,强化国企激励约束机制，企业发展活力明显增强。统筹全区招商政策制定和兑现，实现一门受理、限时办结。全区事业单位机构设置及分类改革全面完成。

【城市环境】2016 年，广州开发区调整完善全区土地利用总体规划。交通路网进一步优化，地铁 6 号线二期开通，建成志诚大道跨铁路立交、开创大道与宏明路立交等一批重点工程，港前路二期、信华路等疏港道路建设进度加快，完成香雪大道等 51 条道路升级改造，开泰大道示范路获评全市第一。城市更新步伐加快，完成固定资产投资 80.2 亿元，茅岗城中村西华片改造、鱼珠木材市场商业改造开工建设；文冲城中村改造安置房启动新一轮分房，线坑旧村改造安置房封顶。建设干净整洁、平安有序的城市环境，环境卫生精细化管理水平有新提升。生态建设持续加强，启动珠江涌等 18 条河涌整治，完成狮子岭、牛角岭等公园环境美化，完成 9 个门户节点绿化升级和 8 个景观节点改造。认真落实中央环境保护督察整改，办理交办案件 116 件。

【新兴产业】2016 年，广州开发区规模以上高新技术企业产值 1 389 亿元，增长 5.1%，占全区产值的 24%。以乐金、新谱、视源电子等为代表的新一代信息技术和以香雪制药、百特医疗等为代表的生物医药等新兴产业实现较快增长。以智能设备、机器人为代表的智能装备产业取得了一定的发展，全年累计完成产值 110 亿元，增长 7%。电商快速发展，限额以上批发和零售业网上商店销售额 720 亿元，增长 23%。

【中新广州知识城】2016 年，中新广州知识城开发建设取得突破性进展，知识城建设争取上升为中新两国国家级双边合作项目取得实质进展。7 月，国务院批复同意知识城成为全国唯一一个开展知识产权运用和保护综合改革试验的区域。由华南理工大学、新加坡南洋理工大学、中新广州知识城管委会、中新广州知识城投资开发有限公司四方共同建设、汇聚融合国际优质研发资源的新型研发机构——中新国际联合研究院项目完成选址。全年引进和完成注册项目 110 个，至 2016 年年底，累计注册项目 327 个，累计完成投资 585 亿元，其中 2016 年完成财政投资 61.29 亿元。2016 年，实现工业总产值 43.55 亿元，增长 10.25%；规模以上商贸企业完成商品销售额 815.29 亿元，增长 73.48%。

【西区产业园】西区产业园位于黄埔区、广州开发区南端，处于珠江、东江、横河交汇的三角地带，是 1984 年国家首批经济技术开发区——广州经济技术开发区的发源地，规划面积 9.6 平方公里。园区内聚集以宝洁、安利、箭牌等为代表的世界 500 强企业 56 家，形成了精细化工、食品饮料等支柱产业集群，是广州开发区经济发展的重要引擎。2016 年，西区产业园重点引进跨境电商、冷链物流、平行进口汽车及高端科技研发项目，推进园区经济由精细化工、食品饮料等传统支柱型产业向现代物流、商贸等现代服务业转型升级。打通汽车平行进口通道，推动广州出口加工区规划调整申报，新车检测场投入使用并启用“三互”大通关。2016 年，西区产业园聚集企业 2 900 家。其中，广州保税区内有企业 600 家；规模以上工业企业 122 家，产值 954.7 亿元；规模以上商贸企业 179 家，销售额 745.4 亿元。

【广州科学城】广州科学城 1998 年 12 月奠基，规划总面积 37.47 平方公里。科学城开发建设以来，累计投入资金 1 300 多亿元，建成生物、电子信息等 11 个国家级产业基地（园区），获批 3 个省级、2 个市级战略性新兴产业基地，聚集了电子信息、平板显示、新材料、新能源与节能环保、生物医药、知识密集型服务业等六大新兴产业企业 1 177 家，占科学城企业总数的 70%，涌现出一批具有自主知识产权、技术水平处于国际领先的高科技企业，已成为全市高新技术研发与产业化的重要基地。2016 年，广州科学城完成固定资产投资 342 亿元，同比增长 9.4%，视源电子成为全市首个年专利申请量过千件的企业，京信通信获得第十八届中国专利奖金奖。科学城提升规划编制完成，被列为国家首批区域“双创”示范基地。累计建成

58家科技企业孵化器，总孵化面积达391.6万平方米；累计建成25家创客空间。

【广州国际生物岛】广州国际生物岛原名“官洲岛”，是广州市珠江航道中的一个江心岛，毗邻广州大学城，与琶洲国际会展中心、长洲岛隔江相望。2001年，广州开发区受广州市政府委托全面开发建设生物岛，经过10年封岛建设，2011年正式“开岛”。生物岛面积1.83平方公里，规划科技研发区、企业总部功能区、高端制造区、配套服务区、文化休闲功能区、公共服务中心六个功能组团。基础设施建设基本完成，标准产业单元一期、二期、三期投入使用。截至2016年，生物岛累计完成固定资产总投资93.5亿元。2016年，新引进金域检测、广州互联网医院、InMode-China、广州合谐医疗、艾特敏医学检验等52个项目，鹰仕达、云润药业、香雪威尔登项目以及标准产业单元四期等项目陆续动工建设。

【临港经济区】临港经济区位于黄埔区南部，划定范围主要包括广园东路、黄埔东路以南的黄埔港、长洲岛、南海神庙及其周边地区，规划面积42平方公里。临港经济区融入广州国际航运中心及“一江两岸三带”战略大局，着力打造广州第二中央商务区，推动建设国际航运综合服务中心、国家海上丝绸之路先行区、广州港产城融合发展示范区，重点发展总部经济、港航服务、产业金融、高端商贸、电子商务、文化旅游等特色产业。2016年，保利鱼珠港、广州国际港航中心、中交港湾大厦、腾创万科黄埔仓、中远大厦等15个重点项目建设进展顺利，总投资430亿元。

【长岭居生态服务区】长岭居生态服务区北至广汕公路，南至广惠高速，西至萝平路，东至永和大道，将打造成为岭南特色的景观门户，高层次创新创业人才的栖居乐园，高端研发和总部办公聚集地，以及国际一流的绿色、低碳示范社区。2016年，长岭居生态服务区教育、医疗等配套设施建设步伐加快，岭头新村安置区一期主体工程建成。

【云埔工业区】云埔工业区1992年启动开发，规划面积15.8平方公里，园区企业总投资20亿美元，云埔工业区已逐渐成为广州市战略性新兴产业发展载体和黄埔区、广州开发区经济发展新的增长点。至2016年年底，园区已有包括美、日、德、法、澳、荷等国家和我国香港、台湾地区336家企业投资落户，其中高新技术企业23家，甲级工业设计单位1个，检测认证、质量检验、知识产权、管理咨询机构各1个。园区已形成新型智能装备、信息技术、新能源、精细化工、食品饮料、电子商务、物流仓储等重要产业，是以打造高端智能装备产业为主的研发、生产基地，以先进装备制造业群发展为定位的广州市第一批战略性新兴产业基地。2016年，云埔工业区筹建中经汇通金融商务区、广州数控等一批重点项目。

【众创空间】2016年8月18日，国内首家以知识产权全产业链为主体的创客空间——知商谷国际知识产权众创空间正式落户广州开发区。作为继中新广州知识城获批开展知识产权运用和保护综合改革试验后入驻开发区的首个知识产权项目，知商谷国际知识产权众创空间可以为广大创新创业者提供全方位的知识产权服务，知商谷的落地将有力促进广州开发区创业孵化的环境提升，成为广州市和广东省推进“双创”工作的又一重要载体。知商谷国际知识产权众创空间已有不少创客以及创业团队入驻，包括利用数据与云计算建立关系型社交网络的会聚网络、主营防伪溯源管理系统等业务的CITS探源队和广州朗尊软件科技有限公司等。

【标准化示范区】2016年11月17日，广州国家高新技术产业标准化示范区试点工作顺利通过了国家标准化管理委员会委托的验收专家组的考核验收。历经3年建设，广州开发区管委会先后出台20余项政策措施，制定与区情相适应的标准化发展规划，在示范区创建期间，无论是在标准制修订还是标准化人才培养方面都取得了较好的成绩。同时有多项创新探索：通过团体标准化，推动示范区企业的产业链上、下游企业之间的技术融合、协作，促进了产业集群化发展；运用企业标准体系将良好的经营管理模式向集团企业推广应用，助力企业实现标准化的规模扩张；在制定军用标准的同时，将关键技术服务于民用领域，探索了军民标准化融合模式。至2016年年底，广州开发区承担国际TC/SC/WG 5个，国家TC/SC 17个，国家标准起草工作组27个，省TC 14个，占全市总数的一半以上。在示范区创建期间，广州开发区有5家企业发布国际标准13项，42家企业发布国家标准、行业标准410项，重点企业主导或参与国家、行业自主创新技术标准制修订比例达到49%。标准化在便利经贸往来、支撑产业发展、促进科技进步和规范社会治理中的作用日益凸显。广州开发区国际标准化进程的飞跃奠定了外经外贸在广州市的领先地位。

【管理服务】广州开发区被确定为广东省“创新行政管理方式、加强事中事后监管”和相对集中行政许可权试点改革以来，以“新三单一平台”（集中清单、监管清单、绿色清单，审批监管大数据平台）为抓手，构建集中审批、精准监管、绿色服务的“放管服”新体系，促进政府职能从重事前审批向重事中、事后监管转变，增创区域经济新活力、发展新优势。2016年5月16日，广州开发区成立行政审批局，正式实施“一枚印章”审批工作。通过优化审批程序，推动企业项目审批时限由原来的110个工作日压缩到30个工作日，完成415项审批及公共服务事项标准化编制和审核工作，成为广东省首个完成审批事项标准化建设的区县。

【综改试验】2016年7月，国务院正式批复同意在中新广州知识城开展综改试验，要求将中新广州知识城打造成为“立足广东、辐射华南、示范全国”的知识产权引领型创新驱动发展之城，为建设知识产权强国探索经验。广州开发区着力提升知识产权战略资源和核心资产价值，充分发挥知识产权保护和服务体系对产业转型的重要支撑功能，实现知识产权产业化、商品化、资本化，建设立足华南、辐射全国的知识产权保护和服务业高地。2016年12月，国家知识产权局等14部门联合印发《中新广州知识城开展知识产权运用和保护综合改革试验总体方案》，力争通过5年时间，将中新广州知识城打造成为知识产权保护样板区、知识产权运营业发展先行区、知识产权引领型产业高端发展示范区和知识产权制度创新示范区。

【双创示范基地】2016年5月11日，广州开发区科学城园区正式被国务院办公厅确定为全国首批28个“双创”示范基地之一。广州开发区将科学城作为实施创新驱动发展、引领区域转型升级的重大战略平台，构建了“产业链、创新链、资金链”三链融合的发展模式，推动“双创”组织模式和服务模式创新，不断强化创新资源集聚，完善创业创新环境。2016年10月12日，广州开发区成功举办全国大众创业、万众创新活动周广东省分会场活动，围绕“发展新经济、培育新动能”的主题，通过多种形式的特色“双创”活动，打造特色“双创”基地，推动经济提质增效。

【机构设置与管委会领导】2016年，广州开发区党工委、管委会共设置16个工作部门和6个功能园区管理机构。其中，16个工作部门为：纪工委（监察局、审计局）、党政办公室（法制办公室）、组织人事局（老干部局、机构编制委员会办公室）、政策研究室（全面深化改革领导小组办公室）、发展改革和金融工作局（统计局）、经济发展局、投资促进局（投资促进工作领导小组办公室）、科技创新和知识产权局（版权局）、财政局（国有资产监督管理局）、劳动和社会保障局、国土资源和规划局、建设和环境保护局（房屋管理局、交通局）、市场和质量监督管理局（食品安全委员会办公室）、安全生产监督管理局、企业建设和服务局、行政审批局（政务管理办公室、大数据管理局）。6个功能园区管理机构为：中新广州知识城开发建设办公室（中新广州知识城合作事务办公室）、西区产业园管理委员会（保税业务管理局）、长岭居管理委员会、黄埔临港经济区管理委员会（长洲生态文化旅游区管委会)、生物岛(中以合作区)管理委员会、云埔工业区管理委员会。

2016年,广州开发区党工委书记、管委会主任陈志英;党工委副书记李红卫(2016年8月离任)、陈小华(2016年9月上任);管委会常务副主任李红卫(2016年9月离任)、陈小华(2016年9月上任),管委会副主任张超平、蒋宝鸿、孙学伟。

2015—2016年广州开发区主要经济综合指标一览表

项目		单位	2016年	2015年	增减(%)	备注
开发区生产总值		亿元	2 471.19	2 336.82	5.8	
第二产业		亿元	1 639.02	1 594.46	2.8	
工业		亿元	1 532.65	1 497.34	2.4	
第三产业		亿元	827.30	736.55	12.3	
工业总产值(现价)		亿元	5 776.10	5 589.27	3.3	
高新技术企业		亿元	1 388.86	1 293.51	7.4	高新技术企业只包含规模以上工业企业部分总产值
销售(营业)收入		亿元	8 892.45	8 434.18	5.4	仅包含"四上"企业
第二产业		亿元	4 803.57	4 638.38	3.6	仅包含"四上"企业中的工业和建筑业
工业		亿元	4 653.89	4 496.52	3.5	仅包含规模以上工业企业主营业务收入
第三产业		亿元	4 088.88	3 795.8	7.7	仅包含"四上"企业中的批发零售住宿餐饮、房地产、服务业主营业务收入
利润总额		亿元	581.44	477.97	21.6	仅包含"四上"企业
第二产业		亿元	336.58	317.09	6.1	仅包含"四上"企业中的工业和建筑业
工业		亿元	331.44	314.16	5.5	仅包含规模以上工业企业的利润总额
区内主导产业及产值						
主导产业	1.电子及通信设备制造业	亿元	2 301.76	2 260.12	1.8	
	2.汽车制造业	亿元	1 386.53	1 278.24	8.5	
	3.化学原料及化学制品制造业	亿元	1 055.47	1 123.68	−6.1	
	4.食品饮料制造业	亿元	485.58	540.16	−10.1	
进出口总额		亿元	2 232.35	2 142.42	4.2	从2015年1月起,按海关总署统一口径,进出口改为人民币计价
出口		亿元	1 132.40	1 055.36	7.3	
财政收入		亿元	624.01	620.37	0.6	
税收收入		亿元	536.75	472.23	13.7	
财政支出		亿元	215.23	220.08	−2.2	
新批企业数量		家	3 937	1 998	97.0	
外商及港澳台企业		家	77	63	22.2	
内资企业		家	3 860	1 935	99.5	
新批企业投资额	外商及港澳台企业	亿美元	18.03	16.57	8.8	
	内资企业	亿元	436.00	285.13	52.9	
	增资企业	亿美元	5.06	5.79	−12.6	
规模以上企业数量		家	1 875	1 704	10.0	
合同外资金额		亿美元	40.51	9.94	307.5	受分众传媒注资影响,增长较快
外商实际投资		亿美元	20.60	10.86	89.7	受分众传媒注资影响,增长较快
固定资产投资		亿元	723.49	674.27	7.3	
年末从业人员		万人	47.35	44.79	5.7	

(广州开发区管委会)

湛江经济技术开发区

【经济发展】湛江经济技术开发区（以下简称“湛江开发区”）由建成区及东海岛、硇洲岛、东头山岛和南屏岛等区域组成，面积为356平方公里。其中，建成区(原湛江经济技术开发区)面积9.2平方公里，东海发展区（原东海岛试验区）面积346.8平方公里。2016年，开发区辖1个镇、5个街道办事处，年末户籍人口为28.6万。

2016年，湛江开发区实现生产总值310亿元，比2015年（下同）增长17%；工业总产值442.9亿元，增长58%；进出口总额86.6亿元，增长11.5%；社会消费品零售总额150.7亿元，增长11.6%；固定资产投资253.1亿元，增长5.7%。来源于区级财政总收入21.6亿元，增长15.2%；一般公共预算收入9.4亿元；税收收入8.4亿元，增长16.7%。外贸进口44.9亿元，增长33.1%；完成高新技术产品产值110.5亿元，增长8.6%；新增高新技术企业5家，专利申请量和授权量分别增长111%和102%，科技企业孵化器孵化企业达到30家。旅游收入52.4亿元，增长18.9%，接待游客545万人次，增长7.6%。完成房地产开发投资25亿元，销售商品住房4 088套，面积37.2万平方米，成交金额30.8亿元。

【项目建设】2016年，湛江开发区加快宝钢湛江钢铁基地建设，基地2号高炉于7月15日顺利点火，实现湛江钢铁一期工程全面建成投产。基地完成年度投资69.9亿元，累计完成投资427.3亿元，完成钢产量555.4万吨，增长758%，实现工业产值155.1亿元，增长723.9%。中科炼化项目于12月20日全面动工建设，完成年度投资4.7亿元，累计完成投资39.1亿元。

【园区建设】2016年，湛江开发区以钢铁、石化和造纸“三大产业航母”项目为依托，加快配套产业建设，打造产业集群。至2016年年底，落户在钢铁配套园区的钢铁配套项目59个，计划总投资74.5亿元，建成投产32个。规划面积37平方公里的石化产业园区公用工程规划编制取得新进展，供水、供电、道路等设施建设正在筹备动工，安排一批项目入园建设，投资68亿元的京信电力、投资9亿元的东海岛港区公共码头等重点项目在石化产业园区动工建设，东海岛港区航道工程获省发改委立项。冠豪高新纸业扩大生产规模，第二期工程将建成投产；中国物流集团东海岛物流基地项目、湛化企业集团整体搬迁项目动工建设；投资150亿元的中纸涂布纸项目具备全面动工条件。

【基础设施建设】2016年，湛江开发区推进路网、排污管网、电网等配套基础设施建设。东腾路、育才路等6条总长25.7公里的主干道路部分建成投入使用，钢铁配套园区5条道路中2条建成，加快东海岛铁路、东雷高速路建设。东海岛至市区客运班车实现公交化改制，开通市区至湛江钢铁基地的公交线路，升级改造列入国家级枢纽站项目的东海岛客运中心站。开工建设东海岛中央商务区项目、东海岛口岸查验中心。东海岛1个500千伏变电站、1个220千伏变电站、2回500千伏线路、4回220千伏线路等工程建成使用。东海自来水厂一期管网、钢铁配套园区污水处理厂、中央商务区污水厂、东简污水处理厂F线尾水排放工程和东海岛工业尾水总管(陆域)工程正在筹备动工。

【社会事业】2016年，湛江开发区投资2.3

亿元的硇洲示范性渔港项目开工建设。投资3 500万元建设东海岛生态公园，投入3 392万元完成龙西海堤、红星水库等8处水毁工程修复，晏庭海堤达标加固工程完成进度60%。投入4 479万元建设村村通自来水工程，有效解决16万人饮水难问题。投资1 155万元新建农村公路55公里。投入扶贫资金1 800万元，建成贫困村道路2条，改造危房64户，全区贫困人口3 597人实现脱贫1 220人，脱贫率为34%。社保基金总收入7.9亿元，累计结余19.7亿元，城乡居民社会养老保险参保8.5万人，完成年度任务的102%，16项社保指标考核名列全市第一。投入民政救助和各类对象补贴资金6 000多万元，受益人数1.4万人。城镇登记失业率控制在2.4%，低于市下达的任务指标，城镇新增就业11 780人，落户在东海岛内的企业吸纳征地搬迁村民及东海岛籍劳动力就业3 380人。区第一中学以国家级示范性普通高中为标准建设，投资3.5亿元建设新校区，占地112.3亩（7.49公顷），建筑面积达98 847.3平方米，共有14栋大楼和一个400米标准运动场，于2016年秋季建成使用。全校现有教职工278人，初、高中教学班63个、3 000多名学生。完成全区324个自然村落历史人文调查采访、村史初稿撰写，并进入初审阶段。完善艺术馆、文化馆、图书馆等配套设施。落实基层卫生、计生人员工资财政统筹。硇洲卫生院外科综合楼建成使用，升级改造东简卫生院。推行食品药品安全网格化监管。

【绿色集约】2016年1月，湛江开发区环境保护监测站在东海岛正式投入使用，是按照国家环境监测体系标准化建设的三级站，设综合室、化验室、业务室，主要职能是对辖区范围内大气、水环境、土壤、声环境、放射性等环境要素的常规监测；对辖区范围内各类污染源进行监督监测；对辖区范围内建设项目环境影响评价的监测以及竣工验收监测；收集、整理、汇总辖区内环境监测数据资料，定期向上级呈报辖区内环境状况和污染动态报告等。

【投资促进】2016年7月19日，湛江开发区东海岛中央商务区正式动工建设，总投资30多亿元，集商务办公、商业服务、科技文化、生态居住、休闲娱乐于一体。东海岛中央商务区位于东海岛中部，面积约544公顷。其中，在位于东海大道以南、规划东山大道以西、规划调市路以东，面积120公顷的第一期工程用地中先行规划建设用地面积57.33公顷，包括东海岛中央商务区公园项目、开发区企业科技文化交流服务中心项目、中央商务区首期一环路工程、商业娱乐康体项目、高级商务酒店项目、大型商住小区及步行街7个项目。中央商务区项目建成后将改善东海岛公共服务和公用基础设施，改善东海岛工作生活环境，为重点项目建设发展提供公共服务配套保障，推动东海岛宜业宜居宜游的现代化大工业新城建设，助力湛江打造环北部湾中心城市。

2016年10月17—18日，湛江开发区联合宝钢湛江钢铁公司和中科炼化公司组团到上海、广州举行钢铁、石化产业投资推介会。共签约配套项目24个，计划总投资93.3亿元，投产后预计产值158.5亿元。其中，钢铁配套项目11个，投资28.5亿元，石化配套项目13个，投资64.8亿元。投资推介会详细介绍湛江经济技术开发区工业发展情况，推介该区投资环境和投资优势。主要是秉持循环经济和节约型社会理念，旨在以宝钢湛江钢铁基地为龙头，构建钢铁产业集群，建设具有国际竞争力的中国南方现代钢铁基地；以中科炼化一体化项目为龙头，构建石化产业集群，打造中国南方最大的现代石化基地。

【2016年殊荣】2016年11月24日，在2016中国国际循环经济展览会上，湛江开发区获得最具投资价值园区奖和中国循环经济推广先进园区奖。2015年6月，湛江开发区被国家发改委和财政部确定为国家循环化改造示范试点园区，至2016年年底，全区13个总投资24.8亿元的循环化改造项目正在抓紧建设，其中建成投产项目9个。总投资500亿元的湛江

钢铁基地项目建成投产；总投资460亿元的中科炼化一体化项目全面动工。钢铁、炼化两个特大型产业“航母”相距500米，谋划产品耦合发展、资源互通共享，打造“隔墙经济”。全区整合区内各类资源，以湛江钢铁、中科炼化两个特大龙头项目为核心，根据现有产业基础和发展规划，重点构建优化石化、钢铁、电力、纺织、造纸、医药和静脉产业7条循环经济产业链，优化产业循环共生网络，实现资源高效利用，打造国家循环化改造示范试点园区。

（湛江经济技术开发区管委会）

昆山经济技术开发区

【概况】2016年，昆山经济技术开发区（以下简称“昆山开发区”），不断深化改革开放，引领产业多元化、功能创新化、园区城市化发展，综合保税区、光电产业园、留学人员创业园等一批国家级特色功能园区已具规模，机器人智能装备产业园、高端食品产业园等一批特色产业园区加快建设，形成了电子信息、光电显示、精密机械、装备制造、民生轻工五大主导产业。至2016年年底，累计引进欧美、日韩、中国港澳台等50个国家和地区客商投资的2 253个项目，投资总额370亿美元，注册外资198亿美元，注册内资企业近20 000家，注册资金超过600亿元。

【区域经济】2016年内，昆山开发区整体经济呈现出“增速放缓、稳中有进、稳中提质”三大发展态势，全区完成地区生产总值1 451.22亿元，按可比价格计算，同比增长7.3%；第三产业总产值444.92亿元，按可比价格计算，同比增长9.4%；工业总产值5 255.05亿元，同比增长0.7%；全社会固定资产投资273.4亿元，同比下降1.6%；一般公共预算收入112.91亿元，同比增长21.6%；进出口总额575.18亿美元，其中出口373.15亿美元，同比分别下降14.9%和15.6%；新增到账外资3.55亿美元，同比下降42.4%；注册内资超过200亿元。

【产业发展】2016年，昆山开发区突出转型升级创新发展工作主线，转型升级创新发展综合绩效评估位居全市各区镇之首，转型升级创新发展“十个一批”重大项目有序实施，其中，友达、国显、东部热电等11个市级重大产业项目完成投资88.8亿元；新兴产业完成产值1 710.75亿元，增长0.6%；高新技术产业完成产值2 651.35亿元，增长1.9%；仁宝、纬创等IT产业龙头企业的智能手机、平板电脑等新型产品快速增长；世硕、纬视晶等新投产企业产能持续提升，全区智能手机、笔记本电脑年出货量分别为3 831万台和3 751万台，智能手机年出货量首次超过传统笔记本电脑。泓杰电子、兴易达、多宾陈列3家企业实现挂牌上市。新增2个中国驰名商标、1个省级著名商标、6个省级名牌产品；淘汰“三高一低”企业2家，腾出土地1 012亩（67.5公顷）；完成技改投入86.07亿元，同比增长24.5%。江苏（昆山）光电产业园成为国内唯一集聚面板制造三大技术、上下游配套产业链最完整的产业园区。友达光电、国显光电两大显示器龙头项目的资金、设备和人员逐步到位。至年末，园区集聚关联企业36家，总投资125亿美元，年营业收入超过580亿元，通过科技部高新技术产业基地、省商务厅海峡两岸产业基地复核。

【建设管理】2016年，昆山开发区以昆山城市总体规划和功能布局为依据积极推进“多规融合”，推进全区控制性详规等各项规划，深化中央商贸区、青阳港两岸、蓬朗老镇等重点区域的城市设计。完成昆山开发区“产城融合”专题规划研究、绿色发展研究与实践等专项城市发展研究，编制完成《昆山开发区美好生活圈规划》《昆山开发区绿地系统规划》《轨道交通S1线沿线地块一体化设计》《青阳港两岸区域城市设计概念方案》《昆山开发区蓬朗老镇更新改造规划研究》等专项规划，启动青阳港老工业区和蓬朗老镇区两大改造工程。按照“宜居宜业、建管并举、产城互动”的思路，加快推进城市功能持续完善，统筹推进城乡建设，着重在公共服务民生功能上补短板。蓬朗东城三期、福利院二期、西湾新村改造等19个市、区重点实事工程有序推进，三巷路、高鼎路、郭石路等重要道路改造工程顺利实施，夏驾河湿地公园、白士浦河滨水公园、小虞河生态湿地公园等生态环境工程加快建设。兵希小学、中华园小学、青阳港幼儿园等6所学校开工建设，国际学校启动改造，绣衣幼儿园投入使用。体育公园、金鹰二期、建滔站前综合体、东部医疗中心等一批功能项目有序推进，城市功能布局不断完善。新增绿化面积120万平方米。征收“清零”和“退二进三”成效明显，新开工面积258万平方米，在建面积662万平方米。昆山开发区成为省内首批“绿色建筑和生态城区区域集成示范区”，青阳港城市更新项目获批省内唯一一个“中法区域合作示范项目”，中南世纪城21号楼工程获批省级节能减排（建筑产业现代化）示范项目，积极申报江苏省人居环境范例奖。落实《江苏省绿色建筑发展条例》，制定并施行《昆山开发区绿色建筑项目全过程实施管理办法》，规范全区绿色建筑管理；加快推进海绵城市建设，编制实施计划，使海绵城市建设得到应用并逐步推广。

【招商引资】2016年，昆山开发区按照“坚持内外并举，突出招大引强”的招商工作思路，重大项目引进取得突出进展，11个项目被列入昆山市重大产业项目计划，总投资331.8亿元，年内计划投资88.7亿元。全区全年到账外资3.55亿美元，注册内资超200亿元。制造业方面，三星电子增资3 000万美元，太极能源增资2 230万美元，国显光电增资20亿元。黛妃巧克力、日世冰淇淋、顺大咖啡等一批注册资本在千万美元以上的税源经济型项目入驻昆山开发区，哈工大机器人、三一住工等超亿元的内资项目顺利落户。友达光电正式投产，累计完成投资52亿元。东旭光电开始桩基工程，巨尔光电、泓杰电子将陆续开工建设；奇美材料项目主体工程竣工。金融服务业方面，引进了台湾富邦银行昆山支行、台湾兆丰银行昆山支行，均已顺利开业；由中银城市发展资产管理有限公司发起设立的苏州中禾盛投资中心顺利落户，募集规模250亿元。复旦上科体育文化公园项目正式签约，南宝树脂增资设立投资性总部。同时，利用汇设计平台引进了10多家品牌营销、工业设计类公司。台资在昆山开发区经济发展中继续保持重要地位，至2016年年末共集聚台资企业1 191家，总投资230.74亿美元，注册资本109.88亿美元。其中，制造业企业520家，占比43.6%；服务业企业671家，占比56.4%；台资服务业项目总投资34.5亿美元。

【科技创新】2016年，昆山开发区大力实施创新驱动发展战略，不断完善科技创新服务体系，有效推进区域转型升级。高新技术产业加快发展，全年新增高新技术企业25家，高新技术产业产值2 651.36亿元，占规模以上工业总产值的57.9%，同比增长7.8%。研发平台建设稳步推进，突出政府资金的引导作用，打破以往模式，建成清陶新能源材料研究院、大功率器件工业技术研究院；中国—乌克兰焊接工艺技术国际联合实验室揭牌运营；建成省院士工作站、省级工程技术研究中心、重点研发机构、研究生工作站等各类省级平台15家；新增国家级博士后科研工作站（分站）3家，博士后7名。集聚一批海内外高层次人才创新创业，入选国家“千人计划”人才3名，江苏省“双创团队”3个，省“双创人才”2名，姑苏创新创业领军人才7名，19人及2个团队入围昆山领军人才，各类人才计划立项数量居全市首位。高标准建设国家知识产权示范园区，高分通过国家知识产权示范园区复核；全年发明专利授权558件，PCT专利申请74件；在光电产业成立专利联盟；实施规模以上工业企业专利零突破工程，组织近300家规模以上企业负责人参加知识产权培训；强化企业知识产权管理标准化建设，通过国标认证企业3家，通过省贯标绩效评价企业1家；龙灯化学获中国专利优秀奖。留创园获江苏省首批留学人员创新创业示范基地，百富科技园获批国台办海峡两岸青年创业基地，智谷创意产业园、百富科技园获批省级众创空间。

【社会事业】2016 年，昆山开发区（含代管区）常住人口 69.5 万，其中，本地户籍人口 15 万，外地户籍人口 54.5 万，人口密度为每平方公里 4 938 人，本地户籍人口自然增长率为 9.35‰。各级各类学校 36 所，在校学生 33 101 人，其中，本地学生 15 629 人，外地学生 17 472 人。图书馆（室）20 家，藏书 15.78 万册；影剧院（场）5 家，座位 3 368 个。建成投用公立医院与社区卫生服务中心 4 个，社区服务站 18 个，体育场馆 7 家，健身点 227 个。居民持续增收机制进一步完善，完成村级经济总收入 1.85 亿元，同比增长 5.3%，居民可支配收入 1.56 亿元，同比增长 5.3%，农民人均收入 37 200 元，同比增长 7.5%；完成社区股份合作制改革，成立了 18 家社区股份合作社，惠及 20 161 户、70 297 人，2016 年分红 1 523.35 万元。公共自行车一期、二期项目完成建设，设置 69 个站点，投入公共自行车 2 200 辆。以“两学一做”学习教育为抓手，带动党组织和文化阵地建设稳步加强。深入开展“强党性争作为，我为昆山添光彩”主题活动，广泛发动全区机关工作人员、窗口单位及事业单位党员干部全员参与。

【安全生产与环境保护】2016 年，昆山开发区安全生产与环境保护网格化工作机制进一步完善，以园区、街道为单位成立 6 个“安环消”网格办公室，招录 51 名具有本科以上学历的专职网格员，形成了由 10 个大网格、42 个小网格组成的“安环消”监管网络，严格按照《昆山开发区 2016 年安全生产监督检查计划》开展安全生产检查，易爆粉尘、化工、职业病危害等重点领域共出动检查人员 5 314 人次，检查企业 3 312 家次。各“安环消”网格开展小微企业安全检查 9 207 家次；委托第三方技术服务机构对 113 家职业病危害问题突出的企业开展监督性检测。督办整改力度不断加大，保质保量完成苏州市级挂牌隐患 2 项、昆山市级挂牌隐患 2 项、区级挂牌隐患 7 项。全面开展规模以上及重点小微企业安全生产标准化创建工作，引入第三方机构规范标准化创建程序，实时对企业进行考核。完成对 3 100 余名企业主要负责人和安全管理人员进行安全培训。全面开展安全生产和环境保护“百日行动”，处置了鸿钧工艺品、华林油库等一批老大难问题。全力推进全区生态文明建设，顺利完成生态工业园复评和 ISO14001 体系验收工作。全面完成中央督查组交办的 11 批次督办件。蓬朗污水厂扩建及尾水改向工程通过环评审批，昆山开发区电镀中心优化改造工程开工建设。吴淞江流域重点整治中 26 家企业的工业废水完成管道接入。姚李村河、车塘港、合丰河、老夏驾河、六时泾和瓦浦河完成整治，合计投资约 1 400 万元。

【综合保税区】2016 年，昆山综合保税区共有企业 106 家，其中工业企业 65 家，物流企业 31 家，其他服务业企业 10 家，总投资 34 亿美元，注册资本 16 亿美元，实际利用外资 14 亿美元，从业人员 12 万余人。实现工业产值 2 339 亿元，同比增长 10.17%；完成进出口总额 408.6 亿美元，同比下降 22.96%，其中出口 275.1 亿美元，同比下降 21.61%；完成保税物流金额 768 亿美元，同比增长 11.7%。年内，综合保税区“优化贸易方式和优化监管模式”的“双优化”功能和政策取得突破。10 月 14 日，区内企业“增值税一般纳税人资格”试点获国税总局、财政部、海关总署联合公告批准。综合保税区企业增值税一般纳税人资格试点，由昆山率先创意、率先提出、率先争取、率先突破，11 月 1 日，全国首张试点增值税专用发票在昆山综合保税区开出。综合保税区积极主动做好进口设备涉税等功能性调研，及时高效地协调和处理企业在营运过程中出现的各类问题。区域维稳工作持续加强，有效维护了区域稳定。安全生产管理不断强化，全面与区内企业签订《2016 企业安全生产承诺书》，敦促企业落实主体责任。扎实开展安全生产检查，完善企业标准化台账、消防设备、预警预案、消防演练，全年完成了对区内所有企业拉网式的检查。

2015—2016 年昆山经济技术开发区主要经济综合指标一览表

项目		单位	2016 年	2015 年	增减（%）
开发区生产总值		亿元	1 451.22	1 420.10	2.19
第二产业		亿元	1 003.85	996.90	0.69
工业		亿元	972.35	966.79	0.58
第三产业		亿元	444.92	420.73	5.75
工业总产值（现价）		亿元	5 255.05	5 216.87	0.73
高新技术企业		亿元	850.60	745.41	14.11
销售（营业）收入		亿元	7 168.85	7 037.77	1.86
第二产业		亿元	5 548.89	5 494.95	0.98
工业		亿元	5 233.82	5 200.56	0.64
第三产业		亿元	1 619.96	1 542.82	5.00
工业利润总额		亿元	260.99	234.00	11.53
区内主导产业及产值					
主导产业	1. 计算机、通信和其他电子设备制造业	亿元	3 504.23	3 513.97	−0.28
	2. 通用设备制造业	亿元	217.21	214.85	1.10
	3. 汽车制造业	亿元	192.43	168.24	14.38
进出口总额		亿美元	575.18	676.15	−14.93
出口		亿美元	373.15	442.01	−15.58
财政收入		亿元	246.52	196.92	25.19
税收收入		亿元	223.62	186.73	19.76
财政支出		亿元	48.35	48.47	−0.25
新批企业数量		家	6 388	3 948	61.80
外商及港澳台企业		家	72	64	12.50
内资企业		家	6 316	3 884	62.62
区内世界 500 强企业		家	78	77	1.30
国家级高新技术企业		家	262	224	16.96
新批企业投资额	外商及港澳台企业	亿美元	7.38	8.69	−15.07
	内资企业	亿元	520.13	113.53	358.14
	增资企业	亿美元	4.83	4.52	6.86
规模以上企业数量		家	1 168	1 167	0.09
科学研究与试验发展（R&D）经费支出		万元	263 125.00	204 701.00	28.54
合同外资金额		亿美元	3.45	4.62	−25.32
外商实际投资		亿美元	3.55	6.17	−42.46
固定资产投资		亿元	273.40	250.65	9.08
年末从业人员		万人	51.85	50.55	2.57
水资源消耗总量		万立方米	7 569	7 514	0.73
上市企业		家	18	9	100.00

（昆山经济技术开发区管委会）

营口经济技术开发区

【区情概况】营口经济技术开发区（以下简称“营口开发区”）是1992年经国务院批准设立的国家级经济技术开发区。行政区划是营口市鲅鱼圈区，下辖熊岳、红旗、芦屯3个镇，海星、海东、红海、望海4个办事处，行政区划面积268平方公里，人口50万。

营口开发区是辽宁沿海经济带上的一个重要节点，全国中小城市综合改革试点城市，也是港口金融创新试验区，处于“一带一路”、东北老工业基地振兴、辽宁沿海经济带、沈阳经济区等多个国家战略的叠加区域，战略地位突出、区位优势明显。哈大铁路、哈大公路、沈大高速公路、哈大高速铁路客运专线等交通动脉纵贯全境，交通运输四通八达。坐落在开发区境内的营口港，有营口、鲅鱼圈、仙人岛3个港区，拥有140多条国际、国内航线，与50多个国家和地区通航。与港口相配套的海关、出入境检验检疫部门和外轮代理、理货、供应等服务机构一应俱全，是中国沿海的主枢纽港之一。境内有28.5公里长的黄金海岸线，在中国慈母圣地—望儿山，鲅鱼公主、贝壳观景台、墩台山古烽火台、亚洲植物标本园、熊岳温泉、金沙滩海滨浴场等自然人文景观构成了山、海、林、泉交相辉映的海滨旅游度假胜地。

【经济实力】2016年，营口开发区实现地区生产总值368亿元，固定资产投资60亿元，一般公共财政预算收入30亿元，增长6%。其中，国税收入10.3亿元，地税收入16.7亿元，实体税收27亿元，非税收入3亿元。规模以上工业增加值77亿元，实际利用外资1 900万美元，外贸出口15.5亿美元，社会消费品零售总额125亿元，城镇居民人均可支配收入35 940元。

争取农发行棚户区改造资金23亿元。争取国家专项建设基金3.47亿元。争取中央预算内投资2 759万元。争取政府债券置换109亿元。实施国资国企改革，清产核资317亿元。整合供热资产入股营口港，将实现部分资产证券化。与中铁十七局合作的综合管廊PPP项目，到位资金6亿元。发行企业债券获国家发改委审批，到位资金15亿元。

【产业结构】2016年，营口开发区三次产业比为2.9∶45.1∶52，服务业在GDP中占比进一步提升，成为拉动经济发展的新引擎。

农业潜力初步释放。龙头企业11家，盈福、春华等高科技农业园区产品销售良好。省级农业品牌3个，市级农业品牌11个，地理标志产品16个。鲅鱼圈区被评为全国首个国家级出口海蜇质量安全示范区。

工业实力稳步提升。鞍钢鲅鱼圈新厂、新东北电气集团、嘉里粮油等7家企业完成技术改造。华能电厂、无限极、北方糖业等8户企业产值超10亿元，发展规模不断壮大。四大产业集群实现产值291亿元，在规模以上工业产值中的占比进一步提高。

服务业活力逐步迸发。红星美凯龙、恒汇万象建设进展顺利。万隆广场、新商业大厦、万达广场运营良好。房地产业发展平稳健康，消化存量商品房60万平方米。餐饮、住宿、养老、快递等生活性服务业迅猛发展。

【区域建设】2016年，营口开发区东北亚国际物流贸易中心建设强力推进，开通中欧班列11条。辽鲁陆海大通道运行平稳，营口港实现吞吐量3.43亿吨，集装箱运量607万标准箱。“紫丁香号”班轮完成运量1.9万标准箱，客运4.5万人次。

韩国商品交易中心一期运营良好，推进云天化金谷物流合作项目。华海物流大厦、中泽商贸中心、阿达尼冷链物流等项目加紧建设，海关物贸大厦投入使用，聚舱网、粮达网、港通物流信息平台上线运营。全年新增物贸企业450家，物贸企业达到2 000家。

区域性金融中心建设取得实效。辽宁北方金融资产交易中心注册会员505家，累计实现交易额近2 000亿元，营业收入近4 000万元。营口沿海银行、营口港财务公司等金融机构发展态势良好。旺运红有限公司“新三板”上市已获审批。国有资产经营公司与沈阳天顺融资公司合资成立担保公司，注册资金3亿元。全区金融、类金融机构127家，存款余额826亿元，增长44%；贷款余额933亿元，增长22%。实现税收5.2亿元。

东北休闲旅游中心建设有序推进。《全区旅游发展总体规划》编制工作启动。西部海滨旅游带PPP项目列入全国优选旅游项目名录。举办第三届中国温泉旅游推广季暨首届世界温泉论坛大会。接待国内外游客1 080万人次，旅游总收入95亿元。天沐温泉度假村荣获“国家五星级温泉”称号。鲅鱼圈区成功进入“国家全域旅游示范区”创建行列，先后获得“中国最美休闲度假旅游城市”和“中国最具投资潜力旅游城市”殊荣。

先进制造业中心建设稳步推进。沈鼓国家级研发中心运行良好，中航信诺锂电池项目投产，新东北电气航天精铸高端铝合金项目建成。全区有国家级研发中心1家，省级研发中心1家、创新战略联盟1家，市级企业技术中心13家。全年申报科技进步奖2项，申请发明专利47件。

【招商引资】2016年，营口开发区开工千万元以上项目79个，其中亿元以上项目65个。无限极二期、亲和源康复中心主体已经建成，海星工厂化集成房屋等项目正在建设，石蜡仓储加工、台湾商业综合体即将开工，推进中国航天高效能电池、和润粮食深加工及码头、天芝林中药饮片等项目建设。

招商活动有效开展。多次会见韩国经贸考察团，成功与韩国物流协会签订合作协议。赴长三角、珠三角、京津冀、香港等地以及新加坡招商，深入接触徐州重工、海螺集团、香港新泰等企业，重点推进中国物流北方交易大厦、浙江粮食交易市场等15个项目。

项目申报成效显著。地下管廊、集中供热、新型城镇化等23个项目录入国家发改委项目库。

积极支持企业发展。兑现各类优惠政策5 600万元。大力开展企业帮扶活动，支持60余家企业开展资金担保、土地质押等业务，有效解决了企业在生产运营中遇到的困难。

【智慧园区】“十三五”期间，营口开发区确定打造“东北亚国际物流贸易中心、区域性金融中心、东北休闲旅游中心、先进装备制造业中心”四个中心，营口开发区作为国家“一带一路”倡议中的中蒙俄经济走廊的重要节点，积极融入“一带一路”发展建设，在新兴业态方面迅猛发展。以港融大数据、港荟全球购、港通电商、迪威驼营网、粮达网、“e采通”、聚仓网和融仓网为代表的跨境物流电商信息平台在开发区迅猛发展。同时，营口开发区准备用活、用足国家关于“互联网+”方面的政策，学习深圳一达通、常州世贸通，积极发展平台经济，为发展国际物流贸易提供更高水平的载体支撑。

【社会事业】2016年，营口开发区教育、体育事业不断进步。望海学校主体工程已经完工，惠民小学、信义小学投入使用。推进职教中心创建“全省职业教育改革发展示范校”创建工作。行风整治、教育教学管理工作扎实开展，学生服务体系更加健全。中心医院内科病房正加紧建设，忆江南体检中心投入运营，农村120急救中心建成，居民健康档案建档率达80%以上，医疗市场整治深入开展，熊岳镇创建国家级卫生镇通过初检，爱国卫生、妇幼保健、计生工作扎实开展。省级食品安全放心区创建工作顺利推进。

文化惠民活动广泛开展。积极培育群众文化，打造县区文化样本工程，现代公共文化服务体系不断完善。《全区文化发展规划》编制基本完成，成功举办营口望儿山母亲节、广场文化月等活动，非物质文化遗产普查工作已经完成，鲅鱼圈区图书馆荣获辽宁省“最美基层图书馆”称号。

社会保障体系逐步完善。新增城镇就业9 000人，登记失业率为2.46%，城镇失业人员再就业1.1万人，转移农村剩余劳动力4 200人，养老、医疗、失业、工伤、生育保险基金征缴任务基本完成。新农合参合率为99.3%，资金使用率为85%。慈善总会发放善款153万元，资助群众1 385人。精准扶贫工作深入推进，成立包村帮扶工作小组，对口帮扶48个村、540户贫困对象，投入950万元。修建道路16公里，科技培训1 200人次，提供就业岗位800个，产业扶持、环境整治、大病救助等工作取得实效。

【党建工作】贯彻落实党的十八届六中全会、习近平同志系列重要讲话和省市委党代会精神。深入开展“两学一做”学习教育。强化精神文明建设，培育践行社会主义核心价值观，全面提升市民文明素质和文明程度。健全完善后备干部的培养选拔工作，完善党员干部教育培训制度。落实基层党建工作责任制。落实全面从严治党“两个责任”和中央“八项规定”精神，加强党管武装和双拥工作。

【机构设置与管委会领导】营口开发区管委会下设职能机构为：政府办公室、群众工作局、发展和改革局、经济和信息化局、城乡规划建设局、农村经济发展局、卫生与计划生育局、财政局、人力资源和社会保障局、教育体育局、民政局、审计局、交通局、环境保护局、商务局、文化广电新闻出版局、城市管理综合行政执法局、安全生产监督管理局、市场监督管理局、国有资产管理局、行政审批局、公安局、司法局。营口开发区管委会主任：李宏振(10月上任)；常务副主任：张雪冬；副主任：冯长松（1月上任）、刘方辉、牛思群（12月离任）、关键（6月离任）、冯效韫、吴峰（11月离任）、伊利军、张科(6月离任)、田文阁(12月上任)。

2015—2016年营口经济技术开发区主要经济综合指标一览表

项目		单位	2016年	2015年	增减（%）	备注
开发区生产总值		亿元	365.1	466.9	−21.80	
第二产业		亿元	162.1	221.2	−26.72	
工业		亿元	130.3	197.5	−34.03	
第三产业		亿元	191.8	235.0	−18.38	
工业总产值（现价）		亿元	390.8	534.0	−26.82	规模以上
高新技术企业		亿元	119.2	208.3	−42.77	规模以上
销售（营业）收入						
第二产业		亿元	422.1	651.9	−35.25	限额以上
工业		亿元	390.2	585.8	−33.39	规模以上
第三产业		亿元	89.0	99.4	−10.46	规模以上
利润总额						
第二产业		亿元	20.4	47.0	−56.60	限额以上
工业		亿元	18.7	42.7	−56.21	规模以上
区内主导产业及产值						
主导产业	黑色金属冶炼和压延加工业	亿元	125.8	171.9	−26.82	
第三产业		亿元	6.9	18.9	−63.49	限额以上

续表

项目		单位	2016年	2015年	增减（%）	备注
进出口总额		亿美元	22.9	27.7	-17.33	
出口		亿美元	15.7	19.6	-19.90	
财政收入		亿元	30.3	28.4	6.69	
税收收入		亿元	27.4	25.0	9.60	
财政支出		亿元	28.9	25.9	11.58	
新批企业数量		家	1 283	1 113	15.27	
外商及港澳台企业		家	8	5	60.00	
内资企业		家	1 275	1 108	15.07	
国家级高新技术企业		家	2	2	0	
新批企业投资额	外商及港澳台企业	亿美元	0.04	0.5	-92.00	
	内资企业	亿元	80.4	62.6	28.43	
	增资企业	亿美元	0.2	0.2	0	
规模以上企业数量		家	79	139	-43.17	
科学研究与实验发展（R&D）经费支出		万元	48 705.5	97 512.1	-50.05	规模以上
研究与试验发展（R&D）经费投入强度		%	1.3	2.0	-35.00	
合同外资金额		亿美元	0.04	0.5	-92.00	
外商实际投资		亿美元	0.2	0.2	0	
固定资产投资		亿元	81.3	186.6	-56.43	
年末从业人员		万人	20.0	17.9	11.73	
万元GDP能耗		吨标煤/万元	4.54	1.85	145.41	
单位国内生产总值取水量		立方米/万元	26.02	17.50	48.69	
上市企业		家	4	7	-42.86	
区内建立的创新创业平台		个	2	0	200.00	
区内科研院所		家	3	3	0	
区内职业教育学校		所	1	1	0	

（营口经济技术开发区史志办公室）

威海经济技术开发区

【经济发展】2016年，威海经济技术开发区（以下简称“威海开发区”）实现生产总值225.24亿元，按可比价格计算比2015年（下同）增长8.5%。分产业看，第一产业实现增加值7.89亿元，增长4.4%；第二产业实现增加值110.32亿元，增长7.2%；第三产业实现增加值107.03亿元，增长10.3%。三次产业结构为3.50∶48.98∶47.52。财政总收入40.73亿元，下降4.4%；税收收入39.08亿元，下降5.9%；进出口总额315.9亿元，增长29.1%；固定资产投资171.09亿元，增长14.3%；社会消费品零售总额131.58亿元，增长11.3%。

【产业发展】2016年，威海开发区出台《关于进一步促进科技创新扶持企业发展的意见》（经技区管发〔2016〕97号）、《关于工业企业培训诊断服务的实施意见》（经技区管发〔2016〕96号）和《实施联系服务企业行动工作方案》（经技区管发〔2016〕68号）政策文件，安排企业扶持资金8 270万元，落实企业税收优惠9.3亿元，争取上级扶持资金4.8亿元。海马地毯等17家企业升级步伐加快，华东数控等67个项目列入省技术创新项目计划，邦德股份、隆济时科技挂牌“新三板”，中清智能科技等11家企业挂牌齐鲁股权交易中心。全年新增规模以上工业企业11个，累计达123家。工业用电量10.1亿千瓦时，比上年增长4.33%；实现工业总产值335.39亿元，下降1.4%，规模以上工业增加值增长7.9%；实现主营业务收入330.77亿元，下降0.7%；实现利税24.11亿元，下降15.8%；实现利润13.23亿元，下降24.1%；固定资产投资完成额164.62亿元，增长16.2%。年内，全区骨干企业主营业务收入过亿元的企业达到38家，过10亿元的企业有8家。至年末，全区民营经济市场主体27 497户，比上年增长25.34%；注册资本259.02亿元，增长72.13%；实缴税金8.47亿元，减少15.82%。

新兴业态快速成长。服务贸易、电子商务、文化旅游、健康养生、涉韩商品集散等新兴业态发展势头良好，东方智慧谷服务贸易产业园启动建设，全区服务贸易额和服务外包合同执行额分别占全市的1/4和1/3。中韩国际珠宝文化城等总投资50亿元的13个新兴业态项目建设运营，跨境电商企业达到50家，韩乐坊获评国家3A级旅游景区，韩国商品集散地建设初具规模。全年预计实现服务业增加值108亿元，增长10.6%，占GDP的比重达到47.52%，提高1.83个百分点。

【供给侧改革】2016年，威海开发区去产能，盘活存量资源。对威海三进船业有限公司采取“借力促活”的办法，通过招引浙江小可控股公司参与企业破产重整，盘活现有企业和项目。对山东百圣源集团有限公司采取“激内促活”的办法，通过政策引导，盘活优质资源，有效帮助企业走出倒闭困境。对威海华东数控股份有限公司采取“政企合作”的方法，推动其与大连机床厂重组，生产经营顺利接续。

去库存，改善房产供给结构。引导房地产企业开发精品房产，利用库存商品房发展电商、创业、孵化、养老地产等业态。年内全区商品房销售面积15.4万平方米，比上年增长12.6%；待售面积39.3万平方米，下降10%。

去杠杆，创新投融资运作机制。开展股权

融资、PPP合作等方式融资，泊于水库获国家专项建设基金7 000万元，污水处理厂扩建搬迁工程获中央预算内投资800万元。威海东部滨海新城地下综合管廊入选“2016年全国地下综合管廊试点城市”，获中央财政3亿元专项资金补助。总投资80亿元的中韩经贸交流中心，采取PPP合作模式，吸引中建股份公司参与合作建设。

降成本，提升效能。7家用电大户纳入山东省电力直接交易试点，年可节省用电成本4 300万元。海马地毯集团有限公司继续实施“机器换人”计划，累计技改投入超过3亿元，生产效率提高1倍。

补短板，增强创新驱动能力。全区省级工程实验室达到3家，15家企业的21项技术创新项目被列入2016年山东省第一批技术创新项目计划。日本软银1.5亿美元服务外包基地落地，为建市以后威海最大的服务外包基地项目。中韩产业技术交流中心、中韩企业孵化中心全面启动，日本株式会社IEC与威海开发区就开展产业教育培训业务签署合作协议。

【科技创新】2016年，威海开发区出台《关于进一步促进科技创新扶持企业发展的意见》，深入实施科技强区战略。新认定高新技术企业9家，至年末，全区有高新技术企业39家，实现高新技术产业产值194.15亿元，占规模以上工业产值的比重达到55.79%，比上年提高1.11个百分点。全区有国家级研发平台1家、省级25家、市级37家；孵化载体12家，其中国家级科技企业孵化器2家、省级3家、市级2家；国家级众创空间2家、省级2家、其他1家，累计孵化面积12万平方米，在孵企业210家。获得省级科学技术奖2项，新增发明专利申请1 022件。全区研究与试验性发展经费年支出占生产总值的比重达到3.19%，比上年增长0.27个百分点。

【投资促进】2016年，威海开发区抢抓中韩自由贸易区地方经济合作、东部滨海新城建设和国家服务贸易创新发展试点等机遇，全面实施精准招商，主攻现代服务业和战略性新兴产业，组织小分队赴外推介招商17次，接待国内外客商80余批600多人次。9月6日，威海市国内来威投资企业协会正式入驻韩乐坊。年内，全区新批外资（含港澳台资，下同）项目48个、增资项目8个，合同利用外资11 695万美元，增长7.1%；实际利用外资16 591万美元，增长15.8%。新注册内资项目56个，实际利用内资67亿元，增长15.2%。与178个国家或地区保持贸易往来，实现进出口总值315.9亿元，增长29.1%。其中，进口总值201.5亿元，增长130.6%；出口总值114.4亿元，下降27.3%。

中韩地方经济合作实现新突破。中韩产业技术交流中心落户经开区，累计进驻韩国生产企业100多家、韩国科技转化中介服务机构10家，达成技术合作150多项，投资交易额3 400多万元。与仁川中区政府合作建设韩乐坊仁川公园。协助韩国木浦MBC拍摄《古代中日韩海上丝绸之路——张保皋事迹》纪录片。韩国水协中央会、盛世韩企中国总部基地等项目落地运营，韩国商品集散地建设全面提升，在国内影响力日益增强。年内，新批韩资项目37个，实际利用韩资1 863万美元，比上年增长9.2%。实现对韩出口37.8亿元、进口42.5亿元，分别占全区的36.9%和28.3%。

【生态环保】2016年，在全区构建网格化环境监管体系，制定《突发事件专项应急预案演练计划》，指导威海港等重点企业开展辐射事故应急演练、重污染天气应急演练。加强危险废物监管，自2月起，与公安分局联合开展为期3个月的专项行动，出动执法人员300余人次，排查企业100余家并取得阶段性成果。年内审批各类建设项目73个；备案类项目55个，完成“三同时”验收项目的单位23个。争取上级环境污染防治资金498.5万元。华能威海发电有限责任公司等9家重点用能单位完成节能14.23万吨标准煤，超前完成“十三五”节能目标进度。全区燃煤机组超低排放改造全部完成。投资6 100万元实施威海湾港区除尘与绿化喷淋工程和威海博通热电股份有限公司干煤棚项目建设，扬尘污染得到有效治理。开展企业环境信用等级评价工作。

【体制机制创新】2016年，威海经开区印发《推进“互联网+政务服务”工作实施方案》(经技区管发〔2016〕56号)，结合政务服务平台建设，推进“互联网+政务服务”，63项行政审批事项纳入动态管理系统，通过政务服务云平台、政策超市、服务指南等载体全面公开。10月24日，经开区网上政务大厅接入全省政务服务平台互联互通试运行。政务服务大厅全年受理各类办件13.7万件，日均办件量700件以上，群众满意率达99.9%以上。工商、质监、食品药品三局合一后，积极探索实施“四个一”(一支队伍执法、一个窗口服务、一条线维权、一个平台监管)的事中事后监管模式，解决执法监管空白地带问题。与合并之前的2013年相比，2016年实现了“三升一降”，即市场主体增长111%，移交区局执法案件增长370%，受理投诉增长399%，人均执法成本下降19.5%。在全省率先推行市场主体联审联批，落实先证后照、三证合一、一照一码、一址多照、一照多址，累计换发新版营业执照5 200余份，占应换发企业的68.4%。全面推行建设工程项目模块化审批流程再造。建设项目的立项、用地审批、规划报建、施工许可、竣工验收备案五个阶段，完成审批最多需要28个工作日。体制机制创新试点工作顺利通过省商务厅等5部门组织的中期专家评估，威海经开区在创新审批机制方面的做法被重点提及，“互联网+政务服务”模式成为可复制、可推广的10条经验做法之一，由省5部门向全省开发区正式推广。

【人才建设】2016年，威海经开区印发《关于实施高端人才聚集工程的意见（试行)》(经技区发〔2016〕45号)，设立2 000万元人才工作专项资金，实施高端人才聚集工程。年内新增市级以上高层次人才9人，新引进博士10人；组织“2016威海人才峰会专家经区行”活动。至年末，全区专业技术人员有高级职称433人、中级职称2 090人、初级职称3 197人。新增城镇就业人员3 722人，城镇登记失业率为1.4%。4个社区获首批省级创业型社区。开展“扶助小微企业专项行动”，发放各类创业补贴139.5万元。发放小额担保贷款4 600万元，增长170%，全年扶持119名大学生实现创业。

【城乡建设】2016年，威海开发区居住环境投入资金4.6亿元，高标准创建美丽乡村7个，实施农厕改造7 549户、单村供水改造11个、农村危房改造38户，新建改造城乡道路15条，绿化工程11项，428套公租房主体完工，3处镇级全民健身中心、8个农村社区服务中心和农村产权交易中心投入使用，城市环境、沿海岸线、铁路沿线、散流物体四大集中整治行动和物业服务质量提升年活动成效显著。

东部滨海新城建设成效显著。全年新征土地4 700亩（313.3公顷)，7 775户居民的23个村棚户区改造项目启动，总开工面积达到120万平方米。污水处理厂、港区输变电站投入使用，“三纵四横”路网基本成型，累计完成道路路基83公里、路面硬化122万平方米、城市绿化300万平方米。逍遥湖蓝色海湾项目通过国家海洋局批准建设，争取中央扶持资金3亿元。以东部滨海新城为主体，威海市被确定为国家产城融合示范区，崮山镇入选首批“中国特色小镇”，泊于镇获批山东省新生小城市试点。

【党建工作】2016年，威海开发区以“两学一做”学习教育为统领，扎实推进全面从严治党和服务型政府建设，组织开展经开区大讲堂2期、外出考察培训6批244人，选派17名年轻干部区镇双向挂职锻炼，圆满完成镇街班子换届，全年新提拔重用干部123人。全面推行村居干部“小微权力”清单等制度，扎实推进七项基层党建重点工作，深入开展“基层党建难题突破年”“城市社区党建工作优化提升年”“两新”组织“双强双优”工程，创新实行“一联二亮三评”党建管理机制，创建运行“e家锋范—智慧党建云平台”，基层党建工作呈现新局面。

【民生保障】2016年，威海开发区安排民生支出12.5亿元，占一般公共预算支出的比重达到72%。其中，教育投入3.2亿元，新建扩建中小学4所、幼儿园5所。近3年累计投入资金8亿元，新建扩建中小学5所、幼儿园21所，分别增加学位10450个和5657个，新增教师97名，有效缓解“大班额”和“入园难”问题。精准扶贫投入8000多万元，5个省定贫困村、1105户贫困户全部脱贫。社会保障投入1.6亿元，医疗、养老、救助等社会政策提标扩面，48个村居4.2万名被征地农民养老保障资金在全市率先落实，3206名城乡居民实现就业，发放各类社会救助补助资金2900多万元。文化事业投入768万元，开发区eTV开通运行，组织丰富多彩的群众文化活动100多场次。

【机构设置与管委会领导】工委（管委）设置10个行政机构，分别为：工委办公室（管委办公室、审计局）、组织部（统战部、人力资源和社会保障局）、宣传部（文化局）、政法委员会（司法局）、经济发展局（科学技术局）、财政局、建设局、社会事务管理局（人民武装部）、商务局、市场监督管理局（食品安全委员会办公室）；区纪工委（监察局）为市纪委（市监察局）的派出机构，实行双重管理，以区工委（管委）管理为主；直属事业单位3个：城市管理与行政执法局（市城市管理执法监察支队经开区大队）、农业经济发展局（农村工作领导小组办公室）、市政公用事业管理局（交通局）；经济功能区管理机构1个：出口加工区管理局。

中共威海市委经济技术开发区工作委员会书记吕晓东；副书记刘昌清、王炳刚（挂职）、马端兴、邹智敏；委员姚桂礼、乔军、梁永波、刘建平、汤华海、张刚、许宏妮（女）、毕建忠、刁瑞福、王启；威海经济技术开发区管理委员会主任吕晓东；常务副主任刘昌清；副主任姚桂礼、乔军、梁永波、汤华海、张刚、许宏妮（女）。

（威海经济技术开发区管委会）

福清融侨经济技术开发区

【经济发展】 2016年，融侨经济技术开发区（以下简称“融侨开发区”）完成规模以上工业产值843.21亿元，同比增长4.34%；完成固定资产投资275亿元，同比增长74.75%，其中，工业固定资产投资241.78亿元，同比增长149.25%；规模以上工业税收收入11.52亿元（不含免抵调），同比增长21.64%；实际利用外资11 441万美元，同比增长41.09%；全年新增规模以上工业企业3家，新申报高新技术企业4家。

【园区布局】 融侨开发区由起步片区、洪宽片区、光电产业片区和南部片区4个区块构成。

起步片区：面积5.68平方公里，1987年开始开发建设。主要发展电子信息、汽车配件和塑胶制品等行业，现有冠捷集团、明达塑胶等规模以上企业59家，2016年完成产值320.67亿元。

洪宽片区：面积4.56平方公里，1990年开始规划开发，现属于主城区产业退城区块。主要发展发电机组、铝材深加工、电子信息产业，现已集聚奋安铝业、永强力加等规模以上工业企业42家，2016年完成产值277.13亿元。

光电产业片区：面积1.95平方公里，重点发展光电显示产业上游的京东方面板及配套项目。这一片区分两期建设：一期于2006年规划建设，现有捷联电子（新厂区）、捷星显示等16家规模以上企业，2016年完成产值207.33亿元；二期于2014年规划建设，引进了京东方面板，以及联华林德气体、裕永物流等配套项目。

南部片区：面积2.07平方公里，重点发展物流、机电、塑胶等园区配套产业。现有中能电气、华丰塑胶等18家规模以上工业企业，2016年完成产值38.08亿元。

【企业规模】 截至2016年年底，融侨开发区年产值上亿元的企业共81家，完成产值819.83亿元。其中，年产值100亿元以上（含100亿元，下同）的企业有捷联电子1家；10亿元至100亿元的企业有捷星显示、奋安铝业、福耀玻璃等13家；5亿元至10亿元的企业有胜田食品、易佰特电子等9家。

【产业发展】 融侨开发区区内企业涉及行业主要有电子信息、电机电气、金属制品、塑胶制品和汽车部件、光学仪器等行业，初步形成了电子信息、汽车部件两大优势产业和光学仪器新兴产业。

电子信息：以光电产业片区为依托，形成以捷联电子、京东方面板为龙头的平板显示整机制造产业，2016年电子信息产业56家规模以上企业共完成产值398.58亿元。区内平板显示制造产业聚集68家生产配套企业，融合LCD/LCD-TV整机、LCM模组、背光模组、主控板、升压板、转轴、轴芯、偏转线圈、印制板、注塑、模具、IT服务等生产于一体。其中，冠捷集团是全球最大的显示器制造服务商，捷联电子是全球最大的单一显示器生产基地。2016年，捷联、捷星两家企业显示器总产量达3 300多万台，共完成产值286.45亿元。

汽车部件：以福耀集团为龙头，围绕汽车玻璃生产，拓展周边产品和服务。2016年，汽车部件产业12家规模以上企业共完成产值61.76亿元。福耀集团组建了玻璃工程研究院，成立了国家认定的企业技术中心、博士后工作站、专利工作交流站、院士工作站等，其检测实验中心通过中国合格评定国家认可委员会认定，得到57个国家和地区认可，产品成功地被全球八大汽车公司选用，是全球最大、最具竞争力的汽车玻璃专业供应商。

光学仪器：以福光光电、福光天瞳为龙头，2016年光学产业2家规模以上企业共完成产值3.24亿元。

【科技创新】截至2016年年底，融侨开发区拥有省级及以上研发机构14个。其中，国家级企业技术中心1个（福耀集团），省级企业技术中心7个(捷联、福耀、南少林、海壹、祥龙、永强、奋安)，省级重点实验室2个（福耀车载玻璃、捷联显示技术），省级工程技术研发中心4个（福耀玻璃、海壹鱼糜制品、冠良汽车摩擦材料、祥龙特种管道)；国家驰名商标5个(福耀、诚丰、海壹、爹地宝贝、捷联)，省著名商标20个；拥有省级及以上名牌产品的企业14家(福耀、海壹、胜田、爹地宝贝、融林、奋安等)；高新技术企业21家（巴士、万达、中能等)；年度发明专利授权47件；主板上市企业1家（福耀玻璃)。

【基础设施建设】2016年，融侨开发区以推进光电科技园二期基础设施配套建设为重点，园区基础设施建设投入4.4亿元。主要有第二污水处理厂完成工艺管道设备安装，实现通水；京东方供水专管及加压泵站竣工，投入使用；京东方污水专管及提升泵站完成施工，开始试通水；220千伏京东方变电站完成建设，实现东京线、林京线双回路供电；110千伏虎溪变电站完成选址、可行性研究批复，着手设计招标；京东方大道、洪智路、京东方北路建成通车，福百大道已部分建成，福长路正在进行土方工程施工。

【招商引资】2016年，融侨开发区新签项目13项，总投资106.74亿元。其中，东旭光电项目投资69亿元，冠城瑞闽项目投资20亿元。

【项目建设】2016年，融侨开发区列入福州、福清市两级百日攻坚建设项目共17项，总投资415.87亿元，攻坚项目金额共81.77亿元，实际完成投资107.61亿元。总投资300亿元的京东方面板项目较预期提前1个月进入精细化收尾阶段，捷联电子完成新厂区搬迁，东旭光电项目主体竣工，万达玻璃完成技改，福光光电研发中心主体竣工，福光光学产业园完成交地。

【安全管理】2016年，融侨开发区聘请安全专业机构加强区内企业安全督查、咨询，推进企业安全生产标准化创建，229家企业通过市主管部门复评，128家企业三级达标，101家小微企业达标。

【机构设置】融侨开发区管委会下设办公室、党群工作部（人力资源处)、经济贸易发展处(安全生产监督检查处)、国土规划建设处(审批服务处)、计划财务处。

（福清融侨经济技术开发区管委会）

沈阳经济技术开发区

【经济发展】2016年，沈阳经济技术开发区（以下简称“沈阳开发区”）规模以上工业总产值1 589.7亿元，同比降低10.3%；规模以上工业增加值363.66亿元，同比降低2.7%；固定资产投资147.5亿元，同比降低0.57%；公共财政预算收入52.97亿元，同比增长14.2%；实际利用外资2.32亿美元，同比降低23.5%。

【项目建设】2016年，沈阳开发区新开工3 000万元以上项目107个，总投资4.5亿元的远大集团与日本IHI合资农机生产基地等47个市重点项目全部开复工。竣工项目92个，总产能40万辆的华晨宝马整车三期、总产能40万台的华晨宝马发动机一期等重大项目竣工投产。宝马在德国本土以外唯一的研发中心进入设备调试阶段。沈化搬迁改造、东药搬迁改造一期项目基本完成。沈化、东药的生产订单实现逆势上扬。远大压缩机与全球行业领导者瑞士布克哈德战略重组、投资2.8亿元的新加坡丰树等32个亿元以上项目落地。远大铝业海外工程承包带动出口1.7亿美元，和平轮胎出口创汇超5 400万美元。推动海关监管工作前移，在北方重工设立了综合保税仓库，提高服务企业效率。服务业发展势头良好。万丽、东方银座铂尔曼2家五星级酒店即将试营业。全面体验宝马品牌文化的宝马世界竣工营业。万科、美的等知名房企首次进驻开发区，龙湖、旭辉、华润等企业竞相投资。

【区域环境】2016年，沈阳开发区综合管廊一期工程进展顺利，220千伏高压变电站投入使用，25万吨污水处理厂配套管线工程全面推进。开发区国家低碳工业园区试点工作稳步推进。启动了国家环保部通报超标排放的炼焦煤气公司关停工作。盛京驿站、华圣寺、沈阳机床等景点被评为国家AAA级景区。新建长滩、新民屯卫生院即将投入使用，乡镇公办卫生院实现全覆盖。开发区公安指挥中心和交通指挥平台投入运行。

【国际合作】2016年，中德园园区项目总数达到228个，竣工投产、开工建设、注册购地项目达45.6%，非汽车类项目占70%。其中，世界顶级的瑞士服务型机器人项目签约，德国“隐形冠军”企业代表——七福模具注册，德国西门子智能交通创新中心挂牌，中德汽车轻量化技术工程中心和中德创新研究院相继成立，德国铁路集团全球物流中心一期、深圳大族激光机器人竣工，纽卡特工业机器人行星减速机制造项目即将投产。中央商务区建设全面启动，德中企业服务管理公司完成合资组建并开始运营。《中德装备园知识产权保护白皮书》正式发布。中德大街二标段工程开工建设。在德国法兰克福、杜塞尔多夫、斯图加特市设立3处招商联络处。德国总理成功访问中德园，扩大了园区在德国乃至欧洲的影响力。

【区域建设】2016年，铁西区实施功能区设置，张士开发区重点突出功能区产业特色。开发区除加速推进中德园建设外，中法生态城建设也有新的进展。与央企签署了战略合作框架协议，园区总体规划得到修改完善，贯穿园区南北的浑河4街全线竣工通车，横跨三环、连接城区的中法大道土地征收工作已经完成。北京积水潭（沈阳）国际医院主体完工。先进装备制造产业园成功组建并进入实质运行。化工医药产业园完成了总体规划及规划环评修订工作，有效解决项目用地、验收等环保标准限制问题，为开发区节约大量动迁资金。沈化PVC糊树脂、三聚凯特工业催化剂生产规模跻身亚洲首位。现代建筑产业园建设稳步推进，中南世纪城装配式住宅示范项目竣工。西部新城都市观光农业蓬勃发展，八三堡和蔡家台村荣获省级生态村称号。

【体制机制创新】2016年，沈阳开发区在中德园和招商系统管理体制机制创新上率先突破，政府管理体制创新迈出了重要一步。推进行政审批制度改革。率先实行“无费区”政策，实施“五证合一”和“一照一码”，成立了全省首家区级“联合评审中心”，“放管服”能力进一步提升。

【投融资服务】2016年，沈阳开发区与中国银行法兰克福分行、辽宁分行和建设银行辽宁分行分别签署了战略合作协议。与上海东方汇富合作制定市场化取向的金融设计方案。设立了10亿元铁西振兴产业（创业）投资引导基金。中德园跨境人民币创新业务试点正式启动。

【科技创新】2016年，沈阳开发区与国家信息中心共同启动国家装备制造业大数据中心等平台建设。全年新增省级重点实验室1个、省级工程技术研究中心2个，新研制重大技术装备首台（套）17项。沈鼓集团具有国际水平的国内首台10万/小时空分压缩机组试车成功，国内首台年产120万吨乙烯压缩机组实现产业化运行。远大集团自主研发的智能感知工业机器人填补国内多项技术空白。沈阳机床集团“i5战略”走在国内行业前沿。

【国资国企改革】北方重工成功并购美国罗宾斯公司，所属13家壳企业、20家大集体企业移交区属管理工作有序推进。

2016年沈阳经济技术开发区主要经济指标

项目	单位	2016年	比上年增减（%）
开发区面积	平方公里	448	—
企业数量	家	4 829	4.40
内资企业	家	4 481	-6.29
外资企业	家	348	3.26
全区从业人员	人	222 895	3.40
新进区企业	家	977	37.00
外资企业	家	18	38.50
批准进区项目	个	97	-18.49
地区生产总值（两区数据）	亿元	774.54	-3.80
规模以上工业总产值	亿元	1 589.70	-10.30
规模以上工业增加值（两区数据）	亿元	363.66	-2.70
固定资产投资额	亿元	147.50	-0.57
社会消费品零售额（两区数据）	亿元	595.30	2.10
实际利用外资（两区数据）	万美元	23 157	-23.50
出口总额（两区数据）	万美元	136 472	-28.50
公共财政预算收入	亿元	52.97	14.20
公共财政预算支出	亿元	27.12	-10.90
税收总额	亿元	86.80	-16.40
商品房销售面积	万平方米	42	2313.79

（沈阳经济技术开发区管委会）

长春经济技术开发区

【经济发展】长春经济技术开发区（以下简称“长春开发区”）是长春市“双心、三翼、多组团”整体规划中工业化推进的主要区域，辖区面积112平方公里，常住人口30万。2016年，长春开发区完成地区生产总值567.82亿元，同比增长7.3%；规模以上工业产值1 041亿元，增长7%；固定资产投资619.3亿元，增长15%；一般预算全口径财政收入72.2亿元，增长10.2%；实际利用外资21.1亿元，增长12.7%；实际利用内资160亿元，增长15%。

【招商引资】2016年，长春开发区组织开展各类招商活动200余次，签约亿元以上项目40个，包括浪潮、二氢槲皮素、马瑞利、法雷奥等一批在全市有较大影响力的项目。其中，23个项目已开工或投产运营。同时，超前部署项目“三早”行动，全面掀起了“冬春招商大会战”，一次性签约30个项目，投资总额达328亿元。

【项目建设】全年新建、续建重点项目161个（其中工业项目83个）。浪潮、合心机械、锐意美等新开工项目实现当年投产运营；法雷奥、马瑞利、顺丰、中粮等项目即将竣工投产；卫星路中央公园、世纪广场万豪综合体、南湖大路总部基地等商住项目有序推进。

【综保区开放平台】2016年，树立“大综保区”概念，将整个北区与综保区通盘布局谋划，推动综保区由基础设施配套向招商引资、项目建设进行战略转移。一是创新了体制机制。一方面，强化内部管理，突出招商引资和项目服务，对部分机构进行整合调整，调动各方力量向综保区倾斜，相关分管主任及各招商、服务部门全部常驻综保区办公，掀起了新一轮综保区建设热潮。另一方面，借助外力发展，大力支持国际陆港公司作为“长满欧”运营主体，以资金补助等方式推动顺丰做大货运包机业务，发挥口岸平台功能，提升经济外向度。此外，根据兴隆综保区实际，提炼出19项适合在综保区复制推广的监管创新制度，复制了一批自由贸易区出入境检验检疫机构改革试点经验政策。二是各项业务快速增长。全年实现报关单9 000票，货值6.5亿美元，是2015年（以下简称“上年”）的2.4倍，增速居全国内陆综保区前列；跨境电商3 000万票、货值1亿美元，票数和货值分别是上年的3倍和2倍；顺丰包机运行135架次，是上年的近4倍；“长满欧”国际货运班列1 300标箱，货值6 000万欧元，分别是上年的2.7倍、1.4倍；在海关正规监管系统试点城市中，长春跨境电商出口业务量稳居全国前五名。三是重大平台及项目建设进展顺利。综保区铁路集装箱场站作为临时口岸对外开放，成为全省内陆地区唯一的国家一类铁路口岸；进口肉类指定查验场通过国家正式验收，成为吉林省唯一的进口肉类指定查验场；国际快件海关监管中心已具备运营使用条件；进出口商品展览展示中心3月份投入使用；机场大路市区至综保区段贯通，使开发区南北区实现了具有历史意义的一体化连接。

【服务企业】长春开发区把“留住企业、壮大企业”作为当期着力破解的一大课题，软环境建设取得较大成效。一是以行动服务企业。对区内规模以上企业逐家进行走访，面对面倾听企业负责人心声，全力为企业排忧解难，坚定了企业在开发区发展的信心：光机所原计划在区外注册发展的两个项目，又重新落位开发区，保守估算，这两个项目“十三五”期间可以形成40亿元产值；江森、奥托立夫两家企业将计划在天津和青岛的项目回到开发区生产，丰田也将新的发动机项目在开发区进行技改扩能。通过扎实有效的服务，开发区全年新增“四上”企业88家，发展质量进一步提高、规模不断扩大；工商注册大幅增长，新增企业2208家，个体企业4251家，增长均超过20%。二是以政策服务企业。制定出台了《促进经济发展若干意见》等“一主六辅”政策，对企业投资落位、扩能改造、科技创新、发展现代服务业和总部经济给予重点扶持，制定围绕汽车及零部件企业的优惠政策；落实近1.5亿元，依法依规对以往在招商过程中承诺企业的政策予以兑现，剩余部分将根据企业履约情况按时足额兑付，激励企业扎根开发区加快发展。三是以制度服务企业。落实全市统一部署，全面启动政务服务“一门式、一张网”改革，完成审批项目梳理、政务大厅改造升级及人员招聘培训；严查项目服务中的“不作为”问题，全区服务企业氛围日益浓厚，得到企业和社会的高度认可。四是以创新举措服务企业。全区上下积极而为，围绕企业发展积极研究新举措，采取新办法，促进企业快落地、早达产，如企业走访制度、项目调度制度、项目审批容缺制度等都在有序推进。项目服务一局制作的《大综保区项目服务管理台账》，深受企业欢迎。

【城市建设管理】2016年，长春开发区全力组织实施全市重点工程，城市环境得到极大改善。一是配套能力日益增强。兴隆丽景C区、安龙、金色家园、南区二期等回迁楼建设有序推进。与此同时，盘活空置的回迁房资源，采取政策调整、合理分配征收区域布局等措施，安置回迁居民977户，盘活房源1965套，消化了60%的库存。26项精品街路绿化工程已全部完成，高标准完成道路大中修、暖房子等重点工程。实施兴隆老镇区市容环境综合整治及民生设施改善工程，北区整体环境得到有效提升。二是土地保障能力进一步增强。全年取得土地批复117公顷；实施征地83公顷，征收民宅284户、工企12家，有力保障了市区26个重大项目建设的需要。通过严把项目投资强度、为企业量身定制标准厂房等方式，土地利用效率不断提高，集约节约用地水平在全国国家级经开区中位于前列（237个经开区中列32位，列杭州、北京、沈阳等经开区和汽开区之前）。此外，集中开展了征而未用土地的清理工作，可出让土地超过50公顷，实现出让收入10亿元。

【社会事业】2016年，长春开发区民生保障持续改善。全年投入7亿元用于民生领域，完成了就业创业、社会救助等42件民生实事。同时，立足于补齐民生短板、补足民生欠账，制订了未来3年幸福经开区计划，确定了八大类182项民生实事，为社会事业全面提速明确了目标和任务。通过多种途径，全区千米社区用房已达67%，建设了58个服务群众的三级监控平台，38个百姓说事点和社区警务室。针对经开区街道和社区管理区域过大、人口过多的现状，在深入调研论证的基础上，谋划调整现有两个街道办事处行政区划，新增两个街道办事处和部分社区，为打造精细化的社会管理和服务新格局奠定基础。教育方面，向社会公开招聘了47名高学历、高素质的优秀教师；着眼于解决教育布局不合理问题，增加教育用地14.4万平方米，着手积极谋划筹建5所学校。出台了《加强农民工实名制管理意见》，强化对拖欠农民工工资的企业实行一票否决，极大地缓解了一直以来年底发放农民工工资问题。进一步完善顶层设计，紧抓重点领域、重点行业，加大隐患排查和整改，全区安全意识和能力明显提高。

【党风廉政建设】一是扎实推进“两学一做”学习教育和解放思想大讨论活动。振奋职工精神，推动提质提效，全区上下“积极进取、勇于担当、团结奉献、争创一流”的干事风气日益浓厚，“白加黑”“五加二”工作模式成为常态。二是基层党建取得积极进展。圆满完成兴隆山镇党委、人大、政府及全区村级“两委”、村务监督委员会换届工作，23名社区“第一书记”全部选派到位，增强了基层领导班子的执行力；深化了“幸福社区”党建品牌，打造出新开河、珠海、兴新等一批在全市有重要影响力的党建精品示范社区，非公企业和社会组织党组织覆盖率达到100%。三是政务保障能力不断增强。对政务中心进行了大规模修缮，完善了功能设施，确保了安全运转；加大了政务督查，全年共督办事项955件，确保管委会各项决策部署得到贯彻落实，对督查督办工作应给予充分肯定。四是党风廉政建设不断加强。坚持公开透明原则，严格程序，实现了公开公正，强化制度建设，征拆工作建立“一公示三公开”制度、招投标工作采用隔离评标等方式，保障了重点领域、关键环节的规范化、全透明；加强审计工作，全年完成审计项目105个，发现问题145个，提出建议133条。此外，各驻区机构、各区属国有企业，围绕大局服务中心，讲政治勇担当，为开发区整体全面提升，为经济社会保驾护航起到积极的推动作用。

2015—2016年长春经济技术开发区主要经济综合指标一览表

项目		单位	2016年	2015年	增减（%）
开发区生产总值		亿元	567.82	535.52	6.03
第二产业		亿元	378.46	364.90	3.72
工业		亿元	336.08	332.75	1.00
第三产业		亿元	188.95	170.30	10.95
工业总产值（现价）		亿元	1 041	972.90	7.00
高新技术企业		亿元	250	302.12	-17.25
销售（营业）收入		亿元	1 432.12	1 389.62	3.06
第二产业		亿元	1 098.26	1 020.61	7.61
工业		亿元	1 005.30	917.05	9.62
第三产业		亿元	333.86	297.10	12.37
利润总额		亿元	75.60	72.10	4.85
第二产业		亿元	60.90	58.80	3.57
工业		亿元	56.30	53.80	4.65
区内主导产业及产值					
主导产业	1. 汽车制造业	亿元	693.03	440.34	57.39
	2. 农副产品加工业	亿元	93.69	313.21	-70.09
第三产业		亿元	333.86	297.10	12.37
进出口总额		亿美元	19.60	17.00	15.29
出口		亿美元	5.02	3.69	36.04
财政收入		亿元	72.22	73.94	-2.33
税收收入		亿元	66.56	72.40	-8.07
财政支出		亿元	98.04	91.09	7.63
新批企业数量		家	2 208	1 895	16.52
外商及港澳台企业		家	8	12	-33.33
内资企业		家	2 200	1 883	16.83
区内世界500强企业		家	39	39	0
国家级高新技术企业		家	34	34	0

续表

项目		单位	2016 年	2015 年	增减（%）
新批企业投资额	外商及港澳台企业	亿美元	1.60	0.20	700.00
	内资企业	亿元	132.50	730.00	−81.85
规模以上企业数量		家	482	488	−1.23
科学研究与试验发展（R&D）经费支出		万元	84 010.80	75 322.00	11.54
外商实际投资		亿美元	21.19	18.80	12.71
固定资产投资		亿元	619.30	536.20	15.50
年末从业人员		万人	19.61	19.42	1.01
万元 GDP 能耗		吨标煤 / 万元	0.346	0.374	−7.49
水资源消耗总量		万立方米	127 417 400	135 154 600	−5.72
单位国内生产总值取水量		立方米 / 万元	22.43	25.24	−11.13
上市企业		家	3	3	0
区内建立的创新创业平台		个	3	3	0
区内科研院所		家	47	42	11.90
区内职业教育学校		所	9	9	0

（长春经济技术开发区管委会）

杭州经济技术开发区

【经济发展】2016年，杭州经济技术开发区（以下简称“杭州开发区”）经济社会各项事业保持平稳健康发展。全年实现地区生产总值731.6亿元，比2015年（下同）增长10.8%；规模以上工业增加值545.3亿元，增长10.2%；服务业增加值172.8亿元，增长16.9%，服务业的拉动作用明显。财政总收入173.7亿元，其中，地方一般公共预算收入63.5亿元，增长15.9%。实到外资9.9亿美元、实到内资40.5亿元、浙商回归资金29.2亿元。固定资产投资212.4亿元，其中，工业投资增长13.2%，技改投资增长26.5%。社会消费品零售总额88.3亿元，增长6%。外贸出口57.23亿美元。

【产业发展】2016年，杭州开发区完成工业总产值1 979.98亿元，比上年增长9.6%；完成工业销售产值1 914.29亿元，增长14.8%；完成新产品产值480.8亿元，增长4.5%；全年完成信息经济增加值95.55亿元，增长14.1%；完成主营业务收入367.26亿元，增长7.6%。装备制造、电子通信、食品饮料和生物医药四大主导产业全年工业销售产值完成1 169.78亿元，下降0.88%，占全区规模以上工业销售产值比重的77.33%，四大优势产业分别占全区规模以上工业销售产值比重的42.9%、14.04%、10.91%和9.49%。全区规模以上工业企业294个，其中销售产值1亿元以上的企业181个，全年实现销售产值1 446.08亿元，占总量的95.6%。其中，东芝开利空调（中国）有限公司、杭州奥普卫厨科技有限公司、杭州九阳欧南多小家电有限公司、史陶比尔（杭州）精密机械电子有限公司、杭州三花微通道换热器有限公司、杭州松下住宅设备（出口加工区）有限公司等17个大企业增速15%以上，引领全区工业经济发展。

【科技创新】2016年，杭州开发区围绕“东部科技港”建设，构建区域创新体系，发挥科技示范引领作用，加快培育企业创新能力，推进创新平台建设，深化产学研合作。全年建成投用创新平台13万平方米，在建创新平台30万平方米，实现规模以上工业企业高新技术产业销售产值699.95亿元，比上年增长8.6%，占规模以上工业产值的46.3%；实现规模以上工业企业高新技术产业增加值191.8亿元，增长11.7%，占全区工业增加值的47.5%；实现新产品产值480.8亿元，新产品产值率为31.7%。促成产学研合作项目31个，其中5家企业获杭州市网上技术交易成果转化项目资金资助，6家企业获开发区产学研项目资金资助。企业和高校专利申请量8 344件，其中，发明专利3 289件，增长21.4%；专利授权量4 878件，其中，发明专利1 525件，增长36%，万人发明专利授权量4 758件。2016年，开发区企业高新技术层次快速提升，全年培育国家高新技术企业29家、杭州市级高新技术企业77家，新增杭州市级以上企业研发机构31家。至年末，累计有国家高新技术企业159家，其中，国家重点支持高新技术产业化骨干企业即“国家火炬计划高新企业”12家。2016年，开发区实施创新驱动战略，推进“东部人才港”建设。全年引进高层次人才91人，其中自主培养浙江省“千人计划”专家5人、杭州市“521计划”专家8人；新增高层次人才创办企业20家。

【投资促进】2016年，杭州开发区完成招商引资任务有升有降。全年累计实到外资9.9亿美元，完成全年目标任务的57.7%；实到内资40.5亿元，完成全年目标任务的115.7%；浙商回归到位资金29.2亿元，完成全年目标任务的100.8%。全年引进辉瑞生物制药、中粮包装、晟泰融资租赁等实到外资1 000万美元以上项目9个，引进双润创投、瑞芯谷科等实到内资5 000万元以上项目11个。引进1个世界500强项目——吉立亚医药研发及生产基地项目。2016年，开发区外贸经济总体形势比较严峻，全年实现进出口总额96.15亿美元，比上年增长5.2%。其中，实现出口总额57.23亿美元，下降3.7%;实现进口总额34.9亿美元，增长9%。全年培育顾家家居股份有限公司、杭州默沙东制药有限公司、杭州三花微通道换热器有限公司3个出口额超过1亿美元的企业。

【绿色集约】2016年，杭州开发区深入推进“五水共治”，完成河道清淤50余万立方米，18个河道监测断面稳定达到V类，水质进一步改善。深入推进“五气共治”，中策橡胶集团有限公司和杭州杭联热电有限公司完成废气改造，12家企业挥发性有机物完成治理，5家化工企业完成关停转迁，大气质量进一步改善。大力开展“三改一拆”“两路两侧”“四边三化”专项行动，大学城北等重点区域整治取得阶段性成效，区域环境进一步提升。5月，被国家发展改革委评定为全国33个长江经济带国家级转型升级示范开发区之一，倡导低碳减排，建设绿色发展示范开发区。

【智慧园区】2016年，杭州开发区加快智慧城市综合管理平台建设，开发区智慧城市管理“一平台、三中心、四大数据库”总体框架逐步成型。围绕创建“国家智慧城市试点开发区”的目标，深化智慧城市综合管理平台建设市级试点。在由全国智能建筑及居住区数字化标准化技术委员会主办的第四届金标奖评选中，开发区智慧城市综合管理中心获“标准成果应用奖”。2016年，开发区高起点谋划推进重点平台建设，东部医药港小镇完善规划编制，“科惠医疗”项目落户，辉瑞全球生物技术中心项目开工建设。“大创小镇”由开发区和高校联合创建，整合新加坡杭州科技园、高教园区和企业资源，开创特色小镇建设的新模式。出口加工区加快推进转型升级、提升跨贸绩效，实现全市首单B2B保税出口，进口业务量和交易额分别增长67%和88%。东部湾总部基地明确功能定位，总部大楼确定建设模式，基础配套建设加快推进。

【投融资服务】10月，杭州开发区设立的首只海外科技投资基金和海外生物医药投资基金分别在美国旧金山湾区和波士顿成立。首只海外科技投资基金——和达海外科技投资基金资金规模1.5亿美元。基金在杭州开发区建立的创新平台资源，为企业提供场地、设施、优惠政策、技术咨询、产业链配套等服务，以降低企业的创业风险和创业成本。首只海外生物医药投资基金——和达海外生物医药投资基金（HEDA Biotech Fund）由杭州开发区管委会与浙江赛伯乐投资管理有限公司主办，和达创投、赛伯乐洛杉矶基金、美中生物医药协会联合承办。同时，浙江赛伯乐投资管理有限公司设立波士顿生物医药基金（Cybernaut Biotech Boston Fund），两只基金以协议联投方式统一进行投资，联合基金1期规模2亿元。基金通过协助和参与波士顿现有生物医药平台的科技交流活动，促进与当地产学研平台良性互动。

【体制机制创新】2016年，杭州开发区政务服务推进“四张清单一张网”建设，政务服务网平台上线试运行，推行服务清单模式，推出预约服务、午间值班举措，居民群众办事更加便捷。建设“法治下沙”，推进政务公开，规范重大行政执法行为，践行司法为民，“法治下沙建设实施意见”落地落实。深化“平安下沙”建设，持续加强社会治安综合防控，全力做好突出问题的信访维稳工作；严格落实安全生产责任，强化对重点领域、重点行业、重点企业的安全管控，社会形势总体稳定有序。

【基础设施建设】2016年，杭州开发区加大力度完善城市基础配套，绕城下沙互通、下沙南互通竣工投用，地铁1号线延伸机场段开工，艮山东路提升改造工程、运河二通道下沙段等项目前期顺利推进。开通优化公交线路10条，增加公共自行车服务点16处，建设公共停车泊位846个，公共交通零距离换乘更加便捷。加快智慧城市综合管理平台建设，实施智慧安防、环保、河道项目，获得住建部颁发的智慧城市建设“金标奖”。

【社会事业】杭州开发区持续加大民生投入力度。坚持教育优先发展，新建投用学校2所、结顶竣工2所、改造提升18所，2所幼儿园与知名幼教集团签订合作办学协议。完善医疗设施，邵逸夫医院健康促进中心、浙江省中医院急诊中心和体检中心实施改扩建，建成投用区级老年活动中心，增加社区居家养老服务照料中心13家。开展“春风行动”，发展残疾人和慈善公益事业，居民群众获得感进一步提高。

【机构设置与管委会领导】杭州经济技术开发区下设纪检监察组、管委会办公室、人事劳动社会保障局、政法委、机关党委、开发区人民法院、开发区人民检察院、经济发展局、人才科技局、社会发展局、公安分局、财政局、国土分局、规划分局、建设局、商务局、卫计分局、市场管理分局、城市管理办公室、出口加工区综合管理局、总工会、残疾人联合会等行政部门。

杭州经济技术开发区管理委员会党工委书记邵立春；党工委副书记陈金生、周涛。杭州经济技术开发区管理委员会主任邵立春；管委会副主任陈金生；党工委委员、管委会副主任何铨寿、王永芳、马佳骏、郝大龙；杭州经济技术开发区党工委委员、纪检组组长俞斌；杭州经济技术开发区党工委委员储志林、虞付月、张义久。

2015—2016年杭州经济技术开发区主要经济综合指标一览表

项目		单位	2016年	2015年	增减（%）
开发区生产总值		亿元	731.6	587.3	10.8（可比增速）
第二产业		亿元	558.4	443.3	9.1（可比增速）
工业		亿元	550.9	432.0	10.0（可比增速）
第三产业		亿元	172.8	143.1	16.9（可比增速）
工业总产值（现价）		亿元	1 980.0	1 807.1	9.6
高新技术企业		亿元	730.8	654.0	11.7
销售（营业）收入		亿元	2 407.2	2 120.6	13.5
工业		亿元	1 914.3	1 667.3	14.8
利润总额		亿元	195.4	185.1	5.6
工业		亿元	175.3	151.4	15.8
区内主导产业及产值		亿元	1 169.7	1 178.8	−0.7
主导产业	1. 装备制造	亿元	648.9	641.0	1.2
	2. 电子信息	亿元	212.3	198.3	7.1
	3. 现代食品	亿元	165.0	207.6	−20.5
	4. 生物医药	亿元	143.5	131.9	8.8
进出口总额		亿美元	96.2	91.4	5.3
出口		亿美元	57.2	59.4	−3.7
财政收入		亿元	173.7	126.7	37.1
税收收入		亿元	168.1	122.1	37.7
财政支出		亿元	75.7	75.2	0.7
新批企业数量		家	4 089	3 529	15.9

续表

项目		单位	2016年	2015年	增减（%）
外商及港澳台企业		家	30	37	-18.9
内资企业		家	4 059	3 492	16.2
区内世界500强企业		家	62	59	5.1
国家级高新技术企业		家	138	114	21.1
新批企业投资额	外商及港澳台企业	亿美元	8.6	7.1	21.1
	内资企业	亿元	166.1	96.2	72.7
	增资企业	亿美元	5.9	1.9	210.5
规模以上企业数量		家	543	531	2.3
科学研究与试验发展（R&D）经费支出		万元	222 686（初步）	208 808	6.7
研究与试验发展（R&D）经费投入强度		%	4.1（初步）	4.8	-14.6
合同外资金额		亿美元	10.6	6.3	68.3
外商实际投资		亿美元	9.9	5.8	70.7
固定资产投资		亿元	212.4	209.8	1.2
年末从业人员		万人	19.6	18.9	3.7
万元GDP能耗		吨标煤/万元	0.1	0.12	-16.7

（杭州经济技术开发区管委会）

重庆经济技术开发区

【概况】2016 年，重庆经济技术开发区（以下简称“重庆开发区”）主动适应经济发展新常态，按照“创新、协调、绿色、开放、共享”五大发展理念的要求，紧紧围绕南岸区打造“宜居创新区、江南增长极”的总体目标，按照经开区“12345”发展思路，攻坚克难、创新实干，有力推动开发区建设发展提质提速，各项工作取得良好成效，实现了“十三五”良好开局。

【经济发展】2016 年，重庆开发区实现地区生产总值 406.8 亿元，同比增长 11%，占南岸区地区生产总值的 35.3%；规模以上工业总产值 1 366.5 亿元，同比增长 39%，占南岸区规模以上工业总产值的 74.8%；一般公共预算收入 24.3 亿元，同比增长 13%，占南岸区公共财政预算收入的 22.9%，其中，区级税收收入 64.6 亿元，同比增长 21.8%，占南岸区区级税收收入的 18.1%；完成固定资产投资 106.7 亿元；实际利用内资 88.5 亿元；实际利用外资 6.6 亿美元，同比增长 375.5%，占南岸区利用外资的 83.3%；外贸进出口总额实现 22.3 亿美元，同比增长 56%，占南岸区外贸进出口总额的 86.7%。经济发展速度、质量、效益得到稳步提升，继续保持了良好的发展势头。

【产业发展】2016 年，重庆开发区加快实施创新驱动发展战略，积极推动战略性新兴产业发展和传统产业转型升级，产业发展的质量和效益不断提升。一是电子信息产业支撑作用明显。电子信息产业产值突破 800 亿元，同比增长 38%。其中，移动通信终端产值达到 700 亿元，同比增长 14%；维沃、恒讯联盛等手机企业投产放量，手机出货量达到 1.6 亿部，同比增长 47%，出口量突破 6 000 万部。中移物联网平台用户超过 4 000 万，全国性物联网平台的聚集效应开始显现。车联网产业初具规模，产值突破 70 亿元，同比增长 40%，用户突破 2 000 万，基本建成汽车后服务、车载终端、智能交通三条全产业链。以美的为主的智能家居本地化产业体系逐步形成，汇集上下游企业 70 余家，智能家电家居实现产值 73 亿元，同比增长 4.3%。软件和信息服务业加快发展，实现营业收入 19 亿元，同比增长 45.3%。二是装备制造业转型升级加快。积极搭建装备制造企业与高校、科研院所和研究机构的协同创新平台，推动装备制造业转型升级。装备制造业全年实现产值 180 亿元，占工业总产值的 15%。三是现代服务业加快发展。现代服务业项目加快向迎龙和东港片区聚集，朝天门国际商贸城一期于 2015 年 10 月实现正式营业，迎龙医药城一期主体完工。医药物流企业加速聚集，累计超过 120 家，医药大健康产业链条格局初显。四是产业项目建设进展良好。众邦等 3 个项目实现供地，维沃、普洛斯等 13 个项目开工建设并加快推进。

【科技创新】2016 年，重庆开发区坚持以科技创新为核心带动全面创新，积极加强政策扶持、产业引导和创新型人才引进，发挥企业创新主体作用，科技创新能力显著提升，已成为重庆市科技开发和技术创新的主体。一是科技创新整体水平不断提升。截至 2016 年年底，开发区拥有高新技术企业 55 家，高新技术企业主营业务收入占全区“四上”企业主营业务收入的 24.3%。实际用于科技创新的财政支出 1.3 亿元，规模以上企业 R&D 经费支出占主营业务支出的 1.1%。每万人口发明专利拥有量 58 件，年度发明专利授权量 76 个，年度 PCT 专利申请量 2 个。二是科技创新平台不断完善。积极促进产学研合作，不断加强科技创新载体建设，强化孵化载体功能，促进科技创新平台多元化、集成性。拥有市级以上重点实验室、工程技术（研究）中心、企业技术中心 66 个，科技孵化器、众创空间 1 个。累计获国家及市级科研项目 88 项，市级科学技术奖励 78 项，科技成果转化 176 项。三是传统制造企业实现创新升级发展。积极扶持制造业与互联网、物联网融合发展，获得 2 个国家级、7 个市级“两化深度融合示范企业”。机床、迪马等制造企业实现智能制造、物联网技术方面的创新，转型升级取得初步成效，企业核心竞争力不断提升。

【投资促进】2016 年，重庆开发区充分发挥对外开放桥头堡作用，不断完善各类开放平台，进一步招大引强，不断提升招商引资质量，努力拓展对外开放的广度和深度，开放型经济发展取得良好成效。一是开放平台作用发挥良好。开发区海关功能升级，出入境检验检疫局经开区办事处运行良好，重庆比荷卢国际物流公司东港公共保税仓库建成投用。二是产业招商成效明显。聚焦国内外“百亿元级”、行业排名前 10 的知名企业，切实抓好招商，全年共落户项目 115 个，引资金额 69 亿元。三是中新合作项目深入推进。成功举行“重庆经开区中新合作项目集中签约仪式”，实现 7 个项目签约。四是开放型经济运行良好。国力通等 4 家企业成功获得境外投资批准证书。以智能终端产品为主的一般贸易迅速发展，手机出口达到 19.5 亿美元。融讯等 4 家企业获得海关高级认证，维沃等 3 家企业被评为全市进出口企业 20 强，全年新增外贸进出口企业 10 家，有进出口实绩的企业达到 99 家，新增服务外包企业 1 家，总量达到 18 家。

【企业服务】2016 年，重庆开发区进一步优化行政审批和企业服务，不断提升发展软实力。一是企业服务流程不断优化。紧紧围绕“放管服”改革措施，加强网上行政审批平台建设，进一步简化审批服务环节，优化企业服务流程，提高办理效率。二是行政审批效率不断提升。全面贯彻落实商事制度改革措施，切实推行好企业登记“五证合一、一照一码”，同时，加强部门联动互通，积极推动企业服务公共窗口、网络平台互联互通和资源共享。三是企业服务不断强化。开展“进企业、解难题、强服务、促发展”走访调研活动，帮助企业解决具体困难和问题 132 个。坚持执行领导联系重点项目、服务企业走访座谈等工作制度，企业服务工作体系不断健全。加大企业优惠政策扶持奖励力度，兑现优惠政策和扶持资金 3.5 亿元。

【开发建设】2016 年，重庆开发区坚持产城融合发展理念，抓好重点区域的开发建设，完善开发建设的土地资金保障，大力推进城市开发建设。一是成功获得迎龙商务区布局开发区的重大发展机遇。迎龙商务区前期各项工作有力推进，铁路枢纽东环线已完成初设批复，铁路东站的规划定位、线路走廊和四至范围确定正在抓紧进行。成功与中铁建股份有限公司签订战略合作协议，积极推进相关合作。二是积极推进其他重点区域的开发建设。抓好广阳湾产城融合示范区建设，智慧生态城项目征地拆迁各项工作准备就绪，土地一级整治即将启动。积极做好示范片区的城市形象塑造工作，美的片区形象打造有序推进。三是着力夯实开发建设的土地保障。实施征地 5 171 亩（344.7 公顷），完成 3 000 余亩（200 公顷）、交地 1 000 余亩（66.7 公顷），完成迎龙老街、广阳镇河口场片区棚户区征收 220 户、4 万平方米。全面完成东港片区、电机电子产业基地等重点区域的场平工程。四是有序推进基础设施及民生项目。南涪路改扩建、经开立交等一批项目开工建设，纵三路中段等续建项目加快推进，美的桥、纵三路南段等项目建成通车，新增通车里程 5.5 公里。市政配套建设全面推进，东港污水处理厂一期启动建设，完成配套电力管沟建设 5 公里，同步铺设给水、燃气、通讯管道 7 公里，实施管网迁改项目 17 个。民生项目有序实施，江南水岸公租房一期即将完工，优雅长乐居、龙城大院、东港家园安置房竣工投用。

【机构设置】重庆经济技术开发区设置管委会办公室、组织部（人事局）、经济发展局、建设管理局、投资促进局、财务局6个内设行政机构；下设招商服务中心、征地服务中心、行政服务中心、市政绿化管理处、国土管理所、质安站6个直属事业单位；设有开发投资集团有限公司、资产公司、云开科技公司3个直属国有企业，另有区纪委驻重庆经开区纪检组1个区级部门，经开区国税局1个在区市属部门。核定机关事业编制175名，其中，行政编制39名，事业编制134名，机关后勤服务人员事业编制2名；处级职数28名，科级职数65名。

2015—2016年重庆经济技术开发区主要经济综合指标一览表

项目		单位	2016年	2015年	增减（%）
开发区生产总值		亿元	406.8	366.5	11.0
第二产业		亿元	296.6	266.3	11.4
工业		亿元	286.6	257.5	11.3
第三产业		亿元	110.2	100.2	10.0
工业总产值（现价）		亿元	1 366.5	982.8	39.0
高新技术企业		亿元	357.6	218.0	64.0
工业（规模以上工业）		亿元	1 273.9	896.4	42.1
利润总额					
工业（规模以上工业）		亿元	43.9	29.6	48.3
区内主导产业及产值					
主导产业	1. 装备制造业	亿元	180.3	173.6	3.9
	2. 电子信息业	亿元	819.3	594.1	37.9
	3. 医化行业	亿元	73.6	73.1	0.7
进出口总额		亿美元	22.3	14.3	55.9
出口		亿美元	12.0	12.8	-6.3
财政收入		亿元	24.3	21.5	13.0
税收收入		亿元	64.6	53.0	21.9
财政支出		亿元	21.8	21.2	2.8
新批企业数量		家	771	598	28.9
外商及港澳台企业		家	4	0	—
内资企业		家	767	598	28.3
区内世界500强企业		家	0	0	0
国家级高新技术企业		家	55	54	1.9
新批企业投资额	外商及港澳台企业	亿美元	0.4	0.3	33.3
	增资企业	亿美元	0.4	—	—
规模以上企业数量		家	142	126	12.7
科学研究与试验发展（R&D）经费支出		万元	142 265	103 519	37.4
研究与试验发展（R&D）经费投入强度		%	1.09	0.96	13.5
合同外资金额		亿美元	0.35	0.22	59.1
外商实际投资		亿美元	6.6	1.4	371.4
固定资产投资		亿元	106.7	106.5	0.2
年末从业人员		万人	7.5	9.4	-20.2
万元GDP能耗		吨标煤／万元	0.089 3	0.100 7	-11.3
水资源消耗总量		万立方米	862.3	821.7	4.9
单位国内生产总值取水量		立方米／万元	3.1	3.3	-6.1
上市企业		家	2	2	0
区内建立的创新创业平台		个	7	7	0
区内职业教育学校		所	8	8	0

（重庆经济技术开发区管委会）

芜湖经济技术开发区

【经济发展】2016年，芜湖经济技术开发区（以下简称“芜湖开发区”）实现地区生产总值441.3亿元，同比增长9.2%；规模以上工业产值1 817.8亿元，同比增长8.1%；规模以上工业增加值393.6亿元，按可比价格计算增长9.3%；规模以上工业企业利润总额118.1亿元，同比增长15.8%；完成进出口总额31.8亿美元。

【招商引资】2016年，芜湖开发区通过以商招商、产业链招商、借会招商和驻点招商等多种方式，赴广东、上海等地参加大型招商活动30余次，接待来访客商50余批次、350余人次，共签约亿元以上项目20个，总投资454.7亿元。其中，5亿元以上项目11个，总投资436.5亿元；在谈亿元以上大项目18个，总投资170余亿元。工商注册企业459家，投产开业企业364家。固定资产投资381亿元，同比增长12.4%；实际利用外资6.4亿美元；实际利用内资431.1亿元。

【引进项目】2016年，芜湖开发区围绕光电新型显示产业，加快引进产业龙头项目和产业链关键项目。万春智能电子产业园、中兴智能科技产业园均已开园运行，中兴通讯、融捷光电、华宇彩晶、德仓光电、聚飞光电等一批重点项目聚集发展，形成年产100亿元的生产能力；围绕轨道交通产业，结合铁路客运专线和城市轨道交通等重大工程建设，引进中车庞巴迪、新誉、今创、苏铁、雷尔伟、富欣智能等近10家轨道交通项目，总投资31.5亿元，5～10年有望形成500亿元产值的规模。

【产业发展】2016年，芜湖开发区配合奇瑞汽车升级发展，推动大陆汽车电子、马瑞利、万向钱潮等汽车零部件企业扩能增产。汽车及零部件产业实现工业产值670.9亿元，同比增长19.6%；配合美的集团战略调整，探索与美的集团全面加强合作。家用电器产业实现工业产值518.5亿元，在行业整体下滑的背景下，实现效益、利润双提升；鼓励新材料产业引进国外先进设备，提升产品市场竞争力，加快扩建项目产能释放。新材料产业实现工业产值276.1亿元，产量产值企稳回升，利润上扬；继续培植光电新型显示产业，开发区光电新型显示产业企业共46家，其中，规模以上工业企业37家。光电新型显示产业实现工业产值425.9亿元，同比增长27.6%。

【综合保税区建设】2016年9月，综合保税区顺利通过海关验收正式挂牌运营。综保区围绕“三个基地”和“三个中心”目标任务，积极打造跨境电子产业园，引进小笨鸟等6家电商平台、佳韩饰品等18家进口商品直销，以及一批保税物流和加工企业，达利国际、中东贸易、海航供应链等大项目正加快推进。综保区进口商品直销中心、仓储物流中心、跨境电子商务创业中心及人才公寓已陆续建成投入使用。园区保税加工、物流、电商企业分别达到11家、12家、23家，全年实现进出口11.4亿美元，同比增长30.53%。

【重点项目】2016年，芜湖开发区新开工亿元以上项目40个，总投资200.4亿元，其中5亿元以上项目15个，总投资149亿元。信义光伏五期、平安金融电商物流园、万向钱潮等速驱动轴、瑞祥工业机器人、信义新能源电池等一批重点项目建设快速推进。

【企业服务】2016年，芜湖开发区制定《芜湖经济技术开发区关于鼓励工业用地及厂房交易的奖励办法》；认真落实“一企一组一策”，全年兑付企业各项奖补资金17.96亿元；全年"新三板"挂牌企业5家，报会企业3家；全年完成直接融资126亿元，争取国家专项建设债券基金16.5亿元；受理通过23个"零费制"项目，共减免费用2 286.6万元；与各大高校建立合作联系，人才合作基地拓展到28个。

【科技创新】全年新认定高新技术企业39家，高新技术企业总数达119家，省级以上研发机构90家，国家级研发机构16家；积极发挥"省首批知识产权培育示范园区"和"国家知识产权试点园区"示范作用，申请各类专利5 417件，其中，发明专利3 251件，各类专利授权2 653件，其中，发明专利授权938件。截至2016年年底，开发区万人拥有有效发明专利156.7件，继续领跑安徽省各开发区。

【社会事业】2016年，芜湖开发区投入民生工程建设资金共1.02亿元，20项年度民生工程任务全面完成。百线文化广场、万春商业街、伟星银湖时代广场、华山路商业街等重点三产项目相继建成运营。

【管委会领导】2016年，芜湖开发区党工委书记、管委会主任陆雷；党工委副书记刘国华；党工委委员、管委会副主任纪良柱、王慧山；党工委委员、纪工委书记李永宁；党工委委员、综保区管委会专职副主任季学敏；党工委委员、工委管委办公室主任何学东。

2015—2016年芜湖经济技术开发区主要经济综合指标一览表

项目		单位	2016年	2015年	增减（%）
开发区生产总值		亿元	989.67	921.50	7.4
第二产业		亿元	792.55	774.32	2.4
工业		亿元	768.25	742.06	3.5
第三产业		亿元	196.25	146.65	33.8
工业总产值（现价）		亿元	3 531.57	3 064.14	15.3
高新技术企业		亿元	2 546.40	2 200.15	15.7
销售（营业）收入		亿元	3 886.64	3 657.39	6.3
利润总额		亿元	176.45	151.13	16.7
区内主导产业及产值		亿元	1 430.07	1 268.32	12.8
主导产业	1. 汽车零部件	亿元	591.47	489.18	20.9
	2. 家用电器	亿元	444.47	403.65	10.1
	3. 新材料	亿元	394.12	375.48	5.0
财政收入		亿元	149.04	134.02	11.2
税收收入		亿元	123.03	109.72	12.1
新批企业数量		家	7	5	40.0
外商及港澳台企业		家	7	5	40.0
区内世界500强企业		家	29	29	0
国家级高新技术企业		家	269	241	11.6
规模以上企业数量		家	750	668	12.3
科学研究与试验发展（R&D）经费支出		万元	28.62	24.89	15.0
合同外资金额		亿美元	2.11	2.78	−24.1
外商实际投资		亿美元	6.40	6.90	−7.3
固定资产投资		亿元	476.61	431.32	10.5
年末从业人员		万人	16.88	16.50	2.3
万元GDP能耗		吨标煤／万元	0.18	0.18	0
水资源消耗总量		万立方米	3 051.80	2 929.46	4.2
单位国内生产总值取水量		立方米／万元	7.75	7.65	1.3
上市企业		家	7	7	0
区内建立的创新创业平台		个	83	78	6.4
区内职业教育学校		所	17	17	0

（芜湖经济技术开发区管委会）

惠州大亚湾经济技术开发区

【经济发展】2016年，惠州大亚湾经济技术开发区（以下简称“大亚湾开发区”）实现地区生产总值437.8亿元，比2015年（下同）增长5.8%；规模以上工业增加值350.3亿元，增长5.3%；固定资产投资396.1亿元，增长9.6%；公共财政预算收入47亿元，增长10.5%；税收总额（不含海关代征税）191.7亿元；工业投资206.1亿元，增长11%；社会消费品零售总额33.5亿元，增长5.8%；实际利用外资2亿美元，增长99.6%。

【产业发展】2016年，大亚湾开发区三次产业的比重由2015年的0.4∶80.5∶19.1调整为0.4∶78.8∶20.8。其中，第一产业增加值1.8亿元，增长3%；第二产业增加值345.2亿元，增长5.1%；第三产业增加值90.9亿元，增长8.9%。工业增加值占GDP的比重从2015年的78%回落至76.4%。石化支柱产业稳步壮大，中海油惠州石化二期项目进展顺利，1 000万吨/年炼油工程基本完工；壳牌增资163亿元建设120万吨乙烯工程及SMPO/POD项目；科莱恩实现从化工品向医药品的升级，“优等生俱乐部”雏形初现。石化产业实现工业增加值185.4亿元，增长3.9%。电子信息产业、汽车零部件装备制造业实现较快发展。科达利一期、洲明科技一期、光弘科技二期等项目提前完成进度目标，东本一体化项目加快建设，电子信息产业实现工业增加值83.4亿元，增长6.3%；汽车零部件装备制造业实现产值40.9亿元，增长18.8%。旅游产业发展提速换挡。全区接待游客201.3万人次，实现旅游收入8.6亿元，分别增长23.3%和29%。

【园区特色】惠州大亚湾石油化学工业区（以下简称“石化区”）地处大亚湾开发区东部，已开发面积约20平方公里，是广东省5个重点发展的石油化工基地之一，连续5年入选“中国化工园区20强”，近4年位居第二。2015年入选国家重点建设的7个石化产业基地，是广东省唯一的一个。石化区遵循“油化”结合、上中下游一体化、公用工程一体化发展道路，以炼油和乙烯项目为龙头，重点发展高附加值、高技术含量的石化深加工产品、新材料和精细化工产品，着力打造世界级石化产业基地。截至2016年年底，石化区已落户项目79个，总投资1 678亿元。其中，石化项目50个；世界500强及行业领先企业投资项目53个，总投资约1 500亿元，占石化区总投资近90%。2016年，石化区实现产值805亿元，占全区工业总产值的61%；石化产业实现利润总额99.2亿元，增长170.9%。

【科技创新】2016年，大亚湾开发区全社会研究与开发经费支出（R&D）占GDP比重的2.3%，比2015年提高0.04个百分点。拥有高新技术企业36家，工程技术中心31家，新型研发机构1家，孵化器2家，院士工作站1个，产学研示范基地1个。全区专利申请2 228件，增长54.8%。其中，发明专利497件，增长72%；专利授权978件，增长21.6%，其中发明专利60件，增长50%。新引进培育国家“千人计划”专家2人，长江学者2人，“省特支计划”科技领军人才1人。获省科技进步奖2项。

【投资促进】2016年，大亚湾开发区严格实施投资项目评估体系，进一步优化完善招商图谱。抢抓深圳“东进战略”机遇，结合临深片区“1+N”创新产业聚集区建设，以平台招商、展会招商、专题招商、上门招商等形式大力开展招商活动。推进大亚湾区（深圳）投资促进中心运作，对标深圳的招商引资工作进展顺利。设立驻韩国联络处，加强对韩招商。中海壳牌、SK 化学、万达等一批重大项目落户或增资。全年引进项目 125 个，涉及投资 439.7 亿元，完成全年任务的 124.6%。

【深化改革】2016 年，大亚湾开发区深入开展供给侧结构性改革，商品房去化周期由上年初的 8.7 个月降低至年底的 5 个月。全国海洋减灾综合示范区通过验收，化工园区有毒有害气体环境风险预警体系、省市共建和谐劳动关系综合实验区试点工作有序推进。PPP 模式推广应用，入库项目 75 个，总投资 80.9 亿元。精简行政审批事项，取消行政审批事项 28 项，梳理权责事项 6 204 项。开通“网上注册大厅”，84 项商事主体登记服务事项进驻。统筹城乡发展，“提升农村公共服务 促进城乡一体发展”4 大类 23 项工作深入开展。社情民意综合办理平台、农村集体“三资”监管、公交惠民改革等特色改革富有成效，“两图工作法”在惠州全市推广。

【生态环保】2016 年，大亚湾开发区项目环境准入“一票否决”率达 27.8%。大力开展水污染防治，6 条河涌、2 条黑臭水体整治扎实推进，城乡污水配套管网建设深入开展，饮用水源达标率为 100%，地表水持续改善，地下水质稳定达标；组织实施海洋环境提升百日行动，近岸海域水质名列广东省前茅。大力开展大气污染防治，空气质量综合指数 3.01，同比改善 5.3%，持续位居惠州市 5 个国控监测点前列。大力开展生态创建，城市公园、村庄公园、石化区防护林带、跨界森林公园 4 类公园绿地加快建设，国家生态文明示范区、国家生态文明示范乡镇等创建工作稳步推进。连续 8 年获评惠州市环保责任考核优秀。

【城市建设】2016 年，大亚湾开发区实施市政基础建设工程 98 项、市政设施维护工程 113 项。龙海三路启动建设，龙海一路西段建成通车，北环路扩建、淡澳河滨河路升级改造等完工，内涝片区排水改造二期工程、内街小巷改造升级二期项目顺利竣工，万达广场建设有序推进。大亚湾红树林城市湿地公园获批国家城市湿地公园，第二批 27 个村庄公园全面建成，霞涌黄金海岸公共泳场及海滨栈道、儿童公园、大亚湾森林公园、虎头山公园二期等项目进展顺利。

【民生事业】2016 年，大亚湾开发区民生支出占公共财政支出的比重达 73.8%。10 件民生实事 58 个项目基本完成。坚持教育优先发展，投入近 6 亿元，新建、扩建澳头第二小学、西区第一小学等学校，新增学位 3 285 个；新增民办幼儿园 6 所，增加学位 1 680 个。广外附属外国语学校落户。2016 年高考重本上线人数同比增长 81.5%，本科同比增长 48.8%，增长率均居惠州市各县（区）第一名。中考总分平均分再次名列惠州市各县区第一名。医疗保障水平明显提升。“智慧医疗”一期工程和“海云工程”建设初见成效，建立大亚湾区智慧医疗卫生信息平台，32 所村卫生站纳入医疗定点联网结算。完成 16 家村卫生站标准化建设任务。提高基本公共卫生服务经费标准和均等化水平，人均基本公共卫生服务经费提高至 52 元。惠民交通优化升级。继续深入实施公交惠民改革，降低群众出行成本，全年受惠群众达 2 126 万人次。积极推进城乡公交一体化发展，全区 29 个行政村公交客运线路全覆盖，惠大公交快线开通运营。社会保障不断健全。稳步推进就业工作，全区城镇新增就业 3 984 人。全区城乡居民和职工基本医疗保险参保缴费人数连续多年稳定在 100%，排名惠州市前列。扎实开展精准扶贫工作，区内无劳动能力的相对贫困人口 669 人全部实现政策性兜底保障脱贫。扎实开展大亚湾—惠东对口帮扶工作，基础设施、招商选资等 6 项帮扶任务顺利推进，帮扶资金 2 000 万元按时拨付。

【党建工作】2016 年，大亚湾开发区全面贯彻落实中央和省、市全面从严治党的各项要求，扎实开展“乡镇党建提升年”活动，全面从严治党进一步向基层延伸。深入开展“两学一做”学习教育，始终在思想上、政治上、行动上同以习近平同志为核心的党中央保持高度一致；全力抓好基层党建7项重点任务排查整治，基层党组织战斗堡垒作用不断增强。密切联系和服务群众，实现新一轮驻点联系和服务群众精准有效“全覆盖”，党群干群关系更加融洽。坚持正确的用人导向，贯彻落实“三个区分”原则，干事创业的氛围更加浓厚。深入推进党风廉政建设，坚持不懈整治“四风”，以零容忍的态度惩治腐败，政治生态更加清明。爱国统一战线进一步巩固壮大，工会、共青团、妇联等群团组织桥梁和纽带作用进一步发挥，党心民心进一步凝聚。

【机构设置与两委领导】2016年，中共大亚湾区委下设区委办公室、纪委监察局、组织部、政法委4个职能部门；区管委会下设管委会办公室、宣教局、工业贸易发展局、公安分局、财政局、人力资源和社会保障局、市国土资源局大亚湾区分局、环境保护局、住房和规划建设局、交通运输局、社会事务管理局、审计局、市海洋与渔业局大亚湾区分局、市安全生产监督管理局大亚湾区分局、市场监督管理局、市城市管理行政执法局大亚湾区分局、公共资源交易中心、大亚湾石化产业园区管理服务中心18个工作部门。

区委：大亚湾市委常委、大亚湾区委书记张瑛；区委副书记、管委会主任刘小军；区委副书记、政法委书记张添才（9月上任）；区委常委、纪委书记曾红胜（9月离任）、方小龙（9月上任）；区委常委、政法委书记巫远斌（9月离任）；区委常委赵岩(挂职)、黄辉；区委常委、组织部部长詹星；区委常委、区委办主任黄伟忠（4月离任）、严文生（9月上任）。

管委会：管委会主任刘小军；管委会常务副主任吴欣（4月离任）、黄辉（4月上任）；管委会副主任赵岩（挂职）、黄伟忠（4月上任）；管委会党组成员（10月上任）、管委办主任（9月上任)严文生；管委会副主任黄志军、刘晓阳、杨远辉、黄小慧、潘添新（4月上任）；管委会党组成员李印铸。

2015—2016年大亚湾经济技术开发区主要经济综合指标一览表

项目		单位	2016年	2015年	增减（%）	备注
开发区生产总值		亿元	437.8	414.8	5.5	增速为按可比价格计算的增速
第二产业		亿元	345.2	334.2	3.3	
工业		亿元	334.7	323.5	3.5	
第三产业		亿元	90.9	79.0	15.1	
工业总产值（现价）		亿元	1 325.1	1 302.5	1.7	增速为现价增速
高新技术企业		亿元	325.6	253.9	28.2	为经省级科技部门批准认定的高新技术企业；增速为按可比价格计算的增速
销售（营业）收入		亿元	1 666.2	1 478.2	12.7	为“四上”企业营业收入
第二产业		亿元	1 369.0	1 304.2	5.0	
工业		亿元	1 364.4	1 298.1	5.1	
第三产业		亿元	297.3	173.9	71.0	
利润总额		亿元	155.1	77.8	99.4	为“四上”企业利润总额
第二产业		亿元	128.5	64.7	98.6	
工业		亿元	128.3	64.4	99.2	
第三产业		亿元	26.6	13.2	101.5	
区内主导产业及产值						增速为现价增速
主导产业	1. 石化产业	亿元	776.8	793.9	−2.2	
	2. 电子信息产业	亿元	257.9	240.1	7.4	
	3. 汽车零部件产业	亿元	131.2	112.3	16.8	

续表

项目		单位	2016年	2015年	增减（%）	备注
进出口总额		亿美元	24.6	38.6	-36.3	
出口		亿美元	15.5	25.8	-39.9	
财政收入		亿元	265.5	259.8	2.2	为各级财政总收入，包括自留部分和上缴部分
税收收入		亿元	241.8	235.9	2.5	
财政支出		亿元	52.5	49.9	5.2	为公共财政预算支出（区本级）
新批企业数量		家	2 261	1 025	120.6	
外商及港澳台企业		家	12	9	33.3	
内资企业		家	2 249	1 016	121.4	
区内世界500强企业		家	27	25	8.0	
国家级高新技术企业		家	36	20	80.0	
新批企业投资额	外商及港澳台企业	亿美元	6.4	15.4	-58.4	为新批投资立项项目投资总额；"新批企业投资额"数据含增资企业投资额，增资企业投资额未单独统计
	内资企业	亿元	452.6	141.0	221.0	
	增资企业	亿美元	—	—	—	
规模以上企业数量		家	309	292	5.8	为"四上"企业数量。其中，规模以上工业企业123家，有资质的建筑业企业6家，限额以上批零住餐企业24家，房地产开发经营业企业115家，规模以上服务业企业41家
科学研究与试验发展（R&D）经费支出		万元	100 888.0	93 801.0	7.6	
科学研究与试验发展（R&D）经费投入强度		%	2.3	2.26	1.8	平台汇总数
合同外资金额		亿美元	8.9	1.7	423.5	
外商实际投资		亿美元	2.0	1.0	100.0	
固定资产投资		亿元	396.1	361.4	9.6	
年末从业人员		万人	16.9	16.8	0.6	
水资源消耗总量		万立方米	8 358.2	7 475.8	11.8	
单位国内生产总值取水量		立方米/万元	16.2	16.0	1.3	GDP按2010年不变价格计算
区内建立的创新创业平台		个	11	11	0	
区内科研院所		家	2	2	0	

注："四上"企业是指规模以上工业法人单位、限额以上批发零售住宿餐饮法人单位、资质以内的建筑业法人单位和房地产开发经营业法人单位、规模以上服务业法人单位。规模以上工业是指年主营业务收入2 000万元及以上的法人企业；限额以上批发业是指年主营业务收入2 000万元及以上的法人企业，限额以上零售业是指年主营业务收入500万元及以上的法人企业，限额以上住宿和餐饮业是指年主营业务收入200万元及以上的法人企业；资质以内的建筑业企业是指具有建筑业资质的所有独立核算建筑业的法人企业（包括没有工作量的建筑业企业），资质房地产开发经营企业是指有资质的房地产开发经营法人企业；规模以上服务业是指年营业收入1 000万元及以上或年末从业人员50人及以上的法人企业。

（惠州大亚湾经济技术开发区管委会）

萧山经济技术开发区

【经济发展】2016年，萧山经济技术开发区（以下简称“萧山开发区”）实现规模以上工业增加值102.8亿元，比2015年（下同）增长10%；规模以上服务业增加值34亿元，增长13.1%；规模以上服务业营业收入530亿元，增长19.7%;限额以上社会消费品零售额44.6亿元，增长10.9%；信息经济限额以上主营业务收入增长21.5%，增加值增长26.6%。全年实现财政收入49.5亿元，占全区财政总收入的18.5%；完成地方财政收入26.4亿元，增长4.5%。萧山开发区做好招商引资、千企转型、两镇一园、环境整治、峰会安保等各项工作，经济运行保持总体平稳，社会各项事业扎实推进。信息港小镇、机器人小镇成为萧山“两化”深度融合的主平台、科技创新驱动的新引擎、杭州互联网经济的新硅谷、大众创业的新空间。

【投资促进】2016年，萧山开发区全年引进外资项目28个，实现实际到位外资4亿美元；引进市外内资项目16个，完成市外内资35.42亿元。以二十国集团工商峰会（B20峰会）为契机，开展“家门口”招商，以电话、电邮、短信、上门拜访等多种形式联系B20峰会参会客商。加速采埃孚电动技术事业部电动车关键零部件项目、重汽轻卡发动机项目、南京中科煜宸激光技术有限公司总部及产业化基地项目等一批重点项目的落户进程。参加2016年海外华商杭州投资洽谈会、世界杭商大会、2016年浙江•杭州国际人才交流与项目合作大会、第八届萧山区资智合作对接会等系列招商推介会，签约九州量子通讯产业园项目、大健康产业基地项目、中国重汽发动机增资扩建项目、锂电检测设备生产项目、国药控股现代医药产业园项目、中科煜宸激光项目等一批重点项目。萧山科技城陆家嘴项目注册资本增至25亿元。惠灵顿双语学校开工建设。国际社区一期完成方案设计、施工图设计等前期工作。香樟路南伸（钱农东路—鸿达路）工程竣工通车，萧山科技城南大门打通。引进裕隆汽车金融项目、裕隆集团总部项目、浙江瑞茂通供应链管理公司、万沃（浙江）实业有限公司、杭州奕慧环保设备有限公司、杭州馨晨科技有限公司等。

【投融资服务】2016年，萧山开发区以区内优势骨干企业和高新技术企业为重点服务对象，开辟企业上市服务绿色通道，全力推进企业股改上市和“新三板”挂牌工作。浙江网盛数新软件股份有限公司、杭州凯尔达机器人科技股份有限公司、杭州洁诺清洁用品有限公司、浙江天明眼镜科技股份有限公司4个企业成功挂牌（上市），拟培育上市企业9家，完成股改企业19家。

【绿色集约】2016年，萧山开发区开展环境整治提升专项行动27个，规范“四小行业”、流动摊贩经营秩序。开展通惠丽港、天诲阳光、明江苑，中誉万豪4个老小区改造提升工程。以“路长制”为突破口，加强道路及沿线环境管理。“五水共治”工作深入推进，先后实施杭万河、宁东河、金一河等截污纳管工程，大治河（南沙大堤至沿塘河段）河道疏浚工程，钱江农场小区生活污水管网改造工程，先锋河、九号坝直河、大治河部分地段景观绿化工程。

【千企转型】2016年，萧山开发区围绕“产业智慧化、智慧产业化”导向，深化科技创新，调优产业结构，全面实施“千企转型”战略，提升经济质量和效益。全年兑现企业财政扶持资金3.3亿元。全年申报机器换人项目87个，技术创新（新产品）项目191个，节能降耗项目46个，信息经济产业项目27个，电子商务应用企业8个，生产过程信息化改造（机联网）项目50个。淘汰落后产能项目11个，旧厂房改造项目5个，工业功能区改造项目2个，“腾笼换鸟”企业4个，存量厂房项目26个。

【科技创新】2016年，萧山开发区完成高新技术产业增加值61.9亿元，增长17.7%，占工业增加值的60%。新认定国家高新企业9家，新增市级高新企业10家、省级高新技术研发中心6家、市级高新技术研发中心1家。新增凯尔达机器人研究院、浙江智能机器人研究院两家省级重点企业研究院和松源机械制造有限公司、松研科技（杭州）有限公司两家省级企业研究院。发明专利授权138件，增长64.29%。浙江兆丰机电股份有限公司的汽车第三代轮毂轴承单元智能装配线研发与关键技术研究被列入省级重点研发计划。杭州友佳精密机械有限公司、博雷(中国)控制系统有限公司、杭州丰衡机电有限公司等企业的项目被列入省级新产品试制计划。

【特色小镇】2016年1月29日，萧山机器人小镇入选浙江省级特色小镇培育名单。萧山机器人小镇总规划面积333平方公里，建设用地面积122公顷，水域面积12.33公顷。小镇北至塘新线、红泰六路，南到红泰四路、杭甬高速公路绿化带、机场快速路绿化带及老海塘堤，西临九号坝直河、绕城高速公路绿化带，东至垦辉六路、垦辉九路。小镇产业定位为机器人、高端装备制造，主力发展工业机器人、鼓励发展服务机器人，发展机器人关键零部件，致力于打造集机器人研发设计、孵化放大、生产制造、系统集成、终端应用、展示展览、会议论坛、休闲娱乐等功能于一体的机器人全产业链特色小镇。2016年，小镇实现税收1316亿元，完成固定资产投资22.61亿元。其中，特色产业投资13.68亿元，非国有投资20.12亿元。至年末，由国家“千人计划”人才黄庆九牵头的杭州九成自动化控制项目、杭州艾浦斯智能包装项目等进入实质化运作阶段；浙江智能机器人研究院的通用移动平台、管家机器人、定位器等产品成型，教育机器人、医护机器人、环保机器人等项目加快推进。

信息港小镇依托杭州湾信息港，以新一代信息技术为主导，以“互联网+”为特色，重点引进软件和信息服务、互联网及互联网+产业，采用“政府主导，企业专业化运营”的发展模式，已经形成了7个与当地传统产业相结合的“互联网+”特色鲜明的智慧谷以及一个服务“大众创业、万众创新”的联创空间。小镇规划面积3平方公里，分“一核两带三区”6个区块。“一核”是指“互联网创业创新孵化及深化应用核”;“两带”是指“软件和新一代信息技术产业带”与“互联网+产业带”;“三区”是指“跨境电商先行区”“大众创客集聚区”及“休闲旅游商务区”。信息港小镇分五期规划建设：一期建成投用，投资3.6亿元，建筑面积约11万平方米，其中办公区域7万平方米，商业配套等设施4万平方米；二期主体建筑建成，投资6.5亿元，建筑面积约17万平方米，预计2017年6月完工并投入使用；三期乐创城已完成规划设计，于2016年6月开工建设，建筑面积约22万平方米；四期中国（杭州）跨境电子商务综合实验区•萧山园区，建筑面积约1.5万平方米；五期“互联网+时代大众创业，万众创新”新基地，建筑面积约20万平方米，投资约9亿元。

至2016年年末，信息港小镇完成注册企业达1 015家。其中，内资企业976家，外资企业（含中外合资）31家。注册资金1 000万美元以上项目19个，5 000万美元以上项目9个；实际到位外资累计4.65亿美元，实际到位市外内资25.2亿元；实现税收4亿元。引进国家“千人计划”、省“千人计划”7人。全年入选杭州市“青蓝计划”“雏鹰计划”及萧山区“5213”计划扶持项目50多个。杭州数新软件技术有限公司和浙江天明科技股份有限公司在“新三板”

上市。信息港小镇成为省级特色创建小镇和全省4个信息经济行业标杆小镇之一，国家级科技孵化器魔豆工坊和映创空间晋升为国家级众创空间。

【重要事项】2016年5月22—24日，以“机器人与创新创业”为主题的第二届中国（杭州）机器人西湖论坛在萧山开发区举行；2016年跨境电子商务综试区·萧山园区开发区产业园实现进出口总额7455万美元；2016年1月26日，国家工业职业技能鉴定印刷及设备器材分中心计算机直接制版机（CTP）维修工实训基地揭牌仪式在萧山开发区企业——杭州科雷机电工业有限公司举行；2016年3月18日，萧山信息港小镇春季投融资大会暨“萧青创投”基金成立启动仪式举行，“萧青创投”基金总规模10亿元；2016年4月25日，萧山信息港小镇工商绿色专窗颁发第一张营业执照；2016年10月，杭州宏盛食品饮料营销有限公司项目正式启动；2016年5月31日，中国(杭州)首届工业大数据产业高峰论坛在萧山科技城举行，500多位专家学者参加；2016年6月28日，中共杭州湾信息港委员会正式成立。

（萧山经济技术开发区管委会）

上海金桥经济技术开发区

【经济发展】2016年是“十三五”开局之年，上海金桥经济技术开发区（以下简称“金桥开发区”）主动谋求在“双自联动”、科创中心建设战略背景下发展的新机遇。在全球经济形势整体低迷的情况下，金桥开发区仍然实现了经济平稳有序发展，各项经济指标均保持较快增长。全年规模以上工业实现工业总产值1 929.91亿元，同比增长6.8%；营业收入6 357.53亿元，同比增长5.8%；税收总额（税收部门全口径）395.23亿元，同比增长17.3%；固定资产投资75.64亿元，同比增长17.4%；新增内资企业注册资本10.2亿美元，引进外资投资总额7.6亿美元。

【产业发展】金桥开发区已形成先进制造业和生产性服务业两轮驱动、融合发展格局。从金桥工业支柱产业的经营情况来看，2016年四大重点产业呈现“两升一平一降”格局：汽车产业实现工业总产值1 122.49亿元，同比增长14.2%；生物医药及食品产业实现工业总产值96.25亿元，同比增长1.4%；家用电器产业实现工业总产值75.02亿元，与上年持平；电子信息产业实现工业总产值378.19亿元，同比下降7.5%。四大支柱产业产值合计1 671.95亿元，同比增长7.1%，占金桥经济技术开发区工业总产值的86.6%（见表1）。

2016年，金桥开发区生产性服务业继续表现出稳健发展的态势，信息服务、商务服务等新兴产业保持良好的增长态势，全年生产性服务业实现营业收入3 331.36亿元，同比增长7.2%。从重点产业来看，批发服务业体量最大；信息服务业增速最快，同比增速达25.3%（见表2）。

表1　2016年金桥开发区四大支柱产业产值情况

行业名称	工业产值（亿元）	同比（%）
金桥经济技术开发区工业总产值	1 929.91	6.8
汽车及零部件	1 122.49	14.2
电子信息整机及配套件	378.19	−7.5
家用电器及配套件	75.02	0.0
生物医药及食品	96.25	1.4
四大支柱产业产值合计	1 671.95	7.1

表2　2016年金桥开发区服务业营收情况

服务业门类	营业收入（亿元）	同比（%）
生产性服务业	3 331.36	7.2
商务服务业	148.22	11.1
批发服务业	2 958.34	6.2
科技服务业	37.58	−5.4
信息服务业	162.05	25.3
物流服务业	12.70	1.8

据统计，信息服务业得益于龙头企业——上海华为的强势发展，虽有个别企业在发展过程中遇到了转型的难题，但是信息服务业仍然保持着快速发展。商务服务业在鼎信投资的带动下实现营业收入148.22亿元，增长11.1%。批发服务业在通用销售的带动下实现营业收入2 958.34亿元，增长6.2%。物流服务业全年实现营业收入12.7亿元，小幅增长1.8%。

此外，2016年金桥移动视讯产业发展态势保持强劲，实现营业收入39.4亿元，同比增长30.3%。随着运营商展开营销以及企业间开始结算，2016年6月起移动视讯产业恢复增长，并且迅速升温，营收规模不断增长。

【科技创新】2016年，金桥开发区高新技术企业共有115家，其工业总产值为788.89亿元，同比增长7.3%；经认定的研发机构共有99家，其中，国家级3家、上海市级15家、浦东新区级38家、企业级43家；通用、泛亚、拜耳、贝尔、康宁、多美滋、润英联、中微半导体等世界知名企业的全球研发中心、中国研发中心均地处金桥。2016年获得授权专利1434件，参与科技活动人员1.97万人，科技活动经费支出总额108亿元，其中研发费用(R&D)77亿元。金桥开发区的科技创新主体绝大部分是企业，是真正“产业化的创新”，这是金桥的显著特点。近年，开发区坚持引导重点产业和龙头企业不断提升科技研发能力，加快产品更新换代，许多龙头企业已成为核心技术的主导者、行业标准的制定者和国际高新技术的引领者。

【投资促进】2016年，金桥开发区招商引资保持强大力度，全年引进外资项目44个，其中全部为外商独资项目，引进内资项目168个。引进的44个外资独资项目均为生产性服务业项目，其中，商务服务项目25个，科技服务项目17个。引进外资总投资额7.65亿美元，其中，工业3.65亿美元，生产性服务业4亿美元。外商直接投资实际到位金额5.78亿美元，同比增长3.3倍，新增内资企业注册497家，同比增长11.4%。

【绿色集约】2016年，金桥开发区在生态建设、节能减排等方面取得了一定的成绩。园区通过了国家环保部、科技部、商务部组织的国家生态工业示范园区复验并取得了全国第一的好成绩，同时，园区节能降耗指标也全面完成。据统计，2016年，金桥开发区工业能耗总量为41.78万吨标准煤，同比下降0.83%；工业万元产值能耗0.039 8吨标准煤，同比下降1.97%。两项节能指标均完成了新区计划考核目标，推动开发区“十三五”节能减排工作形成良好开局。

金桥开发区企业积极践行绿色实践，实现资源能源综合利用；通过开展产品绿色设计，提高生态产业能级；通过建立绿色供应链，延伸绿色管理责任；通过推进节能技术应用，推动绿色能源使用；通过提高清洁生产比例，持续降低污染排放。例如，上海申美饮料公司和周边企业积极开展水资源梯级利用项目，使更多的企业受益；上海庄臣公司遵循清洁生产理念，从源头控制有毒有害原材料的使用，凭借其创新的“绿色清单”去除了大量的挥发性有机化合物等污染物质；上海贝尔公司投入资金建立了公共道路照明——风光互补绿色能源系统，充分利用太阳能与风能，达到了路灯和景观灯对可再生能源的高效利用，实现节约电力、污染零排放的目标；金桥（集团）有限公司成功创建国家环境保护废弃电器电子产品回收信息化与处置工程技术中心，拥有“静脉产业”一流技术和行业示范引领性。

【智慧园区】2016年，金桥开发区继续推进智慧园区建设，主要工作包括：一是加快区域无线网络覆盖，完成i-jinqiao无线网络覆盖项目一期、二期WIFI布点验收工作，进一步提升了金桥园区基础设施信息化建设水平。二是推进金桥E服务平台建设，为园区企业员工创建一个便捷、智能、完善的核心服务平台。三是委托同济大学研究院开展金桥园区交通状况调研，制定“智慧交通”规划，实现公共交通“整体规划、分步推进”的良性发展。同时，启动建设“智行金桥”交通服务平台建设，有效补充传统公共交通的不足。四是开通金桥开发区官方微信平台——金桥发布，开设了今日金桥、品牌金桥、共享金桥三大板块，每个工作日及时发布金桥开发区经济、社会、文化、生态等全方位信息和实时动态，关注人数超过千人。五是持续推进电子政务建设。立足自由贸易区和科创中心建设对电子政务、网上办公的新要求，不断优化机关政务内网建设水平，逐步推行掌上办公，提高应用成效。完善门户网站建设，健全信息更新机制。全力推进“互联网+政务服务”，全面、动态展示自贸金桥的崭新形象。

【投融资服务】2016年，金桥开发区继续发展新兴金融产业，为开发区主导产业发展提供金融支撑。鼓励新兴金融与实体产业实现产融融合，充分发挥园区现有重要金融业龙头集聚的优势，形成金桥特色的新兴金融生态圈。据不完全统计，60多户各类股权、私募、基金、期货等类型的金融企业已入驻园区，注册资本累计超过50亿元，总运作管理资本的规模在200亿元以上。

【体制机制创新】2016年，金桥开发区继续深入推进审批体制改革，构建服务型政府。1—10月，完成各类行政审批项目4946件，梳理市、区相关部门委托审批事项25项，并逐条提出审改方案。其中，取消审批改备案1项，实行告知承诺7项，三级改二级审批14项，压缩审批时间13项。做好网上审批信息公开。审批服务中，积极探索责任明晰、流程简捷、服务规范、企业便利的各项工作举措，强化责任，直面问题，着力补齐短板。

同时，落实上海市、浦东新区关于推进行政审批事项改革和事中事后监管工作要求，做好金桥网上政务大厅审批系统建设。落实“窗口无否决权”机制要求，做好商事审批简化、“一口受理、三证合一”以及自由贸易区企业投资、金融、法律等政策咨询服务，健全企业投诉受理处理机制。建立审批信息数据平台，完善金桥开发区规划历史数据查询系统开发工作。

【国际合作】2016年，金桥开发区继续推进国际化战略，主要包括两个方面：一是推动外贸保持稳中有进。全年外贸进出口总额602.85亿元，同比增长4.4%。其中，出口总额263.82亿元，与上年持平；进口总额339.03亿元，同比增长8.1%，外贸出口交货值354.95亿元，同比增长4.8%。其中，高新技术企业188.26亿元，同比增长15.4%，高技术产业235.03亿元，同比增长3.4%。二是积极引进国际化项目，强化园区国际化要素，主要包括费斯托中国投资总部、德国海拉新能源汽车电子项目、法雷奥新能源汽车电器系统扩产项目等。

【基础设施】2016年，金桥开发区实施新金桥路（红枫路—申江路）景观林荫大道建设工程，打造具有金桥自由贸易区特色的商业景观林荫大道。建设新金桥路（红枫路—金藏路）样板段，完成了红枫路（杨高路—锦绣东路）白改黑工程，实施了金藏路、金新路白改黑工程以及碧云社区慢行步道建设。协调推进川桥路、黄杨路、蓝桉路纳入白改黑工程立项。结合中环线道路绿化建设，对金桥路沿线绿化景观进行改造提升。完成园区河道整治设计方案，推进薛家浜河道整治以及曹家沟、马家浜河道整治的方案设计，打造美丽金桥良好的综合生态环境。

【社会管理】2016年，金桥开发区按照浦东新区“管镇联动”总体方案，金桥开发区主动对接金桥镇，明确双方需调整的职能和具体交接事项，协同有序地推进金桥地区的经济职能接收和社会职能移交工作。配合新区财政局做好“费随事转”，协助新区安监局、城管执法局，做好安监队与城管中队的撤并和人员的分配分流，确保衔接有序，不断不乱。建立南区管理“三联动”工作机制，促进川沙新镇、唐镇、合庆镇与金桥集团、金桥股份在社会管理方面的沟通和联动，整合管理和服务资源，提升管理效能。

【党建工作】2016年，金桥开发区积极推进领导班子党风廉政建设，签订2016年度区管单位党风廉政建设责任分解和任务分工报备书。认真组织处级干部开展“走千听万”活动，定期听取和收集村居、企业的意见和建议。完善开发区综合党委和工会的组织建设与机制建设，通过优化党建及群团工作的架构提升工作成效。扎实有序推进园区党的组织建设和队伍建设，年内发展党员17名，预备党员转正24名，成功孵化党组织17个，调整党组织班子22个，有效落实了“两个覆盖”的工作要求。

【机构设置与管委会领导】金桥开发区管委会内设办公室、计划财务处、规划建设环境管理处、产业发展处、行政审批服务处和综合协调处6个处室；同时，下设1个事业单位，即金桥经济发展促进中心（主要负责3个街道招商引资工作）、1个非常设机构，即海关监管区综合办公室。金桥开发区管委会主任沈能；副主任马淑燕、殷宏、顾晓峰。

2015—2016 年上海金桥经济技术开发区主要经济综合指标一览表

项目		单位	2016 年	2015 年	增减（%）
工业总产值（现价）		亿元	1 929.91	1 825.63	5.7
高新技术企业		亿元	788.89	751.68	5.0
销售（营业）收入		亿元	6 357.53	5 977.57	6.4
第二产业		亿元	3 003.55	2 879.14	4.3
工业		亿元	2 975.55	2 852.22	4.3
第三产业		亿元	3 353.98	3 098.43	8.2
利润总额		亿元	377.93	326.33	15.8
第二产业		亿元	282.20	264.83	6.6
区内主导产业及产值		亿元	1 671.95	1 578.83	5.9
主导产业	1. 电子信息	亿元	378.19	411.87	-8.2
	2. 汽车及零部件	亿元	1 122.49	999.69	12.3
	3. 家用电器及配套	亿元	75.02	75.67	0.9
	4. 生物医药及食品	亿元	96.25	91.60	5.1
进出口总额		亿美元	97.19	93.09	4.4
出口		亿美元	42.58	42.56	0
财政收入		亿元	44.37	40.93	8.4
税收收入		亿元	395.23	337.05	17.3
新批企业数量		家	212	583	-63.6
外商及港澳台企业		家	44	123	-64.2
内资企业		家	168	460	-63.5
区内世界 500 强企业		家	43	43	0
国家级高新技术企业		家	108	108	0
新批企业投资额	外商及港澳台企业	亿美元	2.57	6.87	-62.6
规模以上企业数量		家	500	500	0
科学研究与试验发展(R&D)经费支出		万元	77.00	74.58	3.2
合同外资金额		亿美元	5.42	7.52	-27.9
外商实际投资		亿美元	5.78	1.34	331.3
固定资产投资		亿元	75.64	64.41	17.4
年末从业人员		万人	13.59	14.96	-9.2
水资源消耗总量		万立方米	1 110.94	1 082.33	2.6
区内建立的创新创业平台		个	9	3	200.00
区内科研院所		家	2	2	0
区内职业教育学校		所	32	31	3.2

（上海金桥经济技术开发区管委会）

北京经济技术开发区

【经济发展】2016年，北京经济技术开发区（简称“北京开发区”）加快推进供给侧结构性改革，呈现出逆势增长的良好态势。全年实现地区生产总值1 172.6亿元，同比增长8.1%；完成规模以上工业总产值2 842.5亿元，同比增长11.2%；完成工业增加值718亿元，同比增长9.1%；完成税收收入309.7亿元，同比增长16.4%，税收收入总量居北京市第六位；全社会固定资产投资完成386.7亿元，同比下降2.8%，其中产业投资231.2亿元，同比增长1.4%，占比59.8%。完成进出口总额157.2亿美元，同比增长7.2%。其中，出口总额49.5亿美元，进口总额107.7亿美元。完成一般公共预算收入169.3亿元，同比增长25.5%。

【产业发展】2016年，北京开发区围绕高精尖产业定位，立足汽车、电子信息、智能装备、生物医药四大主导产业基础，着眼文化创意、节能环保等新兴产业发展方向，发挥中芯国际集成电路制造（北京）有限公司、京东方科技集团股份有限公司等龙头企业的引领作用，带动区内产业链上、下游企业集群发展，培育创新型产业集群。调整产业结构，制定《北京经济技术开发区新增产业的禁止和限制目录（2016年版）》，明确负面清单，加速退出消费类电子产品组装、印刷机械、冶金机械和化工等没有比较优势、劳动密集型的行业企业，引导产业发展方向。支持拜耳医药保健有限公司、赛诺菲（北京）制药有限公司扩建，将一类新药和市场需求旺盛的药品投放在开发区生产；支持中芯国际集成电路制造（北京）有限公司扩产，满足中国集成电路市场需求，同时实现高科技产品制造出口；支持京东商城、中航技进出口建设企业总部，承接城六区产业功能疏解，服务在京中央企业和跨国公司可持续发展。支持企业通过增品种、提品质调整产品结构，京东方科技集团股份有限公司科技创新实现新突破，智能手机液晶显示屏、平板电脑显示屏、笔记本电脑显示屏的全市占有率均位列全球第一，显示器显示屏的全市占有率列全球第二，液晶电视显示屏出货量居全球第三位，新产品在国际高端市场占有率接近四成；北京奔驰发动机工厂进一步扩建，推出奔驰长轴距E级车和全新GLC SUV多款车型。四大主导产业中，汽车及交通设备产业产值1 159.8亿元，电子信息产业产值620.5亿元，智能装备制造产业产值452.2亿元，生物医药产业产值347.3亿元。

【招商引资】2016年，北京开发区完成已签约未获土地项目12个，包括电控燕东8英寸集成电路生产线、佳讯飞鸿物联网和无人系统产业园等。已拿土地待开工项目14个，包括百度云计算中心、朵唯移动通信产业基地、森特士兴集团总部和研发中心等。工程在建项目28个，包括中科晶电砷化镓芯片生产线、北方微电子二期、泰德健康产业园、同仁堂健康总部等。在谈项目43个，包括北汽新能源科技创新基地等项目。新批内、外资企业投资额（含增资，从2016年10月1日起，外资企业投资额以企业注册资本为准）折合138.1亿美元。其中，外资项目投资总额36.9亿美元；内资企业注册资本677.9亿元（折合101.2亿美元）。合同利用外资19.6亿美元，同比增长216.9%；实际利用外资3.05亿美元，同比增长1%。内资项目备案金额 247.8 亿元，同比增长 9.4%。完成产业固定资产投资 231.19 亿元，同比增长 1.7%。外资总投资额中 93% 来自现有企业的增资，其中仅奔驰、京东世纪贸易、华润医药控股、英迈时代科技 4 家企业增资就高达 29.5 亿美元。167 家备案的内资项目中 88 家为制造业项目，占比超过 50%。

【投融资工作】2016 年，北京开发区完善基金投资体系，形成引导基金、母基金和跟投基金三大业务组合。发挥基金引导落地效应，推动 42 只基金落地亦庄，总认缴规模超过 1 724 亿元，实缴规模约 734 亿元；推动 20 个基金管理公司落地亦庄，总注册资本约 8.7 亿元，实收资本 2.7 亿元；基金落地投资新区项目 34 个，投资额 176 亿元。完成北京亦庄国际蛋白药物技术有限公司、北京亦庄国际诊断试剂技术有限公司、富思特新材料科技发展股份有限公司、北京耐威时代科技有限公司项目、中青信用管理有限公司 5 个项目的退出工作，收回项目投资及收益款 1.8 亿元；以约 1.5 亿美元联合收购美国 IC 设计厂商 Exar 旗下电源管理 IC 设计公司 iML，以约 3 亿美元收购美国硅谷的半导体加工设备供应商 Mattson Technology，成为中国半导体装备产业国际收购首例；获准发行 75 亿元公司债券，成为 2016 年北京市国有以产业投资为核心主业的企业中首个被核准公开发行公司债券的企业；支持北京大兴国际机场和新区临空经济区开发建设，向北京新航城控股有限公司增资 5 亿元，促进新航城公司构建多元化投融资合作体系。

【区域合作】2016 年，京津冀产业合作迈上新台阶。北京开发区与中国开发区协会共同承担京津冀开发区创新发展联盟秘书处日常工作。与首都经济贸易大学合作设立京津冀产业发展研究中心；组织“走进京津冀”产业对接活动。与曹妃甸签署合作共建园区协议，打造京津冀协同发展示范园区。签订合作协议 13 个，实现 50 余家企业与联盟成员单位对接。截至年底，联盟储备项目 500 余个。亦庄 • 永清高新区管理机构组建完成，编制高新区规划、产业规划，初步确定高新区“互联网 +”智能制造和电子商务（临空经济、智慧物流、跨境电子商务）2 个主导产业。推动惠买在线、行有恒等首批 7 个项目进场。园区管委会参加中国 • 廊坊国际经济贸易洽谈会、河北省国际贸易投资洽谈会，新增京东集团华北电子商务产业园、含嘉仓文化创意创业园等 17 个签约入区项目，储备项目累计达到 150 个。

【科技创新】2016 年，北京开发区以助推产业发展为目标，打造以企业为主体，具有全球影响力的集成电路、新型显示屏、生物医药、产业互联网、智能制造五大产业技术创新中心。结合正式上线的互联京津冀线上服务平台建立高新技术企业线上服务平台，累计为企业解决高新认定、复审各类问题 1 000 余家次；建立国家高新技术企业认定工作预警机制，对 2016 年重新认定高新企业情况进行全面摸底，针对企业存在的问题组织各类培训 8 场，培训企业累计超过 1 300 家次。受理国家高新技术企业认定和重新认定申请 225 家，其中，重新认定 101 家，新认定 124 家。提升企业创新能力。截至年底，培育北京市专利试点企业 310 家；新增 10 家北京市专利示范企业，累计达到 23 家，新增北京市专利试点培育单位 25 家。组织企业申报北京市专利资助金，117 家企事业单位获得资助。企业申请专利 5 896 件，同比增长 41.32%，专利授权 3 199 件，同比增长 13.72%。企业获北京市发明专利奖 3 项。发挥京津冀科技创新公共服务平台的作用，批准入驻机构 46 家。开展路演活动 46 场；线上平台“互联京津冀”完成了平台的改版上线工作，实现了在线交易、评价等功能。推进“大众创业、万众创新”，认定“众创空间”11 家，举办 iCAN 国际大学生创新创业大赛、创新创业活动周、京津冀生物医药产业大会等活动，签约落地高精尖项目 20 个。全年新增中央“千人计划”入选者 5 人，累计达到 63 人；新增北京市“海聚工程”9 人，累计达到 116 人；新增“新创工程 • 亦麒麟”入选者156人，累计达到530人。

【生态环保】2016年，北京开发区完成2015年度和“十二五”时期污染减排任务，完成《北京市“十二五”主要污染物总量削减目标责任书》中的减排项目任务。颁布实施水污染防治工作方案，明确14项具体水环境质量改善任务。发布《2015年北京经济技术开发区环境状况公报》，编制完成《北京经济技术开发区2011—2015年环境质量报告书》。发布《北京市大兴区和北京经济技术开发区“十三五”时期环境保护与生态建设发展规划》，从环境质量、污染物减排、环境安全和生态文明四个方面明确约束性发展指标。实施清洁空气行动计划，开发区空气质量中细颗粒物（PM2.5）年均浓度为81微克/每立方米，同比下降13.8%，在全市各区县空气质量同比变化情况中排名第三位，实现挥发性有机物减排970吨。促成3家单位进行氮氧化物交易，交易金额73万余元。推动绿色低碳循环发展行动计划，完成京东方显示1.5MW光伏发电、奔驰雨水收集再利用等项目；建设能源管控信息平台，加强对年能耗2000吨标准煤以上52家重点企业的监测分析，制定产业能效准入标准；鼓励社会资本投资，建设公共充电桩573个，新增15辆纯电动公交车，开通电动公交线路2条，新增公租自行车3000辆，其中1000量为变速车，2000辆为普通车，公租自行车累计达到4676辆。

【社会保障】2016年，北京开发区落实促进就业责任、做好社会保障服务。全年吸纳新区劳动力就业4623人，其中，榆垡户籍劳动力451人，礼贤户籍劳动力254人、合计占比为15%。支持新机场建设，稳定就业岗位，持续提升新区劳动力就业便利。全年举办各类招聘会116场。落实岗位补贴、劳务派遣补贴、班车补贴等就业专项资金2344万元；落实北京市稳定就业岗位补贴3798万元。推进北京市各项社会保险政策的落地执行，推进机关事业单位养老保险制度并轨；通过完善网上申报业务、推广银行缴费、业务下沉社保所等多种措施提高基金收支管理水平，落实各项社保待遇的调整，优化经办服务工作；加大基金征缴稽核力度，开展社保基金和其他重大专项资金使用情况检查，确保各项基金应收尽收。共有参保单位7111家、缴费单位6940家，比上年分别增长21.83%和21.9%；参保人数39.18万人、缴费人数23.55万人，比上年分别增长2.7%和10.93%。开发区全年5项社会保险基金征缴总额69.04亿元、支付总额11.12亿元，比上年分别增长16.21%和24.32%；为全市贡献基金结余57.91亿元，比上年增长14.77%。

【社会事业】2016年，北京开发区加快教育基础设施布局，开展教育扶持与奖励项目，落实名校办分校，推动幼儿园及中小学的建设和发展。新开设北京亦庄实验中学（北京十一中学分校）、北京中芯南海子幼儿园和北京市大兴区爱乐恩幼儿园。扶持学校特色教育项目18个，拨付资金348.04万元，同比增长24.61%。推进同仁医院二期工程建设，对东方医院南院区进行升级改造。完善医疗应急救援体系，为世界机器人大会、双创周、科技学术月等30余项大型活动提供医疗保障。健全全民健身公共服务体系，编制《开发区全民健身实施计划(2016—2020年)》，完善体育设施。完成开发区体育中心升级改造工程，新建1.2万平方米室外专项球场和1万平方米配套停车场建设，完成450平方米健身俱乐部和450平方米培训教室升级工程。举办开发区第九届文化艺术节、第八届半程马拉松北京公开赛和2016北京亦庄民族交响音乐会《国乐盛典》等文体活动。

【机构设置与管委会领导】北京开发区工委内设机构为：工委办公室、组织部、宣传部、党群工作部、政法工作部、机关党委、总工会、纪工委、监察局；管委内设机构为：管委会办公室、发展和改革局、投资促进局、企业发展服务局、科技局、财政局、国有企业监事会、人事劳动和社会保障局、房屋和土地管理局、建设发展局、征地拆迁办公室、市政管理局、社会发展局、审计局、环境保护局、统计局、安全生产监督管理局、研究室、信息化工作办公室。

中共北京经济技术开发区工作委员会书记为谈绪祥；北京经济技术开发区管理委员会主任为梁胜。

2015—2016 年北京经济技术开发区主要经济综合指标一览表

项目		单位	2016 年	2015 年	增减（%）
开发区生产总值		亿元	1 172.6	1 081.4	8.4
第二产业		亿元	747.3	690.7	8.2
工业		亿元	718.0	660.4	8.7
第三产业		亿元	425.4	390.8	8.9
工业总产值		亿元	2 842.5	2 555.5	11.2
高新技术企业		亿元	2 439.2	2 333.2	4.5
营业收入		亿元	8 031.5	6 670.7	20.4
第二产业		亿元	3 433.7	3 013.3	14.0
工业		亿元	2 933.8	2 679.4	9.5
第三产业		亿元	4 597.8	3 657.5	25.7
利润总额		亿元	399.7	384.6	3.9
第二产业		亿元	318.2	252.9	25.8
工业		亿元	305.4	239.6	27.5
第三产业		亿元	81.4	131.7	−38.2
区内主导产业及产值					
主导产业	1. 电子信息	亿元	620.5	601.9	3.1
	2. 装备制造	亿元	452.2	471.6	−4.1
	3. 生物与医药	亿元	347.3	321.7	8.0
	4. 汽车与交通设备	亿元	1 159.8	895.7	29.5
进出口总额		亿美元	157.2	146.6	7.2
出口		亿美元	49.5	52.6	−5.8
一般公共预算收入		亿元	169.3	134.9	25.5
税收收入		亿元	443.5	389.2	14.0
一般公共财政支出		亿元	163.2	145.4	12.2
新批企业数量		家	3 895	3 197	21.8
外商及港澳台企业		家	40	41	−2.4
内资企业		家	3 855	3 156	22.1
新批企业投资额	外商及港澳台企业	亿美元	—	2.1	—
	内资企业	亿元	—	565.3	—
	增资企业	亿美元	—	98.1	—
规模以上企业数量		家	789	777	1.5
合同外资金额		亿美元	—	9.2	—
外商实际投资		亿美元	3.1	3.0	3.3
固定资产投资		亿元	386.7	397.6	−2.7
年末从业人员		万人	31.1	28.4	9.5
万元 GDP 能耗		吨标煤／万元	0.147 3	0.150 9	−2.4

（北京经济技术开发区管委会）

乌鲁木齐经济技术开发区（头屯河区）

【经济发展】2016年，乌鲁木齐经济技术开发区（以下简称“乌鲁木齐经开区”）（头屯河区）主动适应经济发展新常态，扎实推进供给侧结构性改革，坚定不移转方式、调结构、促增长，推动经济持续、稳定、健康发展。实现地区生产总值428.2亿元，增长8.2%；全口径财政收入100.5亿元；固定资产投资389.5亿元；社会消费品零售总额64.6亿元，增长8.3%。

【产业发展】2016年，乌鲁木齐经开区（头屯河区）产业结构不断优化。先进制造业产业集群进一步发展壮大，金风科技盈利能力持续提升，风电产业龙头地位优势明显；铁建重工首批高端隧道装备正式下线，填补了新疆地下工程装备制造的空白；广汽集团落地生根，开启了新疆新能源乘用车生产的新纪元；江苏金昇、上海珅珂等9项重大工业项目签约落户。现代服务业快速发展，万达广场开业，3天客流量突破30万人次。金融产业发展壮大，金融城互联网金融交易量占自治区的90%，丰汇小贷、天顺供应链分别在美国和深圳上市。白鸟湖文化旅游城项目签约落地，成为乌鲁木齐文化旅游产业发展新载体。截至年底，园区企业总数达到8 197家，工业企业614家，规模以上工业企业122家，外资企业达46家。22个企业纳入乌鲁木齐市第一批战略性新兴产业企业名单，占全市的43%。

【科技创新】2016年，乌鲁木齐经开区（头屯河区）积极推进丝绸之路经济带创新驱动发展试验区核心区建设，建立了由245名各领域顶尖专家和15家高层次合作机构组成的网络人才队伍，财政科技支出1.4亿元扶持科技创新。形成了绿谷创新中心、金风科技城、新疆“双创”基地和国际科技合作基地等一批重点承载项目。启迪之星签约落户，构建起由3家国家级科技企业孵化器、4家国家级众创空间组成的创新创业孵化服务生态链。自治区级以上各类研发机构总数达到55家，院士专家服务中心及院士工作站5家，新增4家国家级博士后科研工作站企业分站，总数达21家，列自治区首位。国家级高新技术企业61家，高新技术企业主营业务收入243.2亿元，同比增长8%，科技对区域经济的贡献率达到60%（各项指标分别见表1、表2、表3）。

表1 乌鲁木齐经开区（头屯河区）2016年主要经济指标

序号	指标名称	单位	数量	增速（%）	占全市比重（%）
1	地区生产总值	亿元	428.2	8.2	17.4
	第二产业	亿元	175.2	5.5	24.9
	第三产业	亿元	246.1	10.4	14.3
2	固定资产投资	亿元	389.5	0.8	24.2
3	社会消费品零售额	亿元	64.6	8.3	5.2
4	地方财政收入	亿元	100.5	0.1	21.5
	税收收入	亿元	58.3	17.3	20.6
5	财政支出	亿元	68.2	−4.1	13.1

表 2　乌鲁木齐经开区（头屯河区）2016 年工业经济指标

序号	指标名称	单位	数量	增速（%）	占全市比重（%）
1	工业总产值	亿元	640.4	1.3	30.3
	规模以上工业	亿元	626.4	0.8	31.9
	外商及港澳台投资企业	亿元	37.5	−3.6	78.5
	内资企业	亿元	588.9	1.0	30.8
2	工业增加值	亿元	120.0	1.8	22.4
	规模以上工业增加值	亿元	109.0	0.5	21.4

表 3　乌鲁木齐经开区（头屯河区）2016 年主导产业经济指标

序号	指标名称	单位	产值	增速（%）	主营业务收入	占全区规模以上工业总产值的比重（%）
1	电气机械和器材制造业	亿元	204.9	18.5	187.9	32.6
2	黑色金属冶炼和压延加工业	亿元	183.6	2.1	176.3	29.3
3	食品饮料及农副食品加工业	亿元	89.5	−14.6	58.1	14.3

2016 年，乌鲁木齐经开区（头屯河区）成功获批自治区首家国家知识产权示范园区，拥有国家知识产权试点单位 2 家，占自治区的 27.9%，国家知识产权优势企业 3 家，占自治区的 1/3，贯标企业 7 家，占全市的 41.2%，专利授权 110 件，占全市的 23.2%，获得国家级及自治区级专利奖 13 项。2016 年全区专利申请量 1 364 件，占全市专利申请量的 24%，每万人有效发明专利 18.1 件，是全市拥有量的 3 倍。

【投资促进】2016 年，乌鲁木齐经开区（头屯河区）紧紧围绕 3 个千亿元级、5 个百亿元级产业集群，按照“大项目—产业链—产业基地—产业集群”的发展思路，坚持“招大、招强、招品牌”与产业链招商并举，强化“致力于为企业创造价值”的服务理念，先后出台《经开区（头屯河区）招商引资促进办法（试行）》等 5 项招商引资促进政策，2016 年新引进项目 40 余个，总投资 557 亿元，到位资金 217.85 亿元，产业投资对自治区固定资产投资的贡献率为 55.93%，带动就业约 2 万人。实施政府投资项目 428 项，总投资 142.6 亿元。新批外商及港澳台投资项目 6 个，投资额为 5 464 万美元，合同外资金额 2 220 万美元。2016 年，实际利用外资 9 868 万美元，占乌鲁木齐市实际利用外资的 41.61%。外贸进出口总额 17.5 亿美元，增长 6%。

乌鲁木齐中车产业园项目投资约 2.6 亿元，是乌鲁木齐开发区首个涵盖配件生产、整车组装、调试运营、车辆维修等完整的轨道装备制造园区。项目建成后，将实现年生产城轨车辆 150 辆、年检修城轨车辆 100 辆，填补新疆高端轨道装备制造业的空白。

【绿色集约】2016 年，乌鲁木齐经开区（头屯河区）始终坚持“环保优先、生态立区”的理念，全力推动各项生态修复、绿化建设工程。2016 年新增绿地 1 760 亩（117.3 公顷），城区绿化覆盖率超过 40%，大绿谷运动主题公园向市民开放。全面开展大气污染治理攻坚战，以创建国家生态示范工业园区为抓手，打好治污、减煤、降尘、增电、改气“组合拳”。通过国家生态示范工业园区省级预验收，截至年底累计关停“十五小”和“新五小”企业 110 家，55 家企业完成“煤改气”工程，95% 以上的企业实现清洁能源改造，大力推广高铁片区风电清洁供暖试点。可口可乐、伊利食品、乌苏啤酒等 9 家重点企业积极建设中水回用项目，主要污染物减排任务全部完成，排放低于自治区控制指标。加快推进中国—中亚生态环保示范基地、中德低碳生态示范城区、联合国工发组织绿色丝绸之路项目示范工业园区等国际生态合作项目建设，与中国—上海合作组织环境保护合作中心共同谋划中亚地区环保产业与技术合作，建设清洁能源产业和静脉产业示范园。

加强土地集约、高效利用，借助老城区改造契机，积极推进二期退二转三、腾笼换鸟，通过挖潜、盘活存量土地，优化土地利用政策，加大对各用地投入产出强度的实时监测，园区开发面积135平方公里。

【智慧园区】2016年，乌鲁木齐经开区（头屯河区）软件信息、电子商务、互联网金融等新兴业态发展迅猛。新疆软件园聚集企业264家，2016年实现入园企业营业收入11.25亿元，全口径税收5 450万元，从业人数达到3 700余人；云计算产业园建设成效显著，天山云科技大厦、丝绸之路交易中心、天山云（IDC）大数据展示服务中心、新疆天山云计算综合平台、互联网+农业和信息安全云、天山媒体云文化科技支撑基地、高通云计算中心等承载项目加快推进。加快国家电子商务示范基地建设，截至年底，共有网络零售类、网络批发类、电商服务类、生活服务类、跨境电商类、综合类、创新类七大类电子商务企业431家，2016年新增122家，唯品会、猪八戒网、野林猫等疆内外知名电商企业纷纷落户，跨境电商交易额占自治区的八成。同时，先后汇聚海鸿国际、鸿达化工、大渊博、劳道农业、中航煤炭、新疆交易市场集团等10余个行业交易平台，初步形成了新疆大宗商品线上交易体系。

2016年，全区智慧城区建设步伐加快，开发运行互联网+工商行政执法系统平台，探索互联网+市场监管新模式，实现全要素网格化、精细化和动态化管理。

【投融资服务】2016年，乌鲁木齐经开区（头屯河区）主动摸排企业需求，积极对接金融机构，量身定制帮扶措施，积极帮助驻区企业申报国家专项建设基金，协调国有担保公司为海鸿实业、西尔丹食品等多家驻区企业申报国家专项建设资金提供资产托管服务，推动了资金申报工作的顺利开展。设立优质企业发展基金、转型升级产业发展引导基金、产业基金（建投公司）和交银信托•乌鲁木齐经济技术开发区（头屯河区）建设发展基金四只基金，研究制定并出台基金管理办法，基金规模累计56亿元。引导普惠金融助力中小微企业发展，建立互联网金融中心，2016年入驻金融机构32家，其中，互联网金融及相关机构15家，担保、小贷、支付、保险代理、信用评级、律所、会所等其他机构17家，累计平台交易量突破40亿元，占自治区的90%，先后服务了区内外3 000余家企业及个人。积极扶持驻区企业上市，新增上市企业6家，乌鲁木齐丰汇小额贷款有限公司在美国纳斯达克挂牌上市，成为中国第二家、新疆首家在美国上市的小贷公司。新疆天顺供应链股份有限公司于5月在深交所中小板上市，健讯科技、隆博股份、丰华神州、科能股份4家企业先后在“新三板”挂牌。

【体制机制创新】2016年，乌鲁木齐经开区（头屯河区）创新推进“四单一网”改革，完善政府权力清单、企业投资负面清单、政府责任清单、专项资金管理清单及政务服务网建设。行政审批事项由162项减少到98项，压减率达到40%。深化商事登记制度改革，自2016年9月起逐步推进“五证合一，一照一码”登记，简化行政审批手续，截至年底共发放707户。积极推进人才强区战略，提高政府工作效能，不断深化机关事业单位人事制度改革，首创雇员制聘用模式，是目前新疆唯一持续采取的创新型用人模式。2016年面向社会公开招聘雇员103人，为政府机关人才引进开拓了新的渠道，有效缓解了人员紧张问题。将绩效考核、干部考核、日常考核和年度考核统一纳入综合考核范畴，实行“多考合一”，探索形成导向正确、措施科学、考准考实、简便管用的考核评价机制，实现综合考核全覆盖，日常动态监督，将92家党政机关、事业单位、管委会（街道）、国有企业和派驻机构纳入考核，通过工作纪实、日常督查，全区各部门和领导干部均形成了完整的年度考核跟踪档案，通过与年底各类评价测评结果分析比对和相互验证，确保了考核结果的科学性和有效性，树立正确的用人导向。

【国际合作】2016年，乌鲁木齐经开区（头屯河区）积极把握“一带一路”倡议的机遇，主动承接丝绸之路经济带核心区“五大中心”重点项目。国务院正式批复设立乌鲁木齐综合保税区并顺利通过国务院联合验收，成为首府对外开放窗口和重要平台。乌鲁木齐国际陆港区作为交通枢纽中心和商贸物流中心的重点战略工程，与德国、波兰、卢森堡等国际主要海陆港、铁路港开展战略合作，2016年新疆西行国际货运班列开行223列，与白俄罗斯、荷兰、阿拉木图等国外港口（贸易）公司建立联系，联合开展国际物流、国际贸易和供应链金融业务。丝绸之路经济带旅游集散中心成为国家“一带一路”建设新疆首开项目，获得中国旅游产业创新服务基地授牌。国际纺织品服装商贸中心作为自治区纺织服装产业的核心项目，规划建设全面铺开。鼓励企业“借船出海”“抱团出海”，开拓海外市场，推动哈萨克斯坦阿克陶海港“中国工业园”境外园建设，鼓励推进有条件、有意向的工程机械、软件信息、风电钢铁等优势产业、企业境外投资设点。在阿拉木图市设立驻外办事机构，面积近1 000平方米，派驻专人常驻，做好与当地领事机构和外方企业的协调沟通，为驻区企业“走出去”搭建平台。海鸿国际食品物流港通过在综保区设立进口产品馆，设立跨境电子商务园区，打造区域性国际农副产品集散中心，交易额已突破千亿元。

【民生建设】2016年，乌鲁木齐经开区（头屯河区）全面完成80件民生实事，民生投入占财政支出的70%以上，各族群众获得感不断增强。各项就业政策全面落实，新增就业2万余人，城镇登记失业率低于2.5%。社会保险覆盖面持续扩大，5.4万人次享受各类救助服务。教育资源配置更加优化，投入4亿元改善办学条件，基础教育水平稳步提高，双语教育继续保持全市前列。卫生服务条件有效提升，全民免费体检已惠及14万人，养老服务体系日益健全。各族群众居住条件不断改善，新增各类保障性住房1 970套。文体事业加快发展，成功举办第五届电影艺术家作品展、冰雪风情节、国家攀岩赛事等系列文体活动。

【机构设置与管委会领导】乌鲁木齐经开区（头屯河区）下设纪委（监察局）、党政办、组织部、宣传部、统战部、政法委、编办、机关工委；人社局、财政局、招商局、经发委、建设局、安监局、规划局、科技局、统计局、民政局、环保局、教育局、市政市容局、农牧水务局、卫生局、行政执法局、文体局、司法局、计生委、审计局、民宗局、信访局、社服局、商务局、出口加工区、经开区工商分局、头屯河区工商局、经开区质监局、头屯河区质监局。

乌鲁木齐经开区（头屯河区）区委书记薛继海；区委副书记、管委会主任、区长陈钢；区委副书记、政法委书记黄勇；区委副书记阿地利江•阿布力孜；区委常委王爱民、潘峰勤、田彦军、张军强、郭洪耀、卡地尔•吐尔洪、宋美谕。乌鲁木齐经开区管委会副主任（头屯河区政府副区长）李贺祖、张长林、丁彤卒、侯洁琼、宋金刚、卢艳红、范隆；副区长马雄亚。

2016年乌鲁木齐经济技术开发区（头屯河区）主要经济指标一览表

序号	项目	单位	2016年	比上年增减（%）
1	生产总值	亿元	428.2	8.2
	第二产业	亿元	175.2	5.5
	工业	亿元	120.0	1.8
	第三产业	亿元	246.1	10.4
2	工业总产值（现价）	亿元	640.4	1.3
	高新技术企业	亿元	262.0	8.6

续表

序号	项目		单位	2016年	比上年增减（%）
3	“四上”企业主营业务收入		亿元	2 301.7	4.9
	第二产业		亿元	722.6	-4.5
	工业		亿元	576.3	-10.5
	第三产业		亿元	1 579.1	9.8
4	“四上”企业利润总额		亿元	67.7	120.0
	第二产业		亿元	26.9	170.0
	工业		亿元	22.2	190.0
	第三产业		亿元	40.8	93.8
5	区内主导产业及产值		亿元	478.0	-1.8
	主导产业	1. 电气机械和器材制造业	亿元	204.9	18.5
		2. 黑色金属冶炼和压延加工业	亿元	183.6	2.1
		3. 食品业	亿元	89.5	-14.6
6	进出口总额		亿美元	17.5	6.0
7	财政收入		亿元	100.5	0.1
	税收收入		亿元	58.3	17.3
8	财政支出		亿元	68.2	-4.1
9	新批企业数量		家	3 845	16.3
	外商及港澳台企业		家	6	50.0
	内资企业		家	243	50.9
10	区内世界500强企业		家	18	-10.0
11	国家级高新技术企业		家	61	15.1
12	新批企业投资额	外商及港澳台企业	亿美元	0.5	-34.2
		内资企业	亿元	364.0	451.5
13	“四上”企业数量		家	563	9.5
14	科学研究与试验发展（R&D）经费支出		万元	11.6	-1.6
15	科学研究与试验发展（R&D）经费投入强度		%	2.7	1.1
16	合同外资金额		亿美元	0.2	7.4
17	外商实际投资		亿美元	1.0	263.0
18	固定资产投资		亿元	389.5	0.8
19	年末从业人员		万人	15.9	18.8
20	万元GDP能耗（规模以上万元工业增加值能耗）		吨标煤／万元	3.3	-15.6
21	水资源消耗总量		万立方米	8 950	1.0
22	单位国内生产总值取水量		立方米／万元	36.4	10.1
23	上市企业		家	6	-16.0
24	区内建立的创新创业平台		个	11	175.0
25	区内科研院所		家	2	50.0
26	区内职业教育学校		所	5	持平

［乌鲁木齐经济技术开发区（头屯河区）管委会］

合肥经济技术开发区

【经济发展】2016年，合肥经济技术开发区(以下简称“合肥开发区”)地区生产总值1 337.23亿元，同比增长9.03%，占合肥市地区生产总值的比重为21.31%；第二产业增加值1 090.16亿元，占地区生产总值的比重为81.52%；第三产业增加值247.07亿元，占地区生产总值的比重为18.48%；财政收入145.11亿元，同比下降8.79%；税收收入132.67亿元，同比上升4.23%；进出口总额83.49亿美元，同比增长3.38%，其中出口额52.11亿美元，同比增长2.7%；固定资产投资590.26亿元，同比增长4.09%。

【产业发展】2016年，合肥开发区工业增加值1 040.23亿元，同比增长10.24%；规模以上工业增加值1 032.08亿元，同比增长11.52%；全年工业总产值3 900.25亿元，同比增长7.27%；规模以上工业总产值3 836.01亿元，同比增长7.56%；规模以上工业中的外商及港澳台投资工业总产值2 517.92亿元，同比增长7.09%；内资工业总产值1 318.09亿元，同比增长8.46%；家电、汽车、装备制造、电子信息、快速消费品五大主导产业工业总产值3 443.16亿元，同比增长6.3%，占全区规模以上工业总产值的比重达89.75%；五大主导产业主营业务收入3 353.84亿元，同比增长6.92%。生产家用洗衣机、家用电冰箱、电子计算机整机、合成洗涤剂和挖掘机产量占全国的比例分别为4.26%、12.35%、5.01%、3.15%和10.05%。战略性新兴产业产值1 015.21亿元，同比增长3.3%。

【科技发展】2016年，合肥开发区有国家级高新技术企业113家，全区企业共设立各类研发机构182家，其中，国家级研发机构14家，省级研发机构75家。发明专利申请及授权量持续上升，全区发明专利申请量3 609件，同比增长108%；发明专利授权量532件，同比增长57%，全区荣获“2016年度合肥市知识产权工作先进单位”。同时，全区入选首批“安徽省知识产权示范园区”，成为《安徽省知识产权示范园区认定工作方案（试行)》实施后全省首批19家知识产权示范园区之一。

【投资促进】2016年，合肥开发区新批外商投资项目11个，全区进出口总额834 937万美元。其中，出口额521 101万美元，同比增长2.7%；进口额313 836万美元，同比增长4.51%。区内主导产业产品出口额357 480万美元，同比下降5.96%；进口额69 903万美元，同比增长13.21%。

2016年，合肥开发区实现内外资招商引资总量累计248.4亿元，同比增加11.9%。其中，内资部分到位资金218.8亿元，同比增加12.7%；外商直接投47 800万美元，同比增加6.2%；吸引合同外资1.6亿美元，同比下降62.3%。

合肥开发区新引进项目32个，总投资244.93亿元。其中，工业项目16个，总投资111.18亿元；服务业项目26个，总投资133.75亿元。引进10亿～20亿元项目5个，20亿元以上项目3个。

【绿色集约】2016年，合肥开发区积极推进集中供热，区内已形成蒸汽供应能力430吨/小时，配套建设了约93公里的集中供热管网。2016年，开发区污水处理厂共处理污水11 179

万吨，实现COD削减20063吨，实现NH3-N削减2160吨。引导动员区内企事业单位、学校积极组织开展形式多样、有特色、有影响的节能减排、节水、循环利用等宣传活动，进一步提高广大居民的生态环保意识。

继续推进国家生态工业示范园区创建工作，4月15日，全区创建工作通过了省环保厅、商务厅、科技厅组织的专家现场核查。5月初，将创建验收材料报国家生态工业示范园区建设协调领导小组。8月初，国家生态工业示范园区建设协调领导小组初审同意合肥开发区申请验收。

【体制机制创新】2016年，合肥开发区坚持和健全“小政府、大社会、大服务”的行政管理体制，持续优化机构设置和内部职能，三次整合部门间职能横向协调，归口形成“大建口、大招商、大经贸、大空港”管理格局。改革行政审批制度，梳理行政权力事项1039项，经精简、取消、合并、承接，对外公示权力事项296项，建立起负面、责任、权力三项清单目录。全面贯彻安徽省合肥市“调转促”部署，修订出台“4+5”政策，制订“465”行动计划和加快发展建筑产业化政策，从新型工业化、科技创新、人才引进、服务业等九个方面实施政策激励和配套服务。打造内陆开放新高地，出口加工区封关运行并推广复制上海自由贸易区14项制度，海关和检验检疫一体化，实行大通关；合肥空港进境水果、冰鲜水产品指定口岸获批建设，空港保税物流中心（B型）启动建设，不断构建开放型经济新体制。

【投融资服务】合肥开发区按照新预算法和《国务院关于加强地方政府性债务管理的意见》（国发〔2014〕43号）要求，全区本着“清理存量、规范增量”的原则，对政府性债务工作“开正门、堵旁门”，通过置换债券的形式，将到期或将要到期的银行贷款置换为期限更长、利率更低、手续更规范的地方政府债券；同时，对新建项目积极申请上级新增债资金。2016年，落实地方政府新增及置换债券转贷共12.0596亿元，其中新增债为7.1596亿元，置换债为4.9亿元。加强多层次资本市场建设，完成股权融资30.9亿元，拟上市企业完成股改1家，完成报证监局备案企业1家，完成“新三板”挂牌企业1家，完成省股权交易中心挂牌企业23家。为进一步发挥财政资金撬动功能，创新融资方式，促进开发区产业创新转型升级发展，成立合肥开发区基金管理委员会以及产业投资引导基金、创业投资引导基金和天使投资基金三只政府引导基金，出台《合肥经济技术开发区产业投资引导基金管理暂行办法（试行）》《合肥经济技术开发区创业投资引导基金管理暂行办法（试行）》《合肥经济技术开发区天使投资基金管理暂行办法（试行）》三只基金的管理办法。为加快构建开发区政策性融资担保体系，进一步提升小微企业和“三农”融资担保服务水平，2016年5月由开发区国资委出资1.5亿元成立合肥海恒融资担保有限公司。该公司以担保业务为核心，本着服务区内企业的信念，助力区域产业培育和经济发展，并于2016年8月成功加入省担保集团比例再担保体系。公司成立后取得10家金融机构合作准入，授信额度10.5亿元，当年累计为企业提供1.02亿元担保。累计完成续贷过桥业务5.58亿元，扶持中小企业107家；完成政保贷业务6720万元，扶持中小企业14家；完成税融通业务1.41亿元，扶持中小企业57家；完成政银担业务3.43亿元。

【基础设施建设】2016年，合肥开发区财政投资完成市政基础设施、文教卫生和公共配套等项目投资约35亿元（含市级投资约10亿元）。下达财政性投资项目建设任务165项，其中续建往年项目35项。区级财政投资的主要项目有168玫瑰园学校扩建、72中续建、南艳湖周边道路提升、天都路延伸、卫星路（桃源路—蓬莱路）道路及附属工程、南艳湖二期、蓬莱路等垃圾中转站、蓬莱路高压走廊入地、水源地安置点、高刘安置点、滁河干渠沿线生态绿化工程、空港南路供水管道、北区物流园等项目。市级财政投资的项目有宿松路贯通、繁华大道与集贤路互通立交、兴业大道、锦绣大道改造、习友路改造、始信路改造、大姚路延长线和芙蓉路改造。

空港新区完成新港路及天柱山大道等约17公里道路，启动区骨架路网基本形成，新桥大道及机场便道顺利通车。完成高刘镇区内部道路的深化研究；启动小高路、机场高速立交匝道建设。协调供水集团实施团肥路管道供水，高刘镇居民即将喝上优质水。启动长岗小学和高刘小学建设。完成滁河干渠一期绿化提升。开发区南区建成区城市功能细化完善，启动南艳湖全民健身工程、翡翠湖周边提升工程、大学城地下空间设计，完善启迪科技城内部路网建设和天网建设。

【项目建设】2016年，合肥开发区完成固定资产投资590亿元，同比增长4%；实现工业投资327.7亿元，同比增长15.8%；完成工业技改投资213.3亿元，占合肥市总量的15.8%，占全区工业投资比重的65.1%。列入省“大新专”行动计划项目81个，完成投资234.7亿元，完成年度目标的119%；列入市“大新专”行动计划项目83个，完成投资235.9亿元，完成年度目标的118.9%；已开工项目19个，竣工项目20个。完成新签约央企项目8个，总投资103亿元，完成全年目标任务的103%。2016年荣获“2013—2015年全省推进重点项目建设先进集体”。

在做好为项目服务工作方面，全区构建“大建口、大经贸、大招商、大空港”的大统筹体制，创新大协调工作机制。进行“服务高地”的效能革命，强化为企服务。落实负面、责任、权力三张清单管理，实行“一窗办多事”和综合受理、集成服务，推进信息化审批。围绕“建设管家式服务工程”，优化管委会领导联系重点企业、经贸局包点服务规模以上企业和部门帮办的三级服务企业机制。建立企业服务综合信息平台，建立政策发布兑现、第三方服务机构、市场供需对接三大子平台模块，畅通服务企业渠道。

【绿色集约】2016年，为积极响应合肥市创建国家森林城市和国家生态园林城市号召，开发区城管局按照市林园局的要求，积极加强绿化养护管理的各项工作，继续推进和深化市容、市政、绿化“三位一体”管养模式，主要加强对道路绿化、公园广场、翡翠湖、南艳湖、河道绿化、高速防护林等778万平方米地域进行养护管理，实行无缝对接，不断提升各项园林绿化管养水平。不断加大资金投入，2016年全区园林绿化养护资金支付8 540.91万元，比2015年增加了87.75%，园林绿化景观效果大幅度提升。

【市场监管】截至2016年年底，合肥开发区共有市场主体26 192家，其中，企业14 338家，个体商户11 854家。2016年新登记各类经济主体6 561家，核省、市名称7 498件。推进商事制度改革，已完成全区14 338家企业“五证合一、一照一码”换照工作。实施商标战略，努力培育和扶持知名企业申报驰名和著名商标，2016年新认定“安徽省著名商标”6件(共43件)，省级“守合同重信用”企业11家，市级17家，2家市场被评为合肥市“平安市场”，2家企业被认定为2016年安徽省专业商标品牌基地。

【民生与社会事业】2016年，合肥开发区发放低保金、救助金等专项资金共4 240万元，受益57 771人次，社会福利稳步推进。全年结算居家养老服务经费共1 216.33万元，受益20 614人次。在合肥市首家建设居家养老服务电子结算平台、首家全区域养老机构全部通过“消防、环保”双验收、首家试点开展社区“三项服务”购买工作，在全市率先完成政府购买居家养老服务二轮招标。儿童福利、流浪乞讨人员救助、重残护理补贴发放、农村三留守人员排查等工作全面完成；社会治理向纵深发展。积极探索社区协商工作，海恒社区南艳湖居委会成功申报为全市首批试点单位；专项社会事务效果明显。双拥优抚、退伍安置、婚姻登记、文明祭祀、区划及地名普查等工作再创新绩；做好残联“结合与融合”文章，保障全区约6 000名残疾人基本权益，扶持2家农村残疾人就业扶贫基地，带动235名农村残疾人精准脱贫。全年累计发放残疾人救助、辅具总金额达580万元，受益5026人次。不断丰富群众文化体育活动。圆满完成合肥市第十一届全民运动会和世界铁人三项赛工作。成功举办了第十五届职工乒乓球比赛、第十二届环湖长跑比赛、第八届和谐社区文艺汇演等多项区域特色的文化体育活动，参与人数达10万人次，推动全区群众文化体育活动深入开展。建立了社区教育学院、社区学校中心、社区教育学校三级社区教育网络，开展了传统武术进社区、“送戏进万村”“送电影下乡”等民生活动，将文化体育送到群众家门口。在全市民政工作综合评比中，荣获综合评估及养老服务、民生工程3个优秀等级。

截至2016年年底，全区有区属中小学共22所，其中，小学14所，中学7所，九年一贯制学校1所，学生25922人；民办学校4所，民办学校学生4461人；民办幼儿园58所，在园幼儿16400人。

2015—2016年合肥经济技术开发区主要经济综合指标一览表

项目		单位	2016年	2015年	增减（%）
开发区生产总值		亿元	1337.2296	1226.4437	9.03
第二产业		亿元	1090.1600	1027.9146	6.06
工业		亿元	1040.2315	959.9146	8.37
第三产业		亿元	247.0700	198.5291	24.45
工业总产值（现价）		亿元	3900.2541	3636.0400	7.27
高新技术企业		亿元	2926.0710	2694.7841	8.58
销售（营业）收入（规模以上企业主营业务收入）		亿元	4816.7263	4434.0901	8.63
第二产业		亿元	3946.1603	3608.8189	9.35
工业		亿元	3589.1235	3335.6800	7.60
第三产业		亿元	870.566	825.2712	5.49
利润总额（规模以上）		亿元	215.83	197.37	9.35
第二产业		亿元	186.72	180.39	3.51
工业		亿元	181.01	172.38	5.01
区内主导产业及产值		亿元	3443.16	3239.31	6.30
主导产业	1. 家电	亿元	1222.86	1155.15	5.86
	2. 汽车	亿元	843.70	683.50	23.44
	3. 装备制造	亿元	495.24	469.82	5.41
	4. 电子信息	亿元	638.07	680.42	−6.22
	5. 快速消费品	亿元	243.28	250.42	−2.85
进出口总额		亿美元	83.4937	80.7672	3.38
出口		亿美元	52.1101	50.7380	2.70
财政收入		亿元	145.1122	159.1016	−8.79
税收收入		亿元	132.6718	127.2836	4.23
财政支出		亿元	75.21	59.65	26.09
新批企业数量					
外商及港澳台企业		家	11	16	−31.25
国家级高新技术企业		家	120	76	57.89
新批企业投资额	外商及港澳台企业	亿美元	1.66	4.02	−58.70
	增资企业	亿美元	11.25	5.25	114.29
规模以上企业数量		家	522	524	−0.38

续表

项目	单位	2016 年	2015 年	增减（%）
科学研究与试验发展（R&D）经费支出 [规模以上工业企业研究与实验发展（R&D）经费支出]	万元	617 580	570 285	8.29
合同外资金额	亿美元	4.306 1	4.239 0	1.58
固定资产投资	亿元	590.262 8	567.065 4	4.09
年末从业人员	万人	21.914 2	22.618 9	−3.12
万元 GDP 能耗	吨标煤／万元	0.077 7	0.081 3	−4.43
水资源能耗总量	万立方米	1 705.67	1 425.85	19.62
单位国内生产总值取水量	立方米／万元	1.28	1.16	10.34
上市企业	家	24	4	500.00
区内建立的创新创业平台	个	2	2	0
区内职业教育学校	所	25	20	25.00

(合肥经济技术开发区管委会)

成都经济技术开发区（龙泉驿区）

【经济发展】2016年，成都经济技术开发区（以下简称“成都开发区”）（龙泉驿区）认真贯彻落实省委、省政府“三大发展战略”和市委、市政府“157”总体发展思路，围绕建设“大车都”，坚持“稳中求进、统筹发展”的工作主基调，主动适应经济发展新常态，推动区域经济持续健康发展。全年完成地区生产总值1 039.2亿元，同比增长（下同）4%；完成固定资产投资538亿元，增长11.4%；实现一般公共预算收入70.8亿元，增长5.9%；社会消费品零售总额123.7亿元，增长9.8%；城镇和农村居民人均可支配收入分别增长8.3%、8.6%。园区经济总量在全国219家国家级经开区中名列第13位。2016年成都开发区主要经济指标如下表所示：

2016年成都经济技术开发区主要经济指标

指标	单位	数量	同比增幅（%）
地区生产总值	亿元	1 039.2	4.0
第二产业增加值	亿元	798.5	2.6
全社会固定资产投资	亿元	538	11.4
地方财政收入	亿元	106.9	0.7
地方税收	亿元	60.2	5.5
社会消费品零售总额	亿元	123.7	9.8
进出口总额	亿美元	15.6	—
实际到位外资	亿美元	6.63	22.5
实际到位内资	亿元	225.5	13.9

【产业发展】汽车整车制造规模发展。大力实施“产能建设计划”，完成一汽大众（四期）扩能项目，东风神龙成功投产下线，2016年实现整车产量111.6万辆，增长24.6%，整车产量占全市的93%，占全省的77%；汽车产业产值1 519.6亿元，增长17.2%。

汽车配套产业链延伸。依托东风神龙、一汽大众和沃尔沃整车企业，成功引进神龙零部件园、东风江森汽车座椅、南京协众、延锋江森等10个零部件项目，正积极跟踪武汉诚盛、安徽广通、东风佛吉亚外饰等项目。2016年实现汽车配套企业产值303.6亿元，增长22.4%，为打造汽配千亿元产业集群奠定了坚实基础。

汽车产业高端要素加快聚集。大力发展新能源汽车，已聚集沃尔沃、吉利高原等新能源整车项目9个，产能达3万辆，2016年新能源汽车产量达1.37万辆，增长9.4倍，实现产值42亿元。积极抢抓汽车产业高端，成功引进哈工大机器人、同济大学—成都车用新能源研究院、中国东盟•成都国际汽车商贸博览城等一批汽车研发设计、贸易博览项目落户开发区。

【科技创新】深入实施创新驱动发展战略，不断提升自主创新能力，连续4年被科技部评为“科技进步考核先进区”，荣获“全国科学发展百强区”等称号。全力培育创新主体，积极支持引导一汽、专汽等134家企业开展研发创新。2016年新增高新技术企业11家、市级以上研发平台10个、产学研实验室3家，累计建成各级研发机构127家，高新技术、创新型企业140余家，2016年园区规模以上企业R&D经费支出7.7亿元，同比增长10%。积极搭建载体平台，成功搭建“菁蓉谷”和“中国艺库”两大核心创新创业基地，建成“同创谷”等孵化载体65万平方米，成都大学CC空间被认定为国家级孵化器，累计建成孵化载体12家，在孵化项目1 000余个。积极争取中以国家级创新科技园落户，加快高端人才聚集。深入实施“天府汽车英才计划”，累计聚集院士4名，长江学者3名，国家“千人计划”专家6名，省市人才计划专家31人次，高层次创新创业人才400余名。大力实施“技能龙泉计划”，开展“汽车匠客”“汽车智客”和“汽车创客”培养工程，全区技能人才总量达15.6万人。开发区人力资源产业园获批国家级人力资源产业园，“技能龙泉”建设获评成都技能振兴先行示范区，加快科研成果转化，组织豪能科技等30余家企业开展成果鉴定，全年实现高新技术产业产值340亿元，增长31%，技术交易额29亿元，实现专利申请量4 000件，其中发明专利2 050件，增长20%。

【投资促进】狠抓招商引资。2016年共引进重大项目15个，实际到位省外内资225.5亿元，增长13.9%；实际利用外资6.63亿美元，增长22.5%。成功引进投资130亿元的中植新能源汽车总部基地项目、投资112亿元的沃尔沃全新SPA平台生产线改造升级和新车型导入项目等汽车产业重大项目10个，协议投资总额349.2亿元。正积极跟踪吉利BMA项目、一汽大众新速腾升级改造项目及年产30万辆的SUV A+项目。狠抓项目促建，认真落实“项目年”工作要求，加快推进重大项目建设。推动神龙、浦项等22个项目竣工投产，神龙配套企业、兵装工业园（北区）等35个项目开工建设，川汽新能源、天马弹簧等13个项目加快建设。全年促建项目共135个，占地面积15 334亩（1022公顷），协议总投资723亿元。2016年完成工业投资198.7亿元，增长37.1%。

【绿色集约】2016年，成都开发区大力实施绿色发展战略，依托成都中法生态园、中德汽车及智能制造产业园，积极吸收法国、德国等欧洲发达国家生态发展理念与智慧城镇建设思路，以GIZ中德合作——城市节能项目为典范，积极拓展在生态城市建设、节能环保等方面的合作，加快推进四川省首个国家级生态工业示范园区创建，被国家环保部评为国家生态区，着力打造“绿色低碳的生态之城”。坚持产业绿色化，加快推动汽车产业向环保、节能、智能、安全转型升级，“全球新一代精益化绿色标杆工厂”东风神龙成功下线投产。中欧国际创新中心项目加快建设，投资27亿元的苏伊士环能—四川能投分布式能源项目入园发展。

【智慧园区】2016年，成都开发区引进同方知网科技信息数据库，建立开发区创新型智慧园区知识服务平台，集合汽车工业、电子信息、生物医药、智能装备制造、新材料、高技术服务业等产业信息，为园区招商引资、产业聚集、企业创新发展提供服务。参与成都市工业园区发展监测与服务平台建设项目，建立开发区园区全貌三维VR展示系统和园区资源信息数据库，对园区重点发展项目实施状态、园区发展状况进行数字化的直观展示，促进公共资源合理利用与共享，有效监测重大建设工程项目进展，提升园区企业服务功能与质量，引导企业进行产业升级与转型。积极搭建园区智慧党建平台，创建开发区党建微博、微信公众号，加大园区党建宣传力度，增强党建影响力，充分发挥党建红色引擎促发展的作用。建立企业服务QQ群、微信群，做好企业信息收集、困难帮扶、政策兑现等工作。

【投融资服务】2016年，成都开发区激发区域发展活力，实施《龙泉驿区关于促进经济稳中求进的政策措施》“28条”，支持园区企业转型升级、降本增效，全年累计为中国航天科技集团、陵川特种工业等27家企业兑现467.7万元扶持资金。深入落实创新驱动发展战略，全年区级科技创新财政投入1.17亿元，占财政总支出的1.41%。加大对企业的投融资扶持。制定《龙泉驿区区级金融业发展专项资金管理方法（试行）》（龙府办函〔2015〕64号），鼓励符合条件的企业通过多层次资本市场融资。深入实施“壮大贷”试点工作，为区内中小企业发放“壮大贷”资金1.9亿元。推动川机院入区组建中智壹号投资基金、哈工大入区组建工业机器人投资基金。积极推动企业挂牌上市，成立企业上市（挂牌）工作领导小组，加强对企业上市的指导协调。加大拟上市企业培育，建立拟上市

(挂牌)后备企业库，推动拓利科技、晶华光电等8家企业挂牌上市。加大对多层次资本市场和省市区促进资本市场建设发展扶持政策宣传，引导更多的本地企业走向资本市场。

【体制机制创新】成都开发区和龙泉驿区实行“政区合一”的管理体制。成都开发区设党工委、管委会，党工委为市委派出机构，管委会为市政府派出机构，龙泉驿区委书记、区长分别担任开发区党工委书记、管委会主任。龙泉驿区委、开发区党工委印发了《关于进一步优化完善成都经开区管理体制机制 推动园区科学发展加快发展的意见》(龙委发〔2016〕15号)，从完善管理体制、理顺工作机制、优化政务服务、加强园区党建、统筹干部资源和加大财政支持等方面进行了明确部署，合理界定开发区党工委、管委会与龙泉驿区委、区政府及其部门和街镇的职责边界。在职能职责上，开发区主要承担党的建设及规划建设、对外开放和投资促进、产业培育和企业管理服务等产业发展关键环节的管理与服务工作，负责国别合作园区成都中法生态园和中德汽车产业及智能制造园的相关工作，开发区范围内的社会事务主要由龙泉驿区区级职能部门和辖区街道负责。

【国际合作】2016年，成都开发区加快成都中法生态园建设，完善园区总体规划，高水平启动各类专项规划；成功举办国际合作投资推介会等活动，积极拓展与法国及欧盟在高端制造、生态建设、节能环保等方面的交流合作，东风神龙成都下线投产，苏伊士环能—四川能投分布式能源项目成功签约，佛吉亚、风神物流等近30家零部件企业相继签约落户。加快中德汽车及智能制造产业园建设，按照“一园两区、多元发展”空间规划，启动园区总体规划和控制性详细规划编制工作；借鉴德国的先进理念和技术，大力发展汽车(新能源汽车)整车及零部件、生态城市建设、节能环保、新能源和物联网等战略性新兴产业，积极跟踪荷兰E-traction电动汽车零部件等项目。实施“走出去”计划，积极探索与瑞典、英国、以色列等合作共建境外合作园区。

【机构设置与管委会领导】成都开发区党工委、管委会内设机构为一办八局：党工委、管委会办公室(含机关党委)，汽车产业投资服务局、现代工业投资服务局、项目建设服务局、企业发展服务局、统筹发展局、区域合作局、汽车研发和贸易博览投资服务局、物流管理服务局。

党工委、管委会领导班子成员为：成都开发区党工委书记、龙泉驿区区委书记廖仁松(4月29日调出)，成都经开区党工委书记、龙泉驿区区委书记何勋(4月29日任)；党工委副书记、管委会主任、区委副书记、区长何勋(4月29日免)；党工委副书记、管委会主任、区委副书记、区长杜海波(8月11日任党工委副书记，8月26日任管委会主任)；党工委委员、管委会副主任李桦、程果、蔡本刚、皮大云。

2015—2016年成都经济技术开发区(龙泉驿区)主要经济综合指标一览表

项目	单位	2016年	2015年	增减(%)
开发区生产总值	亿元	1 039.2	1 002.1	3.7
第二产业	亿元	798.5	786.2	1.6
工业	亿元	766.5	754.2	1.6
第三产业	亿元	213.9	190.0	12.6
工业总产值(现价)	亿元	1 933.2	1 805.2	7.1
高新技术企业	亿元	340	260	30.8
销售(营业)收入				
第二产业－工业	亿元	1 835	1 633.99	12.3

续表

项目		单位	2016年	2015年	增减（%）
利润总额					
第二产业－工业		亿元	202.3	152.76	32.4
区内主导产业及产值					
主导产业	汽车制造	亿元	1 519.6	1 292.9	17.5
进出口总额		亿美元	16.22	16.01	1.31
出口		亿美元	4.58	4.09	11.98
财政收入		亿元	106.65	106.20	0.42
税收收入		亿元	60.18	55.47	8.49
财政支出		亿元	119.76	118.54	1.03
新批企业数量		家	2 894	1 966	47.2
外商及港澳台企业		家	226	196	15.3
内资企业		家	2 887	1 958	47.4
区内世界500强企业		家	67	—	—
国家级高新技术企业		家	94	87	8.0
新批企业投资额	外商及港澳台企业	亿美元	3.687 4	0.169 5	2075.45
	内资企业	亿元	120.93	105.72	14.39
规模以上企业		家	252	239	5.4
科学研究与试验发展（R&D）经费支出		万元	—	60 000	—
研究与试验发展（R&D）经费投入强度		%	—	0.6	—
合同外资金额		亿美元	3.83	0.19	1 915.8
外商实际投资		亿美元	6.63	5.42	22.32
固定资产投资		亿元	538	483	11.4
年末从业人员		万人	14.17	13.57	4.4
万元GDP能耗		吨标煤／万元	3	3	0
单位国内生产总值取水量		立方米／万元	20.29	22.54	−9.98
上市企业		家	57	—	—
区内建立的创新创业平台		个	12	11	9.1
区内科研院所		家	6	6	0
区内职业教育学校		所	64	50	28

[成都经济技术开发区（龙泉驿区）管委会]

昆明经济技术开发区

【经济发展】2016年，昆明经济技术开发区（以下简称“昆明开发区”）累计实现营业总收入1 510亿元，同比增长12.02%；完成规模以上工业增加值111亿元，增长11.7%，高于全市平均增幅7.2个百分点；完成规模以上固定资产投资162.88亿元，同比增长18.9%，完成全年目标任务的105.08%；实现工业固定资产投资64.006亿元，同比增长36.39%；完成地方公共财政预算收入32.8亿元，同比增长10.03%；限额以上社会消费品零售总额62.08亿元，增长12.2%，高于全市增速0.4个百分点；完成外贸进出口总额5.4亿美元。在经济下行压力持续增大的形势下，开发区主动作为，实干当先，圆满完成了各项主要指标任务，为昆明市、云南省经济发展起到了良好的支撑作用。

【服务与发展环境】2016年，昆明开发区确立了“企业至上，服务是天职”“企业是老大，我们都是服务员”的思想，进一步落实对口帮扶制度，成立11个工作小组，由班子成员率队，主动上门，深入到50多家停产、减产企业了解情况，听取意见，现场解决制约企业发展的问题。严格落实稳增长系列扶持政策，拿出“真金白银”，全年累计兑现企业扶持资金4.81亿元，其中工业生产扶持资金5 523万元，引导企业走出困境，不断做大做强。充分利用经开企协QQ群、微信在线招商平台，及时向企业宣传政策，帮助企业申报国家、省、市各级扶持资金，全年累计争取上级发展资金3.54亿元。

【深化改革】2016年，昆明开发区准确把握中央和省市深化改革的路线图、任务书和时间表，充分发挥作为国家级开发区先行先试的优势，按照《昆明经济技术开发区2015—2020年全面深化改革总体方案》的要求，研究确定2016年十项重点改革事项，涉及工商登记、税收征管、招商引资、智慧园区、科技创新等领域。贯彻落实省、市稳增长、促发展若干政策措施，研究制定《昆明经济技术开发区贯彻落实省、市稳增长、促发展政策措施实施意见》，进一步强调企业转型升级、创业创新，健全政策性融资担保信贷机制，帮助企业加速资金周转，缓解实体企业融资难问题。着力推进供给侧结构性改革，根据上级供给侧结构性改革精神，制定出台《关于推进供给侧结构性改革的实施意见》，积极稳妥落实去产能、去库存、去杠杆、降成本、补短板等结构性改革任务。积极推广上海自贸区可复制改革试点经验，制定出台《关于推广中国（上海）自由贸易试验区可复制改革试点经验的工作方案》，实施“社会力量参与市场监督制度”和“完善特殊监管区域专业监管机制”两项改革试点任务。深入实施创新驱动发展战略，制定出台《关于加快技术进步 促进产业转型升级的若干意见》，加快技术进步、促进转型升级、提升创新发展。探索开展智慧园区建设，大力推进城市智能运营中心（IOC）项目，已完成IOC机房建设和硬件设备调试安装，进入软件正式开发阶段。

【基础设施建设】2016年，昆明开发区大力推进320国道改扩建工程、呈黄路（一标）地面系统、广福路东延线(不含下穿铁路立交)、呈黄路（北段）东辅线、云桂铁路经开站站外配套工程(广场、道路)、呈黄路改扩建与王家营准轨场铁路立交等重点工程建设，成立了重点工程项目督察组，提出“全力以赴抓进度，攻坚奋战一百日”的工作要求，通过一线工作法、倒排工期、昼夜施工、加强督查和考核等一系列措施，全力推进基础设施建设。2016 年在建市政道路 28 条，里程长度 55.06 千米，目前，A-11# 道路、B-1# 路、大冲 9 号路部分段、新北路 B 段已完成年度工作目标；呈黄路(北段)东辅线、广福路东延线（不含下穿铁路立交）、320 国道改扩建工程、呈黄路改扩建与王家营准轨场铁路立交等重点工程于年底完成建设；经开 204、广福路东延线下穿铁路立交工程、经开四中周边路网工程、鸿运大道支线工程等重大工程于 2016 年下半年陆续开工建设，全区基础设施建设投资达 13.24 亿元。

【社会事业】2016 年，昆明开发区加快教育基础设施建设，夯实教育资源，把优先投入教育基础设施建设作为重点，完成教育固定资产投资 4.18 亿元。抓实教育基础管理，重要指标圆满完成。全区小学阶段毛入学率为 103.46%，初中阶段毛入学率为 100.45%，小学、初中巩固率保持在 99% 以上；农村义务教育学生营养改善计划做到 100% 全覆盖。加强医疗机构监督管理，积极推进分级诊疗工作，17 家基层医疗机构已与上级医疗机构签订了双向转诊协议，夯实基层医疗卫生队伍建设，做好传染病防控及突发公共卫生应急处置工作，贯彻实施“全面放开二孩”政策，人口发展态势良好，人口自然增长率为 4.73‰。全区完成城中村改造建设投资 8.46 亿元。立足民生为本，就业创业举措推陈出新，入驻区内各创业园、众创空间等创业载体的创业企业达 10 家，城镇登记失业率控制在 2.29% 以内。完成开发区文化馆基础设施、阿拉街道综合文化站主体及昆船社区综合性文化服务中心提升改造等工程建设，新增健身路径 9 条、新建体育健身工程点（农村篮球场）7 个，成功举办“盛世撒梅情——经开区阿拉撒梅文化节”系列活动，初步形成了开发区撒梅文化节的品牌效应。

【转型升级】2016 年，昆明开发区修订完善了《昆明经济技术开发区产业发展指导目录》，严把产业项目入区关，努力提高园区产业整体质量。坚持创新驱动发展，制定出台《关于加快技术进步 促进产业转型升级的若干意见》，鼓励企业开展科技创新活动，积极承担并实施国家和省、市科技计划项目，引导企业加大科技研发资金投入，充分发挥企业创新主体作用。以正式获批成为长江经济带国家级转型升级示范开发区为契机，研究制订《关于建设长江经济带国家级转型升级示范开发区工作方案》，从建设一流园区、推进绿色发展、调整产业结构、实施创新驱动、构建开放型经济体系和全面深化体制改革等六个方面统筹规划，确保开发区建设长江经济带国家级转型升级示范开发区工作顺利推进。大力发展文创产业，修订出台《昆明经济技术开发区促进文化创意产业发展若干政策的规定》，积极响应国家“互联网 +”发展战略，顺应“大众创业、万众创新”新趋势，拓展文创产业发展思路，推进文创产业与众创项目融合发展，大力扶持火瓣国际青年创业社区、果林众创空间等众创项目发展壮大。

【创新发展】2016 年，昆明开发区坚持创新驱动，加大培育力度，有效推动区内企业自主创新工作的开展。新认定国家级高新技术企业 23 家，高新技术企业累计达 106 家；专利申请和授权总量达 1 813 件；全年获批省级众创空间 6 家、省级企业技术中心 5 家、市级企业技术中心 8 家、市级工程技术研究中心 4 家；设立省级院士工作站 1 家、市级院士工作站 2 家；全社会 R&D 经费投入占地区生产总值的比重达 4.15%，全年实现高新技术企业产值 170.86 亿元，占全区规模以上工业总产值的比重达到 42.5%。

【招商引资】2016 年，昆明开发区继续深化产业招商制度改革，结合园区发展实际，制定出台《昆明经济技术开发区社会机构招商奖励办法》。通过政策扶持、微信招商、基金引导、产业带动等多种手段推动园区待招商楼宇去库存工作，全区合计出租 / 出售楼宇总面积 40 万平方米，去库存率达到30%。制定出台《昆明经济技术开发区招商引资中介（社会组织）奖励办法》，实现“借力招商、搭车招商”，提高楼宇招商的针对性和实效性。累计到位外资8 021.55万美元，完成全年任务的100.27%，引进市外内资112.61亿元，完成全年目标任务数的100.5%。

【生态环境】2016年，昆明开发区积极推进生态环境建设，紧紧围绕滇池流域水质改善，重点开展截污治污、河道整治、内源治理等工作。组织开展实施国家生态工业示范园区创建工作，参加了中国环境科学学会生态产业分会2016年学术年会，并参与发起成立了“国家级经济技术开发区绿色发展联盟”。完成了《国家级昆明经济技术开发区突发环境事件应急预案》编制，并对辖区内37家重点企业进行备案，加强企业环境应急管理。全力推进倪家营水质净化厂调节池、普照水质净化厂配套再生水管网等重点环保基础设施项目建设，全区完成环保投资5.2亿元，同比增长1.28%，实现新增城市绿地面积67.04公顷，种植乔木18 000株。

【平安建设】2016年，昆明开发区进一步完善立体化防控体系建设，切实加强社会管理综合治理，着力解决影响社会和谐稳定的突出问题，初步建立社会矛盾纠纷排查工作机制、重大社会矛盾稳控工作机制、重大事项风险评估机制，扎实推进平安建设工作。加强应急处置突发公共安全事件的体系建设，修订、出台应急预案2个，社会安全指数达100%，亿元工业增加值生产安全事故死亡率下降到0.018人，为经济社会发展营造了良好的平安环境。

【党建工作】2016年，昆明开发区组织开展“两学一做”学习教育，明确组织领导机构及工作力量，采取“1+N”模式分层分类制定工作方案及支部学习计划；抓关键少数，强化引领作用，围绕“参与者、组织者、督导者”定位，制定《副县级以上党员领导干部“两学一做”学习教育工作提示单制度》。党工委班子成员、副县级以上党员领导干部人均参加党工委理论中心组（扩大）学习9次，累计讲党课111人次，参加所在支部集中学习460人次。从严抓好社区“两委”换届选举工作，认真落实党委主体责任，形成“一把手”负总责的领导格局，强化对权力运行的制约和监督。

2015—2016年昆明经济技术开发区主要经济综合指标一览表

项目	单位	2016年	2015年	增减（%）
开发区生产总值	亿元	340.20	304.39	11.76
第二产业	亿元	187.80	160.08	17.32
工业	亿元	114.90	108.72	5.68
第三产业	亿元	151.50	143.42	5.63
工业总产值（现价）	亿元	460.84	394.34	16.86
高新技术企业	亿元	174.46	167.65	4.06
销售（营业）收入	亿元	1 481.00	1 320.00	12.20
第二产业	亿元	790.00	592.00	33.45
工业	亿元	390.00	382.00	2.09
第三产业	亿元	690.00	699.80	−1.40
利润总额（“四上”企业）	亿元	89.25	63.21	41.20
第二产业	亿元	69.03	50.26	37.35
工业	亿元	40.55	35.29	14.91
区内主导产业及产值（“四上”企业）				

续表

项目		单位	2016 年	2015 年	增减（%）
主导产业	1. 烟草及配套产业	亿元	61.06	61.41	-0.57
	2. 装备制造业	亿元	116.24	98.59	17.90
	3. 生物、医药产业	亿元	108.59	101.35	7.14
	4. 食品饮料业	亿元	47.21	32.56	44.99
第三产业（全口径）		亿元	690.00	699.80	-1.40
进出口总额		亿美元	5.40	52.10	-89.64
出口		亿美元	3.20	49.70	-93.56
财政收入		亿元	32.80	29.81	10.03
税收收入		亿元	26.09	25.08	4.03
财政支出		亿元	29.61	25.70	15.21
新批企业数量		家	4 126	3 603	14.52
外商及港澳台企业		家	17	10	70.00
内资企业		家	4 109	3 593	14.36
区内世界 500 强企业		家	46	43	6.98
国家级高新技术企业		家	108	89	21.35
新批企业投资额	外商及港澳台企业	亿美元	4.33	0.72	501.39
	内资企业	亿元	112.61	175.00	-35.65
	增资企业	亿美元	0.078	0.013	500.00
规模以上企业		家	421	402	4.73
科学研究与试验发展（R&D）经费支出		万元	66 469	45 521.4	46.02
研究与试验发展（R&D）经费投入强度		%	1.748 9	1.361 9	28.42
合同外资金额		亿美元	3.75	0.26	1 342.31
外商实际投资		亿美元	0.80	2.68	-70.15
固定资产投资		亿元	162.88	137.01	18.88
年末从业人员		万人	13.50	10.57	27.72
万元 GDP 能耗		吨标煤 / 万元	0.179 1	0.153 2	16.91
水资源消耗总量		万立方米	282.85	559.27	-49.43
单位国内生产总值取水量		立方米 / 万元	5.871 7	5.92	-0.82
上市企业		家	12	9	33.33
区内职业教育学校		所	1	1	0

（昆明经济技术开发区管委会）

长沙经济技术开发区

【经济发展】2016年，长沙经济技术开发区（以下简称“长沙经开区”）实现地区生产总值890.36亿元，同比增长12.36%。其中，第二产业增加值完成694.78亿元，同比增长11.38%；第三产业增加值完成195.58亿元，同比增长16%。工商税收收入116.7亿元，增长10.1%。

【产业发展】2016年，长沙经开区全年实现规模工业总产值2 111亿元，增长16.4%。其中，外商及港澳台投资工业总产值894.4亿元，增长66.62%。规模以上工业企业中，工程机械产业实现产值862.1亿元，占规模工业总产值的40.7%，同比下降4.58%；汽车制造产业实现产值746.9亿元，同比增长80.2%，占规模工业总产值的35.3%；电子信息产业实现产值267.9亿元，同比增长20%，占规模工业总产值的12.7%。

【科技创新】2016年，长沙经开区深化建设全省首个“国家知识产权示范园区”，企业申请发明专利1 025件，同比增长34%，有效发明专利拥有量达到1 809件，同比增长26%。园区新增省级研发平台2个。截至2016年年底，园区共有国家级企业技术中心5个，国家工程研究中心1个，国家地方联合工程研究中心1个，省级企业技术中心10个，省级工程技术研究中心10个，省级工程研究中心5个，省级工业设计中心2个，省级企业重点实验室4个，市级企业技术中心15个，市级工程技术研究中心9个，博士后科研工作站9个，院士工作站7个。三一汽车获评国家知识产权优势企业。三一汽车、中大创远、长城金融、山河智能、铁建重工获得中国专利优秀奖5项；另外，园区企业还获得省专利奖4项、省科技进步奖9项，市级科技奖励11项。新认定高新技术企业35家，市科技创新小巨人企业14家，市科技型中小企业154家。35家企业被评为全市科技投入“双百企业”。

【投资促进】2016年，长沙经开区全年新引进投资额5 000万元以上工业项目18个，累计总投资106.07亿元。其中，引进投资50亿元以上项目1个，投资5 000万元以上、50亿元以下项目17个，储备在谈项目15个，累计总投资160多亿元。共铺排社会类投资建设项目54个，其中新建项目19个，续建项目35个，竣工项目15个。完成实际到位外资5.16亿美元，同比增长16.92%；引进市外境内资金完成固定资产投资59.02亿元，同比增长19.35%；引进省外境内资金26.21亿元，同比增长17.27%；完成对外贸易总额27.87亿美元。

【绿色集约】2016年，长沙经开区深入开展清理整治环保违规建设项目清理专项行动，顺利完成了对园区内160个违规建设项目的清理整治工作，完成率达到100%。全年环评审批建设项目117项，项目规划及初步设计阶段环保审查29次，“三同时”现场检查200余次，竣工环保验收共72项，核发企业排污许可证24份，备案企业应急预案32家。建设项目审批和监管进一步规范。截至2016年12月底，长沙经开区全年空气质量优良天数285天，优良率占比达78.3%，相比上年同期的266天多19天，高4.6个百分点，优良率占比73.7%。8月3日，环境保护部、商务部、科学技术部批准长沙经济技术开发区为国家生态工业示范园区。

【智慧园区】2016年，长沙经开区围绕智能制造转型升级，启动智慧园区信息化建设，着手编制智慧园区五年规划，搭建智慧园区平台，为园区优化升级、创新发展打牢基础。在引导、培育主导产业和骨干企业开展转型升级、开发应用工业互联网等方面实施了一系列举措。为进一步发挥专利工作对园区创新发展的引领作用，提高企业核心竞争力，长沙经开区每年安排1 000万元专项资金，鼓励企业进行自主创新。2016年共有57家园区企业获得专利和商标资助，共计884.8万元。为进一步推动智能制造，长沙经开区出台《支持现代服务业发展试行办法》，设立现代服务业发展专项资金，鼓励生产性服务业和生活性服务业发展。其中，"智造"服务性企业最高可获奖励500万元，总部经济项目奖励最高可达5 000万元。

在政策资金引导和战略新兴产业的重点培育下，园区涌现出三一集团、远大集团、铁建重工等一大批智能制造创新升级表现突出的企业。特别是三一集团，截至2016年，累计投入超过10亿元，建设"根云"工业云平台，将机器、数据、流程、人员等因素融合创新，其行业应用和解决方案已在多个行业的10余家企业完成了技术验证，并提供示范性服务，为试点企业创造效益超过1亿元。"挖掘机指数"已被国家相关宏观经济部门作为观察制造业运行状况的重要参考。

在工业云的领域，"健康云"千山药机全面进军互联网医疗，首批计划检测人数超4万人；"可持续云"远大集团独创全球联网售后监控系统，分布海内外89个国家和地区；"大数据云"晖龙集团用8 200类大数据平台，让"颜值"+"气质"融出新未来。

【基础设施建设】2016年，长沙经开区铺排基础设施项目123个，硬化道路14.15千米，平整场地122.4公顷，新增配租房源1 667套，累计铺排路灯管线、杆线迁移等电力项目26个，供电线路长度约4.6千米，亮灯里程2千米。普查地下管网1 500千米，建立了地下管网数据库。"四纵一横"骨架道路建设有序推进，环城绿带、东十二路、东十一路等工程项目加紧推进，长桥公园、立体绿化、人民东路两厢绿化等项目全面启动，三一收费站、板仓南路等拓改工程有序推进，龙华二期、泉塘三期、上汽大众龙峰等安置区建设稳步推进。继续巩固和提升生态工业示范园，新增绿化及人行道面积14.23万平方米。完成星沙水厂16万吨深度处理提质改造，提升了园区供水品质。城南、城北污水处理厂扩容提质工程加快推进，园区共处理污水7 874万吨，纳污范围内污水全部达标排放。

【投融资服务】长沙经开区管委会加大对园区产业的财政支持。2016年安排产业发展支出4.55亿元，比2015年增加85.69%，主要用于支持企业科技及现代服务业发展。实施《中小微企业财政融资贴息政策》，较好地缓解了企业融资成本的压力，截至2016年年底累计向园区65家企业补贴融资贴息资金近1 000万元。开展企业上市（挂牌）培训，请专家为30余家企业高管授课，对进入"新三板"市场的每个工作环节进行详细分析和讲解，管委会对符合条件的上市（挂牌）企业给予最高300万元的财政支持。

【体制机制创新】长沙经开区突出改革创新，政务服务效能再提质。继续发挥区县融合体制优势，联动推进"赋权强园"各项工作，先后争取市、县两级共22项行政职权下放或委托行使。发布园区权力清单、责任清单、流程清单"三张清单"，晒权亮责工作走在全市各园区前列。率先在全省成立首个"建设工程质量安全监督管理站"，进一步完善园区质量安全监督管理机构，为全省园区质量安全监督管理创造了新模式。办公室、人力资源与社会保障、建设、规划、国土等部门承接简政放权成果，继续简化审批流程，规范审批手续，强化审批指导服务，保障了重大项目建设落地开建。全面深化商事制度改革，推行集群注册制、审核合一制，企业注册流程再优化、效率再提升，营造了良好的营商环境。出台园区优化经济发展环境专项制度，公布园区快速响应电话，进一步规范了涉企检查事项。完善省、市、区三级监督测评员体系，引入第三方测评，形成了电话反馈、会议测评、上门访谈、现场测评等多元化反馈渠道，优化环境满意率进一步提升。精细化管理再提效。强化区县联动，首次将有关乡镇服务园区发展纳入区县绩效考核体系。以绩效考核为切入点，建立绩效考核资格制，对招商引资、项目建设、征地拆迁等实施差异化考核，出台了绩效考核管理办法，充分调动全员干事创业的积极性和主动性。完善权力运行机制，先后开展了土地、资金、合同等方面的清理、清收、清欠工作。全力推进ISO质量管理体系建设，修订完善26项政策制度，全力提升精准服务品质。对政策制定、行政审批、财政预算、依法行政、合同管理、固定资产、投资评审、政府采购与招投标等开展内部管理和流程优化，精细化管理水平全面提升。

【国际合作】2016年3月12日，长沙经开区参与“埃塞俄比亚·湖南装备制造合作园区”合作备忘录签署，长沙经开区管委会代表张湘鸿、三一重工总裁向文波代表合作方签约。2016年3月底，长沙经开区管委会、长沙县政府承办2016湖南·星沙走进东盟经贸系列活动，活动对接项目23个，合同金额9.59亿美元。其中5个项目在湖南—东盟投资贸易推介会暨重大项目签约仪式上现场签约，签约企业为山河智能、三一集团、北汽福田、远大空调，总金额为7.24亿美元。在“2016湖南·非洲国际产能合作暨工商企业跨境撮合对接会”上，合作六方之一的长沙经济技术开发集团有限公司签署了运营管理协议，是长沙经开区践行“装备出海”战略、引导企业迈出国门、转型发展的具体举措。2016年旅美科协高层次人才回国考察团到长沙经开区进行考察和项目对接，随团专家对园区招商引资政策、人才引进政策等表达了极大的热情和关注，并与园区企业进行了交流互动。8月2日，罗伯特博世电机（中国）有限公司独立运营启动，标志着博世起动机和发电机中国区业务迈入新纪元，为园区汽车整装及零部件配套产业注入了新的活力。

【政策发布】2016年，为贯彻落实“大众创业、万众创新”战略，培育和催生经济社会发展新动力，激发小微企业创新潜能和创业活力，长沙经开区制定出台了《长沙经济技术开发区支持小微企业创新创业实施办法》；为落实《国家集成电路产业发展推进纲要》，促进园区集成电路产业健康快速发展，制定出台了《长沙经济技术开发区促进集成电路产业发展试行办法》；为支持和鼓励园区企业充分利用多层次资本市场规范运作和发展壮大，促进产业又好又快发展，根据长沙市人民政府《关于进一步加快发展资本市场的若干意见》（长政发〔2010〕23号）和《关于进一步加快发展资本市场的若干意见的补充规定》（长政发〔2012〕34号）以及《关于鼓励企业在场外市场挂牌有关事项的通知》（长政办函〔2014〕86号）文件精神，结合长沙经开区的实际，制定出台了《长沙经开区鼓励和扶持企业上市（挂牌）试行办法》。

【社会事业】2016年，长沙经开区狠抓平安园区建设，通过完善“综治牵头、部门负责、司法支持、企业担责”的综治维稳机制，夯实平安园区建设基础。大力推进公共服务项目建设，成立园区法律援助中心，设立法律援助专线，面向园区企业和职工，提供专业法律援助和法律支持。成立员工帮助计划管理中心，从精神、文化、心理等多方面满足小区居民和员工的需求，打通服务员工的“最后一公里”。完成园区公交优化方案，为企业员工出行创造了更加便利的条件。拟定了长沙经开区公共租赁住房管理办法（讨论稿），涉及公租房规划、建设、归集、分配、运营、使用、退出和管理等各环节，为保障园区公租房事业长效、有序、健康发展打牢了基础。

【党建工作】2016年，长沙经开区党工委完善企业党工委领导班子，企业党工委书记由党工委副书记兼任，配齐配强常务副书记等班子成员，非公企业党建工作领导力量得到进一步加强。指导园区企业扎实开展“两学一做”学习教育，由企业党工委书记带队，依托互联共建联组指导企业党委等基层党组织开展专题研讨活动，发挥星沙大讲堂等成熟学习载体的作用，举办了10余场名家专题讲座，组织参训5 000余人次，学习教育工作卓有成效。规范基层组织建设，制定互联共建年度联组建设计划，各联组开展活动26次，发放联组经费30万元，集中组建20家企业党组织，指导35家基层党组织换届选举，督促10家企业党组织按期换届选举，阵地建设不断夯实。加强工作队伍建设，抓好党员发展工作，共发展新党员103名；抓好组织关系排查，排查在册党员7 206人，其中已经登记5 477人，流入党员1 729人；流出党员360人，经查失去联系37人，取得联系79人；抓好党费专项检查，补交党费13万元；慰问困难党员、群众近300人次，送去慰问物资50余万元，夯实了党的群众基础。

【机构设置和任职领导】长沙经开区管委会下设办公室、人力资源与社会保障局、党群工作局、纪检监察审计室、招商合作局、产业环保局、财政局、建设发展局、社会事业局、经济研究室、督查室11个工作部门；政务服务中心、总值班室、投资评审中心、政府采购与招投标办公室、创业服务中心、人才交流中心、征地拆迁办公室、拆迁事务所8个直属事业单位和长沙经济技术开发集团有限公司；长沙经济技术开发集团有限公司下辖供水工程有限公司、水质净化有限公司、工程建设开发有限公司等9个企业单位。

工委管委任职领导成员为：书记杨懿文（至4月）、曾超群(12月始)；副书记李科明(至6月)、张庆红、高杰（至12月）；工委管委委员巩固、丁仁义、周志远、常利民(7月始)、杜海霞(女，12月始)、张贤长、张文球、王维倩、张湘鸿。

主任李科明（至6月）；副主任张庆红（6月始主持管委会工作）、巩固、常利民(8月始)、杜海霞(女，12月始)；调研员刘逢春、刘运雄；副调研员郑安龙、刘正凯、唐益民、黄庆怀、田洪林。

(长沙经济技术开发区管委会)

贵阳经济技术开发区

【经济发展】2016 年，贵阳经济技术开发区（以下简称“贵阳开发区”）财政总收入 34.3 亿元，同比增长 9.1%；公共财政预算收入 17.1 亿元，同比增长 10.1%；公共财政预算支出 16.1 亿元，同比增长 2.4%；固定资产投资 196.6 亿元；招商引资实际到位资金 322 亿元，同比增长 15%；税收收入 29.25 亿元，同比增长 8.09%。

【产业发展】2016 年，贵阳开发区规模以上工业企业完成工业总产值 523.12 亿元，同比增长 5.8%；规模以上工业增加值完成 213.8 亿元，同比增长 7%；完成工业投资 82.56 亿元，同比增长 36.4%；新增规模以上工业企业 16 家，累计达到 74 家，同比增长 25.4%；高端装备制造业实现产值 206.5 亿元，同比增长 13.4%；以大数据为重点的电子信息产业规模总量完成 280 亿元，同比增长 27.3%；医药产业实现产值 20.8 亿元，同比增长 31.6%。

【科技创新】贵阳开发区修订《贵阳经济技术开发区财政科研项目和资金管理办法（试行）》，推进企业与科研机构和高等院校建立新的产学研战略联盟，努力建强科技创新平台。2016 年，新增高新技术企业 6 家，总数达 41 家，同比增长 14.3%；高新技术企业产值达到 359.49 亿元（含国家科技部认定的高新技术企业），同比增长 18.9%。科学研究与试验发展经费（区级财政）投入 6 000 万元，争取省、市上级立项资金近 2 000 万元。新增 2 家省级企业技术中心；孵化器及众创空间共 9 家；全年专利申请 886 件；技术交易额达到 25 369.8 万元。区内科研院所 44 家，同比增长 4.76%。辖区内各类人才资源总量约 4.8 万人，其中，经营管理人才 1.2 万余人，专业技术人才约 1.5 万人，技能人才约 2 万人。在各类高层次人才中，两院院士和“千人计划”专家 20 余人，国家“百人领军人才”1 人，贵州省“百人领军人才”2 人，贵州省“千人创新创业人才”5 人，省管和市管专家 10 人。在落实高层次人才扶持政策方面，申报人才公寓 19 套、生活津贴 48.85 万元，兑现企业奖励 39.6 万元，获得市级人才创新创业项目资助 29 万元。

【投资促进】2016 年，贵阳开发区实际利用外资完成 10 436.55 万美元，同比增长 20.84%。外贸进出口累计完成 7 764 万美元，其中进口完成 2 367 万美元，出口完成 5 397 万美元。2016 年，围绕“2016 云上贵州 • 大数据招商引智再出发”“数博会”“绿博会”“贵洽会”“军民融合产业招商大会”等开展自主招商活动 216 次，引进美国伯克利大学、爱立示、明朝万达等一批优强企业及机构，签约颐生健康管理云服务平台项目、贵阳大数据运用产业基地项目等 42 个，总投资 118.64 亿元。大数据安全产业园建设项目主要内容是聚集大数据安全相关项目落地，建设大数据攻防安全实验室（包括大数据移动终端安全实验室、攻防实验室等）以及基于大数据安全的终端产品制造基地，落地 50 亿元规模的大数据安全产业基金，首期 5 000 平方米已投入运营。医药大健康平台项目由昆明制药集团医药商业有限公司投资建设，建筑面积约 2 万平方米，主要建设以贵州平安康健医药公司为主体的医药流通及药品供应链平台、以平安康健连锁药房为主体的医药终端销售等平台。2016 年 10 月已投入运营销售 5 000 万元；

已完成正鑫实业公司收购，医疗器械平台已筹建完成，完成销售 300 万元；以平安康健连锁药房为主体的医药终端销售平台目前正在筹建中。先进茶叶加工数字化集成装备生产及应用研发中心项目由成都奥特光波科技有限公司投资建设，经营面积约 2 200 平方米，主要建设企业总部，建立生产基地、营销中心、研发中心、体验中心、茶产业数据中心。2016 年已完成茶产业加工体验中心及研发中心建设。

【绿色集约】2016 年，贵阳开发区辖区污水处理厂处理水量共 4 105 万吨，COD 削减量 5 990.2 吨，氨氮削减量 861 吨，化学需氧量排放量 411 吨（年度控制目标为 1 162 吨），氨氮排放量 52 吨(年度控制目标为 192 吨)，已完成国家和省、市下达的四项主要污染物总量削减目标任务、重点减排工程建设任务，减排监测体系建设运行管理达到国家考核要求。工业增加值能耗为 0.026 吨标煤 / 万元（预估值），工业固体废物综合利用率达到 100%，工业企业废水达标配发达标率达到 100%。严把环境准入关，严格落实“四个不批”，严格验收监测过程。2016 年开发区共审批建设项目 57 个，其中在建 45 个，试运行 4 个，建成已投产 5 个，退出 3 个，对建成的项目已进行验收，验收率为 100%。出台“亩产论英雄”政策，倒逼企业转型升级，推动企业加快发展。2016 年，全区规模以上工业企业亩均产值达到 783.7 万元，比 2015 年同期增长 1.3%，增幅超过 10% 的企业达到 25 家；亩均营业收入达到 703.73 万元，同比增长 1.28%，增幅超过 10% 的企业达到 26 家；亩均税收达到 8.8 万元。分类清理出 8 000 余亩(约 533 公顷)园区闲置用地，为园区“腾笼换鸟”腾出空间。

【智慧园区】2016 年，贵阳开发区启动“大数据安全产业示范区”建设，一期 5 000 平方米投入运营。普林科技、明朝万达、爱立示、观数科技、亨达集团、宏图科技等十余家知名企业入驻园区，聚集了无钥签名、首款大数据应用防火墙等大数据安全先进技术。建立贵阳大数据与服务外包产业示范基地，引入华唐教育集团、上海积分通、黔龙泰达、TCL、贵州省电子商务协会等大数据、服务外包、电子商务关联企业。通过“千企改造”和“一企一策”对现有企业进行改造提升，加快推进“两化”深度融合。航天电器公司的“精密电子元器件智能制造新模式应用”入选工信部智能制造新模式应用项目，成为贵州省唯一 一个国家智能制造新模式应用项目；贵阳海信的“智能电视智能制造试点示范”入选工信部智能制造示范试点，成为全国电视生产行业唯一 一个智能制造示范试点项目。获批“全国工程特种车辆及零配件产业知名品牌示范区”，成为贵阳首家国家级知名品牌示范区。通过省、市、区三级联动帮扶，货车帮在全国线下服务网点发展达 2 000 余家，已完成 B-1 轮融资工作，在 2016 年“数博会”上，国务院总理李克强在一天内两次为其点赞。在第三届世界互联网大会开幕式上，货车帮再次获得国家高层、全球互联网精英及政要的广泛关注，入选“互联网 +”行动百佳实践物流企业，成为国内“互联网 + 物流”行业唯一独角兽公司。

【投融资服务】贵阳开发区加强与金融机构的联系沟通，尝试各种新融资模式合作获取银行贷款，持续推进城镇化建设、棚户区改造等在建项目。全面了解银行、投资机构及券商等融资模式及产品，从融资期限、成本等方面对下一步合作机构进行分析、比对，形成《拟开展融资合作方式一览表》，为决策提供参考。2016 年，开发区完成融资 116.82 亿元，实际到账 53.49 亿元（其中，辖区银行机构为企业融资 18 亿元，平台公司为企业融资 5.03 亿元）；新增 2 家银行分支机构（辖区内有 16 家银行分支机构，服务网点 59 个），区内各银行存款余额共计 335.79 亿元，同比增长 32.23%，贷款余额 219.46 亿元，同比增长 9.82%。组织企业参加全省工业及大数据信息产业项目和服务业转型升级项目银企对接会，促成银行与企业签约项目 27 个，签约金额 63.77 亿元；积极开展“贵园信贷通”工作，鼓励帮助具备条件的非上市股份公司进入“新三板”市场，进一步发挥资本市场的作用，拓宽园区企业股权融资渠道，“融资难、融资贵”现象得到一定缓解。2016 年，开发区“新三板”企业已达 3 家。依托贵阳货车帮科技有限公司，打造“货车帮 + 金融”的互联网金融平台，第三方支付“物流宝网络科技有限公司”已完成工商注册；“贵州货车帮小额贷款有限公司”已获省金融办同意其开业的批复。

【体制机制创新】2016 年，贵阳开发区进驻政务服务中心的行政服务事项为 149 项，公共服务事项为 16 项。行政审批和行政服务事项办理时限在法定时限的基础上平均压缩 60% 以上，按时办结率达 100%。大力推进“互联网 + 政务服务”工作，建成了统一的贵州省网上办事大厅贵阳经开站一体化网上政务审批系统，搭建了全区整体联动、部门协同、信息共享、一网办理的“互联网 + 政务服务”办事平台，对全区行政审批和公共服务事项进行了全面清理、规范，实现本级行政审批和公共服务事项 100% 录入。积极推行企业“五证合一、一照一码”及个体工商户“两证整合”登记制度。办理“五证合一”营业执照 1 888 家。制定了《经开区政务服务考核办法》《经开区政务大厅窗口工作人员服务规范》；严格落实首问责任制、一次性告知制、限时办结制，办理流程由 5 个工作日缩短到 3 个工作日。2016 年，政务服务中心获得贵阳市“工人先锋号”和“贵阳市诚信建设‘五个一百’创建活动先进典型”的称号。

【国际合作】2016 年，贵阳开发区带领华昌汽车电器和华烽汽零公司参加在北京举行的“中国（贵州）— 韩国重点产业投资对接会”；在“两岸（贵州）商贸与产业项目对接会”、第十九届中国国际投资贸易洽谈会和第十六届中国西部国际博览会上对经开区进行宣传推介；完成 2016 年贵阳酒博会邀请客商、酒类贸易、酒类进出口额和非酒类贸易目标任务；完成 2016 年中国贵州中小企业跨境投资与贸易合作对接会相关活动任务。

【党建工作】2016 年，贵阳开发区紧紧围绕中心、服务大局，以开展“两学一做”学习教育和换届选举工作为契机，探索党群工作“组织对接、目标同向、资源共享、活动联办”的共建共促、优势互补新模式，切实加强领导班子、基层党建、干部队伍、精准扶贫、工会群团建设。坚持把“互联网 + 党建”作为教育管理党员队伍、规范基层党组织活动的主抓手，实现科级以上党员领导干部数据录入完整度 100%、“贵阳党建红云”系统使用率 100%、“两学一做”手机 APP 使用率 100%，依托“党建红云”实现党建服务即时化、党务管理精细化、考核评价科学化，推动组织工作“智慧升级”。以“党建精品示范工程”为抓手，集中打造同济堂、劲嘉、省电商协会等市级基层党建示范点 4 个，创建货车帮、勤邦等市级干部教育现场教学基地 2 个。以“百日攻坚行动”为契机，新建独立党支部 6 个，新建联合党支部 4 个（联合支部涵盖非公企业共 84 家）。按照筑牢基础、严格标准、聚焦问题、紧扣中心的标准，逐步开展“学、做、改、干”工作，累计发放学习书籍 800 余册，开展党务知识专题培训、党史教育等专题党务工作培训 17 期，累计培训全区党员干部职工 1 000 余人次，开展党员志愿者服务 80 余次，兑现“微心愿”186 个，在金融服务、项目引进、人才引进等方面，帮助非公企业办理实事 436 件，争取省、市、区扶持企业资金累计 1.7 亿元，引进高层次人才 131 名，“两学一做”学习教育得以有序推进。

【机构设置与管委会领导】贵阳开发区工委、管委会内设党政办公室、纪工委、财政局、人力资源局、生态促进局、产业发展局、建设管理局、投资服务局、招商引资局 9 个机构；下设园区办、政务服务中心、房屋征收中心、创业服务中心、投资评审中心 5 个事业单位。2016 年工委、管委领导成员为：工委书记钟阳；管委会主任向子琨；纪工委书记罗亮；工委副书记刘晓东；管委会副主任刘军、余大林、刘学、郭亦（挂职）。

2015—2016 年贵阳经济技术开发区主要经济综合指标一览表

项目		单位	2016 年	2015 年	增减（%）	备注
开发区生产总值		亿元	536.91	494.97	8.5	全花溪数据
第二产业		亿元	319.18	295.01	8.2	
工业		亿元	258.69	242.52	6.7	
第三产业		亿元	199.01	182.34	9.1	
工业总产值（现价）		亿元	523.12	494.50	5.8	规模以上
高新技术企业		亿元	174.96	163.57	7.0	
销售（营业）收入		亿元	319.55	286.00	11.7	工业、房地产开发
工业		亿元	274.96	263.09	4.5	规模以上
第三产业		亿元	44.59	22.91	94.6	房地产开发
利润总额		亿元	18.26	16.59	10.1	工业、房地产开发
工业		亿元	15.39	14.46	6.4	规模以上
区内主导产业及产值						
主导产业	1. 大数据产业	亿元	280.00	220.00	27.3	
	2. 高端装备制造业	亿元	206.50	182.10	13.4	
	3. 新医药大健康	亿元	20.80	15.80	31.6	
财政收入（区级）		亿元	34.30	31.40	9.2	
税收收入（区级）		亿元	29.25	27.06	8.1	
财政支出（区级）		亿元	16.105	15.730 4	2.4	
国家级高新技术企业		家	41	35	17.1	
规模以上企业		家	74	59	25.4	
固定资产投资		亿元	196.64	213.37	−7.8	
万元 GDP 能耗		吨标煤 / 万元	0.026	0.028	−7.1	
单位国内生产总值取水量		立方米 / 万元	1.61	1.84	−12.5	

（贵阳经济技术开发区管委会）

南昌经济技术开发区

【概况】南昌经济技术开发区（以下简称“经开区”）辖区面积229平方公里，下辖一个桑海产业园，一镇(蛟桥镇)三处（白水湖、冠山、新祺周管理处），有29个村民委员会，17个（社区）居民委员会，人口约40万，现有企业4 189家。经过20多年的开拓进取，经开区已初步形成以电子信息及光电、新能源汽车及汽车零部件、医药食品三大产业为主导，以家用电器、新材料等若干产业为补充的“3+X”产业发展模式，是一个集工业生产、高等院校、生态居住为一体的“新型工业区、创新创业城”。2016年8月3日，南昌经开区被评定为2016年省级知识产权示范园区，是南昌市唯一入选的示范园区。

【经济运行指标完成概况】2016年，经开区实现园区总收入1 839.75亿元，同比增长12.1%；实现地区生产总值357.96亿元，增长9.7%；实现工业主营业务收入1 108.68亿元，增长9.1%，其中完成规模以上工业增加值292.47亿元，增长9.7%；完成财政总收入53.58亿元，增长5.9%（同口径）；实现地方一般公共预算收入16.84亿元，增长10.6%（同口径）；完成固定资产投资638.96亿元，增长16.9%；社会消费品零售总额120.6亿元，增长15.4%；实际利用外资5.64亿美元，增长10.04%；实际利用内资228.05亿元，增长13.7%；实现出口总额4.53亿美元，下降56.23%。

【招商引资】2016年，经开区始终把招商引资作为“一号工程”，谋求产业招商大突破，承接产业转移大突破，高、大、新项目落地大突破。找准产业方向，根据南昌市“十三五”规划，通过召开专家论证会、调研会、研讨会，完成全区“十三五”规划，确定未来5年的发展方向，明确“3+X”产业集群发展定位（“3”，即以欧菲光、智慧海派为核心的电子信息及光电产业集群，以江铃新能源、百路佳、格特拉克为代表的新能源汽车及汽车零部件产业集群，以桑海制药、立健药业、诚志股份、顶津为代表的生物医药食品产业集群；“X”，即以硬质合金、晨鸣纸业、江钨为代表的新材料产业集群，以南昌海立、奥克斯空调、安昱达等为代表的家电产业集群）。强化产业招商，着力攻坚产业项目招商和补链、强链、延链招商，加快产业集聚，招商引资工作成效明显。至年底，全区（含临空区）新签约项目100个，签约项目总投资额709.1亿元，主要有投资24亿元的无线电充电项目总部及产业化基地项目、投资120亿元的绿色生物合成生态产业园项目、投资1.54亿美元的美国伊顿电器开关项目等。新注册项目83个，主要有投资60亿元的高像素手机摄像镜头研发生产基地项目、投资24亿元的无线充电项目总部及产业化基地项目、投资22亿元的肿瘤精准化诊疗项目、投资20亿元的海航通用机场项目、投资10.6亿元的上海明匠工业4.0智能制造研发和服务基地项目、投资10亿元的年产300艘游艇项目、投资10亿元的云嘉汽车应用新材料和汽车泵项目、投资10亿元年产2 300万件的AT和MT电机生产项目、投资17亿元的南昌与德通讯智能科技园项目等。快推产业项目，坚持在建项目抓进度，前期项目抓开工，建成项目抓投产。至年底（含临空区），投产项目有欧菲光项目、海派手机项目、鸿利光电等5个；竣工项目6个，分别是江铃新能源汽车生产基地项目、西林科生产基地项目、南昌辉门汽车零配件扩建项目、腾讯众创空间、芯地LED驱动集成电路产业化基地、意大利裸眼3D显示项目；新开工项目有欧菲光二号园、昱博科技园、铃格汽车项目、丰树物流项目、深国际物流项目、年产4 000吨镍钴产品和1 000吨晶体硅太阳能电池用浆料项目、科瑞普光电、嘉捷无线充电、平安微创肿瘤精准诊疗等18个。

【项目建设】2016年，经开区强化绩效管理，将项目推进纳入季度及年度绩效考核；同时，从体制机制入手，通过流程再造，建立“零障碍”项目推进机制，着力解决项目“落地难、建设慢”问题。创新体制机制，按照“高位推动、分类推进、专人服务、统筹协调、强化责任”原则，建立“一六一”工作机制：一个领导机构，即成立区重大重点项目推进工作领导小组，综合协调项目推进；建立六大机制保障，即围绕一套表、一张图、一位挂点领导、一名服务专员、一盏灯（建立亮灯机制）、一项考核加快项目推进；成立一个专门服务机构，即区重大重点项目办具体跟踪落实项目协调推进。创新政策支持，制定出台《南昌经济技术开发区小微企业创业创新基地城市示范专项资金管理办法（试行）》《南昌经济技术开发区关于鼓励支持企业自主创新的若干政策（2014年修订）》和《南昌经开区关于加快总部经济发展的若干政策试行》等一系列文件和政策。全年区级兑现扶持区内企业产业发展资金2.08亿元，发放“财园信贷通”贷款8.04亿元。创新企业服务，坚持把服务企业作为第一要务，全面贯彻落实省委、省政府降成本优环境“80条”和市委、市政府降成本优环境“120条”，全力擦亮经开区管家式服务、企情收处中心、企业大走访三张企业服务名片。全年收集处理企业反映问题和建议1 377件，涉及29个区属部门。5月以来，全区结合“企业大走访”活动开展“降成本优环境”专项行动，13个挂点帮扶小组收集企业反映问题266个，解决262个，分级分类正在处理4个，确保件件有回复，事事有回音。

【新城建设】2016年，经开区在“市主导、区主体”机制下，按照“规划引领、征迁突破、建设加快、招商同步”的思路，28平方公里的儒乐湖新城高端起步。高点抓规划，坚持世界级眼光和国家级标准，采取国际邀标方式，邀请美国SOM、SWA及上海同济等国际国内一流规划设计团队，高起点编制完成儒乐湖新城概念规划和儒乐湖滨江公园、南昌光谷产业园、新能源汽车产业城等重大规划。高标抓建设，采取“项目化、时间表、责任人”模式，快速推进总投资近20亿元的13个在建工程。探索采取EPC模式，完成总投资52亿元3个项目包的招投标，中国电建、中国建筑、上海城建3家大型央企中标，开启“中央军、大兵团”的“作战”新模式，3个项目包已开工建设。同时，抓紧组织综合管廊及学校、医院等公共配套2个项目包的EPC招投标。高速抓招商，以儒乐湖新城为落户平台，客商考察、投资洽谈应接不暇。在引进产业项目上，签约项目8个、总投资150多亿元，洽谈项目12个、总投资170多亿元，另有一批总部经济、文化旅游、特色小镇等重大项目加快推进。

【城市建管】2016年，经开区紧紧围绕《南昌经济技术开发区城市建管“一年见形象、三年大变样”2016年行动方案》的要求，狠抓城市建设与管理的突出问题，力争园区品位提质升级。围绕城市建管行动方案的要求，有效提升环境卫生质量。通过开展道路遗撒整治、限货限载行动，强化执法力量，切实保障道路干净整洁、畅通有序。进一步加大公交线网覆盖，发展微公交线路，打造经开区示范路段，试行路段长管理模式，提升园区道路品牌。采取打基础、强监管、优服务、促提升的举措，规范环境行为，推动园区绿色循环发展。实行“纵向到边、横向到底”的城管网格化管理，构建主体明确、任务清晰、管理到位的新型城市基层管理单元，城市环境有效改善。全区纳入网格化管理的社区、城中村二级网格32个、单元网格115个。基础设施建设加快推进，全年市政道路建设项目21个，其中皇姑北路、万年青路、港口大道配套工程、黄家湖西路提升改造等12个项目完工，累计完成投资约5.1亿元。完成市政综合管线铺设10千米，其中总投资约7 500万元的永盘I和II线迁改工程，用时3个月全面完成，创造高等级供电线路迁改经开速度。完成土地收储72.93公顷，超额完成31.13公顷，完成率174.5%。协调市水投、农发行将昌西大道以东、青岚大道以南约16.67公顷以及华东交大以北、皇姑路以东约16.67公顷两宗用地进行解除抵押，为下一步作为经营性用地出让做好准备。

【民生工程】2016年，经开区社会民生大幅改善。持续高效地推进校园建设、装备添置、环境布置、迎检宣传、群众满意度等工作，确保12月初通过国家义务教育发展基本均衡县（市、区）评估认定。推进经开医院（蛟桥医院）搬迁工程，完成七二O厂新宇社区卫生服务站的设立，全区医疗机构监督做到全覆盖，流动人口基本公共卫生和计生服务均等化覆盖率100%。社会民生统筹发展，全区新增转移农村劳动力2 029人，其中省内新增转移农村劳动力1 792人，安置“4050”人员就业359人，创业培训3 296人，省内工业园区定向培训4 820人，发放创业担保5 776万元贷款。新增低保对象156户326人，退出低保对象103户244人，累计发放城市低保资金430.77万元，基本做到动态管理下城乡低保“应保尽保”。完成养老保险参保31 202人，城乡居民医疗保险参保71 366人。信访维稳常抓不懈，遵照“属地管理、街巷定界、无缝覆盖”的原则，按照“一员一格”管理模式，全区划分297个网格实行长效管理，确保综治工作网格化信息的全面性和准确性。全面打造互联共享共用、安全可靠的综治信息化综合平台，实行综治工作网上运行。在确保完成市“天网”办下达任务的基础上，新增200个“天网”探头，全区共建“天网”探头约1300个。开展平安小区建设和帮创工作，建立帮创长效机制，重点在人防、技防、物防“三防”建设上形成亮点、做出特色。

【政治建设】2016年，经开区以开展“两学一做”学习教育为抓手，进一步加强党的建设，构建真抓实干、廉洁高效的政务环境。扎实开展“两学一做”，运用党建微信群、QQ群、移动APP等“智能式”教育，组织开展演讲比赛、文艺汇演、教育培训班等，丰富教育活动内涵。以党支部为基本单位，以组织生活为基本形式，以落实党员日常教育管理制度为基本依托，推进教育活动长效化。以问题为导向，积极开展党员组织关系排查、党费收缴情况、党组织换届情况等专项整治，在解决问题中深化学习，检验教育活动实效。扎实推进“三大工程”，全区共选派14名二级主办到村（社区）任第一书记，76名机关干部到村（社区）任“双助理”，覆盖全区29个村、17个社区。选派43名机关党员干部担任234家非公企业联合党支部书记，选派45名机关一、二级主办挂点联系45家非公规模以上企业党组织，选聘25名企业党员干部担任党建专员，做到党的组织和党的工作全区中小型以上企业全覆盖。严格落实“两个责任”，区党工委把党风廉政建设和反腐败工作纳入重要议事日程，按区工委管委会、区直单位、各镇处、村级党组织四个层面，逐级签订党风廉政建设责任状，逐级分解下达目标责任。通过开展“把纪律挺在前面”先行先试工作，改进监督方式和流程，强化倒逼业务部门履行好监督主体责任。

【2016年大事记】2016年1月28日，在国家工信部发布的《新能源汽车推广应用推荐车型目录》中，南昌经开区百路佳客车公司有10款车型榜上有名，百路佳公司成为江西省唯一一家进入国家工信部2016年首批新能源汽车推荐目录的新能源汽车公司。2016年2月14日，江西北大科技园科技企业孵化器经江西省级科技厅评审推荐，国家科技部火炬中心组织专家审核确定为国家级科技企业孵化器。2016

年5月20日，中意产业园项目落户南昌经开区儒乐湖产业新城。项目引入意大利企业、技术、资金、管理和人才，架起中意企业合作的桥梁，作为中意企业合作基地。2016年6月8日，国家发改委、财政部联合印发《关于同意冀州经济开发区等18个园区循环化改造实施方案的通知》。南昌经开区成为2016年园区循环化改造重点支持园区之一。2016年7月12日，江西省规模最大的众创空间——腾讯众创空间(南昌)开园。由江西省、南昌市、经开区三级政府联合腾讯、共青团江西省委合作共建，政府提供优惠政策，腾讯线上线下一体化资源注入，省团委利用组织优势推介优秀创业团队，“三位一体”打造全要素众创空间。2016年12月20日，位于南昌经开区的猪八戒网江西园区正式开园，为南昌经开区再添“双创”平台。作为一个连接供需双方、匹配服务资源、共享平台数据的O2O文创综合体，园区致力打造线上“南昌云端服务平台”，成为“互联网+”创新创业示范基地，是猪八戒网与江西省、南昌市深度战略合作的项目。

(南昌经济技术开发区管委会)

呼和浩特经济技术开发区

【概况】呼和浩特经济技术开发区（以下简称“呼和浩特开发区”）经过25年的发展，目前已下辖“五园一镇”：如意工业园区（如意总部基地）、金川工业园区、国家级呼和浩特出口加工区、国家级留学人员创业园（国家级科技企业孵化器）、白塔空港物流园区和2012年整建制托管的沙尔沁镇（沙尔沁工业区）。规划控制总面积为240平方公里，建成区面积40平方公里，常住人口11万。截至2016年年底，入驻开发区法人企业2 590家，其中规模以上工业企业42家，基本形成以绿色食品加工、电子信息制造、生物制药、装备制造、新能源新材料为主体的产业体系。

【经济发展】截至“十二五”期末，呼和浩特开发区累计完成工业总产值1 913亿元，年均增长5.8%；累计完成地区生产总值421亿元，年均增长5.8%；累计完成公共财政预算收入63.27亿元，年均增长18.35%；实际利用外资累计7.5亿美元；出口创汇累计完成24.7亿美元，年均增长23.4%。

2016年，呼和浩特开发区完成地区生产总值116.47亿元，占全市GDP的3.67%；规模以上工业企业完成工业总产值379.34亿元，工业增加值65.4亿元，同比增长6.8%，占全市工业增加值的13.7%，其中战略性新兴产业企业完成工业增加值40.16亿元，占工业增加值总量的61.41%；固定资产投资171亿元，其中工业固定资产投资完成64.01亿元；公共财政预算收入19.17亿元（全口径33亿元），同比增长9.16%；限额以上社会消费品零售总额完成73.89亿元，同比增长95.1%。引进国内资金实际到位112亿元，同比增长2%。

【招商引资】2016年，呼和浩特开发区新增登记注册企业260家，同比增长271.43%；签约项目7个，其中投资10亿元以上的项目2个。新批外商投资企业2家，总投资额为2.9亿美元；在谈项目6个，总投资额为121.9亿元。在重点项目方面，开发区列为市级亿元以上重点项目共21个，总投资399亿元。其中，列入自治区投资10亿元以上的重大项目8个，总投资337.6亿元；列入自治区成立70周年迎庆项目5个，总投资268.9亿元。

【科技创新】2016年，呼和浩特开发区申报呼和浩特市知识产权工作试点单位5家，自治区科技计划储备项目申报33项，市级科技进步奖申报16项，自治区重大专项9项；有自治区重点实验室2家、自治区级工程技术研究中心6家、市级工程技术研究中心3家、市级研究开发中心1家。申报各类专项资金项目18个，共获得扶持资金2 038万元。新认定市级知识产权工作试点单位3家、市级研发中心2家，超额完成全年目标任务。

【智慧城市】2015年以来，呼和浩特市委、市政府启动了“智慧呼和浩特”“平安首府”、电子政务网、视频监控等重大信息化建设工程。开发区按照市委、市政府的部署和要求，结合实际，紧紧抓住市委、市政府推进信息化工作及智慧城市建设的有利契机，成立开发区信息化工作建设领导小组及办公室，对信息化工作及智慧城市建设进行统筹安排部署。按照始终坚持顶层设计的原则，编制了《智慧开发区规划方案》和《智慧城市设计方案》，进一步明确了项目内容、系统功能、投资规模等，为项目具体实施提供了理论依据和科学遵循。

【转型升级】按照国务院办公厅《关于促进国家级经济技术开发区转型升级创新发展的若干意见》和《中国制造2025规划》的精神，呼和浩特开发区着力加快如意总部基地建设发展，编制了《如意总部基地景观提升改造方案》，全面启动总投资85亿元的腾飞路沿线景观提升改造，以全长2.8公里的腾飞路如意段为轴线，以区块为界，结合原有如意广场等景观，启动、打造具有鲜明特色占地2 500亩(约166.67公顷)的如意中央公园，目前已初具规模。城市综合整治成效显著，总投资1 629.36万元的五纬街、六纬街拓宽改造等一批新建工程陆续投入使用，一个环境优美、便民亲民，具有现代风格的宜居环境初步形成。制定了《促进如意总部基地总部经济发展的暂行办法》，为总部基地招商引资营造了良好的环境。截至2016年年底，如意总部基地新注册企业228家，注册资本累计100亿元。其中，注册资本在亿元以上的企业12家，入驻党政机关和社会团体97家，入驻金融、科技研发和房地产等各类企业1 162家，其中金融投资类企业120家，商贸类企业398家，中介咨询类企业111家，房地产类企业37家，其他服务业企业496家。

【投资促进】2016年，呼和浩特开发区编制完成了《呼和浩特经济技术开发区金川北区总体规划（2016—2030年）》。金川工业园区北区电子商务蓬勃发展，总建筑面积4.14万平方米的电商孵化大厦已投入使用，入园企业80家，战略合作企业24家，行业协会3家，并被商务部列为第二批国家电子商务示范基地。金川工业园区南区工业发展逆势而上，阜丰公司10亿元技改项目、齐鲁制药公司莫能菌素和泰乐菌素7亿元生产项目、天浩公司二期扩产等项目工程已全面启动。企业自主创新能力不断提高，高新技术产业逐渐成为经济增长的“新引擎”，园区组织上报节能技改资金、中小企业创新基金、科技重大专项基金、高新技术产品研发项目、科技计划项目等共计17项，申请科技计划储备项目财政资金6 800万元，申请自治区工程研究中心资金2 900万元。

沙尔沁工业区作为全市工业发展的主战场、主平台，充分利用区属3家国有公司平台筹措建设资金，基础设施建设力度不断加大。《沙尔沁工业区起步区控制性详细规划》通过了中期成果专家评审会。总投资1.7亿元，日处理2万吨的污水处理厂（一期工程）已竣工并开始运行；总投资2.6亿元的110千伏和220千伏变电站土建部分已完工，变电设备正在安装；总投资17.6亿元的光伏小镇一期村改居示范区、幼儿园、小学、卫生院等15个工程项目外立面装饰及院内管网建设已全部完工。由开发区投资开发集团公司建设的大型45兆瓦光伏地面电站首期20兆瓦项目并网发电，二期建设正在推进中。总投资超过10亿元的三主粮、麒麟明珠、坤瑞玻璃等一批重点项目建成投产；总投资210亿元的爱迩光伏材料产业园、11亿元的勤达碳纤维复合材料等一批重大项目主体工程已完成；一期投资25亿元的金宇国际生物产业园项目已开始土建施工及设备采购招标工作。

【科技创新】呼和浩特开发区充分发挥“双创”驱动作用，国家级留创园迅速发展。留创园通过“三大举措、四大基地建设、五大服务平台建设”工程，加速构建以“创业苗圃—孵化器—加速器—产业示范园”为模式的完整孵化链，基本形成了IT类、新材料类、电商类三大创新产业体系。重新修订了《呼和浩特经济技术开发区管理委员会鼓励留学人员和各类高层次人才入驻中国呼和浩特留学人员创业园创新创业的规定》(简称“创新创业18条”)。总投资20亿元、总建筑面积22万平方米的留创园与科技企业孵化器项目投入运营以来，已有168家企业入驻，包括航天云网、中通服、清科华芯、淘智电商等一批科技领先企业和乳品检测中心、青年创业基地等大企业和大项目，其中科技孵化型企业109家，进入产业化、市场化企业50家，营业额累计达21亿元，实现税收4 150万元，创造就业岗位1 811个。重点打造建设航联科技、创客星空、易捷贷创业奶茶屋、淘智电子商务四大众创空间，创客星空获得“自治区级众创空间试点单位”以及“2016年度内蒙古自治区先进众创空间”称号。

【园区建设】2016年，呼和浩特开发区推进出口加工区和空港物流园区发展。全力推进出口加工区转型升级综合保税区的工作，申建综合保税区报告已上报国家海关总署；出口加工区部分土地退出海关特殊监管区的申请，已由自治区政府呈文报送国务院；“海关信息化辅助管理系统”建设项目已完成设备安装调试并试运行；累计投资4 400万元的标准化厂房改造工程已基本完工。

白塔空港物流园区积极响应“一带一路”、“中俄蒙经济走廊”及“草原丝绸之路”发展倡议，编制了《呼和浩特草原丝绸之路自由贸易港规划》。围绕新机场建设，编制完成了《关于做好呼和浩特新机场空港经济区规划建设的工作方案》和《呼和浩特新机场空港经济区总体规划及产业发展战略研究》，努力打造我国向北开放的国际物流枢纽和呼和浩特市新经济增长极。

【管理服务】2016年，呼和浩特开发区围绕转变职能、强化服务，整合开发区经济发展、招商、政务中心等部门，设立开发区行政审批和投资促进局筹备处，全力推进权力清单和责任清单制度建设，确保行政权力完整规范、阳光运行，大幅合并精简审批事项，强化全程跟踪服务理念，建立项目跟踪服务工作机制，实现“三证合一、一照一码”。整合如意、金川、沙尔沁综合执法队，成立开发区综合行政执法局筹备处，有效化解综合执法过程中管理与执法权限不清、部门推诿等问题，强化各部门之间的协作，确保综合行政执法工作更加衔接有序、运行顺畅。

【社会民生】2016年，呼和浩特开发区大力推进社会事业发展。教育投入不断加大，完成了沙尔沁中心校校舍安全工程和学校标准化建设。着力解决金川工业园区学生上学难问题。总投资5.3亿元，加大便民基础设施建设力度，不断扩大社会保障覆盖面，做好沙尔沁镇被征地农民的养老基本生活保障金的发放工作。截至年底，共有10个村的2 031人领到失地农民养老基本生活保障金，共计发放金额1 150万余元。2016年，为沙尔沁中心校配置6台19座免费校车，确保学生的安全。全面提升就业服务能力，健全完善面向被征地农民的职业培训制度和流程。截至2016年年底，实现城镇新增就业2 331人，农村劳动力转移就业4 059人，转移就业培训200人；城镇技能培训911人，培训后实现就业765人。沟通供需渠道，进一步促进新增就业，开启“人才招聘进校园”及“人才招聘进农村”等招聘新模式，在师大、财大、工大等高校举办6场专场招聘会，累计提供就业岗位27 018个。着力加强精准扶贫工作，对沙尔沁镇各村进行细致摸排，确定13户33人为精准扶贫对象，制定了精准扶贫工作方案，组织党员干部与精准扶贫对象开展结对子工作，实现了结对帮扶全覆盖，户户都有帮扶责任人。

【绿色集约】2016年，呼和浩特开发区严格执行环评分级审批制度，出台了《工业去产能工作实施方案》，关停“十小”企业，淘汰落后产能和高耗能产业。完善了金川工业园区污水管网建设，对污水管线进行改造，建设中水泵站及污水管网对接工程，彻底解决了金川工业园区和出口加工区污水直排问题。燃煤锅炉拆除和脱硫除尘改造已全部完成，开发区供热已全部实现集中供热；全面清理整顿环保违规建设项目26个项目。

【两委领导】2016年，呼和浩特开发区党工委书记李建平；党工委副书记云凤英；党工委委员、管委会副主任、如意工业园区管委会主任杨云峰；党工委委员、管委会副主任边金良、赵常富、张焕宏、贺伟；开发区党工委委员、市纪委派驻开发区纪检组组长安白白；党工委委员、管委会副主任、金川工业园区党委书记、管委会主任王荣；管委会副主任张瑞；管委会副主任、留学人员创业服务中心主任冯小红。

2015—2016年呼和浩特经济技术开发区主要经济综合指标一览表

项目		单位	2016年	2015年	增减（%）
开发区生产总值		亿元	116.47	110.72	5.19
第二产业		亿元	96.63	96.53	1.04
工业		亿元	95.08	96.53	−1.50
第三产业		亿元	19.84	14.18	39.92
工业总产值（现价）		亿元	381.54	381.18	0.09
高新技术企业		亿元	109.40	110.61	−1.09
销售（营业）收入		亿元	492.22	501.67	−1.88
第二产业		亿元	386.30	402.32	−3.98
工业		亿元	383.26	402.32	−4.74
第三产业		亿元	105.92	99.35	6.61
利润总额		亿元	70.58	45.04	56.71
第二产业		亿元	75.33	49.96	50.78
工业		亿元	75.18	49.96	50.48
区内主导产业及产值					
主导产业	1. 绿色食品	亿元	118.57	104.00	14.01
	2. 生物医药	亿元	95.47	79.76	19.70
	3. 电力产业	亿元	92.86	110.77	−16.17
	4. 电子信息	亿元	9.76	23.62	−58.68
第三产业		亿元	105.92	99.35	6.61
进出口总额		亿美元	3.24	4.51	−28.16
出口		亿美元	1.43	2.32	−38.36
财政收入		亿元	19.17	17.56	9.16
税收收入		亿元	31.36	32.64	−3.94
新批企业数量		家	564	459	22.88
外商及港澳台企业		家	2	2	0
内资企业		家	562	457	22.98
国家级高新技术企业		家	32	22	45.45
新批企业投资额	外商及港澳台企业	亿美元	2.93	0.17	1 623.53
	内资企业	亿元	113.14	109.75	3.09
规模以上企业		家	125	120	4.17
科学研究与试验发展（R&D）经费支出		万元	119 290.80	112 060.60	6.45
研究与试验发展（R&D）经费投入强度		%	3.09	2.76	11.96
合同外资金额		亿美元	2.91	0.05	5 720.00
外商实际投资		亿美元	0.28	0	—
固定资产投资		亿元	170.62	215.04	−20.66
年末从业人员		万人	2.38	2.54	−6.30
万元GDP能耗		吨标煤／万元	0.73	0.55	32.73
水资源消耗总量		万立方米	450.31	411.03	9.56
单位国内生产总值取水量（水耗）		立方米／万元	4.79	4.28	11.92
上市企业		家	2（主板上市）	2（主板上市）	0

（呼和浩特经济技术开发区管委会）

南宁经济技术开发区

【概况】2016年，南宁经济技术开发区（以下简称“经开区”）代管那洪街道、金凯街道，托管吴圩镇，辖区总面积504平方公里，人口25万。为优化产业布局，经开区由中心区和空港经济区两大部分组成。中心区主要由金凯工业园、银凯工业园、北部湾现代产业园、南宁生物医药产业园和中央商务区构成，产业有生物医药、先进装备制造、轻工食品、现代服务业等，其中南宁生物医药产业园是中心区发展的重点。吴圩空港经济区打造“一核、四组团”的重点产业空间布局，“一核”是指以吴圩国际机场为核心；“四组团”是指空港物流产业、航空维修制造产业、临空高新产业、空港商务产业。南宁吴圩国际机场坐落于经开区内，2016年旅客吞吐量达1 155.8万人次。

【经济发展】2016年，经开区经济保持平稳发展，完成规模以上工业总产值724.91亿元，同比增长16.73%；规模以上工业增加值204.01亿元，同比增长11.8%；固定资产投资236.14亿元，同比增长16.85%，其中工业投资137.86亿元，同比增长1.71%；财政收入完成34.66亿元，同比增长6.8%；社会消费品零售总额134.24亿元，同比增长9.9%；实际到位内资75.75亿元，同比增长9.78%；实际利用外资8200万美元，同比增长9.22%。

【投资环境】2016年，经开区完成基础设施投资13.64亿元，开工建设海城路、铁山港西路、吴圩镇光明南路、北部湾1号路、国凯二支路、留村路北段共25个项目约25公里；已竣工或完工市政道路6.6公里，包括光明路北段工程、北部湾1号北段、洪胜路西延、国凯大道西延、洪运路北段、留村路北段、同兴北路段等。

经开区注重“软件”建设主要有两项措施：一是行政审批改革再提速。2016年5月初，经开区依托广西首个成立的行政审批局在广西率先推行“一窗通办”审批新模式，建立经开区投资项目综合信息库，实现各业务操作系统与信息库的无缝对接。二是优化营商“软”环境。2016年5月25日，广西首家由政府主导的商务秘书公司——南宁市经开商务秘书有限公司在经开区揭牌成立，公司主要为企业提供工商注册、政策咨询、商务接待等服务。经开区政务服务大厅“政府扶持政策”窗口同时揭牌设立，放宽企业名称和经营范围登记限制、简化企业住所登记条件、推行“先照后证”及“权力清单制度”，营造宽松的市场准入环境等。

【项目建设】2016年，经开区重大工业项目建设成果显著，新开工项目403个，其中工业项目297个；竣工项目120个。

2016年3月21日，总投资2亿元、位于经开区生物医药产业园内的柳药中药饮片生产基地项目竣工。这一项目年产值将不低于2亿元，年税收约5 000万元，项目一期已于2016年2月底竣工，进入试产阶段。

2016年3月21日，总投资9亿元、占地270.94亩（约18公顷）、总建筑面积约为11.48万平方米的南宁空港现代工业产业园项目开工，预计项目正式运营后将实现年产值18亿元，年税收约1亿元。

2016年4月30日，占地99.72亩（约6.65公顷）、计划投资5亿元的南宁诺博科技有限公司投资的诺博医疗科技产业园项目开工，项目竣工投产后可年产医疗无线工作站2万套，医疗平板电脑1.5万台，移动掌上电脑1.5万台，可实现年工业产值10亿元，年税收6 000万元。

2016年5月25日，占地120亩（8公顷）、总投资2.76亿元的广西柏景地板有限公司大自然强化木地板生产加工项目竣工投产，主要生产大自然强化木地板，竣工投产后可实现年产值10.3亿元，年创税收约1.4亿元。

此外，还有高照10千伏安电子系统设备及配电网络智能化、南宁空港物流园A区6号地块场地平整、南宁空港物流园电商快递枢纽基地一期“五通一平”、葫芦娃集团广西维威制药基地、广西医科大制药厂中成药、西药生产等项目相继竣工。

【招商引资】2016年，经开区完成实际到位内资75.75亿元，完成全年目标任务73亿元的103.77%；实际利用外资8 200万美元，完成全年目标任务8 100万美元的101.23%。围绕主导产业开展招商，签约引进了4家投资2亿元以上的项目，分别为总投资3.5亿元的广西医科大制药厂中成药、西药生产项目，总投资6亿元的海南葫芦娃药业集团儿童用药生产基地项目，总投资7.5亿元的南宁邮政陆运及跨境电商中心项目，总投资7.87亿元的协鑫智慧能源控股有限公司协鑫分布式能源项目。2016年，经开区招商部门加大现有标准厂房的招商力度，针对园区厂房的产业定位，积极对接引进技术含量较高、产值贡献较大的厂房项目。引进了韩国巴迪泰公司全自动酶标仪项目，安徽沪宁智能消防机器人项目，盛龙年产13万套新能源电动汽车电机、驱动及传动变速器系统建设项目，广西康之源医疗设备有限公司现代物流、钠离子肿瘤检测仪及生物耗材（HBV）生产项目等24个标准厂房项目。引进一批总部型企业、金融类企业，包括广西融资租赁有限公司、深圳市太极医疗科技有限公司等100多家企业，引进的总部类企业已为经开区带来财政贡献超15 000万元。

【产业发展】2016年，经开区加快产业转型升级，重点发展生物医药、临空产业、机械装备制造、食品产业以及总部经济、金融服务、检测认证等生产性服务业，推进原有纸制品、建材等传统产业转型发展，加快园区由工业集中型园区向产城融合型园区、智慧众创型园区升级。生物医药、食品加工、机械装备制造产业全年共完成规模以上工业总产值428.42亿元，同比增长14.25%，占园区规模以上工业总产值的59.1%。加快打造园区发展新平台，2016年以来，组织申报国家循环化改造重点园区、设立南宁空港保税物流中心（B型）、进境食用水生物指定口岸、临空经济示范区等。其中，2016年6月8日，经开区获批为国家循环化改造重点支持园区，得到中央扶持资金5 000万元。创建首个经开区双创产业园暨“研祥智谷创新创业基地”和“研祥智谷产学研合作基地”，已有19家企业签署入驻协议。全力推进吴圩污水处理厂、集中供水厂、回建安置小区等基础设施建设，抓好临空产业招商，已引进南宁空港物流园电商快递枢纽基地一期项目、南宁邮政陆运及跨境电商中心项目、安港现代电商产业项目、民生电商（南宁）现代金融仓储项目等产业项目。加快生物医药产业集聚发展，生物医药产业园一期引进了总投资3.5亿元的广西医科大制药厂中成药、西药生产项目等一批知名生物医药企业（项目）。

【投资促进】2016年，经开区紧紧围绕生物制药、先进科技装备制造、空港产业等项目开展招商引资，以引进世界500强企业、国内医药行业重点企业50强为主要目标。主要项目有：2016年3月3日，经开区金融街产业集聚区揭牌；2016年5月16日，金融街产业集聚区2016年第二季度入区企业签约；2016年6月24日，经开区在金凯南标准厂房举办医疗器械项目招商推介会，70多家国内外知名企业(协会)100多名客商参会，10家企业与南宁经开区签订入驻协议，签约总投资额达15.7亿元；2016年9月23日，总投资1.3亿元的广西医疗器械检测中心建设项目举行签约仪式，项目建设规模约11 200平方米，拟建包括EMC实验室在内的通用实验室5个（包括3米法电磁兼容检验实验室1个）、专业实验室10个。实验室建成后，两年内可获得CMA及CFDA认可的医疗器械检测能力150项，对广西生产医疗器械品种检验能力达95%；2016年11月29日，经开区举行2016年战略性新兴产业项目集中签约仪式，广西盛龙新能源汽车制造有限公司、浙江超悦电控设备科技有限公司等6家企业项目签约入驻经开区，6个项目总投资21.07亿元，项目达产后年产值45.9亿元，年税收超2亿元。

【社会管理】2016年，经开区定点帮扶良庆区那马镇冲陶村、那陈镇濑宗村、那陈镇西盛村、大塘镇乔板村、邕宁区那楼镇河浪村、武鸣区宁武镇建丰村共计6个贫困村，贫困户总计383户、1 363人。在开展精准扶贫工作中，经开区创新工作方式，通过政企联手、产业扶贫、加大资金投入等方式，全力推进精准脱贫工作，取得明显效果。一是紧抓产业扶贫不放手。经开区根据各定点帮扶贫困村的特点和情况，因地制宜地制定了各贫困村特色产业发展规划，并完成了13个产业项目建设，如帮助冲陶村引进建设美人椒、淮山、红心火龙果等“产、供、销”一体化项目，该村贫困户每户每年可增收5 000～20 000元不等，已有16户贫困户建起砖混结构新楼房。二是政企联手共同推进精准扶贫。经开区充分调动、发挥园区企业资源和优势参与精准扶贫，为贫困户解决劳务输出问题，并开展一系列的爱心企业扶贫帮扶捐赠活动。2016年参与扶贫帮扶捐赠活动的企业有60多家，共组织活动9场，企业捐资赠物60多万元，捐资助学450人，帮扶200多户贫困户实现“户脱贫”，解决了165名贫困人员就业问题。三是加大帮扶资金投入。针对6个贫困村各项基础设施薄弱的情况，经开区为每个村安排了20万～30万元的专项扶贫资金，用于支持贫困村发展特色产业和改善生产生活环境。另外，经开区各部门干部职工与贫困户结成帮扶对子，经开区干部职工深入贫困户家中帮扶1 500余次，为贫困户捐资赠物合计10多万元，募集捐赠资金、物资合计近10万元。经开区经过一年的努力，帮扶“村摘帽”“户脱贫”工作取得一定成绩，列入2016年脱贫的冲陶村、濑宗村、西盛村、乔板村、河浪村共5个村在各城区组织验收时已全部达到“村摘帽”验收标准。2016年“户脱贫”目标为233户、903人，实际完成239户、932人脱贫，实现了预期的工作目标。

（南宁经济技术开发区管委会）

西宁经济技术开发区

【经济发展】西宁经济技术开发区（以下简称“西宁开发区”）下辖东川工业园、生物科技产业园、南川工业园、甘河工业园4个园区，区域规划面积108.78平方公里。2007年12月，西宁开发区被国务院批准为国家第二批循环经济试点园区；2010年11月，生物科技产业园区被国务院批准升级为国家级高新技术产业开发区；2012年被批准为首批“国家电子商务示范基地”；2013年被评为“国家级孵化基地”，是青海省率先通过ISO9001：2008质量管理体系认证和ISO14001：2004环境管理体系认证的事业单位。被青海省政府评为“2016年度工业经济运行突出贡献奖”和“2016年度招商引资先进单位”；被青海省委、省政府评为“2016年度绩效考核优秀工业园区”。2016年完成地区生产总值445.5亿元，增长11.4%，占西宁市的35.7%，占全省的17.3%；完成工业增加值358.3亿元，增长12.5%，占西宁市的74.7%，其中规模以上工业增加值306.1亿元，增长13%，占西宁市的75.2%，占青海省的35.1%；完成固定资产投资360.8亿元，完成地方公共预算收入16.8亿元。

【产业发展】2016年，西宁开发区关停出清西部化肥、西部铅业、天泰制钠等9家工艺落后、高耗能、高污染的企业，引进上海航天集团、深圳拓日新能源、湖南智昊等企业，通过资产债务重组、股权重组等方式，对16家企业实施兼并重组，盘活存量闲置低效资产。推进北捷新材料隔膜、比亚迪锂电池、华泰新能源汽车及动力电池、西矿杭萧钢构10万吨钢构件、光纤预制棒拉丝二期、青海快驴三元正极材料等一大批重大项目的实施。加快实施省确定的“百项创新攻坚工程”“百项改造提升工程”项目，实施技改扩能项目76项。锂离子电池用电解铜箔、太阳能超薄双玻组件研发等6个项目被省政府评为“企业技术创新奖”，锂电池生产及配套、动力电池材料生产及回收、电池隔膜等5个项目被省政府评为“优秀工业项目”。全年完成技工贸收入2 338.1亿元，增长11.1%；完成工业销售收入1 206.8亿元，增长11.9%；新能源、新材料等新兴产业完成产值505.9亿元，增速为26.5%，其中，锂电产业增速63.9%，生物医药产业增速22.3%，光伏产业增速26.4%，新兴产业产值占工业总产值的比重达到40%；轻工业完成产值415.8亿元，增长20.3%，占全部工业产值的32.6%。大力发展研发设计、现代物流、信息咨询、金融服务等服务业，第三产业完成增加值55亿元，同比增长7.2%，产业结构进一步优化。

【招商引资】2016年，西宁开发区组织园区到沿海和发达地区开展各种方式的招商引资活动20余次，积极推介西宁开发区在发展锂电产业、光伏制造、有色金属精深加工、藏毯绒纺、高原特色生物医药等方面的优势，实施点对点招商，收到了较好成效。2016年，比亚迪年产10吉瓦时动力锂电池项目、华泰汽车集团年产5吉瓦时锂电池及新能源汽车基地和北捷新材料隔膜项目等一批重大项目落地开工，锂电产业链日趋完善。新能源、新材料、生物医药、电子商务、现代服务业等一批项目正在洽谈落实，园区产业链延伸有新的突破。同时，编制完成石墨烯和下游碳复合材料、高性能工程塑料等一批重点工业前期项目。全年落实项目47个，招商引资实际到位资金355.5亿元。

【循环经济】西宁开发区认真落实国务院《关于促进国家级开发区转型升级创新发展的若干意见》、青海省政府《关于促进开发区（园区）转型升级创新发展的实施意见》和西宁建设绿色发展样板城市的要求，主动适应新形势，努力推动开发区加快转型发展。按照各园区主导产业定位和已形成的产业基础，积极培育壮大新能源、新材料、生物医药等新兴产业，大力发展轻工产业，调整优化产业结构。2016年年底，生物科技产业园区被国家发改委列为“十三五”国家服务业第一批综合改革试点园区。此外，组织编制了南川工业园区循环化改造实施方案并获得国家批复。加大对甘河工业园区有色、化工等重点行业企业的污染管控力度，全力推进西部碳素等9家企业环保风险整改，实施9个重金属污染防治项目、5个减排项目，建成甘河污水处理设施，日处理污水能力达1.5万吨，甘河360万吨废渣处理厂建成使用，园区污染物集中处理能力进一步提升。实施单晶硅扩能改造、余热利用、废水废弃物处理工程升级等132个技术改造项目，改进了生产装备，优化了工艺流程，在提高产品质量、增加产品、减少物料能耗、降低污染排放、增强企业发展活力方面形成了新的动能。按照打造绿色发展样板城市的要求，全面实施甘河、东川、南川循环化改造示范试点园区实施方案和甘河低碳工业园区试点实施方案，推进实施尾气综合利用、镍铬电除尘系统技改、电机变频改造等60个循环经济项目，加大对有色、化工等重点行业企业的污染管控力度，减排二氧化硫2 278.57吨，氮氧化物1 316.8吨。规模以上工业单位增加值能耗同比降低7.9%。

【高新技术】青海省首个国家重点实验室“三江源生态与高原农牧业国家重点实验室”、企业自建的“藏药新药开发国家重点实验室”建成使用，“高原旱獭动物实验室中心”开工建设。截至2016年年底，西宁开发区拥有省级以上研发机构101家，其中省部共建国家级重点实验室1家、国家级企业重点实验室1家、国地联合重点实验室4家、国地联合工程技术研究中心5家、省级重点实验室23家、省级工程技术研究中心26家、省级技术中心10家、市级研发中心31家。2016年新增高新技术企业15家，新增科技型企业37家，高新技术企业达68家，占全省的52.3%；高新技术企业完成工业产值219.4亿元，同比增长18.8%，占工业产值的17.2%。拥有驰名商标24个、著名商标55个，分别占全省的56%和30%。全年引进高级职称以上专业技术人员469名，其中博士学位40名。现开发区已有2名高端人才入选国家“千人计划”。疏通省、市劳动部门、职业院校、培训机构与园区企业的合作通道，帮助企业招聘工作人员7 938人，新增就业岗位4 141个。

【金融创新】2016年，西宁开发区完善联点帮扶企业工作机制，认真分析研究企业存在的困难和问题，因企制宜，一企一策，分类指导，协调解决了影响企业发展的重点问题610个，兑现企业扶持资金4.25亿元。组织园区200余家企业与金融机构进行了13场银企对接，帮助企业融资63亿元，为诺德新材料、鲁丰铝业等26家企业争取国家专项债券资金42.67亿元。开发区特色轻工产业基金、小微债、统贷平台为64家企业提供了46.98亿元的资金支持。开发区投资控股集团公司融资73.58亿元，设立21.3亿元的新兴产业投资基金和21亿元的平滑发展基金，成功发行5亿元超短期融资债券。开发区天诚担保公司为区内22家中小企业提供了56笔、19亿元的贷款融资担保。晶珠藏药成功登陆“新三板”，园区“新三板”上市企业已达4家。同时，认真抓好园区企业上下游产品对接，各园区围绕有色金属、藏毯绒纺、建材等重点产业组织开展了48场次投资拉动产业对接活动，对接金额199.8亿元，在帮助企业扩大产品市场、稳定生产经营方面发挥了积极作用。

【基础配套】2016年，西宁开发区加快推进园区基础配套设施建设，甘河工业园区行政服务中心、创业大厦投入运行，东川工业园区创业园建成并投入使用面积 10 万平方米，南川工业园区对园区总体规划进行了调整修编，生物科技园区编制完成“智慧园区”建设方案。园区标准化厂房、保障性住房、规划道路、给排水、电力、燃气、防洪渠、地下电力管廊等基础设施及其他项目建设扎实推进。进一步完善征地拆迁和搬迁农民安置措施，加快推进园区 8 个村庄的异地扶贫搬迁安置工作，妥善解决征地拆迁遗留问题。水岸小城、清水锦苑、康川新城二期等搬迁安置小区进展顺利，搬迁安置农民 5 197 户、20 788 人。

【机构设置和领导名录】2016 年，西宁开发区下设党工委工作部、综合办公室、发展改革与经济协作处、环境保护和安全生产监督管理局 4 个部门。青海省委常委、西宁市委书记、开发区党工委书记王晓；西宁市委副书记、市长、开发区管委会主任张晓容；西宁市委常委、开发区党工委常务副书记、开发区管委会常务副主任姚琳（9 月离任）；西宁市委常委、开发区党工委副书记、开发区管委会副主任许国成（10 月任职）；开发区党工委副书记、纪工委书记吕品；开发区党工委委员、管委会副主任郭天明、黄国俊。

（西宁经济技术开发区管委会）

太原经济技术开发区

【经济发展】2016年，太原经济技术开发区（以下简称“太原开发区”）紧紧围绕“一个指引、两手硬”的重大思路和要求，按照太原市委、市政府的决策部署，乘势而上，凝心聚力，不断提升存量、培育增量、做大总量，实现了新常态下发展质量和效益的双提升，主要经济指标均实现又好又快增长：地区生产总值(GDP)216亿元，增长18%；实现工业增加值227亿元，增长20%；实现固定资产投资142.7亿元，增长15%；实现社会消费品零售总额27.18亿元，增长7.2%；实现公共财政预算收入16.82亿元，同比增长17.8%。

【投资环境】太原开发区按照总体规划和“有收益项目市场化引资，无收益项目财政投资”和“谁投资、谁受益”的原则，基本完成了9.6平方公里内的道路、雨污水管网、供水、供电、供暖、供汽、煤气设施及管网、通信网络、绿化、土地平整、污水处理、固体废弃物处理等基础及配套设施建设。区内骨干道路网建设、主干路网基本形成，给排水、热力、煤气管网全部贯通，通信设施、宽带网络、有线电视线路已随道路管网一并铺设完成，基本实现了“九通一平”。

截至2016年年底，太原开发区不断加大基础设施建设投入，全年投资约11亿元，实施道路、绿化等基础设施项目80余个，增加道路里程约15公里，增加绿化面积约12万平方米，区域投资环境全面改善。

【科技创新】2016年，太原开发区全力推进小微企业创业创新基地城市示范工作，“众创空间”“商贸企业集聚区”“小微企业创业基地”“微型企业孵化园”“科技孵化器”五大创业创新空间基本形成。其中，众创空间共入驻创业企业50家，提供就业岗位1 000余个，被省科技厅认定为“省级众创空间”。出资设立了投资公司和融资担保公司等政策性金融服务机构，引进山西省小额再贷款公司、山西省创投股权投资基金等金融企业，为区内企业提供全面的金融服务。加强高层次专业技术人才和技能型人才队伍建设，组织申报新型产业领军人才4名、学术技术带头人2名、“百人计划”1名，省级拔尖人才1名、国务院特殊津贴专家人选3名、省级“技能大师工作室”1家。

【投资促进】2016年，太原开发区完成签约项目15个，签约总额419.6亿元，完成全年任务的107.6%，签约项目总投资排名全市第二（1—10月全市排名结果）；完成储备项目14个，总投资1 401.3亿元，完成全年任务的102.7%。完成落地项目33个，金额150.4亿元，完成全年任务的107.4%；完成开工项目35个，开工额149.8亿元，完成全年任务的124.8%；完成投产项目13个，投产额161.8亿元，完成全年任务的179.8%；实际利用外资37 863.22万美元，占太原市的82.9%，全市排名第一。深入推进干部入企服务工作，全区选派120余名入企干部，组建38个入企服务小组，重点对全区38家规模以上企业开展入企服务，收集汇总企业需解决的问题52个，办结率达100%。

【社会事业】太原开发区开展一系列惠民实事。投资2.5亿元启动新建教育园区中小学校，投资16.02万元建立了梧桐社区老年人日间照料中心，为生活困难群众、残疾人等发放各类补贴、优抚金等172万余元，完成南畔三居及南黑窑社区监控设备安装工程和亮化改造工程，完成昌盛公园第五空间项目建设，并获得中国城市环境卫生协会光大杯“最美公厕”科技奖。深入推进扶贫工作，成立了以区领导班子成员为第一责任人、各单位为具体责任单位的10个工作组对口帮扶22个贫困村，专项扶贫资金1 400万元已全部拨付到位。开展产业脱贫，积极帮扶贫困村推进中药材种植、奶牛养殖、蝎子养殖等项目。利用中国网库平台对农产品进行推广，增加农民收入。开展教育脱贫，对17名贫困大学生给予每人5 000元的现金资助。免费开展育婴护理培训、扶贫义诊医疗活动等，帮助村民掌握基本的健康保健知识和技能。

【管理与服务】太原开发区有着独特的投资软环境，大力实施行政审批制度改革，启用了新政务服务中心，总面积1 800平方米，进驻13个部门，创建了联合审批“两个平台”“四个组团”工作模式，全区行政许可事项由2011年的62项减少至38项，减少幅度为39%，审批时限累计比太原市少78个工作日，大大提高了群众的办事效率。9月1日正式实行“五证合一”登记制度，并通过“企业信息流转七联单”方式，切实构建方便快捷的市场主体准入通道。

【产业发展】经过10多年的建设，通过不断加快推进重大项目的建设和发展，进一步完善产业链，太原开发区已形成国家级装备制造（能源装备）产业基地、国家级新材料新能源基地、国内有影响的电子信息产业基地、国内有影响的食品及农产品加工基地、国内有影响的生物制药产业基地。

为加快高新技术产业的发展，全面提高企业技术创新能力，太原开发区出台了《科技项目发展资金使用和管理暂行规定》。全年新认定高新技术企业6家，登记技术合同13份，合同额达1 118万余元，完成科技创新项目资金资助398万元。

【生态环保】全力实施“五大工程、五项整治”，燃煤设施“清零行动”基本完成；污水厂二期、生态工业信息平台及在线监控平台已建成投用，生态工业示范园区顺利通过省级预验收；审批转移处置危险废物3 000余吨，执行危废转移联单250余批次，合法合规处置率达到了100%。整治店外经营200余处，取缔乱设摊点50余处，清理占道经营600余处、乱堆乱放100余处，“五城联创”任务基本完成。在2015年市政府全面改善省城环境质量任务考核中，太原开发区在4个开发区中位列第一。

【机构设置与领导班子】2016年，太原开发区下设党群部门（包括党群工作部、纪工委、总工会、新闻宣传中心、妇工委、团工委、综合治理办公室、机关党委、企业党委、社会事务局党委）、行政部门（包括工管委综合办公室、财政局、社会事务局、经济发展局、建设管理局、安全生产监督管理局、招商发展局、环保局、组织人事社会保障局、综合执法局、接待办公室、政策研究室、投诉中心、政务服务管理办公室、城中村建设管理中心、北京招商办、科技创新局）；下属事业单位（企业服务中心、分园区发展办公室、物业服务中心、太原经济技术开发总公司、太原新技术与教育发展中心、人才交流服务中心、劳动保障监察执法队、综合执法大队、计生服务站、农村财务委托管理中心、培训中心、征地事务中心）和派驻单位（公安分局、土地分局、规划分局、工商局、国税局、地税局、质监局）。

开发区领导班子成员为：管委会主任刘斌；党工委书记尤天拴；党工委副书记邢珺淼；管委会副主任董良、陈曦、乔建伟、王建民；总工会主席满长海；管委会总工程师杨敦勤；纪工委书记刘永华；管委会调研员李春友、屈立军；管委会副调研员高润林、吴英志。

（太原经济技术开发区管委会）

银川经济技术开发区

【经济发展】2016年，银川经济技术开发区（以下简称“银川开发区”）坚持“创新、协调、绿色、开放、共享”的发展理念，深入推进“三调、两转、一示范”（“三调”：调高、调新、调轻。调高：将开发区打造成为高新技术产业和高附加值产业的聚集区；调新：将开发区的发展方式由单纯依靠投资拉动逐步调整到依靠创新驱动和新型业态带动；调轻：大力发展现代服务业等轻资产业态，均衡产业结构。“两转”：转变引进培育企业的方式；转变经济增长模式。“一示范”：建设“开放、活力、高效、发展”的开发区，打造推动全市、引领全区转型升级的示范区）发展战略，千方百计稳增长、调结构、转方式、促发展，经济运行呈现稳中向好的态势。全年完成工业总产值330亿元，同比增长6.9%；完成规模以上工业增加值57.3亿元，同比增长10.2%；完成固定资产投资69亿元，同比增长11.1%；完成地方公共财政收入14.04亿元，同比增长8.5%。

【产业发展】2016年，银川开发区以大项目、新项目为抓手，加快产业结构调整，转型升级步伐明显加快，产业集聚效应明显。形成了以高端装备制造、战略性新材料、特色健康消费品、现代服务业为主导的四大产业体系。年产1.5万吨世界最大单晶硅棒生产基地、年产1500吨中国第二大工业蓝宝石晶棒生产基地建成，战略性新材料由“单打冠军”向“集团军”转变，高端装备制造产业走向数字化、智能化轨道，绿色健康消费品产业成为经济增长的重要支撑，银川iBi和TMT育成中心新业态快速集聚，成为中国西部大众创业的新平台。

战略性新材料产业建成国际国内多个“单打冠军”。2016年，银川开发区规划建设半导体材料产业园和晶体材料产业园等重要培育载体，实现从单晶硅到光伏产品、从蓝宝石到智能终端、从半导体到集成电路全产业链布局，打造百亿元级特色晶体材料产业园。引进了台湾佳晶、浙江天通等蓝宝石生产龙头企业，建成中国重要的工业蓝宝石晶棒生产基地，其中天通单体200公斤级超大工业蓝宝石技术能力在国内处于领先水平。为了进一步延长产业链条，打造产业集聚高地，重点实施了西安隆基硅5GW单晶硅棒、5GW切片和500MW电池组件项目，建成全球最大的单晶硅棒生产基地。银川隆基硅公司单晶硅棒产能由2012年2 000吨上升到1.5万吨，全年产值超过20亿元，比上年增长80%以上。银和新能源公司实施的年产180万片大尺寸电子级半导体晶片项目，其12英寸半导体产品填补国内大尺寸硅片领域空白，全年产值4.6亿元，比上年增长300%以上。一批完善战略性新材料产业链项目，为开发区在战略性新材料方面实现由“单打冠军”向“集团军”转变奠定了基础。

高端装备制造业走向数字化、智能化轨道。2016年，银川开发区规模以上装备制造企业35家，其中智能加工中心、大型铸钢件、高端精密轴承、工业机器人等技术处于国内领先水平。小巨人公司利用马扎克最新设计和全球首发小型立式加工中心，实现产品提档升级，工厂智能化水平提升，产品批量出口欧洲、日本等地区。舍弗勒公司向高端汽车轴承领域拓展取得实质性进展，成为宝马、奔驰等全球知名汽车制造商主要合作伙伴。巨能机器人公司通过对数控机床系统集成和自动化改造，形成年产各类机器人400台的生产能力，其中门式机器人处于国际领先水平。共享铸钢3D打印及铸造智能化工厂项目被李克强总理誉为“宁夏新旧动能转换的典范”。大河数控机床公司的数控珩磨机床达到国际先进水平，开发区装备制造产业实现了由传统向智能化、数字化方向质的转变。

特色健康消费品产业成为经济增长的重要支撑。2016年，银川开发区拥有蒙牛乳业、张裕葡萄酒等12家规模以上农产品深加工龙头企业，产值突破40亿元，有效弥补了制造业下降造成的影响。其中，沃福百瑞在枸杞深度研发和产业化发展方面优势明显，产值增速保持70%以上，成为全区最大的枸杞出口企业，并与张裕摩塞尔酒庄打造新的工业旅游项目。银川正大年产18万吨现代化饲料厂、大成永康12万吨无抗饲料项目全面投产。顶津食品增长态势强劲，年内产值突破5亿元，增速50%以上。蒙牛乳业年产值突破25亿元，形成了一批新的经济增长点。

现代服务业孵化培育实现新发展。以银川iBi育成中心为载体，大力发展软件动漫、物联网、电子商务和以TMT育成中心（银川科技园）为载体，大力发展科技、媒体、电信等新兴产业，引领产业向高、新、智的方向加速转型。2016年，银川科技园正式移交开发区，为促进两个园区的融合发展，银川开发区投资9 000万元实施六盘山路（通达南街至亲水大街段）打通工程，连通iBi育成中心与TMT育成中心，通车距离由18公里缩短至2.7公里，基本形成融合错位、互动发展的南部经济产业带和国家级“双创”基地。iBi育成中心集聚生产性服务业企业600家，从业人员7 500人，实现主营业务收入60亿元、网络平台交易额6 000亿元。在第十四届中国软交会上，iBi育成中心及园区部分企业获得“最具推动力创业平台奖”等7类13项大奖。TMT育成中心引进企业122家，形成高端生产性服务业和国家级“双创”基地的新经济产业集群。

【园区特色】银川开发区坚持将创新引领、转型示范作为园区建设的主攻方向，紧紧围绕主导产业，以招商引资提升产业集聚程度，以重大项目建设带动产业结构调整，以传统产业技术改造推进转型升级，以创新驱动增强企业核心竞争力，以孵化基地和创新平台建设助力大众创业、万众创新。提前布局，超前谋划，积极打造战略性新材料、高端装备制造、特色健康消费品、现代服务业四大百亿元特色产业园。智能制造、3D打印、高端轴承、工业机器人等技术水平在国内领先，银川开发区被工信部认定为“装备制造国家新型工业化产业示范基地”，被工信部、国家标准委列入国家高端装备制造产业11家标准化试点单位之一。建成了中国重要的工业蓝宝石晶棒生产基地、世界最大的单晶硅棒生产基地、全球最大的单晶硅切片生产基地，被商务部、科技部认定为“新能源国家科技兴贸创新基地”，战略性新材料产业由“单打冠军”向“集团军”转变。运用互联网思维，通过搭建创业创新孵化平台，聚焦新技术、新产业、新业态、新模式“四新经济”发展，积极构建智慧型新经济产业集群，打造了被国家有关部委誉为“银川模式”和“调结构、转方式典范”的银川iBi育成中心培育模式。

【改革创新】一是建立和完善支持创新的政策体系。2016年，银川开发区制定出台了《关于打造“低成本”园区的若干政策规定》和《关于加快电子商务发展的若干规定》等一系列以推进企业创新发展为核心的扶持措施。鼓励企业在“转型升级、创新发展”方面发挥示范引领作用，制定了一套优中选强的示范企业考核评价体系，截至2016年年底，开发区“转型升级、创新发展”示范企业达54家。制定了《开发区推进绿色发展的若干办法》，修订了《开发区“绿色企业”培育及评选办法》，在全区创新推行了支持绿色企业、绿色经济加快发展的培育机制。鼓励园区企业树立“创新、绿色”的发展理念，加快向创新型、绿色型方向发展。实施了旨在增强和提升企业上市融资能力的“金豆子”培育工程，确定后备企业培养对象51家，新增“新三板”挂牌企业10家，累计上市（挂牌）企业达31家。二是加强创新载体建设。银川开发区已建设银川iBi育成中心、国家级高新技术创业服务中心、宁夏留学人员创业园、宁夏中小企业创业基地、银川TMT育成中心等一批科技孵化和创新创业平台。现拥有国家级科技企业孵化器2家，自治区级科技企业孵化器2家，批准的孵化面积达6.51万平方米，在孵企业227家；自治区级众创空间2家，为入驻企业提供了完备的研发、中试生产、经营及创新创业的共享设施，培育了一批高新技术企业和企业家。三是创新企业服务方式。充分借鉴上海自贸区可复制、可推广经验，发挥先行先试的体制优势，全面推行“一站式”行政审批服务、“三证合一”（国家版）登记制度改革，进一步压缩审批时限，提高办事效率，创新服务方式，打造服务企业发展的“高铁模式”。四是创新引领效应明显。截至2016年年底，开发区共有41家高新技术企业，占全区高新技术企业总数的53.2%，自治区科技型中小企业78家，占全区总数的1/5；建有3家国家级企业技术中心、9家国家地方联合工程实验室（工程研究中心）；20家自治区级企业技术中心、7家自治区工程技术研究中心、2家自治区重点实验室、20家自治区技术创新中心、5家自治区工程实验室、8家院士专家工作站、3个专家服务基地和2个博士后工作站。

【招商引资】银川开发区始终坚持把招商引资工作放在第一位，重点围绕四大主导产业，采取精准招商、产业链招商、以商招商等模式，引进了西安隆基硅年产5GW单晶硅棒、5GW切片和500MW电池组件项目、银和半导体公司大尺寸半导体级单晶硅和碳化硅项目、爱佩克斯超电容组件及新能源电池生产项目等一批带动力强、示范作用明显的大项目、好项目，其他一些项目涉及智能制造、战略性新材料等多个产业领域，填补了我国西部乃至国内多项技术空白。2016年，开发区招商引资实际到位资金40亿元。

【对外开放】2016年，银川开发区抢抓国家实施“一路一带”的发展机遇，依托银川iBi育成中心新兴产业集聚优势，加快技术服务“走出去”的步伐，启动了“中阿信息港”建设，通过实施卫星应用服务技术输出、跨境电子商务平台、中阿互联网金融平台以及设立境外园区等，开展与“一带一路”沿线国家(省区)在传统工农业向现代工农业转型升级、智慧城市、云计算、大数据、物联网等方面对接合作，构建起中阿间网上丝绸之路和天基丝绸之路的信息通道，为宁夏现代服务业(互联网+相关产业)推向中国西部、阿拉伯国家和地区及“一带一路”沿线国家与地区，提升银川市对外开放水平，提高开放层次，打造“中阿同发展、与世界共进步”的国际化平台。同时，承担国家战略任务，与广州经济技术开发区开展合作，全面推进中国和沙特产能合作项目，成立了广银国际投资发展有限公司，签订了沙特吉赞经济城中沙产能合作框架协议。银川开发区积极参与中阿科技园规划建设工作，努力开拓国际市场，中阿万方投资管理有限公司在阿曼建设杜古姆工业园，宁夏网虫、智慧宫等企业在国外设立分支机构。“动漫、电子产业国际会展”和“中阿互译及版权交易平台”项目被国家5部委评为“2015—2016年度国家文化出口重点项目”，在银川成功举办了“首届中阿国际动漫文化节”。

【两委领导】2016年，银川经济技术开发区党工委书记、管委会主任王久彬（任职时间至2016年8月，2016年8月以后由管委会副主任崔昆主持工作）；管委会副主任袁京平、马耀勇、陈志文。

2015—2016 年银川经济技术开发区主要经济综合指标一览表

项目		单位	2016 年	2015 年	增减（%）
开发区生产总值		亿元	150.7	138.6	8.73
第二产业		亿元	107.7	100.0	7.70
工业		亿元	94.3	86.8	8.64
第三产业		亿元	43.1	38.6	11.66
工业总产值（现价）		亿元	330.2	313.0	5.50
高新技术企业		亿元	62.3	40.8	52.70
销售（营业）收入		亿元	334.1	306.8	8.89
工业		亿元	234.3	208.5	12.37
利润总额		亿元	18.2	14.4	26.39
工业		亿元	11.5	8.0	43.75
区内主导产业及产值					
主导产业	1. 高端装备制造业	亿元	52.2	53.7	−2.80
	2. 战略性新材料产业	亿元	72.5	52.5	38.10
	3. 特色健康消费品产业	亿元	37.5	40.2	−6.70
进出口总额		亿美元	2.5	3.0	−16.67
出口		亿美元	1.28	2.25	43.11
财政收入		亿元	14.04	13.96	0.57
税收收入		亿元	10.69	11.24	−0.48
财政支出		亿元	14.63	14.18	3.17
新批企业数量		家	829	941	11.90
外商及港澳台企业		家	0	2	−100.00
内资企业		家	829	941	11.90
国家级高新技术企业		家	41	32	28.13
规模以上企业		家	232	223	4.04
科学研究与试验发展（R&D）经费支出		万元	43 938	42 866	2.50
研究与试验发展（R&D）经费投入强度		%	1.87	2.06	−9.22
合同外资金额		亿美元	0.063	0.23	−72.61
外商实际投资		亿美元	0.17	0.23	−26.09
固定资产投资		亿元	69.0	62.1	11.11
年末从业人员		万人	6.9	7.2	−4.17
万元 GDP 能耗		吨标煤／万元	0.845 9	0.629 3	34.41
水资源消耗总量		万立方米	567	489	15.95
单位国内生产总值取水量		立方米／万元	7.0	5.6	25.00
上市企业		家	2	2	0
区内建立的创新创业平台		个	5	3	66.67
区内科研院所		家	4	4	0
区内职业教育学校		所	7	10	−30.00

（银川经济技术开发区管委会）

南京经济技术开发区

【概况】南京经济技术开发区(以下简称"南京开发区")现已集聚487家来自20多个国家和地区代表行业乃至世界领先水平的企业，世界500强投资企业73家，内资超亿元企业73家，已集中规模以上工业企业179家，开发区高新技术产业产值占全区工业产值的75%以上。开发区累计建立上规模研究院和研发中心近60家，2016年专利申请量达到1 249件。开发区光电显示产业集聚了一批液晶显示、OLED显示、激光显示、新光源、太阳能光伏、电子装备等项目。其中，中电熊猫、夏普、乐金显示等企业，总投资约115亿美元，形成了以TFT-LCD面板、模组及整机制造为核心的产业集群，成为国内液晶产业集群度最高、液晶模组生产规模第一的开发区，并全力打造全国领先、产业规模达3 000亿元的"中国南京液晶谷"。

【经济发展】2016年，南京开发区实现地区生产总值851亿元，同比增长0.06%；工业总产值3 271亿元，同比下降11.87%；进出口总额99亿美元，同比下降20.16%；财政收入250亿元，同比下降4.5%；合同外资金额9.4亿美元，同比下降25.4%；外商实际投资5亿美元，同比增长23.5%；全社会固定资产投资298亿元，同比下降10.26%；万元GDP能耗0.550 9吨标煤，同比减少0.7%。

【产业发展和投资促进】2016年，南京开发区积极适应招商新形势，坚持精准、精英、精致、精诚的多元招商理念，大力推进产业捆绑招商，与社会资本协同招商，借力名企名家招商，取得了丰硕的招商成果。举办了总投资600多亿元、30个重大项目的集中签约仪式，开展了智能制造、新能源汽车、集成电路、人工智能等主题突出的招商活动，新引进重大项目34个，以及共好、睿正等总规模50多亿元的多只基金。光电显示、生物医药、高端装备等先进制造业向智能化、高端化攀升，中电熊猫新型显示面板项目成功签约，博西家电大中华区研发中心项目开工建设，正大天晴医药产业园项目建成竣工。新能源汽车产业发展初具规模，总投资50亿元的长城华冠新能源汽车整车制造项目签约落户，总投资30亿元的蔚来汽车项目启动建设，LG电子新能源汽车部件项目竣工投产，FMC、忠旺、造隆等一批知名新能源汽车项目加速跟进。德科码半导体产业园开工建设，高华传感器项目建成投产，集成电路产业形成集聚势头。华侨城大型文化旅游综合项目实现土地摘牌，桦墅特色小镇、龙潭"水一方"加快品质提升，促进了文旅创意产业的发展。综保区引进了中江国际贸易、日本邮便进出口商品展示交易中心等优质项目，龙潭跨境电商产业园集聚了70多家跨境电商企业，海运快件中心等产业发展平台申报取得积极进展。2016年，南京开发区新开工重点项目21个，新竣工重点项目22个，纳入市级考核的13个重大项目有序推进，园区发展的后劲不断增强。

【科技创新】2016年，南京开发区认真落实科技创新大会精神，深入实施创新驱动战略，按照当好苏南国家自主创新示范区排头兵的目标，优化整合四大科技园载体资源，聚焦人工智能、集成电路、协同创新等发展定位，加快了创新型经济的发展，营造了"大众创业、万众创新"的良好氛围。坚持"以人才带项目，以项目引人才”，40人入选“创业新港”人才计划；引进了以诺奖得主安德烈和康斯坦丁为核心的石墨烯研发团队、以“千人计划”专家余凯为核心的人工智能研发团队、以硅谷归国专家卢笙为核心的集成电路研发团队；新落户科技企业110多家，引进并启动了英国石墨烯创新中心、地平线人工智能研发中心等一批优质项目。开发区获批江苏省光电与激光产业技术创新中心，紫丁香、企运网入选国家级“众创空间”，新增产学研合作项目20个，发明专利授权771件，万人有效发明专利量居全市开发区前列。加快复制中关村“6+4”政策体系，大力推进科技金融港、人才服务、知识产权、检验检测等公共服务平台建设，累计帮助31家企业获得7.96亿元的外部风险投资，科技企业实现年销售收入36亿元，牧镭激光、工道液晶获中央《新闻联播》专题播报。

【城市建设】2016年，南京开发区落实中央城市工作会议和七部委文件精神，对开发区全域进行了产城融合的顶层设计，加快推进园区向城市综合功能区转型。坚持规划先行，完成了开发区转型发展、城市战略、产业定位等系列规划，抢抓新一轮土地利用规划修编机遇，完成10 500多亩（700公顷）土地利用规划调整方案，优化了东中西三大片区的生产力和城市空间布局。坚持高效开发，与15家企业达成1 581亩（105.4公顷）低效闲置用地的收回协议，盘活产城融合发展空间，启动恒广路以南片区和龙潭新城的开发建设，掀起了新一轮发展的热潮。坚持基础先导，继续完善路网交通体系，完成了恒广路拓宽改造、润阳路东延、仙新东路北延等道路工程，启动了栖霞大道东延工程建设，高效协调推进疏港大道快速化改造工程，积极推动地铁1号线、6号线、8号线导入开发区，加快对接融入全市大交通格局。坚持品质提升，加快完善园区的生活和商业配套设施，兴智美食街运营良好，翠屏商业街酒店式公寓销售火爆，南京GBF进口商品直销中心正式开业，二热电、易程中北、新尧新城等经营性地块上市工作稳步推进。坚持建管并重，加快智慧城管建设，全面做好绿化管养和市政设施维护等工作，巩固园区精细化、长效化管理成果。

【管理服务与社会事业】2016年，南京开发区认真落实中央环保大督查、G20峰会环境保障工作任务，大力开展“两减六治三提升”专项行动，持续改善生态环境质量、提升生态文明建设水平。深入开展环保大检查，对200多家存在环境问题的企业进行清理整顿，对“三高两低”企业实施关停并转，园区绿色集约发展水平实现新提升。全面强化园区环境管控，积极落实“水十条”“气十条”防治任务，大力实施污染减排和循环化改造，实现了雨污分流及企业污水收集的全覆盖。探索环境管理服务长效机制，建成环境安全防控系统平台，开展建筑垃圾处理及再利用试点工作，生活垃圾密闭化收集运输率达100%，整治出新背街小巷235条，国家生态工业示范园区的品牌效应进一步凸显。开发区全面抓好就业与劳动保障、信访维稳、安全生产和街道发展等工作，园区安全和谐的局面得到巩固。着力推进省级人力资源产业园建设，全年实现大学生就业9 000多人次，同比增长3%，创业带动就业700多人次，获批省级大学生创业示范园区。社会保险实现全覆盖，维护了职工的合法权益。严格落实安全生产政府监管责任和企业主体责任，持续推进安全生产标准化建设，广泛开展隐患大排查，园区总体保持了稳定的安全生产形势。进一步健全信访维稳体制机制，办理“12345”工单3 555件，妥善处理了群众的民生诉求。按照富民共享要求，积极发挥开发区的辐射带动作用，进一步完善托管街道体制机制，向街道拨付帮扶资金1.25亿元，实实在在增强了百姓的获得感。完成龙岸花园、液晶谷等四大片区70万平方米、8 000多套经适房的交付工作，推进了一批道路绿化、社区中心、中小学校扩建等基础设施和民生工程，开发区的发展成果进一步惠及街道百姓。

【党的建设】2016年，南京开发区认真学习贯彻党的十八届六中全会精神，注重全面从严治党、全面从严管理干部，扎实开展“两学一做”专题教育，进一步强化机关干部的“四个意识”，为干事创业提供了坚强的政治保障。夯实基层党组织建设基础，深入开展党组织关系排查，圆满完成“两代表一委员”换届选举和党费补缴任务。园区法制和精神文明建设稳步推进，群团活动开展有声有色，组织首届园区“十佳文明职工”评选等活动。深化机构改革、严格机关内部管理，稳妥推进“三定”方案实施，新配备了7名正处级领导干部，加强了南京高科、东区建设指挥部、高新园、龙潭物流基地等直属企业和平台的领导班子建设。注重决策的科学性和程序的规范性，制定《开发区工作委员会议事决策规则》《开发区工委关于“三重一大”事项决策和监管的意见》及工程、人事、财务等系列管理办法，着力强化招投标、审计工作，加强权力运行的监督制约。严格执行党风廉政建设“两个责任”，认真组织学习新的《廉洁自律准则》和《纪律处分条例》，着力打造廉洁自律的机关文化，加强廉洁警示教育和执纪问责力度，切实筑牢拒腐防变的思想和制度防线，园区保持了风清气正的良好氛围。

【机构设置与管委会领导】南京开发区管委会下设开发区工委、管委会办公室（行政审批服务处）、经济发展局、安全生产监督管理局、投资促进局（招商局）、企业服务局、财政局、审计局、科技人才局、社会事业局（房屋征收办公室）、组织人事局（人力资源和社会保障局）、宣传局（法制办）、城市管理局（综合执法支队）、规划建设局和国土资源与环境保护局等部门。

南京开发区管委会领导成员为：管委会党工委书记邢正军；管委会主任高德臣（4月任职）；党工委副书记李华；纪工委书记翟建明；副主任蒋伟、张铁波、沈吟龙、王秀昌；巡视员杨友林（5月辞职）；副巡视员徐志国、刘众、陈林午。

2015—2016年南京经济技术开发区主要经济综合指标一览表

项目		单位	2016年	2015年	增减（%）
开发区生产总值		亿元	851	850	0.12
第二产业		亿元	752	750	0.27
工业		亿元	730	740	-1.35
第三产业		亿元	95	100	-5.00
工业总产值（现价）		亿元	3 271	3 711	-11.86
高新技术企业		亿元	452	437	3.43
销售（营业）收入		亿元	3 831	3 908	-1.97
第二产业		亿元	3 231	3 482	-7.20
工业		亿元	3 150	3 398	-7.30
第三产业		亿元	526	427	23.19
利润总额		亿元	183	170	7.65
第二产业		亿元	132	124	6.45
工业		亿元	128	121	5.79
区内主导产业及产值		亿元	2 842	2 677	6.16
主导产业	1. 光电显示	亿元	1 868	1 726	8.23
	2. 石油化工	亿元	702	724	-3.04
	3. 装备制造	亿元	272	227	19.82
进出口总额		亿美元	99	124	-20.16
出口		亿美元	39	54	-27.78

续表

项目		单位	2016 年	2015 年	增减（%）
财政收入		亿元	250	262	−4.58
税收收入		亿元	245	239	2.51
财政支出		亿元	15.8	16.1	−1.86
新批企业数量		家	850	374	127.27
外商及港澳台企业		家	31	19	63.16
内资企业		家	819	355	130.70
区内世界 500 强企业		家	71	69	2.90
国家级高新技术企业		家	178	93	91.40
新批企业投资额	外商及港澳台企业	亿美元	13.2	8.4	57.14
	内资企业	亿元	53.5	60.0	−10.83
	增资企业	亿美元	9.9	8.3	19.28
规模以上企业		家	373	404	−7.67
合同外资金额		亿美元	9.4	12.6	−25.40
外商实际投资		亿美元	5	4	25.00
固定资产投资		亿元	298	332	−10.24
年末从业人员		万人	11	12	−8.33
万元 GDP 能耗		吨标煤 / 万元	0.550 9	0.554 8	−0.70
水资源消耗总量		万立方米	5 929	5 394	9.92
单位国内生产总值取水量		立方米 / 万元	6.97	6.34	9.94
上市企业		家	11	8	37.50
区内建立的创新创业平台		个	11	10	10.00
区内科研院所		家	1	1	0
区内职业教育学校		所	13	1	12.00

（南京经济技术开发区管委会）

兰州经济技术开发区

【经济发展】2016年，兰州经济技术开发区（以下简称“兰州开发区”）完成生产总值246.04亿元，同比增长11%；销售收入987.85亿元，同比增长13.72%；固定资产投资376.48亿元，同比增长27.2%，其中，基础设施投资82.82亿元，同比增长473.3%；企业固定资产投资293.66亿元，同比增长4.3%。地方财政收入35.02亿元，同比增长8.59%；税收收入27.91亿元；财政性资金投入1.92亿元，同比增长4.06%；其他渠道融资7.5亿元，同比增长20.96%。新签约项目104个，投资总额384.76亿元；新引进亿元以上投资项目47个，其中机场北高新园区引进亿元以上项目3个；实际到位内资342.97亿元，其中机场北高新园区实际到位内资41.32亿元。

【产业发展】2016年，兰州开发区深入贯彻落实“五大”发展理念，以供给侧结构性改革引领新常态，发展壮大战略性新兴产业，改造提升传统产业，推动产业结构优化升级。在二级园区培育发展特色主导产业方面，形成了以兰州西部药谷、和盛堂、新兰药、佛慈制药、九州通等为代表的生物医药产业集群；以国际港务区、铁路集装箱中心、铁路货运中心、公路集装箱中心等为代表的现代物流产业集群；以中石油西部物流中心、华能集团甘肃分公司等为代表的总部经济产业集群；以莫高国际酒庄、华润雪花啤酒等为代表的轻工食品产业集群；以众邦电缆、宏宇变压器等为代表的先进装备制造产业集群；以兰州汽车城、金阜康汽车销售等为代表的商贸服务产业集群；以兰州交大、甘肃农大、飞天文化产业园和科技孵化园等为代表的科教文化产业集群；以万里、兰飞和长风等为代表的航空航天产业集群；以正威国际为代表的电子信息产业集群；以兰州兴盛源再生资源循环经济产业园为代表的国家“城市矿产”环保产业集群。

【科技创新】2016年，兰州开发区共有高新技术企业28家，研发经费支出65 830万元，高新技术企业从业人员5 941人。分别与兰州交通大学、甘肃农业大学、兰州职业技术学院合作共建科技园、孵化器、众创空间4家。整合经济区现有办公场所，建成经济区5 000平方米的科技孵化中心，入驻企业（项目）20家。举办基金申报、融资辅导等各类培训讲座，为企业争取各类扶持资金2 000多万元，对“新三板”上市的2家企业分别奖励50万元，组织甘肃五谷种业、兰州助剂厂、众邦电线电缆3家企业成功申报省级重点工程实验室。与省内外各大院校、科研院所、企业进行对接合作，全力开展产学研对接和科技成果转化合作。先后与北京科技大学、兰州大学基础医学院等5家院校建立了战略合作关系，与北京中关村生命科技园签订了战略合作协议，在科研成果转化、人才培养、园区管理、信息交流和产业发展等方面开展密切合作。

举办区科技成果展、组织参加兰州市科博会等重点推广活动，全面展示辖区260家企业、19家院校和科研院所141家科研机构的科技创新成果，促进科技成果转化和推广。2016年，申报高新技术企业认证15家、转化科技成果37项（重大成果转化项目14项）、开发新产品28个、引进培育创新创业团队19个、建设创新平台17个。联合甘肃省发改委、省财政厅、兰州新区、兰投等共同设立了2.5亿元生物医药创业投资基金。安排近800万元专项资金用于科技创新建设。举办银企对接会，安排辖区企业与兰州银行、甘肃银行、建设银行、浙商银行、甘肃普高创业投资基金、甘肃兴陇基金管理公司等金融机构进行对接，缓解小微企业融资难、融资贵的问题。

【政策发布】 2016年，兰州开发区为推进孵化器建设，鼓励自建、合建科技孵化器，制定出台《科技企业孵化器及孵化企业认定和管理暂行办法》《入孵企业和创业团队管理办法》。为解决中小企业融资难，鼓励中小企业上市融资，制定出台《关于支持企业改制上市专项资金使用管理办法》。依据已出台的《智库成员聘用管理办法（试行）》《关于进一步加快引进急需紧缺高层次人才办法（试行）》，加快人才引进和交流。

【招商引资】 兰州开发区以精准招商、产业招商、园区招商、节会招商等多种方式，重点围绕国内外知名企业和强势项目开展招商工作，举办了“2016一带一路生物医药产业发展峰会”、“2016新材料产业发展国际高端论坛”等高层次学术论坛，促进了开放合作。2016年，组织外出招商引资大型活动37次，对接企业近300家。新签约项目104个，投资总额384.76亿元；新引进亿元以上投资项目47个，其中机场北高新园区引进亿元以上项目3个。第22届兰洽会省市专场签约项目4个，总投资达32亿元，进入实质开工建设阶段的项目3个，1个项目正在推进前期工作。

【项目建设】 2016年，兰州开发区完成固定资产投资376.48亿元。其中，5 000万元以上项目完成投资132亿元，房地产和跨境项目完成投资28亿元，其他项目完成投资216.48亿元。

西部药谷产业园位于机场北高新园区，规划面积5 194亩（346.27公顷）、总投资23.44亿元，主要建设以现代中药制造为特色、以疫苗生产为重点、以医疗器械制造和保健品生产为补充的全国重要的生物医药产业基地。2016年4月，项目一期开工建设，主要建设31栋单体厂房、热能站及污水处理工程，建筑面积约20万平方米，2016年基本完成13栋单体工程主体建设。在首届中国医药品牌发布会上，西部药谷产业园荣获全国工商联医药业商会“2016投资服务双优园区奖”。甘肃（兰州）国际陆港由兰州开发区主要负责规划指导和园区内项目审批。国际陆港基础设施工程已全面铺开，12条道路全线施工，G309线已完成地勘及方案设计优化。2016年，全区有3个市列重大项目，总投资70.67亿元。其中，西部药谷产业园完成投资3.25亿元，建设工程全面推进；医疗器械生产基地（锦东生物）完成投资3.62亿元，完成厂房钢结构建设和面板铺设工程；兰州盛达广场完成投资6亿元，完成前期土方、基础及售楼中心建设任务。

【绿色集约】 2016年，兰州开发区依据国土资源部《工业项目建设用地控制指标》和《兰州市部分建设项目建设用地控制指标》，设定了工业项目入区门槛，工业项目用地的投资强度为每亩不低于300万元。依据《2016年度兰州经济技术开发区土地集约利用更新评价》，安宁园区工业用地投资强度为每亩314.11万元（4 711.65万元/公顷），工业用地土地税收产出率为每亩21.63万元（324.45万元/公顷），土地闲置率为0，土地集约利用总体水平较高，属于集约利用方式。凡是在区内经营性的工业企业及其他商业用地，一律以“招拍挂”方式有偿使用。在土地管理和土地供应中从严管理新增建设用地和挖潜改造工矿企业存量土地。全区万元GDP能耗为1.93吨标煤，水资源消耗量为653.04万立方米，万元国内生产总值取水量为6.415立方米。

【循环经济】 重点推进红古园区国家“城市矿产”示范基地建设。以兰州兴盛源再生资源循环经济加工产业园为依托，以“废弃—回收—拆解—加工—深加工”模式的循环型产业链条为核心，建设废电线电缆、废家电、报废汽车、废塑料、洁净钢、废橡胶（复原胶）、废纸等分拣加工生产线。重点推进16个总投资14.28亿元的循环经济项目。其中，金霸铝业、雄泰铝业、甘棠铝业、庆丰铝业等项目已建成投产；兰亚铝业（一期）、废塑料加工、报废汽车拆解加工项目正在试生产；在兰州市建成236个回收网点，建成4个再生资源分拣中心；西部再生资源信息交易平台进入调试软件阶段；废橡胶（复原胶）加工再利用项目已建成；废电线电缆拆解、废家电拆解项目正在建设；钢铁洁净钢生产项目正处在基础建设阶段。

【体制机制创新】2016年，兰州开发区启动管理体制和人事制度改革。根据兰州市委、市政府办公厅印发的《兰州经济区关于构建“小管委会、大园区”管理模式及创新人事制度改革实施方案（试行）的通知》（兰办发〔2016〕15号）文件精神，为进一步提高行政效率，推进二级园区加快发展，在管委会机关和二级园区实行岗位聘用管理和全员绩效考核，把事务性管理职能全部下放到二级园区，积极建立“职权明晰、行为规范、运转协调、公开透明、高效廉洁、能上能下、全员聘用”的管理体制和用人机制。在研究制定《向二级园区下放行政审批和管理权限的实施意见》《机关岗位设置方案》《机关岗位聘任（用）管理办法》《各二级园区管委会岗位设置方案》《二级园区管委会工作人员薪酬管理办法》和《二级园区绩效考核办法》6个具体配套方案的基础上，通过笔试、面试、民主测评等环节，2016年11月完成管委会和二级园区工作人员竞聘上岗工作，管委会机关工作人员由原来的264人缩减为78人，70%的工作力量充实到二级园区。同时，最大限度向二级园区下放项目管理、规划管理、建设管理、安全质量监督、建筑节能、招投标、国土资源管理7个方面25项行政管理权限和服务职能，新的管理模式于2017年1月1日起开始试运行。

城投公司是兰州开发区基础设施建设的主要建设主体和融资平台。为增强企业活力，提升经营管理水平，进一步做大做强企业，根据国家、省市有关国有企业改革的意见，对城投公司进行了转型改制。通过开展清产核资、工作人员竞聘和建章立制等工作，初步建立了较为规范的现代企业制度和运行模式，并于2016年10月进入试运行阶段。

2015—2016年兰州经济技术开发区主要经济综合指标一览表

项目	单位	2016年	2015年	增减（%）
开发区生产总值	亿元	246.04	225.98	8.88
第二产业	亿元	138.46	129.76	6.70
工业	亿元	103.81	97.17	6.83
第三产业	亿元	102.08	91.00	12.18
工业总产值（现价）	亿元	516.72	465.61	10.98
高新技术企业	亿元	79.70	50.56	57.63
销售（营业）收入	亿元	987.85	868.65	13.72
第二产业	亿元	440.07	335.11	31.32
工业	亿元	309.72	277.83	11.48
第三产业	亿元	547.78	533.50	2.68
利润总额	亿元	26.78	38.92	-31.19
第二产业	亿元	6.53	6.69	-2.39
工业	亿元	2.50	6.31	-60.38

续表

项目		单位	2016 年	2015 年	增减（%）
区内主导产业及产值					
主导产业	1. 有色金属冶炼和压延加工业	亿元	160.70	117.45	36.82
	2. 电力、热力生产和供应业	亿元	125.90	131.77	-4.45
	3. 金属制品业	亿元	51.90	47.37	9.56
	4. 电气机械和器材制造业	亿元	42.92	38.64	11.08
第三产业		亿元	20.25	32.23	-37.17
进出口总额		亿美元	3.25	0.74	339.19
出口		亿美元	3.195	0.40	698.75
财政收入		亿元	35.02	32.25	8.59
税收收入		亿元	27.91	28.97	-3.66
财政支出		亿元	8.47	3.20	164.69
新批企业数量		家	1 379	1 180	16.86
国家级高新技术企业		家	28	19	47.37
规模以上企业		家	251	204	23.04
科学研究与试验发展（R&D）经费支出		万元	65 830	55 700	18.19
合同外资金额		亿美元	0.13	0	—
外商实际投资		亿美元	0.13	0	—
固定资产投资		亿元	376.48	295.98	27.20
年末从业人员		万人	7.60	6.90	10.14
万元 GDP 能耗		吨标煤 / 万元	1.93	2.19	-11.87
水资源消耗量		万立方米	653.04	937.61	-30.35
单位国内生产总值取水量		立方米 / 万元	6.415	9.85	-34.87
上市企业		家	3	1	200.00
区内建立的创新创业平台		个	11	9	22.22
区内科研院所		家	19	19	0
区内职业教育学校		所	4	4	0

（兰州经济技术开发区管委会）

宁波大榭开发区

【经济发展】2016年，宁波大榭开发区（以下简称“大榭开发区”）实现地区生产总值223亿元，比上年增长9.2%；实现财政总收入120.8亿元，其中财政一般预算收入53.66亿元，增长20%；完成全社会固定资产投资70.1亿元，下降10.1%。2016年规模以上工业总产值485.6亿元。全年新批外商投资企业1家，总投资15.4万美元；合同利用外资2.6亿美元，增长101.9%；实际利用外资1.3亿美元，增长17.2%。完成外贸进出口总额27.8亿美元，增长3%。港口货物吞吐量9 001.6万吨，在宁波—舟山港8大港区中排名第2位。其中，集装箱吞吐量285万标箱，占宁波—舟山港吞吐总量的1/10。现代服务业营业收入1 410亿元，同比增长6%，提前超额完成打造千亿元级现代服务业基地的目标，高新技术产业产值49.68亿元，同比增长11.46%。

【项目建设】2016年，大榭开发区总投资200亿元的一批重大项目全面建成、陆续投产。其中，总投资134亿元的大榭石化馏分油综合利用项目6月正式投产；总投资53亿元的福基石化丙烷综合利用项目12月全面开车成功。大榭石化四期项目完成能评报告修编，馏分油改扩建项目通过中海油集团总部投委会审批。东华能源乙烷一期项目完成公司设立，丙烷二期、聚丙烯等项目基本完成项目布局。华泰盛富炼厂气利用项目获市发改委备案，宁波百地年液化石油气有限公司地下洞库项目完成环评能评报告编制，穿鼻岛开发全面启动，《低碳能源国际贸易中心发展规划》完成国内资深专家论证，港口规划和填海海域使用权招拍挂同步推进。

【招商引资】2016年，大榭开发区与荷兰托克集团、香港碳星集团等若干家世界500强能源贸易企业开展深度合作洽谈，扶持中海油贸易公司做大做强，全年完成原油贸易量1 196万吨，缴纳税收31.7亿元。与中国中信集团公司、中国海洋石油总公司、中国中化集团公司、浙江浙能富兴燃料有限公司、北京汉今国际文化发展有限公司、软通动力公司等重点企业高层互访频率。加大新业态招商力度，全年新引进商贸企业178家。其中，中信文创基金、申银万国证券股份有限公司和中国银河证券股份有限公司营业部等知名企业落户，宁波斯贝科技缸套有限公司、宁波康大美术用品集团有限公司在宁波市股权交易中心挂牌申请获批，速搜物流在“新三板”挂牌上市。现代服务业税收占财政总收入的50%，已成为开发区财政收入的重要支柱。

【科技创新】2016年，大榭开发区聚焦供给侧结构性改革，在全市率先编制“中国制造2025”大榭实施方案。制定实施工业企业单位资源占用产出绩效评价办法。合作设立全省第一家专业海洋科技众创空间。三江购物牵手阿里巴巴构建零售业新模式。推进万华HDI扩建等新材料项目建设，支持环洋新材料与中科院材料所合作。协助三菱化学完成整体资产转让。指导2家企业完成市级创新型初创企业认定备案，1家企业申报省级高新技术企业研发中心，全区企业全年获得国家专利授权119件。创新人才发展平台，推进博士后、院士、专家工作站等高端人才载体建设，招录高校应届毕业研究生10名。

【城市建设】2016年，大榭开发区绿色低碳水平不断提升，获评浙江省新型工业化产业示范基地，继续创建国家级生态工业示范园区，深化国家级循环化改造示范试点园区建设，通过区域环境风险评估专家评审。督促重点排放企业提标改造，落实排污权有偿使用和排污许可证发放新规，完成年度减排任务。推进节能降耗，实施总投资8 000万元的一批节能技改项目。实施“腾笼换鸟”工程，完成年度落后产能淘汰计划。建立环境整治长效机制，深化“五水共治”，加快“海绵岛”建设，完成主要道路“白加黑”改造，开展一桥入口标志、门户区景观美化设计，新增绿化面积3.6公顷，抚育林地3 500亩（约233公顷），空气质量优良率持续保持全市第一。

【智慧城市】2016年，大榭开发区加强智慧城管系统应用，完善城市空间布局。加快榭北化工区封闭式管理前期工作，试行安全服务外包新模式，全年未发生较大以上或社会影响较大的生产安全事故。推行市政养护、园林绿化、环卫保洁等第三方考核制度。编制全区水利工程标准化管理方案，制定防洪防潮修编规划，全力做好三防工作。强化节约集约用地，开展土地集约利用更新评价和不动产统一登记服务，加大地质灾害防治力度。

【社会民生】2016年，大榭开发区做好公租房实物配租、货币补贴和城市生活补贴发放，完成老小区年度改造任务。开通轨道交通直达专线，投用邻里婚庆中心，基本建成松止公园，加快体育公园方案设计，完成榭南标准菜场建设。实施学生膳食补贴工程，开展“阳光体育”、足球进校园活动，大榭银博足球俱乐部荣获浙超甬超联赛冠军。推进高中段委托办学，完成高中段教师分流。调整医院管理团队，成立首个特色“老年病学科”，实施契约式家庭医生服务制。新增就业327人，公益性岗位帮扶就业28人次。加强社保扩面工作，实施“阳光养老贷”新政，户籍人员各类养老保险参保率达97%以上，医保参保率达98%以上。统筹落实救济、救助、慈善帮扶各项政策，健全居家养老服务体系。发挥党员责任组、531帮扶、干部包片联村等机制作用，做深做细新时期群众工作。启动大榭影城建设方案设计，扶持社区特色文化品牌。

【机构设置与管委会领导】大榭开发区设有办公室（政法办、信访办）、纪检组（审计局）、组织部（宣传部、人事局）、总工会、经济发展局、财政税务局、社会发展保障局、规划建设（城管）局、安全环保局、交通局（港口局、口岸办）、投资合作局、国税局、市场监管分局、国土分局、公安分局、检察院、房屋征收办、行政服务中心等部门（单位）；开发区下辖大榭街道。

开发区领导成员为：宁波市委常委，大榭开发区管委会主任、党工委书记马卫光（10月离任，毛宏芳12月起担任该职务）；管委会常务副主任、党工委副书记陈召华（11月离任）；管委会副主任、党工委副书记江国梁；管委会副主任、党工委委员陈旭勤、王志荣、刘黎勇；党工委委员、纪检组组长项瑛；管委会副主任（兼）、党工委委员王雅宁；党工委委员沈才林、黄金国。

2015—2016年宁波大榭开发区主要经济综合指标一览表

项目	单位	2016年	2015年	增减（%）
开发区生产总值	亿元	229.40	226.70	1.2
第二产业	亿元	129.80	117.90	10.1
工业	亿元	128.90	114.30	12.8
第三产业	亿元	99.60	108.80	−8.5
工业总产值（现价）	亿元	505.09	473.50	6.7
高新技术企业	亿元	20.94	18.50	13.2

续表

项目		单位	2016年	2015年	增减（%）
销售（营业）收入		亿元	2 051.10	1 695.30	21.0
第二产业		亿元	389.84	365.20	6.7
工业		亿元	370.10	360.10	2.8
第三产业		亿元	1 661.26	1 330.10	24.9
利润总额		亿元	87.90	82.00	7.2
第二产业		亿元	53.55	30.90	73.3
工业		亿元	50.72	30.30	67.4
区内主导产业及产值					
主导产业及产值	1. 石油加工、炼焦和核燃料加工业	亿元	252.20	221.20	14.0
	2. 化学原料和化学制品制造业	亿元	206.90	210.40	−1.7
进出口总额		亿美元	28.65	27.05	5.9
出口		亿美元	9.67	9.06	6.7
财政收入		亿元	120.90	125.03	−3.3
税收收入		亿元	115.07	120.28	−4.3
财政支出		亿元	43.02	42.85	0.4
新批企业数量		家	231	179	29.1
外商及港澳台企业		家	1	1	0
内资企业		家	230	178	29.2
新批企业投资额	外商及港澳台企业	亿美元	15.40	4.88	215.6
	内资企业	亿元	66.84	47.09	42.0
规模以上企业		家	170	164	3.7
合同外资金额		亿美元	2.63	1.30	102.3
外商实际投资		亿美元	1.29	1.10	17.3
固定资产投资		亿元	70.10	78.02	−10.2
年末从业人员		万人	1.67	1.86	−10.21
万元GDP能耗		吨标煤／万元	1.53	0.75	104.0
水资源消耗总量		万立方米	2 629.30	2 623.70	0.2
单位国内生产总值取水量		立方米／万元	22.32	19.36	15.3

（宁波大榭开发区管委会）

海南洋浦经济开发区

【经济发展】2016年，海南洋浦经济开发区（以下简称“洋浦开发区”）工委、管委会积极应对经济下行压力，紧紧盯住重点工业企业满负荷生产、商贸企业做大贸易额、交通运输企业平稳运营和在建项目加快投资进度，实现经济平稳健康运行，全年完成地区生产总值223.2亿元，同比增长5.5%左右；工业增加值113.7亿元，同比增长1%左右；固定资产投资68亿元，同比增长2.2%，其中社会投资完成54.5亿元，同比增长47.7%；港口吞吐量4 028.2万吨，同比增长3.4%；地方一般公共预算收入27.2亿元，同口径下降4.3%。

【产业发展】2016年，洋浦开发区工业生产稳中有增。强化重点企业生产运营监测，协调保障水、电、气等生产要素，及时解决生产运营中的问题，确保企业满负荷生产。海南炼化原油加工量900万吨，与上年基本持平；逸盛石化PTA产量210万吨，增长7.5%；PET产量100万吨，增长39.3%；金海浆纸木浆产量165万吨，增长9.8%；文化纸产量112万吨，增长4%；生活用纸产量53.5万吨，增长8.5%。

石化产业逐步回暖，企业盈利能力增强。海南炼化全年利润25亿元，增长4.5倍。逸盛石化扭亏为盈，全年利润4 087万元。同时，石化项目投资加快。海南炼化总投资40亿元的聚酯原料（二期）已决策开工建设，逸盛石化新增总投资10.6亿元的50万吨PET生产线开工建设；凯美特工业尾气项目建成，汉地阳光60万吨特种油项目融资瓶颈已破解，山东高速石化新材料项目方案优化已完成，正在加快推进。油储产业效应显现，华信280万立方商业石油储备基地项目6月竣工投油，洋浦油气储备规模超千万立方，成为我国最大的商业石油储备基地。华信控股、中石化（香港）等企业完成大宗商品贸易近1 200亿元，增长20%；批发业增加值达57亿元，增长11.6%。金海浆纸码头扩建和凯森仓储港物流配送中心建成试运营，金海浆纸浆线节能环保技改按期开工，成品油保税库配套码头等项目推进顺利。

【招商引资】2016年，洋浦开发区华信石油储备基地库区二期工程、逸盛石化50万吨高性能树脂新材料改造提升、LNG冷能及分布式能源综合利用、中龙进口木材加工集散等项目签约落地。天津振戎300万吨凝析油加工项目预可行性研究报告上报集团公司总部审核。卡塔尔能源和工业部部长、卡塔尔国家石油公司首席执行官明确就推动龙头石化项目落地来琼访问。中石油东南亚石油勘探设备服务基地、东南亚大宗物资集散基地项目落户保税港区，澳洲肉牛屠宰加工项目明确选址洋浦。

【基础设施建设】2016年，洋浦开发区控股公司完成与海口港航控股资源整合，小铲滩码头12月16日正式开港运营；第二原水管线5月底全线贯通，为开发区重点企业生产用水提供保障；神头港E区华能填海项目一期工程全面完成，为华能热电项目建设提供条件。公共服务和市政设施逐步完善。滨海文化广场可行性研究报告等前期工作已完成，正在开展设计和施工招投标；特勤消防站、综合执法停车场、汽车站主体工程竣工；中心大道和东部生活区横7、横8路等12条市政道路全部建成通车，博洋路路口、瑞洋路、吉浦路北段等5条道路正在加紧施工；保税港区道路等3条道路绿化建设已完成，博洋路、华浦路、新英大道、腾洋路中段等13条道路的绿化正在抓紧推进，三都基础设施显著改善。出台《农村宅基地和村民建房规划建设管理工作实施方案》等文件，进一步规范三都区农村建设。投资6 000多万元，全面启动美丽乡村、生态文明村建设和镇圩污水收集并网工程，完成12个自然村安全饮水工程、6个自然村亮化工程和20个自然村道路建设。建设三都垃圾转运站，加大对镇圩、道路、行政村周边沉积垃圾清理，三都环境卫生状况得到改善。

【社会事业发展概况】一是搬迁安置取得新进展。制定《洋浦经济开发区"十三五"搬迁安置规划》《三都区搬迁安置补偿暂行办法》，保证搬迁安置有规可循。完成海南炼化炼油改扩建项目842户联排安置房分配和保税港区项目88户改签联排房分房工作，兑现了管委会的庄严承诺。安泰公寓(二期)1 284套保障房建成，119亩（约8公顷）安置公寓楼主体工程全部完成，为项目建设创造条件。二是教育、医疗卫生事业取得新进步。积极推进幼儿教育发展，新增530个优质学前教育学位。积极推进义务教育发展，三都学校综合教学楼、洋浦中学"两馆"即将开工建设。完成洋浦医院管理模式转变，收回洋浦医院管理权，面向全国招聘医院领导班子和第一批医护人员，为下一步全面改进和提高洋浦医院医疗服务水平奠定基础；完成4家标准化卫生所建设和3家业务用房改造，基层医疗服务能力进一步提升。计划生育工作进一步加强，人口出生率、政策内多孩率、出生人口性别比全面完成省下达的考核指标。三是精准扶贫取得新突破。按照脱贫攻坚的要求，组织干部职工开展结对帮扶，完成200户贫困家庭建档立卡，做到精准识别。积极推动就业扶贫，认真落实创业优惠政策，切实加大居民就业培训力度，积极引导居民创业就业，全年完成新增就业1 048人，全区居民失业率保持在3.4%以下。积极谋划产业扶贫，筹划黑山羊养殖、光伏发电等扶贫产业，正在与相关企业洽谈推进。落实社会保障兜底扶贫，居民医疗保险参保率达98.93%，实施大病补偿保险，减轻了居民医疗负担；发放教育扶贫资金136万多元，确保贫困家庭子女都能接受教育；发放失耕失渔大米补助2 394万元、老年人口生活补助1 082万元、救助救济金500多万元，保障了困难群众的生产生活。四是社会综合治理取得新成效。深入开展普法宣传教育，为困难群众和农民工提供法律援助，解答法律咨询346件次，维护了群众权益。出台网格化服务管理工作实施方案，完善工委管委会、办事处、村居委会（企业）三级网格化服务管理平台和网格员队伍建设，社会服务管理水平进一步提升。

【改革创新】一是国际能源交易中心8月正式投入运营，发展各类会员122家，登记注册会员企业48家，交易额达45.8亿元。二是开发区被列为海南省跨境电商综合示范区；洋浦口岸获国家质检总局批准，成为海南省首个也是唯一一家国家进口肉类指定口岸。三是积极发展总部经济，扶持延安医药、紫竹星药业等6家注册在开发区内的企业成功上市。四是加快行政审批制度改革，25家直属单位精简127项审批事项，审批效能全面提升；与全省同步实行"五证合一、一照一码"登记制度改革；开发区"多规合一"已由省政府审批通过。五是公交体制改革取得成效。组建国有独资、独立核算的公交公司，38辆新能源公交车2015年10月投入运营，居民出行条件大大改善。

【两委领导】洋浦开发区工委书记李国梁；工委副书记、管委会主任张磊；工委副书记严朝君(兼，任职至11月)、张耕(兼，11月任职)；工委副书记、管委会副主任、政法委书记徐学健（任职至11月)；工委委员、纪工委书记王积权（任职至11月)、符革（12月任职)；工委委员、管委会副主任、洋浦开发建设控股有限公司总经理罗苏平；工委委员、管委会副主任张进；工委委员、组织部部长、人事劳动保障局局长张德昌；管委会巡视员梁博。

（海南洋浦经济开发区管委会）

厦门海沧台商投资区

【经济发展】2016年，厦门海沧台商投资区（简称“海沧投资区”）完成地区生产总值543.66亿元，同比增长7%；固定资产投资（不含农户）430.22亿元，同比增长16.4%；区级财政总收入164.09亿元，同比增长6.3%；区级财政收入34.2亿元，同比增长18.2%。

【产业发展】2016年，海沧投资区完成规模以上工业总产值990.32亿元，同比增长2.1%(现价)；规模以上工业增加值282.75亿元，同比增长2.2%（可比价）。32家年产值5亿元以上企业累计完成产值727.7亿元，其中正新海燕、通达科技等15家产值增长超过亿元。瑞尔特、吉宏股份上市，松霖、威迪亚等11家企业实现“机器换人”自动化改造。佳格、厦烟糖香料、贝姆勒等16个项目开工建设。厦钨新能源、宏发电声、雅瑞光学等7个增资扩产项目竣工，厦顺铝箔等新开工项目进展顺利。卫浴、健身器材、汽车配件等产业领域稳步向高端化迈进。引进盈趣科技、韩国大宇智能停车系统、融创天下等一批高端智能制造实体项目。生物医药产业实现产值169.67亿元，同比增长11.6%。治疗乙肝新药派格宾成为福建省近10年来首个上市的国家一类新药。69个第三类医疗器械产品获批，占全省的84.2%。金达威、大博医疗等龙头企业发展迅猛。启动信息产业园建设，成立厦门半导体投资集团公司，军民融合产业稳步推进，风能达、易备安等多家企业落户。石油交易中心等大宗商品交易市场逐步规范并稳步发展，东南燕都开工建设。建筑业总部加速集聚，中建海峡、筑信工程等8家企业落户，全年完成产值270亿元，同比增长62.65%，以研发、展示、营销为主的住宅产业园建设全面启动。

【创新发展】2016年，海沧投资区有高新技术企业124家，比上年增加21家，同比增长20.39%。高新技术规模以上企业完成产值697.3亿元，占规模以上工业总产值的70.41%。自贸园创新社区取得新进展，一品创客、3W空间等国内知名众创空间17家，孵化面积达30 000平方米，RQ空间被评为国家级众创空间，另有11家被评为市级众创空间。至2016年年底，全区在孵的企业（团队）426家，创客人数2 113人。持续推广“五证合一”“一照一码”等商事登记制度改革，海沧自贸园区新增商事主体2 338家，注册资本352亿元。设立厦门电商跨境监管中心，打造国际化商品展示、批发、零售“一条龙”体验中心。中央电视台《创业英雄汇》节目在海沧举办。全年专利申请量2 224件，同比增长41.39%；专利授权量1 270件，同比增长4.44%；至年底，有效发明拥有量822件，同比增长30.89%。新增主导或参与制定和修订国家、行业标准14项，标准化战略指数全市第一。新增省名牌产品12项、市优质品牌企业10家。19名海外“千人计划”高层次外专项目专家与海沧区达成16项合作意向。新引进28名市重点项目紧缺人才、市“双百计划”等人才，推出首批200套青年人才公寓。

【投资促进】2016年，海沧投资区审批外商投资项目218个，投资总额20.34亿美元，同比增长61.9%；合同利用外资9.17亿美元，同比增长23.1%；实际利用外资2.71亿美元，同比增长8.1%。

【对台交流】2016年，海沧投资区成功举办“乐业两岸·创享未来”青创先锋汇活动，中共中央政治局常委、全国政协主席俞正声出席活动，两岸青创基地被国务院列为典型经验。积极帮助台企解决困难和问题，设立全国首个台湾创业馆，支持台商转型、创业。落实引进台湾人才政策，新增300余名台湾青年落户海沧创业就业。成功举办保生慈济文化旅游节、乐活节、赴台共祭“开台王”、民宿设计大赛等两岸特色交流活动。《开台王颜思齐》获评全国电视纪录片“十优”。全年台湾地区宗亲来访56批859人次，海沧宗亲赴台参访7批496人次。聘请5名台胞担任村（居）主任助理。设立全市首个涉台社区矫正教育安置基地。福建厦门两岸青年创业创新创客基地是大陆唯一一个在自贸试验区设立的青创基地，于2015年6月15日设立，10月15日获国台办授牌。至2016年年底，基地入驻企业294家，其中台资企业76家，台湾地区创业青年及员工200人。

【乙肝新药派格宾上市】9月，厦门特宝生物工程股份有限公司历时14年研发的国家生物制品Ⅰ类新药——派格宾®（聚乙二醇干扰素α-2b注射液）正式获得国家食品药品监督管理总局批准上市。派格宾是中国第一项具有全球自主知识产权的长效干扰素产品，是2016年第一个获批的国产治疗性生物制品创新药，也是福建省近10年来第一个上市的国家Ⅰ类新药，获得30多个国家专利授权，打破国外同类产品的长期垄断，为我国庞大的慢性病毒性肝炎患者提供更具性价比的治疗药物。特宝生物成立于1996年，经过20年的培育，已有1个国家Ⅰ类新生物制品、3个原国家Ⅱ类新生物制品上市，还有4个国家Ⅰ类新生物制品处于临床研究阶段，10余个具有重大市场潜力的候选药物在研。

【马銮湾生态修复】3月，一期工程全面启动，项目面积约17平方公里（其中海沧辖区约9平方公里），包括水域约8平方公里、岛屿约4平方公里及回填区约5平方公里，清淤约2 000万平方米，吹填中心岛等6个小岛面积约415万平方米，陆域回填约363万平方米，分为三个标段进行。项目（一期）建安投资约18.9亿元（不含湿地及过芸溪公园）。

【“台厦蓉欧”快铁班列】4月，“厦蓉欧”班列起点延伸至台湾，形成跨越台湾海峡、横贯亚欧大陆的物流大通道，可将台湾地区与文莱、印度尼西亚、马来西亚等东盟国家与新疆地区及中亚五国、欧洲地区相连接，进一步打通海上丝绸之路与陆上丝绸之路。

【海峡两岸无人机暨智能机器人孵化基地】1月21日，海峡两岸无人机暨智能机器人孵化基地启动仪式在海沧区举行。孵化基地由海沧区政府和一品威客共建，位于海沧自贸园区内，首期启用面积4 000平方米，目标是利用3～5年的时间，在海沧区建设国家级的无人机、机器人及周边产业孵化基地。至2016年年底，共有94个团队签约入驻。

【马青路高架通车】12月21日，马青路高架实现全线通车，标志着海沧的一条交通大动脉彻底打通，成为连接厦门岛、海沧、漳州及龙岩的重要通道。马青路高架桥起于南海一路，终于钟林路东侧，是厦门“两环八射”快速路网中“内环”的组成部分，全长2.85公里，2016年完成投资5.1亿元，已累计完成投资6.6亿元。

【宏发电子产业园】8月部分投产。项目位于生物医药港园区内，用地面积约18.62万平方米，建筑总面积约26.59万平方米，总投资8.5亿元，达产后可年产8 500万只电力磁保持继电器及电表组件、130万只高压直流继电器、60万只传感器、20万只灭弧室、1.8亿只信号继电器、400台（套）非标设备、400台（套）绕线设备、3.5万台电力成套设备。至年底，宏发电子旗下的宏发电器完成产值7 856万元，宏发信号电子完成产值19 681万元，宏发精密机械完成产值3 427万元。

【厦门信息产业创新创业园】3月启动建设。项目总投资5.98亿元，拟建设集成电路设计研发中心，引进集成电路龙头企业，发展产业集群，形成以设计研发、制造、封装测试、原材料及生产设备配套在内的较为完整的集成电路产业链。

【厦门市互联网金融园区（海沧创新园）】5月，厦门互联网金融园区(海沧创新园)一期完工，进入招商阶段。厦门互联网金融园区（海沧创新园）是厦门市、海沧区确定的自贸试验区发展金融、投资等现代服务业重点建设项目，定位是发挥金融资源聚集优势，推动科技、金融、产业融合，发展创新金融特别是互联网金融。至2016年年底，已吸引金泰隆（厦门）互联网金融技术服务有限公司、中国人寿财产保险股份有限公司海沧区支公司、厦门硅谷火炬投资管理合伙企业（有限合伙）等7家企业签约入驻。

【第十二届中国智能系统会议】10月22—23日，第十二届中国智能系统会议在海沧区召开。这次会议探讨轨道机器人控制、无人机编队控制、航天器姿态控制等智能系统的发展，推动我国智能系统相关的控制理论及应用技术的发展。

（厦门海沧台商投资区）

廊坊经济技术开发区

【概况】2016年，廊坊经济技术开发区（以下简称“廊坊开发区”）辖区面积69.4平方公里，规划面积38平方公里，入区企业3 544家，已开发土地面积26平方公里，辖20个行政村（大长亭、小长亭、南营、娄庄、梨园、化营、西柏、大官地、辛庄、韩胜营、上庄头、下庄头、桐柏、乃自房、堤口、堤上营、麻营、后王各庄、小马房、小哲垡），区内总人口近16万（其中农村人口3.9万人，在岗职工5.9万人，大学城师生4.5万人，流动人口1.7万人）。

【经济发展】2016年，廊坊开发区财政收入72.7亿元，同比增长12.3%；公共财政预算收入19.7亿元，同比增长18.6%；实际利用外资4.18亿美元，同比增长21.4%；社会固定资产投资71.2亿元，同比增长17.2%；工业固定资产投资23亿元，同比增长20.1%；技改投资18.6亿元，同比增长32.3%。经济发展跃升到近年来的最好水平。

【体制机制创新】2016年，廊坊开发区用人制度改革取得新成效。在2015年启动用人制度改革的基础上，学习借鉴外地10余家先进开发区经验做法，通过反复推演论证，制定了绩效考核操作办法及系列配套办法，全面实施绩效管理，并在实际操作中加以完善，提高考核的客观性和准确性。积极学习外省市先进地区经验，在河北省率先启动实施中小学体制机制创新改革和全员绩效考核，用人制度改革在全区推开。做实做强投融资平台。开发区建设发展有限公司实体化运作，在开发区公开选聘一名处级干部、3名科级干部脱离公务员身份，作为公司总经理、副总经理和助理，对外招聘公司高层和管理人员，分设5个子公司。设立产业创新发展投资基金，聘请北京经信委政府基金专家做顾问指导，以财政全资投入的产业创投基金为母基金，与社会资本合作设立1只产业投资子基金、2只创业投资子基金，总规模10亿元。深化行政审批制度改革。通过开发建设网上行政审批系统、实行关联审批事项集约化审批、开辟绿色通道、推行全程代办等方式，提升审批效率。对华为公司设立特派办公室，先后解决大到电力供应、小到员工车辆年检等4类28个具体问题。

【大智移云首位产业实现新发展】按照廊坊市委把大智移云作为廊坊发展首位产业的定位，聘请工信部电信研究院编制完成《大数据产业发展规划》。支持华为云数据中心、中国联通华北基地、润泽国际信息港、人保北方信息中心等龙头项目加快建设，引进科大讯飞、京东大数据、一号店、浪潮、腾讯、中关村文创园、HTC等创新型项目。数据中心达到35.7万平方米，整体规模处于全国领先水平。分别被科技部、河北省政府授予国家火炬廊坊电子信息产业基地、省战略性新兴产业大数据产业示范基地、省开发区综合示范试点等3个国家级、省级基地称号，获得大数据产业上级专项支持资金1.4亿元。

【新兴产业发展】2016年，廊坊开发区率先制定出台现代服务业和总部经济30条、高层次人才20条、双创10条促进政策，得到省市领导的充分肯定，“5.18”期间对外公布，并与83万平方米楼宇整体打包、集中推介。先后对接扶持北理工VR产业研究院、HTC加速器、掌网科技、文投集团文创工场等21家北京现代服务业和双创项目，整合盘活闲置楼宇9.2万平方米。服务企业力度加大，开展百企帮扶行动，班子成员和部门主要负责人“一对一”帮扶98家重点企业，建立重点项目全程跟踪推进机制，弹好项目洽谈、合作、落地“三部曲”，推行一张跟踪卡、一个台账本痕迹化管理。与华为公司合作，加快建设开发区政务云、企业云。全面清查并形成386家占地企业情况底册，筛选确定100家低效企业，倒逼二次创业、转型升级。成功对接世界500强辉门发动机，外资项目舒畅汽车、沃尔福刀具、海中信卫星天线等37家企业，总投资25.7亿元。创新活力逐步增强，新增高新技术企业8家，科技小巨人企业19家，市级众创空间2家，市级研发平台14家，市级科技孵化器2家，2家企业技术中心被河北省发改委评为优秀。引进京东跨境电商保税区北方中央仓项目全面开工。

【环境建设】2016年，廊坊开发区以建设美丽开发区为重点，聘请北京甲级景观设计单位的北京古建设计院对开发区进行统一城市设计，实施城区路网、景观、照明、绿化一体化建设，实施艺术大道东延和玉泉路、桐北路等道路工程，79项基础设施工程全面推进，城区功能不断完善。积极争取将开发区高速路以东区域6.1平方公里纳入廊坊市3.0版规划建设用地范围，争取5 000多亩（约333公顷）土地调规，这两项规划已获得省政府批准。全年争取新增建设用地指标1 101亩（73.4公顷），争取全省平仓指标1 022亩(68.13公顷)，争取到600多亩(40多公顷）占补平衡指标，消除闲置土地271亩(18.07公顷)，保证了重点项目建设的需要。实施艺术大道东延、耀华道、友谊路和艺术大道保养及冷再生等工程建设。积极协调供电部门，向国家和省电力公司申请，开发区供电营销分中心正式获批，全程一个窗口直接办理开发区业务，开发区提供2 000平方米办公用房，9月13日挂牌运营，弥补了开发区服务功能，受到企业普遍欢迎。城区管理持续强化，开展农村环境卫生20天大会战、5·18环境整治集中行动，清运积存垃圾80余万立方米，启动建设23座环卫公共厕所。引进北京环卫集团，实施环卫服务市场化改革，优化农村垃圾运输和收集方式，组织开展农村街道柴草堆放“清仓”行动，清理柴草3万立方米，城区环境焕然一新。

【生态环保】2016年，廊坊开发区大气污染防治工作咬定“退十”目标，坚持专家引路，科学治霾，精准治污。每周集中调度，严格落实奖惩问责，实施联防联控，春夏秋冬分类施策。把“气代煤”和“散煤清零”作为一项重大政治任务和民生工程，全体人员放弃节假日，赶时间、抢工期，强力推进。大气平均综合指数6.82（上年8.23），全年同比下降17.1%，比全市低0.29。PM2.5平均浓度63微克/立方米(上年89微克/立方米)，同比下降28.7%，比全市低3微克/立方米，超额完成年度任务，综合排名全市第一，为全市退出倒排前十做出了突出贡献，得到市委、市政府领导的充分肯定。生态环境质量保持稳定。狠抓水污染防治，组织实施凤河、九干渠综合改造，九干渠防洪排水功能全面恢复。南营污水处理厂建成运行，日处理污水1 200吨。热力中心3个热力站10蒸吨以下的25台燃煤锅炉全部淘汰，奋战60天完成3项煤改气工程，安装11台共520蒸吨燃气锅炉，确保生态环境持续向好，还百姓一片蓝天碧水。

【社会民生】2016年，廊坊开发区着力抓好民生实事，积极洽谈引进北京师范大学附属学校、京津冀协同发展研究院落户开发区，北师大附属学校计划2018年9月投入使用。规划设计4所小学，新建医院体检中心、1个社区卫生服务中心和2个社区卫生服务站。启动实施大长亭、娄庄、下庄头村街改造，实施美丽南营建设，从根本上改变村民居住条件。深入开展信访攻坚、维护稳定、安全生产“三大攻坚行动”，全年检查各类企事业单位1 600家(次)。在14个煤改气的村街建立微型消防站，统一配备了微型消防车，每个村招聘6名安全消管员，全天巡查，配备了对讲机等装备。全年未发生较大及以上生产安全事故，食品药品安全事故保持“零记录”。圆满完成全国“两会”、5·18经洽会、暑期安保等重要节点、重大活动的安保维稳任务，保持了社会大局的和谐稳定。

【党建工作】2016年，廊坊开发区扎实推进“两学一做”学习教育，深入学习习近平总书记系列讲话精神，落实政治责任，提高能力水平，狠抓工作落实，做优干事环境。开展庆祝建党95周年系列纪念活动，组织班子成员和部门负责人到先进地区和兄弟县、市、区参观学习，机关干部、政法干警域外学习培训。举办14场开发区大讲堂，培训人员4 000多人次。党风廉政建设深入推进。坚持抓早抓小，从严从快，以“零容忍”的态度惩治腐败。以机关作风整顿为契机，扎实推进“一问责八清理”专项行动。对气代煤、散煤清零行动等工作组织进行绩效检查和纪委专项督查，全力推动工作落实。

【两委领导】2016年，廊坊开发区工委书记、管委会主任王金忠；工委副书记王宁、杨宝骞、高波（挂职）；管委会副主任高波（挂职）、孙绍虎、王保良、肖树华、田景红、王小卫。

（廊坊经济技术开发区管委会）

张家港经济技术开发区

【概况】2016年，张家港经济技术开发区（以下简称“张家港开发区”）完成地区生产总值777.8亿元，同比增长3.4%；业务总收入2 850亿元，增长8.7%；工业总产值1 938亿元；入库税收125.7亿元，财政收入142.4亿元，分别增长10.7%、12.8%；完成固定资产投资211.7亿元。新批外资项目24个，注册外资1.97亿美元，实际到账外资1.04亿美元。完成进口13亿美元，出口68亿美元，进出口总额81亿美元。

【产业发展】2016年，张家港开发区全年签约内资项目10个，其中超10亿元人民币项目3个。新批外资企业14家、增资项目6个，其中超3 000万美元项目2个。区内第一家外资投资总部南方毛纺项目成功落地。玄潭汽车、能华微电子、合志锂电等重点项目开工建设，晶台光电、锐捷光电顺利投产。全年新增主板上市企业2家，累计8家，“新三板”挂牌企业8家，累计15家。(动漫)产业园累计入驻企业80家，张家港电子商务产业园累计入驻企业55家，电商企业集聚度明显提高。

【科技创新】2016年，张家港开发区全年新增国际科技合作项目7项，新增省级以上项目17项，其中，国家重点研发计划1项。新增省级以上企业创新平台12个。5人入围国家“千人计划”答辩，8人入围省“双创人才”答辩评审，2支团队入围省创新团队答辩。获评姑苏领军人才7名，获评张家港市领军型创业人才30名，其中重点项目11个、创新项目4个。人才企业完成销售4.5亿元以上，实现入库税收2 200万元。南京理工张家港工程技术研究院、张家港江苏科技大学技术研究院入围省级众创空间，今园1号成功获批国家级众创空间。

【生态建设】2016年，张家港开发区优化提升办事处城市景观，完成办事处集镇区2 046户生活污水管网改造，完成旺西花苑三期、福东苑一期、西溪花苑二期、塘市花苑四期等29个绿化景观工程，全年新增绿地668亩（约45公顷）。组织编制了杨舍镇镇村布局规划、杨舍镇村庄规划详细设计，“美丽乡村”建设正式启动。对区内违规违建项目进行全面清理，完成11家燃煤锅炉企业整治，淘汰落后企业19家，腾出土地260亩(约17公顷)。实施“洁美家园”行动，对主干道沿线环境、卫生基础设施管理、宅基内环境进行了重点整治，城郊办事处城市管理水平明显提升。

【民生福祉】2016年，张家港开发区加速推进总投资6.6亿元的民生实事项目，新建10家卫生服务站，完成社区卫生服务中心布局调整，新建4家居家养老服务站点，累计达到38家。精心组织开展春节慰问活动，慰问群众4万余户，发放慰问金4 100余万元。全年提供就业岗位17 412个，开发就业援助岗位3 334个，帮助“4050”人员实现就业1 022人。109名特困家庭劳动力实现就业率100%。始终保持“零就业家庭”动态清零。以张家港开发区深化村(居)民自治工作为样本，申报的项目入围第四届“中国法治政府奖”，编撰的书籍《基层社会治理法治化的“杨舍实践”》成功出版，标志着相关工作已从试点探索实践迈向理论提炼推广。

【党建工作】2016年，张家港开发区深入开展“两学一做”学习教育和党员冬训，做到规定动作不走样，自选动作有特色，全年组织“党课讲师团”宣讲活动138场，在全体党员中开展“亮身份、定承诺、做表率、比贡献”主题实践活动；持续深化“三三制楼组党建”“网格化管理”“功能性党小组”工作内涵，把党建触角延伸到每个角落。善港村被评为苏州市先进基层党组织，农联村被评为张家港市十佳基层党组织。深入践行社会主义核心价值观，拓展文明创建范围，持续深化“杨舍榜样”评比内涵，以志愿服务提升、文明家庭创评、乡风民俗引领、书香文化延伸、网格文化繁荣为着力点，促进社会文明和谐。全面推广村（居）民自治，“社区协商——基层法治化的新探索”获评第四届“中国法治政府奖”。

2015—2016年张家港经济技术开发区主要经济综合指标一览表

项目		单位	2016年	2015年	增减（%）
开发区生产总值		亿元	777.84	752.48	3.37
第二产业		亿元	576.58	572.43	0.72
工业		亿元	523.26	522.75	0.10
第三产业		亿元	200.44	179.28	11.80
工业总产值（现价）		亿元	1 938.23	1 893.73	2.35
高新技术企业		亿元	492.38	403.69	21.97
销售（营业）收入		亿元	2 689.33	2 538.30	5.95
第二产业		亿元	1 765.79	1 727.57	2.21
工业		亿元	1 671.47	1 623.63	2.95
第三产业		亿元	923.54	810.72	13.92
利润总额		亿元	108.50	106.35	2.02
第二产业		亿元	81.56	69.81	16.83
工业		亿元	77.23	64.66	19.44
区内主导产业及产值					
主导产业	1. 机械电子制造业	亿元	768.84	706.95	8.75
	2. 金属冶金加工业	亿元	445.71	435.94	2.24
	3. 纺织、服装制造业	亿元	378.47	380.34	−0.49
第三产业		亿元	26.94	36.55	−26.29
进出口总额		亿美元	84.81	86.39	−1.83
出口		亿美元	69.31	67.24	3.08
财政收入		亿元	142.36	126.22	12.79
税收收入		亿元	125.71	113.61	10.65
新批企业数量		家	1 610	1 662	−3.13
外商及港澳台企业		家	24	24	0
内资企业		家	1 586	1 638	−3.17
区内世界500强企业		家	30	29	3.45
新批企业投资额	内资企业	亿元	88.81	67.60	31.38
规模以上企业		家	1 064	1 145	−7.07
科学研究与实验发展（R&D）经费支出		万元	263 230	251 166	4.80
研究与实验发展（R&D）经费投入强度		%	3.38	3.34	1.20
合同外资金额		亿美元	2.17	2.36	−8.05
外商实际投资		亿美元	1.04	2.79	−62.72
固定资产投资		亿元	211.71	199.93	5.89
年末从业人员		万人	18.67	17.65	5.80

（张家港经济技术开发区管委会）

九江经济技术开发区

【经济发展】2016年，九江经济技术开发区(以下简称“九江开发区”)实现工业主营收入1 260亿元，同比增长9.3%；完成财政总收入60.67亿元，增长21.4%；完成固定资产投资290.4亿元，增长17.5%，其中工业固定资产投资246.6亿元，增长24.6%；外贸出口12.58亿美元，增长2%；实际利用内资166亿元，增长66%；实际利用外资2.38亿美元，增长12%。

【项目建设】2016年，九江开发区新引进投资100亿元的泰盛纸品、10亿元的TCL空调等49个重大工业项目，签约资金超过200亿元。新开工巨石二期、爱升线路板、国科军工等项目41个，促成冠力新材料、晟丰环保、广赣源电子等37个项目建成投产。全年新增规模以上工业企业15家。北汽昌河多款车型正式下线，旭阳雷迪产值突破30亿元，瑞智机电全年生产变频压缩机近百万台，智微亚被纳入中国无线宽带产业百强企业名录。

【创新创业】2016年，九江开发区投入1亿多元用于大众创业、万众创新，全年新增高新企业15家，企业专利申请824件、新增授权513件，均创历史新高。九江市首家新兴产业“双创”基地、九江产业技术研究院初显雏形，恒盛科技（创业）园跻身全国50强，微盟创客咖啡入选科技部第二批众创空间名单。新登记注册企业、个体工商户3 000多家，同比增长36%。先后荣获国家级小微企业双创示范基地、江西省专利过千件园区等荣誉。

【城市建设】2016年，九江开发区国家级产城融合示范区获批建设，全年实施城建项目72个，当年完成投资31.64亿元，产城融合进程加速。深入推进港区二期开发建设，全年征收土地1 398亩（93.2公顷）、房屋576栋21.92万平方米。新开工春江路、港兴路延伸线等10个基建项目，实现修水路、爱民路、江边河路等数条道路全线贯通。城西港进口肉类指定口岸获批建设。完成西二路立交桥改造、开发区停车场、月亮湾临江农贸市场改造等一批基础设施或公用配套项目。九江市首个新一代商业综合体联盛快乐城建成开业，上港集装箱码头完成货物吞吐量24.5万标箱，同比增长8.5%。智慧城管平台项目一期投入使用，实现城区12平方公里范围24小时监控。实施边街小巷改造11个，公共绿化管养面积达26.4万平方米，道路市场化保洁面积达250万平方米，城市面貌焕然一新。

【民生保障】2016年，九江开发区全年投入28亿元用于民生事业。完成沿浔二期、前进新村四期、正大一期、城西港区D区等9 409余套安置房分配，解决了2万多居民的住房问题。深入推进义务教育均衡发展，顺利通过国家义务教育均衡发展督导评估；总投资1.7亿元、建筑面积约9.5万平方米的港城中学、区实验学校、区中心幼儿园主体建筑完成封顶，永安中心幼儿园投入使用；新接纳务工人员随迁子女入学300余名，共计1 820名实现就近入学。投入近2 000万元保障弱势群体基本生活，1.36万人从中受益。实施公共卫生服务“五进”活动，2.1万居民、企业员工享受到优质医疗服务，免费救治411名尿毒症、白内障、重性精神病等患者。“全面两孩”政策稳妥推进，人口自然增长率9.78‰，首次荣获“江西省企业计生工作示范县区”。

【大事记】美凯宝科技股份有限公司在北京举行挂牌“新三板”敲钟仪式。2016年1月20日，九江开发区美凯宝科技股份有限公司在北京举行全国中小企业股转系统公司举行的挂牌“新三板”敲钟仪式。美凯宝公司于2015年5月与北京亿丰伟业集团合作进行股份制改造，由亿丰伟业持股80%、美庐公司持股20%，正式更名为江西美凯宝科技股份有限公司，并成功挂牌“新三板”（股票代码为835214）。上市后的美凯宝公司在绿色包装制造领域得到快速提升，新增客户百家，公司通过QS—9001管理体系和技术改造、设备升级，有效提高了企业的核心竞争力，每月销售收入提高近30%。

澳大利亚高粱通过九江城西港首次登陆九江。2016年5月24日，装载着从澳大利亚进口的1 512吨高粱的货轮汽笛长鸣，停泊在九江城西港码头卸货，这是九江港获批进境粮食指定口岸后的首批进口澳大利亚高粱，也是江西省首次进口船运澳大利亚高粱。

中国巨石九江年产12万吨玻璃纤维生产线项目正式开工建设。2016年10月28日，中国巨石九江年产12万吨玻璃纤维生产线项目奠基开工仪式在九江开发区隆重举行。随着巨石九江二期年产12万吨玻璃纤维生产线项目的正式奠基开工，中部地区规模最大、技术最先进的现代化玻璃纤维生产基地将在九江铺开。

【机构设置与开发区领导】九江开发区党工委、管委会下设党群工作部、纪工委（监察局）、人力资源部、商务局、经济发展局、建设环保局、城市管理局、科技发展局、社会发展局、财政局、国土分局、规划分局、审计分局、市场监督管理局、出口加工区管理局、城西港区管理局、汽车工业园管理办公室。

市委常委（9月任）、区党工委书记陈和民；党工委副书记、管委会主任叶心林；党工委副书记淦作乾（任至7月）、黄家杰；党工委副书记、管委会副主任卢友华（任至5月）、李波（任至6月）、谢生（11月任）；党工委委员、纪工委书记张凯；党工委委员、管委会副主任李善云、刘宏、戴炜（9月到任）、刘中原；区党工委委员、党群工作部部长陈晶冰；党工委委员、城西港区管理局局长罗智敏；党工委委员、公安分局局长熊扬慎；管委会副主任刘婷婷（5月到任）；调研员卢友华（5月改任）、戴健；副调研员敖建坤、衷嘉福。

（九江经济技术开发区管委会）

增城经济技术开发区

【经济发展】增城经济技术开发区（以下简称“增城开发区”）2016年实现地区生产总值327.1亿元，同比增长24.13%；工业总产值1 011.2亿元，同比增长11.19%；“四上”企业主营业务收入1 598.4亿元，同比增长73.78%；财政收入79亿元，同比增长19.08%；税收收入69.4亿元，同比增长14.81%；固定资产投资87亿元，同比增长32.87%。

【产业发展】2016年12月30日，广州市政府与富士康科技集团子公司堺显示器制品株式会社在穗签署合作框架协议，堺显示器制品株式会社第10.5代显示器全生态产业园落户广州增城开发区。项目计划投资610亿元，是改革开放以来广州单笔投资额最大的先进制造业项目，将于2017年开工建设，预计2019年9月量产。主要打造显示器、智能TV、电子白板生产工厂，并从事高端显示技术产品研发，主要生产大尺寸8K超高精细影像液晶显示屏幕，年产值近千亿元，将迅速带动形成产业链的集聚，还将带来世界先进技术，促进增城制造业真正实现转型升级。

【侨梦苑建设】2016年11月19—21日，增城开发区承办了国侨办主办的“推进侨梦苑建设工作交流会”，引进高层次华侨华人创新创业项目6个，包括LED光源质量鉴定技术服务平台、加拿大Dragonfly（拽亘弗莱）团队、高功率电容型锂电池、雄兵智驾互联、阿里云创客+基地等项目，预计可实现产销额200亿元，税收10亿元。孵化平台建设方面，完成侨梦苑梦工厂的升级改造和侨梦苑创新中心装修工程，打造集“苗圃—孵化—加速—产业化”全链条华侨华人创新创业服务平台。搭建华侨华人高端技术与属地企业协同创新平台。推动加拿大Dragonfly团队与区内广州华研精密机械有限公司联合研发出高端注塑机，填补了国内直压注塑机领域的空白，促使华研国际市场份额增加5%；促成DAS团队与区内博创智能装备股份有限公司联合开发出新型注塑机，其生产效率比国内外同类产品提高30%；联合百年侨校暨南大学，共建地方产业研究院。暨南大学机器人智能技术研究院与增城珠江钢琴、索菲亚等合作项目预期自动化率将提高30%。完善侨梦苑扶持政策和管理办法。出台《关于实施引进培育高层次华侨华人和创新创业团队“侨智计划”的意见》，着重针对高层次华侨华人创新创业，在资金支持、创业辅导、办公场地、家属就业、子女入学等方面给予大力度扶持。制定侨梦苑项目入驻管理办法，明确项目入驻的条件、程序、考核、监督和管理措施，规范了侨梦苑入驻项目管理的流程。

【招商引资】2016年，增城开发区成功落户富士康第10.5代显示器全生态产业园区、中国汽车技术研究中心、宝盛视光、迪安诊断华南总部、信联总部、力达汽配、新莱福电磁、明匠智能、多轴抛光、雄兵互联、清大绿能等13个项目，总投资约697亿元，预计年产值约990亿元，年税收约46亿元；商事登记企业12家，总注册资本约50亿元。招商洽谈方面，全年共收集汇总招商信息120多项，其中有效项目信息源57项，重点跟进储备红酒产业基地、电动天窗等在谈项目25个。积极跟进开发区内晋丰公司总部、纽恩泰项目销售公司总部的相关信息，争取促成其搬迁落户到开发区。梳理开发区周边及荔新公路两旁的现有空置厂房资源，争取TUV新能源电子检测基地项目落户；摸查、筛选华电项目周边的土地情况，争取数据中心园区的落户。政策出台方面，出台招商引资工作制度、项目投资准入门槛、不履约项目退出办法等产业政策。宣传推介方面，参加或举办2016年广州国际投资年会、世界华侨华人聚焦广州创新创业推介会、上海广州国际汽车零部件基地推介会、增城高端汽车零部件产业园招商推介会、广汽本田公司供货商年中信息分享会。

【土地整合】2016年，增城开发区转变观念，紧紧扭住征地拆迁这个“牛鼻子”，把农民问题摆在更突出的位置。强化项目业主意识，主动与属镇、街、村社对接，破解了困扰开发区多年以来的征地拆迁难题，实现了开发区建区以来首个合作社(巷口村龙丰社)的整社拆迁安置，解决了困扰开发区6年之久的香山大道和永宁大道平交口“断头路”，以及创业大道道路“肠梗阻”问题。主动会同属地镇街开展陂头村新和社约81亩（5.4公顷）土地征用及沙宁公路提升改造工程征地工作，完善巷口村约1 066亩（71.07公顷）征地手续，督促征地村全面移交土地。

土地整理。全年完成珠江钢琴项目二期、新莱福、信联智通、宝盛视光等重点项目共约1 600亩（106.67公顷）土地的平整和清表工作；加紧推进富士康第10.5代显示器全生态产业园区一期2 156亩（143.73公顷）土地的整合工作，项目用地共需完成石方爆破39万立方米，土方挖填660万立方米(其中挖方320万立方米，填方340万立方米)，年内已完成征拆和场地平整工作量的75%。

土地报批。加强与市国土部门沟通，互通信息，充分利用各类资源争取用地指标，2016年，获批复土地4 379亩（291.93公顷），其中，完成使用2015年度指标的开发区道路用地、富士康项目用地等33宗约2 578亩（171.87公顷）用地报批工作；全力推进使用2016年度指标的广州国际汽车零部件产业基地增城园区、马山体育公园等意向项目14宗约2 145亩(143公顷)用地报批，其中9宗1 801亩（约120公顷）已获批复，剩余5宗344亩（约23公顷）土地报批材料已提交市政府。

【园区建设】2016年，增城开发区“三横三纵”等主干道路超过50%已建成通车，永宁大道东段已完成35%，新誉北路新建路段已完成清表准备施工；正在开展创誉路、创业大道二期等6条（段）共约8公里道路工程以及沙宁公路3.2公里扩建升级改造工程建设前期工作。供水、供电、通讯、燃气、电视光纤、排水、排污等市政配套设施正与道路建设同步推进。沙宁公路截污管网工程已完成50%；在建110千伏福耀站配套线路管沟工程、部分重点项目开关房电气设备及线路工程。建成并投入使用集体育运动和休闲文化于一体的开发区体育运动中心。完成8段已建成道路沥青铺设首期工程，17公里长、7.2万平方米的绿化长廊，涵盖3条（段）道路合计8公里的人行道（绿道），12套智能信号灯、5套电子警察系统的交通工程——电子警察系统以及主干道路照明设施等工程。开发区首期农民新社区项目总建筑面积54万平方米主体结构工程、砌体工程、外墙饰面、室内装修、机电安装施工已完成，正推进园林绿化道路工程以及住宅质量竣工验收工作，计划可实现安置1 200户、3 600人。开发区二期员工生活配套区项目已完成立项，新惠路东侧76亩（约5公顷）三期员工生活配套区、人才公寓项目用地已公开挂牌出让工作。

【企业服务】2016年，增城开发区组织企业开展高新技术企业认定申报，智慧广州专项资金、互联网+试点、大数据产业及应用入库项目、广州市汽车及零部件基地专项资金等科技扶持项目和公共服务平台建设专项资金等，为企业创新发展提供动力。助推重点企业上市，目前博创公司已开展股改和筹备上市的前期工作；辅导科利亚、信联包装等项目开展上市前期工作。遴选优质的中介机构，编制开发区循环化改造方案并获得上级主管部门批复同意实施，促进开发区循环化改造和提高资源能源利用效率。

【投融资工作】2016年，增城开发区创新投融资方式，实行开源节流，增加财政收入，保障建设资金供给。争取农发行、国开行等10多家银行的融资支持，力争完成拆迁、道路建设等涉及43亿元的融资额度。通过办理地方政府债券置换银行债务完成10.89亿元借款，减轻了近3年的还款压力。会同区财政局对接完成土地出让金、税收分成结算，实现财政资金到账14亿元，及时衔接全年建设资金链条。做好资金收支计划动态管理，合理调控资金预算。建立资金支付台账，设立审单小组定期审核支付款项。

【党建工作】2016年，增城开发区领导为党员干部讲授“两学一做”的党课，机关各党支部组织党员深入学习党章和党内法规。非公党建工作上新台阶，实现区内57家企业的全覆盖。党风廉政建设扎实推进，机关内部管理有序、高效，机关作风更加务实上进。全面完成对口帮扶永宁街公安村的扶贫工作任务。

【两委领导】2016年，增城开发区党工委、管委会领导成员为：党工委书记张火青；党工委副书记陈勇（8月30日任）、罗思源（8月30日免）；纪工委书记甘正培（8月30日任）、李波（8月30日免）；党工委委员赵国生（8月30日任）、刘棕会（8月30日免）。管委会主任张火青；管委会副主任陈勇（9月14日任）、赵国生（9月14日任）、刘棕会（9月14日免）、罗思源（9月14日免）；增城区委常委邬卫东（9月18日任，分管增城开发区工作，主持增城开发区管委会日常工作）。

（增城经济技术开发区管委会）

嘉善经济技术开发区

【经济发展】2016年，嘉善经济技术开发区（以下简称“嘉善开发区”）完成地区生产总值75.31亿元，增长8.3%；实现财政总收入19.45亿元，增长9%，其中，地方财政收入9.87亿元，增长30.4%；完成固定资产投资71.62亿元，其中，工业生产性投资50.03亿元、服务业投资20.99亿元；完成规模以上工业产值328.67亿元，增长4.8%；规模以上企业利税22.65亿元，其中，利润14.37亿元；合同利用外资2.6亿美元，实际利用外资2亿美元，实际利用县外内资30.2亿元；完成进出口总额105.96亿元，其中出口82.53亿元。

【产业转型】2016年，嘉善开发区晋升国家级开发区五周年。嘉善开发区牢牢把握供给侧结构性改革，全面推进产业转型升级，创新驱动能力不断增强。嘉善开发区全面推进亩均绩效评价，A类企业总数新增11家。浙江华悦木业有限公司入选浙江省时尚及丝绸、黄酒产业第二批重点培育企业名单。成功申报嘉兴市“互联网+工业”示范企业、试点企业各2家。累计实施“机器换人”项目104个，投资总额达55.6亿元，申报嘉兴市“机器换人”特色技术改造项目8个。盘活利用存量用地400.4亩(26.69公顷)、存量厂房11万平方米。完成腾退“低小散”企业71家，腾退总面积685.9亩（45.73公顷）。

【科技创新】2016年，嘉善开发区启动省级高新技术园区创建工作，北京大学创新研究院嘉善产学研合作中心正式成立，申报国家“千人计划”5人、省级“千人计划”7人和创新嘉兴精英引领计划人才6名，申报国家级高新技术企业3家、通过复审3家，申报省级科技型中小企业12家，完成专利申报677件，申报省级著名商标1件、市级著名商标4件。参加嘉兴市第二届“红船杯”工业设计大赛获多项殊荣。

【招商引资】2016年，嘉善开发区主动对接国际产业合作，主攻欧美、荷兰，千方百计引进优质项目，广泛开拓合作渠道，对外的影响力不断扩大。积极推进浙江中荷（嘉善）产业合作园建设，邀请荷兰高柏伙伴规划景观建筑顾问公司进行整体规划设计，先后三次赴荷兰本土进行招商推介，在国内外举办10余场专题招商活动。在“2016中欧城镇化伙伴关系论坛”上，与荷兰国家环保和清洁科技委员会签订务实合作备忘录。坚持以上海为招商主攻方向，大力承接产业迁移，积极搭建合作平台，推进“沪浙毗邻地区一体化发展”，累计赴上海招商600余人次，接待来自上海的客商近千人次。建立嘉善—松江招商协作区，广泛开拓与专业机构、行业协会等中介平台的联系，并与仲量联行、普华永道等国际知名机构开展合作。

【绿色集约】2016年，嘉善开发区主要围绕“美丽建设”，全面推进城乡综合环境整治，补齐生态治理短板。强化工业环保，完成国家生态工业示范园区规划方案编制并向上级部门申报，进一步完善省级循环化改造示范园区创建方案，完成开发区环评规划专家评审工作。落实环保监管网格化管理制度，提高一线发现环保线索能力。基本完成重点行业企业废气达标排放治理任务，加快推进工业企业污水全入网工程，完成工业污水入网51家，其中内部改造企业15家，生态模块10家，4家企业实现清洁生产。巩固“三河”治理，辖区河道全部落实“三级”河长制，实施河道整治19条。开展“清三河”反弹隐患拉网排查行动，加强河道长效保洁检查，强势推进“四边三化”“两路两侧”“三改一拆”等专项整治工作。

【平台建设】2016年，嘉善开发区完成温泉大道主线及连接线征迁工作。完成玉山路大修改造工程，扎实推进中荷产业合作园基础设施建设，启动开发区服务功能配套项目建设，有序实施绿化、亮化、管线、路面等改造提升工程。新增太阳能光伏发电11兆瓦。全面开展320国道、沪杭铁路、沪杭高铁、沪杭高速等主要道路及河道沿线环境整治，其中拆除违章建筑共计150处、10.4万平方米；累计整治“蓝色屋面”彩钢棚115处、34.63万平方米。

【智慧园区】2016年，浙江中荷（嘉善）产业合作园开园、喜力酿酒（浙江）有限公司开业、北京大学创新研究院嘉善产学研合作中心正式运行、豪声电子上市以及全省特别重大产业项目——铠嘉电脑在嘉善开发区顺利建设。索菲亚家居、和新精冲“零土地”技改项目被列为浙江省推进工业企业“零土地”技术改造项目审批方式改革现场会典型参观项目。中节能环保产业园奠基，爱德曼氢能源项目落户。大力发展优质现代服务业，助推特色区中园定制招商。积极推动通用航空产业布局规划选址和接轨上海“东大门”跨区域整体开发。索菲亚家居、阏闼木门等木业家具行业积极实施“互联网＋智能制造”战略，线上销售走在前列。健全网格化管理三级信息采集机制，推广使用“平安浙江”手机服务端。

【社会事业】2016年，嘉善开发区进一步加大社会保障力度，提升各项社会事业，构筑平安和谐社会。开展嘉善县慢性病综合防控示范街道创建和6个村（社区）健康示范村（社区）创建，嘉善第三人民医院获市级无烟单位及市级卫生先进单位。补助残疾家庭29户、特困残疾家庭13户，纳入低保对象8户，临时救助28户，增加低保金额6户，与村民兵连红旗党支部结对1户。发放慈善救助金125 000元，慈善助学17人、发放助学金58 000元。大力开展“全面两孩”政策与优生优育优教宣传服务，落实计生家庭关爱帮扶措施，引入社会机构为计生特殊家庭开展专业化社工服务，举办“天使在身边”计生特殊家庭帮扶活动。推进流动人口卫计均等化服务，梦天木门集团有限公司创建流动人口计生协示范点。提高社会养老服务水平，健康流动车提供孤寡老人上门就诊300多人次，向69位空巢老人赠送智能手机。张汇社区全县首家农村嵌入式照料中心被列入全县养老服务业综合改革试点，推进了居家养老服务照料中心建设，办好老年电大，开展空巢老人情况调研和老年人扫盲活动，办理老年优待证683人。建成全县规模最大的街道社会组织培育发展中心，举办社会领军人才培训班，培育孵化9家草根社会组织。

【党建工作】2016年，嘉善开发区全面贯彻落实党的十八届六中全会精神，扎实开展“两学一做”主题教育活动，推进“双整”活动，召开区（街道）第二次党代会，圆满完成县人大代表换届选举，全面深化落实党风廉政建设责任，巩固基层组织建设，扎实推进“两新”组织党建工作。高质量开展“两学一做”学习教育，扎实推进“整乡推进、整县提升”3年行动计划，各级党组织梳理出“短板”问题385条、整改350条，完成党建先锋廊建设，建成党员先锋站27个，开展各类组织活动52次。发挥党员先锋引领作用，开展各类党员志愿服务活动135次，参与党员人数1 000余人次，服务群众3 000多人。积极开展四方红色联盟和两地报到双岗服务工作，不断拓展深化“两新”组织党建工作。全面落实党风廉政建设主体责任和“一岗双责”痕迹化管理，建立健全责任分解、责任落实、述责述廉等工作机制，督促机关各部门、各条线充分履职、各负其责、齐抓共管，形成抓党风廉政建设的强大合力。

【机构设置与管委会领导】嘉善开发区管委会下设办公室、政治处、招商服务局、经济发展局（服务业发展局）、农业发展局、社会事业发展局、规划建设局、财政局、社会管理局。

嘉善开发区管委会党委书记、主任郁晓凡；党委副书记计建新、徐俊群、钱铁军；管委会常务副主任房广明；管委会副主任张激文、姚斌、杨雷、郑庆华、唐颖杰、王育青。

2015—2016年嘉善经济技术开发区主要经济综合指标一览表

项目		单位	2016年	2015年	增减（%）
开发区生产总值		亿元	379.97	354.46	7.20
第二产业		亿元	206.67	197.64	4.57
工业		亿元	189.75	180.34	5.22
第三产业		亿元	156.16	140.61	11.06
工业总价值（现价）		亿元	1 152.55	1 027.94	12.12
高新技术企业		亿元	244.71	211.24	15.84
销售（营业）收入（规模以上）		亿元	1 054.37	902.59	16.82
第二产业		亿元	852.52	743.83	14.61
工业		亿元	825.83	720.96	14.55
第三产业		亿元	201.85	158.76	27.14
利润总额（规模以上）		亿元	38.46	33.44	15.01
第二产业		亿元	36.54	34.57	5.70
工业		亿元	36.04	34.21	5.35
区内主导产业及产值					
主导产业	1. 化学原料与化学制品业	亿元	144.15	135.72	6.21
	2. 家具业	亿元	103.19	75.22	37.18
	3. 计算机通信和其他电子设备制造业	亿元	87.05	87.45	−0.46
进出口总额		亿美元	32.11	31.32	2.52
出口		亿美元	24.37	23.73	2.70
财政收入		亿元	104.22	79.62	30.89
税收收入		亿元	63.02	57.06	10.44
新批企业数量		家	1 651	1 568	5.30
外商及港澳台企业		家	36	39	−7.70
内资企业		家	1 615	1 529	5.62
区内500强企业		家	10	7	42.86
国家级高新技术企业		家	50	39	28.20
新批企业投资额	外商及港澳台企业	亿美元	10.55	9.59	10.01
	内资企业	亿元	81.27	61.28	36.62
	增资企业	亿美元	1.60	1.37	16.79
规模以上企业		家	776	759	2.24
科学研究与试验发展（R&D）经费支出		万元	116 634	104 227	11.90
研究与试验发展（R&D）经费投入强度		%	3.07	2.94	4.42
合同外资金额		亿美元	6.46	7.22	−10.53
外商实际投资		亿美元	4.82	4.23	13.95
固定资产投资		亿元	27.89	24.89	12.05
年末从业人员		万人	14.33	14.04	2.06
万元GDP能耗		吨标煤／万元	0.406 8	0.410 5	−0.90
水资源消耗总量		万立方米	2 671.51	1 891.78	41.22
单位国内生产总值取水量		立方米／万元	17.307	13.695	26.37
上市企业		家	4	4	0
区内建立的创新创业平台		个	1	0	—
区内科研院所		家	0	0	0
区内职业教育学校		所	3	3	0

（嘉善经济技术开发区管委会）

绵阳经济技术开发区

【经济发展】2016年，绵阳经济技术开发区（以下简称“绵阳经开区”）辖区实现地区生产总值（GDP）211.2亿元，同比增长9%；“四上”企业主营业务收入711.4亿元，增长8.8%；工业总产值658.6亿元，增长10.1%（上述为商务平台数据，以下为统计平台即小口径数据）；区本级实现地区生产总值62.05亿元，同比增长9.2%；规模以上企业实现利润7.43亿元；服务业增加值增速为12.8%，社会消费品零售总额增长率为12.7%，外贸进出口总额1.4亿美元；区本级公共财政收入4.53亿元；全社会固定资产投资实现94.19亿元，同比增长10.4%，其中工业投资43.88亿元，技改投资42.96亿元。

【项目建设】2016年，绵阳经开区重点推进46个项目建设，利尔化学2 500吨化学品生产线技术改造项目等7个项目实现开工，华晨瑞安、旭虹光电等36个工业投资（技改）项目完成入库。预算产业发展专项资金8 918万元扶持重点企业，推进美丰、利尔、双胞胎、旭虹光电等大企业加快发展。协助雪宝乳业、艾萨斯、金鑫铜业等6家企业申请应急转贷8 450万元。助推蜀旺新能源、同路种业等企业实现在资本市场融资。组织蜀邦实业等7家企业通过“园保贷”融资3 470万元。推动基金债券融资，引入日昇基金与四川长虹教育科技有限责任公司形成6 000万元股权投资。帮助重业齿轮等生产困难企业实现回升向好，推进企业平稳运行和正常生产。引导湟恩动物药业、鑫科源环保科技等企业上规模、上台阶，新增规模以上工业企业8家，总数达到96家。

【招商引资】2016年，绵阳经开区完成国内省外到位内资59.17亿元，到位外资3 008万美元，新引进项目62个，协议引资67.7亿元，其中亿元以上项目11个，5亿元以上项目6个。海科会签约项目12个，投资总额6亿元，广西泰格置业开发有限公司投资10亿元的地产开发项目、深圳宏泰电池科技有限公司投资5.3亿元的年产1.2亿安时高能动力电池组自动化生产线和新能源技术研发中心项目签约入驻。全年参加国家、省、市商务部门和投资促进部门组织的境内外各类投资促进活动6次，在珠三角、长三角、京津冀等地独立开展招商活动50余次。荣获绵阳市投资促进系统“投资促进工作先进单位”和“项目促进先进单位”。

【科技创新】2016年，绵阳经开区新认定省级企业技术中心1家，市级企业技术中心3家，总数达到25家。打造文化科技产业园，与西南科技大学特种机器人实验室和成德绵智能制造协同创新联盟、成都众创金融谷签订合作协议。新建孵化器、加速器2.65万平方米，总数达到6个，面积达15.65万平方米。新增科技型中小企业303家，累计达到990家，其中规模以上科技型中小企业8家，总数达到48家。包装推出“两新”项目40个，引进项目22个，培育高新技术企业8家，实现战略性新兴产业产值38.3亿元，实现高新技术产业产值55亿元。完成专利申请量1 362件，发明专利申请量316件，专利授权量918件，专利技术项目实施转化产值增长12.5%。设立电商产业园，已入驻企业100余家，电商交易规模达到4.5亿元，网络零售额3亿元。

【园区建设】2016年，绵阳经开区松垭5

号路完成拆迁投入4 050万元，松垭8号路改造工程进场。完成投资1 000万元的松垭1号路绿地和投资200万元的三江大道绿地一期工程。采取“能源合同管理”，实施恢复松垭镇3条主干道照明工程，安装自建居民小区路灯4 000盏。塘汛北路、F6、F20道路污水管网工程完工，塘汛、松垭污水提升站和松垭污水处理厂投运。加强环境保护，整治木龙河沿线养殖场，结束污水直排历史，强化翥鹤堰、涪翁堰保洁管理，建立完善常态化巡查机制，完成1.25万亩(833.33公顷)、6 633吨秸秆禁烧和综合利用。

【社会事业】2016年，绵阳经开区投入民生工程资金2 595.1万元，完成省级民生工程48小项，市级民生工程28小项。全年建成智能快件箱示范点10处，改造棚户区300户。新增民办养老机构床位200张，新建日间照料中心4家，为433名重度残疾人发放护理补贴33.36万元。建成小区全民健身路径和社区综合运动场，开放中小学体育场馆，1.7万人次参与免费锻炼。免费开放3个综合文化站、12个社区书屋、13个农家书屋，完成“村村响”广播工程，组建群众文化队伍19支，免费放映公益电影160场次。城乡居民社会养老保险参保1.32万人，基本医疗保险参保1.74万人。

【机构设置与管委会领导】绵阳经开区党工委、管委会为绵阳市委、市政府派出机构，机构级别为正县级，党工委、管委会合署办公。内设机构共11个，分别为综合办、党群部、监察局、经济发展局（安监局、统计局）、科学技术局（知识产权局）、住房和城市建设局（环境保护局）、投资促进局、财政局、城乡统筹发展局、社会事业发展局、(食品药品监督管理局)、社会管理办公室；另有直属参公事业单位1个，直属事业单位9个，直属国有企业3个。

绵阳经开区党工委、管委会领导班子成员为：党工委书记毛一兵；党工委副书记、管委会主任赵明君；党工委副书记、管委会副主任陈鼎；党工委委员、纪工委书记张治冬；党工委委员、管委会副主任苏颖、戴顺贵、周世权、朱均、景刚。

（绵阳经济技术开发区管委会）

邹平经济技术开发区

【经济发展】2016 年，邹平经济技术开发区（以下简称“经开区”）全年实现地区生产总值(当年价格)524.6 亿元，同比增长 2.2%；完成规模以上工业总产值 2 526 亿元，同比增长 5.9%；完成规模以上工业增加值 408 亿元，同比增长 1.3%；实现第二产业增加值 424 亿元，同比增长 1.44%；实现第三产业增加值 100 亿元，同比增长 6.38%；实现财政总收入 40.3 亿元，其中地方财政收入 21.9 亿元，同比增长 3.3%；实现规模以上工业利税 129 亿元，同比增长 16.3%；实现规模以上工业主营业务收入 2 201 亿元，同比增长 1.8%；实现进出口总额 24 亿美元，同比增长 14.29%；完成固定资产投资 77.4 亿元，同比增长 13.4%。

【产业发展】2016 年，经开区以纺织服装、涉铝产业、食品医药为主导产业，拥有全球最大的棉纺织生产基地，全球最大的原铝生产基地，全国重要的铝生产和亚洲最大的葡萄糖和玉米油加工生产基地。2016 年，经开区纺织服装产业工业总产值 1 090 亿元，占全区规模以上工业总产值的 43.15%；新型材料产业工业总产值 1 024 亿元，占全区规模以上工业总产值的 40.54%；食品医药产业工业总产值 104 亿元，占全区规模以上工业总产值的 4.12%。

纺织服装产业集群拥有企业 20 多家，以棉纱、棉布、服装、家用纺织品为主，已发展成为全球最大的棉纺织生产基地，2016 年被中国纺织工业联合会命名为“中国棉纺织名城”。纺纱能力 600 万纱锭，织机 4 万台，年产纱 160 万吨，布 30 亿米，服装 1 000 余万件，家用纺织品 1 000 万件（套）。家用棉纺织品基地于 2010 年被评为山东省新型工业化产业示范基地。魏桥创业集团于 2012 年跨入世界 500 强，成为山东省首家进入世界 500 强的民营企业，2016 年位列第 163 位，4 年上升 277 个位次，成功跨入世界 200 强行列。魏桥纺织投资 3 亿元实施了邹魏三园二纺 12.2 万锭智能化纺纱项目，全部选用当今世界最先进的智能纺纱设备，实现了“生产全程自动化”“控制系统智能化”和“在线监测信息化”，极大地提高了劳动生产率。魏桥创业集团推动产品向终端延伸，在打造“嘉嘉家纺”品牌的同时，创立了“向尚运动”服饰品牌，提高了深加工产品的比重和附加值。

涉铝产业集群拥有企业近 20 家，形成了“热电—氧化铝—电解铝—铝材深加工”较为完整的产业链，开创了“铝电网材一体化”“上下游业务一体化”和“全球一体化”产业发展模式，已发展成为全球最大的原铝生产基地、全国重要的铝材精深加工制造基地。具备年产氧化铝 800 万吨、电解铝 366 万吨、各类铝材及合金铝材(铝板、带、箔、杆、棒等)522 万吨、高档铝合金轮毂 500 万只的生产能力。轻质高强合金新材料基地入选山东省首批战略性新兴产业示范基地，是山东省唯一 一个以铝精深加工为主的战略性新兴产业示范基地。铝合金精深加工新材料基地被评为山东省新型工业化产业示范基地。魏桥创业集团成为全球原铝产能最大、海外获取氧化铝资源最早、装备水平最高的涉铝企业。

食品医药产业集群拥有以西王集团、三星集团为代表的企业 10 多家，以玉米淀粉、油脂、结晶葡萄糖、药用无水葡萄糖、果糖、纤维饲料等企业为主，年加工玉米400万吨。食用葡萄糖、玉米油、无水葡萄糖、麦芽糊精的生产规模为亚洲最大，被命名为“中国糖都”和“中国玉米油城”。

【现代物流业快速发展】2016年，经开区以滨州保税物流中心为核心，规划建设了集进出口贸易、保税物流、仓储配送、出口加工、电子商务等功能于一体的现代物流园区，计划用2～3年时间，打造立足邹平、服务滨州、辐射周边的现代物流业发展平台和生产性服务业集聚区。滨州保税物流中心于2014年11月通过国家海关总署等四部委的联合验收，2015年1月正式封关运营。至2016年年底，5 700余票业务顺利通关，货值26.4亿元，业务数量在济南关区同类监管场中名列前茅。中心下属欣力国际物流有限公司自主经营实现代理报关、代理付汇累计482万美元。

【科技创新】2016年，经开区高度重视人才平台载体建设，支持鼓励有条件的企业进行技术中心、工程技术研究中心、实验室等平台载体建设，推动企业提高科技创新能力。截至2016年年底，经开区拥有国家级重点人才平台载体3个，其中，国家级企业技术中心2个，博士后工作站1个。2016年新增省级企业技术中心2个，山东美罗福农业科技股份有限公司企业技术中心、山东齐星新能源科技有限责任公司企业技术中心被认定为省级技术中心。省级科技创新平台载体达18个，其中，省级工程技术研究中心5个，省级企业技术中心10个，省级院士工作站2个，省级重点实验室1个。通过人才平台载体建设，区内企业科技投入不断加大，科技创新意识不断增强。2016年，经开区科技活动经费支出总额15.2亿元，占地区生产总值的比重达2.9%。加强知识产权创新、应用与保护，全年专利申请总量247件，其中发明专利62件，专利授权总量192件，其中发明专利31件。2016年通过认定高新技术企业3家，高新技术企业达13家，实现高新技术产业产值504亿元。

2016年，经开区认真贯彻落实县政府出台的《关于加强高层次人才引进工作的暂行规定》，把高层次人才引进和培养放在首要位置，加大高层次人才引进力度。截至2016年年底，经开区拥有省级以上高层次人才12人，其中“泰山学者”海外特聘专家2人，“泰山学者”特聘教授3人，享受国务院特殊津贴专家1人，泰山产业领军人才3人，其他高层次人才3人。2016年，评选了6名县级首席技师，10名县级乡村之星，并积极申报省市首席技师、乡村之星。拥有省级首席技师4名，拥有省级乡村之星4名。

【投资促进】2016年，经开区共引进项目12个，引进项目总投资93.3亿元。合同外资3 099万美元，实际利用外资18 163万美元。新增注册企业208家，其中新批内资企业208个，新批内资企业注册资本总额16 374万元。全区进出口总额24亿美元，其中出口额6亿美元，同比增长20%；进口额18亿美元，同比增长12.5%。积极参加“山东之夜”和“聚焦山东”等系列活动，引导区内骨干企业与世界500强及行业领军企业战略合作、产业对接。魏桥创业集团分别与力拓集团、三菱商事（中国）商业有限公司签署了全面战略合作协议。世界500强企业的日本住友商事株式会社参股西王国贸项目投资2.8亿元人民币，其中住友出资占比40%，双方出资均已到位，项目正常运营。世界500强企业的光大集团投资4亿元人民币建设环保能源项目，项目已经备案并办理营业执照，各项工作有序推进。围绕世界铝谷建设，经开区相继引进了魏桥铝电公司年产76万吨高精铝板带生产线项目、创新集团公司年产1 000万套高档铝合金电子材料项目、山东铝都集团公司年产80万吨铝合金深加工材料项目、远瑞集团公司高精度超导电子新材料项目等优质项目。

【绿色集约】省级生态工业园区自2015年批准建设以来，2016年进入全面创建阶段。经开区不断加大环保监管力度，加大环保设施改造投入，节能减排取得明显成效。2016年6月，国家工信部、发改委、质检总局三部委联合公布了2016年度能效“领跑者”企业名单，魏桥创业集团旗下的山东宏桥新型材料有限公司、山东魏桥铝电有限公司成功入选全国17家能效“领跑者”企业名单。其中，电解铝行业能效“领跑者”企业全国仅3家，魏桥创业集团独占两家。魏桥创业集团大力实施热电机组超低排放改造工程，已有12台机组实现了二氧化硫、氮氧化物、烟尘三项污染物的超低排放，16台机组实现了氮氧化物的超低排放，6台机组实现了二氧化硫的超低排放。魏桥创业集团实施煤炭等量替代计划，计划在2015—2017年投资150亿元，建设8台60万千瓦超临界抽凝式发电机组，替代现有的30万千瓦以下机组，实现“上大压下”，淘汰落后产能。2016年，8台60万千瓦发电机组正在全面建设中。魏桥创业集团的8台2.4万千瓦机组、6台3万千瓦机组、8台6万千瓦机组厂房和设备拆除工作基本结束。上述机组拆除后，魏桥创业集团在经开区内共计关停小机组22台，总装机容量85.2万千瓦。全面加强煤场扬尘治理。魏桥创业集团计划投资6.5亿元，完成单机容量30万千瓦以上热电厂的煤场全封闭升级改造。目前，煤场全封闭升级改造正按计划推进。魏桥创业集团利用赤泥制砖项目，选用整套进口自动化设备和先进的全厂中央控制系统，自动化程度高，是截至2016年国内最大、最先进的赤泥烧结砖生产单位，也是国内唯一利用赤泥作为主要原料的减排环保企业，实现了各类废弃物全部“吃干榨净”，变废为宝，做到了废水零排放。齐星集团进一步加大环保设施建设投资，热电公司投资8 000万元进行了低氮燃烧系统改造，铝业公司投资900万元改良现有生产工艺流程，外排烟气完全达到环保要求。

【机构设置与管委会领导】2016年，经开区管委会下设党政办公室、党群工作部、农村工作部、财政局、经济发展局、规划建设局、人力资源和社会保障局、综合行政执法局和安全生产监督管理局9个正科级行政单位，以及行政审批服务中心、国有资产运营管理中心、计划生育妇幼保健服务站、水资源管理所、外商服务中心和滨州保税物流中心6个正科级事业单位；另外，县公安局、国税局、地税局、工商局、食药监局在开发区设立了分支机构。高新街道办事处全面负责辖区农村管理工作。

邹平经济技术开发区党工委书记赵伟宏；党工委副书记孙晶；管委会主任赵伟宏；管委会副主任孙晶、滕永利、张玉斌（11月任）、张祥克、刘家龙。

2015—2016年邹平经济技术开发区主要经济综合指标一览表

项目	单位	2016年	2015年	增减（%）
开发区生产总值	亿元	525	513	2.34
第二产业	亿元	424	418	1.44
工业	亿元	416	411	1.22
第三产业	亿元	100	94	6.38
工业总产值（现价）	亿元	2 526	2 385	5.91
高新技术企业	亿元	342	483	−29.19
销售（营业）收入	亿元	2 463	2 326	5.89
第二产业	亿元	2 385	2 271	5.02
工业	亿元	2 201	2 162	1.80
第三产业	亿元	53	51	3.92
利润总额	亿元	89	90	−1.11
第二产业	亿元	87	88	−1.14
工业	亿元	85	86	−1.16

续表

项目		单位	2016 年	2015 年	增减（%）
第三产业		亿元	0.14	0.14	0
区内主导产业及产值		亿元	2 218	2 075	6.89
主导产业	1. 家纺服装	亿元	1 090	1 085	0.46
	2. 新型材料	亿元	1 024	889	15.19
	3. 食品医药	亿元	104	101	2.97
进出口总额		亿美元	24	21	14.29
出口		亿美元	6	5	20.00
财政收入		亿元	40	42.2	−5.21
税收收入		亿元	39	41.7	−6.47
财政支出		亿元	7.1	7	1.43
新批企业数量		家	320	214	49.53
外商及港澳台企业		家	1	0	—
内资企业		家	319	214	49.07
新批企业投资额	外商及港澳台企业	亿美元	0.4	—	—
	内资企业	亿元	90	132	−31.82
	增资企业	亿美元	1.7	3.3	−48.48
规模以上企业		家	133	133	0
科学研究与试验发展（R&D）经费支出		万元	185 776	151 682	22.48
研究与试验发展（R&D）经费投入强度		%	3.5	3	16.67
合同外资金额		亿美元	0.3	2	−85.00
外商实际投资		亿美元	1.8	3.3	−45.45
固定资产投资		亿元	87	77	12.99
年末从业人员		万人	14.5	14.4	0.69
万元 GDP 能耗		吨标煤 / 万元	4.48	4.95	−9.49
水资源消耗总量		万立方米	8 024	6 829	17.50
单位国内生产总值取水量		立方米 / 万元	19.6	16.9	15.98
上市企业		家	9	9	0
区内建立的创新创业平台		个	2	2	0
区内职业教育学校		所	1	1	0

（邹平经济技术开发区管委会）

如皋经济技术开发区

【经济发展】2016年，如皋经济技术开发区（以下简称“如皋开发区”）实现地区生产总值542.5亿元，按可比价格计算，比上年增长11.27%。其中，第二产业增加值完成346.7亿元，可比增长6.86%；第三产业增加值完成181.9亿元，可比增长16.19%；第二、第三产业比例为1.91∶1。财政收入继续保持稳定增长。全年财政收入91.32亿元，比上年增长6.85%；税收收入84.73亿元，增长10.01%。外贸进出口18亿美元，呈负增长。其中，出口总额13.41亿美元，降低20.14%。全社会固定资产投资327.64亿元，比上年增长13.98%。年末千万美元以上外资项目达110个，增幅为11%；5 000万美元以上外资项目15个，增幅为25%；1亿美元以上外资项目7个，增幅为40%；亿元以上内资项目121个，增幅为12.04%。

【产业发展】2016年，如皋开发区全年实现工业增加值302.8亿元，可比增长4.61%。其中，规模以上工业增加值285.75亿元，可比增长14.26%。全年工业总产值1 685.43亿元，比上年增长12.21%。其中，高新技术企业487.77亿元，比上年增长4.73%；工业用电量完成12.35亿千瓦时，同比增长10.17%。初步形成以高新技术产业为主导、现代服务业为主体、先进制造业为支撑的产业体系，主要致力于发展新能源汽车及汽车零部件、长寿生物科技、新能源、电子电气及装备四大新兴产业和纺织服装、数控成形装备等加工制造产业。其中，新能源汽车及汽车零部件制造业为如皋三大主导产业之一，年内获批国家火炬如皋新能源汽车特色产业基地、江苏省新能源汽车特色产业集群。电子电气及装备产业园区建成江苏省最大、苏中地区唯一的金属表面处理中心，吸引了创源电化学、延康汽车零部件、康得新模具等23家规模以上企业入驻开发区。

【科技创新】如皋开发区以“创新驱动、特色发展”为理念，以建设创新型开发区（园区）为发展目标，狠抓人才培育、企业技改、平台搭建。2016年，北京大学协同创新中心、福州大学如皋研究院、江南大学食品生物技术研究所等产学研平台，对接服务项目达200个以上；区内高新技术企业达93家，高新技术创业服务中心8家，创服中心企业321家；全年科学研究与试验发展经费支出达155 737万元，增幅为14.77%，研究与试验发展经费投入强度达1.25%，高新技术产业产值占规模以上工业总产值的46.33%。累计获得国家、省、市科技创新平台62个，驰名商标18个，著名商标41个，授权专利1 344件，科技项目立项124个，万人发明专利拥有量11.2件，积极建设江苏省知识产权试点园区。专业公共服务平台提速发展，中汽中心汽车试验研究所、国家轿车质量监督检验中心、天津汽车检测中心如皋办事处已揭牌运营。

【投资促进】2016年，如皋开发区新批协议注册外资13.04亿美元，同比增长233.85%，期末协议注册外资额490 593万美元，同比增长25.68%。其中，增资额3 500万美元，实际到账注册外资20 900万美元，同比略有下降。期末建成投产外商投资企业172家，同比增长6.17%。新批外商投资企业27家，期末注册外商投资企业308家；新增内资企业注册资本 54.15 亿元，新增注册内资企业 326 家，亿元以上内资项目达 112 个，形成了一、二、三产业良性互动招商新局面。青年亚曼物流车项目、美国赛麟汽车项目、威格电气等 7 家世界 500 强的企业签约落户，引进生活型、生产型配套的功能性平台 6 个。

【投融资服务】2016 年，如皋开发区加大直接融资力度，降低融资成本，国金证券、华泰证券等公司债发行取得突破，永续债、海外债创国内地市级平台首单。与江苏银行合资设立 30 亿元新能源产业发展基金，与中融信托、华领集团等合作设立产业基金及产业链金融引导基金，先后为陆地方舟、东旭科技、英田集团重组、金杯等企业发展“雪中送炭”18.5 亿元。

【绿色集约】2016 年，如皋开发区万元 GDP 能耗为 0.166 5 吨标煤 / 万元，同比下降 14.62%。大力开展“三整治一化解”工作，整治完成 344 个违法违规项目，整改 54 台 10 蒸吨 / 小时以下锅炉，集中化解 15 件环境信访。全面加强农村河道清淤疏浚，切实改善水环境。专项开展农村畜禽粪便污染综合治理专项行动。大力推动国家级示范生态园区创建，完成省级环保、商务、科技等行政主管部门申请。完成“十三五”如皋开发区生态文明纲要（2015—2020 年）编制，指导和引领全区生态文明建设工作。加强环境质量体系认证，完成环境质量体系认证内审和外审。保证重点项目建设，完成开发区土地利用总体规划一般性修改，可用地块面积 1 728.97 亩（115.26 公顷），增加 20%。保障重点项目的落户，完成土地转征收 1 426.02 亩（95.07 公顷）、挂牌出让土地 1 576.38 亩（105.09 公顷）、土地二级市场转让 137.82 亩（9.19 公顷）、存量和闲置土地处置 462 亩（30.8 公顷）、建设用地增减挂钩拆旧复垦 953.8 亩（63.59 公顷）。顺利通过国土资源部 2015 年度土地卫片执法检查，完成开发区 175 个图斑面积 1 904 亩（126.93 公顷）的整改工作。

【智慧园区】2016 年，如皋开发区依托智能科技产业，推动智慧园区建设。推进机器人产业建设，招引和扶持机器人行业领跑者——木业机器人，已经发展成为国内为数不多、能量产商用服务机器人的公司之一。推进产学研合作平台建设，累计实施产学研合作项目 300 多个、创业项目 31 个、创业团队 31 个，与 33 家机构开展合作，进行技术对接 200 多次。推进创新创业平台建设，先后建成国家级科技企业孵化器、省级科技创业园、留学生创业园、知识产权试点园，获省级以上研发机构 57 家，拥有省知识产权管理标准化企业 42 家。发挥电子政务作用，推动政府高效管理。深度开发并正常使用政务 OA 系统，文件的批办、部分事项的申请与审批、最新政策资讯的学习等工作都在网络上进行。推广和宣传门户网站、微信公众号，将微信作为改进作风、推进工作、推介宣传的重要平台。建设和使用智慧环保系统，应用“一厂一档”管理系统，实现污染源相关信息的查询、统计和分析，特别是对企业实行从产生到项目审批、环保验收、环境监察、环境统计和注销全生命周期的动态式管理。加快网络资源共享，科学布置免费 WiFi 发射点，实现政府部门、红星美凯龙、人才公寓、博爱医院、如皋汽车馆等公共场所高速无线上网服务。构建产业展示窗口，利用网络遥控传感技术，在汽车文化馆利用动态特效展示技术，对区内 6 家主机工厂及相关零部件配套企业的产品和近年来的发展成果等进行科普和宣传。

【体制机制创新】如皋开发区强化“一岗双责”，制定出台相关考核办法及制度文件，进一步增强全体党员干部的责任意识，组织开展多项专题活动，营造风清气正的氛围，开展“两学一做”学习教育专题研讨会，进一步筑牢思想防线。强化督查问责，对“三重一大”事项实行规范化、常态化监管，严格执行招投标制度，开展机关作风明察暗访，做到“抓重点、真督查、严问责”。推进依法治区，组织全体党员干部参加“万人学法”活动，增强干部法治观念，严格执行重大决策，规范行政管理和行政执法行为，压降和减少行政争议案件的发生。

强化服务理念，坚持“因您而变”，打造服务品牌。行政审批局成立运行，为企业提供高效服务。设立便民服务中心，方便企业和群众办事。建立村（社区）干部代办、领办、帮办制度。强化市场理念，打造实体化运作公司，成立国资皋开集团公司，下设多家子公司，开展供应链服务、资产处置、工程项目建设等业务，努力实现资源资产化，资产资本化，资本证券化。

【社会文化事业】2016年，在党建方面，围绕建党95周年纪念活动，组织开展“坚定信仰信念·重塑光影经典”影视配音活动，发放党章党纪学习资料7 000本。围绕“坚定信仰信念，保持党员本色”开展专题讨论63场次，井冈山“红色教育·党性锤炼”主题教育实践活动4期，农村基层党员冬训126 000人。在“家文化”建设方面，春节期间举办系列文艺演出，开展4.23“阅读让生活更美好”全民阅读、“奔跑吧，兄弟”微程马拉松、“幸福城北，粽叶飘香”庆端午、“健康生活，幸福城北”百人瑜伽公益展演、才艺大赛及送戏下乡、农民“乐一天”文体艺术节和全民健身运动会等活动，营造“幸福城北，和美经开”的文化氛围。在社会事业方面，全年发放各类抚恤补助金1 300多万元，80周岁以上老人尊老金599万元，慈善救助资金38万余元，慰问百岁老人40名，上门服务老人2 436人次。开发区实验小学特色排舞参加国家级比赛夺得一金一银奖牌，何庄小学被评为“江苏省小学特色文化建设项目学校”。民兵高炮训练比武获得省军区唯一的“命中拖靶奖”“优秀组织奖”称号。

【机构设置与管委会领导】如皋开发区管委会与城北街道合二为一，由开发区党工委、管委会统一行使管理权，由班子领导、纪工委、人大工委、政协工委、工会、妇联及其他办、局、园区、中心等组成。主要设立办公室、党群工作局（人社局）、科技转化创业园、新能源汽车产业园、长寿生物科技产业园、科技和经济发展局、农村工作和社会事业局、政法和社会建设局、财政局、建设局、综合执法局、招商局、行政审批局及环保分局、国土分局、安全监督局等。如皋开发区党工委、管委会领导成员为：副书记（常务）马金华；党工委委员、管委会副主任石兵、郝晓东、赵宏祥、曹汉清、杨飞；党工委委员、纪工委书记丛立新。

2015—2016年如皋经济技术开发区主要经济综合指标一览表

项目		单位	2016年	2015年	增减（%）
开发区生产总值		亿元	542.50	487.57	11.27
第二产业		亿元	346.70	324.44	6.86
工业		亿元	302.80	289.46	4.61
第三产业		亿元	181.90	156.55	16.19
工业总产值（现价）		亿元	1 685.43	1 502.04	12.21
高新技术企业		亿元	487.77	465.76	4.73
销售（营业）收入		亿元	2 634.32	2 326.94	13.21
第二产业		亿元	1 924.87	1 742.58	10.46
工业		亿元	1 852.65	1 665.96	11.21
第三产业		亿元	590.12	584.36	0.99
区内主导产业及产值					
主导产业	1. 新能源汽车及零部件制造	亿元	503.20	407.07	23.62
	2. 电子电气装备及制造	亿元	458.17	374.77	22.25
	3. 纺织服装制造	亿元	265.96	228.01	16.64
进出口总额		亿美元	18.00	21.15	−14.89
出口		亿美元	13.41	16.79	−20.13

续表

项目		单位	2016年	2015年	增减（%）
财政收入		亿元	91.32	85.47	6.85
税收收入		亿元	84.73	77.02	10.01
财政支出		亿元	23.11	46.52	−50.32
新批企业数量		家	1 144	355	222.25
外商及港澳台企业		家	27	25	8.00
内资企业		家	1 117	330	238.48
区内世界500强企业		家	7	7	0
国家级高新技术企业		家	93	93	0
新批企业投资额	外商及港澳台企业	亿美元	13.04	3.16	312.66
	内资企业	亿元	112.31	45.15	148.75
	增资企业	亿美元	0.35	0.26	34.62
规模以上企业		家	1 079	1 021	5.68
科学研究与试验发展（R&D）经费支出		万元	155 737	135 689	14.77
研究与试验发展（R&D）经费投入强度		%	1.25	1.25	0
合同外资金额		亿美元	13.04	3.91	233.50
外商实际投资		亿美元	2.09	2.15	−2.79
固定资产投资		亿元	327.64	287.46	13.98
年末从业人员		万人	7.65	7.07	8.20
规模以上企业		家	1 079	1 021	5.68
工业		家	509	486	4.73
万元GDP能耗		吨标煤/万元	0.167	0.195	−14.36
水资源消耗总量		万立方米	1 883.92	1 826.28	3.16
单位国内生产总值取水量		立方米/万元	3.472 7	3.745 7	−7.29
上市企业		家	3	3	0
区内建立的创新创业平台		个	3	2	50.00
区内科研院所		家	3	3	0
区内职业教育学校		所	12	12	0

（如皋经济技术开发区管委会）

漳州招商局经济技术开发区

【经济发展】2016 年，漳州招商局经济技术开发区（以下简称“漳州开发区”）坚持稳中求进的工作总基调，着力推进供给侧结构性改革，扎实开展“三个建设年和一大攻坚战”活动，推动经济社会平稳较快发展，实现“十三五”良好开局。全年完成地区生产总值 31.43 亿元，增长 10.1%；一般公共预算收入 21 亿元，增长 49.41。其中，地方一般公共预算收入 14.41 亿元，增长 38.2%；规模工业总产值 71.4 亿元，下降 5.47%；规模工业增加值 17.65 亿元，下降 5.38%；全社会固定资产投资 68.16 亿元，增长 31%；出口总额 2.12 亿美元，下降 40.42%；实际利用外资（验资）0.55 亿美元，增长 5.77%；社会消费品零售总额 6.55 亿元，增长 8.13%。

【体制机制创新】2016 年，漳州开发区设立区行政服务中心，政务服务能力持续提升；加快电子政务平台建设，推进“网上公告、网上受理、网上审批”，推广远程审批和网上许可进程，降低企业行政成本；认真梳理各类行政审批和公共服务事项清单，积极探索理顺权责清单、简政放权新模式，放管结合，不断提高行政效率。

【区域建设】2016 年 7 月 21 日，厦漳城际铁路环线 (R3 线) 项目投资建议书暨工程可行性研究报告经管委会审批通过；双鱼岛建设方面，全年实际完成投资 2.13 亿元，市政一期工程、市政绿化一期工程、海梦湾等一批项目完工，首个开发项目碧海银滩一期投入试运营，旅游码头、游艇等项目工作取得实质性进展；控规方案获集团批复；主题娱乐项目启动策划设计研究，明确生命主题及项目开发定位，完成“生命巨人”形象初步构想。此外，通过大量沟通协调和技术论证工作，填海工程用海顺利通过验收。土地换证形成多种换证方案，基本解决经营性用地自行开发补差价获取问题，为推进全面开发奠定基础。与此同时，重视双鱼岛品牌建设，成功在开发区引入“2016 中国经济媒体领袖春季峰会”，双鱼岛项目还荣获住建部颁发的“2016 责任地产文旅品牌项目”奖。

【园区文化】2016 年，漳州开发区中白工业园缔结为友好园区并开展交流互动；主动承接自贸区辐射，加快融入厦漳同城化步伐；围绕双鱼岛旅游开发，策划推出“热岛行动”，打造海梦湾度假营地，策划举办双鱼音乐节、露营大会、杨梅文化节、啤酒节、国际魔术节、国际风筝节、新春喜乐汇、区庆文化周等 13 项大型活动；杨梅文化节入选“最美中国榜”的首批最具影响力特色节庆奖，卡达凯斯入围“倾心 600”旅游设施基地。2016 年吸引 151 万人次入区旅游，同比增长 77.65%，旅游收入 33 120 万元。入区旅行团 1 015 个，同比增长 142.24%；团队游客 53 017 人，同比增长 175.58%。

【投资促进】2016 年，漳州开发区产业转型实现跨越。全力抓好“三去一降一补”五大任务，产业结构更加优化，第三产业增加值同比增长 16.1%，在三次产业中增长率最高。全年共引进华为云服务平台、智能汽车小镇等 24 个产业项目，总投资近 125 亿元，项目涵盖互联网 +、商贸服务、医药食品、先进制造业等高端产业业态，产业转型升级取得新跨越。

2016 年，漳州开发区以港航物流供给侧改革为抓手，积极探索港口业务发展新模式，拓展海铁联运业务。江西赣州、南昌铁路局、开发区码头签署合作备忘录，依托港口资源优势和铁路货运优势，以铁路为合作桥梁，建立内陆与沿海口岸检验检疫局联合检疫的新机制，开通开发区码头进口木材、粮谷饲料(集装箱)经铁路直通赣州国际港业务，这也是闽赣两省港口间的首次合作。全年完成港口货物吞吐量2 841万吨，完成集装箱吞吐量34.6万标箱，与2015年基本持平。

【投融资建设】2016年，漳州开发区加快推进产融结合，设立规模9亿元的产业引导基金，首只产业子基金生态智慧创投基金完成注册，参与福建省现代服务业百亿元基金；与招商资本在特色园区开发、资产证券化等方面签署合作协议。积极推进PPP运作模式研究，推动PPP项目实施方案加快落地。引进福建招科高智等创新项目，加快打造“双创”示范基地。智慧城市建设稳步推进，大数据中心、地下管网、智慧规划等子项目已完成建设并试运行，公共区域无线网络实现全覆盖。

【智慧园区】位于招商漳州开发区三区的“招商局•芯云谷”项目规划范围42.22万平方米，总建筑面积约53万平方米，是招商漳州积极落实“产融结合、产城联动、产网融合和科技创新”的重要举措，是招商漳州产业转型、着力培育泛信息化产业的首发项目，也是布局“一区多园”的启动园区。其中，项目一期总建筑面积14.18万平方米，于2016年12月28日开工建设，预计项目整体将在2019年内全面建成。“招商局•芯云谷”是以生态、人文、智慧为理念，率先在福建区域内打造的以泛信息技术服务产业为主导，以低密生态、商务公园、智慧科技、产城融合为主要特征的中国第四代产业综合体。它以软件信息服务、物联网、数字文化产业为主导，融高效工作和舒适生活于一体的微型生态智慧城。项目建成后预计将吸引上千家智力密集型企业入驻，超3万高端产业人口在此就业，产值规模达数百亿元。该项目获得“2016年中国十大最值得期待园区”和“2017年最具投资价值产业园区”两项殊荣。

【产业发展】2016年，漳州开发区实现营业收入56 576万元，同比增长47 359万元；净利润39 076万元，同比增长12 419万元。其中，土地业务全年实现收入47 791万元，同比增长44 572万元；物业出租业务全年实现收入3 654万元，同比增长681万元，可出租物业面积13.45万平方米；土地出租业务全年实现收入1 950万元，同比增长816万元，可出租土地面积43.69万平方米；代建工程业务全年实现收入3 181万元，同比增长1 299万元。

【园区服务】2016年，漳州开发区实现收入2 235万元，同比增长1 797万元。园区服务业务为2015年4月新增业务，2016年新承接8个项目，累计物业服务面积93.43万平方米，同比增长68.64万平方米；净利润534万元，同比增长532万元。供电业务方面，由于区内企业开工不足，大工业用电量减少，售电端政策性调价，售电价格下降，全年实现售电量22 202万度，同比减少1 779万度，下降7%；实现收入14 006万元，同比减少1 934万元；净利润1 113万元，同比增长193万元。酒店业务方面，全年平均客房入住率49%，同比下降14%；入住客房25 108间次，同比下降14%；实现收入2 176万元，同比减少144万元；净利润26万元，同比增长243万元。

【绿色集约】2016年，漳州开发区制定2016—2020年生态建设规划，开展生态建设项目13个，实施山体复绿，半山片区生态复绿工程竣工，完成边坡复绿面积近30万平方米，绿化造林面积838亩（55.87公顷），“花化美化”改造提升道路沿线绿地面积约12万平方米；推进黄金海岸二期、绿道总体规划、卓岐内湖综合整治等工作；完成南鼎山旅游项目开发，加快香山湿地公园、南炮台海防长卷等景观项目建设。开展“清水蓝天”等专项行动，落实最严格水资源管理制度，实施环保监管，征收排污费230余万元，淘汰黄标车186辆，大气

PM2.5 优良率达 99.65%，居全市前列；制定全市最严“七个严禁”“九项措施”，开展 24 小时渣土车专项整治；强化“两违”治理，腾出土地 1.25 万平方米。

【招商引资】2016 年，漳州开发区引进内、外资项目 212 个（含增资项目 14 个），截至 2016 年年底，累计引进项目 1 266 个。其中，内资项目 1 176 个，外资项目 90 个。全年招商引资项目合同资金总额 3.98 亿美元。截至 2016 年年底，全区累计引进项目合同金额 62.79 亿美元，招商引资项目累计实现到资 58.89 亿美元，其中，外资项目到资 11.92 亿美元，占到资总额的 20.25%。此外，漳州开发区围绕产业升级引进高优产业，重点引入文创、科技、旅游、医药、现代服务业等与 5 个百亿元产业相关或配套的高端产业项目，形成产业集群。全年共引进华为云服务平台、智能汽车小镇等 24 个产业项目，总投资额近 125 亿元，“项目引进年”成果丰硕。

【城市建设】融入厦门港南岸新城建设，着力推进城市道路、边坡防护防洪排涝、重点片区等专项规划。2016 年基建计划项目共 103 项，完成投资 4.822 亿元。竣工项目 20 个。构建“四横三纵”主干路网，形成区内四通八达的交通体系。重点推进城市防洪排涝、边坡防护等防灾减灾项目，2016 年半山片区护坡工程和 2 号山及鼎仔内山北侧护坡工程建设完成，边坡防护面积总计约 261 146 平方米；大径东片区护岸工程建设完成，建设护岸总长 1 400 米；持续推进寨山七路排洪沟和白沙排洪沟工程的建设。提高保洁养护费用标准，将道路保洁水平总体从三级养护提高到二级养护，提升日常绿化养护标准。城镇建设步伐加快，2016 年共投入社区建设资金 33 391.737 万元，全面推进城镇化建设。

【社会管理】2016 年，漳州开发区进一步完善临时救助、医疗救助、慈善救助等帮扶体系，加大对低保、残疾等特殊对象的帮扶力度，制定《低保扶贫对象脱贫帮扶的实施方案》，出台《完善开发区居民医疗救助体系实施方案》，完成城镇居民医疗保险缴费工作，参保覆盖面达 100%；加大住房保障力度；完善《开发区临时救助操作办法》，进一步完善社区居民的保障体系。组织开展“和谐家庭”“好婆媳”评比活动，在全社会形成向上向善、诚信互助的良好风尚。

2016 年，开发区累计投入教育、卫生、文化事业资金 1.5 亿元。实施新校建设、旧校配套项目 7 个，社区公办幼儿园全覆盖，新增中小学、幼儿园学位 925 个，共 3 315 人享受 15 年免费教育；全面完成城镇居民医疗保险缴费工作，出台医疗救助体系实施方案，梳理医疗救助对象 536 人；第一医院二期综合大楼开工建设。

漳州开发区严格落实安全生产责任制，全年开展安全检查 160 家次，持续开展道路交通安全综合整治，社会治理不断创新，采取自治与专业管理相结合，创新社区管理模式；探索推行数字化城市管理新模式，提升市容管理水平，确保全区社会治安安全稳定。

【文化建设】“魅力厦门湾”微电影大赛圆满落幕，福建省最大的室内影视拍摄基地——海峡两岸影视制作（漳州）基地一期工程 8 000 平方米的一号棚在漳州开发区建成，东南亚文化旅游风情街项目正式启建。文化出版方面，2016 年，《厦门湾南岸报》共编辑出版 38 期，发行 29 万多份；《双鱼岛》杂志发行 6 期，印发 4 800 本。《一周新闻》开辟了“美丽城市共同缔造”和“两学一做”等 7 个专栏，共制作新闻 50 期；发布稿件 530 余篇，时长 850 多分钟，拍摄制作宣传片、专场 10 个，时长 800 多分钟，在漳州电视台播出新闻 105 条，播出公益宣传片共 25 集，宣传标语 1 900 多条次；门户网站、OA 新闻中心发布信息超 2 500 条次，同比增长 18%，图片超 8 000 张；网站日均点击率达 4 200 多人次，同比增长 40%。2016 年首次与央级媒体新华社、省级媒体福建日报建立深度合作关系，为对外宣传和品牌营销打下坚实基础。

【党建工作】认真学习贯彻党的十八届六中全会和习总书记系列重要讲话精神，深入开展

"两学一做"学习教育、"创造价值，争创一流"主题实践、"四风"整治问题"回头看"等系列活动。规范实施党委中心组理论学习制度和党委会议事制度，推动作风建设常态化、制度化。深化机关效能建设，践行"马上就办"、真抓实干，大力整治"庸懒散拖"，对重点工作量化细化，立项挂牌督办。深入落实中央八项规定和招商局集团九项措施，"三公"经费支出下降4%，实施公车制度改革；持续推进政务公开，主动公开政务信息316件，着力建设阳光、透明、法治型政府。行政监察和审计监督等工作力度持续加大，加强纪律建设，启动问责程序。

（漳州招商局经济技术开发区管委会）

泉州经济技术开发区

【经济发展】2016年，泉州经济技术开发区（以下简称“泉州开发区”）完成GDP136.33亿元，同比增长8.2%；工业增加值120.56亿元，同比增长8.5%；一般公共预算总收入12.75亿元，同比增长1.1%；一般公共预算收入7.12亿元，同比增长29.7%；第三产业增加值15.77亿元，同比增长6.5%；全社会固定资产投资20.35亿元，同比增长21.04%；社会消费品零售总额51.18亿元，同比增长9.1%；实际利用外资（验资口径）6 342万美元，同比增长42%；外贸出口53 512万美元，同比增长8%；财政收入12.67亿元。全社会固定资产投资增速居全市第一，外贸出口增速居全市第二，实际利用外资（验资口径）已提前5个月完成年度目标。

【投资促进】2016年，泉州开发区省、市在建重点项目15个，已投资14.5亿元，超时序进度8.28个百分点，位居全市前列，25个重点技改项目有序开展，已超时序进度完成目标计划。推进企业重整。顺利引进香港昊天投资公司重整诺奇公司，诺奇公司成为全国首例成功重组的H股企业，并形成了企业应用重组制度化解危机的标准和模板，央视、省政府《今日福建》等各级各类媒体给予重点宣传报道。同时，从资金奖励、人才引进等方面对已成功重整的诺奇公司“扶上马，送一程”，帮助企业提高盈利能力，尽快复牌交易。复制推广诺奇重整成功经验，对产品市场好、技术工艺先进、发展潜力大等有救助价值的企业实行“一厂一策”，支持多家企业股权调整、产能变换、资产重组，帮助企业重获新生。

加快腾笼换鸟。建立腾笼换鸟企业退出机制，实施储备用地控规调整，通过厂房改造、收储、调整容积率、二次招商等方式，扎实推进存量空置土地和低效利用厂房资源的收储盘活，10多宗土地成功置换对接市二实小（开发区校区）、职工文化馆、舒柏锐等优质投资项目。依托开发区产业基础，制定有吸引力的政策，吸引一批新的出口主体进区落户。

加大政府投资。采取PPP合作、工程量质押等新型投资方式，加大政府资金投入，发挥政府性投资项目的引领示范作用，增强企业发展信心。官桥园区进区大道灵活采取了以完成工程量质押的方式，在保证国有资产绝对安全的情况下，安排国企资金暂借给承建方，由承建方支付银行利息，确保工程按进度推进。

促进投建投产。组织开展百个项目投资、百亿元项目招商、百日攻坚会战活动，依法依规妥善解决征地拆迁历史遗留问题，满足项目用地需求，为友臣食品、三星电控、东南医药、汇通、至和、宇恒等项目开工建设创造条件，加快企业项目落地投产达效。政府性项目推行“四控二罚”工作机制，发挥政府性投资项目的引领示范作用。德泰路改造提升、官桥园区进区大道等项目顺利完工，15个市级在建重点项目1—12月完成年度计划投资的108.28%。

【投融资服务】2016年，泉州开发区一是壮大场外资本板块。按照泉州金融改革先行区建设总体部署，围绕完善功能、护航企业、做优服务的工作主线，从金融人才引进、企业改制、股权交易等方面出台政策，股权交易中心吸引各类金融要素集聚，三个“金改”平台持续做优做强，吸引力、影响力不断提升。至12

月底，新增挂牌企业95家，累计推动502家企业挂牌；新增融资18.16亿元，累计实现融资金额32.76亿元。创新金融产品，开发设计节能量、债权、林权、海域使用权、碳排放权等要素质押直接融资产品，拓宽企业融资渠道。二是创新企业融资服务。推进订单融资，善用开发区产业基金，封闭式运作国企资金，尝试投资购买根据企业订单量身定做的理财产品，加大对高新企业的风险投资，增强政府对企业控制力，实现国企资金保值增值、优质企业得到帮扶发展，已利用产业发展基金正式投资1 000万元参股锐驰科技公司。加快路演平台建设，推动线下路演和投融资有效对接。继续做大小微债(贷)业务规模，建立“领投+跟投”机制，强化直接融资与银行间接融资有机结合，为小微企业提供快速、小额、短期、安全的融资服务。完善出台优惠政策，促进企业更大规模的直接融资。三是提高资产证券率。“一厂一策”支持企业加快改制上市步伐，逐家制定扶持措施，在手续办理方面提供个性化服务，在资产重组和券商服务等关键环节及时给予支持。2016年，已推动4家企业启动股份改制，10家企业列入省级重点上市后备企业、14家企业列入市级重点上市后备企业和场外挂牌后备企业，名品电子与艺达电驱动成功登陆“新三板”，东南光电被列入“新三板”创新层企业。四是化解金融风险。及时制定金融风险防范化解工作方案，多次深入企业、银行，摸清每家银行不良贷款、逾期贷款、关注类贷款企业清单，研究协商风险企业化解措施。

【供给侧改革】2016年，泉州开发区认真落实创新驱动发展战略，引导企业加快供给侧结构性改革，推动产业加快向中高端迈进。一是更新产业理念。围绕管理机制、产业发展、产城融合、招商引资等重点内容，组织干部赴广东、贵州等地学习考察，消化吸收全国各地先进开发区的成功经验做法。围绕新一轮技改、智能制造等重点内容，组织企业家到菲律宾、江苏等地考察培训，引导企业家更新转型升级发展的理念。二是更新产业技术。出台精准扶持政策，深入实施智能制造、提升质量品牌、发展服务型制造等3个专项行动，推进新一轮技改，推动“数控一代”由点及面全面推广。19个区级重点技改项目和6个市级重点技改项目超时序进度完成目标计划。三是更新产业版图。安排3 000万元支持“鞋业互联网+智能化制造基地和个性化穿戴设备定制平台”项目，后续总计将筹集2亿元资金，并安排500亩（约33公顷）土地建设鞋业个性化智能制造专业园区；2.5产业园和圣弗兰产业综合体已有名鞋库电商等30多家企业入驻，网商（虚拟）产业园核准入驻企业1 000多家，工业设计、现代物流等生产性服务业和互联网经济集聚发展，大力构建以“互联网+”、生物医药、新能源汽车等产业为主的新兴产业版图。四是更新营销模式。出台优惠政策引导支持纺织、鞋服等传统产业深化电商应用，特步公司成为全国“两化”融合示范企业，九牧王入股韩都衣舍携手推广销售男装品牌，海泰克、道诚2家电子商务公司成为市级电子商务示范企业，锐驰智能家居、电子信息综合提升工程等“互联网+”项目有序推进；成功举办第二届汽车文化节，现场成交额达1亿元。

【民生保障】2016年，泉州开发区与市教育局合作建设市二实小开发区校区，扎实推进“六个专项治理”，严格落实信访“路线图”，切实维护全区安定稳定。采取有力措施，扎实稳妥推进黄标车淘汰报废工作，提前125天超额完成2016年黄标车淘汰任务，进度位居全市第一。推进“明厨亮灶”示范街、示范店、示范校建设，强化全区食品药品安全，打造食品安全严管街。开通“美丽开发区”微信公众号，成立环境巡查队，24小时受理及处置群众投诉举报道路环境问题。加强与市第一医院、市中医院的医疗协作，优化基层卫生资源配置，实行基本公共医疗网格化服务，提升园区基本医疗服务水平。建设24小时自助图书馆，开通文化惠民微信平台，不断丰富群众生活，全面构建拴心留人的创业环境，提升群众获得感。

【新园区建设】2016 年，泉州开发区坚持以点带面、整体推进，以基础建设、招商引资、筹融资等为着力点，持续推进官桥园区建设，加速培育新增长极。一是引进重点龙头企业。充分利用 6.18、9.18 等平台，发挥招商服务中心作用，大力开展上门招商、敲门招商，成功引进三星、美人桥、联东 U 谷、宝湾物流、保利协鑫、澳都制衣等行业龙头企业，储备意向入驻项目 34 个，区域经济集聚区加速形成。二是扎实推进征地拆迁。积极协调省、市相关部门有效解决农转用报批简化、征地手续办理等问题。协调晋江、南安周边村镇组成由村镇主要领导为成员的工作小组，专职负责对接官桥园区征迁工作，推动美人桥等项目“批而未供”土地有效解决。三是多举措筹集建设资金，成功申请福建省第二批次债券置换资金 9 820 万元，下柜园区建设资金 8 亿元，确保园区建设项目实施进展顺利。

【服务管理】一是“三段服务法”。泉州开发区在招商引资段、项目促建段和企业服务段，积极开展“敲门找项目”活动，促进闲置空置厂房有效对接优质项目，安排专人垂直服务，为企业提供专业指导，并加大企业科研经费补助力度，营造更好的招商引资环境和发展环境。二是“上门服务法”。设立上门服务企业中心，开通政务快递服务专线电话，24 小时接听，一个工作日内上门服务，对所有列入省、市、区的重点项目开辟“绿色通道”，指定专人提供“月嫂式体贴服务，快递式上门服务”，为项目建设提供优质高效的审批服务。三是“清单服务法”。推进清单管理服务，制定权力清单，亮出责任清单，试行负面清单，明确监管清单，推行“审批备案制”和“当天办结制”，实现了不需要现场勘察的审批服务事项全部压缩在 3 个环节以内、审批时限压缩在法定时限的 18.8% 以内，当场即办率达到 87% 以上。

【党建工作】泉州开发区根据区内以非公企业为主体的实际，围绕打造园区党建特色区和政商关系“亲”“清”模范区，扎实开展“两学一做”学习教育，提升基层党组织服务发展、引领发展的能力。推行“三明三重三要”机制，全面落实党风廉政建设两个责任。建设园区党群活动服务中心，创新“片区联建、企业互建、小组帮建”的党建机制，大力推广“党支部 + 技术中心”模式，有效提升非公企业党组织凝聚力、战斗力。

【人才服务】泉州开发区重点引进生物医药、电子信息等高新技术人才，以人才带动项目，以项目推进产业转型升级，列入国家“千人计划”的曾福泉博士研发的“液体色母”产品，技术水平填补了国内空白，达到国际领先水平，成功实现产业化，迅速占领了国内包装市场。深入开展“亲清润泉商、促进两健康”活动，真正做到行使权力依法依规、服务企业理直气壮，全面构建政务清明、界线清晰、风清气正、关系清雅的政商环境。

【科技创新】泉州开发区牢固树立五大发展理念，以建设腾笼换鸟、智慧管理、人才集聚、高效服务、金融改革“五个示范区”为抓手，推动经济社会各项事业快速发展。截至 2016 年年底，全区共有各类市场主体 6 060 家，注册资本总额达 230 亿元，形成了纺织鞋服、电子信息、机械制造、医药食品 4 个主导产业，现有高新技术企业 23 家，拥有中国驰名商标 12 件，省著名商标 42 件，17 家企业作为主要起草单位参与国家行业标准的制定。全区年产值超亿元企业 44 家；税收超千万元企业 17 家，超亿元企业 2 家。全区已有 8 家企业在新加坡、澳大利亚以及我国香港、深圳、上海等境内外资本市场成功上市，已有 3 家企业转板到“新三板”。园区先后荣获全国模范劳动关系和谐工业园区、国家火炬计划电子信息特色产业基地、国家新型工业化产业示范基地（轻纺产业）等称号。在 2016 年福建省各类开发区综合实力排名中位居第五名，是前 5 名中唯一正处级建制的开发区，其余 4 名均为厅级规格。

（泉州经济技术开发区管委会）

沧州临港经济技术开发区

【经济发展】2016年，沧州临港经济技术开发区（以下简称“开发区”）完成工业总产值577.9亿元，较2015年同期下降14.41%；地区生产总值183.2亿元，较2015年同期增长9.86%；财政收入39.3亿元，较2015年同期下降9.45%；利用外资9 670万美元，较2015年同期增长100.75%。

【项目建设】2016年，开发区以“奔跑”的状态全力找项目、谈项目，完成签约项目81个，引进项目总投资超过238.9亿元；全年共实现新开工项目34个，总投资129.19亿元；实现竣工项目14个，总投资34.53亿元；在谈项目133个，总投资316亿元。引进商贸物流类项目81家，全年实现销售额3.8亿元，税收190万元。其中，签约项目81个，总投资238.9亿元。主要有投资40亿元的石四药集团医药产业园项目、投资30亿元的陕西镁奥轻型装备材料有限公司年产500万只轻量化镁合金汽车轮毂项目、投资26亿元的北京利和有限公司一期20万吨聚丙烯共聚树脂及二期60万吨聚丙烯树脂项目、投资12亿元的河北兴业燃气有限公司天然气热电联产项目、投资15亿元的黄骅金华化工有限责任公司精细化工产业园项目、投资12亿元的斯利安药业集团二期医药集团项目、投资8 000万美元的以色列IDE海水淡化技术有限公司日产5万吨的海水淡化项目。在建及新开工项目34个，总投资129.19亿元。主要有投资21亿元的河北临港化工有限公司年产30.8万吨精细化工系列产品项目、投资22.7亿元的沧州临港丰亚化工有限公司年产50万吨的煤焦油加氢项目、投资12.6亿元的三瑞科技化工股份有限公司建设年产10万吨的年环氧乙烷和10万吨的聚醚及配套项目。竣工项目19个，总投资47.36亿元。主要有投资11.6亿元的北京安耐吉能源工程技术有限公司年产4 300吨新型催化剂和催化剂材料项目、投资3.61亿元的河北昊泽化工有限公司年产胶乳10万吨项目。

【特色产业】“十三五”期间，开发区将以现有的产业链条为依托，继续做大做强石油化工、煤化工、盐化工、精细化工等主导产业。同时，还将以相关战略性新兴产业为主线，重点打造石油化工园区、生物医药园区、新型涂料工业园区、聚氨酯产业园区、现代石化物流园区、高端化工装备制造园区和科创园区七大“区中园”。

一是生物医药产业园。2016年9月，生物医药园区产业园通过了河北省发改委及财政部审核评选，正式确定为河北省战略性新兴产业示范基地，全省医药产业方面只确定了两家，并给予资金和政策支持。生物医药产业园总体规划面积26平方公里，以高端原料药及中间体、医药制剂、现代中药及医药关联产业（包括药材、医疗器械、保健食品）为主，集研发和生产于一体。医药园内总投资3.3亿元的主干路网工程已全面通车，电网及供排水等基础设施建设也同步完成，其中经一路、经二路、支二路及纬二路的路灯安装工程全面完工，绿化工程也已全面启动，实现了“九通一平”。

二是新型涂料产业园。新型涂料产业园位于开发区东区，规划面积3平方公里，开发区内已有北京互益、广东巴德富等多家涂料企业入驻。

三是聚氨酯产业园。聚氨酯产业园位于开发区东区，规划面积7平方公里。区内建有中国化工集团沧州大化可年产15万吨TDI，冀中能源63万吨PVC、36万吨烧碱，河北博伊德化工有限公司年产3万吨聚醚多元醇等项目。

四是现代物流产业园。现代物流产业园位于开发区东区，规划面积4平方公里。开发区内企业年均购入原材料、半成品共计2 170万吨，年均运出成品535万吨。“十三五”期间，物流产业园重点打造石化物流中心，主要为临港产业提供货物仓储、集散运输、流通加工及配送、装卸搬运、信息服务、综合办公及配套等服务功能。同时，着重发展电子商务和大型化工产品技术交易中心。

五是科创园区。化工产业科创园区位于开发区东区，规划面积10平方公里。生物医药产业科创园区位于开发区西区，规划面积14平方公里，将全面对接北京留学人员海淀区科技创新园，充分利用其完善的研发体系及丰硕的科创成果，承接石油化工、新材料（包括化工新材料）、生物医药等产业的转移，并逐步完善创新体系及科技服务体系，经过5至10年的时间，打造北京高科技成果转化的示范基地，最终建成集研发孵化、产品加速及大规模产业化为一体的国内一流的科技创新产业基地。

【体制机制创新】2016年4月12日，开发区成立行政审批局，通过整合6个部门的42项（部分）审批职能，实现“一个大厅流转、一个窗口办理”的行政审批新模式，彻底结束了一项工作轮转多个部门的历史，实现了“让材料多跑腿，让企业少跑路”的目标；通过再造流程导航，实现了审批过程从过去一环套一环的“串联”运行，转变为简化前置、即来即办、同步推进的“并联”运行；通过推行河北省投资项目在线监管平台和新区“三级联动四级服务”网上审批，有效解决了企业办事不方便的问题，实现了“企业跑”变成“网上跑”。全年累计受理各类审批手续办理391件，办结391件，办结率达100%，月均办件49件。每项业务都实行即来即办，即来即审，达到了业务办理零回访、企业满意调查零投诉的效果，为企业早日开工建设提供了保障。

【科技创新】2016年，开发区不断推动科技创新环境建设，科技型企业数量“铺天盖地”，规模实力“顶天立地”，全年新增科技型中小企业7家，实现了33%的增长速度；新增高新技术企业2家，期满二次认证2家，开发区高新技术企业达11家，占整个渤海新区高新技术企业总数的37%；“新三板”上市企业1家。

积极组织申报科技发展专项计划，助推企业由传统发展向科技创新发展模式转变，2个省级科技计划项目达到验收标准，资金120万元；省级在研项目3个，资金150万元；市级在研项目4个，资金100万元；新增省级科技计划项目4个，资金2 500万元，新增市级科技计划项目2个，资金60万元；落实本级扶持资金1 120万元。

为吸引更多的科研机构、高新人才与技术服务于开发区发展，利用渤海新区技术转移机构资源先后组织了北京化工大学、天津大学等院校分别与企业进行交流对接活动，为科研机构提供了研发课题。

【循环经济】2016年，开发区立足“无中生有、有中生新”，用循环经济发展模式改造提升传统化工产业。区内80%以上的企业和项目，做到了互为市场、互为原料，实现了资源的合理配置，形成了石油化工、煤化工、盐化工、氢元素和氯元素综合利用等多条典型循环经济产业链的新型工业化格局，出现了一批经济关联度高、经济效益双赢的典型企业，基本形成了循环经济体系框架。

截至2016年年底，经批复的《沧州临港经济技术开发区循环化改造示范试点实施方案（修订版）》中可获得国家循环化改造专项资金支持的17个项目除中盐浓盐水综合利用项目外已全部开工建设，计划投资19.16亿元，已完成投资15.35亿元，拨付补助资金11 140万元，结余1 295万元。

【生态环境】为全面提升环境质量，有效排查存在的环境隐患，打击环境违法行为，开发区每年不定期开展环保专项行动。2016年，多次组织专家对区内企业开展环境保护大检查工作，对重点企业进行现场环境隐患排查。共出动环境执法人员96人次，对32家企业进行了全面检查。

同时，联合公安部门开展打击涉危险废物环境违法犯罪行为专项行动，共出动52人次，对区内26家涉危险废物企业进行了专项检查，对存在环境隐患的企业进行督促整改。

开发区有毒有害气体预警体系建设试点项目为国家环保部在全国开展的有毒有害气体环境风险预警体系建设试点之一，于2013年获国家环保部批复同意，计划组建覆盖全区的有毒有害气体预警体系，已基本完成土建施工。项目建成后，开发区有毒有害气体环境风险预警及日常监测能力将大大提升，同时也能够为全国同行业有毒有害气体预警及监测工作提供技术支持和宝贵经验。

为确保新建项目顺利实施，重点保障北京生物医药产业园区圆满落地，谋划并开展了污水管网架空改造及新建污水处理厂等基础设施建设。新建污水处理厂工程计划寻求国际先进污水处理技术，为开发区建设一座完全针对化工废水尤其是医药废水处理特点的专业的工业污水处理厂，已完成与日本水务公司的签约，计划2017年完成建设。

【机构设置与管委会领导】沧州临港经济技术开发区管委会下设党政办公室、财政局、经济发展局、招商一局、招商二局、招商三局、招商四局、招商五局、环保局、安监局、规划建设局、国土局、科技局、社会和劳动保障局、行政审批局、交通城管局、投资公司共17个部门。

开发区管委会领导成员为：党组书记、管委会主任张召堂；党组副书记李华峰；管委会副主任（挂职）、党组成员、管委会调研员孙俊利；党组成员、管委会副主任李国庆、孙玮红；管委会副主任于增舟；管委会副调研员刘秀芳、唐金林；党组成员、管委会副调研员沈健；管委会副主任陈秋明（挂职）。

（沧州临港经济技术开发区管委会）

常熟经济技术开发区

【基本概况】 常熟经济技术开发区成立于1992年，2010年1月经国务院批准升级为国家级经济技术开发区。常熟经济技术开发区（以下简称“常熟开发区”）位于常熟东北部，濒临长江，坐落于长三角经济圈的中心腹地，国家一类开发口岸——常熟港依江而系，苏通长江大桥跨境而过。2005年6月设立常熟出口加工区，2015年1月经国务院批准整合升级为国家级综合保税区。2016年4月被省委、省政府评为“江苏省先进开发区”。

【区域经济】 2016年，常熟开发区实现地区生产总值828.2亿元，同比增长1.67%。完成财政总收入145.7亿元，同比增长6.04%，其中公共财政预算收入67.6亿元，同比增长21.7%。实现工业总产值2 603亿元，同比增长0.04%；工业产品销售收入2 537亿元，同比增长0.3%。全社会固定资产投资266.8亿元，其中工业投入173.2亿元。新增内资企业注册资本143亿元，注册外资7.9亿美元，到账外资4.6亿美元。实现进出口总额115.6亿美元。汽车及零部件产业快速发展，实现产值173亿元，同比增长154%。海关总署正式批准常熟综合保税区封关运行。现代农业加快发展，建成“国家重大农技推广服务试点项目常熟蔬菜示范基地”。碧溪新区村可用财力均达到462.9万元，同比增长6.2%。整车企业加快车型开发和产销拓展，奇瑞捷豹路虎汽车公司新推出捷豹XFL车型，观致推出了观致GT车型，为进一步提升市场占有率打下了良好基础。

【项目建设】 2016年，常熟开发区全年开工工业项目29个，总建筑面积约80万平方米。奇瑞捷豹路虎（焊装二期及发动机）、中隆汽车部件、理文化工氯化聚氯乙烯、捷时雅精细化工、华星盛光电、瑞升利金属制品、美锌金属二期、亨通光缆、艾迪科食品扩建、华丰橡胶二期、优必佳树脂二期、美桥三期等总建筑面积约28万平方米的12个项目竣工投产。目前，奇瑞捷豹路虎整车二期、威仕科大衡、华安钢宝利、乐歌仓储、多米诺标识、菊水建材、拓彼亚机械、依多科、理文化工施胶剂扩建、长春化工铜箔二期、长春和益精细化工、天银机电、长恒物流、信恒仓储、中电环保、力菱精细化工等总建筑面积52万平方米的17个项目正在加紧建设中。全年完成外资报批项目24个，实现注册外资5亿美元，基本完成年度目标任务。其中，新批外资项目8个，新增注册外资1.36亿美元，主要为华安钢宝利汽车板、长春和益化工、慧绿新能源、欧港投资、龙马智能科技等一批新设项目。完成增资项目16个，新增注册外资3.64亿美元，主要为奇瑞捷豹路虎二期整车、长春化工增资、观致电动研发及观致增资、理文化工施胶剂、普氏电机增资、菱锂电池增资、烨辉增资等项目报批工作。完成南天汽车饰件、活力旺机器人、金碳能源科技、施璐德装备制造、康博固废增资等一批重点内资企业设立工作。

【城乡一体】 常熟开发区坚持规划引领，加快区域“多规融合”进程，努力构建商务办公、生活居住、创新创业于一体的融合发展格局。加快滨江新城建设，城乡一体化示范小区聚和佳苑二区竣工交付，启动聚和佳苑三期和幸福小区安置房工程。稳步推进宝鸿商业广场、国盛万德福广场、森瑞度假酒店、格林童话乐园、索福德足球场等配套项目，积极打造城市新亮点。尚林花苑、东张邻里中心三期等工程竣工交付；港龙香港华庭、华鑫天域居、滨江医院二期装饰等项目正抓紧建设。滨江海外大厦酒店式公寓、华安钢宝利总部办公、大数据办公用房等重点工程正加快推进，工农中建四大国有银行即将入驻装修。启动铁黄沙相关规划工作，完成铁黄沙防汛道路、兴港大道路基实验等重点工程，新建道路15.7公里、排水沟渠3.4公里。狠抓建筑工程质量，一批重点工程荣获苏州市“姑苏杯”和“园林杯”优质工程称号。深入推进文明城市创建。围绕市容街貌、劳动监察、违建管控、工地扬尘等重点工作，区镇两级联动开展集中专项整治，有效提升了综合管理水平和城乡环境面貌。

【社会民生】常熟开发区坚持以人为本、共建共享，社会民生协调发展。完善就业服务体系，开展多层次的人才就业服务，提供就业岗位超4万个，被征地农民就业率达98.6%。推进社保扩面工作，新区基本养老保险覆盖率达99.52%，养老保险参保率达96.27%，个体、纯农正常缴费率达97.3%，外来人员城保扩面覆盖率达80.65%。提高教育服务水平，滨江幼儿园、吴市小学博文楼竣工投用，东张中学完成竣工验收，滨江实验小学、碧溪中心小学扩建项目正加快推进。浒浦高级中学2016年高考本科上线率达90.93%，再创历史新高。加快养老机构建设，完成浒浦养老中心食堂、东张敬老院装饰工程，新增养老床位55张。新区便民服务中心、档案馆、万福休闲广场等民生工程竣工投用。加强安全生产与消防安全管理，落实“党政同责、一岗双责”工作机制。开展危险化学品专项整治、涉粉企业专项整治、职业卫生专项整治等五大安全专项整治，落实重大隐患挂牌整改措施，全面排查重点领域安全生产及消防隐患，实现全年安全生产零死亡，顺利完成了市政府下达的目标任务，切实营造了安全和谐的大环境。

【生态建设】常熟开发区坚持绿色低碳、循环改造，生态环境明显改善。实施“绿色呼吸”“碧水滨江”“绿色能源”三大工程，切实提升区域环境质量。完成常熟电厂、华润电力部分机组超低排放改造工程；完成16家企业挥发性有机废气深度治理、12家企业清洁生产审核工作。提高污水集中处理能力，完成滨江污水厂中控系统升级改造。积极推进滨江绿色能源站建设。开展环保违法违规项目清理，完成66家企业清理整治工作。出台关于化工项目审批的相关意见，原则上不再引进合成类化工项目，从根本上遏制化工项目对环境的影响。加快企业循环化改造，获批“2016年国家循环化改造重点支持园区”。开展镇村环境综合整治“百日提升”，完成1个美丽乡村、4个三星级康居村、4个整洁村庄创建和8个省级卫生村复查任务。建立农村生活垃圾统一收运体系，推进农村生活垃圾分类就地处置试点工作。加大绿化种植力度，新增绿化种植面积705亩(47公顷)，有效提升了区域环境质量。

【人才科技】2016年，常熟开发区新兴产业快速发展，完成产值547.9亿元，同比增长15%。创新驱动步伐加快。出台鼓励“机器换人”的相关政策，年内新增机器人500台，奇瑞捷豹路虎和亨通高压电缆建成省级示范智能车间。达涅利从功能性机构升级为地区总部，新引进欧港集团投资总部，总部经济得到进一步发展。常熟科创园顺利通过国家火炬计划产业化环境建设项目验收，在国家级科技企业孵化器考核评价中获评优秀。新引进各类创新创业企业66家，新增国家“千人计划”2人，省“双创人才计划”8人，“姑苏人才计划”6人。美房云客、华联装潢成功登陆“新三板”，秦鲁科技、纽艾之光、迅顺达等在江苏股权交易中心挂牌。

【现代农业】2016年，常熟开发区提质发展现代高效农业。全面完成省“菜篮子”工程蔬菜基地项目建设，积极发挥冷链配送中心、智慧农业系统等功能作用，促进园区提质增效。深化与科研院所产学研对接，组织实施

"夏季叶菜类新品种及优质高产安全生产关键技术""设施蔬菜优质新品种及标准化安全生产技术推广"等多项省部级以上科技项目。积极参与"2015—2016国家重大农技推广服务试点项目"建设，设立"国家重大农技推广服务试点项目专家服务站"，建成"国家重大农技推广服务试点项目常熟蔬菜示范基地"。与中国海峡两岸农业协会签订《推进碧溪特色农业发展战略合作框架协议》。精心组织各类农技培训10期1 000多人次，引进推广"东方18"小白菜、"甜味55"甘蓝等新品10多种，累计推广面积2 000多亩（约133公顷）。常熟市滨江农业科技有限公司被确定为2016年省质量可追溯应用示范单位。龙桥村、留下村节水灌溉设施建成投用，受益面积3 000多亩（约200公顷）。启动三湾、新苑、龙桥高标准农田工程建设。浒浦休闲观光农业园区浒西片区500亩（约33.33公顷）特色果林采摘区初具规模，特色果品陆续上市，举办樱桃采摘节和枇杷新品推介活动。

【机构设置】常熟开发区管委会下设党政办公室、招商局（汽车产业发展局、服务业发展局）、经济发展局（科技和知识产权局）、规划建设局（滨江市政公用事业管理办公室）、组织人事劳动局（党群工作办公室）、财政局(国资办)、综合保税区管理局（国际物流园管理办公室）、安全生产监督管理和环境保护局（社会综合治理办公室）、监察室以及常熟科创园管理服务中心(正科级建制)、经济开发集团有限公司、滨江城市建设经营投资有限责任公司。

【开发区领导班子成员】

王　飚　党工委书记
周勤第　管委会主任
张建强　党工委副书记、管委会副主任
王　钢　党工委委员、管委会副主任
孙雪良　党工委委员、管委会副主任
陆利兵　党工委委员、纪工委书记
贺勇胜　党工委委员、管委会副主任

2016年常熟经济技术开发区经济指标一览表

序号	项目	单位	本期止本年累计
1	地区生产总值(GDP)	万元	8 281 486
	其中：工业增加值	万元	5 726 261
	规模以上工业增加值	万元	5 116 335
	主导产业增加值	万元	3 527 805
	服务业增加值	万元	2 026 012
3	业务总收入	万元	32 681 178
	其中：主营业务收入（新增）	万元	32 646 475
	服务业营业收入	万元	6 713 498
5	工业总产值	万元	26 042 597
	其中：规模以上工业总产值	万元	22 681 612
6	财政收入	万元	1 456 843
	其中：地方一般公共预算收入	万元	675 688
8	税收收入	万元	1 411 446
9	出口额	万美元	718 762.73
	其中：高新技术产品出口额	万美元	304 480.18
10	进口额	万美元	437 418.79
	其中：高新技术产品进口总额	万美元	115 768.99
15	新批外商投资企业	家	23
16	实际使用外资	万美元	46 077

续表

序号	项目	单位	本期止本年累计
20	新增内资企业	家	1 430
21	新增内资企业注册资本	万元	1 430 222
25	拥有省级及以上名牌产品的企业	家	29
27	跨国公司地区总部和功能性机构	家	5
28	行政管辖面积	平方公里	156
	规划面积	平方公里	70.81
	已开发面积	平方公里	48.69
	其中：项目用地	平方公里	31.94
	工业项目用地	平方公里	23.73
29	当年全社会固定资产投资	万元	2 667 579
	其中：工业固定资产投资	万元	1 732 505
	基础设施投入	万元	292 835

(常熟经济技术开发区管委会)

德阳经济技术开发区

【基本情况】德阳经济技术开发区（以下简称“德阳开发区”）是国家工信部授予的全国首批“国家新型工业产业化示范基地”和联合国“清洁技术与新能源装备制造业国际示范城市”挂牌园区，国家循环化改造示范试点园区，是四川省招商引资承接产业转移优秀园区和四川省重点培育的成长型特色产业园区。园区面积已达 78.5 平方公里，规划建设面积 51 平方公里，人口约 15.9 万。至 2016 年 12 月 31 日，开发区有各类企业 2 860 家，工业企业 449 家，其中规模以上工业企业 130 家。按照市委提出的争当“四个排头兵”的要求，聚力做强工业、做大三产、做美城市、做实民生，统筹推进稳增长、促改革、调结构、惠民生、防风险各类工作，超额完成市下达的全年目标任务，经济呈现出稳中有进、总体向好的局面，实现了“十三五”良好开局。

【经济发展】2016 年，德阳开发区强化工业在稳增长中的支撑作用，制定开发区促进稳定经济增长和提质增效、推进供给侧改革 19 条政策措施，全力抓好总投资 2 000 万元以上的 23 个重点工业项目的开竣工工作。规模以上工业企业实现工业总产值 500.1 亿元。其中，高新技术产业总产值达 267.8 亿元，占年初计划的 118%；规模以上工业增加值增速 5.4%。实现全口径财政收入 27.26 亿元，入库税收 29.8 亿元，实现地方财政收入 9.7 亿元，一般公共预算收入 7.5 亿元。完成全社会固定资产投资 136.2 亿元，完成全年目标计划的 100.9%。全年实现进出口总额 3.5 亿美元，完成全年计划的 140%，其中，实现出口 2.75 亿美元，同比增长 31%。实际利用外资 3 600 万美元，完成全年计划的 100%。

【工业发展】2016 年，德阳开发区制定工业经济发展的政策措施，加大对工业企业的扶持力度，经济形势总的特点是缓中趋稳，稳中向好，经济运行保持在合理区间，质量和效益提高。按照四川省、德阳市的决策部署，创新对发展的支撑作用增强。改革开放取得新突破，实施新能源、新材料和高端装备产业发展战略，通过政策促进发展，做到对内靠政策，对外靠开放，加快培育新的发展动能，实现了工业经济在转型升级中增长，全年实现规模以上工业增加值 360 亿元，同比增长 2%；规模以上工业企业增加 7 家，总量达到 127 家；实现工业投资 75 亿元，同比增长 4%；产业结构不断调整，战略性新兴产业增加值占工业比重的 19%。

【服务业发展】2016 年，德阳开发区围绕高度集聚的第二产业集群，继续当好成德同城化的先行者。大力发展金融保险、工业信息设计、科技研发、现代物流等生产性服务业。围绕打造工业旅游和休闲业融合发展，集群发展文化创意产业，高端零售等现代服务业。突出商业模式创新，加大品牌营销力度，大力发展新兴产业，继续保持现代产业的领先地位，以建成成都北部新城统揽开发区服务业工作，依托沃尔玛、盛唐摩尔、麦德龙和五洲广场四大商圈，推进现有商业业态提档升级，建好九为蓝谷、大名城、东河片区城市综合体、东方胜大运业等一批重大项目，建成沃尔玛物流配送中心、沃尔玛高端商业购物商业街、红星美凯龙家具广场配套项目。大力发展现代服务业，实现第三产业增加值 28 亿元，同比增长 10%；实现社会消费品零售总额76亿元，增速达13.5%；全年实现旅游收入12.55亿元，完成年初计划的125.5%。

【节能减排】2016年，德阳开发区在工业节能、建筑节能、产能运输节能、公共机构节能、重点用能单位节能、排污治理等关键环节加大工作力度。帮助企业积极争取国家节能减排奖励专项资金5 019万元，配套资金2 028万元，加大落后产能淘汰力度，为130家企业建立了环保档案。加大对国控、省控重点污染源的监管，重点污染源排放达标率100%。认真监管美丰复合肥、鼎华钢构噪声治理，东方汽轮机、维达纸业水处理等治理目标，投入正常运营。对存在问题的有关企业下达了限期整改意见书，将一些燃煤锅炉淘汰等项目列入省、市、开发区财政支持项目中，全面完成了国家节能减排财政政策综合示范建设任务，优化创新创业服务，深入推进“放管服”改革。

【创新能力建设】2016年，德阳开发区主动实施“内涵发展，品质提升，创新驱动”发展思路。一是以改革创新驱动开发区经济转型升级。培育更有韧性、更具有后劲的经济形态，中国二重、信义玻璃、东方自控等10多家企业在行业内处于明显的强势地位。大型铸造锻件、航空模锻件、核电、风电设备等主导产业在全国具有优势。提升总部经济和楼宇发展质量，将珠江路逐步建成多类型总部和特色型楼宇集散地。制定了《德阳经开区推进大众创新实施方案》《德阳经开区专利资助资金管理办法》《德阳经开区科技企业孵化器暂行管理办法》等政策措施。举办了“经开区制造装备产业项目对接会”“四川大学与德阳开发区校企合作对接会”“开发区科技创新座谈会”等活动。

二是通过创新提升民生服务精准化水平，加大了民生资金投入，精心组织实施了一批民生重点工程，把34项民生工程办成群众满意的好事和放心事。突出“一老一小、一弱一特”四个重点群体，全年共支出8.03亿元，占公共财政支出的68.1%，提供了精准化的公共服务。组织两场大型招聘会，城镇新增就业1 869人，建立最优质的创业就业环境，完善了“600米医疗圈”，城镇基本医疗保险参保达到5.5万人，支付住院统筹费2 800万元，支付门诊统筹费53万元，支付大病医疗保险保费130万元，提升公共医疗服务均等化水平。拓展“500米文化圈”功能，建成9个社区文化活动室，10个全民健身场地，做细了文化惠民工程，让开发区人精神文化生活更具品质。做实“500米惠老圈”，新建社区老年日间照料中心4个，照料老人800名，发放高龄老人护理费29万元，落实了各项优抚政策。

三是深化“365工作体系”，推动社会治理尝试创新。坚持以“做群众需要的事，做事让群众满意”为宗旨，不断强化“365工作体系”建设，承担的18个方面87项指标任务按进度有效推进，从社会关系和社会结构的高度出发，深入推进“四大建设”创新。依法推行居委会自治建设八大类别探索社区体制改革，起草了《德阳经济技术开发区依法治理指标体系》《德阳经开区依法治理评价标准》《德阳经开区法制建设状况评估办法》，明确了大胆探索、政区合一的改革目标。

【科技创新】至2016年年底，德阳开发区内国家级高新技术企业已达37家，国家级企业技术中心6家，省级企业技术中心8家，市级企业技术中心23家，建成九为蓝谷孵化中心等6家“双创”基地，接管德阳创新创业中心。全年专利授权1 350件。起草了《关于加快德阳经开区转型升级创新发展的实施意见》，深化审批制度改革，成立了行政审批中心。设立了高科技创新投资基地，拓宽创新投入资金渠道。加强产学研合作，加快德阳工业技术研究院和产业技术联盟建设，进一步提高开发区创新能力建设，围绕加快成都北部新城建设和基础设施建设积极推动PPP模式，争取专项贷款3亿元。

【项目建设】2016年，德阳开发区列入省、市重点项目28个，项目总投资150亿元，年度计划投资30亿元，积极协调外部生产要素，制定措施强力推进项目进度，全年完成重点项目投资 31 亿元，占年度投资计划的 110%。狠抓项目集中开工建设，2016 年，5 亿元以上的 10 个项目集中开工建设，总投资 65 亿元。重点项目建设有力地带动了全社会固定资产投资的增长。加快中国大车都成德配套产业园、维达纸业高档生活用纸基地扩建项目、数字计算职业学院等一批重大项目建设，突出高端装备制造业核心。完善当当网电子商务产业园等项目建设，重点发展新能源装备。以信义玻璃项目建设为契机，与广汉实施共建共享发展模式。

【环境建设】2016 年，德阳开发区扎实推进城乡环境综合治理向社区、向盲点死角延伸，实现了治理工作全覆盖。积极探索建立“网格化”城市管理机制，创新流动商贩管理工作，强力推进违法建（构）筑物整治，加大排污排废治理力度，推进大气污染防治 7 项工程、水污染防治 6 项工程、土壤污染防治 4 项工程，绵远河八角段面达标，不断提高建成区管理水平。启动了国家级生态园区建设，成功申报国家循环化改造试点示范园区，争取中央财政资金 7 000 余万元；清理违法违规建设项目 68 个。园区面貌不断美化更新，生态环境质量总体良好。

【投资促进】2016 年，德阳开发区有 10 个 5 亿元以上项目进人，总投资 115 亿元，实际到位资金 105 亿元，其中省外资金 87.6 亿元。重点项目有盛达钢铁、顺天实业、力创等，并加快推进项目建设，尽快形成产能。

培育新增 500 万美元规模以上出口企业 2 家，到位资金 3 600 万美元，完成年计划 100%；充分利用海关、国检等政务设施，为发展外向型经济提供坚强的硬件保障。推动在更高层次、更高水平上扩大对外开放。大力实施“走出去”战略，积极组织企业参加“万企出国门”等大型活动 7 次，帮助鼎华等 10 家企业积极拓展国际市场，抢抓贸易订单，大力开展对外工程承包和劳务合作。制定了“十三五”商务发展规划并组织实施，指导推进流动产业、服务业发展，新培育 500 万美元以上出口企业 2 家。

【社会民生】2016 年，德阳开发区城镇新增就业 2 186 人，其中下岗失业再就业 536 人。开展劳动力技能培训 636 人，城镇登记失业率控制在 3% 以内。城乡居民社会保险制度全覆盖，城乡居民社会养老保险劳动年龄段参保人员 1 238 人，退休年龄段人员 783 人，共计参保人员 2 021 人。城镇基本医疗保险参保 6 119 万人，征地拆迁农转非养老保险 3.8 万人，区内参保学生 1.6 万人，正常参保居民 0.54 万人。社会救助体系不断完善城乡低保、社保、医保，人均补差分别达 267 元和 135 元。农村“五保”供养标准年达 3 800 元，下岗职工的基本生活费和企业退休人员的养老保险金均按时足额发放，发放率达 100%。城乡医疗救助 98 人次，发放医疗救助金 93 万元。特困救助 40 人次，发放救助金 8.5 万元，优抚慰问工作有序开展。

德阳开发区学校继续同市各优秀学校开展结对帮扶活动。拨出 86 万元对 2 000 余名贫困学生进行资助和购买学前教育学位 120 个。关工委组织企事业单位为贫困儿童捐款 29 857 万元，投资 3 200 万元对金沙江路学校进行扩建。编制《经开区“十三五”教育规划》方案已经批准实施。加快推动开发区中心医院和人民医院建设，促进社区卫生院转型升级。深入实施“两费免收”等惠民工程，惠及群众 4.8 万人次，建设居民健康电子档案 43 690 份，城镇居民健康档案 32 110 份，基层公益性医疗卫生服务体系建设不断深入。

【机构设置与管委会领导】2016 年，德阳开发区党工委、管委会下设党政办公室、纪工委、党群工作部、群众工作局、发展和改革局、工业和信息化局、环境保护和安全生产监督局、住房和城乡建设局、商务局、投资促进局、财政局、社会事业局 12 个工作机构。

德阳开发区党工委、管委会领导成员为：党工委书记罗文全；党工委副书记、管委会主任李成金；党工委副书记伍泽亮；党工委委员、管委会副主任李本林、吴亚平、胡洪立；管委会副主任孙振国；党工委委员王晓芬、罗会岚。

2015—2016年德阳经济技术开发区主要经济综合指标一览表

项目	单位	2016年	2015年	增减（%）
开发区生产总值	亿元	500.1	456.0	9.67
第二产业	亿元	276.1	263.9	4.62
工业	亿元	268.4	256.4	4.68
第三产业	亿元	193.8	164.7	17.67
工业总产值（现价）	亿元	944.5	836.9	12.86
高新技术产业	亿元	267.8	228.1	17.40
销售（营业）收入	亿元	1 343.9	1 144.2	17.45
第二产业	亿元	1 091.2	866.7	25.90
工业	亿元	951.7	730.6	30.26
第三产业	亿元	252.7	277.3	−8.87
利润总额	亿元	20.0	40.8	−50.98
第二产业	亿元	13.0	33.9	−61.65
工业	亿元	13.1	33.9	−61.36
进出口总额	亿美元	8.1	7.1	14.08
出口	亿美元	5.99	4.96	20.77
财政收入	亿元	27.3	29.8	−8.39
税收收入	亿元	27.0	29.5	−8.47
财政支出	亿元	14.1	14.2	−0.70
新批企业数量	家	1 271	911	39.52
区内世界500强企业	家	3	2	50.00
国家级高新技术企业	家	37	38	−2.63
规模以上企业	家	127	121	4.96
科学研究与试验发展（R&D）经费支出	万元	104 277.2	139 156.8	−25.06
研究与试验发展（R&D）经费投入强度	%	1.2	1.9	−36.84
外商实际投资	亿美元	0.8	0.7	14.29
固定资产投资	亿元	136.3	125.3	8.78
年末从业人员	万人	6.7	8.1	−17.28
万元GDP能耗	吨标煤／万元	0.842	0.875	−3.77
上市企业	家	3	2	50.00
区内建立的创新创业平台	个	6	5	20.00
区内科研院所	家	5	5	0
区内职业教育学校	所	3	3	0

（德阳经济技术开发区管委会）

武汉临空港经济技术开发区（东西湖区）

【经济发展】2016年，武汉临空港经济技术开发区（东西湖区）（以下简称“临空港经开区”）完成地区生产总值655.65亿元，按可比价格计算，增长4.1%。其中，第一产业完成增加值15.77亿元，增长2.4%，占比2.4%；第二产业完成增加值489.27亿元，增长3.3%，占比74.6%；第三产业完成增加值150.61亿元，增长7%，占比23%。公共财政总收入完成218.39亿元，增长15.8%；政府性基金收入37.32亿元，增长16.7%；地方公共财政预算收入93.65亿元，增长12.3%；公共财政预算支出82.14亿元，增长15%；税收收入160.63亿元，增长17.2%；完成全社会固定资产投资500.51亿元，增长0.4%；全年实现消费品零售总额140.68亿元，增长12.3%。临空港经开区以武汉市新城区绩效管理考评得分第一的成绩荣获立功单位。

【产业发展】2016年，临空港经开区保持发展定力，加强供给侧结构性改革，推进“三去一降一补”，工业倍增计划、服务业升级计划和农业现代化大步推进，实现产业跨越发展。

工业方面。全年实现工业总产值1 346.97亿元，增长12%。规模以上工业企业实现总产值1 155.3亿元，增长8.5%；实现增加值359.69亿元，增长2.2%。规模以上工业企业中，内资企业产值797.84亿元，增长8.3%；外商及港澳台商投资企业产值357.46亿元，增长8.8%。全年重工业总产值361.29亿元，增长14%；轻工业总产值794亿元，增长6.1%。轻重工业结构由2015年的69.5∶30.5优化为68.7∶31.3。完成工业投资289.16亿元，下降15.4%。食品、机电等传统支柱产业进一步发展壮大，食品加工产业产值达到515.12亿元，机电和装备制造产业产值达到282.28亿元，分别增长7.7%、14.7%，两大支柱产业占规模以上工业总产值的比重达到73.75%。

现代服务业方面。大力实施服务业升级计划，实现增加值154.6亿元，同比增长8.1%。省级泛金银湖企业总部集聚示范区汇聚40余家大型企业（区域）总部。实施吴家山地区物流企业西迁。京东商城、苏宁易购等电子商务快速增量。艾立卡、武汉客厅成功申报国家、省级文化产业示范基地。航天科工金融租赁、中信资产互联网金融平台等新兴金融从无到有。欧亚会展国际酒店、永旺梦乐城等商贸中心填补了区内高星级酒店和大型商业综合体的空白。

农业方面。农业产业化水平不断提高。成功获批国家农村产业融合发展试点示范区，成为武汉唯一入选并位列全省首位的国家级试点示范区。2016年新增市级以上龙头企业7家，市级以上重点龙头企业达到47家。“一产三产化”水平持续提升。全区乡村休闲游、赏花游接待人数达到395万人次，同比增长40.7%。打造如意和嘉年华两个示范点，建成郁金香基地、四季吉祥等6个赏花游项目。首届武汉农业嘉年华在2个月的展期内吸引游客65万人次，成为最大亮点。创新发展“互联网+农业”模式，建立区级“互联网+农业”指挥中心。

【科技创新】2016年，临空港经开区大力实施创新驱动战略，产业创新人才、创业投资人、青年创业创新人才加快集聚。台湾青年创业孵化器、海外留学生创业园、中部慧谷创新人才基地、大学生创业特区等功能平台加紧建设。金银潭“梦想特区”获批为武汉市第二批“创谷”建设试点并全面启动建设。与华中数控股份有限公司签署了共建武汉智能控制工业技术研究院的协议，规划面积300亩（20公顷），引进2名中国工程院院士及3名海外高端人才。台湾地区青年创业孵化器已完成21家创业企业注册入驻，5家企业正在办理注册手续。举办第二届海峡两岸大学生创新创业大赛。全年通过高新技术企业认定30家，高新技术企业达到110家，实现高新技术产业产值310.1亿元，增长8.7%。区科技创业投资引导基金进入实质运行阶段，成立了两只子基金，总规模达3亿元。新增1家省级工程技术研究中心、12家市级工程技术研究中心，全区市级以上研发中心达49家。新增1家院士工作站，1家省级产业技术创新战略联盟。全区专利申请量2 466件，其中，发明专利申请786件；专利授权1 276件，其中，发明专利授权274件。

【投资促进】2016年，临空港经开区加大招商引资力度，进一步提升对外开放水平。招商引资合同外资金3.2亿美元，下降42.45%；实际到位资金314亿元，增长20%。其中，实际利用外资4.3亿美元，增长17%；全区出口创汇完成3.5亿美元，下降17%。全年共引进项目35个，协议投资总额374.24亿元，下降35.34%。成功引进中兴通讯高能电池、中金数据等一批50亿元以上的重大项目。

武汉新港空港综合保税区获国务院批复并加快建设。中欧班列（武汉）运营顺利并保持较快增长。铁路口岸、公路口岸、虚拟口岸功能不断增强。积极申报多式联运试点、跨境电子商务运营中心和汽车整车进口口岸。武汉国际商务区规划建设工作顺利推进。

【绿色集约】2016年，临空港经开区大力实施生态环保工程，着力构建市民乐享的美丽生态，全年投入污染治理费用17 799万元。按环境空气质量标准（GB3095-2012）评价，全年环境空气颗粒物(PM10)年均值为95微克/立方米，下降8.65%，环境空气质量优良天数218天，比上年增加27天。

全年成功创建省级生态村6个、市级生态乡镇2个、市级生态村4个。全年化学需氧量排放量7 840吨，比上年下降5.5%；二氧化硫排放量1 567.4吨，下降19.6%；氨氮排放量792.9吨，下降0.1%；氮氧化物排放量1 287.6吨，下降0.4%；工业固体废弃物综合利用及处置率100%。完成主要污染物总量控制重点项目7个、强制清洁生产审核项目2个。全年完成环境监测280次。吴家山地区城市生活垃圾无公害化处理率100%。

【投融资管理】临空港经开区探索强化产业创新金融支撑的体制机制改革，完善全区科技创新投资引导基金运营管理，并于2015年11月设立科技创业投资引导基金，基金总规模1亿元，引导基金受托管理机构（武汉科技投资有限公司）负责日常投资运作。2016年年底，为助力全区引资引智，推动初创期和早中期科技型企业的发展，科技创业投资引导基金管理公司与其他投资机构发起设立2只子基金，并已启动实质性运作。

【体制机制创新】2016年，临空港经开区管委会出台《关于武汉临空港经济技术开发区（东西湖区）深化国有企业改革的意见》，科学组建工业、农业、服务业、城建和以融资为主要职能的临空港5个投资发展集团。

区行政审批局正式挂牌成立，实现“一枚印章管审批”。行政审批局的成立是“单点单部门”审批改革3.0版本的产物，突破了以往“多点多部门”“单点多部门”审批模式的局限，是对行政审批主体以及行政审批流程的重构。区行政审批局的设立更好地明确了政府部门的职能边界，实现了审批与监管的分离，迈出了转变“重审批、轻监管”管理模式的第一步，为实现全区城市治理体系、治理能力现代化奠定了基础。

【园区建设】2016年，临空港经开区坚持产城一体、两化融合，加快提升城市功能、形象和品质。总投资15.8亿元，实施18项市政道路工程。完成了东吴大道（南六至荷纱路）、革新大道（南六至荷纱路）、惠安大道城市段、环湖路等市、区重点绿化项目。种植乔、灌木约4.12万株，建设绿地面积52.2万平方米，全区建成区绿化覆盖率达47.8%，绿地率达40%。

【社会事业】2016年，临空港经开区城镇常住居民人均可支配收入32 634元，增长9.5%；农村常住居民人均可支配收入21 140元，同比增长8.6%；居民恩格尔系数36.3%。全年新增就业8 568人，城镇下岗失业人员实现再就业1 455人，组织开展各类技能培训4 744人次。全年社会保险参保人数达60.9万人次，其中，基本养老保险参保20.5万人，失业保险参保8.9万人，基本医疗保险参保12.5万人，工伤保险参保9.4万人，生育保险参保9.7万人，城乡居民社会养老保险参保0.3万人。全年社会保险扩面净增10 512人次，基金累计征缴14亿元，基金支出14.9亿元。全区现有各类医疗卫生机构219个，辖区医疗机构编制床位3 826张，全区每千人口拥有7.16张。现有卫生专业技术人员4 078人，全区每千人口拥有医生2.4人、护士3.5人。区人民医院异地新建项目加快推进。参加新型农村合作医疗达171 396人，参合率为99.97%，获得合作医疗补偿10 875.82万元。

全年创建全国文明村镇1个，全国文明单位1个；省级文明社区3个，文明村2个，文明乡镇3个，省级文明单位17个；创建市级文明单位48个，文明社区25个，文明街道10个，文明村19个。

【机构设置与管委会领导】临空港经济技术开发区管委会下设纪律检查工作委员会、工作委员会办公室、管委会办公室、经济发展局、产业促进局、招商局、财政局、建设局、国土资源和规划局、海峡两岸科技产业管理处、临空经济管理处、保税物流管理处、产业管理处、食品工业管理处14个机构。

临空港经济技术开发区领导班子成员为：管委会主任（副市级）、工委书记、区委书记曹裕江；工委副书记、管委会常务副主任、区委副书记、区人民政府区长、区政府党组书记杨泽发；工委委员、区委副书记涂亚平(11月任)；工委委员、管委会副主任、区委常委、区人民政府常务副区长、区政府党组副书记、区行政学校校长朱吉信（11月离任）；工委委员、纪工委书记、区委常委、区纪委书记李先勇（11月任）；工委委员、区委常委、区委组织部部长、区委统战部部长、区政协党组副书记李伟凡；工委委员、区委常委、区委宣传部部长、区总工会主席章建育；工委委员、管委会副主任、区委常委、区人民政府常务副区长、区政府党组副书记何建文（12月任）；工委委员、区委常委、区公安分局局长、分局党委书记、区委政法委副书记王运桥；工委委员、区委常委、区人武部政委李海峰(11月离任)；管委会副主任、区人民政府副区长韩民春（9月离任)；管委会副主任、区人民政府副区长、区政府党组成员赵琴芳（12月离任)、徐贻功（11月离任)；管委会副主任王海波（挂职，5月离任)；管委会副主任、区人民政府副区长刘冬（10月任)、韩忠翔（12月任)、郭小平（12月任)；区人民政府副区长刘卓然（12月任)。

2015—2016年武汉临空港经济技术开发区主要经济综合指标一览表

项目	单位	2016年	2015年	增减（%）
开发区生产总值	亿元	655.65	628.9	4.3
第二产业	亿元	489.27	476.9	2.6
工业	亿元	377.93	373.0	1.3
第三产业	亿元	150.61	137.2	9.8
工业总产值（现价）	亿元	1 346.97	1 203.0	12.0
高新技术企业	亿元	209.75	199.6	5.1

续表

项目		单位	2016年	2015年	增减（%）
销售（营业）收入		亿元	1 988.41	1 838.3	8.2
第二产业		亿元	1 303.40	1 175.9	10.8
工业		亿元	747.29	683.8	9.3
第三产业		亿元	682.01	662.4	3.0
利润总额		亿元	106.22	97.7	8.7
第二产业		亿元	76.22	63.1	20.8
工业		亿元	57.75	47.0	22.9
区内主导产业及产值					
主导产业	1. 农副食品加工业	亿元	223.16	181.5	23.0
	2. 食品饮料业	亿元	141.18	142.4	−0.9
	3. 印刷和记录媒介复制业	亿元	62.37	58.3	7.0
	4. 烟草制品业	亿元	150.78	154.4	−2.3
	5. 电气机械和器材制造业	亿元	113.11	108.9	3.9
	6. 汽车制造业	亿元	106.80	78.9	35.4
进出口总额		亿美元	6.34	6.9	−8.1
出口		亿美元	3.51	4.2	−16.4
财政收入		亿元	218.39	188.7	15.7
税收收入		亿元	160.63	137.1	17.2
财政支出		亿元	82.14	71.4	15.0
外商及港澳台企业		家	16	25	−36.0
区内世界500强企业		家	35	31	12.9
国家级高新技术企业		家	110	80	37.5
新批企业投资额	外商及港澳台企业	亿美元	2.58	3.77	−31.6
	增资企业	亿美元	0.62	1.79	−65.4
规模以上企业		家	807	773	4.4
科学研究与试验发展(R&D)经费支出		万元	25 718	29 840	−13.8
合同外资金额		亿美元	3.20	5.6	−42.9
外商实际投资		亿美元	4.31	3.7	16.5
固定资产投资		亿元	500.51	498.5	0.4
年末从业人员		万人	31.00	28.9	7.3
万元GDP能耗		吨标煤／万元	0.220 1	0.229 3	−4.0

［武汉临空港经济技术开发区（东西湖区）管委会］

萍乡经济技术开发区

【经济发展】2016年，萍乡经济技术开发区（以下简称“萍乡开发区”）完成地区生产总值148.69亿元，同比增长9.1%；完成全社会固定资产投资156.65亿元，同比增长13.8%；完成社会消费品零售总额36.16亿元，同比增长12.4%；完成财政总收入21.01亿元，同比增长3.94%；城乡居民人均可支配收入分别达到32 739元和16 434元，分别增长10%和13.7%，总量和增速均位居萍乡市前列。

【产业发展】2016年，萍乡开发区新增规模以上企业12家，园区规模以上企业达到115家；工业税收超千万元的企业达到4家，工业增值税总量占全市的1/3；园区工业主营业务收入首次突破600亿元，达到602.31亿元；六项指标综合排名位列江西省国家级园区第三，荣获江西省工业经济崛起奖。开发区三大主导产业全年实现主营业务收入464.02亿元，占全区经济总量的77.04%，比上年同期提升了11个百分点。与此同时，电商等新型业态发展迅速，全年新引进电商企业39家，规模以上电商企业达到153家，全年完成销售额93.2亿元，同比增长55.2%。

【科技创新】2016年，萍乡开发区获批国家高新技术企业4家，国家高新技术企业已有31家；完成专利申请量583件，授权367件，全区专利授权总量达1 560件；德博科技的杨启清和慧成精密的黄若成功入选科技部公布的创新人才推进计划入选名单；获批“国家知识产权质押融资试点园区”。

【投资促进】2016年，萍乡开发区创新招商引资策略，利用5亿元股权投资基金、10亿元产业引导基金、20亿元不良资产处理基金的优势，以股权作质押、以债券换项目，将资本优势、政策优势转化为招商优势，提升项目精准招商核心竞争力。全年引进2 000万元以上项目37个，其中亿元以上项目21个，亿元项目总量、增幅、个数均列全市第一。

【绿色集约】2016年，萍乡开发区坚持生态领航，积极推进“城市生态化”主战略，全面推进生态文明建设，完成环境监管网格化建设，全面落实大气污染防治计划，启用了首家环境空气自动监测站。全年均完成削减化学需氧量、氨氮、氮氧化物、二氧化硫计划；环境空气质量达二级标准，渌水三田断面和萍水河鹅湖桥断面地表水水质符合《地表水环境质量标准》三类标准的要求。

【投融资服务】2016年，萍乡开发区财园信贷通累计为庞泰环保、安源管道等94家企业发放贷款3.34亿元；区小额贷款担保中心累计为甘源食品、慧成精密等45家园区企业担保贷款1.89亿元。庞泰环保、德博科技、日普昇科技、鑫陶科技、美孚伦科技、安源管道6家企业已成功在“新三板”挂牌，新科环保和新胜新材2家企业已完成挂牌的所有工作；联友建材、优锂新材等6家企业正在做挂牌前的股改工作。

【体制机制创新】2016年，萍乡开发区推动商事制度改革，推行“一站三联三办”审批服务模式，实现了一站式联合办税、联合办证照、联合办项目审批手续整合集结，实现国税、地税、市场监督管理等22个职能部门窗口集中办理，进一步整合优化国税地税办税窗口，实施国税地税两税一体化联合办税窗口；对行政审批事项进行了第二次修改，共取消了4项审批事项，现审批清单共147项；全面清理了行政性收费清单；共取消8项收费项目，现收费清单共26项。

【海绵城市建设】2016年，萍乡开发区新建、续建44个重点项目，总投资超过300亿元。在建项目全部按照海绵城市建设的要求，对设计进行调整，增加下沉式绿地、透水铺装、雨污管网分流等内容，新建项目也全部按照海绵城市建设的要求进行设计。全年项目建设完成融资近90亿元，其中争取专项债23亿元，位列江西省开发区第一；完成项目建设投资近100亿元，竣工近20个项目，打造投资50亿元的萍水湖湿地公园、投资10亿元的320国道、投资5亿元的聚龙公园、投资1.4亿元的玉湖公园等一批海绵城市亮点工程。

【机构设置与管委会领导】2016年，萍乡开发区管委会下设区纪委（监察局）、区党政办公室、党群工作部、人大政协工作联络处、经贸科技发改（安全监督交通）局、招商局、财政局、建设局、社会发展局、教育局、城管局、安商局、建设工程技术管理中心、武装部（政法办、综治办）、行政执法局、民生工程事务管理局、公共政务管理局、人口与计划生育委员会、信访局、环境保护局、测绘院、应急分队、总工会、冶金机械汽车产业办、生物医药产业办、新能源新材料产业办、社会工作管理一局、社会工作管理二局、社会工作管理三局、社会工作管理四局、社会工作管理五局31个机构。

开发区管委会领导成员为：党委书记李锦林；党委副书记、管委会副主任刘建中(9月任)、黄薄双（10月免）、谭其林；团市委书记、区党委副书记、管委会副主任（挂职锻炼）何超（8月免）；党委委员、区纪委书记徐建中(10月免)、邓自强（10月任）；党委委员、管委会副主任王纯、周若愚（3月免）、利军（8月免）、黄镇萍；管委会副主任刘光辉；党委委员、市公安局开发区分局局长钟振秋（10月免）、付培群（10月任）；党委委员、党政办主任李宝仔；党委委员、党群工作部部长段练（9月任）。

2015—2016年萍乡经济技术开发区主要经济综合指标一览表

项目	单位	2016年	2015年	增减（%）
开发区生产总值	亿元	148.685 0	136.228 1	9.1
第二产业	亿元	102.340 4	96.233 0	6.3
工业	亿元	94.672 8	89.019 5	6.3
第三产业	亿元	45.063 8	38.780 4	16.2
工业总产值（现价）	亿元	618.454 8	701.524 6	-11.8
高新技术企业	亿元	213.705 8	206.152 3	3.6
销售（营业）收入	亿元	706.933 3	722.670 4	-2.1
第二产业	亿元	644.614 3	667.361 6	-3.4
工业	亿元	619.085 3	645.581 0	-4.1
第三产业	亿元	62.319 0	55.308 8	12.6
利润总额	亿元	65.649 3	102.129 5	-35.7
第二产业	亿元	60.105 8	96.819 1	-37.9
工业	亿元	57.824 4	94.722 9	-38.9
进出口总额	亿美元	5.854 7	4.653 2	25.8
出口	亿美元	5.696 7	4.532 3	25.6
财政收入	亿元	21.006 3	20.212 0	3.9
税收收入	亿元	16.760 5	16.780 2	-0.1
财政支出	亿元	19.211 4	21.499 5	-10.6

续表

项目	单位	2016 年	2015 年	增减（%）
新批企业数量	家	765	850	−10.0
外商及港澳台企业	家	6	5	20.0
内资企业	家	759	845	−10.1
国家级高新技术企业	家	29	27	7.4
规模以上企业	家	196	175	12.0
科学研究与试验发展（R&D）经费支出	万元	37 034	19 718	87.8
合同外资金额	亿美元	0.653 6	0.590 0	10.8
外商实际投资	亿美元	0.653 6	0.590 0	10.8
固定资产投资	亿元	156.647 8	137.700 0	13.7
年末从业人员	万人	8.753 7	8.362 5	4.6
万元 GDP 能耗	吨标煤 / 万元	2.398 0	2.315 0	3.5
水资源消耗总量	万立方米	1 193.370 5	846.326 7	41.0
单位国内生产总值取水量	立方米 / 万元	8.026 2	6.212 6	29.1
区内科研院所	家	10	8	25.0
区内职业教育学校	所	5	3	66.7

（萍乡经济技术开发区管委会）

赣州经济技术开发区

【经济发展】2016年，赣州经济技术开发区（以下简称“赣州开发区”）实现生产总值增长10.3%。其中，第二产业增加值增长10.1%，占GDP的比重为84.65%；第三产业增加值增长12.7%，占GDP的比重为14.19%。财政总收入增长2%，税收收入增长7.5%，工业主营业务收入增长7.79%，进出口额下降3.68%，固定资产投资增长16%，社会消费品零售总额增长9.9%。

【产业发展】2016年，赣州开发区工业总产值增长7.79%；工业增加值增长9.3%；规模以上工业中的外商及港澳台投资工业总产值下降2.57%；规模以上工业中的内资工业总产值增长8.08%。

【科技创新】2016年，赣州开发区国家级高新技术产业标准化示范区建设扎实推进，园区企业及科研机构承担国家、省、市各类科技项目63个，申报的“全国首批标准化服务业试点项目”成功获批，开展稀土永磁标准联盟和塑料标准联盟建设，初步形成标准联盟工作模式。参与制定和修订1项国际标准立项，参与制定2项国际标准制定，公布实施了5项国标和2项行标及1项地标，4项地方标准立项，成功申报63个国家、省、市科技计划、重点新产品等项目，孚能科技被评为全省新能源汽车动力电池产业基地。新增省级工程研究中心3家，新增省级企业技术中心2家，全区有国家检测检验中心、国家级工程技术中心、省级工程研究中心、院士工作站等省级以上科技创新平台11个。省级知识产权试点示范园区建设扎实推进，全区2016年共获得授权专利294件，其中发明专利28件，实用新型专利175件，外观设计专利91件。工业企业共获得授权专利172件，其中发明专利15件，实用新型专利133件，外观设计专利24件，全区高新技术企业达35家。聘请市属高校教师、金融机构专业人才10人到赣州开发区挂职。与江西理工大学签订战略合作协议，选派百名博士、教授服务企业。兑现人才公寓、人才补贴、研发经费等政策，3家企业10名人才拎包入住人才公寓。园区有研究生以上人才284名，国家“千人计划”3名。

【投资促进】2016年，赣州开发区共签约项目46个，签约资金430.65亿元。引进亿元以上项目27个（其中5亿元以上项目9个）。实际利用省外5 000万元以上项目资金88.54亿元，增长13.47%。实际利用外资1.76亿美元，增长11.9%，其中现汇资金4 528万美元。实现外贸进出口10.21亿美元，其中出口6.95亿美元。

【绿色集约】2016年，赣州开发区落实生态环境保护责任制，全面推进“河长制”。严把项目准入关，将生态文明建设指标纳入领导班子与领导干部约谈制度和业绩考核。全面推进中央环保督查组反馈问题整改工作，建成或在建生态项目31个，完成总投资80.98亿元，建成了21个循环化改造项目，国家级工业生态园区扎实推进。中心城区集中式饮用水水源地水质达标率100%。淘汰黄标车及老旧车666辆。中心城区环境空气质量优良率达92.2%。检查319家企业重金属与危险废物污染排放，并整改到位。通过部门联动，落实挂点单位责任，加快闲置低效土地清理整改工作，重点对铜铝产业园、物流产业园、北斗产业园等几个工业园区批而未用土地进行了处置。

【智慧园区】2016 年，赣州开发区制定了现代服务业发展三年行动规划，现代服务业攻坚项目完成投资 27.85 亿元。“两大体系”建设纵深推进，产业配套能力不断增强。现代物流业发展势头强劲，物流园建设加快推进，实际完成投资 2.39 亿元。区内物流企业超 200 家，总吨位、仓储面积、税收总量居全市第一。万合谷电商产业园区落户电商企业 200 多家，福雷斯服务外包基地承接了 30 家服务外包企业，被授予“江西省服务业龙头企业”称号，赣州国际企业中心被授予“江西省现代服务业聚集区”称号。

【投融资服务】2016 年，赣州开发区趣分期、积木盒子等新兴金融项目成功入孵，引进了趣分期、积木盒子、江西金融发展股份公司、华融天鸿基金等近 20 家科技金融、新型基金企业。趣分期 7 月份落户开发区，至年底，短短 5 个月纳税超过 1 亿元。争取上级扶持资金 13.58 亿元，同比增长 59%；融资金额达 122.44 亿元，同比增长 3 倍。金融机构达 25 家，发放贷款总数列全市第一。全区上市企业 6 家，其中境外上市企业 1 家，“新三板”挂牌上市企业 5 家，30 家上市后备企业上市准备工作进展顺利。

【体制机制创新】2016 年，赣州开发区以清单形式确立的 119 项改革事项全面完成，全省首宗“先租后让”试点工业用地、标准化示范区建设等改革事项得到省、市改革办肯定。体制机制改革取得突破，关于开发区加快发展的决定顺利出台，人事制度改革总体方案获市委、市政府批准通过，并于 2016 年开始执行，体制机制更加灵活。成立了国资办，组建了区工投公司等 4 家区属国有企业，国有企业改革扎实推进。区企业综合服务中心正式投入运营，启动并完成了网上审批系统建设。发放“一照一码”营业执照 3 931 份。发放不动产权证书 15 218 本，各类市场主体共 26 178 家，注册资金总额 603.67 亿元。成功申报全国首批标准化服务试点项目，2 家企业确认为省 AAA 级标准化良好行为企业，全国知名品牌创建示范区已获得国家质检总局验收通过。

【社会事业】2016 年，赣州开发区民生资金投入 11 亿元，推动 23 件民生实事快速落实。对农村低保、城市低保、五保、精简退职人员进行提标提补，为农村 7 022 低保户的 11 553 人发放农村低保金 1 987.34 万元，累计发放民政资金 4 006.3 万元。城乡居民基本医疗保险参保人数 21 万余人，补偿金额 8 966 万元；新农合大病保险补偿 391 人次、371 万元；城乡居民养老保险参保 83 771 人，发放养老金 2 118.3 万元。就业创业工作再上新台阶。举办园区定向培训班 62 期，培训农民工 2 920 人，完成电商培训“千人计划”；开展家政服务和厨师培训 520 人；新增 6 家高校毕业生见习基地；新增安置高校毕业生见习人员 46 名；发放创业担保贷款 3 620 万元，完成年度任务的 103.45%；通过扶持创业带动就业 651 人；全年新增城镇就业 3 020 人，完成年度任务的 100.6%。大力实施安居工程，新开工安居公寓及棚改项目 8 个 4 600 套，其中竣工项目 11 个 2 005 套，交付项目 2 个 1 023 套。建设农村幸福院 2 个，居家养老服务中心 1 个。新建农村保障房 150 户，全部竣工交付使用。

【机构设置与管委会领导】2016 年，赣州开发区有机关党委、纪律检查工作委员会 2 个党的内设工作机构；管委会内设党政办公室（社会治安综合治理委员会办公室）、党群工作部（机构编制委员会办公室、人力资源和社会保障局）、经济发展局（苏区振兴发展工作办公室）、招商局（商务局）、企业服务和工信局（安全生产监督管理局）、财政局、住房和建设局、城市管理局、农业农村工作办公室、社会事务管理局 10 个工作机构；为加速新能源汽车产业发展，经济发展局内设新能源汽车发展办公室；中共赣州经济技术开发区党工委派出工作机构为中共赣州经济技术开发区工作委员会非公有经济组织与社会组织工作委员会；赣州开发区管委会现有项目建设办公室、赣州市科技创业服务中心（赣州市小企业创业基地、赣州市科技企业孵化基地、赣州市大学生创业园）、机关事务和政府采购管理中心、劳动监察局、会计核算中心（国库集中支付中心）、征收搬迁办公室、房地产管理所、公用事业服务管理处、计划生育服务站（疾病预防控制中心、卫生监督所）、教研和招生工作办公室、医疗保险事业管理局、安全生产监察大队、金融工作局、企业综合服务中心、建设工程质量监督管理站、青少年校外活动中心、学生资助管理中心17个直属事业单位；下辖黄金岭街道办事处1个及蟠龙镇、湖边镇、凤岗镇、三江4个乡（镇）；辖区内成立了赣州新能源汽车科技城管理处。受中共赣州市委、赣州市人民政府委托，赣州综合保税区由赣州经济技术开发区领导。

赣州开发区党工委书记李明生；副书记张逸、王扬金（9月免）、李曜（9月免）、梁丁盛、郭声琪（12月任）、谢卫东（12月任）；党工委委员杨仁荣、郭声琪（纪工委书记，12月免）、符艳冬（12月免，纪工委书记12月任）、宋鹏（3月任）、樊勇（4月任）、朱建华（11月任）、卓邦友、周国梁（12月任）；赣州开发区管委会主任张逸（1月任）；副主任李曜（10月免）、梁丁盛、杨仁荣、符艳冬、陈富江、樊勇（5月任）、朱建华（12月任）、卓邦友；调研员舒向阳、黎佐绩、廖江华（5月任）；副调研员曾辉。

2015—2016年赣州经济技术开发区主要经济综合指标一览表

项目		单位	2016年	2015年	增减（%）
开发区生产总值		亿元	222.01	206.00	7.8
第二产业		亿元	187.94	176.44	6.5
工业		亿元	176.26	166.98	5.6
第三产业		亿元	31.51	27.06	16.4
工业总产值（现价）		亿元	753.34	620.53	21.4
高新技术企业		亿元	103.96	81.75	27.17
销售（营业）收入"四上"企业主营业务收入		亿元	791.34	727.89	8.72
第二产业		亿元	697.17	660.34	5.6
工业		亿元	660.06	613.60	7.6
第三产业		亿元	94.17	67.55	39.4
利润总额		亿元	49.68	41.32	20.2
第二产业		亿元	44.47	38.25	16.3
工业		亿元	43.10	37.18	15.9
区内主导产业及产值（主营业务收入）					
主导产业	1.钨和稀土新材料	亿元	202.23	195.42	3.5
	2.新能源及新能源汽车	亿元	33.43	29.45	13.5
	3.电子信息	亿元	63.81	47.13	35.4
	4.生物医药	亿元	4.49	2.65	69.4
第三产业		亿元	5.64	3.07	83.7
进出口总额		亿美元	10.22	10.61	−3.7
出口		亿美元	6.95	7.10	−2.1
财政收入		亿元	36.36	35.64	2.0
税收收入		亿元	31.41	29.22	7.5
财政支出		亿元	30.03	28.43	5.6
新批企业数量		家	1 717	1 367	25.6

续表

项目	单位	2016 年	2015 年	增减（%）
外商及港澳台企业	家	7	21	−66.7
内资企业	家	1 710	1 346	27.0
国家级高新技术企业	家	35	25	40.0
规模以上企业	家	225	213	5.6
科学研究与试验发展（R&D）经费支出	万元	471 14	33 540	40.5
研究与试验发展（R&D）经费投入强度	%	0.54	—	—
合同外资金额	亿美元	1.20	1.71	−29.8
外商实际投资	亿美元	1.76	1.57	12.1
固定资产投资	亿元	284.88	245.54	16.0
年末从业人员	万人	6.99	6.27	11.5
万元 GDP 能耗	吨标煤／万元	13.34	13.68	−2.5
水资源消耗总量	万立方米	614.20	555.40	10.6
单位国内生产总值取水量	立方米／万元	4.36	5.27	−17.3
上市企业	家	4	1	300.0
区内建立的创新创业平台	个	2	0	–
区内科研院所	家	2	2	0
区内职业教育学校	所	9	12	−25.0

（赣州经济技术开发区管委会）

长春汽车经济技术开发区

【经济发展】2016 年，长春汽车经济技术开发区（以下简称“汽开区”）地区生产总值完成 570 亿元，同比增长 7.5%；固定资产投资完成 632 亿元，同比增长 17%；工业总产值完成 4078 亿元，同比增长 9.5%；一般预算全口径财政收入完成 110 亿元，区本级留用收入 15.01 亿元，同比增长 8.99%；实际利用内资完成 164.8 亿元，同比增长 15%；实际利用外资完成 8.59 亿美元，同比增长 12.3%。

【产业优势】汽开区是长春市汽车产业的核心区域，一汽集团总部、一汽解放、一汽大众、一汽丰越等一汽集团的全资和控股整车制造企业坐落在区内。区内已经形成了“中、重、轿”三大系列多个车型的产品格局，形成了年产 120 万辆轿车、20 万辆卡车的生产能力。开发区内共有汽车零部件企业 350 余家，有麦格纳、纳铁福、富奥电装、一汽大众发动机、变速箱、一汽四环股份、杰克赛尔空调、一汽铸造、一汽锻造、一汽模具中心等一批在国际国内较有影响的汽车零部件企业，形成了较大规模的配套体系和在国内具有一定竞争优势的零部件制造企业集群。一汽技术中心、中国机械工业第九设计院、长春汽车工业高等专科学校等构成了国内汽车研发教育机构最密集的地区。全国最大的汽车零部件交易集散地、东北地区最大的汽车和二手车交易市场等构成了完善的汽车后市场服务区。

【招商引资】2016 年，汽开区组织赴日韩、长三角、珠三角等地汽车零部件企业开展定向招商活动。全年引进骆驼电池、博世汽车电子、富奥万安制动控制系统等 22 个重点工业项目，总投资达 120 亿元，可实现产值 150 亿元。同时，引进万科地铁、华展体育中心等商业项目 10 个。全年跟踪储备工业项目 110 个、商业项目 15 个。

【项目建设】2016 年，汽开区完成征地 62 公顷，供地 140 公顷，房屋征收 61 万平方米。年内开工项目共 66 个，其中，工业项目 54 个，商业 12 个。一汽大众 Q 工厂、一汽乘用车研究所等项目进展顺利，一汽东机工、富奥翰昂空调系统、济业锥齿、意力达汽车零部件等项目全面开工建设。

【基础设施】2016 年，汽开区开工 63 项，完工 41 项。完成一汽大众 Q 工厂供电、供水配套设施建设，完成一铸二次变电线路（66 千伏线路）建设。建设前程路、万达周边等 10 条道路，启动了万达广场建设工程和轴齿、丰越周边环境美化工程。累计完成道路建设 6.4 公里，铺设给水管线 18.47 公里，排水管线 9.1 公里，电力电缆及线路 11.8 公里。

【城市建设】2016 年，汽开区开展交通秩序整治大会战，完成 117 条道路交通标线和 36 397 个停车泊位施划工作。启动旧城改造工程，完成 7 条街路市政改造，实施道路罩面 5 万平方米，边石更换 1.5 万米。开展垃圾清运、冬季清雪、占道经营、露天烧烤等综合整治工作。绿化、彩化街路 10 条，种植乔木 1 万多株，新增绿地 27 万平方米。西湖公园完成前期招标工作。

【商服业发展】2016 年，万达商业综合体进入内部装修阶段，华航合众国际综合体一期完成主体施工，保利五星级酒店项目完成基础施工，牡丹园恒大地产项目一期开始对外销售。

汽车博物馆项目恢复建设，完成工程设计和招标工作，引进华航赛车场项目。

【服务一汽】2016年，汽开区建立政企沟通协调机制及协调解决一汽大众Q工厂等项目建设中的问题。实施一汽大项目包保制度，定期走访一汽企业，为企业提供要素服务。继续配合市里做好“四供”接收工作。

【社会事业】2016年，汽开区开发就业岗位6 507个，城镇新增就业4 815人，城镇失业人员再就业1 191人，农村劳动力转移就业1 160人，引导扶持实现创业674人。新增城镇企业职工基本养老保险685人，城乡居民养老保险1 619人，被征地农民养老保险1 657人。机关和事业单位养老保险参保率达到100%，城乡居民基本养老保险数据质量达标率100%。累计为城乡低保户发放低保金1 849万元。开展医疗救助、临时救助和两节慰问等工作，累计为困难群众提供救助金300余万元。做好拥军优属、老龄、残疾人、孤儿救助等工作，累计发放补助金480余万元。完成26万平方米暖房子和5个老、旧、散小区的改造任务。新建东风、西湖两所学校，对部分中小学校舍进行集中维修。开展优生健康检查，落实奖扶政策。为16个社区和9个村委会文化大院配备文艺体育器材，在13个社区成立了体育社团。开展“我读书，我快乐”中小学生读书活动。加强文化娱乐场所消防安全等专项督查工作。

【社会治理】2016年，汽开区开展普法宣传活动，加强人民调解队伍建设，聘任人民调解员58人。建立17个社区法律服务站，实现社区法律服务站全覆盖。开展自查自纠和衔接帮扶工作。通过区街两级培训戒毒（康复）人员100余名。完成社区社工站标准化建设，开通了社区微信公众平台。开展文明祭祀、文明旅游、文明餐桌等系列活动，组织开展了美德青少年评比“长春好人”评选等活动。开展安全生产专项整治行动。

【深化改革】2016年，汽开区完成深化改革10个方面的71项任务。围绕深化综合经济体制改革，推进民营经济集聚区建设。编制行政权力清单，简政放权。落实营改增、“五证合一、一照一码”制度，开通“汽开商税通”微信公众平台。推进“一门式”“一张网”建设。围绕深化生态文明体制改革，完善环境保护体系，节约集约用地管理。围绕深化农业农村改革，推进农村集体资产制度改革，加强村级“一站式”服务平台建设。围绕深化城市建设管理改革，完成交通信号、交通监控卡口增设、交通标志牌建设等工程。围绕深化民主法制领域改革，建立人大、政协沟通联系机制。围绕深化司法体制改革，推进法治信访体系建设。围绕深化文化体制改革，成立区文物保护管委会，将大屋檐生活区列入国家重点文物保护项目。围绕深化社会体制改革，完善公益性岗位管理办法，推行了工会二级管理体制。围绕深化党的建设制度改革，完善服务型党组织制度建设。围绕深化纪律检查体制改革，健全完善干部选拔任用前征求纪委意见等制度。

【自身建设】2016年，汽开区开展“两学一做”学习教育和解放思想大讨论活动，通过采取学习研讨、征文演讲比赛、查找问题等形式，促进全区党员干部思想转变。开展全区大调研活动，处级以上干部共撰写调研报告102篇。推进基层党建“七项重点任务”，完成基层党组织换届工作。推进非公党建创新，建设1 600平方米的党群活动服务中心。组织开展大讲堂系列活动，集中举办系列讲座12期。开展处级以上干部党校轮训和新入职干部培训工作，全区1 300余名党员干部接受培训。完成中层干部竞聘上岗和部分岗位交流调整工作。举办第三届汽车行业职业技能竞赛。建设汽开区就业服务网，开创互联网+创业就业服务新模式。开展技能领军人才服务民营企业活动，两名“长白山名师”全国技术能手与两家企业达成合作意向，授予5家企业开发区汽车产业高技能人才培养基地称号。

2015—2016年长春汽车经济技术开发区主要经济综合指标一览表

项目		单位	2016年	2015年	增减（%）
开发区生产总值		亿元	570.80	540.60	5.6
第二产业		亿元	478.33	453.43	5.5
工业		亿元	460.06	435.90	5.5
第三产业		亿元	92.22	86.93	6.1
工业总产值（现价）		亿元	4 027.53	3 772.88	6.7
高新技术企业		亿元	136.21	124.05	9.8
销售（营业）收入		亿元	4 790.60	4 372.37	9.6
第二产业		亿元	4 790.00	4 371.91	9.6
工业		亿元	4 714.28	4 301.35	9.6
第三产业		亿元	309.00	291.80	5.8
区内主导产业及产值					
主导产业	汽车制造业	亿元	4 076	3 712	9.8
进出口总额		亿美元	38. 47	39.48	–2.6
出口		亿美元	2.80	4.29	–34.7
财政收入		亿元	111.37	123.73	–10.0
税收收入		亿元	106.09	121.05	–12.4
财政支出		亿元	15.67	23.81	–34.2
新批企业数量		家	1 295	932	39.0
外商及港澳台企业		家	1	1	0
内资企业		家	1 294	931	39.0
区内世界500强企业		家	14	14	0
国家级高新技术企业		家	18	14	28.6
新批企业投资额	外商及港澳台企业	亿美元	0.24	0.21	14.3
	内资企业	亿元	356.10	309.70	15.0
规模以上企业		家	252	204	23.5
科学研究与试验发展(R&D)经费支出		万元	962 686	918 593	4.8
研究与试验发展(R&D)经费投入强度		%	16.80	17.00	–1.2
固定资产投资		亿元	632	546	15.8
年末从业人员		万人	17.87	17.31	3.2
万元GDP能耗		吨标煤/万元	0.41	0.22	86.4
水资源消耗总量		万立方米	4 452	4 415	0.8
单位国内生产总值取水量		立方米/万元	7.80	8.20	–4.8
上市企业		家	2	2	0
区内建立的创新创业平台		个	5	4	25
区内科研院所		家	3	3	0
区内职业教育学校		所	2	2	0

（长春汽车经济技术开发区管委会）

吴中经济技术开发区

【经济发展】2016年，苏州吴中经济技术开发区（以下简称“吴中开发区”）实现地区生产总值357.2亿元，同比增长7.4%，占苏州市的2.3%。其中，第二产业增加值完成192.5亿元，第三产业增加值完成161.5亿元，第二、第三产业占比为53.9∶45.2；财税收入保持平稳增长，全年财政收入114.1亿元，税收收入80.7亿元，同比增长11.8%；全年公共财政预算收入56.5亿元，同比增长15.9%，占苏州市的3.2%；公共财政预算支出31.1亿元，同比增长23.7%；全社会固定资产投资（不含房地产）完成110亿元。

【产业发展】2016年，吴中开发区全年实现工业增加值175.3亿元，同比增长6.8%，占GDP的比重为49.1%。其中，规模以上工业增加值144.5亿元；全年工业总产值717.1亿元，同比增长6%，其中规模以上工业总产值591亿元；在规模以上工业中，外商及港澳台投资工业总产值363.9亿元，内资工业总产值227.1亿元，分别占规模以上工业的比重为61.6%、38.4%。主导产业占比提高，电子信息、精密制造、纺织三大产业完成工业总产值501.1亿元，同比增长5.4%，占开发区工业总产值的69.9%。

【投资促进】2016年，吴中开发区新批外商投资项目13个，总投资2.4亿美元，批准合同外资1.4亿美元，其中增资12 549万美元。新设立登记内资企业3 584家，注册资本269.9亿元。完成进出口总额41.2亿美元，占苏州市的比重为1.5%，其中，出口额29.1亿美元。总投资6亿元的浪潮金融信息项目和大华生物、旅通在线等一批新兴产业项目成功落户，东瑞制药完成增资9 000万美元，世界500强企业日铁住金、耐克森线缆和汇川二期、中吴能源、石湖金陵酒店项目正式开业，尹山湖爱琴海购物公园正式启动，中国民营科技环保产业园成功开园。现有企业提质增效，永旺永乐、赛腾精密项目获批区级企业总部，中晟环境修复、朝阳智能科技等8家企业“新三板”上市，晶瑞化学、赛腾精密等4家企业主板排队上市。

【科技创新】2016年，吴中开发区精密机械、高端装备制造、新能源新材料、生物医药、检验检测等高新技术产业发展态势良好，机器人、智能制造、大数据等新兴产业进驻步伐加快，重大项目继续引领。全年完成高新技术产业产值266.8亿元，同比增长11.1%；完成专利申请总量2 862件，其中发明专利申请量1 087件。完成专利授权总量1 813件，同比增长31.57%，其中发明专利授权量479件，同比增长195.68%。吴中医药陈国庆博士获批国家“千人计划”人才。3人进入省“双创”人才答辩阶段，4人入选姑苏领军人才；新增高新技术企业16家。

【绿色集约】2016年，吴中开发区严格落实开发区总体规划环评批复，把好建设项目环保预审关，全年共预审建设项目91个、环评49个，参加项目验收111个；完成全区范围内827个环境保护违法违规建设项目的清理，督促企业完善环保审批手续。以生态文明建设项目为重点，扎实推进生态文明建设十大工程。

【社会管理】2016年，吴中开发区民生事业投入超10亿元。项目建设加快推进，越溪二小及附属幼儿园、尹东幼儿园加快建设，尹山湖小学及附属幼儿园、碧波小学南校区、城南中心幼儿园等项目加快开工，城南文体中心竣工装修。拆迁安置加快推进，城南宝带桥•澹台湖区域安置地块拆迁全面完成，郭巷8个项目地块实现清零，总面积124万多平方米的8个安置小区加快建设，建成安置房30万平方米。美丽乡村建设深入推进，横泾街道获得市农村生活污水治理先进集体荣誉，越溪张桥获得市级“美丽村庄建设示范村”称号。社会保障和就业创业服务持续加强。社会治理、环境整治、安全生产等工作进一步深化，社会总体保持稳定有序。

【体制机制创新】2016年，吴中开发区加快推进重点领域改革，完成招商系统全面整合以及建设局、总公司职能调整优化，全面试行“7+3”板块网络化管理服务模式，7个板块为综合保税区（含吴淞江科技产业园一期）、太湖新城（含旺山工业园部分区域）、东太湖科技金融城（含旺山工业园部分区域）和4个街道（城南、越溪、郭巷、横泾）；3个片区为化工集中区（含河东工业园、东吴工业园）、尹山汽车城、国际教育园南区。

【机构设置与管委会领导】苏州吴中经济技术开发区管委会下设党政办、政法办（综治办）、招商局、经济发展局、社会事业局、建设局、组织人事和劳动社保局、吴中综合保税区管理局、东太湖科技金融城管理局、综合执法局10个工作部门。苏州吴中经济技术开发区法人代表、管委会主任唐晓东主持日常工作；管委会副主任荣德明（7月29日离任）、许振华（7月29日上任）、顾建明、刘叶明、朱凤泉、骆兴男、徐国雄。

2015—2016年吴中经济技术开发区主要经济综合指标一览表

项目		单位	2016年	2015年	增减（%）
开发区生产总值		亿元	357.20	332.45	7.44
第二产业		亿元	192.52	179.67	7.15
工业		亿元	175.32	164.17	6.79
第三产业		亿元	161.45	149.56	7.95
工业总产值（现价）		亿元	717.06	676.17	6.05
高新技术企业		亿元	187.19	164.50	13.79
销售（营业）收入		亿元	1 549.34	1 438.04	7.74
第二产业		亿元	811.43	750.22	8.16
工业		亿元	710.92	668.82	6.29
第三产业		亿元	730.20	679.82	7.41
利润总额					
第二产业		亿元	42.78	36.74	16.44
工业		亿元	38.78	32.80	18.23
区内主导产业及产值		亿元	501.15	475.32	5.43
主导产业	1. 电子信息	亿元	285.07	274.73	3.76
	2. 精密机械	亿元	128.48	114.64	12.07
	3. 纺织	亿元	87.60	85.95	1.92
进出口总额		亿美元	47.16	82.58	−42.89
出口		亿美元	29.08	48.86	−40.48
财政收入		亿元	114.09	120.65	−5.44
税收收入		亿元	90.79	80.75	12.43
财政支出		亿元	59.36	70.04	−15.25
新批企业数量		家	3 308	2 494	32.64

续表

项目		单位	2016 年	2015 年	增减（%）
外商及港澳台企业		家	13	15	-13.33
内资企业		家	3 295	2 479	32.92
区内世界 500 强企业		家	14	14	0
国家级高新技术企业		家	44	28	57.14
新批企业投资额	外商及港澳台企业（注册外资）	亿美元	1.39	6.94	-79.97
	内资企业（注册资本）	亿元	274.22	167.68	63.54
	增资企业（外商）	亿美元	1.25	0.39	220.51
规模以上企业		家	572	593	-3.54
科学研究与试验发展（R&D）经费支出		万元	10.80	10.00	8.00
研究与试验发展（R&D）经费投入强度		%	3.02	3.01	0.33
合同外资金额		亿美元	1.44	2.51	-42.63
外商实际投资（实际利用外资）		亿美元	1.39	1.89	-26.46
固定资产投资		亿元	151.38	220.05	-31.21
年末从业人员		万人	16.01	16.39	-2.32
万元 GDP 能耗		吨标煤 / 万元	0.244 3	0.249 3	-2.01
水资源消耗总量		万立方米	5 547	5 732	-3.23
单位国内生产总值取水量		立方米 / 万元	15.53	17.24	-9.92
上市企业		家	2	2	0
区内建立的创新创业平台		个	14	12	16.67
区内科研院所		家	3	2	50.00
区内职业教育学校		所	7	7	0

（吴中经济技术开发区管委会）

临沂经济技术开发区

【经济发展】临沂经济技术开发区（以下简称“临沂开发区”）全年完成业务总收入2 150亿元，同比增长24.5%；实现公共财政预算收入20亿元，可比增长9.9%；完成固定资产投资285亿元，同比增长27%；完成规模以上工业总产值1 280亿元，同比增长22.5%；实现进出口总额9亿美元，同比增长11%。年内被评为“中国最受投资者欢迎开发区”“国家产城融合示范区”“国家新型城镇化综合试点”“中国电子商务示范园区”“中国示范物流园区”“中国产业园区营商环境百佳”“中国产业园区创新力百强”。

【产业发展】2016年，临沂开发区招商引进项目276个，合同投资额303亿元，实际到位市外资金110亿元；39个项目开工建设，27个项目投产或运营，新增“四上”企业62家，总量突破500家。

【科技创新】2016年，临沂开发区贯彻落实创新发展理念，全面深化供给侧结构性改革，全年完成154个重点项目156亿元技改投资；13个项目列入省重点技术改造导向计划，49个项目列为省技术创新项目；高新技术企业达到28家，高新技术产业产值占规模以上工业总产值的35.8%。永佳动力、三德利科技在“新三板”上市。山东临工荣获全市首个全国质量奖，机客网络获市长质量奖，永佳动力获市长质量奖提名奖。翔宇制药获批国家级企业技术中心，中印软件园成功创建“国家国际创新园”“国际科技合作示范基地”。全年4家企业纳税超亿元，65家企业纳税超千万元，100家企业纳税超500万元，骨干企业创新辐射效应不断彰显。新引进中国工程院院士张齐生等各类高端人才429名，卡瓦利被选为国家“千人计划”专家，普拉迪普被选为国家“高端外国专家”“泰山学者”。新引进科技研发企业20家，促成产学研合作97项，引进先进技术198项，授权发明专利62项。

【绿色集约】2016年，临沂开发区大力推进节能减排，万元GDP能耗下降3.4%；COD排放新增削减量72.2%，空气质量和优良天气指数居全市前列。实施李公河上游、解白河上游等综合治理工程，改善水生态环境。新增绿化面积130万平方米，城区绿化覆盖率达到47.8%。大力发展葡萄种植、有机蔬菜、苗木花卉等生态观光农业，醋庄葡萄被评为“全国名优果品区域公用品牌50强”。

【产城融合】2016年，临沂开发区开展“基础设施建设年”活动，启动实施杭州路北拓、临工路东拓、澳门路、中山路等道路建设，打造“十纵十二横”350公里路网框架。实施“公交村村通”工程，新增4条公交线路，实现村居公交全覆盖；新架、改造10条电网线路，新敷设供水、供热等各类市政管网80公里，基础设施不断完善。大力发展金融业和现代物流业，着力构建多层次资本市场体系和流通体系，全年新引进济宁银行、中陆财险、长江财险等6家金融保险机构，各金融机构贷款余额448亿元，新增48亿元；完成物流业货物周转值2 100亿元、市场交易额700亿元；引进电商企业75家，实现电子商务交易额154亿元，同比增长64%。完成房地产业投资11.6亿元，销售金额23亿元，冠亚星城四期、恒大绿洲、卓新天悦城等一批精品楼房相继建成开盘。

【民生建设】2016年，临沂开发区完成民生支出14.7亿元，同比增长13.5%；居民人均纯收入达2.7万元，增长11.8%。围绕脱贫攻坚，产业、就业、社保等方面齐发力，实现脱贫1 124人，10个重点贫困村在全市率先整体退出。加快月亮湾东区、西区和朝阳等社区建设，新建楼房130栋，新建公共租赁住房980套，争取保障性住房1 300套，新增5 000人回迁入住。加快临沂市第三人民医院综合病房楼建设，积极创建三级综合医院；启动康宁颐养院建设，打造国家级老年颐养示范项目。新建、续建临沂外国语学校等7所学校，显著改善"大班额"问题。实行两委领导包扶化解重点信访案件制度，信访案件下降30%，刑事案件案发率下降20.2%。深入开展安全生产隐患"大排查、快整治、严执法"活动，新增65家企业完成标准化创建工作、总量达到107家，社会更加和谐稳定。

【生态旅游】2016年，临沂开发区实施李公河上游、解白河上游、小墩沟综合治理工程，提升城市排水系统，改善水生态环境。实施城市"绿网"工程，新增绿化面积100万平方米，累计突破1 800万平方米。投入8 000万元开展美丽乡村建设，实施"硬化＋改厕"、农村汪塘治理等工程，全面提升卫生环境。完善提升全域旅游规划，加快重点旅游项目建设，沂河水上乐园投入运营，极地海洋世界、皇山佛教文化中心、东部生态城旅游综合体加快建设。

【党的建设】临沂开发区扎实推进"两学一做"学习教育，创新开展"受教育、亮承诺、定制度、见行动"主题活动，推动各级亮诺践诺2.7万条，制定区级层面制度31项，各领域专项制度110项。整治转化22个后进村，在3个社区试行"大党委"制，在5个城市社区培育社会组织50余个，"两新"组织党建工作覆盖率均达到100%。在全部行政村设立"群众说事室"，解决群众"烦心事"3 500余件。扎实开展"结亲连心"，全区干部平均每人联系群众35户，普遍入户走访3次。集中开展工作纪律软弱涣散、"庸懒散"等专项治理活动，明察暗访67次，党的队伍得到进一步纯洁和加强。

【管委会领导】2016年，临沂开发区党工委书记徐福田（8月离任）、陈一兵（8月任职）；党工委副书记王文元、陈永生（5月离任）、汲长骞(6月任)；管委会副主任王文元、尤柳生(6月离任)、李乃然(6月离任)、王鑫(6月任职)、张西涛（6月任职)、刘发舜、史佩选、张世彬、李文章（6月任职)；纪工委书记任光利。

（临沂经济技术开发区管委会）

江宁经济技术开发区

【经济发展】2016年，江宁经济技术开发区（以下简称“江宁开发区”）地区生产总值、服务业增加值、公共财政预算收入分别达1 200.7亿元、373.6亿元、152.5亿元，同比分别增长9.6%、34.6%、11.5%，其中，公共财政预算收入进入江苏省开发区前三名。完成地方外贸出口69.7亿美元，位列南京各区、开发区首位。完成规模工业总产值2 891.6亿元，同比增长2.1%；工业增加值738.3亿元，同比增长10.9%。上海大众、爱立信、长安马自达等产值超百亿元的企业5家，实现工业总产值1 521.6亿元，占开发区总量的52.6%。南瑞继保、华宝通讯等产值超10亿元的企业35家，实现工业总产值2 221.4亿元，占开发区总量的76.8%。全年新增规模企业25家，在2015年江苏省110家经济开发区综合评价中位列第三。根据南京市和江宁区党代会的战略部署，江宁开发区制定并启动“一三五”行动计划，即冲刺一个目标——综合实力进入全国国家级经开区前列；确立三个定位——建设“高端产业特色集聚区、科技创新开放引领区和产城融合绿色样板区”；实施五大战略工程——推进“产业强基、创新强效、城市强质、生态强本、效能强体”。

【产业建设】2016年，江宁开发区汽车、新一代信息技术等产业加速培育壮大，汽车产业产值达1 335.3亿元，世界500强企业舍弗勒集团南京新厂房投产；国内首个通信与信息领域的国家重大科技基础设施项目、江苏省历史上牵头承建的第一个国家重大科技基础设施——未来网络实验设施项目获批立项；未来网络众创空间示范基地、中科院科技服务网络江苏中心等项目落地，软件和信息业务收入达844.5亿元。智能电网产业产值达1 009亿元，南瑞集团启动建设世界电压等级最高、容量最大的UPFC工程，江宁开发区获批南京市首家专利导航智能电网产业发展试点实验区。生命科学产业方面，南京医科大学附属逸夫医院落成启用，全国第二大医学检验中心入驻南京生命科技创新园，“艾博卫泰”进入国家创新药品审评审批绿色通道。节能环保产业方面，江宁开发区被批准为国家生态工业示范园区，华洋天润新能源公司在国内率先实现清洁燃油技术产业化，迪盛四联公司荣登全球新能源企业500强。临空产业新引进苏宁华东物流中心、吉祥航空、星月航空等项目37个，全国首家以省命名的公务航空公司——江苏公务航空有限公司成功试航并开展业务。在南京率先落实招商机构扩容优化、绩效考核、成立代办中心。

【招商引资】2016年，江宁开发区实际利用外资6.5亿美元，同比增长17.4%，总量和增幅在南京位居第一，在江苏省排名由2015年的第七位升至第三位。引进光大环境等千万美元以上外资项目42个，其中1亿美元以上外资项目11个，落户台积电设计中心等知名总部型、功能性机构4个，引进亿元以上内资项目27个，其中包括星月航空总部和苏宁航空物流2个百亿元级项目。

【科技创新】2016年，江宁开发区全年引进院士1名，累计达23名；引育“万人计划”专家9名，累计达19名；自主培养省“双创计划”人才14名，累计86名；累计拥有高层次领军人才656名，人才工作竞争力位列江苏省开发区第四、全市第一；新增工程技术研究中心30家、高端研发机构3家，实施产学研合作项目56个、重点科技计划项目132个，完成全社会研发经费支出52.5亿元；新增众创空间12家，累计达25家；新增市级以上科技企业孵化器3家，累计达15家；新增民营科技企业72家、高新技术企业55家，高新技术企业累计达233家；完成高新技术产业产值1 765亿元，占规模以上工业总产值的67%；完成专利申请量13 443件、专利授权量5 876件、发明专利申请量6 108件、发明专利授权量1 496件，累计总量分别达47 476件、20 694件、27 724件、7 145件，国家知识产权试点园区建设加快推进。

【城市建设】2016年，江宁开发区景枫中心、21世纪太阳城等城市综合体相继开业，1912商业街升级改造、秦淮路以南“优二进三”加快推进，百家湖商圈跃升为南京第二大商圈；空港省级开发区获批筹建，整建制托管禄口街道，全面启动禄口空港新城建设；诺贝尔奖与科学艺术小镇、空港枢纽小镇、吉山软件小镇启动建设，多点多极的城市发展格局初步形成；有序推进综合整治3年行动计划当年任务，完成数字化城市管理系统二级平台建设，城市治理连续7个月位居南京第一。有序推进东善桥、殷巷等片区73.3万平方米保障房建设，基本完成安置房不动产权证办理，较好完成卫生城市迎复审、中央环保督查、防汛抗洪等相关任务，正式获批为国家生态工业示范园区。

【载体建设】2016年，空港枢纽经济区（江宁）全年实现地区生产总值55亿元，同比增长14.6%；服务业增加值14亿元，同比增长16.7%；全社会固定资产投资74亿元，同比增长8.8%；工业固定资产投资44亿元，同比增长22.6%；规模以上工业总产值82亿元；公共财政预算收入5.04亿元，同比增长41.1%；外贸出口额2.75亿美元，同比增长285%。实现到位外资1.35亿元，引进产业项目37个，总投资逾361亿元，包括苏宁华东物流中心、吉祥航空、星月航空、圆通速递等具有较强带动效应和影响力的航空核心类项目10个，益丰医药江苏总部、泉康投资等关联类项目27个。推动包括6个省市重大项目在内的22个项目开工建设，开工面积55.18万平方米，完成固定资产投入25.45亿元。航鹏航空、萧朗、江苏公务航空等5个项目投产（运营），空港跨境电商产业园通关运营，荣获“省级电子商务产业园试点”和“南京市电子商务示范园区”。2016年5月，获批筹建省级开发区，加快推进国家临空经济示范区。

江苏软件园2016年实现软件业务收入760亿元、服务外包执行额30.5亿美元、离岸执行额10.8亿美元，同比分别增长15.2%、10.9%和13.1%；新引进神州长城大数据中心、航天科技军民融合平台等项目161个；软博会、金洽会签约项目27个，总投资超百亿元；科技转化中心项目入驻率达85%，集聚软件从业人员3 200余人；承办江苏省“I创杯”创新大赛；荣获“2016年度南京市科技企业孵化器绩效评价优秀奖”等荣誉。

2016年，中国无线谷（未来网络谷）大力推进核心技术研发与转化、高端人才及项目引进等工作。核心技术研发方面，“国家2011计划”无线通信技术协同创新中心取得重大进展，5G实验样机系统初步完成；江苏首个国家重大科技基础设施——未来网络试验设施项目正式批准启动建设；共有超高速通信芯片、802.11.aj国际标准等50多项核心技术和标准的研发与制定取得了新进展。核心技术成果产业化方面，联合中国泰尔实验室建成投运了电磁兼容暗室、芯片检测中心等20多个国际先进的专业公共技术服务平台和无线通信试验场，全年对外提供开放服务500余次；新建联合研究中心8个，30多个具有自主知识产权国际领先的核心技术成果年内实现了就地产业化；无线谷创业服务中心升级为国家级科技企业孵化器。高端人才引进培养方面，入选省“双创”人才5名，5家企业入围“创新型企业家”。高科技企业集聚方面，新增创远信息、牛芯微电子等科技型企业40家、高新技术企业6家。

2016年，九龙湖国际企业总部园以载体招商和企业服务为重心，全力推进载体运营，全年实现经营性业务收入36亿元、公共财政预算收入2 300万元。引进光大环境科技总部、台积电设计研发中心、甲骨文软件研发中心、正威新材料公司总部等58个项目。其中，世界500强企业投资项目4个，上市公司及国内知名企业投资项目8个，实现到位外资1 016万美元。南京科思工贸股份有限公司在“新三板”成功挂牌，是该园自主培育的首家上市公司。建筑面积4.7万平方米的甲级写字楼正式开工建设，建筑高度99.75米，办公楼出租率达95%以上。总部园至周边商业中心的购物班车正式开通。

2016年，南京综合保税区（江宁）实现进口13.78亿美元，出口30亿美元，进出口总额43.78亿美元。联亚保税展示项目、吉宝全球维修中心、综保区国际采购配送中心和航胜飞机零部件组装项目开工建设；爱立信亚太区物流中心项目落户，总投资近5亿元。

2016年，谷里重点产业园完成工业产值16.02亿元，同比增长7.52%；销售收入15.3亿元，同比增长7.75%；全社会固定资产投资2.6亿元，其中工业投资2.2亿元，同比分别增长13%、10%；引进亿元重点项目8个，同比增长33%；新增规模以上企业4家，同比增长33%。实现安康路建成通车，江谷路部分路段通车；完成板霞路、兴谷路辅道等现有老旧破损道路的维护、改造；盘活低效用地约200亩(约13公顷)。

2106年，宁淮工业园实现工业增加值近50亿元、工业产品销售收入217亿元、公共财政预算收入4.49亿元，各项指标增速超过15%。新引进项目16个，总投资68亿元，其中亿元以上项目5个、外资项目3个，项目注册外资6 523万美元，实际利用外资4 550万美元。共投入1.62亿元进行基础设施建设，新建康马路古淮河大桥、经九路，启动宁连路、广州路、淮河东路景观改造工程，新增绿化面积21万平方米，新铺设电网2.9公里，安装路灯627盏。

【体制机制创新】2016年，江宁开发区正式接受江宁区委、区政府委托，整建制管理禄口街道，在江宁区历史上首次实现由园区直接托管街道。2016年9月，江宁开发区成立南京第一家投资建设代办中心，为项目的落户审批提供全过程的无偿代办服务，实现“客商动嘴、园区跑腿”，帮助投资项目完成从项目注册登记、项目报建到项目验收三大环节30个审批事项，提升审批效率、化解审批难题、减少审批成本。

【机构设置与管委会领导】根据南京市批准的江宁开发区“三定”方案规定，江宁开发区下设12个内部机构；李万平同志任开发区管委会主任、党工委副书记，主持开发区全面工作。

2015—2016年江宁经济技术开发区主要经济综合指标一览表

项目	单位	2016年	2015年	增减（%）
开发区生产总值	亿元	1 200.66	958.77	25.23
第二产业	亿元	809.30	681.18	18.81
工业	亿元	738.27	619.790 3	19.12
第三产业	亿元	373.57	277.589 4	34.58
工业总产值（现价）	亿元	2 960.39	2 701.35	9.59
高新技术企业	亿元	1 065.91	1 014.191	5.10
销售（营业）收入	亿元	3 296.17	3 080.89	6.99
第二产业	亿元	2 647.88	2 631.19	0.63
工业	亿元	2 249.62	2 303.74	−2.35
第三产业	亿元	527.05	371.38	41.92
利润总额	亿元	368.80	344.08	7.18
第二产业	亿元	329.56	313.90	4.99

续表

项目		单位	2016年	2015年	增减（%）
工业		亿元	288.46	271.050	6.42
区内主导产业及产值					
主导产业	1.汽车制造业	亿元	1 335.30	1 272.750	4.91
	2.计算机通信和其他电子设备制造业	亿元	434.00	497.70	−12.80
	3.电气机械和器材制造业	亿元	224.50	300.50	−25.29
第三产业		亿元	527.05	371.38	41.92
进出口总额		亿美元	107.20	104.20	2.88
出口		亿美元	69.70	67.20	3.72
财政收入		亿元	296.18	287.33	3.08
税收收入		亿元	275.40	273.739 1	0.61
财政支出		亿元	55.65	45.77	21.59
新批企业数量		家	6 782	4 478	51.47
外商及港澳台企业		家	52	37	40.54
内资企业		家	6 730	4 441	51.54
区内世界500强企业		家	60	59	1.69
国家级高新技术企业		家	293	214	36.92
新批企业投资额	外商及港澳台企业	亿美元	5.50	5.07	8.48
	内资企业	亿元	41.00	31.00	32.26
	增资企业	亿美元	1.04	0.50	108.00
规模以上企业		家	806	790	2.03
科学研究与试验发展（R&D）经费支出		万元	296 370	236 553	25.29
研究与试验发展（R&D）经费投入强度		%	1.32	1.17	12.82
合同外资金额		亿美元	14.71	15.126 2	−2.75
外商实际投资		亿美元	6.54	5.569 4	17.43
固定资产投资		亿元	470.72	417.501	12.75
年末从业人员		万人	24.729 5	23.524 2	5.12
万元GDP能耗		吨标煤／万元	0.091	0.108 8	−16.36
水资源消耗总量		万立方米	7 550	7 558	−0.11
单位国内生产总值取水量		立方米／万元	4.40	5.4952	−19.93
上市企业		家	18	17	5.88
区内建立的创新创业平台		个	44	33	33.33
区内科研院所		家	15	13	15.38
区内职业教育学校		所	21	21	0

（江宁经济技术开发区管委会）

杭州余杭经济技术开发区

【经济发展】2016年，杭州余杭经济技术开发区（杭州钱江经济开发区，以下简称“开发区”）实现地区生产总值554亿元，同比增长8.3%，约占余杭区的39.2%。其中，第二产业实现增加值338亿元，同比增长5.7%，约占余杭区的70.7%；第三产业增加值实现192亿元，同比增长13.7%，约占余杭区的21.7%。2016年，开发区实现财政收入120亿元，同比增长23.5%；开发区企业实现营业收入2 052亿元，同比增长13.8%；完成进出口总额39亿美元，同比下降0.3%，约占余杭区的74%；完成固定资产投资372亿元，同比增长17.9%，约占余杭区的35.7%。

【产业发展】2016年，开发区构筑“高端装备制造、健康医疗、新能源新材料、家纺布艺和现代服务业”五大产业集群，实现工业总产值1 431亿元。其中，高新技术企业实现产值476亿元，同比增长16.4%；实现工业增加值253亿元，同比增长5.5%。2016年，开发区以通用设备制造业、非金属矿物制品业和纺织业为主的三大主导产业实现工业总产值790亿元，约占全区规模以上工业总产值的79.2%。其中，通用设备制造业实现工业总产值411亿元，同比增长13.8%；非金属矿物制品业实现工业总产值211亿元，同比下降14.3%；纺织业实现工业总产值168亿元，同比下降6.8%。2016年，开发区企业实现利润总额90亿元，同比增长8.9%。其中，第二产业实现利润总额77亿元，同比增长22.1%。

【科技创新】2016年，开发区在实施科技金融政策、专利政策的基础上，加快研究出台开发区创新券、人才评选奖励办法等文件，引导企业加快转型升级步伐，加大科技创新力度。构建“创业苗圃—孵化器—加速器—产业园”科技创业孵化链条，加大力度推进园区培育。2016年，开发区各类众创空间近20家，面积122万平方米，新增省级科技企业孵化器1家，市级科技企业孵化器2家。2016年实现高新技术产业产值334.3亿元，同比增长10.7%；研发费用投入15.4亿元，同比增长27.2%。全年完成专利申请1 911件，完成专利授权975件，实现专利零突破73家；新增省级企业研究院2家，省级研发中心11家，市级研发中心9家；成功认定国家重点支持领域高新技术企业33家，国家知识产权优势企业1家，浙江省专利示范企业3家。以产业吸引高端人才，通过招聘、培训等形式，引进、培育各类高层次人才。目前，开发区已有“国千”人才15名(其中“青千”人才2名)，“省千”人才5名，享受国务院津贴人才2名，钱江特聘专家6名。拥有博士后工作站10家，院士工作站8家。

【投资促进】2016年，开发区完成合同外资37 532万美元，同比增长3.7%，占余杭区的56%；实到外资51 432万美元，同比增长0.3%，占余杭区的81%。其中，新批外商投资大项目8个，投资总额20 858万美元，分别占余杭区的17.4%和19%（合同外资、实到外资均为省商务厅对国家级开发区考核的统计口径），重点引进了安徽置地投资的五星级酒店、滴滴浙江公司等项目。推动外贸领域新业态、新模式、新产业的发展，紧紧围绕“一带一路”发展战略，以推进海外仓建设为核心，不断做大跨境电商业务，重点扶持出口创汇大户。2016 年，开发区实现进出口总额 39 亿美元，其中出口总额达 36 亿美元。

【绿色集约】2016 年，开发区成立循环化改造工作领导小组，全力推进园区生态化、循环化建设与改造，先后编制园区生态化建设规划、循环经济发展规划、工业生态化示范园区、园区循环化改造等方案。同时，积极开展清洁生产、电能平衡测试和绿色企业创建工作，推进园区集中供热和印染废水集中再生利用，大力实行污染物源头削减和总量控制。通过加大财政资金投入、出台节能和循环经济发展财政政策，开发区近年来涌现出一批节能、节水、资源循环利用水平领跑行业的模范企业，逐步形成了特色较鲜明的循环发展模式。

开发区委托浙江省发展规划研究院编制完成实施方案，计划在 3 年内实施循环化改造项目 20 项。2016 年 9 月，开发区成功列入浙江省第三批循环化改造示范试点园区（浙发改资环〔2016〕589 号）；10 月，余杭开发区循环化改造示范项目获补助资金 1 030 万元（浙财建〔2016〕157 号）；12 月，在省发改委环资处的指导下，开发区制定了循环化改造示范试点园区项目资金管理办法和资金分配方案，计划 5 年内完成园区循环化改造的重点支撑项目 46 项、总投资 133.5 亿元。截至 2016 年 12 月，开发区四项主要污染物排放量为：COD437.78 吨；氨氮 26.56 吨；二氧化硫 470.88 吨；氮氧化物 735.71 吨。

【智慧园区】2016 年，开发区认定“两化”融合示范项目主要有 8 个（老板、春风、西奥、铁流、尚越、海的、南都、贝因美），完成任务数的 133%；认定工厂物联网项目主要有 16 个（老板、春风、西奥、长江汽车、万通、铁流、自强链、石川岛、宝亮、天地数码、琪瑶、天力、尚越、思创、民生、科汀），完成全年任务的 212%。其中，老板电器、春风动力和西奥电梯被评为“杭州市第一批工厂物联网示范样板项目”，占全市样板项目的 1/3；开展机器换人项目 30 个，完成全年任务的 115%。

【投融资服务】开发区以规模以上企业、高新技术企业、成长型科技型企业为重点服务对象，以培育企业挂牌上市为目标，在企业“上市”这条路上充分发挥政策的引导、激励作用。2016 年，开发区新增 ipo 上市发行 2 家，完成递交上市材料企业 2 家（春风、天地数码），另有 1 家（福斯达）上市流程后延，预计 2017 年上报证监会材料；新增“新三板”挂牌企业 6 家，超额完成全年目标任务；完成浙江股权交易中心挂牌企业 7 家。目前，开发区累计上市挂牌企业 14 家，另有上市培育企业 10 家，其中 5 家正处于证监会在审阶段；“新三板”培育企业 20 家，其中 1 家企业已完成股改，将于 2017 年上半年申报材料。

【体制机制创新】开发区人员聘用根据余杭区余政办〔2007〕60 号《关于转发杭州市余杭区事业单位实行人员聘用制度实施意见的通知》管理，无单独管辖和聘用机制。

开发区全面贯彻落实省、市、区各项决策部署，进一步加强绩效考评，规范内部管理，提升机关效能，确保各项工作目标全面完成。坚持考评客观性、公正性和科学性，围绕党工委、管委会各项决策部署，合理设置评分指标，做到过程公平，结果公开；坚持以创优创新推动开发区整体提升，进一步激发干部职工干事创业的动力，努力营造风清气正、创先争优的良好发展环境；坚持以推动开发区整体发展为目标，全面完成各项任务，不断提升工作效能，做到既注重实绩优劣，又关注质效发挥。

【国际合作】2016 年 5 月，开发区第一次组团赴以色列开展招商引资工作。9 月，开发区与米超林集团、建设银行浙江省分行共同签署《关于浙江省中国—以色列国际合作产业园区合作备忘录》。2016 年 12 月 6 日，浙江省中以国际医疗健康产业园正式开园，朱从玖副省长、谢双成副市长、以色列前副总理莫法兹先生等领导和贵宾出席开园仪式。开园仪式上签署了 10 份国际化合作（意向）协议，包括开发区联合米超林集团、中国建设银行杭州余杭支行，成立总规模达100亿元的“浙江省中以国际医疗健康产业园基金”框架协议。

【基础设施建设】2016年，开发区推进市政设施、景观绿化、公建配套、农居安置房等各类基础设施建设项目37个，全年完成政府类固定资产投资约13亿元。包括市政道路新建续建项目17个，景观绿化新建续建项目5个，配套公建新建续建项目9个，农居安置房新建续建项目6个。

【政策发布】开发区主要实施余杭区的产业扶持政策，余杭区区政府出台的产业扶持政策对开发区全覆盖。2016年，余杭区区政府出台了《余杭区推进科技创新加快工业转型升级的若干政策意见》（余政发〔2016〕33号）的“6+3”产业扶持政策，余杭区实行的“6+3”产业扶持政策在开发区全覆盖。其中，“6+3”产业扶持政策有四项重点实施细则：一是涉及企业“双50”培育计划的《余杭区企业培育财政扶持政策实施细则》（余经信〔2016〕148号）；二是涉及企业在“标准化建设、资质升级、智慧应用、物联网”等方面成果的《余杭区支持信息经济发展财政政策实施细则》(余经信〔2016〕152号)；三是涉及企业在“企业技术中心、工业新产品、首台套、资质认证”等方面成果的《余杭区支持企业技术创新财政政策实施细则》（余经信〔2016〕154号）；四是涉及企业“工业生产性投资”“技术改造和工厂物联网、智能制造”等“两化”深度融合项目”和“重大研发项目”三大类项目的《余杭区创新实施财政专项资金竞争性分配实施细则》（余经信〔2016〕167号）。另外，余杭区区政府还出台了《关于发展众创空间推进大众创新创业的若干政策意见》（余政发〔2016〕34号）、《关于余杭区促进现代服务业发展的若干政策意见》(余政发〔2016〕31号)、《关于余杭区促进开放型经济发展实施意见》（余政发〔2016〕32号）、《关于余杭区支持电子商务产业发展若干政策意见》(余政发〔2016〕35号)、《关于降成本、减负担、去产能全面推进实体经济健康发展的若干意见》(余政发〔2016〕29号)、《关于打造余杭家纺“恒阳产业”的实施意见》(余政办〔2016〕60号)、《关于推进企业利用资本市场加快发展若干政策意见》（余政办〔2015〕149号）等一系列产业扶持政策。

【党建工作】开发区党工委下辖机关党委1个，党支部9个，现有党员121人。设立“两新”党委1个，现有党组织178个。其中，党委11个、党总支3个，党支部164个（含二级支部)。在册党员2 087人，“两新”党组织规模及党员数量均居余杭区第一位。2016年，开发区党工委成立了开发区新经济组织与新社会组织委员会，即“两新”党委，从抓覆盖、抓队伍、抓平台着手，抓好老板、春风、华鼎、东华、雪花、中翰6家党群服务驿站，进一步加强“两新”党建工作，打造开发区“两新”党建新格局，提高基层党组织服务党员群众的实效。

【机构设置与管委会领导】杭州余杭经济技术开发区（杭州钱江经济开发区）党工委、管委会内设党政办公室、党群工作部、财政局、产业发展局、产业招商局、规划建设局、创业创新局、产业监管局8个职能机构，并受余杭区委、区政府委托管理东湖街道。

管委会领导成员为：余杭区区委常委，开发区党工委书记、管委会主任沈昱；开发区党工委委员、管委会副主任吴立炜、金海平、陈叶根、姚文华、蒋叶华；开发区党工委委员、杭州市纪委派驻纪检组组长方新增。

2015—2016年余杭经济技术开发区主要经济综合指标一览表

项目	单位	2016年	2015年	增减（%）
开发区生产总值	亿元	554	511	8.4
第二产业	亿元	338	320	5.6
工业	亿元	313	293	6.8
第三产业	亿元	192	169	13.6

续表

项目		单位	2016年	2015年	增减（%）
工业总产值（现价）		亿元	1 431	1 404	1.9
高新技术企业		亿元	476	409	16.4
销售（营业）收入		亿元	2 052	1 803	13.8
第二产业		亿元	1 001	1 056	-5.2
工业		亿元	942	932	1.1
第三产业		亿元	1 052	747	40.8
利润总额		亿元	90	83	8.4
第二产业		亿元	77	63	22.2
工业		亿元	75	60	25.0
区内主导产业及产值					
主导产业	1.通用设备制造业	亿元	411	361	13.8
	2.非金属矿物制品业	亿元	211	246	-14.2
	3.纺织业	亿元	168	180	-6.8
第三产业		亿元	13	20	-35.0
进出口总额		亿美元	39	40	-2.5
出口		亿美元	36	36	0
财政收入		亿元	120	98	22.4
税收收入		亿元	120	98	22.4
财政支出		亿元	24	22	9.1
新批企业数量		家	4 843	2 085	132.3
外商及港澳台企业		家	29	14	107.1
内资企业		家	4 814	2 071	132.4
区内世界500强企业		家	15	15	0
国家级高新技术企业		家	累计88	累计66	33.3
新批外商及港澳台企业投资额		亿美元	1.60	0.80	100.0
新批内资企业投资额		亿元	285	129	121.2
新批增资企业投资额		亿美元	0.10	0.90	-88.9
规模以上企业		家	1 409	1 256	12.2
科学研究与试验发展（R&D）经费支出		万元	164 846	158 957	3.7
研究与试验发展（R&D）经费投入强度		%	1.75	1.71	2.3
合同外资金额		亿美元	3.80	3.60	5.6
外商实际投资		亿美元	5.10	5.60	-8.9
固定资产投资		亿元	372	315	18.1
年末从业人员		万人	18	21	-14.3
万元GDP能耗		吨标煤/万元	0.24	0.26	-7.7
水资源消耗总量		万立方米	2 369	2 325	1.9
单位国内生产总值取水量		立方米/万元	9.36	9.64	-2.9
上市企业		家	6	4	50.0
区内建立的创新创业平台		个	累计72	累计50	44.0
区内科研院所		家	累计29	累计20	45.0
区内职业教育学校		所	6	3	100.0

（杭州余杭经济技术开发区管委会）

晋中经济技术开发区

【经济发展】晋中经济技术开发区（以下简称“晋中开发区”）规划面积5.2平方公里，管辖面积55.8平方公里。开发区内有部分市城区和17个农村，常住人口8.4万，其中农村人口3.4万。

2016年，晋中开发区地区生产总值完成51.55亿元，比上年增长17.5%；工业增加值完成26.82亿元，比上年增长24.7%；财政总收入完成19.15亿元，比上年增长5.45%；固定资产投资完成58.71亿元，比上年增长2.1%；进出口总额完成3 600万美元，比上年增长38%。

【主导产业】晋中开发区4个产业园区进一步完善扩张，即创新型产业园、装备制造产业园、物流产业园和综合服务园。2016年，医药、食品、纺机、改装车四大产业成为晋中开发区经济发展的主要支撑。分三次产业来看，第一产业产值0.59亿元，比上年增长10%；第二产业产值30.74元，比上年增长19.6%；第三产业产值20.22亿元，比上年增长14.6%。

2016年，晋中开发区内规模以上工业企业36家，限额以上商贸物流企业54家，世界、国内500强企业14家。2016年36家规模以上工业总产值完成44.5亿元，比上年增长4.18%。产业集聚度明显提高，医药食品、装备制造等主导产业存量快速扩张，现代物流板块整体推进，互联网、电子商务、金融等行业加速集聚。

【产业转型】2016年，晋中开发区以实体经济为重点的产业发展势头趋强。转型升级产业项目中，山西安特药业和山西德元堂药业两家企业年产值11.5亿元，占晋中开发区规模以上产值的25.9%；创新型项目中，山西中聚晶科高品质蓝宝石晶体（芯片）生产项目已建成投产，山西逸飞无人机科技有限公司无人机装配项目已投产，山西三维联创科技有限公司3D打印项目、哈工大—常仁信息科技有限公司智能健康管理产业园（智能机器人）项目正在加快推进中；2016年新签约项目中，山西国际能源集团、天美杉杉奥特莱斯等一批重量级的项目推进较快。设计规模为华北第一的山西中鼎铁路货运物流有限公司太原枢纽（北六堡）物流中心一期顺利建成，于2016年8月如期开园投入运行，二期顺利开工。

【科技创新】2016年，山西省科技创新城核心区在晋中开发区的12.3平方公里内先后已有12家国内领先研发机构落地并开工；108示范区科技产业园重点引进高端“智”造、健康医疗、食品、通用航空、新材料、现代商务等规模型科技产业的领军或龙头企业，已有天美杉杉奥特莱斯、山西云智慧科技股份有限公司山西卫星信息技术应用产业项目等项目落地建设。晋中开发区科技孵化器（高新技术创业服务中心）于2016年3月被认定为国家级科技企业孵化器，已拥有各类孵化器10个，孵化面积达10万平方米，已入驻企业121家，2016年实现税收近千万元。

2016年，晋中开发区新认定8家高新技术企业，累计达到31家。申报PCT国际专利申请3件，实现了晋中开发区科技发展史上零的突破。全年新增知识产权95件，其中发明专利11件，累计达49件，为晋中各县、市、区之首。2016年引进海归及外籍高层次人才20人，引进博士15人，引进电子信息、互联网业务、电子商务等新型产业拔尖人才29人，引进人才数为晋中各县、市、区之首。

晋中开发区加大财政资金对科技创新的扶持，2016年继续以10%的比例增加科技研发经费，全年财政投入2 200万元用于科技研发、创新平台建设、孵化器企业补贴。获得晋中开发区种子资金扶持的有9家企业，直接解决520万元的资金问题。给予山西双合成工贸有限公司、山西古城乳业集团公司等5家农产品加工龙头企业共400万元的扶持资金。

【招商引资】2016年，晋中开发区共签约项目10个，协议总投资167.5亿元，截至2016年年底已有5个项目开工建设。储备在谈重点项目50余个，项目计划总投资300亿元以上，主要集中于新型装备制造、节能环保、新材料、医药健康等产业。

积极承接东部产业转移。2016年共对接洽谈产业转移项目30余个，已签约入区的项目有10个，计划总投资165亿元。代表性的项目有晶科光电（北京）信息材料有限公司高品质蓝宝石晶体及砷化镓集成电路（芯片）项目、红杉药业人类干细胞库项目、通用航空飞行器产业化项目等高、精、特、新项目。

【项目建设】2016年，晋中开发区列入晋中市政府考核重点工程（项目）共5类50个，总投资299.04亿元，当年计划投资49亿元。到2016年年底实现开工项目47个，完成投资53.26亿元，投资完成率为108.69%。其中，工业项目14个，当年计划完成投资11.2亿元，全部开工建设，完成投资9.34亿元，投资完成率为83.39%。服务业项目9个，当年计划完成投资12亿元，全部开工建设，完成投资19.17亿元，投资完成率为159.75%。社会事业项目2个，当年计划完成投资1.9亿元，1项开工建设，完成投资0.47亿元，投资完成率为24.74%。城乡人居环境改善项目10个，当年计划完成投资11.95亿元，全部开工建设，完成投资13.9亿元，投资完成率为116.32%。科技创新城项目15个，当年计划完成投资12.07亿元，13个开工建设，完成投资10.38亿元，投资完成率为85.99%。

【基础设施建设】2016年，晋中开发区新铺设供水管网2 600米，投资300余万元。冬韩村、高村、小赵村3个城中村纳入城中村集中供暖，全区供热普及率升至97.4%，集中供热面积为371.6万平方米，比上年增加32.2万平方米。1 100多套保障房主体施工结束，附属设施内部装修完成，附属设施建设工程累计完成投资1 500万元，已达到入住条件。2016年区域新增绿化面积10.3万平方米，绿化面积达195.5万平方米，公共绿地52万平方米，绿化覆盖率达40.6%，比上年增加1%，人均绿地达13平方米。占地40亩（2.67公顷）的社火公园及周边道路工程建设如期完成，7月1日正式开园。

【环境保护】2016年，晋中开发区在环保工作中开展了“百日攻坚”“铁腕治污”等专项行动，并得到山西省领导组的表彰；用于环境治理的财政支持力度创历史新高，全年共计发放环境治理保护各类资金1 494.6万元，其中万达供热替换元宇站、银城站集中供暖工程设施补助814.72万元，节能减排、大气、水污染防治工作各项指标任务均圆满完成了山西省晋中市下达的目标任务。

【金融创新】完善金融帮扶机制。针对企业发展融资难，修订《政策性融资担保公司扶持办法》，多次组织银企对接，有效缓解了企业贷款难题。完善《扶持企业上市挂牌的暂行办法》，鼓励区内企业直接上市融资。2016年5月，天生红枣业公司在北京“新三板”正式挂牌，晋中开发区给予天生红枣业公司挂牌奖励资金150万元，一并兑现奖励2015年7月山西辰兴发展公司上市和天生红枣业公司挂牌奖励资金共350万元。推进“助保贷”业务的开展，完善《晋中开发区小微企业助保金贷款业务管理暂行办法》，与建设银行签订了《小微企业“助保贷”业务合作协议》，为山西神云云计算机科技有限公司等2家企业解决了600万元贷款。修订了《晋中开发区中小企业贷款贴息资金管理办法》，财政预算安排贴息扶持资金2 000万元，2016年对符合条件的企业共给予了 1 290 万元的贴息扶持，带动企业贷款额约 50 亿元以上。

融资贷款保证“城中村”顺利改造。与山西省农发行协议贷款总计 39 亿元，2016 年已到位 19.9 亿元，用于龙田村、使张村、南六堡、北六堡等城中村改造，保障区内“城中村”改造顺利推进。

创新融资平台促进项目建设。设立了晋中金控股权投资管理有限公司，通过项目一期股权投资模式，引进中聚晶科蓝宝石晶体（芯片）生产项目，项目总投资 11.2 亿元，2016 年年底已投入生产。

【深化改革】进一步完善法治体制。按照“六权治本”的要求，组织专门人员对管委会以及各部门行使的行政权力事项进行梳理和确定，形成了权力清单、责任清单以及权力运行流程图和权力运行风险防控图，梳理管委会及 16 个部门行使的行政权力事项共计 1 360 项，其中受委托行使的行政权力 666 项，市直部门派驻机构 694 项。改革创新工作机制。完善项目审批并联统筹办理机制、便民事项及时办理机制，2016 年通过清理后保留行政许可事项共 84 项，其中管委会及所属部门 50 项。在项目许可办理中，推行了由管委会层面组织的集中预审、通气、联合并联办理机制，由涉及许可事项的 14 个部门科室负责人直接与项目主体进行对接，对新入区的项目，及时召开项目推进通气会。所有便民服务事项，在政务大厅即时即办。此外，“五证合一、一照一码”等便企制度顺利实施，企业登记更加便捷，成效显著，群众测评满意度为 100%。完善项目进地开工建设保障服务机制。党工委管委会、社管处、农村、企业四级联动，党政班子成员包项、包村，社管处、农村、企业设定专人跟进，及时化解项目进地开工过程中各种矛盾。9—11 月开展了“百名机关干部入百企帮扶活动”，送政策、办实事、解难题，及时发现跟进解决出现的各种问题，综合协调配置项目所需路、水、电、气、热等公共基础设施，收集到的 126 个问题基本得到解决，此后进入常态化服务阶段。

【社会事业】2016 年，晋中开发区管委会承诺 11 件惠民实事到年底已有 10 件落实到位。开发区人民医院已完成内外装修、消防验收、设备安装等工作，基本具备开业条件。企业基本养老保险、城乡居民社会养老保险、机关事业单位养老保险、失业保险的参保人数、基金征缴全部超额完成市政府下达的目标任务，按时提高企业退休人员基本养老金和新型农村社会养老保险基础养老金标准，各项社会保险实现 100% 按月足额发放。全年新增就业、创业带动就业、转移农村劳动力、失业人员再就业等全部超额完成年初计划，创业计划、城镇失业人员就业培训、技能人才培养、农民工职业技能提升培训、新成长劳动力培训、新增高技能人才等全部超额完成年初计划，城镇登记失业率控制在 0.03% 以内。

【机构设置与党政领导】经山西省编办批准，晋中开发区设党工办、管委办、经济发展局、住建局、财政局、人事劳动局、农业综合发展局、招商局、社管处 9 个职能机构；后经晋中市编办批准，设立了安监局；山西省国土资源厅、晋中市工商局、国税局、地税局、公安局、质监局、食品药品监督管理局、价监局在晋中开发区派设分局，行使部门职能，接受双重领导和管理。

晋中开发区党政领导成员为：开发区管委会主任、党工委副书记温毓诚；党工委书记赵春雷；党工委副书记贾慧生（3 月退休）；党工委委员、管委会副主任张林涛（12 月退休）、张仲生、梁灵；党工委委员、纪工委书记张曲波；党工委委员、调研员张治礼；党工委委员曹益民、任钦（8 月离任）、崔雪波（9 月离任）、王宁照（9 月上任）。

2015—2016年晋中经济技术开发区主要经济综合指标一览表

项目		单位	2016年	2015年	增减（%）
开发区生产总值		亿元	51.55	43.87	17.51
第二产业		亿元	30.74	25.69	19.66
工业		亿元	25.82	21.50	20.09
第三产业		亿元	20.22	17.64	14.63
工业总产值（现价）		亿元	87.77	74.48	17.84
高新技术企业		亿元	49.59	42.11	17.76
销售（营业）收入		亿元	463.51	390.28	18.76
工业		亿元	35.50	33.20	6.93
利润总额		亿元	32.68	27.92	17.05
工业		亿元	2.49	2.93	-15.02
区内主导产业及产值					
主导产业	1．食品制造业	亿元	2.90	2.96	-2.03
	2．医药制造业	亿元	11.54	11.51	0.26
	3．纺机制造业	亿元	3.59	3.87	-7.24
	4．汽车制造业	亿元	3.93	4.50	-12.67
进出口总额		亿美元	0.36	0.26	38.46
出口		亿美元	0.35	0.25	40.00
财政收入		亿元	19.15	18.16	5.45
税收收入		亿元	17.56	16.93	3.72
财政支出		亿元	15.26	15.50	-1.55
新批企业数量		家	972	568	71.13
外商及港澳台企业		家	2	3	-33.33
内资企业		家	600	580	3.45
区内世界500强企业		家	15	14	7.14
国家级高新技术企业		家	31	22	40.91
新批企业投资额	内资企业	亿元	30.33	30.28	0.17
规模以上企业		家	143	129	10.85
科学研究与试验发展（R&D）经费支出		万元	19 000	14 370	32.22
合同外资金额		亿美元	0.04	0.21	-80.95
外商实际投资		亿美元	0.38	0.31	22.58
固定资产投资		亿元	58.71	57.50	2.10
年末从业人员		万人	1.34	1.36	-1.47
上市企业		家	5	1	400.00
区内建立的创新创业平台		个	6	2	200.00

（晋中经济技术开发区管委会）

靖江经济技术开发区

【经济发展】2016年，靖江经济技术开发区（以下简称“靖江开发区”）实现地区生产总值601.3亿元，同比增长6.99%。其中，第二产业完成323.99亿元，可比增长0.3%；第三产业增加值完成273.1亿元，可比增长16.26%，第二、第三产业比为53.87∶45.42。一般预算收入24.23亿元。

【工业产业发展】2016年，靖江开发区全年实现工业增加值306.48亿元，工业总产值1 497亿元，其中规模以上工业总产值583.9亿元。在规模以上工业中，外商及港澳台投资工业总产值583.9亿元，进出口总额26.2亿元，与上年持平，工业开票545.57亿元。

【园区特色】靖江拥有52.3公里的长江岸线，素有“黄金水道、白金岸线”之称。早在开发建设之初，靖江开发区就确立了岸线开发与生态保护同步发展战略，对沿江岸线进行了功能分区，划出先行启动区、可开发利用区及不开发的生态区。当前，将这一发展战略进一步升华，将岸线利用大体分为3个“三分之一”，即绿色发展、开发性保护和不开发3个区域各占1/3左右，其中近20公里设为“永久不开发区”，将建设长江湿地、亲水空间和滨江森林，保持滩涂、芦苇荡等原生态风貌。十圩港至蟛蜞港段约8公里长江岸线列入生态保护，建设牧城生态园、应急水源保护区、新城生态湿地走廊；双龙港至上青龙港段、上九圩港上下游段、川心港至美人港西段、九圩至十圩港段等五段沿江区域划定为重要湿地；夏仕港清水通道维护区、江心洲重要湿地等也列入沿江生态保护。同时，对于可利用的岸线资源，靖江还坚持“在保护中利用，在利用中保护”的原则，走好绿色发展之路。靖江严格限制可利用岸线内的项目布点，规定投资超10亿元或1亿美元以上重大项目才能利用岸线；对有污染的项目一票否决；建设码头项目时通过引桥向江中延伸，尽可能地保留岸边的江滩湿地；在全省率先推广使用码头岸电系统，减少船舶靠泊期间对长江岸线的污染排放等。

【产业规划】经过近几年的发展，靖江开发区基本形成了船舶、金属材料、木材加工、能源和粮油加工五大沿江产业。

船舶产业是靖江传统产业，从20世纪60年代起步，90年代中期快速发展，进入21世纪后，靖江船舶产业进入了飞速发展的黄金时代，截至2016年年底已发展为国家级船舶出口基地和江苏省新型工业化示范基地，形成从船舶研发设计、制造销售、远洋运输、船舶配套、海洋工程、船舶修理、拆船的完整产业链，成为在全国有一定影响力的船舶制造基地和产业集群。金属材料产业重点发展特种钢生产、钢构制造、废钢处理、钢铁贸易四大领域，构建了废钢处理、钢材交易、钢管生产、钢构加工的产业链条。木材加工产业形成了以江苏万林现代物流股份有限公司为龙头，利用长江港口优势，融木材进口代理、木材交易、木材运输、港口装卸、货场管理、木材加工、木制品配送于一体的完整木材产业链。能源产业以专用码头和仓储设施为依托，变资源优势为经济优势，提高煤炭油品储备规模和中转能力，扩大贸易规模和吞吐量，发展物流配送，打造数字化配煤基地，形成长三角具有一定影响力的“煤炭储备基地”。引进了江苏中燃、联合安能等石化能源类企业，仓储能力超过100万立方米，发展了国信秦港港务、扬子江港务等煤炭储运项目。粮油加工产业主要以扬子江现代粮食集团为依托，以南方小麦交易市场为平台，促进粮食现货交易与电子交易的深度结合，做大粮食交易市场，创建为省级粮食特色产业园；同时，以龙威粮油为依托，发挥拥有海外种植基地资源性优势，发展食用油生产。

【招商引资】截至2016年年底，靖江开发区累计新签约项目103个，总投资250.4亿元，其中包括华晟重金属的固废综合处理工程项目、北京天然天能环境的靖江环境生态科技园项目等亿元以上项目80个，江苏通月空调的创新冷冻空调系统项目、江苏富天江外资变频高效空调压缩机生产项目等外资项目3个。先后多次赴京、津、沪、深等地开展“一对一”拜访，“点对点”对接，全年累计拜访客商729批次，接待客商305批次，参加境内外招商活动32次。其中，本部区域签约中铁建二期项目、大健康产业项目等超10亿元项目4个，洽谈中的华为云计算项目、安通物流冷链物流项目等一批优质项目，正逐步打造“一区多园”的发展格局。城北园区中小企业园四期中良能源、安本科技等15家企业入驻，标准化厂房建设也吸引了美国和塞尔、吉祥空调、三阳食品等20多家企业入驻。

【重大项目建设与服务】2016年，靖江开发区认定新项目开工数53个，认定竣工数20个。其中，本部区域众达炭材的焦炉煤气制LNG节能减排技术改造项目、靖江港口发展公司的罗家桥港内港池码头工程项目、秦港港务的省煤炭物流靖江基地装船线项目、靖江市先进焊接技术应用中心项目等7个项目均竣工投产。城南园区恒义汽配新能源汽车、翔宇汽车零部件、科尼公司Q葫芦生产线等项目均已竣工投产，三鹏传动、华冠电子、中机国达等13个在建项目均主体完工；城北园区7月份组织永固汽配、众恒弹簧、宏润航空设备、华宇电力等15个项目集中开工；新桥园区正信节能、格兰石化等项目竣工投产，中谷海运现代物流基地项目建设有序推进。

【基础设施建设】2016年，靖江开发区总投资22亿元进行基础设施建设。其中，拆除房屋2 288户，拆房面积近69万平方米；开工建设安置房8 024套，建成1 965套；新建道路23.8公里，建成通车14.3公里，配套路灯550盏，新增绿化76万平方米。城南园区投资54 800万元进行基础设施建设，联泰路、联友路、大桥路等16条道路正抓紧建设，鼎和花苑社区服务中心改造，城南公交首末站已建成使用，北六幼儿园项目已完成招投标，即将开工建设，三江社区服务中心项目立项申报；城北园区投资3.1亿元进行基础设施建设，新建北路（纬一路至园山路段）以及跨北横港大桥等已经竣工并通车，十圩港西路、纬五路、渔婆北路北延段、北三环西延段、纬二路（渔婆港—中心港）正抓紧实施雨污管道工程；新港城投资12.8亿元进行基础设施建设，完成园内道路框架的总体规划，开工建设了新太路、万福港路、货站路3条道路；江阴园区办事处总投资5 000万元左右的滨江学校江阴—靖江工业园区分校已投入正常运行。

【科技创新】2016年，靖江开发区高新技术企业产值377.87亿元，开发区新增企业与科研单位、大专院校共建的产学研联合体12家，引导企业建设了省级工程（技术）研究中心16家、工程实验室及院士工作站5个、博士后科研工作站4个、企业博士后创新实践基地10个、研究生工作站23个等研发机构；新认定高新技术企业15家，新增民营科技企业35家；新增省级高新技术产品82项，实施省级以上科技计划6项，争取资金2 420万元，全区现有国家新标准高新技术企业67家；授权专利1 301项，万人有效发明专利拥有量达21.5件。

【人才建设】2016年，靖江开发区紧紧围绕“一区三园人才队伍建设三年行动计划”，坚持“量质并举、引培兼重”原则，大力营造“人才兴区”氛围，全力实施“人才强区”战略，探索构建以“人才+产业”“人才+平台”“人才+技术”为支撑的党管人才新格局，形成了“引进一个人才、带来一项技术、形成一个成果、带动一个产业发展”的乘数效应。依托南京理工大学实验室成立的机器人智能制造（焊接）中心，吸引了40多位博士以及焊接领域的顶尖教授专家入区负责中心的筹建和运行。此外，靖江开发区还拥有泰州和省双创人才13名、省科技企业家7名、泰州市科技企业家9名、省“333”工程培养对象2名、泰州“311”工程培养对象22名、省级有突出贡献的中青年专家1名、享受国务院津贴专家1名，各类人才作用发挥日益明显。

【社会事业】2016年，靖江开发区深入开展工程建设，把更多的财力投向民生，让更多的成果惠及民生。共签约2 872户，全年实施维护管养道路148公里、绿化211万平方米、路灯10 891盏、本部区域安置房维修3 500个点。提升新港污水处理厂运行质态，平均日处理水量7 000吨左右，并在德桥仓储事件中协助处理废水10万吨；完成污水处理厂入河排污口设置验收、污泥危险废物鉴别等工作。全面实施权益保障卡发放工作以来已发卡25份；制定化解稳控方案，对具体案件进行实际查核，摸清情况，并形成有效的书面答复意见。

（靖江经济技术开发区管委会）

吉林经济技术开发区

【经济发展】2016 年，吉林经济技术开发区（以下简称“吉林开发区”）实现地区生产总值 129.5 亿元，同比增长 10.1%；全口径财政收入 9.73 亿元，同比增长 2.4%；财政支出 6.3 亿元，同比增长 18.9%；全社会固定资产投资 274.5 亿元，同比增长 9.6%；工业总产值 442.9 亿元，同比增长 12.6%；规模工业增加值 88.6 亿元，同比增长 15%；进出口总额 2.34 亿美元，同比增长 32.9%；GDP、规模工业增加值增速排名全市第一。全区规模工业企业 88 家，纳税超百万元企业增至 75 家，其中 1 000 万元以上的 15 家。

【产业发展】2016 年，吉林开发区精细化工产业持续壮大，全年完成产值 264.6 亿元，占规模工业产值的 65.7%，拉动全区规模工业增长 7.6 个百分点。新材料产业提速发展，碳纤维产业得到国家和省、市高位筹统，领导组织机构建立健全，10 余平方公里规划和用地等问题得到落实，《中国（吉林）高性能碳纤维及复合材料产业发展规划》制定完成，区级配套扶持政策出台。精功集团 1.2 万吨大丝束碳化开工建设，天津远成碳纤维军工复合材料、特百科汽车轻量化等一批优质项目有效推进。医药产业快速发展，北沙制药维生素 E 量价齐增，正业生物新品上市，普瑞特生物、万华精细化工主导产品实现量产，全年完成产值 11.4 亿元，同比增长 19.4%。航空产业扎实推进，航空产业园成功获批首批国家通用航空产业综合示范区。航空产业园区总体规划、通航产业发展规划、通航运营实施方案等编制完成。二台子机场列入全国民用机场布局规划和民航“十三五”发展规划。福航航空学院正式开展飞行员培训，山河轻型运动飞机、多用途无人机实现量产销售，吉航公司民机维修、瀚星通航飞机组装制造等落地建设。现代服务业展现新局面，保税物流中心通过正式验收，吉林化纤、建龙钢铁等 22 家企业确定在此办理货物报关业务，飞虎国际物流、新运仓储、海洋中科等 9 家企业进驻中心。

【科技创新】2016 年，吉林开发区化学原料药（医药中间体）特色产业园区规划获省工信厅核准，列入省级规划管理。碳纤维公共检测服务中心 4 个功能实验室建成，拉挤成型示范线调试完成并对外开放。新获得专利受理、授权 30 项，实施锂电池正极材料、鸭病毒活疫苗等产学研合作和成果转化项目 28 项，奥克新材料、奇峰化纤等企业 4 项成果荣获年度市科技成果转化奖。深入实施“大众创业、万众创新”，城发集塑、怡达化工被认定为国家高新技术企业。万华精细化工、绿能新建筑材料等 12 家企业被认定为吉林市科技“小巨人”企业；普瑞特生物等 3 家企业被认定为市级企业技术创新中心；众鑫化工、北沙制药科技团队被认定为市级科技创新团队。

【投资促进】2016 年，吉林开发区完成招商引资到位资金 135 亿元，外资完成 11 300 万美元，全年新开工 5 000 万元以上项目 38 项，主要项目有康乃尔化学工业股份有限公司甲醇制烯烃项目、吉林汇康制药有限公司医药原料药项目、吉林省博大生化有限公司无水乙醇项目、吉林市康乃尔圣业原料药有限公司医药原料药建设项目、吉林升通化工有限公司医药中间体等项目。成功重组九通钻具、品前化工、东北苑电力、佳辉化工、伯耐卓仪表等停产半停产企业，有效地利用了闲置资产。

吉林开发区抓住“台企一会一活动”“中国城市友好商会会长会议”“500强企业走进吉林”“首届吉商大会”等大型省市活动的契机，主动出击，强力推进项目进程，累计赴广州、杭州、宁波、北京、天津、苏州、上海、深圳等地开展“走出去”专项招商活动60余次，主要促进香港博大东方有限公司总投资10亿元的聚碳酸亚丙酯项目、昊太集团投资10亿元的医药生产基地项目、北京中能环科公司总投资18亿元的年处理农业秸秆50万吨资源化综合利用项目、浙江精功集团总投资11亿元的年产1.2万吨大丝束碳纤维项目、康德集团中安信科技有限公司投资20亿元的碳纤维全产业链项目、万丰集团投资10亿元的航空产业园项目、中国光大国际有限公司投资10亿元的秸秆发电和危废处理项目、青岛领军新材料科技创新园发展有限公司投资10亿元的石墨烯产业园等项目。

开展“请进来”接待70批次、200余人次，主要洽谈了北京四环医药控股集团有限公司投资10亿元的化学原料药项目、奥融新能源有限公司投资14.9亿元的年产2万吨锂电池正极材料研发生产基地项目、中国建筑材料集团公司投资10亿元的t800碳纤维示范生产线和碳纤维产业协同创新中心项目、吉林省佳和集团投资10亿元的装配式建筑等项目。

【投融资服务】2016年，首只8亿元企业债券圆满发行，浦发银行20亿元融资一次性到位，吉林银行15亿元融资租赁顺利获批。帮助10余家企业争取贷款22.7亿元。全力争取市财政、发展改革、工信、经济合作、科技等部门支持，围绕老工业基地振兴、基础设施建设、科技创新、现代服务业发展、改善民生等领域，超前谋划，强化协调，争取专项资金3.7亿元。帮助碳谷碳纤维、正业生物、君旺股份成功登陆“新三板”，城发集塑、森煌建材登陆“创业板”筹备工作进展顺利。立足降低债务负担、促进融入资金良性循环和快速壮大本级财力，创建启达国有资本投资运营公司，引入瀚华金控合作成立自主型担保基金和产业基金，会同吉晟金控、深圳前海壹资本成立专项产业基金，面向吉林碳谷、正业生物、君旺集团、北沙制药等优质企业及战略性新兴产业，积极探索股权投资、产业孵化及资本运作。

【社会事业】2016年，吉林开发区强化社会治安综合治理，严厉打击违法犯罪活动，司法行政和反邪教工作进一步加强。高度重视安全生产和环境保护，全面落实各方责任，创新常态管理模式，狠抓“五大体系”建设，深入开展隐患排查整治，安全风险分级管控和隐患排查治理“双重机制”建设取得突出成效，顺利通过史上最严的国务院安委会大巡查。组织投入资金2 100余万元，29项民生民利工程有效实施。村级组织换届顺利完成，农村集体经济总收入实现360万元，同比增长68%。全国首创的“三送到家”直通车，就业培训功能作用突出、效果良好。开发城镇就业岗位3 300余个，安置下岗失业人员和转移农村富余劳动力1 600余人，提前一年完成农村贫困户脱贫任务。“温暖家庭、整治楼道、和谐社区”创建活动深入开展，打造特色样板楼21栋，建立健全社区服务组织。

【党建工作】2016年，吉林开发区强化依法行政，“法治经开建设五年纲要”制定出台，管委会重大行政决策规章制度建立健全，权责清单进一步充实完善，在全市法治政府绩效考评中荣获佳绩。强化政治担当，落实“两个责任”，突出抓好基层党组织和团委、工会等组织建设，政治功能和服务功能有效发挥。聚焦主责主业，坚持挺纪在前，切实贯彻中央八项规定，深入开展“两学一做”专题教育，深入推进党风廉政建设和反腐败工作，做好抓早抓小及预防工作，党风政风持续改善。

【机构设置与管委会领导】吉林开发区下设30个部门，分别为：党工委办公室（新闻中心）、管委会办公室（法制办、应急办、档案局）、人事局、财政局（结算中心、采购中心）、国有资产管理局、经济发展局、统计局、科学技术局（专利局）、规划建设局、安全生产监督管理局（安全生产监察大队）、环保局、市政公用局、维稳办（信访局）、经合局、投资促进一局、投资促进二局、投资促进三局、投资促进四局、投资促进五局、投资促进六局、投资促进七局（化工产业投资促进局）、投资促进八局、化工产业规划局、金融服务局、总工会、纪检监察室、软环境建设办公室、综合治理办公室、保税工作办公室、铁路西环线指挥部办公室。

吉林开发区领导班子成员为：党工委书记、管委会主任胡秉吉；党工委副书记、管委会副主任徐有吉；管委会副主任郭树明、战铁功、冷伟、刘波、盛宝宇；纪工委书记葛春艳。

2015—2016年吉林经济技术开发区主要经济综合指标一览表

项目		单位	2016年	2015年	增减（%）
开发区生产总值		亿元	129.5	117.6	10.1
第二产业		亿元	109.7	100.8	8.8
工业		亿元	106.4	96.9	9.8
第三产业		亿元	18.2	15.2	19.7
工业总产值（现价）		亿元	442.9	393.4	12.6
高新技术企业		亿元	64.1	56.3	13.9
销售（营业）收入		亿元	439.0	409.9	7.1
第二产业－工业		亿元	411.0	387.3	6.1
利润总额					
第二产业－工业		亿元	24.8	25.5	-2.7
区内主导产业及产值					
主导产业	1. 化学原料和化学制品制造业	亿元	209.1	196.5	6.4
	2. 化学纤维制造业	亿元	62.5	53.1	17.7
	3. 酒、饮料和精制茶制造业	亿元	37.0	32.0	15.6
	4. 农副食品加工业	亿元	40.2	35.6	12.9
进出口总额		亿美元	2.34	1.76	32.9
出口		亿美元	1.84	1.48	24.3
财政收入		亿元	9.73	9.5	2.4
税收收入		亿元	8.79	9.18	-4.2
财政支出		亿元	6.3	5.3	18.9
新批企业数量		家	127	86	47.7
外商及港澳台企业		家	1	0	—
内资企业		家	126	86	46.5
区内世界500强企业		家	5	5	0
国家级高新技术企业		家	7	7	0
新批企业投资额	外商及港澳台企业	亿美元	0.01	0	—
	内资企业	亿元	17.7	13.2	34.1
规模以上企业		家	82	79	3.8
科学研究与试验发展（R&D）经费支出		万元	2 451	8 793	-72.1
研究与试验发展（R&D）经费投入强度		%	0.2	0.77	-74.0
合同外资金额		亿美元	1.19	1.05	13.3
外商实际投资		亿美元	1.13	1.02	10.8

续表

项目	单位	2016 年	2015 年	增减（%）
固定资产投资	亿元	274.5	250.4	9.6
年末从业人员	万人	2.29	2.49	-8.0
万元 GDP 能耗	吨标煤／万元	1.83	1.91	-4.2
水资源消耗总量	万立方米	4 440.3	12 241.6	-63.7
单位国内生产总值取水量	立方米／万元	34.29	104.1	-67.1
上市企业	家	3	3	0
区内建立的创新创业平台	个	38	35	8.6
区内科研院所	家	1	1	0
区内职业教育学校	所	6	4	50

（吉林经济技术开发区管委会）

宁波石化经济技术开发区

【园区概况】宁波石化经济技术开发区（以下简称“园区”）位于镇海区北部的杭州湾围垦土地上，原名为宁波化学工业区，成立于1997年11月，当时主要为接纳宁波市区因“腾笼换业”而搬迁的化工企业和引进精细化工、生物工程、化工新材料等企业。1998年9月，由宁波化工控股（集团）有限公司、宁波交通投资开发有限公司和宁波澥浦经济开发中心共同出资，组建宁波化工开发有限公司，注册资本5 000万元，是为化工区的开发主体。2003年2月，宁波化工区实行“市区联合开发属地管理”体制，由镇海区正式成立宁波化学工业区管委会。同年3月，镇海区海江投资发展有限公司出资8 920万元加入宁波化工开发有限公司，占公司注册资本的53%，化工开发公司注册资本增至1.68亿元，股东增加到4个。2005年4月，在国家对开发区进行治理整顿时，原属蛟川街道管理的蛟川工业区成建制划入，成为化工区蛟川区块。2006年4月，经国家发改委批准，宁波化工区升级为省级开发区。2010年12月30日，国务院正式批准宁波化工区升级为国家级开发区，定名为宁波石化经济技术开发区。

【经济发展】宁波石化开发区是一个以石油化工产业为主的纯工业园区，园区内没有第一产业和第三产业。2016年，园区地区生产总值487亿元，占宁波市的5.6%；工业增加值487亿元，占宁波市的11.5%。财政收入16.1亿元，同比增长42.7%；税收收入233.9亿元，同比下降4.8%；营业收入134.5亿元，同比下降2.5%；进出口总额307 825万美元，同比增长29.3%；固定资产投资111.1亿元，同比增长12.6%。

【产业发展】2016年，由于国际市场原油价格的波动，对园区经济带来影响。全年完成工业总产值1 613.03亿元，比上年降低1.59%。全年新批外商投资企业4家，合同利用外资1.9亿美元；实际利用外资1.21亿美元，增长8.16%。

2016年，园区推进石化产业集群化发展，提升临港石化工业。坚持招大引强选优，加快建设法国道达尔、德国朗盛、荷兰阿克苏诺贝尔等后续项目引进，推进与韩国国都、北欧化工、美国美利肯、瑞士北尔旗等知名园区和企业的前期洽谈进度。与宁波博汇化工签署总投资约7.3亿元的环保芳烃油及石蜡联产装置投资协议；与荷兰阿克苏诺贝尔签署总投资约5 000万美元的高品质硅溶胶项目投资备忘录；与美国华福公司就特种涂料项目投资事项保持联系；与朗盛高层及液体净化技术事业部多次会谈项目投资事宜。开展镇海炼化改扩建及配套项目、中金石化后续项目的协调及配合工作。服务园区内企业项目报审，指导环评、能评、稳评、安评、公用工程配套、施工等各审批环节。跟踪中金石化芳烃调整项目、朗盛无机颜料项目、昊德化学高纯异丁烯项目、阿克苏诺贝尔烷氧基化合物项目等试生产运行情况，监管现场调试安全。开展重大项目公示期间网络舆情预判应对工作，建立完善“网上网下”联动机制，推进重点工程项目建设。列入市重点工程的7个项目完成投资20.47亿元。

【科技创新】2016年，园区强化创新驱动、人才引进培育，注重技术进步和节能改造，开展循环经济、清洁生产。园区内规模以上工业企业技术开发费4.86亿元。新批市级工程中心

2家、省级高新技术研发中心1家、省级技术开发中心1家；新批高新技术企业3家；授权发明专利80项。中科院大连化学物理研究所与宁波富德能源有限公司共建刘中民院士工作站正式挂牌。新增4名“海外工程师”，入选市“3315”人才1名、市领军拔尖人才3名、市“151”人才1名，新申报国家“千人计划”、省“千人计划”各2名。新增市级企业技术创新团队2家、区级企业创新团队2家。博士后工作站引进博士后1名，企业引进博士4名、硕士20名、海外留学人才9名。培养高技能人才200余名、金蓝领人才30多名。3家企业与西北师范大学建立3家校企实践基地。企业完成技术改造项目35个，技改投入资金37.94亿元。

【绿色集约】2106年，园区启动编制石化开发区澥浦西片区控制性详细规划，启动湾塘新区（沿海）基础设施建设，谋划岚山片（沿海）733公顷地块产业布局，开展泥螺山围垦区域基础设施配套规划研究。启动湾塘、岚山二村搬迁工作，着手规划拆迁后的一、二类工业及绿化、水体隔离空间布局，完成岚山片控规论证和入库。开展园区公共区域停车泊位、防洪排涝等专题规划研究。利用园区规划修编、功能调整契机，成立整治提升专项行动工作领导小组，实施澥浦西片、蛟川区块整治，并取得阶段性成效。结合“五水共治”“三改一拆”工作，建成固废填埋场和华清环保污泥处置项目，拆除违法建筑，改造“蓝色屋面”，整治道路两侧。

9家企业通过清洁生产验收，其中2家企业获“双优”称号。55项节能项目列入镇海节能改造项目计划，其中16项通过验收的节能项目完成投资1 574.48万元，可实现节能22 426吨标煤/年。园区实施的19个循环化改造项目，4个通过循环经济发展专项资金评审验收，累计两批12个项目通过评审，拨付资金10 997万元，另有2个项目着手验收准备。园区管委会首次在环境监管领域引入第三方力量，推广第三方过程环境监理服务，监管重点排污企业，排查违法排放。

【智慧园区】2016年，完善园区安全监管设施软硬件建设，启动重大危险源监控预警、应急指挥、仿真模拟培训“三位一体”的园区应急管理中心建设。采取多项措施，“护航”G20杭州峰会。成立临时应急指挥中心，完善企业信息即时可查、生产状态即时可视、应急物资即时可调、应急队伍即时可用、事故影响即时可判“五个即时”功能，实现园区应急管理“一张图”。

4月21日，委托国家安监总局通信信息中心编制《宁波石化开发区“智慧安全”总体规划方案》并通过专家评审，这一规划方案的总体目标是：以园区高危行业、企业和危险化学品安全为核心，充分利用物联网、云计算、移动互联网等先进信息技术，建设基础支撑环境、信息资源库和服务应用平台，建成涵盖标准化生产管理体系、层次化安全防控体系、集中化应急救援体系、多元化服务交流体系和长效化管理规范体系的宁波石化经济技术开发区“智慧安全”综合管理与服务平台，实现园区企业本质安全水平、园区安全监管与应急处置能力、园区社会化服务功能和公共安全防范意识的全面提升，为园区安全发展、人民生命安全和社会和谐稳定提供技术保障。这一规划方案提出了五项重点系统工程，包括园区应急管理中心工程、园区综合安全监管平台工程、园区企业智慧安全工程、园区智能化封闭管理改造工程和园区智慧安全标准规划体系工程。

【机构设置与管委会领导】宁波石化开发区管委会下设管委会（党工委）办公室、投资合作局、经济发展局（统计局）、安全生产监督管理局、建设管理局（宁波市规划局石化开发区分局）、财政办公室、审计局、纪检组（为市纪委派出机构）、行政服务中心、社会事务管理中心。为确保管委会集中精力抓好开发建设工作，实现精简、高效运作，区域内的组织人事、环境保护、国税、地税、财政、工商、国土、海关、国检以及其他事务管理由镇海区相关职能部门负责承担。

宁波石化开发区领导班子成员为：党工委书记薛维海（11月离任）、林雅莲（11月继任）；管委会主任魏祖民；党工委副书记兼管委会常务副主任胡祖友（11月离任）、徐文华（11月继任）；党工委委员、管委会副主任周少华、吴存康、方安兴、席伟达（11月退休离任）、李洪波、洪岳军（11月继任）；党工委委员、纪工委书记应日捷；党工委委员施宇峰。

2015—2016年宁波石化经济技术开发区主要经济综合指标一览表

项目		单位	2016年	2015年	增幅(%)
开发区生产总值		亿元	487	430	13.3
第二产业		亿元	487	430	13.3
工业		亿元	487	430	13.3
工业总产值（现价）		亿元	1 613	1 639	−1.6
高新技术企业		亿元	339	99	242.4
销售（营业）收入		亿元	1 345	1 379	−2.5
第二产业		亿元	1 345	1 379	−2.5
工业		亿元	1 345	1 379	−2.5
利润总额		亿元	177	119	48.7
第二产业		亿元	177	119	48.7
工业		亿元	177	119	48.7
区内主导产业及产值					
主导产业	1. 石油加工、炼焦和核燃料加工	亿元	1 121	1 121	0
	2. 化学原料和化学品制造	亿元	301	330	−8.8
	3. 橡胶和塑料制品业	亿元	148	137	8.0
进出口总额		亿元	30	22	36.4
出口		亿元	12	10	20.0
财政收入		亿元	16	11	45.5
税收收入		亿元	234	246	−4.9
新批企业数量		家	7	31	−77.4
外商及港澳台企业		家	4	1	300.0
内资企业		家	3	30	−90.0
区内世界500强企业		家	4	4	0
国家级高新技术企业		家	23	20	15.0
规模以上企业		家	105	111	−5.4
科学研究与试验发展(R&D)经费支出		万元	56 697	62 302	−9.0
合同外资金额		亿美元	1.9	1.7	11.8
外商实际投资		亿美元	1.2	1.1	9.1
固定资产投资		亿元	111	124	−10.5
年末从业人员		万人	2.65	2.67	−0.7

（宁波石化经济技术开发区管委会）

宁国经济技术开发区

【经济发展】2016年，宁国经济技术开发区（以下简称“宁国开发区”）完成工业总产值460亿元，同比增长11.7%。其中，规模以上工业总产值440亿元，同比增长12.3%；实现工业增加值114.7亿元，同比增长12.2%；完成固定资产投资170.4亿元，同比增长20.2%；完成财政收入19.6亿元，同比增长9.9%；进出口总额5.3亿美元，同比下降19.3%；实际利用外资2.1亿美元，同比增长8.8%；实际利用内资91.2亿元，同比增长13.4%。

【产业发展】2016年，宁国开发区三大传统产业稳健增长，核心基础零部件产业集聚发展基地（按全市157家企业统计）完成工业总产值368.2亿元，同比增长15.49%，占安徽省目标任务的127.4%；完成税收13.5亿元，同比增长10.7%；完成固定资产投资90.2亿元，同比增长25.6%，均超额完成了安徽省规定的年度目标任务。其中，密封元器件产业完成工业总产值212.4亿元，同比增长19%，占基地工业总产值的57.7%；高端机械基础件产业完成工业总产值90.5亿元，同比增长4.4%，占基地工业总产值的24.6%；电子元器件产业完成工业总产值65.4亿元，同比增长21.8%，占基地工业总产值的17.8%。

2016年，宁国开发区节能建材与新能源应用、现代农业与食品医药和电子信息三大新兴产业共实现规模以上工业总产值86.4亿元，同比增长10.9%，占全区规模以上工业总产值的19.7%，与2015年持平。其中，节能建材与新能源应用受市场整体经济不景气的影响，绝大部分企业产值出现不同程度的下滑，全年实现规模以上工业总产值11.7亿元，同比下降16.8%；现代农业与食品医药产业整体有回暖趋势，全年实现规模以上工业总产值42.5亿元，同比增长16.88%。

【科技创新】2016年，在“科技强区”战略引领下，宁国开发区发展平台不断提升，转型升级步伐不断加快。开发区入选国家知识产权试点园区，成为长江经济带国家级经开区协同发展联盟理事单位。赛宝基础零部件产业技术研究院基本建成，省级耐磨铸件质量监督检验中心搬迁基本完成，科技创业服务中心迁扩建项目正在建设，橡塑密封件检验检测中心正在积极筹建，成功举办首届中国（宁国）橡塑密封件产业发展高峰论坛。

企业创新平台再添新动力。2016年，开发区新增高新技术企业12家，总数达66家；新增省级工程技术中心1家（聚隆），总数达8家；新增博士后科研工作站1家(凤形)，总数达5家；新增省院士工作站1家(中鼎股份)，总数达2家；新增省级企业技术中心1家（天成电气），总数达20家。

知识产权建设特色明显。2016年，开发区新增授权专利661件（其中新增发明专利239件），总数达4 443件；中鼎获评“国家知识产权示范企业”，海天力公司获得第十八届中国专利奖优秀奖，聚隆传动、中鼎密封件、海天力3家公司入围2016年安徽省发明专利百强企业。

企业创新荣誉硕果累累。2016年，中鼎集团入选国家技术创新示范企业，中鼎密封件公司荣获“国家级两化融合管理体系贯标试点企业”，凤形公司获国家科学技术奖二等奖，司尔特荣获安徽省政府质量奖，双津实业获得安徽省科学技术奖三等奖，海伟电子入选安徽省重大科技专项。新增省“专精特新”中小企业9家、省工业和信息化领域标准化示范企业1家、安徽省工业精品3项。

【投资促进】2016年，宁国开发区全年完成新签约项目28个，新开工项目41个，新投产项目任务29个。全年完成固定资产投资170.4亿元，同比增长20.16%；实际利用外资2.1亿美元，同比增长8.8%；实际利用内资91.2亿元，同比增长13.4%。一批极具前景的项目签约或投产：紫燕食品及培训基地、仕净环保设备生产项目、皇华新型建材等一批极具前景项目成功签约；聚隆传动科技工业园、万佳纸面石膏板、永泰汽车零部件、中基能源耐磨铸件生产线电改气、裕华电器非晶材料等重点项目开工建设；中鼎关键基础件研发及生产基地项目、亚新科汽车制动系统橡胶制品及高端密封件项目、杭州炫恩科技搬迁项目、安泽电工蓄热式电采暖器项目、保隆内高压成型汽车结构件生产项目等建成投产。

【绿色集约】2016年，宁国开发区共审批建设项目87个，其中环境影响报告书4份、环境影响报告表45份、环境影响登记表38份，完成项目验收13个。积极做好环境监察，积极落实“双随机”检查，全年共出动监察人员500余人次，检查企业300余家，下达环境违法行为改正决定书28份。积极推进环保设施建设，汪溪园区污水处理厂与电镀中心、南山园区污水处理厂、河沥园区分散式污水处理厂加紧建设。

宁国开发区按照“挖掘存量、控制用量、争取增量”的用地方针，不断创新工作方法，探索节约集约利用土地新模式。重点推进“僵尸企业”腾笼换鸟，2016年共处置“僵尸企业”10家，合计盘活土地800多亩（约53.33公顷）。

【智慧园区】2016年，宁国开发区启动了“智慧园区”综合管理平台建设，打造本地云计算中心、“智慧园区”综合服务管理平台、中小企业电子商务平台三位一体的智能管理服务体系，并成功列入安徽省2016年度“智慧园区”建设试点，目前平台已上线试运行。

【体制机制创新】2016年，宁国开发区在辖区街道设立园区办公室，实行“四统三分”的管理模式，即园区规划、项目安排、基础建设、资金调度由开发区管委会统一管理，征地、拆迁、环境保障工作由各园区办公室分别负责。规划范围内的人口与计划生育、社会治安综合治理等社会事务由所在街道办事处负责，开发区社会事业局统筹协调各园区社会事务。所在街道的党工委书记和办事处主任兼任开发区党工委委员，并分别任各园区办公室主任和副主任，全权负责各园区征地、拆迁和环境保障等工作。市招商、国土、规划、环保、国税、地税、公安等部门在开发区设立分局，城管、交警、消防设立开发区中队，市政府将部分县级行政职权下放开发区或授权驻区机构进行初审，报市直相关部门“见文行文”和“见章盖章”。设立开发区投资服务中心，市直派驻机构集中办公，并设立“一站式”服务窗口，全程代理工商注册、登记、环评、能评等行政审批手续，建立领导干部联系重点企业和项目及帮办联络员制度，为企业提供“一站式”服务和“营养师”服务。开发区主要负责人对领导班子副职具有建议权，开发区党工委对二级机构负责人任用具有提名权，市直有关部门派驻开发区工作人员实行“双重管理”，日常考核由开发区管委会负责，人员任免由开发区管委会与派驻部门协商确定。

【国际合作】2016年，宁国开发区以中鼎集团为代表的优质企业注重调整战略布局，或进军海外市场，主动收购境外行业优质企业，或主动攀大附强，勇攀高枝，推动兼并重组。中鼎集团累计斥资40亿元用于全球并购，先后收购美国COOPER，德国KACO、WEGU、AMK及法国FM、TFH公司等13家海外企业，形成了以宁国为总部，跨越欧、亚、美三洲跨国战略布局，涵盖汽车、办公、家电、军工、航空、航天等橡塑零部件全产业链。

凤形股份收购无锡雄伟精工，跨界进军汽车零部件领域；聚隆科技投资4亿元建设工业园，通过设立全资、控股、参股子公司，积极引入与洗衣机减速离合器上下游相关的配套企业，打造减速离合器全产业链；随着司尔特循环经济园启动建设，司尔特以宁国为总部的“一‘国’三州”（宁国、贵州、亳州、宣州）战略布局已基本形成；亚新科公司被机械工业500强企业郑州煤矿机械集团有限公司收购。

【机构设置和管委会领导】2016年，宁国开发区党工委和开发区管委会（副县级）内设党群工作部、办公室、财政局、建设局、经济发展局、社会事业局、投资服务中心7个正科级机构；房屋征收管理办公室、武装部、总工会3个副科级机构。

开发区领导班子成员为：党工委书记、管委会主任张永强；党工委副书记、管委会副主任梅骏国；党工委副书记王炳根；纪工委书记余小平；管委会副主任梅长顺、仇海斌；党工委委员、宁国市招商局局长刘文超。

2015—2016年宁国经济技术开发区主要经济综合指标一览表

项目		单位	2016年	2015年	增减（%）
开发区生产总值		亿元	153.9	135.1	13.9
第二产业		亿元	118.0	105.6	11.7
工业		亿元	114.7	102.2	12.2
第三产业		亿元	35.9	29.5	21.7
工业总产值（现价）		亿元	460.0	411.8	11.7
高新技术企业		亿元	313.4	268.5	16.7
销售（营业）收入		亿元	514.7	453.6	13.5
第二产业		亿元	452.1	401.4	12.6
工业		亿元	443.7	392.6	13.0
第三产业		亿元	62.6	52.3	19.7
利润总额		亿元	57.5	47.3	21.6
第二产业		亿元	40.4	30.5	32.4
工业		亿元	39.9	30.3	31.7
区内主导产业及产值					
主导产业	1. 橡胶和塑料制品业	亿元	181.2	154.3	17.4
	2. 化学原料和化学制品制造业	亿元	77.3	70.4	9.8
	3. 零售业	亿元	45.5	38.6	17.8
进出口总额		亿美元	5.3	5.2	1.9
出口		亿美元	4.9	4.8	2.1
财政收入		亿元	20.5	18.6	10.2
税收收入		亿元	19.6	17.8	10.1
新批企业数量		家	401	351	14.2
外商及港澳台企业		家	1	2	-50.0
内资企业		家	400	349	14.6
国家级高新技术企业		家	66	65	1.5
规模以上企业		家	283	267	6.0
科学研究与试验发展（R&D）经费支出		万元	89 636	84 812	5.9
研究与试验发展（R&D）经费投入强度		%	5.8	6.2	-6.4
合同外资金额		亿美元	0.1000	0.1006	-0.6
外商实际投资		亿美元	2.12	1.95	8.7

续表

项目	单位	2016 年	2015 年	增减（%）
固定资产投资	亿元	170.4	141.8	20.2
年末从业人员	万人	5.35	5.14	4.2
万元 GDP 能耗	吨标煤 / 万元	0.161 2	0.185 1	−12.9
水资源消耗总量	万立方米	713.9	694.5	2.8
单位国内生产总值取水量	立方米 / 万元	6.22	6.79	−8.4
上市企业	家	5	5	0
区内建立的创新创业平台	个	3	1	200.0
区内职业教育学校	所	2	2	0

（宁国经济技术开发区管委会）

钦州港经济技术开发区

【经济发展】钦州港经济技术开发区（以下简称“钦州港开发区”）拥有钦州保税港区和中马钦州产业园两个国家级园区。2016 年，辖 7 个社区，代管钦南区三镇两村 (即犀牛脚、东场、龙门港 3 个镇以及大番坡镇的六村、深坪两个村委)，总面积约 667 平方千米，年末总人口约 15.3 万。

2016 年，钦州港区地区生产总值完成 150.5 亿元，同比增长 1.2%；社会消费品零售总额完成 25.18 亿元，同比增长 10.14%；规模以上工业总产值完成 456.7 亿元，同比下降 6.6%；全社会固定资产投资完成 105.5 亿元，同比增长 39.7%；财政收入完成 100.2 亿元，同比下降 7.8%；港口吞吐量完成 6 953.5 万吨，同比增长 6.8%，其中完成集装箱 137.4 万标箱，同比增长 45.9%；外贸进出口完成 40.58 亿美元。

【投资环境】2016 年，钦州港开发区扎实推进“园区基础设施建设会战年”活动，统筹推进路网、管廊、港航、公共服务设施等基础设施项目 22 个，总投资 122.4 亿元，年度计划投资 22.4 亿元，完成投资 12.25 亿元。其中，鹰岭公共管廊项目、石化产业园交通分流大道、榄坪 10 千伏送变电线路工程等 6 个新项目已全部开工建设；30 万吨支航道、口岸联检大楼、昆仑燃气石化产业园支线及末站、丹寮大街等 4 个项目实现竣工；新城区路网二期、30 万吨级油码头、金鼓江作业区泊位工程进展顺利。

石化园区功能配套日趋完善。2016 年，钦州港石化园区供水、供电、供热、工业气体、管廊、公用石化码头及仓储、燃气、危化品铁路专用线、污水处理等一系列专业的基础配套服务已全面启动并形成了一定的服务能力。其中，已建成“三纵三横”的园区内部主路网；工业原水、生活用水每天的供应能力分别为 55 万立方米、10 万立方米，远期可分别扩容至 120 万立方米和 30 万立方米；分别建成两座 22 万千伏和 11 万千伏变电站；规划建设工业管廊总长 43 公里，已建成达 12 公里；建成日处理量达 1.5 万立方米的新加坡胜科污水处理厂，远期可根据需求扩容至日处理量 30 万立方米；基本建成国投一、二期 320 万千瓦燃煤电厂；中电投 2 台 130 吨 / 小时锅炉临时供热工程已建成投运，正在建设中电投热电联产一期工程（1 × 350MW 级超临界抽汽凝汽式机组 + 2 × 50MW 级抽汽背压机组），将为园区提供完善的供热条件；金鼓江石化码头正在加快建设，形成海铁联运的无缝对接运输体系。

【产业发展】石化产业。至 2016 年年底，钦州港石化园区已入驻中国石油、华谊集团、澄星化工、玉柴石化等石化生产企业 23 家，形成了国企、民企、外企多种形式的混合资本投资型园区。玉柴石化、天恒石化、泰兴石化等炼油副产品深加工企业，以及新天德、泓达、澄星等生物化工及磷化工企业均已投产；列入石化产业规划布局方案的百万吨芳烃、华谊煤基多联产等重点项目年内可开工建设；同时，聚酯、烯烃下游产业项目正在与百万吨芳烃、华谊煤基多联产项目同期建设为目标开展招商引资工作。上述以炼油副产品加工增值产业链、聚酯产业链、多元化烯烃产业链、生物及无机化工产业链等为代表的四大产业发展格局已具雏形。年内，园区生产储存的化学品已达 17 类

110 多个品种，动态总量达到 2 500 万吨 / 年，已发展成为西南地区最大的能源化工基地。项目建设方面，科华工业气体等工业项目实现竣工，玉柴异辛烷、新天德绿色环保高效肥等项目开工建设；百万吨芳烃、煤基多联产、南部湾 30 万吨 / 年苯乙烯等重大项目前期工作正在加快，其中百万吨芳烃项目已完成可研及选址工作。2016 年，中石油 1 000 万吨炼油项目、东油沥青、玉柴石化、天恒石化、泰兴石化等 5 家规模石化企业实现工业产值 290.4 亿元。

能源产业。2016 年，钦州港能源产业园入驻项目有总规模 720 万千瓦的燃煤电厂项目、广西新天德能源有限公司木薯酒精项目、中电投热电项目及商业储备油库、10 万吨煤炭储备基地等项目。国投钦州电厂发电量累计 47.53 亿千瓦时，实现产值 14.15 亿元；广西新天德能源有限公司实现产值 9.7 亿元。项目建设方面，2016 年，国投电厂二期建成投产，国投交通能源公司的煤炭码头及中电投热电项目加快建设，新天德绿色环保高效肥项目开工建设。山东泓达年超临界萃取油浆综合利用 20 万吨及技改项目完成投资 4.08 亿元，国投钦州电厂二期及技改项目完成投资 22.08 亿元。

粮油加工产业。至 2016 年，钦州港粮油加工产业园有中粮油脂、大洋粮油、汇海粮油、鲁花集团等大型粮油加工企业入驻，形成大豆及菜籽油年加工能力 260 万吨。年内，鲁花项目一期投产，使钦州港区已投产粮油加工类规模以上工业企业达 3 家，全年实现产值 64.96 亿元。项目建设方面，2016 年，鲁花年产 3 万吨食用调和油生产项目完成投资 14 880 万元，汇海大豆年加工 100 万吨项目建设进入竣工阶段。

造纸产业。造纸产业以广西金桂浆纸一体化项目为龙头，大力打造林浆纸一体化基地建设，并积极发展纸制品和包装装潢等下游产业，做大做强林浆纸一体化产业。2016 年，广西金桂 30 万吨化机浆生产线生产纸浆 57.65 万吨、白卡纸 80 万吨，实现产值 52.95 亿元。

现代物流产业。钦州港综合物流加工区规划总面积 18.13 平方公里，园区全部通过填海造地方式形成，园区重点规划布局汽车整车及零部件生产、修造船、重型机械装配、现代物流、商品现货及期货交易等产业。项目建设方面，2016 年，中船钦州大型海工修造及保障基地项目一期工程完成投资 1.93 亿元，450 亩(3 公顷)建设竣工。力顺汽车技改项目完成投资 9.35 亿元；北部湾动力项目完成投资 1.8 亿元；大榄坪综合物流加工区第八大街已全部竣工。30 万吨级支航道、中船项目吹填及 3.9 平方公里平整工程、三墩公路正在有序推进。

【招商引资】2016 年，钦州港开发区新引进项目 21 个，分别为：力顺年产 5 万辆轻型载货汽车升级改造项目，兴鹏年产 90 万吨双氧水项目，力山年产 6 万吨油酸及下游产品深加工项目，华润天盛码头配套加气站项目，金丰汇金菜花油脂分装厂项目，钦州港进口木材产业园项目，广西北部湾（东盟）金属仓储物流中心项目，南部湾 30 万吨 / 年苯乙烯项目，富士电梯制造、配件制造及物流配套项目，志得物流加工中心项目，年产 30 万吨异辛烷项目，年产 50 万吨环保生物柴油生产项目，东莞创化分散染料、活性染料及表面活性剂项目，育德沙角光伏农业大棚发电项目，阿蚌丁海洋生态产业园项目，邦琪集团中药提取生产基地项目，蒽醌系列产品及高端溶剂项目，北部湾创大矿产品加工物流基地项目，玉柴 16#、17# 泊位后方仓储项目，钦州港 12 万吨 / 年食用油灌装生产线项目，海上名贵鱼蚝虾养殖和海产品冷藏、深加工食品基地项目，项目合同投资总额 131.54 亿元。2016 年，力顺汽车、富控电梯等 11 个项目开工建设，项目到位资金 65 亿元，完成全年任务的 103.1%，其中外资到位 1.63 亿美元，完成全年任务的 201%。

【生态环保】2016 年，钦州港开发区环保部门共审批建设项目 49 个，其中，报告书 11 份、报告表 18 份、登记表 22 份、分析（论证）报告 2 份，项目总投资 2 265 275.402 万元，其中环保投资 83 027.78 万元，项目均按承诺的时限完成审批工作；完成17个项目的竣工验收工作；为企业换发排污许可证30份；完成中船钦州修船资源整合项目污水处理临时方案的审核及批复，同时指导广西钦州力顺机械有限公司年产5万辆轻型载货汽车升级改造项目，广西金桂浆纸业有限公司年产40万吨高档纸板扩建工程完成了建设项目环境影响评价并通过了自治区环保厅的审批。

按照市政府的要求，钦州港开发区结合实际及时制定了《钦州港经济技术开发区大气污染防治2016年度实施计划》《钦州港经济技术开发区水污染防治行动计划工作方案》《钦州港经济技术开发区餐饮油烟防治方案》及《钦州港区大气污染防治攻坚实施方案》。环保部门认真履行工作职责，加强对铁合金、散杂货码头堆场的管理，督促中石油、东油码头等油气库安装油气回收装置；协调相关部门认真履行环境保护“一岗双责”职能，改善环境质量；制定了《钦州港经济技术开发区环保违规建设项目清理整顿工作实施方案的通知》，并成立清理工作领导小组，环保、工商、经发、国土、住建等部门分工合作，排查发现违法违规建设项目29个。

【投资促进】2016年，钦州港开发区中马钦州产业园区进入项目建设收获期，稀土高铁铝合金电缆研发生产基地一期、中马国际科技园等启动建设，慧宝源项目试投产，国家级燕窝及营养保健食品检测重点实验室竣工使用；新引进入园项目40个，总投资240亿元。钦州保税港区加快发展，整车进口、国际商品直销等特色业务快速拓展，肉类指定口岸进口等业务正式开展，进境水果指定口岸通过国家验收，直升飞机临时起降业务获批筹建营运，柳州汽车“南车北运”海上新通道正式打通，全年进口酒类207万升、汽车3 100辆。中国—东盟港口城市合作网络取得实质进展，钦州港与老挝琅勃拉邦港缔结为国际姐妹港，中国—东盟港口物流信息中心正式启用。北部湾集装箱干线港地位进一步确立。启动10万吨级集装箱双向航道扩建、集装箱货运站等项目，国投煤炭码头、30万吨级支航道、金鼓江航道等项目竣工。试运营贵阳至钦州港货运专列，新开通至中东地区、马来西亚等5条外贸集装箱航线，面向东盟、辐射腹地的物流大通道更加便捷，港口物流逆势攀高，外贸集装箱吞吐量增长199.1%。探索先行先试开放政策，电子口岸一期投入运营，成功办理广西首单“单一窗口”业务；cepa服务贸易协议先行先试正式启动。钦州港口岸联检大楼、果子山边地贸口岸联检楼建成。2016年钦州港外贸进出口完成40.58亿美元，金桂浆纸“金蝶兰”获评广西出口名牌。

【民生保障】2016年，钦州港开发区落实脱贫攻坚责任制，围绕“213户1 000名贫困人口实现脱贫”的年度脱贫目标任务，扎实开展“九大扶贫攻坚行动”。大力推进48户建档立卡贫困户农村危房改造工作，动工率达100%，竣工率达100%；建成贫困村村屯公路14公里；在9个贫困村全面组织实施农村饮水安全巩固提升工程。大力推进产业扶贫，成立水产品养殖、红薯种植专业合作社以及肉鸭、海螺、辣椒、蔬菜等扶贫产业基地，产业扶贫初具规模。积极推进金融扶贫，投入扶贫资金2 708万元，发放扶贫贷款1 154万元，鼓励、引导贫困户加入种养专业合作社，帮助106户贫困户发展特色种养，增加收入。目前，已完成年度213户贫困户1 000名贫困人口脱贫摘帽的任务。

群众永久安置工作迈出实质性步伐。研究出台了第一批次群众搬迁安置政策，并于2016年9月初顺利完成了抽签选房工作，历时多年的安置问题取得了突破性进展。继续推进安置房建设，为全面解决群众安置问题打下良好基础。

【党建人才】2016年，钦州港开发区组织开展“攻坚月”和“百日攻坚行动”，非公有制企业和社会组织党的组织覆盖率分别达到83.7%和83.3%，比上年提高了32.7和43.3个百分点。完成了4个贫困村同时也是软弱涣散村党组织的整顿，选派78名机关干部担任贫困村第一书记和工作队员，实现了36个村、社区全覆盖。

钦州港区根据各单位编制空缺情况，认真研究上报了2016年公务员（选调生）招录、事业单位人员招聘计划，共招录选调生4名，公务员（参公人员）10名，公开招聘事业单位人员27名，招聘10名特岗教师，在其他兄弟市、县协商调配干部9名，面向社会公开招聘急需紧缺人才18名。

【机构设置与管委会领导】2016年，钦州港开发区工委设工委办公室、纪律检查工作委员会、工委组织部、社会治安综合治理委员会办公室4个工作部门；开发区管委会设管委办公室（与工委办公室合署办公）、人力资源和社会保障局、经济发展局（挂招商局牌子）、社会工作局、教育局、农村工作办公室、行政审批局、综合执法局、工商局、财政局、建设规划办公室、安全生产监督管理局12个工作部门。此外，开发区还按有关规定设置工会、共青团、妇联等群团组织。

开发区领导班子成员为：开发区党工委书记张建国（任至5月），党工委书记苏英权（5月任）；管委会主任张建国（任至5月），管委会主任覃重（5月任）。

2015—2016年钦州港经济技术开发区主要经济综合指标一览表

项目		单位	2016年	2015年	增减（%）
开发区生产总值		亿元	150.50	124.03	21.34
第二产业		亿元	98.67	80.45	22.65
工业		亿元	97.25	80.45	20.88
第三产业		亿元	50.22	41.50	21.01
工业总产值（现价）		亿元	456.71	488.97	-6.60
高新技术企业		亿元	18.13	13.63	33.02
销售（营业）收入		亿元	553.91	547.96	1.09
第二产业		亿元	442.72	447.01	-0.96
工业		亿元	442.72	446.94	-0.94
第三产业		亿元	111.19	100.95	10.14
利润总额		亿元	21.61	-21.25	201.69
第二产业		亿元	19.43	-22.26	187.29
工业		亿元	19.43	-22.26	187.29
区内主导产业及产值					
主导产业	1. 石化产业	亿元	310.02	362.24	-14.1
	2. 粮油产业	亿元	64.97	60.98	6.54
	3. 浆纸产业	亿元	52.95	45.00	17.67
	4. 发电产业	亿元	14.15	13.02	8.68
进出口总额		亿美元	40.50	51.25	-20.98
出口		亿美元	13.49	18.46	-26.92
财政收入		亿元	100.27	108.79	-7.83
税收收入		亿元	94.80	100.03	-5.23
财政支出		亿元	11.06	7.18	54.04
新批企业数量		家	175	136	28.68
外商及港澳台企业		家	9	0	—
内资企业		家	166	136	22.06
国家级高新技术企业		家	5	4	25.00
规模以上企业		家	75	87	-13.79

续表

项目	单位	2016 年	2015 年	增减（%）
科学研究与试验发展(R&D)经费支出	万元	3 651	1 698.7	114.93
固定资产投资	亿元	105.53	75.49	39.79
年末从业人员	万人	1.17	1.23	−4.88
万元 GDP 能耗	吨标煤／万元	3.46	4.14	−16.43
单位国内生产总值取水量	立方米／万元	36.64	43.44	−15.65

（钦州港经济技术开发区管委会）

嘉兴经济技术开发区

【经济发展】嘉兴经济技术开发区（以下简称“嘉兴开发区”）由核心区块和嘉兴工业园区、嘉兴秀洲经济开发区、嘉兴港区等组成，规划面积 284.8 平方公里。2016 年，嘉兴开发区完成地区生产总值（GDP）1 072.76 亿元，固定资产投资 829 亿元，规模以上工业总产值 2 268.77 亿元，合同利用外资 17.82 亿美元，实际利用外资 9.12 亿美元。嘉兴开发区核心区规划控制面积 110 平方公里，委托管理城南、嘉北、塘汇、长水 4 个街道，总人口 32 万多。核心区实行三块牌子、一套班子的管理运行体制，嘉兴现代服务业集聚区与国家级嘉兴开发区、嘉兴国际商务区三区合一、合署办公。

【招商引资】2016 年，嘉兴开发区完成合同外资 5.31 亿美元，完成区年度目标任务的 106.2%；实到外资 3.9 亿美元，完成市年度目标任务的 111.5%；引进市外内资 55.48 亿元，完成市年度目标任务的 326.4%。成功引进 24 家世界 500 强及行业龙头企业，新批外资项目规模更大、质量更高，平均注册资本为 2 659.77 万美元，较上年同期的 1 714.09 万美元增长 55.2%；平均投资规模为 5 435.07 万美元，较上年同期的 3 576.67 万美元增长 52%。开发区第二、第三产业项目呈现齐头并进态势，全球行业龙头——富通集团华东区总部等一批具有世界 500 强背景的大项目、好项目集聚引进。总投资 200 亿元的德国宝沃汽车集团长三角基地项目落户嘉兴开发区，对嘉兴开发区产业结构的调整、产业层次的提升、发展后劲的增强和实现跨越式发展将产生重大影响。

【投资促进】2016 年，嘉兴开发区累计走访项目 1 805 次，共解决 115 个问题，特别是问题企业处理小组和疑难问题协调小组的成立，切实提高了问题破解率和服务满意率，7 家问题企业有 5 家得到有效破解。成功盘活土地 240.26 亩（约 16 公顷），化解银行不良贷款 1.6 亿元。全年完成固定资产投资 228.71 亿元，同比增长 13.6%，而且在投资结构中工业设备投资、技改投资增速均超过 60%，创下历史新高。

【调优产业结构】2016 年，嘉兴开发区重点从调优结构、转型升级着手，推动经济实现高质量发展。第三产业增加值占 GDP 的比重为 51%，较上年同期提高 1.3 个百分点。引进了维龙、富士康、慈文传媒等一批生产性服务业项目，有效改变了以房地产、商贸综合体、专业市场等传统生活服务业为主的业态结构。特别是积极推动楼宇经济量质齐升，已培育税收千万元级以上楼宇 23 栋，其中 5 000 万元以上楼宇 5 栋、亿元以上楼宇 2 栋。推进工业经济转型升级，扎实推进供给侧改革，淘汰落后产能涉及 10 家企业，处置“僵尸企业”2 家，4 家企业完成兼并重组，淘汰落后设备 382 台，腾退低效用地 601 亩（约 40 公顷），盘活存量土地 1 095 亩（73 公顷）；启动为期 3 年的街道工业园区转型升级工程，作为推进街道经济再升级的新抓手和新路径。全年规模以上工业企业完成利税总额 38.3 亿元，同比增长 22.8%，其中利润总额 27.03 亿元，同比增长 34.5%。持续加大对实体经济的扶持力度。国地税全年累计为企业减免退税 2.15 亿元，区内企业不断做大做强，重点税源企业支撑作用稳固，税收收入超 5 000 万元的企业 17 家，其中超 1 亿元的企业5家。为企业争取国家、省、市工业发展、科技发展和外经贸资金补助5 001.82万元，兑现区级工业发展、科技创新、外经贸补助资金2 160.77万元。

【科技创新】注重发挥科技创新的支撑引领作用，全区规模以上工业企业研发经费支出同比增长23.5%，增速位列全市第一，高新技术产业产值占规模以上工业总产值的比重由2015年的28.7%提高到2016年的29.4%。其一，大力培育高新技术企业。全年新培育高新技术企业11家，培育省级科技型中小企业48家，培育企业数量创历史新高；同时，佳利电子“微波新材料及元器件研究院”被省科技厅认定为2016年第一批新建省级重点企业研究院。其二，推进“创客空间”建设。重点推进以“创客汇”特色街为代表的“创客空间”建设，“创客汇”特色街已签约项目83个。“北斗创客家”和“向上众创空间”成功通过了国家科技部备案。

【新区建设】2016年，嘉兴开发区建成区面积扩大2.3平方公里，全区建成区面积已达73.8平方公里。目前2.3平方公里的运河新区集聚了金融服务、总部经济、高档写字楼、城市综合体等现代服务业态，拥有近70万平方米各类城市商业、80万平方米各类办公、110万平方米住宅。规划面积约10平方公里的姚家荡城市综合区已累计投入120多亿元，建成项目33个，在建项目17个，总建筑面积272万平方米，变身为全市又一高端要素聚集、道路延展通达、配套设施完善、商业经济繁华、生态休闲宜居、形象全面提升的城市核心区。国际商务区累计投入330亿元，已建成项目93个，在建项目88个，总建筑面积774万平方米，特别是引进阿里巴巴菜鸟城、慈文传媒等重大产业项目20多个，总投资超过500亿元。

【基础设施建设】2016年，嘉兴开发区实施政府投资项目88个，完成投资28.7亿元，竣工项目34个，建成道路14条、桥梁25座，新增道路里程19.2公里；完成绿化建设项目41个，新增绿地约18.6公顷，绿化面积约7.6公顷。

【管理服务】2016年，嘉兴开发区推进精细管理，深化城市综合行政执法改革，进一步推进信息化管理，优化“数字城管”系统，不断提升“智慧开发区”建设与运行水平，有效开展城市环境综合整治，落实长效管控措施。着力改善生态环境，全面实施区域环境保护网格化管理，继续深化“五水共治”，以“河长制”为抓手，推进完成28个治水项目，全区河道平均水质整体提升一个类别至四类，跨行政区域河流交接断面水质考核连续保持优秀。

【社会保障】2016年，嘉兴开发区开展“红色同心圆•关爱空巢居”志愿者结对帮扶活动，完善社会救助体系，进一步落实社会保障制度，积极开展城乡居民医保征收，基本实现社会保险全覆盖。坚持每年将全部可用财力的70%以上用于改善民生，人民群众的获得感和满意度持续提升。完成永政社区居家养老服务中心建设，达到全市乃至全省一流水平，27个社区5A级居家养老服务中心实现全覆盖，“国家级居家养老医养结合标准化”已上报国家质监总局立项，嘉兴老年医疗中心项目已通过执业验收。深化基层社会治理“一张网”建设和“双网融合”工作，全面完成区、街道两级社会治理综合指挥平台建设，实现全覆盖。加快推进社区矛盾纠纷多元化解机制，做到把问题解决在基层一线。圆满完成了护航G20杭州峰会、第三届世界互联网大会服务保障工作。

【亮点工作】2016年6月17日，嘉兴开发区隆重举行嘉兴马家浜健康食品小镇揭牌仪式。小镇于2016年1月成功列入第二批省级特色小镇创建名单，重点发展健康食品制造业、生产性服务业和文化体验旅游业。6月18日，以“携手共进、合作共赢”为主题的第二届全区招商大会暨重大项目签约仪式隆重举行，共签约世界知名半导体项目、慈文传媒总部基地项目、平安电商金融产业项目、艾菲尔聚合纤维项目、欧络伊红马达机芯项目等18个重大项目，总投资合计约112亿元人民币。9月12日，飞利浦（嘉兴）健康科技创新园举行开业典礼，项目由世界500强企业荷兰皇家飞利浦公司投资。飞利浦健康生活事业群旗下家居业务领域的电饭煲、电压力锅、电磁炉、净水设备、榨汁机、蒸汽衣物护理等产品线将率先入驻基地。10月18日，北大附属嘉兴实验学校隆重举行开学典礼，是开发区与北大青鸟文教集团合作创办的一所集幼儿园、小学、初中、高中为一体的国际化新型学校。11月18日，总投资超200亿元的德国宝沃汽车集团长三角产业基地项目落户开发区，项目分三期实施，遵循“中国制造2025”和“宝沃汽车工业4.0”的要求进行规划设计和资源配置，生产过程实现模块化、数字化、自动化、智能化，打造成为集智能工厂、智能生产和智能物流于一体的现代化汽车制造基地，投产后预计可实现年产值1850亿元，年税收80亿元，总用工约10000人。

（嘉兴经济技术开发区管委会）

衢州经济技术开发区

【经济发展】2016 年，衢州经济技术开发区（以下简称“开发区”）实现地区生产总值 219.74 亿元，按可比价格计算，比 2015 年增长 6.52%，占衢州市年度生产总值的 17.6%。其中，第二产业增加值完成 199.82 亿元，同比增长 7.57%；第三产业增加值完成 19.92 亿元，同比降低 2.97%。“四上”企业利润总额 41.5 亿元，同比增长 46.75%。财政收入继续保持快速增长，全年财政收入 50.94 亿元，同比增长 0.02%。税收收入 42.1 亿元，同比下降 1.73%。财政支出 41.15 亿元，同比增长 1.05%。外贸进出口总额 21.25 亿美元，其中出口总额 11.58 亿美元，进口总额 9.67 亿美元。完成高新技术产品进出口 1.61 亿美元，占全区进出口总额的 8.19%。

【产业发展】2016 年，开发区实现工业增加值 198.15 亿元，同比增长 7.54%。其中，规模以上工业企业增加值 186.51 亿元，可比口径增长 7.92%。全年工业总产值 925.97 亿元，同比增长 7.24%，其中规模以上工业企业总产值 848.29 亿元。在规模以上工业企业中，外商及港澳台投资工业企业总产值 77.38 亿元，同比下降 3.13%；内资工业企业总产值 716.67 亿元，同比增长 8.51%。

产业结构进一步优化升级。规模以上工业企业中，氟硅钴新材料、智能装备制造、金属制品三大产业完成工业总产值 556.18 亿元，占全区规模以上工业总产值的 65.56%，对全区工业增长的贡献率达 78%。其中，氟硅钴新材料产业保持快速增长态势，全年完成产值 220.2 亿元，同比增长 10.84%；金属制品业开始回暖，完成产值 218.2 亿元，同比增长 5.29%。

慧谷工业设计产业园 2016 年实现营业总收入 8 997.39 万元，同比新增 90%。其中，实现工业设计服务收入 7 226.69 万元，同比新增近 92%；实现工业设计成果交易 238 件，实现工业设计成果转化产值约 39 亿元。开园至今，累计实现各类专利授权 737 件，其中 2016 年实现专利授权 201 件。2016 年度在全省工业设计基地考核中，慧谷工业设计产业园在全省 16 家中排名第 4。

【科技创新】截至 2016 年年底，开发区核心区拥有国家级工程技术研发中心 1 家，国家级技术中心 2 家，国家级高新技术企业 43 家，国家级专利优势企业 1 家，省级企业研究院 10 家，省级高新技术研发中心 24 个，省级创新型试点（示范）企业 4 家，省级科技型企业 92 家，省级专利示范企业 5 家。全区有博士后工作站 2 家，其中国家级博士后工作站 1 家，省级博士后工作站 1 家；省级院士专家工作站 2 家，市级院士专家工作站 3 家，市级专家工作站 14 家，市级重点创新团队 6 家。拥有中国驰名商标 3 项，浙江省著名商标 19 项，衢州市著名商标 39 项；中国名牌 1 项，浙江名牌 18 项，衢州名牌 45 项。核心区内工业企业授权专利共 3 162 件，其中发明专利 595 件，占总量的 19%；实用新型专利 2 252 件，占总量的 71%；外观设计专利 315 件，占总量的 10%。

【投资促进】2016 年，开发区核心区进出口总额 78.73 亿元，同比增长 16.04%。其中，出口 35.08 亿元，同比增长 4.1%；进口 43.65 亿元，同比增长 27.81%。

2016 年，开发区核心区新批外商投资项目

4 个。其中，2 个项目注册资本合计 3 000 万元人民币，2 个项目注册资本合计 2 500 万美元。增资项目 1 个，投资总额 1 000 万美元（外方注册资本增加 282 万美元）；全年实际利用外资 3 000 万美元。新发展内资企业 570 家，注册资本 264 829 万元人民币。

【绿色集约】开发区成功创建浙江省清洁生产示范试点园区。至 2016 年年底，共有 65 家次企业开展并通过了清洁生产审核，华友钴业、康鹏化学公司申报 2016 年度省级绿色企业。

成功获批国家级知识产权示范园区。2016 年 12 月国家知识产权局批复《关于确定 2016 年新一批国家知识产权试点示范园区的通知》（国知发管函字〔2016〕245 号）。园区于 2013 年列入国家循环化改造示范试点园区，实施期为 2013—2017 年。共有 23 个项目列入试点园区项目，项目总投资 14.51 亿元，补助资金 2.135 亿元。至 2016 年已建成投产项目 13 个，在建项目 5 个，项目累计完成 12.7 亿元，完成计划总投资的 88%。

2016 年，深入开展“五水共治”工业治污，有效提升各排渠水质。2016 年，3 个街道乡镇河流交接断面水质考核优秀率达到 100%，被列入“黑臭河”治理的高新大排渠、乌龙沟的主要污染物 COD、氨氮、总磷指标较上年同期分别下降约 48%、73%、50%。

【智慧园区】2016 年，开发区核心区电商网络零售额达 23 亿元，同比增长 318%，增速持续保持全市前列。以“集聚区 + 阿里巴巴”和以“互联网 + 外贸”为主体的“飞越 930”计划，成功帮助 91 家区内工业企业“触网”跨境电商。园区依托空气动力设备制造、帐篷、特种纸、绿色食品、氟硅化学产品等优势产业，帮助企业建立销售网站，对接知名平台，打造品牌效应，以电商技术及应用促进实体经济销售渠道的全面提升，打造特色电商集聚群。随着电子商务与工业企业融合步伐的不断加快，出现了一批如景鹏锆业、峰仔食品、山海机械、车百汇等工业“电商”企业。

【投融资服务】2016 年，开发区新增上市企业 6 家，截至 2016 年年底，共有上市企业 11 家（其中“新三板”挂牌 8 家，主板上市 3 家），总部上市在本区投资建设工业企业子公司共 20 家。

【体制机制创新】开展“五证合一”工作，全年共有 1 934 家企业换发“一证一码”营业执照。自 2016 年 12 月起，做好个体工商户营业执照和税务登记证“两证整合”工作，已核发个体工商户“两证整合”营业执照 141 份。

【国际合作】2016 年 4 月 1 日，浙江中韩（衢州）产业合作园顺利开园，9 月获批浙江省首批“浙江国际产业合作园”，总规划面积约 3 000 亩（200 公顷），计划总投资 120 亿元，以韩国晓星集团为龙头，重点引进培育以化工新材料、化纤、含氟化学品、膜材料、重工装备等产业为主导，具有韩国风情的餐饮娱乐、美容医院、科研中心、人才公寓、培训机构等配套齐全的现代产业合作园。总投资 70 亿元人民币的韩国晓星（衢州）工业园项目，用地约 1 140 亩（76 公顷），主要实施氨纶丝及上下游产品、特殊纺织品材料和电子化学品等项目。

【基础设施建设】2016 年，开发区核心区共实施政府投资基础设施建设项目 139 个，其中有 4 个基础设施建设项目列入浙江省重点工程计划，全年累计完成投资约 14 亿元，投资超亿元的基础设施项目 7 个。2016 年新建城市道路 9.5 公里，建成道路面积 24 万平方米，改造城市道路 3.4 公里、改造道路面积 4.2 万平方米；建成慢行绿道 5 公里，完成土方平整 3000 亩（200 公顷），完成河道清淤疏浚 6.8 公里，新增污水管网 14 公里，新增停车位 140 个，改造旧住宅区 5.2 万平方米。开发区基础设施的建设数量和规模均居全市前列。

【社会事业】2016 年，开发区教育投入 2 131.775 万元。区内共有黄家小学、新星小学、新星初中和东港学校 4 所义务教育学校，在校学生 6 500 人，教职工 413 人。

2016 年，开发区共有金桂（常住户 7 653 户，常住人口 17 023 人）、杨浦（常住户 5 873

户，常住人口13 200人）、三衢（常住户4 865户，常住人口12 763人）、彩虹社区（常住户5 712户，常住人口12 982人）4个社区，共计常住户24 103户，常住人口55 968人。开发区内累计投保单位1 529家，全年养老保险征缴达到49 266人。养老、医疗、失业、工伤和生育五大社会保险征缴额为47 845.05万元，比2015年增长8.6%。其中，养老保险缴费额为33 421.80万元，医疗保险缴费额为9 584.58万元，失业保险缴费额为2 037万元，工伤保险缴费额为1 981.96万元，生育保险缴费额为819.71万元。

【党建工作】开发区党工委下辖党（工）委9个（其中，街道党工委3个、开发区公安分局党委1个、企业党委4个、社区党委1个），党总支5个（其中，社区党总支2个、企业党总支3个），基层党支部185个（其中，“两新”党支部120个、机关党支部12个、农村党支部38个、社区党支部11个、街道下属事业单位党支部2个、流动党支部2个）。新成立“两新”党支部5个，撤销1个，党员总数为3 177名。

【机构设置与管委会领导】管委会管理体制改革后，按照“大部制、扁平化、公司化”的要求，设立综合办公室（宣传部）、人力资源部（组织部）、投资促进部（市工业项目决策咨询服务办公室）、经济发展部、社会发展部、建设规划与国土部、财政金融税务部、安全环保与市场监管部等8个大部门。绿色发展集团有限公司下设1办4中心6公司，即：公司办公室（文化新闻中心），计划财务中心、产业研究与招商中心、企业服务中心、服务业发展中心，开发建设公司、环境管理公司、物业发展公司、劳务服务公司、绿色置业公司、资本运营公司。其中，公司办公室（文化新闻中心）、计划财务中心分别与党工委、管委会综合办公室（宣传部）、财政金融税务部合署。

开发区领导班子成员为：市委常委、区党工委书记傅根友；党工委副书记、管委会主任、柯城区委书记祝晓农，党工委副书记、管委会副主任毛卓战，党工委副书记余建军；党工委委员、管委会副主任何相涯、郑河江、方圆、杨建敏（挂职）、郑志忠、汪土祥、姜忠军；党工委委员、纪工委书记季太昌，党工委委员、副调研员吴俊生、夏水敬；党工委委员、市公安局柯山分局局长姜文龙；党工委委员、市公安局开发区分局局长舒声；党工委委员、组织宣传部部长周玲娟。

2015—2016年衢州开发区主要经济综合指标一览表

项目	单位	2016年	2015年	增减（%）
开发区生产总值	亿元	219.74	206.29	6.52
第二产业	亿元	199.82	185.76	7.57
工业	亿元	198.15	184.26	7.54
第三产业	亿元	19.92	20.53	−2.97
工业总产值（现价）	亿元	925.97	863.49	7.24
高新技术企业	亿元	247.72	187.03	32.45
销售（营业）收入	亿元	1 086.63	1 017.63	6.78
第二产业	亿元	973.85	906.51	7.43
工业	亿元	949.88	889.89	6.74
第三产业	亿元	112.78	111.12	1.49
利润总额	亿元	41.50	28.28	46.75
第二产业	亿元	39.26	26.55	47.87
工业	亿元	38.95	26.32	47.99
区内主导产业及产值				

续表

项目		单位	2016 年	2015 年	增减（%）
主导产业	1. 氟硅钴新材料	亿元	220.20	198.66	10.84
	2. 智能装备制造	亿元	131.94	129.96	1.52
	3. 金属制品	亿元	218.20	207.24	5.29
进出口总额		亿美元	21.25	19.66	8.09
出口		亿美元	11.58	11.24	3.02
财政收入		亿元	50.94	50.93	0.02
税收收入		亿元	42.10	42.84	−1.73
财政支出		亿元	41.52	41.09	1.05
新批企业数量		家	574	462	24.24
外商及港澳台企业		家	4	7	−42.86
内资企业		家	570	455	25.27
国家级高新技术企业		家	43	28	53.57
新批企业投资额	外商及港澳台企业	亿美元	0.35	0.34	2.94
	内资企业	亿元	48.96	37.33	31.15
规模以上企业		家	517	496	4.23
科学研究与试验发展（R&D）经费支出		万元	45 166	42 215	6.99
研究与试验发展（R&D）经费投入强度		%	1.25	1.24	0.81
合同外资金额		亿美元	0.17	0.28	−39.29
外商实际投资		亿美元	0.20	0.28	−28.57
固定资产投资		亿元	218.86	206.39	6.04
年末从业人员		万人	10.65	11.31	−5.84
万元 GDP 能耗		吨标煤／万元	1.39	1.48	−6.08
水资源消耗总量		万立方米	9 990.11	9 763.92	2.32
单位国内生产总值取水量		立方米／万元	45.46	47.33	−3.95
上市企业		家	7	4	75.00
区内建立的创新创业平台		个	29	24	20.83
区内科研院所		家	127	113	12.39

（衢州经济技术开发区管委会）

四平红嘴经济技术开发区

【经济发展】2016年，吉林省四平红嘴经济技术开发区（以下简称“红嘴开发区”）实现地区生产总值92.33亿元，比上年下降40%。完成财政收入21.4亿元，税收收入21.1亿元。完成进出口总额0.039 4亿美元。固定资产投资完成57.7亿元，增长10.9%。

【工业产业发展】红嘴开发区规模以上企业43家，2016年完成工业总产值147.1亿元，同比下降57%；完成工业增加值56.88亿元，同比下降54%。

【科技创新】2016年，红嘴开发区帮助企业争取专项扶持资金600万元。设立创新发展专项扶持资金，在创新引领、科技孵化、创客创业等方面给予引导和扶持。设立博士工作站，支持艾斯克、欧维姆、艾维、东风收割机等行业领军企业与天津大学合作，研发新工艺，引进新设备。

【项目建设】2016年，红嘴开发区5 000万元以上重点在建项目27个。其中，新开工项目11个，续建项目16个，总投资58.51亿元。项目达产后可实现年产值84.65亿元，利税15.4亿元。浪潮大数据双创中心、浪潮大数据产业园、退企进区商住体、年产1 000台（套）粮食输送机械项目、板式换热器机组等一批重点项目开工建设。服务业呈现良好发展势头，截至2016年年底，完成服务业投资共8.5亿元，同比增长18%；营利性规模以上服务业企业实现营业收入5 218万元，同比增长15%；批发零售业企业实现销售额2.83亿元，同比增长33.6%。新增规模以上其他营利性服务业企业2家，限额以上批零住餐业（含大个体）1家，全年重点项目中服务业项目占比达到21%。

【产业发展】2016年，红嘴开发区产业发展实现突破，围绕特色装备制造业，以国家现代农机装备示范基地建设为核心，引进重点项目，拉长产业发展链条，全力打造东北农机产业城。先后筹备举办“四平农机装备产业推介会”和“中国·四平玉米收获机械企业峰会暨新技术新机具研讨展示活动”，推动农机产业区域性和整体化发展。东风收割机、奇来亚等重点项目通过创新研发、转型升级取得实质突破和进展。围绕新兴产业，引进浪潮云计算中心和大数据交易所，并落户红嘴开发区大学科技园科技大厦。浪潮云计算中心的入驻为形成科技大厦和科技园区互动互联的大数据产业链起到积极推动作用，同时积极推进建立大数据产业和创意产业拓展基地建设。

【投融资平台建设】2016年，红嘴开发区积极探索融资租赁、抱团担保、集合票据等企业融资模式，完善企业融资需求信息库，形成金融机构、担保机构与企业三方联动机制，解决银企信息不对称和企业信用不足问题。协调银企对接，实施申贷、审核、放贷“一条龙”服务，落实四平市民营经济扶持政策，组织枫叶科技、艾维能源等11家企业申报民营经济发展政策引导资金，有效降低企业生产经营成本，政策拉力作用得到充分释放。

【基础设施建设】2016年，红嘴开发区优化环境“筑巢引凤”，全面推进北岭工业园园区建设，投资1 000余万元实施园区美化、绿化、硬化工程。重点打造北岭工业园广场、东风收割机东侧景观带的绿化新建和完善，以及道路的人行步道工程铺装、围栏等配套建设工程。实现了北岭工业园主要干路的“三个全覆盖”，即道路绿化全覆盖、人行步道铺装全覆盖、铁艺围栏全覆盖。同时，园区交通信号灯、道路指示牌等配套设施工程全面竣工，北迎宾街等主要道路地下管廊建设工程有序推进。已建设市政道路10条，总长22公里，地下管廊1条，总长2公里。

【社会事业】2016年，红嘴开发区集中解决群众反映的切身利益问题。着重解决历史遗留的百姓征拆未回迁问题，为让百姓及时回迁，多方筹措资金7 000多万元加快回迁楼建设，现在回迁户已全部入住新居。资助辖区农村应届新入学大学生，扶助农村困难群众修缮危房，加大对各类困难群众的帮扶救助。落实企业用工用劳及劳动力转移联席会议制度，扩大就业渠道和新增就业人员。实行一站式服务制、限时办结追责制、全程领办代办制和“一次性告知”制度，规范服务流程，采取并联办理措施，压缩审批时限，各管理部门的服务能力和服务效率不断提升。

【党建工作】2016年，红嘴开发区扎实开展“两学一做”学习教育，把学习教育与发展工作紧密结合，把学习教育成效转化为加大工作推力。每月制定学习计划，采取脱产自学、专题研讨、讲党课等形式深化专题学习和思想认识的提高。创新“自选动作”，进一步突出“四个强化”，即强化班子建设，强化支部建设，强化党员作用，强化基础工作，“机关党员进村企、志愿服务做模范”等主题实践活动都取得扎实成效。增加党建活动专项经费，健全各基层党支部基础台账，加强党支部硬件设施建设，基层组织建设逐步健全。加强村级阵地建设，严格按照省市标准，科学规划建设三道林子村新村部并投入使用。村“两委”和村务监督委员会换届选举工作顺利完成。深入开展“党员示范户、党员先锋岗、党员结对子”活动，达到了示范引领、互相促进、共同履职的预期目标。围绕党风廉政建设，全面学习贯彻《廉洁自律准则》和《纪律处分条例》，组织全区中层以上领导干部参观省廉政教育基地，党员干部廉洁自律意识进一步增强。落实监督责任，对发现倾向性、苗头性问题，做到早提醒、早教育，避免小问题演变成大问题。加强监督检查，在重点抓好重要时间节点监督检查的基础上，实施监督检查常态化、长效化，机关风气持续好转。

【机构设置与管委会领导】红嘴开发区内设办公室、经济技术合作局（加挂“投资服务局”牌子）、经济发展局、规划建设局（加挂“城市管理行政执法局”牌子）、财政审计局、社会事务管理局、安全生产监督管理局7个机构。党工委书记、管委会主任徐远征；党工委副书记、管委会副主任周冠中；管委会副主任郭殿飞、王巍；纪工委书记王劲松。

2015—2016年四平红嘴经济技术开发区主要经济综合指标一览表

项目	单位	2016年	2015年	增减（%）
开发区生产总值	亿元	92.33	154.00	-40.05
第二产业	亿元	64.70	130.00	-50.23
工业	亿元	56.88	123.20	-53.83
第三产业	亿元	27.03	23.50	15.02
工业总产值（现价）	亿元	147.10	342.00	-56.99
高新技术企业	亿元	4.13	1.08	282.41
销售（营业）收入	亿元	151.90	157.20	-3.37
第二产业	亿元	135.50	142.40	-4.85
工业	亿元	129.00	136.60	-5.56
第三产业	亿元	65.20	58.75	10.98

续表

项目		单位	2016年	2015年	增减（%）
利润总额		亿元	10.05	18.50	-45.68
第二产业		亿元	8.65	12.20	-29.10
工业		亿元	8.35	11.90	-29.83
区内主导产业及产值					
主导产业	1. 农副食品加工业	亿元	54.12	79.30	-31.75
	2. 烟草制品业	亿元	26.87	24.90	7.91
	3. 装备制造业	亿元	21.77	15.60	39.55
第三产业		亿元	8.20	6.30	30.16
进出口总额		亿美元	0.039 4	0.068	-42.06
出口		亿美元	0.034 2	0.067	-48.96
财政收入		亿元	21.40	20.30	5.42
税收收入		亿元	21.10	20.20	4.46
财政支出		亿元	2.68	1.62	65.43
新批企业数量		家	47	29	62.07
内资企业		家	47	29	62.07
新批企业投资额	内资企业	亿元	2.44	1.80	35.56
规模以上企业		家	77	70	10.00
外商实际投资		亿美元	0.90	1.00	-10.00
固定资产投资		亿元	57.70	50.00	15.40
年末从业人员		万人	2.80	3.50	-20.00
万元GDP能耗		吨标煤／万元	0.70	1.00	-30.00
水资源消耗总量		万立方米	879.00	1 836.00	-52.12
单位国内生产总值取水量		立方米／万元	19.30	16.70	15.57

（四平红嘴经济技术开发区管委会）

湖州经济技术开发区

【经济发展】2016 年，湖州经济技术开发区（以下简称“开发区”）深入开展“五大战役”（招商引资争夺战、平台完善歼灭战、项目落地突击战、转型升级攻坚战、环境整治大会战）、“五大行动”（项目落地责任行动、实体企业育强行动、平台能级优化行动、文明建设优美行动、招精引大强链行动），经济社会发展持续稳定向好。全年完成地区生产总值（GDP）140 亿元，同比增长 7.5%；实现财政总收入 28.73 亿元，增长 14.79%，其中地方财政收入 16.98 亿元，增长 21.85%；完成工业增加值 62.1 亿元，增长 8.1%；完成固定资产投资 149.02 亿元，增长 15.1%，其中工业性投资 42.35 亿元，增长 12.1%，服务业投资 106.5 亿元，增长 16.1%，民间投资 58.9 亿元，增长 13.5%。

【深化改革】2016 年，开发区体制机制焕发新活力，与湖州南太湖产业集聚区管委会合署办公，实行“一体化服务，一个章审批，一窗口发照，一窗口缴费”，总审批服务时限在 75 天以内，提速 72.4%，政府投资项目审批时间压缩 75%，为企业节省中介费用 2 600 余万元，新增市场主体 2 570 家。探索实施“锁定标杆、挂图作战、擂台比拼、奖惩担责”考核比拼机制，实现街道、村和社区“第一书记”全覆盖，激发全体干部干事创业的热情，加大“定期督查、每月通报、业绩排名、树立典型、治庸治懒”力度，通过“面子、票子、位子”奖惩手段，动真格、激活力，打造一支敢担当、善攻坚和乐奉献的“狮子型”干部队伍和“店小二”团队。

【主导产业】2016 年，开发区围绕新能源汽车、生物医药、信息经济和现代金融服务业“3+1”主导产业，坚持调结构、促转型，着力提升经济发展质量。产业集群加速发展，产业结构不断优化。逐步形成以特瑞思、数康生物为核心的生物医药产业集群；以微宏动力、恩驰汽车和众帮汽车为核心的新能源汽车产业集群；以微电子产业园、迅鼎半导体和 IP 终端接口为核心的电子信息产业集群；以铁公水综合物流园、南太湖金融产业园和跨境电子商务产业园为核心的现代服务业集群。三大主导产业年产值达 164 亿元，占规模以上工业总产值的 51%。全面助推企业进军资本市场，新增挂牌上市企业 5 家，实现了区内企业上市挂牌“零”的突破。各类内资市场主体 13 364 家，资金总额 738 亿元，同比分别增长 19% 和 39%。完成“个转企”68 家，其中转公司 46 家，转公司率达 68%。

【现代服务业】2016 年，开发区服务业保持良好的发展态势。服务业增加值 89.76 亿元，同比增长 8%，服务业占比 64%。服务业投资 106.5 亿元，增长 16.1%，占全区固定资产投资的 71.5%。优势产业突出，服务外包产业异军突起，全年完成服务外包执行额 3 127.13 万美元。其中，离岸执行金额 1 195.69 万美元，在岸执行金额 1 931.44 万美元。

【科技创新】2016 年，开发区高新技术企业累计达 58 家，占全部规模以上企业的 41.1%；高新技术企业实现营业收入 87.4 亿元，占全部规模以上企业的 45.1%；实现利税 11.4 亿元，占全部规模以上企业的 58.5%；实现利润 8.5 亿元，占全部规模以上企业的 71.3%。战略性新兴产业、高新技术产业和装备制造业三项产业增加值分别增长 19%、11%、22%，均居全市第一。高新技术产业对全区工业经济增长的贡献率达 55.2%，同比提高 3.5 个百分点。企业自主创新能力增强，全年专利申请 1 296 件。其中，发明专利 469 件，同比增长 98.73%。科创平台成果转化成效明显，50 家产业化中心和入驻企业的销售收入和利税连续 3 年保持 50% 以上的增幅，2016 年实现产值 7.9 亿元，增长 125.7%；销售收入 7.9 亿元，增长 125.7%；实现利税 7 600 万元，增长 117.1%。开发区被中宣部遴选为全国“依靠提高自主创新能力，加快推进转变经济发展方式”的 8 个典型之一。

【人才引进】2016 年，开发区引进各类专业人才 2 860 名，其中硕士、博士以上高层次人才 165 名、海外高层次领军人才 35 名，入选市“南太湖精英计划”（项目）团队 20 个、国家“千人计划”人才 2 名，浙江省“千人计划”人才 5 名；新入选市“1112 人才工程”学术带头人 13 名。新建永兴特钢省级重点企业研究院；新建永兴特钢国家企业技术创新中心；新建博士后工作站 2 家；微总部创业创新基地入选省级优秀众创空间。全年组织申报“南太湖精英计划”项目 32 个，20 个项目入选，其中创业团队 10 个，领军型创新团队 2 个，创新人才项目 7 个，院士专家工作站 1 家。阮炯明获得 2016 年留学人员科技活动项目择优资助优秀类项目；至年末，开发区有国家“千人计划”人才 16 名；浙江省“千人计划”人才 37 名；入选“南太湖精英计划”领军人才 102 名，分别占全市人才数量的 26.32%、24.24% 和 17.62%。

【招商引资】2016 年，开发区签约项目 82 个，总投资 443 亿元，其中 100 亿元以上项目 1 个、50 亿元以上项目 2 个、20 亿元以上项目 2 个、10 亿元以上项目 4 个。完成合同外资及港澳台资 2.94 亿美元，实到外资及港澳台资 1.95 亿美元，浙商回归省外到位资金 57.4 亿元，引进总投资 112 亿元的远通新能源科技工业园、总投资 52 亿元的迅鼎半导体材料科技、总投资 50 亿元的建银城市建设管理项目和总投资 30 亿元的众帮新能源电池和专用车项目。金融新业态加速集聚，规模效应不断凸显，新引进平台企业 150 家、累计 200 家，新增注册资本 120 亿元、累计 220 亿元，管理资产 300 亿元、累计 400 亿元，实现税收 2.15 亿元。

【项目建设】2016 年，开发区排定 84 个区重点产业化项目，完成投资 93.5 亿元，25 个省重点项目完成投资 36 亿元，33 个市重点项目完成投资 88 亿元。科秉电子集成电路、骄阳太阳能光伏生产设备、金仪盛世医疗仪器 Gmp 车间等一批重点项目相继竣工达产；微宏动力、永兴特钢等项目已投产运营，香飘飘、久盛电气等项目主体竣工。举办第九届国际电动车新型锂电池大会（ABAA9），彰显湖州形象，提升湖州知名度。

【产业平台】2016 年，开发区以承载 100 亿元项目为目标，加快推进黄芝山智能电动汽车产业园、康山电子信息产业园、南太湖生物医药产业园、南太湖科创中心、高铁枢纽综合产业园和南太湖创意产业带六大平台建设，全力以赴打造产业大平台。全年完成农房拆迁 1 643 户，完成土地政策处理 615.93 公顷，场地平整 435.27 公顷，新拓展平台 4 平方公里。92 个基础设施项目完成投资 65.06 亿元，104 环线改建工程全线通车，康山大道等骨干道路建设进展顺利，各区块基础配套建设全面推进，平台承载能力显著提升。

【综合治理】2016 年，开发区“四破”（破僵尸企业、破围墙圈地、破低效用地、破既得利益）工作纵深推进，按照“1+7”（以“亩产论英雄”为导向的专项工作方案和工业企业亩产效益综合评价、低效利用土地市场化再开发、土地供应差别化管理、城镇土地使用税差别化征收等七项实施办法）的政策要求，围绕亩产论英雄标准，全面推进低效土地和闲置厂房的盘活重组。全年盘活土地 118.2 公顷、企业闲置厂房 11.74 万平方米，推动 4 个新建项目开工、24 个租赁厂房项目进驻以及 5 宗土地分割转让，新增投资 10 亿元。实现“房票”改革全覆盖，新签约“房票”1 112套，消化存量商品房面积15万平方米，消化待安置面积20万平方米，节约安置用地约17.87公顷。以“无违建区创建”为抓手，持续加压推进“三改一拆”，完成“三改”514.84万平方米，拆除违章建筑33.61万平方米。

【环境整治】2016年，开发区全力打造“美丽新城”。全面推进97个治水项目，完成年度投资7.12亿元，完成河道清淤37.54公里，创建样板河道105条，全面消灭劣V类水，5个市级以上水质功能区全部达到二类水质；大气质量持续好转，PM2.5浓度均值46微克/立方米，同比下降17.9%，空气优良率达65.4%，比上年提升7.6%。全面推进总投资2亿元的罗师庄、九九桥和滨河南区等10个城中村整治提升工程，完成投资1.18亿元。

【社会民生】2016年，开发区美丽乡村建设、农村环境综合整治取得新进展，完成1个省级美丽宜居示范村、3个市级美丽乡村、2个区级美丽乡村创建，全年投入建设资金4 400余万元，农村人居环境明显改善。总投资5亿元的16条园区道路改造提升工程基本完工，整治蓝色房屋顶面20万平方米，新增绿化面积100万平方米，高速南北出口、高铁站等门户形象显著提升。着力夯实基层组织建设基础，龙溪街道罗师庄新居民党支部荣获全国先进基层党组织称号。

2015—2016年湖州经济技术开发区主要经济综合指标一览表

项目		单位	2016年	2015年	增减（%）
开发区生产总值		亿元	305.30	282.22	8.2
第二产业		亿元	217.20	198.18	9.6
工业		亿元	213.60	191.57	11.5
第三产业		亿元	86.18	82.85	4.0
工业总产值（现价）		亿元	970.94	885.89	9.6
高新技术企业		亿元	404.31	350.96	15.2
销售（营业）收入		亿元	1 404.64	1 341.63	4.7
第二产业		亿元	804.88	745.03	8.0
工业		亿元	777.10	720.13	7.9
第三产业		亿元	599.77	596.59	0.5
利润总额		亿元	80.77	68.25	18.3
第二产业		亿元	55.50	46.07	20.5
工业		亿元	53.04	44.21	20.0
区内主导产业及产值					
主导产业	1. 黑色金属冶炼和压延加工业	亿元	141.50	130.90	8.1
	2. 通用设备制造业	亿元	132.79	83.52	59.0
	3. 电气机械和器材制造业	亿元	115.07	79.36	45.0
第三产业		亿元	86.18	82.85	4.0
财政收入		亿元	67.26	61.03	10.2
税收收入		亿元	65.86	59.83	10.1
财政支出		亿元	7.19	6.86	4.8
新批企业数量		家	1 115	867	28.6
外商及港澳台企业		家	21	22	−4.5
内资企业		家	1 094	845	29.5
国家级高新技术企业		家	108	83	30.1

续表

项目		单位	2016 年	2015 年	增减（%）
新批企业投资额	外商及港澳台企业	亿美元	6.52	5.09	28.1
	内资企业	亿元	71.56	57.25	25.0
规模以上企业		家	854	734	16.3
科学研究与试验发展（R&D）经费支出		万元	49 108.50	42 010.00	16.9
研究与试验发展（R&D）经费投入强度		%	2.60	2.55	2.0
合同外资金额		亿美元	2.90	3.30	−12.1
外商实际投资		亿美元	1.95	2.16	−9.7
固定资产投资		亿元	149.02	129.51	15.1
年末从业人员		万人	9.84	9.82	0.2
单位国内生产总值取水量		立方米 / 万元	17.27	18.64	−7.3
上市企业		家	2	2	0
区内建立的创新创业平台		个	4	3	33.3
区内科研院所		家	19	18	5.6
区内职业教育学校		所	2	0	0

（湖州经济技术开发区管委会）

吴江经济技术开发区(同里镇)

【概况】吴江经济技术开发区(以下简称“吴江开发区”)(同里镇)北接苏州主城区，东临上海，南连浙江，西濒太湖。行政区总面积176平方公里，其中古镇保护区约1平方公里。下辖清树湾、花港、姚家庄、柳胥、吴新、淞南、三里桥、庞北、庞东、庞南、庞山、仪塔、厍浜、同兴、栅桥、叶明、方尖港、叶泽、庞杨、白龙桥、凌益、西联、龙津、田厍、文安、九里湖、湘溇、北联、合心、屯溪、屯南、白蚬湖、肖甸湖、叶建34个行政村和庞山湖、江陵、东新、鱼行、屯村、富渔、屯渔、新港、新柳溪9个社区居委会，总人口40万，其中户籍人口约10万。有少数民族流动人口约2 360人，少数民族户籍人口446人。

【经济发展】2016年，吴江开发区(同里镇)完成地区生产总值400.8亿元，工业开票销售收入1 435.9亿元，全口径财政收入150.6亿元，其中公共财政预算收入41.7亿元；全社会固定资产投资148.1亿元；注册外资3.8亿美元，到账外资2.7亿美元，新增民资注册4.2亿元；完成进出口总额152亿美元，其中出口94亿美元，进口58亿美元。

【招商引资】2016年，吴江开发区(同里镇)围绕产业链开展招商选资，新批外资项目27个，新增注册外资2.83亿美元。新批项目中欧美项目占主体，德国福霸汽车天线（苏州）有限公司和碧然德净水设备（江苏）有限公司、苏州丹氏机械设备有限公司和辰鹿纺织（苏州）有限公司等项目相继注册落户。

【产业发展】2016年，吴江开发区（同里镇）电子信息产业平稳运行，重点企业璨宇光电、高创电子等继续保持高速增长；装备制造业稳步发展，骨干企业英格索兰、万宝至马达等保持较高增幅；新能源、新材料产业保持良好发展态势；落实吴江智能工业“155计划”，出台鼓励引导政策，举办智能工业推进大会，启动智能装备产业园建设，智能工业发展态势良好。智能装备项目招商成效显著，昂华自动化机器人、卓因达、5G通信终端化项目等一批高端项目签约落户，积累意向项目30多个。加快对现有企业的智能化改造，瑞仪光电、高创电子等外资企业大幅增加工业技改投入，众合生物、美尚精密机械等内资企业设备改造投资均超3 000万元，50多家企业实施“机器换人”改造。积极推进智能车间、智能生产平台项目，博众精工、明志科技、群光电子等7个项目被认定为省级智能车间，位列吴江第一；瑞仪光电、绿控传动等20多个项目完成智能生产投资和研发投入近30亿元。综合保税区启动跨境电商平台建设，引进如薇化妆品、跨境鸟等5个跨境电商项目。科创园提升优化“双创”环境，成功引进科技型项目50个；清华大学苏州汽车研究院孵化基地建成投用。项目投入持续加大，28个区级重点项目完成投资77.1亿元。盘活存量有序推进，全年盘活存量土地1 597亩(106.47公顷)。强化安全生产，推进网格化监管，完成安全生产标准化国家二级企业6家、三级企业18家。

【基础建设】2016年，吴江开发区（同里镇）推进开发区核心片区概念规划和苏州“智造谷”规划编制及同里新能源小镇建设规划的发布。东太湖大堤、柳胥路改造、芦荡路改造等工程竣工，江兴路改造、运河路改造等工程加快推进。完成同里“能源小镇”环境提升改造，成功承办第二届国际能源变革论坛，国际能源变革论坛永久会址落户同里。保障重点项目顺利建设，实施柳胥村等撤组村落预拆迁试点及城中村改造。生态建设投资2.45亿元，完成绿化面积650亩（43.33公顷）；“1058”工程运河文化公园竣工在即，同里国家湿地公园游客服务中心、保育区、水上游线等工程竣工。

【科技创新】2016年，吴江开发区(同里镇)突出企业创新主体地位，认定高新技术企业45家、高新技术产品84项。鼓励企业加大研发投入，获批省重大科技计划等项目5项、省级技术中心1个、苏州市级技术中心11个、苏州市级工程技术研究中心13个。创新人才加快集聚，新增国家“千人计划”2名、省“双创人才”2名、姑苏领军人才2名、吴江科技领军人才16名，设立吴江人力资源服务产业园开发区园区，建成海峡两岸人才交流中心，成功承办江苏首届海峡两岸人才交流大会。积极创建省级知识产权示范区，获得专利授权1 383件，其中发明专利授权384件。持续加大金融服务力度，签约、挂牌“新三板”企业分别为6家、9家，海晨、明志等企业加快推进主板上市步伐；探索建立以“贷—投—保—借”为一体的科技金融体系，聚集风创投机构12家。着力搭建创新创业平台，新增众创空间5家，清华汽研院、同立方获批省级众创空间；新增博士后科研工作站1家，引进武汉大学吴江技术转移中心、西安理工大学吴江技术转移中心等平台类项目。

【农村工作】2016年，吴江开发区(同里镇)村级经济投入7 210万元。花港村等4个村联建的西湖社区综合农贸市场占地11.8亩（约8公顷），建筑面积1万平米方已投入4 000万元；3个薄弱村投资惠村公司830万元；5月开工，至年底完成60%；城南商贸中心投入1 500万元启动资金。推进全区土地确权登记颁证工作，完成调绘勘测情况公示及平面图制作、编制登记簿等工作。基本完成了确权签字颁证任务，其中10个村的签字率达90%以上，白蚬湖村的签字率达到97.5%。11月底已进入建档入库的最后工作阶段。农业生产态势良好，同里农业在稳定和扩大农作物播种面积的基础上，努力提高现代农业发展水平，全镇小麦实种面积9 638亩(642.53公顷)，油菜实种面积1 084亩(72.27公顷)，水稻实种面积12 233.3亩（815.55公顷)。渔业生产稳中有升，全镇养殖水面总面积44 084亩（2938.93公顷)。2016年全镇农业生产总值39 756万元。吴江国家现代农业示范区同里核心区智慧农业管理中心建成投用，参与承办全国农业“互联网+”现代农业工作会议。农村环境综合整治和长效管理持续深化，人居环境不断提升。

【民生事业】2016年，吴江开发区(同里镇)总投资20亿元的“五心”惠民实事工程稳步实施，公共服务均等化水平不断提升。安置房工程山湖鸿辉苑建成投用，富土家园三期基本建成，完成安置公寓房分配2 157套。教育资源进一步优化配置，完成屯村实验小学新建、长安花苑小学幼儿园扩建和同里实验小学扩建等工程，积极扶持民办教育及各校特色教育。卫生医疗工作持续加强，瑞金医院苏州分院完成主体建设，肖甸湖社区卫生服务站新建工程竣工投用。深入推进“三优三保”行动，稳妥开展土地确权登记。大力提升村庄小区人居环境，特色村和重点村的农村生活污水实现集中收集处理，完成2个“三星级康居乡村”项目建设，村庄、社区环境长效管理全区考核名列前茅。文化建设持续加强，非遗及文物保护常抓不懈，《同里镇志》入选中国名镇志文化工程。落实城乡低保制度，保障困难群众基本生活，构建“1+X”精准式扶贫体系。健全综治网络体系，城市综合治理联动分中心顺利运行并成为苏州市现场示范点。

【旅游业】2016年，吴江开发区（同里镇）旅游服务业加快发展。围绕“同里自然有故事”营销品牌，以“同里之春”国际旅游文化节、“同里杯”天元围棋赛、《水墨同里》演出等旅游文化品牌活动为载体，展现同里独特的文化魅力。成功举办第十六届同里罗星洲“暮鼓晨钟”、第八届中国•同里油菜花节、第二十届中国吴江“同里之春”国际旅游文化节、第三十届“同里杯”中国围棋天元战决赛、2016中国围棋甲级联赛——同里专场、《南社的红色记忆》——中国南社发祥地公益展等活动。定位“同里自然有故事”全新古镇旅游品牌，迅速转变传统旅游营销思路，着力提升品牌形象影响力，全面开展品牌营销创新，“同里自然有故事”古镇旅游IP附加值逐步提升。全面深度抢抓“迪士尼”乐园开业重大机遇，与上海国际旅游度假区结成战略合作关系。“同里杯”中国围棋天元赛荣获2015年度江苏省十大最具品牌价值体育赛事，“同里退思园”荣获“2016苏州十佳夜旅游产品”，“夜色同里”获得“2016苏州十佳免费夜游地”。明清街被评为“江苏省放心消费示范街区”，同里退思园、耕乐堂被列入《苏州园林》名录。积极引导行业龙头的精品酒店投资商考察同里，努力促成文化旅游项目落户。木言木语音乐酒店、隐庐•晴澜堂、花间堂•丽则女学二期、情调苏州同里店、荔枝FM同里时光文创空间开业，推进水岸寒舍•同里米仓、传艾书院、墅家度假客栈等项目进程。

【党建工作】2016年，吴江开发区（同里镇）深入开展“两学一做”学习教育，大力弘扬求真务实作风。加强对重点领域、重点工程的规范管理，加强廉政风险的排查和防控。全力配合苏州市委巡查组巡查吴江开发区（同里镇）工作，圆满完成镇党委和基层党组织、村（居）委会换届工作。打造党建品牌，不断推进“融入式党建”创新工程，实施分类定级，建立健全基层党组织晋位升级长效机制。创新创优做好两新组织党建工作，开展“四个集中”行动，推进党的组织覆盖和工作覆盖。从严选拔任用干部，提拔中层股级干部44名、轮岗交流20名。强化干部监督管理，出台编外工作人员管理办法和薪酬分配办法。镇人大、政协工委工作得到加强，统战、人武、双拥、关心下一代、工青妇等群团工作扎实推进。

［吴江经济技术开发区（同里镇）管委会］

宿迁经济技术开发区

【经济发展】2016年，宿迁经济技术开发区（以下简称“经开区”）辖三棵树乡、南蔡乡、黄河社区、古楚社区，人口为20万，面积为118.8平方公里。经开区深入推进供给侧结构性改革，统筹抓好稳增长、促改革、调结构、惠民生、防风险各项工作，经济社会总体呈现出“稳中有进、进中向好”的发展态势。完成地区生产总值294.67亿元，增长8.3%，固定资产投资264.14亿元，增长13.3%，实际到账外资7 022万美元，是2015年的30倍，实现了“十三五”良好开局。

【产业建设】2016年，经开区按照“有所不为才能有所为”的理念，修编完善产业发展规划，重点打造智能家电、食品饮料和光电“2+1”特色产业体系。全区共有投产工业企业350家，规模以上企业160家。智能家电产业在格力电器、双鹿上菱、长润电器、东贝机电等企业的基础上，新集聚了中欧电器、人澍电器、贝恒精密制造等整机和配套项目，产业链不断完善，影响力加快提升，成功获批“中国家电产业基地”。食品饮料产业集聚了娃哈哈、蒙牛、汇源、嘉士利等行业龙头企业和上上包装、方正包装等配套包装企业60余家，已经成为江苏省最大的食品产业基地。随着海天、康师傅等大项目的陆续投产达效，发展动力将更加强劲充沛。

【科技创新】2016年，经开区大力实施科技创新战略，全年共获批省级科技计划项目7项、新增国家高新技术企业6家、省民营科技型企业10家、省级科技型企业13家。新增省级新产品、新技术25项，是2015年的两倍。完成专利申请780件、授权350件，其中申请PCT专利3项，实现了“零”的突破。积极开展产学研合作，西安交通大学宿迁科技园正式挂牌成立，“西楚创客”成为省级众创空间，双鹿上菱获批省级企业技术中心。大力开展人才助企活动，全年引进省“333”高层次人才6名，中科君达董事长刘健成功入选国家“万人计划”。

【城市建设】2016年，经开区扎实开展市政提升工程，疏通管网32公里，清理河道21公里，高标准实施富康大道、世纪大道、深圳路等道路通达提升工程，完成金鸡湖路等道路绿化、古楚新韵等街头绿地改造，下相公园建成并对外开放。高质量启动世纪大道、青海湖路两项“城市之家”的规划建设，累计投入1 200万元，完成49个小区“四新一亮”整治提升工程。认真开展全国文明城市创建，大力实施主街道形象提升工程，长效推进城乡环境综合整治，不断完善城市功能配套，完成人民大道、下相公园亮化安装，建成全市首个第三代公厕，园区面貌更加精致、靓丽、时尚。

【社会文化事业】2016年，经开区积极开展新一轮扶贫开发，一般贫困户全部完成结对，脱贫率超过市下达任务8个百分点，政社办被评为全省扶贫系统先进集体。继续深化托管办学，依托市教育局成立教育发展指导办公室，办学条件大幅改善，办学成效逐步显现，群众对教育的满意度逐年提高。扎实推进医疗卫生体制改革，基本药物制度在乡村两级实现全覆盖。注重完善社会保障体系，各类保险参保率始终位居全市前列。全面完成区域供水“通村达户”工程，解决8 525户居民用水问题。率先完成废旧物资回收加工综合整治任务，惠及群众10万余人。精心组织“三进三帮”活动，打通了联系和服务群众的“最后一公里”。统筹推进平安园区、法治园区建设，信访工作扎实有效，安全生产总体平稳，社会治安保持良好。

【党的建设】2016年，经开区扎实开展“两学一做”学习教育，系统推出农村“喇叭晨课”、企业“午餐党课”、城市“小区灯课”，被《人民日报》、中央电视台等主流媒体聚焦报道，“午餐党课”更是荣获全省宣传思想文化工作最高奖——创新奖。圆满完成乡党委、人大、政府换届，基层凝聚力、战斗力进一步增强。深入开展“找短板、补短板、强短板”活动，为各级党组织和广大党员干部树起了合格标尺。全面完成市区两级“书记项目”，村务监督委员会建设实现全覆盖。坚持全面从严治党，不断强化监督执纪问责，党风廉政建设和反腐败工作取得了新的成效。

【机构设置和领导班子】2016年，经开区有党政办公室（法制办公室）、组织宣传部、投资促进局、建设局、财政局、经济发展局、政务服务中心、综合执法局（市场监督管理局、食品药品监督管理局）、监察审计局（纪工委）、政法和社会管理办公室（司法局）、安全生产监督管理局、城管分局12个内设部门；数字化城市管理指挥中心和协助海关监管队2个下属事业单位；智能家电产业招商服务局、食品饮料产业招商服务局、光电产业招商服务局3个招商服务局；宿迁台商科技产业园、宿迁科技创业产业园、综合保税物流园3个园区；2014年设立了宿迁开发区人大工作办和政协工作办。

宿迁开发区领导班子成员为：市委常委、党工委书记张昊；党工委副书记、管委会主任高玉华；党工委副书记李井泉、陈军；管委会副主任李莹；市公安局党委委员、区党工委委员、管委会副主任、政法委书记、公安分局党委书记、局长陈作松；党工委委员、管委会副主任张大勇、魏猛、孟献国、许彬；党工委委员、纪工委书记何杰；党工委委员、管委会副调研员、总工会主席谢兢玄；党工委委员、智能家电产业招商服务局局长朱前春；党工委委员、政法和社会管理办公室主任胡明；市商务局副调研员、区党工委委员、台商科技产业园管委会副主任、外资招商服务局副局长石斌。

2015—2016年宿迁经济技术开发区主要经济综合指标一览表

项目	单位	2016年	2015年	增减（%）
开发区生产总值	亿元	294.67	272.07	8.3
第二产业	亿元	208.11	191.88	8.5
工业	亿元	190.34	174.55	9.0
第三产业	亿元	72.08	66.47	8.4
工业总产值（现价）	亿元	502.56	476.16	5.5
高新技术企业	亿元	106.42	89.51	18.9
销售（营业）收入	亿元	684.50	617.42	10.9
第二产业	亿元	529.27	496.37	6.6
工业	亿元	466.46	435.11	7.2
第三产业	亿元	155.24	121.05	28.2
利润总额	亿元	111.45	54.51	104.5
第二产业	亿元	96.55	41.84	130.8
工业	亿元	91.62	37.70	143.0
区内主导产业及产值				

续表

项目		单位	2016 年	2015 年	增减（%）
主导产业	1. 食品饮料业	亿元	229.03	218.88	4.6
	2. 橡塑行业	亿元	59.92	53.00	13.1
	3. 装备制造业	亿元	58.02	51.67	12.3
进出口总额		亿美元	4.121 1	3.894 6	5.8
出口		亿美元	3.071 9	2.525 4	21.6
财政收入		亿元	77.93	70.07	11.2
税收收入		亿元	63.14	63.73	-0.9
财政支出		亿元	36.48	28.23	29.2
新批企业数量		家	1 442	1 359	6.1
外商及港澳台企业		家	6	4	50.0
内资企业		家	1 436	1 355	6.0
区内世界 500 强企业		家	3	0	—
国家级高新技术企业		家	23	17	35.3
新批企业投资额	外商及港澳台企业	亿美元	2.022 4	3.377 9	-40.1
	内资企业	亿元	72.87	51.57	41.3
规模以上企业		家	387	332	16.6
科学研究与试验发展（R&D）经费支出		万元	41 775	19 223	117.3
研究与试验发展（R&D）经费投入强度		%	1.42	0.71	100.0
合同外资金额		亿美元	2.022 4	3.377 9	-40.1
外商实际投资		亿美元	0.8034	0.023	3393.0
固定资产投资		亿元	264.14	233.03	13.4
年末从业人员		万人	8.538 8	8.301 5	2.9
万元 GDP 能耗		吨标煤／万元	0.091	0.108	-15.7
水资源消耗总量		万立方米	588.65	506.77	16.2
单位国内生产总值取水量		立方米／万元	2.00	2.09	-4.3
上市企业		家	2	2	0
区内建立的创新创业平台		个	3	2	50.0
区内职业教育学校		所	18	18	0

（宿迁经济技术开发区管委会）

义乌经济技术开发区

【经济发展】2016年，义乌经济技术开发区（以下简称“义乌开发区”）实现地区生产总值465.97亿元，同比增长21.72%；第二产业增加值212.55亿元，占地区生产总值的45.61%；第三产业增加值237.98亿元，占地区生产总值的51.07%。财政收入保持稳定增长，全年完成财政收入53.88亿元，同比增长2.2%；税收收入57.76亿元，同比增长4.7%。外贸进出口总额36.32亿美元，其中出口额33.97亿美元，进口额2.35亿美元。完成固定资产投资278.83亿元，同比增长20.23%。

【产业发展】2016年，义乌开发区实现工业总产值1 198.98亿元，同比增长4.86%，占全市工业总产值的64.9%；规模以上工业总产值650.71亿元，同比增长0.71%；规模以上工业中外商及港澳台投资工业总产值61.78亿元，同比增长8.05%；新增内资企业注册资本223.96亿元。主导产业工业总产值359.07亿元，占全区规模以上工业总产值的55.18%。

义乌开发区加快培育新兴产业和现代服务业，主动推动传统产业转型升级。重点围绕先进装备制造、汽车整车及零部件、新材料、生物医药及健康等领域，先后引进总投资72亿元的英伦新能源整车项目、总投资51.8亿元的森山健康小镇项目、总投资24.4亿元的正大康地中央厨房项目等一大批新兴产业项目，推动新兴产业快速成长。通过引导企业差异化发展、线上线下融合发展，积极推进纺织、服装、拉链、玩具等传统优势产业集群发展从偏向量的扩张转向质的提升，逐步走向时尚化发展的道路。坚持先进制造业和现代服务业双轮驱动，加快推进总部经济、创意研发等现代服务业发展。总部经济A组团项目顺利交付，引进主体企业92家，包括太固互联网中心、国鼎酒业、侨建集团等总部项目；总部经济B组团完成全部招商工作，引进了三鼎控股、侨建投资等7家企业。

【科技创新】2016年，义乌开发区深入贯彻创新驱动战略，突出企业在创新中的主体地位，强化创新投入，大力引进高端人才和创业项目，科技创新能力不断提高。开发区现拥有高新技术企业61家，省级以上研发、技术中心65个。高新技术产业产值占规模以上工业总产值的24.93%。“四上”高新技术企业主营业务收入99.21亿元，拥有省级及以上名牌产品(商标)134个，年度发明专利授权112件。着力打造义乌市高层次人才创业园，引进科技人才项目23个，包括国千、省千等专家13名，成功引进格迅软件、润信科技等一批科技企业。同时，不断完善园区管理制度，建立新引进项目注册引导机制，组织开展企业上市、管理运营等培训交流，形成较为完善的园区管理服务体系。

【投资促进】2016年，义乌开发区新批大、好、优项目72个，其中总投资3 000万美元以上的外资项目2个，总投资2亿元以上的内资项目61个，500强项目2个，专家项目7个。

【绿色集约】2016年，义乌开发区列入省级园区循环化改造示范试点，并获得2 340万元省财政补助。

【国际合作】2016年，义乌开发区坚持高起点、高水平、高品质谋划，打造一流水平的重点特色园区。加强与欧洲设计团队的沟通合作，委托德国欧博迈亚工程咨询公司完成中欧智造园总体规划及核心区城市设计，委托德国Arthesia太平洋有限公司（沃尔夫斯堡汽车城项目设计公司）完成主题为“Driving dream（驰骋之梦）”汽车体验园概念规划设计。此外，还委托中国美术学院艺术设计研究院进行绿色动力小镇景观设计，在打造产业新城的同时，十分注重义乌传统文化的传承。创新招商思路，与郑星龙、德国鲁道夫·沙尔平合作开展顾问招商，招引欧洲品牌、技术企业；与汪时胜团队、德美驰汽车工程有限公司、福建摩尔基金等合作开展中介招商。

【项目建设】2016年，义乌开发区在建的省重点工程9个、重大产业项目4个，省特别重大产业项目1个，总投资约190亿元。产业项目方面，英伦新能源整车已于2016年11月18日举行开工仪式，主体工商注册、能评环评、林地占用审批已完成，场地平整已完成90%。正大中央厨房一期养殖项目正在开展土地流转、农用地审批、围墙施工等工作，二期产业项目已完成征地工作，其中肉制品深加工地块土石方工程已完工；饲料加工地块、有机肥加工地块已完成清表。森山健康小镇项目完成概念性设计规划方案和控制性详细规划，农业种植600亩（40公顷）用地已完成土地流转。锋锐发动机项目两条生产线均已投产；义利正在进行能源动力设备安装；五洲新材料正在进行宿舍楼、食堂施工；年年红一期7栋厂房完工，二期已完成供地；赵龙特种车二期正在进行厂房建设；森宇一期设备已进场，二期已完成供地；海之纳一期正在设备安装调试，二期进行厂房施工。

【基础设施建设】2016年，义乌开发区抓住扩区发展机遇，加快推进配套基础设施建设，园区内供水厂、污水处理厂及配套管网、变电站等一批配套基础设施已基本建成，赤岸一期配套道路、锦纶三号、欧景东路等道路完成建设，主干路网基本形成，为新一轮产业大开发奠定坚实基础。此外，围绕产城融合发展，高标准推进中心区城市功能建设，商业综合体万达广场已开业，高档住宅浙铁绿城玫瑰园全面建成，群艺功能齐全的地标性建筑文化广场已基本完工。

【体制机制创新】2016年，义乌开发区根据实际情况，对现有的主要职责、内设机构及人员编制进行了调整，取消了监察审计分局、规划分局，增设稽核审计局、规划局为内设机构；成立了中欧智造园建设指挥部和重大产业项目建设指挥部，抽调精干力量专职推进项目建设；制定《义乌经济技术开发区“马上办”工作机制》，实行外部审批事项全程代办制、内部审批事项限时办结制、内部工作牵头办局负责制，优化工作流程、压缩办事时限、提升服务品质。

【机构设置与管委会领导】义乌开发区管委会下设办公室、招商局、经贸科技局、规划局、建设局、财政局、稽查审计局7个办局及国土分局1个派驻机构。义乌开发区党工委书记、管委会主任项明生；党工委副书记、常务副主任张凤德；党工委委员、副主任杨林森、吴小平、龚英浩。

2015—2016年义乌经济技术开发区主要经济综合指标一览表

项目	单位	2016年	2015年
开发区生产总值	亿元	465.97	426.60
第二产业	亿元	212.55	223.50
工业	亿元	181.76	184.90
第三产业	亿元	237.98	190.40
销售（营业）收入	亿元	755.80	747.20
工业	亿元	448.80	498.50
利润总额	亿元	38.34	38.33

续表

项目		单位	2016 年	2015 年
工业		亿元	25.42	31.60
区内主导产业及产值				
主导产业	1. 纺织服装、服饰业	亿元	174.96	169.98
	2. 纺织业	亿元	105.94	149.23
	3. 化学纤维制造业	亿元		105.90
	4. 文教、工美、体育和娱乐用品制造业	亿元	78.17	
进出口总额		亿美元	36.32	31.30
出口		亿美元	33.97	29.40
财政收入		亿元	53.88	52.70
税收收入		亿元	57.76	55.20
新批企业数量				
外商及港澳台企业		家	7	10
国家级高新技术企业		家	61	50
科学研究与试验发展（R&D）经费支出		万元	128 614.50	119 035.50
合同外资金额		亿美元	0.121 2	0.035 9
外商实际投资		亿美元	0.021 9	0.176 8
固定资产投资		亿元		231.90
年末从业人员		万人	12.53	13.79
万元 GDP 能耗		吨标煤 / 万元	0.515 7	0.560 3
水资源消耗总量		万立方米	2 532.40	2 590.10
单位国内生产总值取水量		立方米 / 万元	22.33	22.32
上市企业		家	7	6
区内科研院所		家	65	51
区内职业教育学校		所	18	15

（义乌经济技术开发区管委会）

招远经济技术开发区

【经济发展】2016年，招远经济技术开发区（以下简称“招远开发区”）完成地区生产总值528亿元，同比增长8.6%；财政收入81.9亿元，同比增长10.6%；公共财政收入41.9亿元，同比增长12.3%；税收收入44.6亿元，同比增长11%；固定资产投资302亿元，同比增长7.5%。

【产业发展】招远开发区坚持做大做强装备制造业，培育发展战略性新兴产业，改造提升传统产业，加快发展现代服务业，已成为江北最大的黄金精深加工产业基地、电子材料高科技产业化基地、全国重要的高档轮胎生产研发基地、汽车零部件配套基地以及江北最大的黄金珠宝首饰和皮草交易集散地，培育起以黄金、轮胎及汽车零部件、机械制造、新型电子材料、食品五大产业为主导的发展格局。2016年，全区规模以上工业总产值完成1 317亿元，同比增长8%；固定资产投资302亿元，同比增长7.5%。

【招商引资】招远开发区牢固树立招商引资是开发区生命线的意识，确定安商是最好招商的服务理念，进一步调整领导分工、充实招商力量、成立专业工作组，围绕培育特色产业优势，瞄准与开发区主导产业对接性强和符合未来发展方向的国内外大企业、大的投资基金、产业园区开发商和运营商，实施有针对性的精准化招商，在招大引强上实现新突破。2016年全区储备项目22个，其中外资项目6个；签约项目8个，总投资45亿元。合同外资完成1.9亿美元，同比增长17%；实际利用外资1.53亿美元，同比增长16.3%。

【项目建设】2016年，招远开发区共实施市级重点项目29个，总投资177亿元，全年完成投资50亿元。工作中，全力推动重点项目建设，实行工委委员包帮项目全程服务制度，安排相关职能部门参与，采取现场办公、召开调度会等形式，全力搞好服务和推进工作。同时，建设了开发区2017年项目储备库，入库重点项目21个，总投资252亿元。

【基础设施建设】2016年，招远开发区完成基础设施建设总投资6 000万元，完成道路硬化3公里，硬化面积5万平方米，新拓修路基2.5公里，铺设排水排污管路10公里，绿化6.5万平方米，进一步完善了开发区道路交通框架。9个改造项目已全面启动，拆除房屋600多栋，建成楼宇149座，完成公共设施配套15处。实施为民办实事197件，启动8个村生态文明示范区片建设，涉及道路硬化、文化办公场所、农田水利、环境卫生整治、绿化亮化等。

【科技创新】2016年，招远开发区全面启动山东理工、哈工程、哈工大研究院建设，现有国家级黄金知识产权信息中心、国家级轮胎实验中心、2家博士后工作站、2家院士工作站、5家省级工程技术中心、9家烟台级工程技术中心、12家省级高新技术企业、5处市级以上创业孵化基地，为“大众创业、万众创新”打造了坚实的平台。

【机构设置与管委领导】招远开发区现辖温泉街道、大秦家街道和滨海科技产业园，区机关目前共设“六局一室一部”，分别是投资促进局（负责国内外招商引资工作）、经济发展局（负责项目建设、企业服务工作）、财政审计局（负责财政税收工作）、环境保护局（负责土地征用和环保工作）、规划建设局（负责旧村改造和基础设施建设工作）、安全生产监督管理局（负责安全生产监督检查工作）、党政办公室（负责综合协调、对内对外接待服务工作）和党群工作部（负责全区组工、文秘、维稳、督查等工作），形成了设置合理、运作规范、协调一致的体制架构。招远市行政审批中心设在开发区，30 多个部门统一进驻，实行一门受理、并联审批、限时办结的“一条龙、一站式服务”，为全区经济发展和社会进步提供一流的软环境。

招远开发区领导班子成员为：工委委员、管委副主任王炳波、战会文；工委委员、温泉街道工委书记于希江，工委委员、大秦家街道工委书记、市东城新区建设办公室主任冷海祥，工委委员、市东城新区建设办公室副主任付绍泉；工委委员、纪工委书记于敏强；工委委员、环境保护局局长赵波；工委委员、党群工作部主任、工会工作委员会主任、机关工会主席赵军伟。

2015—2016 年招远经济技术开发区主要经济综合指标一览表

项目		单位	2016 年	2015 年	增减（%）
开发区生产总值		亿元	528.465 4	486.616 4	8.60
第二产业		亿元	298.835 3	279.755 9	6.82
工业		亿元	280.715 9	264.665 7	6.06
第三产业		亿元	225.381 0	202.621 1	11.23
工业总产值（现价）		亿元	1 320.494 7	1 221.602 9	8.10
高新技术企业		亿元	288.845 1	299.688 6	−3.62
销售（营业）收入		亿元	1 391.404 2	1 260.367 5	10.40
第二产业		亿元	1 278.580 0	1 164.464 9	9.80
工业		亿元	1 268.901 3	1 156.984 8	9.67
第三产业		亿元	112.824 2	92.119 6	22.48
利润总额		亿元	70.901 1	67.316 5	5.32
第二产业		亿元	55.261 6	51.663 5	6.96
工业		亿元	54.643 3	51.005 6	7.13
区内主导产业及产值		亿元	1 067.298 1	945.717 3	12.86
主导产业	1. 黄金精深加工业	亿元	871.863 3	777.184 4	12.18
	2. 轮胎汽车零部件业	亿元	124.983 5	110.893 2	12.71
	3. 机械制造业	亿元	54.391 9	46.299 7	17.48
	4. 新型电子材料业	亿元	16.059 4	14.685 6	9.35
第三产业		亿元	15.639 5	15.653 0	−0.09
进出口总额		亿美元	20.442 6	20.448 3	−0.03
出口		亿美元	12.58	13.24	−4.98
财政收入		亿元	81.973 8	74.097 3	10.63
税收收入		亿元	44.597 0	40.177 5	11.00
新批企业数量		家	457	241	89.63
外商及港澳台企业		家	16	12	33.33
内资企业		家	441	229	92.58
新批企业投资额	外商及港澳台企业	亿美元	1.896 7	1.621 8	16.95
	内资企业	亿元	13.237 3	9.495 5	39.41
规模以上企业		家	242	240	0.83
合同外资金额		亿美元	1.896 7	1.621 8	16.95

续表

项目	单位	2016 年	2015 年	增减（%）
外商实际投资	亿美元	1.530 0	1.316 0	16.26
固定资产投资	亿元	302.217 1	281.166 9	7.49
年末从业人员	万人	11.211 4	10.144 2	10.52
万元 GDP 能耗	吨标煤／万元	0.160 5	0.170 9	−6.09
水资源消耗总量	万立方米	890.1	560.9	58.69
单位国内生产总值取水量	立方米／万元	3.296 0	2.396 5	37.53

（招远经济技术开发区管委会）

海安经济技术开发区

【经济发展】2016年，海安经济技术开发区（以下简称“海安开发区”）实现地区生产总值496.98亿元，全社会固定资产投资539.03亿元，财政收入127.64亿元，完成外贸进出口总额14.87亿美元，完成工业总产值1 410.59亿元。年内荣获“南通市项目建设2016年度先进开发园区”称号，获批“江苏省电子商务示范镇”和“江苏水美乡镇”。

【产业建设】2016年，海安开发区大力推进扶大育强，全年新增规模以上企业22家，新增10亿元企业1家，“新三板”挂牌企业4家；大力发展新兴产业，电商产业园获批省电子商务示范基地，商贸物流园获评全国优秀物流园，塑料粒子期货交割库成功获批。大力推进项目建设，全年新开工亿元以上工业项目33个、服务业项目10个、农业项目8个。进一步完善重大项目动态巡查机制，切实加大融资、用工、供地等要素支撑，督促项目早开快建、投足开足。亚太二期、合迪二期、福克斯新能源、海迅里昂、东部家具板材市场、中辉上海江苏食品工业园等重大项目顺利开工建设。东屹纺织、越承纺织、信德纺织、华曼新材料、北大荒仓储物流等重大项目实现当年签约、当年开工建设。

【科技创新】2016年，海安开发区主动适应经济新常态，抢抓供给侧结构性改革机遇，推动要素扩张驱动向技术创新转换。创新体系加快完善：抢抓省科技创新体制改革试点机遇，在全社会大力营造科技创新的浓厚氛围，成功举办“创新创业在海安”开发区专场活动；不断加强产业研究院规范化建设，6大共建高校院所研究院与全区产业的融合度显著提升，为区内企业创新升级提供了强劲支撑，海安上海交通大学智能装备研究院成功入选省创新能力建设计划。企业自主创新活力充分激发：加大企业建立研发中心的扶持力度，加强科技项目筛选申报，“金字塔式”创新体系加速形成；全年备案省级民营科技企业26家，高新企业认定10家，联发集团跻身江苏省创新百强企业，晨朗集团获2016年度国家科技发明二等奖。创新载体加快建设：加快推进产业转型升级、加强民生领域科技创新、积极培育创新型企业、搭建科技合作交流平台；科创园正式成立，科技型企业抢滩入驻，12万平方米加速器已开发利用近9万平方米，入住机器人生产企业45家，“机器人特色小镇”已具雏形。获评“江苏省科技企业加速器”“南通市众创空间”和“南通市智能装备示范园区”：软件园平台建设取得积极进展，南通市小企业创业示范基地受到表彰。创新能力加快提升：全年完成新增产、学、研合作项目73个；引进成果转化项目8个；实施产学研成果转化项目42个，国际科技合作项目2个；建立天使投资基金9家，实施天使投资项目12个。全年引进顶尖产业人才3人，引进符合江苏省“双创计划”人才8人。

【投资促进】2016年，海安开发区大力推进“2+8+N”的“专业、重点、全员”优势叠加的招商新模式，精心布局，精准对接，成功招商引进建锠铝业、盈九新材料、艾迪森医疗等19个亿元以上项目，总投资额近40亿元，其中1亿美元以上外资项目1个，3 000万美元以上外资项目5个。全年完成注册外资2.9亿美元，实际利用外资1.65亿美元。中意生态园品牌效应持续放大。成功举办第十三届中国铸造铝合金产业链发展论坛。

【基础设施建设】2016年，海安开发区积极探索城市建设内涵发展之路，加速功能配套，实现城市建设和管理双突破，城市形象和功能双提升。提升园区配套，加快推进特色园区基础设施建设，完成南湖大道、中小企业集聚区区间道路等一批重点工程，东部产业新城与主城区实现“直达”。全年基础设施累计投入2.5亿元，持续推进“现代、精致、增绿、便民”工程，区内主干道、城市休闲游园全面的绿化升级改造，区镇文明城市形象显著提升。星湖001商业广场、火车站站前广场等主体完工。新城花苑G区、界墩花苑三期等一批安置房先后交付使用。老旧小区改造全面铺开，安置小区配套设施建设加速推进。

【社会事业】2016年，海安开发区实现创业就业富民。区、街、村三级联动，多措并举抓好村级经济发展，鼓励扶持广大群众二次就业和自主创业。全年新增第一、二、三产业就业促进型项目273个、财富型项目123个。村营收入50万元的村实现全覆盖，其中超百万元的村20个。扎实推进精准扶贫，脱贫559人，脱贫率为全县第一。公共服务便民，高标准建成区镇文化中心站并对外开放，慧源书城“新三板”成功挂牌。累计投入近6 000万元用于环境整治、集镇管理、小区物业管理。村（居）慈善工作站全部建成，城乡居民养老保险参保率达98%以上，新农合、城镇居民医疗保险参保率均为100%，五项社会保险工作走在全县前列。社会治理安民，区镇综治中心全面升级，多部门联动融合。成立全县首家平安法治志愿者联盟，志愿者超过9 000人，获评县“六五”普法先进区镇。严格落实事故隐患排查治理制度，签订各类安全责任书2 114份，128家企业通过三级标准化创建及复评验收，安全生产形势平稳。

【生态环保】2016年，海安开发区及时关停精细化工园，14家企业落实转产转型。引导企业开展循环经济试点，推动园区“绿色”发展。常安纺织园污水处理厂建成运营，污水管网全贯通运行。“清水工程”实现全覆盖，“河长制”得到有效落实。上湖新城区、东部家具产业园、常安纺织园等区域内19条河道建成清水工程景观河道，全区森林覆盖率达30%。

【管理与服务】2016年，海安开发区建立“政务云”网上审批平台。坚持每月专题办公会制度，协调破解发展难题，督促推动工作落实。建立定期接访、下访制度，畅通社情民意反映渠道，成功化解一批信访积案。抓政务公开，利用微信公众平台、网站、公示栏等信息工具，公布各类政务活动信息，公开服务流程和办理时限。抓建章立制，认真落实党风廉政建设工作责任制，促进廉洁从政。严格执行“三重一大”和主要领导“四个不直接分管”等制度，加强内控机制建设。公务消费全面实行网上监管，廉政风险点排查常抓不懈。

【机构设置与管委会领导】2016年，海安开发区管委会下设14个机构：纪工委、办公室、党群工作局、科技和经济发展局、招商一局、招商二局、建设局、农村工作和社会事业局、政法和社会建设局、安全生产监督管理局、财政局、重大项目管理办公室、江苏海安软件科技园管委会、江苏海安高科技创业园管委会。

海安开发区领导班子成员为：党工委副书记王荣贵；党工委委员、管委会副主任钱亚洲、任永峰、王晓红、吴建华；党工委委员、纪工委书记吴玲。

2015—2016 年海安经济技术开发区主要经济综合指标一览表

项目		单位	2016 年	2015 年	增减（%）
开发区生产总值		亿元	477.37	424.62	12.4
第二产业		亿元	277.08	268.15	3.3
工业		亿元	258.27	247.20	4.5
第三产业		亿元	171.38	148.80	15.2
工业总产值（现价）		亿元	1 410.59	1 163.11	21.3
高新技术企业		亿元	660.97	501.40	31.8
销售（营业）收入		亿元	2 427.59	2 002.58	21.2
第二产业		亿元	2 229.98	1 454.50	53.3
工业		亿元	1 742.90	1 125.50	54.9
第三产业		亿元	572.40	453.83	26.1
利润总额		亿元	193.50	154.70	25.1
第二产业		亿元	228.74	147.20	55.4
工业		亿元	159.40	100.80	58.1
区内主导产业及产值					
主导产业	1. 高端装备制造业	亿元	387.83	300.83	28.9
	2. 现代纺织业	亿元	292.41	278.12	5.1
	3. 新能源新材料业	亿元	260.94	216.83	20.3
进出口总额		亿美元	14.87	14.38	3.4
出口		亿美元	12.50	12.08	3.5
财政收入		亿元	127.64	107.06	19.2
税收收入		亿元	65.69	61.36	7.1
财政支出		亿元	125.98	106.40	18.4
新批企业数量		家	1 220	915	33.3
外商及港澳台企业		家	35	22	59.1
内资企业		家	1 129	893	26.4
新批企业投资额	内资企业	亿元	118.39	133	−11.0
	增资企业	亿美元	1.90	1.10	72.7
规模以上企业		家	1 129	1 106	2.1
外商实际投资		亿美元	1.69	2.35	−28.1
固定资产投资		亿元	539.03	477.74	12.8
年末从业人员		万人	10.92	10.47	4.3
万元 GDP 能耗		吨标煤／万元	0.196	0.21	−6.7
水资源消耗总量		万立方米	1 386.60	1 763.80	−21.4
单位国内生产总值取水量		立方米／万元	5.52	5.80	−4.8

（海安经济技术开发区管委会）

石家庄经济技术开发区

【经济发展】2016年，石家庄经济技术开发区（以下简称“石家庄开发区”）完成地区生产总值248.7亿元，同比增长12.7%；主营业务收入1 166.5亿元，同比增长8.6%；固定资产投入138.5亿元，同比增长45.7%；财政收入58.2亿元，同比增长7.6%。在节能环保方面，万元GDP能耗下降1.3%，水资源消耗量降低25.7%。

【投资促进】2016年，石家庄开发区在招商引资工作中严把项目质量关，全力争引经济效益和品牌效益双佳的优质项目，严格杜绝耗能高、排放高、污染高和贡献低的“三高一低”项目入区。按照开发区产业转型升级、跨越赶超的发展思路，瞄准世界知名、行业领先的规模型、支撑型、带动型和效益型的项目，进一步加大引进电子、通讯、物流等战略新兴产业项目的力度。先后与北京开发区开展多次招商对接活动，承接了宇惠制药、大旗能客微工厂等两个北京项目。实施“大智移云”引领计划，突出互联网+、高新技术产业等新兴产业，有针对性地与投资8亿元的平安金融产业园、投资21亿元的石药国际制剂FDA基地等项目顺利签约，与投资6亿元的、与北京工业大学合作的科一重工机器人制造等项目达成合作意向，推动了产业向新业态、高端化转移。积极参加厦门9.8、广州、深圳经贸洽谈会，对外加大宣传推介力度，获得了良好的招商效果，全年共争引域外资金97.6亿元。

【项目建设】2016年，石家庄开发区全面落实项目跟踪负责制，全年安排投资208亿元的35个项目。其中，已经顺利竣工投产项目7个（石药欧意药业、宇惠制药、云海食品、桃李面包、地表水厂、四方通信全光网络中心、天山创新产业园），总投资55.04亿元。已经开工项目15个（石药高端产业园三期、石家庄长城食品、君益湘江、友来大运汽车、大旗能客微工厂、苏宁云商、柯瑞生物药、金环包装、飞诺迪、四方通信大数据中心、百美达、华药6-APA、永胜灯具、天鹿节能、污水处理厂），总投资99.69亿元。平安金融产业园、宏昌天马新能源汽车、天山创新产业园二期、鑫耀矿山、跨境电商等项目已做好前期工作，具备开工条件，继续保持项目建设“四个一批”的良好局面。

【投资环境】2016年，石家庄开发区按照“对标主城区、管理精细化”的要求，全力推进总投资13.2亿元的道路、供电、供热、交通等五大类配套工程建设，不断提升园区项目承载能力。世纪大道、塔东大街、南延路全线贯通，工业大街、塔西大街等5条道路工程过半，新赵线雨水管网、提升泵站投入运行，110千伏杨子站、220千伏医药站正式投用。按照城区精细化管理的要求，对区内开发大街、丰产路等道路进行整治提升，累计道路硬化面积11万平方米，道路绿化面积70万平方米，实现了城区的绿、洁、亮、美。

【产业发展】2016年，石家庄开发区按照“省会生物医药基地和现代化制造业中心”的发展定位，积极争引相关优质产业项目入驻。全区注册企业630家，工业总投资达540亿元，建成较大规模项目140多家，拥有世界500强参股企业10家、上市公司21家、大型央企6家、中外合资企业15家，形成了以华药、石药、四药等知名医药企业为代表的生物医药产业集群，以新宏昌天马、中农博远、太行机械为代表的装备制造产业集群，以石家庄卷烟厂、青岛啤酒、可口可乐、益海粮油为代表的轻工食品产业集群和以四方通信、河冶科技为代表的战略新兴产业集群，四大主导产业产值占全区产值的95%以上；培育了华药、石药、欧意、石门、金龙鱼、青啤、同福、香满园、钻石、桃李、可口可乐等一批知名品牌，产业特色鲜明，经济活力强劲，产业的影响力和竞争力不断增强。

生物医药及相关企业57家，涵盖生物制药、化学制药、医药中间体、中成药、医疗设备、医药包装材料等领域。华北制药集团、石家庄制药集团的主要生产企业和石家庄四药有限公司等知名医药企业在开发区安家落户，主导产品半合成抗生素的生产规模和生产能力居全国领先地位，是我国目前最大的抗生素原料药和粉针剂企业最集中、最密集的生产基地。华药集团华民药业有限公司是生产新头孢系列单体最大的厂家，石家庄四药有限公司的软包装大输液制剂市场占有量列全国第一位，华药集团华胜有限公司的硫酸链霉素、双氢链霉素占世界总量的65%，石药集团恩必普有限公司研发的丁苯酞软胶囊是具有自主知识产权、治疗预防脑卒中的国家一类新药，单品药年纳税5.5亿元，同比增长178.8%。开发区已形成医药门类比较齐全、生物产业比较集中的医药产业群和生物产业链。

机械装备制造企业65家，石家庄动力机械厂、河北太行机械工业公司、河北宏昌天马改装车公司、河北富士华金刚石有限公司、中农博远装备有限公司、石家庄精工化工设备公司、石家庄石特阀门公司、河北浩森不锈钢公司等一批较大规模的企业入驻开发区。河北太行机械工业有限公司响应“军民融合国家战略”号召，成功转型为高铁制动系统核心零部件供应商，经济效益同比增长56.5%，中农博远公司自主研发的自走式玉米联合收获机市场占有率全国第一，河北宏昌天马改装车公司自卸车在华北市场占有较大份额，石家庄石特阀门公司的生产规模位居全国同行三甲，形成了省会周边乃至华北地区最具发展潜力、最具竞争活力、最具影响力的机械装备制造业中心。

现有食品类企业30余家，由世界500强美国ADM公司和新加坡丰益面粉有限公司合资建设的益海（石家庄）粮油工业有限公司，总投资8亿元，日加工小麦面粉2 000吨、花生油600吨、棉籽油1 000吨，是河北省农业产业化龙头企业，是河北省最大的综合性粮油企业；投资6亿元的青岛啤酒（石家庄）有限公司，年生产20万千升优质青岛啤酒、崂山啤酒；由中粮集团和可口可乐两家世界500强合资建设，总投资5亿元的中粮可口可乐河北厂可年产9 500万标箱可乐饮品；总投资10亿元的河北白沙烟草有限责任公司石家庄卷烟厂，年产“钻石牌”优质香烟60万标箱。

在发挥优势产业的基础上，努力调整产业结构、转变增长方式，大力发展电子、通讯、物流业等信息产业。河冶科技有限公司生产的高速钢、粉末钢居世界领先水平，主要应用于航空航天领域，“神九”飞船关键部件产自河冶科技。四方通讯公司是全国最大的光纤活动连接器生产厂商，着手在通讯光缆领域进行开发，以四方通信为依托建成集大数据、云计算、电子商务等现代互联网信息产业光纤产业园，瞄准信息技术发展前沿，积极培育大数据、云计算等高端产品，加快建设石家庄“智谷”产业基地。

【社会事业】2016年，石家庄开发区坚持领导分包联系点和蹲点服务制度，有效解决好农村村民住宅楼建设、失地农民保险、医疗等事关群众切身利益的热点难点问题，社会保险覆盖范围进一步扩大，新农合、新农保参加率均在98%以上；进一步拓宽就业渠道，先后安排234名失地农民在区内企业实现就业，对137名青年进行职业技能培训。同时，健全最低生活保障、特殊群体服务保障等制度，实施失地农民养老保障政策，开发区群众的幸福指数得到大幅度提高，广大群众享受到更多发展成果。

【体制机制创新】2016年，石家庄开发区四项改革取得实质性进展。在机构编制管理改革方面制定和完善了机构编制管理、人事薪酬制度、全员聘任、绩效考核等一系列制度方案，理清、归并管理职能，精简工委、管委所属机构，撤并部门内设科室，按石家庄市编办批准的文件调整机构，实现了传统机构设置向“大部门制”转变。人事和薪酬制度改革方面制定了较为完善的全员聘任制方案，确定为科级以上干部聘、任分离，即“聘”为岗位聘用，执行绩效薪酬；“任”由组织部按公务员任免条例执行。部门正职、副职采用直聘方式，部门科长、副科长采用竞聘方式，施行“档案封存，打破身份界限”以及“人员能进能出，岗位能上能下，待遇能高能低”的人事管理新机制，打造精简高效、干事创业的新团队。行政审批制度改革方面按照“一枚印章管审批、一个中心全覆盖”的运行要求，2016年6月21日行政审批局正式设立并投入运行，承接了藁城区工商、发改委、安监、环保、住建委等14个部门下放的76项审批事项，实现了传统的多头审批向相对集中审批的转变。同时，利用网上审批、查阅等功能，提高了审批效率，除特殊审批外，基本实现了审批事项“一日办结”。投融资平台运营方面，启动了开发区开发建设有限公司和开发区创业投资有限公司的投融资平台运营工作，通过充分发挥融资平台作用，整合、重组资源，创新运作模式，拓展融资渠道，促进中小微企业挂牌、上市，解决开发区自身建设融资难题，为推动开发区产业发展和转型升级提供有力保障。

【机构设置和管委会领导】2016年，石家庄开发区下设10个部门：管委会办公室、党工委办公室、财政局、劳动人事局、行政审批局、招商部、规划建设部、经济管理部、经济监督部、农村工作部。

石家庄开发区领导名录（1月至11月任职）：藁城区委常委、管委会主任张群书；党工委书记李华强，党工委副书记、管委会副主任贾书莉、刘栋侠；管委会副主任（挂职）潘大保，党工委副书记魏振锁；党工委委员、管委会副主任章海东；党工委委员景建华。

领导名录（12月任职）：藁城区委书记、开发区工委书记高玉柱；藁城区长、开发区主任袁丽华；藁城区委常委、开发区副书记、副主任张群书；党工委副书记李华强、魏振锁；党工委副书记、管委会副主任贾书莉、刘栋侠；管委会副主任潘大保（挂职）；党工委委员、管委会副主任章海东；党工委委员景建华。

2015—2016年石家庄经济技术开发区主要经济综合指标一览表

项目	单位	2016年	2015年	增减（%）
开发区生产总值	亿元	248.7	220.6	12.7
第二产业	亿元	228.9	202.9	12.8
工业	亿元	223.4	202.9	10.1
第三产业	亿元	14.9	13.2	12.9
工业总产值（现价）	亿元	1 172.5	1 078.2	8.7
高新技术企业	亿元	199.3	101.5	96.4
销售（营业）收入	亿元	1 169.4	1 071.6	9.1
第二产业	亿元	1 025.7	974.8	5.2
工业	亿元	1 025.7	974.8	5.2
第三产业	亿元	98.0	68.3	43.5
利润总额	亿元	115.6	101.8	13.6
第二产业	亿元	105.9	98.1	8.0

续表

项目		单位	2016年	2015年	增减（%）
工业		亿元	105.9	98.1	8.0
区内主导产业及产值		亿元	1 162.5	1 034.8	12.3
主导产业	1. 生物医药业	亿元	503.6	452.4	11.3
	2. 机械装备制造业	亿元	136.0	129.7	4.9
	3. 轻工食品业	亿元	390.4	347.3	12.4
	4. 战略新兴产业	亿元	132.5	105.4	25.7
第三产业		亿元	104.0	52.0	100.0
进出口总额		亿美元	2.79	2.96	−5.7
出口		亿美元	2.67	2.84	−6.0
财政收入		亿元	58.1	54.0	7.6
税收收入		亿元	53.5	52.7	1.5
财政支出		亿元	2.43	2.19	10.9
新批企业数量		家	43	38	13.2
外商及港澳台企业		家	3	2	50.0
内资企业		家	40	36	11.1
区内世界500强企业		家	10	10	0
国家级高新技术企业		家	33	27	22.2
新批企业投资额	外商及港澳台企业	亿美元	1.43	1.08	32.4
	内资企业	亿元	98.0	92.0	6.5
	增资企业	亿美元	1.43	1.08	32.4
规模以上企业		家	98	75	30.7
科学研究与试验发展(R&D)经费支出		万元	34 402	28 564	20.4
研究与试验发展(R&D)经费投入强度		%	1.43	1.35	5.9
合同外资金额		亿美元	1.43	1.08	32.4
外商实际投资		亿美元	1.43	1.08	32.4
固定资产投资		亿元	138.60	95.14	45.7
年末从业人员		万人	5.09	4.53	12.6
万元GDP能耗		吨标煤／万元	0.76	0.77	−1.3
水资源消耗总量		万立方米	1 504	1 890	−20.4
单位国内生产总值取水量		立方米／万元	7.84	8.57	−8.5
上市企业		家	21	15	40.0
区内建立的创新创业平台		个	2	1	100.0
区内科研院所		家	2	2	0
区内职业教育学校		所	2	2	0

（石家庄经济技术开发区管委会）

六安经济技术开发区

【经济发展】2016年，六安经济技术开发区（以下简称“六安开发区”）实现地区生产总值66.07亿元，增长6.7%；规模工业增加值39.68亿元，增长6%；财政收入15.66亿元，增长17.2%；进出口总额12 453万美元，增长10.53%，总量位居全市第一位，增幅第二位；直接利用外资5 030万美元，增长13.2%；完成固定资产投资46.15亿元，其中工业投资29.18亿元；全年社会消费品零售额实现26.35亿元，增幅12.1%，增幅位居全市第一位；工业用电量27 120万千瓦时，同比增长7.86%。

【产业发展】2016年，六安开发区实现规模工业总产值167.34亿元，同比增长6.46%；规模工业增加值39.68亿元，同比增长6%。全年汽车及装备制造产业实现产值53.89亿元，同比增长0.45%，占比33.13%；材料与新材料产业实现产值35.37亿元，同比增长8.86%，占比21.74%；轻工纺织产业实现产值61.85亿元，同比增长15.5%，占比38.02%；生物制药产业实现产值11.56亿元，同比增长11.05%，占比7.11%。

【科技创新】2016年，六安开发区推动康泰玻业等重点企业技改扩建，全年新增技改扩建项目25个；新增高新技术企业7家，总数达到28家，占规模以上工业企业的26.7%（全年目标任务占比15%）。高新技术企业实现产值81.54亿元，占工业总产值的48.73%。成功获批安徽省“首批省级知识产权示范园区”。发明专利申请量396件、授权量77件，分别完成全年目标任务的137%、145%。强化企业科技平台建设，申报已备案省级工程技术研究中心1家，新申报市级创新型企业2家、市级工程技术研究中心2家、市级知识产权优势企业1家；新认定省级企业技术中心1家、省“专精特新”中小企业5家、省级两化融合管理体系贯标试点企业6家。

【投资促进】2016年，六安开发区实际到位境内资金38.43亿元，完成全年目标任务的100.39%。新签约项目38个，协议引资总额65.1亿元，其中亿元以上项目25个；工业项目29个，现代服务业项目9个。全年新开工项目20个，其中亿元以上项目14个；续建项目48个，总投资101.54亿元，其中亿元以上项目38个，总投资96.04亿元。

【基础设施建设】2016年，六安开发区累计投入开发建设资金15.8亿元。获批用地1 406亩(93.74公顷)，供应用地2 617亩(174.47公顷)；征地1 711亩（114.07公顷），土地流转1 154亩(76.93公顷)，完成房屋征收5.7万平方米；新建续建道路13.5公里，累计交付安置房和公租房12.44万平方米。

【社会事业】2016年，六安开发区财政民生类支出4亿元左右，占财政总支出的75%以上。全面提高五保、低保、残疾人、精神病患者、优抚对象等保障标准，不断完善城乡救助体系，实现困难救助全覆盖。

【机构设置与领导】2016年，六安开发区内设工委管委办公室、招商局、经贸发展局（安全生产监督管理局）、财政局、规划建设局、社会发展局（卫生和计划生育办公室）、国土局、组织人社局（非公企业党工委）、监察审计局、城管综合执法局、征收安置办公室、村居管理委员会、政务服务中心13个机构。

六安开发区领导班子成员为：市委常委、

统战部长，开发区工委第一书记、管委主任王琦；工委副书记、管委副主任夏伦平；工委委员、纪工委书记王宜国；工委委员、管委副主任熊伟、闫浩滨、张成刚；管委副主任朱宏；工委委员、工委管委办公室主任王燊；副调研员吴卫平。

2015—2016 年六安开发区主要经济综合指标一览表

项目		单位	2016 年	2015 年	增减（%）
开发区生产总值		亿元	66.07	61.92	6.7
第二产业		亿元	49.97	47.05	6.2
工业		亿元	47.77	44.98	6.2
第三产业		亿元	16.10	14.87	8.3
工业总产值（现价）		亿元	167.34	157.19	6.5
高新技术企业		亿元	81.54	73.86	10.4
销售（营业）收入		亿元	435.241 6	420.784 5	3.4
第二产业		亿元	153.743 6	144.407 5	6.5
工业		亿元	152.901 5	143.623 4	6.5
第三产业		亿元	91.196 2	87.558 0	4.2
利润总额		亿元	16.130 7	11.921 6	35.3
第二产业		亿元	7.599 4	4.967 3	53.0
工业		亿元	6.613 8	4.301 5	53.8
区内主导产业及产值					
主导产业	1. 汽车和装备制造业	亿元	53.89	53.65	0.4
	2. 材料与新材料业	亿元	35.37	32.49	8.9
	3. 轻工纺织业	亿元	61.85	53.55	15.5
	4. 生物制药业	亿元	11.56	10.41	11.0
第三产业		亿元	16.10	14.87	8.3
进出口总额		亿美元	1.245 3	1.126 7	10.5
出口		亿美元	1.164 8	1.048 0	11.1
财政收入		亿元	15.66	13.36	17.2
税收收入		亿元	14.94	12.56	18.9
财政支出		亿元	5.26	4.18	25.8
新批企业数量		家	677	473	43.1
外商及港澳台企业		家	2	2	0
内资企业		家	675	471	43.3
新批企业投资额	内资企业	亿元	38.11	22.79	67.2
外商实际投资		亿美元	0.50	0.34	47.1
固定资产投资		亿元	46.15	68.37	-32.5
年末从业人员		人	53 530	48 925	9.4
在岗职工平均工资		元	3 000	3 170	-5.4
规模以上企业		家	105	103	1.9

（六安经济技术开发区管委会）

万州经济技术开发区

【经济发展】2016年，万州经济技术开发区（以下简称“万州经开区”）入驻企业达到254家，其中规模以上工业企业81家。完成综合产值850亿元，同比增长19.4%。完成地区生产总值245.6亿元，其中第二产业210.7亿元，同比增长11.84%；第三产业34.9亿元，同比增长9.06%。完成一般公共预算收入11.97亿元，同比增长12%，其中税收收入7.45亿元，同比增长13.56%。完成固定资产投资140亿元，同比增长18%。完成进出口总额1亿美元。

【产业发展】2016年，万州经开区规模以上工业产值665亿元，同比增长15%，占全区的77%，增速比全区高4个百分点；规模以上工业企业利润同比增长15%。基本形成六大产业集群，其中特色化工实现产值167.1亿元，同比增长10.74%；能源建材实现产值123.2亿元，同比增长21.5%；照明电气实现产值86亿元，同比增长10.12%；汽车制造实现产值85亿元，同比增长24.45%；纺织服装实现产值82.8亿元，同比增长8.53%；现代医药、生物化学、新型建材等新兴产业完成产值129.7亿元，同比增长11%，占全区战略新兴产业产值的85%。

【科技创新】2016年，万州经开区企业有市级以上技术中心12个，占全区的50%。国家级高新企业4家，占全区的40%。市级创新型企业2家，占全区的100%。市级技术创新示范企业1家，占全区的20%。获得中国驰名商标2个，重庆市著名商标4个，市级名牌产品5个，年专利申请量62件，其中发明专利22件，同比增长分别为121%、57%。完成高技术产业总产值130.7亿元，同比增长15%，占全区高技术产业比重的86%。企业创新发展财政投入资金近2 000万元，同比增长近50%，研究与试验发展经费支出5.6亿元，占主营业务收入的0.8%，实现新产品产值50亿元。

制定出台《万州经开区人才服务指南》《人才团队创新创业扶持机制》和《万州经开区促进校企合作 吸引人才就业创业暂行办法》等文件，重点培养、吸引、开发人才。截至2016年年底，万州经开区机关及直属企事业单位共有各类人才356人，其中博士1名，硕士(研究生)16名，大学本科180名；具有高级职称人员13名，中级职称人员62名，各类执业资格人员98名。经开区规模以上入园企业中，从业人员已超过5万人，其中博士后2名，博士研究生6名，硕士研究生53名，“海归”人员20余名，各类技能人才3 000余名，区级学术带头人1名；创新创业团队7支，2支人才团队入围万州区第三批生态涵养发展重点创新团队，1人被评为第四批重庆市突出贡献中青年专家称号。

【投资促进】2016年，万州经开区新签约中京光电年产5 000万片高端手机显示屏模组、万创实业年产2 000万台智能终端及供应链、桂迁笙电子日产100万只锂电池电芯、厦门冠音泰万州扬声器研发和制造中心等40余个项目，协议总投资260余亿元，到位资金93亿元，储备项目50余个。开工和续建中船重工锯切设备产业园、万州医药产业园等21个项目，竣工投产大全伊顿母线槽、馨葳年产60万套车轮总成及10万台车架等13个项目。实现进出口总额1亿美元，其中出口总额0.8亿美元。

【规划建设】2016年，万州经开区完成和开展控规局部修改项目11个。审查审批建设项目方案设计50个。实施基础设施项目107个，完成年度投资10.8亿元，其中区级重点项目15个、3.68亿元。完成高峰、新田54万平方米还房和高峰污水处理厂主体工程。竣工万斛路、经开支路、九龙一支路等道路15公里。新田港疏港大道隧道工程提前3个月实现贯通。西经大道、檬子环路等道路建设按序推进。高峰湿地公园开工建设，天子湖公园（一期）基本建成。新增绿化面积15万平方米，建成区面积1.5平方公里，产城融合向纵深推进。

【用地保障】2016年，万州经开区获得新增建设用地计划指标2 000亩（133.33公顷）、征收批复253亩（16.87公顷）、转用批复2 000亩（133.33公顷）。新启动新田、高峰等地拆迁7 000亩（466.67公顷）。供应土地34宗1 700亩（113.33公顷），出让收入5亿元，为产业项目和基础设施项目用地提供了有效保障。

【生态涵养】2016年，万州经开区坚持“面上保护、点上开发”，着力推动绿色循环低碳发展。落实企业环保主体责任，实施行政许可、污染控制等八个方面的量化管理。新建项目环评和“三同时”执行率达100%。全年未发生较大及以上环境污染事故。

【服务保障】2016年，万州经开区深化定点联系服务企业制度，协调解决困难和问题300余个。定期召开银企座谈会，为入园企业协调解决银行贷款1.5亿元。设立工业发展专项资金1亿元，兑现高新企业与新产品、技术改造、高端人才引进、企业上市等补助资金5 000余万元。帮助企业成功申请中央专项建设基金3.73亿元，争取“助保贷”和“互助贷”1 900万元。争取到位中央预算内资金、三峡后续、保障性住房补助等政策性资金2.9亿元。

【党的建设】2016年，万州经开区严格落实全面从严治党政治责任，切实加强党的建设。扎实开展“两学一做”学习教育，自觉执行党中央、国务院，市委、市政府，区委、区政府决策部署，“四个意识”明显增强。持续用力抓好作风建设，用心用力用情服务产业发展，干部队伍建设明显加强。建立健全内部运行机制，实现用制度管权管事管人，干事创业执行力明显增强。完善党群服务中心功能，选派党建指导员指导企业党建工作，基层党群组织建设明显增强。认真落实党风廉政建设和反腐败工作“一岗双责”制，严格执行廉洁从政各项规定，廉政建设效能明显增强。

【机构设置与领导】万州经济技术开发区下设办公室、经济发展局、投资促进局、财务局、建设管理局、安全生产监督管理局、环境保护局7个内设机构；下属经济发展服务中心、经济技术开发公司2个事业单位；下辖三峡产业投资公司、万林投资公司、玉罗实业公司3个国有企业。

万州经济技术开发区党工委、管委会领导班子成员为：万州区委副书记、区政府区长，万州经开区党工委书记、管委会主任（兼）白文农；万州经开区党工委委员、管委会副主任曾斌；万州经开区党工委委员、管委会主任助理何新易。

2015—2016年万州经济技术开发区主要经济综合指标一览表

项目	单位	2016年	2015年	增减（%）
开发区生产总值	亿元	245.6	220.4	11.43
第二产业	亿元	210.7	188.4	11.84
工业	亿元	191.1	173.5	10.14
第三产业	亿元	34.9	32.0	9.06
工业总产值（现价）	亿元	725.0	600.0	20.83
高新技术企业	亿元	174.5	156.1	11.79
销售（营业）收入（“四上”企业）	亿元	697.3	601.6	15.91

续表

项目		单位	2016年	2015年	增减（%）
第二产业		亿元	665.1	571.4	16.40
工业		亿元	643.3	550.4	16.88
第三产业		亿元	32.2	30.2	6.62
利润总额		亿元	60.7	51.6	17.64
第二产业		亿元	43.3	36.6	18.31
工业		亿元	40.8	34.2	19.30
区内主导产业及产值（规模以上）					
主导产业	1. 特色化工业	亿元	167.1	150.9	10.74
	2. 能源建材业	亿元	123.2	101.4	21.50
	3. 照明电气业	亿元	86.0	78.1	10.12
	4. 汽车制造业	亿元	85.0	68.3	24.45
	5. 纺织服装业	亿元	82.8	76.3	8.52
进出口总额		亿美元	1.0	1.6	−37.50
出口		亿美元	0.8	0.9	−11.11
财政收入		亿元	17.90	20.23	−11.52
税收收入		亿元	7.45	6.56	13.57
财政支出		亿元	25.23	21.27	18.62
新批企业数量		家	20	28	−28.57
外商及港澳台企业		家	1	0	0
内资企业		家	19	28	−32.14
区内世界500强企业		家	4	4	0.00
国家级高新技术企业		家	4	5	−20.00
规模以上企业		家	92	73	26.03
科学研究与试验发展（R&D）经费支出		万元	55 773.2	46 902.5	18.91
研究与试验发展（R&D）经费投入强度		%	0.8	0.8	0
外商实际投资		亿美元	0.1	0.3	−66.67
固定资产投资		亿元	140.0	118.0	18.64
年末从业人员		万人	4.3	3.8	13.16
万元GDP能耗		吨标煤／万元	0.9	1.1	−18.18
水资源消耗总量		万立方米	2 996	2 403	24.68
单位国内生产总值取水量		立方米／万元	12.2	10.9	11.93

（万州经济技术开发区管委会）

长寿经济技术开发区

【经济发展】2016年，长寿经济技术开发区（以下简称“长寿开发区”）新增规模以上企业20家，规模以上工业企业累计达154家。实现规模以上工业产值780亿元，同比增长12%；完成工业投资280亿元，同比增长23%；到位内资185亿元，同比增长51.6%；实际利用外资1.1亿美元；外贸进出口总额10亿美元；实现税收25亿元。长寿开发区先后荣获循环经济示范园区、国家知识产权示范园区、国家级化工新材料高新技术产业化基地等荣誉称号。

【产业发展】2016年，长寿开发区综合化工、钢铁冶金、装备制造、新材料新能源、电子信息五大产业分别实现产值255亿元、143亿元、172亿元、120亿元、60亿元，产值比为34∶19∶23∶16∶8。

综合化工产业一体化发展，实现转型升级。传统天然气化工向下游精细化工、化工新材料、生物医药产业延伸。以德国巴斯夫为龙头的40万吨MDI项目带动化工新材料产业强势崛起，引进日本关西涂料防腐涂料、韩国LG工程塑料、韩国金刚汽车涂料、宏国聚材HDI/IPDI、旭川化学聚氨酯树脂、晶粒化工N-乙烯基己内酰胺、化医集团丁二烯法已二腈等一批项目，形成聚氨酯、工程塑料、涂料3条化工新材料产业链；化学原料药产业基础雄厚，北京紫光、上海复星的全国原料药基地落户长寿开发区；生物医药产业实现突破，博腾药业建设生物医药项目、莱美药业发展多肽类药物，推动长寿医药产业由化学药向生物医药的转型升级。其中N-乙烯基己内酰胺、丁二烯法已二腈均属国内首次打破国外垄断技术的产品，将带动国内下游产业发展。生物医药产业蓬勃发展。为加快打造西药国家外贸转型升级专业型示范基地，经开区发挥综合化工技术优势，大力发展生物医药产业。生物医药产业规划面积4平方公里，已建成投产企业14家，2016年医药产业产值53亿元，占综合化工板块的21%。已成功培育重庆市第一家中外合资药品辅料企业——重庆斯泰克材料技术有限公司，中国CMO行业（医药定制生产服务提供商）的领跑者——重庆博腾制药科技股份有限公司、全球最大的抗疟疾类药原料药专业厂家重庆康乐制药有限公司、镇痛药眠尔通供应商重庆英斯凯化工有限公司。

钢铁产业多元化发展。面对钢铁行业的新常态，从延长钢铁产业链入手，全方位推进钢铁市场的供给侧结构性改革。重钢集团与韩国浦项合作建设冷轧、镀锌项目，以重庆及周边庞大的汽车市场为目标，生产高端汽车面板。本着化解现有过剩产能，产出高效环保产品的原则，重庆钢结构产业有限公司与中安亘大建筑工程有限公司共同组建了重庆中安钢结构有限公司，打造安全钢结构产业制造示范基地。以重钢集团为龙头，下游发展无缝钢管、螺旋焊管、压力容器、钢结构等项目，对原有产品提质升级。

新材料新能源成为新生主力军。建成国际复合玻璃纤维、纽米科技锂离子电池隔膜、天勤材料玻璃纤维布等龙头项目，打造国内领先的新材料生产基地。依托国际国内发展新能源汽车的契机，大力发展动力电池等新能源项目，引进比克电池动力电池项目，建设三元锂离子全产业链项目；引进骐嘉汽车，重点发展新能源汽车电驱动系统及整车；引进南洋化工生产动力电池溶剂 NMP、纽米科技建设动力电池隔膜项目，新能源汽车产业链雏形初显。

电子信息产业实现从无到有。电子信息产业集群持续取得突破，秀博瑞殷液晶面板减薄项目建成投产，引进了世纪之光塑料光纤及核心通信器件设备项目、大宗国际固态硬盘、短焦距投影仪等龙头项目，成功签约深圳恩瑞芯片测试、飞尔康光通讯芯片及模块等项目，为形成 200 亿元级产值产业集群打下良好基础。

【科技创新】长寿开发区打造创新服务平台，通过集聚科协、院士专家工作站、博士后科研工作站、化工专利数据库、经开区科技孵化园、经开区人才公寓、企业研发中心等创新要素，基本构建了集企业研发服务平台、知识产权服务平台、高层次人才服务平台于一体的科技创新服务平台。2016 年年底，长寿经开区启动了总投资 5.4 亿元的科技创新园项目建设，项目旨在打造兼具办公、交易、研发“三位一体”服务功能的创新型综合性服务基地，将引入 20 余家研发机构入驻。创新主体培育，突出企业在技术创新中的主体地位，着力推动企业研发中心建设，成功签约北京紫光制药公司创新药物研发及生产基地、博腾制药研发集团、复兴集团创新药研发中心等一批研发型企业和机构。积极围绕产、学、研、用主线，构建开发区创新发展联盟，以优化创新资源配置方式，提升创新资源使用效率。

【投资促进】2016 年，长寿开发区引进项目 94 个，合同引资 342 亿元。新能源产业招商取得新突破，深圳比克电池投资 23.5 亿元的新能源项目成功入驻，投产后预计实现产值 50 亿元。装备制造产业异军突起，新引进现代汽车配套项目 4 个，累计引进签约项目 31 家，总投资额 79 亿元，投产后预计实现产值 150 亿元。新材料产业难中求进，新引进聚氨酯上下游项目 4 个，累计签约项目 10 家，总投资额 30 亿元，预计产值 100 亿元。钢铁冶金产业调结构取得新进展，新签约下游项目 4 家，投资总额 37 亿元。电子信息产业再添新军，深圳国乾科技投资 1 亿元的手机项目成功入驻，将实现“高端手机长寿造”。综合化工产业转型取得新进展，博腾制药再投资 20.5 亿元建设医药项目，为各企业坚定发展信心、扩大再投资带了好头。

【绿色集约】2016 年，长寿开发区坚持“绿色发展”实施了三项措施。

一是严控污染源头。采取对招商项目进行现场实地考察与专家预审方式，对高污染、高风险项目实行一票否决，从源头上控制环境风险；科学合理进行产业布局，对产品关联度高、原料互供性强的企业及项目，集约集中布局在同一区域，以缩短原料及产品运输距离，降低企业及项目事故风险和确保环境安全。

二是大力构建循环经济。推进主导产业链纵向延伸和横向耦合发展，着力构建天然气化工、化工新材料、氯碱化工、钢铁冶金、特色副产物、产业废弃物六大循环经济产业链，实现“资源－产品－废弃物－再生资源”循环利用。经开区一氧化碳综合利用率提升至 100%，氯碱化工副产氯气综合利用率提升至 96.4%，工业固体废物综合利用率提升至 97%。

三是狠抓风险防范。建成涵盖装置级、企业级、片区级、经开区级、流域级的“五级”水风险防范体系，拦截处理事故废水能力达 86.6 万立方米，能够确保极端事故状态下事故污水不流入长江。投资 1.69 亿元建成西南领先水平的应急管理中心、消防特勤站，并上线运行集应急监控、应急联动、应急处置功能于一体的数字园区平台，经开区突发事件应急处置能力大幅提升。

【机构设置与管委会领导】长寿开发区内设办公室、经济发展局、建设管理局、经济运行局、财务局、安全生产监督管理局、环境保护局 7 个机构；设土地保障中心、应急管理中心 2 个下属事业单位；开发投资集团有限公司 1 个下属平台公司。领导班子成员为：区委副书记、区政府区长，经开区党工委书记、管委会主任巴川江；管委会副主任肖庆华、冉洪、涂山全。

2015—2016年长寿经济技术开发区主要经济综合指标一览表

项目		单位	2016年	2015年	增减（%）
开发区生产总值		亿元	326.76	293.499	11.3
第二产业		亿元	213.85	293.499	-27.1
工业		亿元	172.05	293.499	-41.4
第三产业		亿元	102.93	93.57	10.0
工业总产值（现价）		亿元	912.00	841.21	8.4
高新技术企业		亿元	78.27	76.94	1.7
销售（营业）收入		亿元	989.58	932.31	6.1
第二产业		亿元	787.01	744.44	5.7
工业		亿元	754.44	713.96	5.7
第三产业		亿元	202.57	177.19	14.3
利润总额		亿元	14.40	12.37	16.4
第二产业		亿元	8.65	7.45	16.1
工业		亿元	5.32	4.18	27.3
区内主导产业及产值					
主导产业	1. 综合化工	亿元	302.36	269.19	12.3
	2. 钢铁冶金	亿元	165.46	277.60	-40.4
	3. 装备制造	亿元	205.53	143.01	43.7
	4. 新材料新能源	亿元	150.54	84.12	79.0
	5. 电子信息	亿元	76.12	67.30	13.1
第三产业		亿元	102.93	93.57	10.0
进出口总额		亿美元	10.687 5	12.156 277	-12.1
出口		亿美元	9.305 3	9.177 568	1.4
财政收入		亿元	23.38	13.64	71.4
税收收入		亿元	13.21	9.57	38.0
财政支出		亿元	23.38	13.64	71.4
新批企业数量		家	161	131	22.9
外商及港澳台企业		家	24	11	118.2
内资企业		家	137	120	14.2
区内世界500强企业		家	22	22	0
国家级高新技术企业		家	22	18	22.2
新批企业投资额	外商及港澳台企业	亿美元	0.70	0.42	66.7
	内资企业	亿元	30.10	23.50	28.1
规模以上企业		家	221	206	7.3
科学研究与试验发展（R&D）经费支出		万元	68 179	51 758	31.7
研究与试验发展（R&D）经费投入强度		%	2.08	1.76	18.2
合同外资金额		亿美元	0.437	–	–
外商实际投资		亿美元	2.00	3.70	-46.0
固定资产投资		亿元	282.00	256.02	10.1
年末从业人员		万人	5.43	4.92	10.4
万元GDP能耗		吨标煤/万元	2.24	1.57	42.7
水资源消耗总量		万立方米	6 569.42	6 514.16	0.8
单位国内生产总值取水量		立方米/万元	15.16	14.88	1.9
上市企业		家	3	3	0
区内建立的创新创业平台		个	8	6	33.3
区内职业教育学校		所	18	17	5.9

（长寿经济技术开发区管委会）

格尔木昆仑经济技术开发区

【概况】格尔木昆仑经济技术开发区（以下简称“昆仑开发区”）于1992年6月经省委、省政府批准成立。2006年4月，经国土资源部审核，面积由28平方公里调整为15.55平方公里。2012年10月，升级为国家级经济技术开发区，定名为格尔木昆仑经济技术开发区。2013年，根据省机构编制委员会《关于柴达木循环经济试验区管委会相关体制调整和机构编制调整的通知》(青编委发〔2013〕9号)和省政府《关于同意园区管理体制和运行机制创新工作实施意见及相关方案办法的批复》(青政函〔2013〕96号）精神，格尔木昆仑经济技术开发区管委会更名为柴达木循环经济试验区格尔木工业园管委会（仍保留昆仑经济技术开发区管委会牌子)，隶属柴达木循环经济试验区管委会管理，面积由原来的15.55平方公里调整为120平方公里，主要由45平方公里的昆仑重大产业基地和75平方公里的察尔汗重大产业基地组成。

【经济发展】2016年，昆仑开发区完成生产总值51.7亿元，固定资产投资91.1亿元，主营业务收入72.3亿元；完成地方公共财政预算收入38 417万元，同口径同比增长7.11%，充分发挥了拉动地方经济发展主力军的作用。

【产业发展】2016年，昆仑开发区按照“做实园区、增强活力”的工作要求，科学规划、合理布局，加大园区基础设施投入，强化“一企一策”和“一项一策”工作措施，开展“手拉手”入企活动，积极协助企业争取政策、资金支持，协调解决项目生产要素条件和企业产销问题，培育和发展了一批充满生机和活力的大中型企业。截至2016年年底，拥有注册企业366家，其中规模以上工业企业41家。全年实施42个重点项目，其中：青海盐湖镁业有限公司金属镁一体化公用工程、供热中心、选煤、焦化、纯碱等项目已经进入试生产阶段，生产基本稳定运行；钾碱、甲醇、DMTO、50万吨PVC装置投料试车成功，顺利产出合格产品；30万吨PVC、PP装置已完成中交和试车条件确认。盐湖工业股份有限公司钾肥挖潜扩能改造工程、昆仑山矿泉水有限公司2 160万箱矿泉水、青海恒信融锂业科技有限公司年产2万吨碳酸锂、青海华信锑锰科技有限公司年处理10万吨有色固废综合回收利用一体化等项目加快推进。

【科技创新】一方面，开发区依托国家级盐湖资源综合利用重点实验室、国家级盐湖资源综合利用工程技术研究中心、国家级盐化工产品监督检验等科研平台，加快推进科技研发服务平台和光热及能源综合利用平台建设，打造以企业为主体、产学研相结合、适应市场经济体制的技术创新体系，加快关键技术的研发，建立信息资源共享平台，进一步优化科技创新环境，降低创新创业成本，加速科研成果转化，推进科技资源的集成、开放、共享和利用。2016年，格尔木通汇管业有限公司共获得9项专利研发，青海盐湖佛照蓝科锂业股份有限公司、青海华信锑锰科技有限公司、格尔木源鑫堂生物科技有限公司等一批科技研发、技术升级改造项目取得突破性进展，完成科技投入1.76亿元。另一方面，为促进“大众创业、万众创新”，开发区积极探索创业孵化新机制、新模式，加快建设市场化、专业化、集成化、网络化众创空间，投资建设了格尔木工业园中小企业创业基地，完善了“苗圃 + 孵化 + 加速”孵化服务链条，为小微企业成长和个人创业提供开放式综合服务平台。同时，依托青海师范大学盐湖学院、格尔木光伏电站校企合作基地，进一步强化人才保障，为推进产、学、研发展奠定了良好基础。

【投资促进】2016年，昆仑开发区紧紧围绕产业集群发展战略，以各主体功能区和中小企业创业基地为载体，继续探索完善上门招商、以商招商、节会招商等方式，因地制宜建链、延链、补链，精心编制谋划重点项目、补链项目和配套项目，2016年共签约招商引资项目22个，签约金额135.1亿元，完成到位资金40.9亿元。其中：青海西豫有色金属有限公司年产10万吨铅综合回收及烟气深度治理、青海皓宇新能源投资有限公司太阳能集热加温工业用水、北京大德工贸有限公司10万吨大颗粒钾肥等15个项目开工建设；青海中浩能源化工有限公司深层煤炭地下气化、哈尔滨广瀚新能动力有限公司150MW弃光熔盐储能等6个项目正在开展前期工作。

【绿色集约】2016年，昆仑开发区一方面以绿色发展为目标，以产业生态化和社会生态化为重点，深入推进生态文明建设。紧紧围绕低碳工业园区试点工作任务和要求，引导企业淘汰消耗高、污染重的落后设备，切实提高资源综合利用水平，增强企业可持续发展能力。同时，加快推进格尔木工业园污水处理厂、金属镁园区污水处理厂、察尔汗工业园综合废水处理厂等环保基础设施项目建设，启动实施了格尔木工业项目废渣集中处置工程、重金属应急和在线监控体系建设、历史废渣安全清运处置等重金属污染防治项目。另一方面，昆仑开发区严格按照“控制总量、用好增量、盘活存量”的用地思路，加快推进《格尔木工业园土地利用总体规划》编制、土地集约利用评价及土地变更调查、数据库建立等工作，坚持集约用地、节约管地，合理确定用地结构，严格控制用地指标，加大土地利用监管力度，有效提高了园区土地利用率。

【智慧园区】2016年，昆仑开发区为帮助中小企业克服发展过程中面临的技术水平偏低、盈利能力不强、企业创新能力不足、技术人才短缺等缺乏竞争力的共性问题，园区积极搭建格尔木昆仑经济开发区化工产业集群“窗口”、格尔木市中小企业“窗口”等服务平台，累计投资254.74万元，先后开展了信息咨询、人才技能培训、法律维权等服务30余次，服务企业346家。同时，以全省统一中小企业公共服务平台网络为依托，发布、更新各类有关中小企业发展的文件和相关政策信息、技术信息、市场信息、人才信息50余篇，为加快中小企业发展奠定了良好基础。

【投融资服务】2016年，昆仑开发区积极协调落实金融支持稳增长、工业供给侧结构性改革政策措施，协调金融机构加大信贷投放力度，提高对中小微企业、新兴产业、传统产业技改和转型升级等的支持力度，帮助企业不减贷、不抽贷、不压贷。鼓励企业上市融资、发行企业债券和应收账款质押融资，拓宽企业融资渠道。加强政、银、企合作，推进融资对接活动，组织召开融资对接会和座谈会，积极搭建融资合作交流平台，共签订合作类协议23.9亿元，意向类协议60亿元。加强与金融机构的对接，与建设、浦发、邮储、兴业、农业及青海银行6家银行签订了160亿元的战略合作协议。

【体制机制创新】2016年，昆仑开发区按照高效、实用的原则，进一步理顺园区管理体制，建立健全工业园党工委、管委会与地方党委政府联席会议制度和重大项目分工负责制、重点工作目标责任制，加强彼此互动，突出各自优势，凝聚各方合力，形成优势互补、各有侧重，既职责明确、分工合理又融为一体、形成合力的工作格局。进一步优化园区内设机构和岗位设置，明确工作职能和岗位职责，健全园区管理职能，做到机构到位、职责到位、人员到位。继续推进全员聘用制工作，形成按岗聘用、以才用人的管人用人机制。健全完善园区目标考核责任制和绩效考核奖惩机制，及时分解各项指标和工作任务，有效确保了各项目标任务的完成。

【党的建设】 2016年，昆仑开发区及时组织召开基层党建工作会议，对党建工作进行安排部署，签订党建工作目标责任书，构建上下同心共抓党建的良好运行机制；认真落实党建工作责任制，完善基层党组织各项管理制度，抓好一线发展党员工作，进一步夯实推进“1+2+4”工作法，全力支持非公企业党建工作，切实增强基层党组织的创造力、凝聚力和战斗力；深入开展“两学一做”、思想大解放大讨论、万人讲党课等活动，创新活动载体、丰富活动内容，确保活动取得实实在在的效果。

【机构设置】 根据青海省人民政府《关于同意园区管理体制和运行机制创新工作实施意见及相关方案办法的批复》（青政函〔2013〕96号）精神和柴达木循环经济试验区管委会《关于进一步完善组织机构创新管理体制和运行机制工作的请示》（青柴管委〔2013〕25号）要求，格尔木工业园（昆仑经济技术开发区）2016年完成全员聘用管理的用人制度，设置工作岗位65个，内设党工委办公室、综合办公室、产业发展局、经济合作局、财政金融局、规划建设与事务管理局、环保与安监局、建设工程质量安全监督站、科技创业园9个职能部门；拥有青海格尔木工业园开发建设有限公司1家国有公司；设有市场监督管理（工商）分局、国税分局、地税分局3个派驻机构。

【领导名录】 中共海西州委常委、中共格尔木市委书记、中共格尔木工业园（昆仑经济技术开发区）工作委员会书记王勇；中共格尔木市委副书记、格尔木市人民政府市长、格尔木工业园（昆仑经济技术开发区）管理委员会主任吴天晓；格尔木工业园(昆仑经济技术开发区)管理委员会常务副主任朝红（任职至5月）、海吉忠（6月任职）；中共格尔木工业园（昆仑经济技术开发区）工作委员会副书记李积文；格尔木工业园（昆仑经济技术开发区）管理委员会副主任刘卫华、朱振炜。

（格尔木昆仑经济技术开发区管委会）

望城经济技术开发区

【经济发展】2016 年，望城经济技术开发区（以下简称“望城开发区”）以“打造千亿主导产业、进军全国百强园区”为奋斗目标，全力实施“产业强园”和“人才兴园”两大战略。全年完成规模工业总产值 900 亿元，同比增长 16.8%；完成规模工业增加值 230 亿元，同比增长 15.2%；完成固定资产投资 139.8 亿元，同比增长 42.1%；完成工业投资 128.3 亿元，同比增长 38.6%；实现财政总收入 36.4 亿元，同比增长 17%；固定资产投资、工业投资增速位列长沙市（以下简称“全市”）5 个国家级园区第一；规模工业总产值、规模工业增加值增速在全市 5 个国家级园区中排名第二。园区顺利通过国家知识产权试点园区验收，获批 ISO9001 国际管理体系认证，泰嘉新材料在深圳交易所成功上市，黄金创业园获批国家级科技企业孵化器，浩威特荣获中国创新创业大赛优胜奖。

【绿色集约】2016 年，望城开发区全面推行“三三制”的征拆模式，构建了片区指挥部统筹协调、街道负责实施、园区提供保障的责任体系，强化“一把尺子量到底”的政策刚性，制定了“签约清零、土地清表、项目清算、村组清交”的征拆标准，全年新铺排项目 26 个，征拆面积 7 000 亩（466.67 公顷），实现“四清”标准交地14个，腾地4 000余亩(约266.67公顷)；完成 21 个历史遗留项目扫尾清零，腾地 6 000 余亩（约 400 公顷），初步实现了从“项目等地”到“地等项目”质的飞跃。全年挂牌出让用地 23 宗，面积 1 868 亩（124.53 公顷），成交总额 13.8 亿元，集聚了新一轮发展的势能。

【投融资服务】2016 年，望城开发区抢抓国家稳增长的政策机遇，充分利用“AA”级平台票据融资优势，多渠道、全方位、高效率开展融资工作。获批国家农发行 18 年期 40 亿元政策性贷款，获批国家发改委 8 年期利率 3.75% 的 27 亿元企业债券，全年获批融资规模 113.4 亿元，到位资金 71.95 亿元，全面优化了园区的资产结构，为园区新一轮发展提供了坚实的资金保障。

【园区规划】2016 年，望城开发区全力实施“南拓西进”的空间发展规划，制定实施“四步走”扩园计划，西片区规划研究编制完成，南片区用地规划获市政府批准，新增 13 平方公里建设用地，初步实现了土地规划、城市规划、产业规划“三规合一”，为园区新一轮发展拓展空间。

【人才建设】2016 年，望城开发区大力实施“人才兴园”战略，面向 985、211 院校公开招聘了 18 名高学历、高素质专业人才，进一步充实了干部队伍。不拘一格选人才，大胆提拔 9 名中层骨干，激发了干事创业的活力。

【招商引资】2016 年，望城开发区举办三次招商引资重大项目集中签约仪式，共引进项目 49 个，总投资 336.9 亿元。其中，投资 50 亿元以上项目 2 个，投资 30 亿元以上项目 3 个，投资 10 亿元以上项目 7 个，投资 2 亿元以上项目 17 个；引进世界 500 强企业 4 家，上市公司、行业龙头企业 12 家。投资 50 亿元的中信戴卡南方智能制造产业园，建设年产 1 200 万只轮毂和年加工 4 万吨凯斯曼合金配件的生产基地，成为长沙智能制造示范性项目；投资 50 亿元的平安创新金融产业园汇集“平安好汽车、平安好食品、平安好药品、平安好运输”四大业态，打造线上与线下融合的O2O电子商务平台，成为长沙电子商务的标杆性项目。全年铺排社会性投资项目73个，总投资656.4亿元，2016年实现投资128.3亿元。旺旺乳饮、中粮可口可乐、恒飞电缆、湘江涂料、优美科富虹等17个项目建成投产，可释放产能315亿元。3万平方米的开利星空长沙国际汽车城、4万平方米的金桥未来城、6万平方米的金桥皮革城、20万平方米的金桥建材城、25万平方米的高星（钢铁）物流园市场二期和奥特莱斯美食街等一批商业项目次第开业，汇集了近千家商户，商贸集群发展初现规模。

【基础设施建设】2016年，望城开发区内纵贯园区东西、联通京珠复线的普瑞西路实现通车，省重点工程长益高速复线11月3日开工建设，长株潭城铁经开区段施工顺利，三环线和普瑞大道立交互通已获省市批准，正在进行施工图设计。

市政道路加快建设。航空西路、沿河路、红家坡东路竣工通车，望城大道、月亮岛西路、高塘岭路等8条道路开工建设，金星路、马桥河路、同心路等8条道路提质改造启动实施。全年实施市政道路项目17个，完成投资8亿元，新增、提质道路里程30余公里。基础配套不断完善。中粮可口可乐和金桥国际10千伏电力专线竣工送电，证通电子电力专线、110千伏桂芳变电站和4条万伏线路加快建设，龙正蒸气供气工程竣工投产，航空路北侧雨水管涵等9项管涵工程如期竣工，智慧园区启动建设，园区承载功能进一步提升。

【区域营销】2016年，望城开发区围绕宣传产业和服务企业，做实区域营销、精准区域宣传，湖南卫视、湖南经视、长沙新闻频道等电视媒体报道20余次，《中国经济时报》《湖南日报》《长沙晚报》等纸质媒体策划专栏专版34个；网易、腾讯、新浪、中新网、红网等网站刊载转载200余次，在望城电视台开辟《崛起的园区》专栏，全方位提升了园区的知名度和美誉度。

【机构设置和领导班子】2016年，望城开发区内设工会联合会、办公室、规划建设局、招商合作局、产业发展局、社会事务局、建设开发公司、财政分局、投（融）资管理办公室9个机构。领导班子成员为：望城区委副书记、开发区党工委书记张毅；党工委副书记、管委会主任吴皓；党工委委员、纪工委书记刘彪；党工委委员、总规划师李彦波；党工委委员李小平；管委会副主任杨智；党工委委员、管委会副主任浣望明(12月免职)、郑以仁、佘浩宇、姚罗光（12月任职）。

（望城经济技术开发区管委会）

金昌经济技术开发区

【经济发展】2016年，金昌经济技术开发区（以下简称“金昌开发区”）完成生产总值997 728万元，同比增长7.83%，占金昌市（以下简称“全市”）的48.01%；完成工业增加值617 205万元，同比增长6.64%，占全市的84.53%；实现销售收入14 007 005万元，同比增长2%，占全市的56.85%；主导产业产值6 986 664万元，占开发区的98%。完成固定资产投资591 735万元，同比增长7.6%，占全市固定资产投资的25.82%。完成基础设施投资43 467万元，同比增长7.8%；企业完成固定资产投资548 268万元，同比增长7%。2016年，金昌开发区财政收入103 028万元，同比增长7.2%，占全市地方财政收入的49.65%；税收总收入263 213万元，同比增长3%，占全市税收总收入的60.06%。

【产业发展】金昌开发区通过不断调整产业结构和优化产业布局，以有色金属原材料工业为主导的单一产业结构，逐步向有色金属深加工、化工循环经济、新能源及装备制造、新型建材等多元产业方向发展。特别是有色金属深加工产业发展速度较快，有色金属合金、高纯金属、粉体、盐类、电池材料及镍基印花镍网等新材料产业形成一定规模，产品种类达201种，其中32种工业产品获得省部级以上优质产品称号。有色金属及新材料产品市场占有率进一步提升，综合占有率达15%以上，形成了一批新材料成长型企业，促使金昌工业经济可持续发展。2016年战略性新兴产业实现生产总值24亿元，占开发区生产总值的24.1%，占全市生产总值的11.55%，已成为金昌经济社会发展最主要的新的增长点。

【科技创新】金昌开发区拥有国家级镍钴新材料工程技术研究中心、国家企业技术中心及6个省级工程技术研究中心、11个省级企业技术中心，建成甘肃有色冶金高等职业技术学院、2个博士后科研工作站、1个省级科技园、4个生产力促进中心。金昌科技企业孵化器已建成，正在启动运营中，标准化厂房建设也在加速推进。截至2016年，开发区现有高新技术企业9家，高新技术产业完成工业增加值24 116万元，同比增长8.99%；研发经费支出56 524万元，同比增长2.39%；技术贸易和技术服务收入30 991万元，同比增长3.2%。2016年新申请专利640件，获得授权451件，发明专利拥有量224件，每万人拥有发明专利4.76件。

【投资促进】2016年，金昌开发区新签约招商项目17项，投资总额140.18亿元；共实施招商引资项目37项，实际到位内资55.76亿元（无外资），同口径完成市下达目标任务的105%；新引进的北京神雾80万吨铜渣综合利用项目等建成投产，新增规模以上企业4家。2016年开发区进出口总额768 424万元，同比增长13.43%。其中，进口733 521万元，同比增长14.76%；出口34 903万元，同比下降8.77%。

【项目建设】2016年，金昌开发区新批项目22项，新建续建项目52项，已建成33项，在建19项，完成投资59.17亿元。其中，省列重大项目甘肃金川神雾资源综合利用技术有限公司金川弃渣综合利用一期工程铜尾矿综合利用项目已建成投产，市级重点建设项目甘肃“紫金云”大数据产业园项目一期工程、甘肃省有色金属新材料创新创业示范园科技孵化及检测中心项目、甘肃金川恒信30 000吨/年氯化聚乙烯等项目进展顺利。续建项目中，16万吨/年乙炔生产装置、高能辐照交联电缆项目等10个项目已建成；2万吨硼酸装置和年产20万吨硫酸镁装置、圆筒印花镍网四期等7个项目建设进展顺利。新开工项目中，金川集团机械制造有限公司风电塔筒堆场项目、金昌正旭工贸有限责任公司6 000t/a精制硫磺粉技术改造等23个项目已建成；金昌中圣基新材料有限责任公司3 000t/a有色金属功能性能超微粉体材料生产线等12个项目建设进展顺利。

【循环化改造】2016年，国家批复方案中实施园区循环化改造项目19项，其中产业链链接项目14项、公共基础服务类项目5项。共批复资金2.54亿元，实际到位资金5 595万元。110万吨/年铜冶炼炉渣选矿工程、白烟灰综合利用扩能技术改造等18项建成投产或投用，建成率为94%；开发区供水工程项目在建，预计2017年年底建成投用，循环化改造工程进度达95%；另外又实施了3万吨氯化聚乙烯、年处理80万吨铜弃渣还原生产27万吨铁团和1万多吨氧化锌等8个循环化改造项目，预计2017年发挥循环经济作用和效益。

【绿色集约】2016年，金昌开发区高度重视节能减排工作，万元工业增加值水耗、能耗、主要大气污染指标都有所降低。万元工业增加值用水量46.93立方米/万元，同比下降1.2%；万元工业增加值能耗1.39吨标煤/万元，同比下降4.5%；二氧化硫排放量8.3万吨，同比下降1.2%，氮氧化物排放量0.53万吨，同比下降3.6%，化学需氧量排放量1720.1吨，同比下降1.7%，氨氮排放量106.5吨，同比下降1.75%。严格执行《金昌经济技术开发区发展规划（2015—2020)》《金川工业园近期建设规划（2014—2020)》和《金川工业园高新技术片区控制性详细规划》等规划，按照功能定位布局项目，综合考虑不同产业、项目的特点、污染程度和城市主导方向等因素，依据土地利用集约化和产业集聚板块化的原则，按照“节约、集约、循环、生态”的发展理念，对批而不建的998亩(约66.5公顷)项目收回土地整合利用；对部分项目进行清理整合或搬迁，同时注重提高项目的土地投资强度、容积率和建筑密度，所有指标均高于国土资源部的基准指标。《金昌经济技术开发区土地集约利用评价工作报告》于2016年6月通过省级质量审查，经国土资源厅利用处同意上报中国土地勘测规划院。2016年开发区土地投资强度为197.84万元/亩(2967.6万元/公顷)，同比提高9.12%；土地税收产出率为8.8万元/亩（132万元/公顷)，同比下降4.86%。

【基础设施建设】2016年，金昌开发区共完成基础设施投资43 465万元，实施基础设施建设项目16项。新建项目中，开发区工业配水工程、开发区科技创新孵化厂房示范园区项目、开发区污水处理人工湿地生态工程等，已完成可研、环评、土地预审等前期工作。开发区2016年供热工程，计划新建热力站2座，敷设一级供热管网3.6千米，年内已完成立项及初步设计工作。

【体制机制创新】2016年，金昌开发区全面建立管理规范、功能完善、办事公开、监管有力、运行高效的政务服务体系，激发市场主体创业活力，积极推进“五证合一、一照一码”商事登记制度改革，为入区企业和项目提供优质、高效、规范的政务服务环境和体制机制保障。一站式服务中心受理各类审批及服务事项共1 100件，收件项目符合条件办结率100%，服务质量及服务效率有了明显提高。拓展服务领域，积极与金昌市中小企业公共服务平台开展协作配合，为开发区内企业提供资质认证、管理咨询、创业辅导、市场开拓、网上交易等全方位、社会化、专业化服务。深入实施贯彻创新、协调、绿色、开放、共享的发展理念，根据《全省开发区深化改革创新机制的指导意见》，研究制定了《关于促进金昌开发区深化改革创新机制的实施意见》。继续推进友好开发区间的合作，加强与浙江温州、浙江富阳开发区及武汉未来科技城的联系协作和友好合作关系，友好开发区互访、信息沟通、产业园区共建等工作正在深入推进。

【投融资服务】依托新成立的金昌开发区国有资产经营有限公司搭建开发区投融资平台，将金昌开发区范围内的未利用土地注入公司，以增加公司净资产。积极同中国建设银行就开发区污水处理厂项目开展项目贷款合作，已完成项目调查和资料上报工作。完成开发区基础设施资产注资工作，将开发区部分道路、管网等资产划转到投融资平台公司，开发区投融资平台公司2016年共注入公共设施资产总额账面面值为2 823.56万元；截至2016年12月底，投融资平台公司账面资产为33 888.98万元，同比增长16 815.19万元。

【机构设置与管委会领导】2016年，金昌开发区内设办公室、经济发展局、规划建设局、财政局、招商局、统计局、安全生产监督管理局7个副县级机构和开发区服务中心1个正科级机构；设立了正县级机构，即开发区国有资产经营管理有限公司。领导班子成员为：党工委书记、主任王福玉；党工委副书记、副主任王景明、柴世英；副主任白宗青。

（金昌经济技术开发区管委会）

嵩明杨林经济技术开发区

【经济发展】2016年，嵩明杨林经济技术开发区（以下简称“园区”）规模以上工业企业主营业务收入完成122.05亿元，工业总产值完成130.58亿元，规模以上企业轻重工业比为3∶7；规模以上工业增加值完成26.6亿元，同比增长6.8%；规模以上企业固定资产投资完成83.03亿元，同比增长30%；地方财政总收入46 659万元，其中，一般公共预算收入20 391万元，同比增长9.53%；金属制品业、橡胶和塑料制品业、食品饮料业、包装印刷业、新材料业、化学品业分别占规模以上工业总产值的28.09%、25.76%、17.18%、6.69%、4.77%、2.47%。

【招商引资】2016年，园区招商引资意向协议引进外资完成1.26亿美元，协议引进外资完成9 860万美元，实际利用外资完成2 728万美元，同比增长52%；意向协议引进内资完成398.65亿元；协议引进内资完成246.12亿元，实际到位内资完成76.68亿元，同比增长42%。新引进丰超亿食品、五星重工、协鑫分布式能源等11个项目，其中，世界500强企业3家，中国500强企业3家；亿元以上项目10个，昆明新能源汽车和东风云汽启动建设。

【转型升级】2016年，园区坚持做“减法”，友好协商项目退出，盘活、清理低效用地2 867.33亩（191.16公顷）；坚持做“加法”，加快产业聚集，引进企业226家，其中世界500强企业8家，中国500强企业11家，投产企业达168家，规模以上企业达84家，亿元以上投资企业达73家，新增“达规”企业8家，新增“达限”企业2家；坚持做“乘法”，加大自主创新力度，申报科技项目6项，新增国家高新技术企业4家，创新型企业3家，农产品深加工科技型企业2家，科技型中小企业1家，拥有市级以上名牌产品19个，市级以上著名商标14个；坚持做“除法”，扫除机制体制障碍，建立网上审批平台，公开权责清单，推进审批事项公开、透明办理。引导24家企业参与电力市场化交易，争取市级工业发展引导基金9 800万元，推进高深橡胶、金利马、德春钢构等12家企业转型升级，争取项目前期工作经费、项目扶持资金8 458万元，解决企业资金周转困难的问题。争取技改、扩产促销等扶持资金328万元，缓解企业资金周转压力。

【产城融合】2016年，园区构建工业新城骨架，推进以道路网、供排水网、能源网、物流网、互联网为主的“五网”建设，已建成园区道路24条，总计超过37公里；建成日处理污水2万立方米的污水处理厂1座，总容量1.5万立方米中水回用调节池3个；日供水3万立方米自来水厂2座；建成110千伏、35千伏变电站3座；建成排水管道约23.3公里，建成中水回用管道22公里。加大土地开发力度，实现“六通一平”的土地达3.64平方公里。推进项目建设，燕京啤酒二期等2个续建项目完工，普洛斯名永仓储、呈达玻璃等7个项目开工建设。优化生活配套，装备制造园1 377套公租房完成装修，棚户区改造工程开工建设3 000套，完成形象进度65%，实现投资4亿元。推进中信嘉丽泽二期项目建设，中心商务区沿街商业体投入使用。提升人居环境，将产业发展与城市发展同步安排，开展“四治三改一增”工作，美化、亮化、绿化园区环境。

【集群发展】2016年，园区东风云汽整体搬迁升级改造项目启动建设，昆明新能源汽车工程技术中心项目开工建设，实现了新的云南汽车梦。聚集配套产业，包装泰佳鑫、恒宸、金利马等标准厂房及中心商务区的开发建设项目招商。广田衡器、民族塑料、太平龙机械等一批汽车零部件配套企业入驻园区；新里程、昇兴等一批与食品饮料配套的包装企业投产达效。

【项目建设】2016年，园区31个重点项目完成年度投资25.9亿元，累计投资74.2亿元。燕京啤酒二期、杨林实业、中心商务区七号路等9个续建项目完工，闳凌机械智能健身器材、普洛斯名永仓储、呈达玻璃等项目开工建设，太平龙机械、中信嘉丽泽、东环路中段等15个项目正常推进。贵鼓风机、金比得太阳能等21个项目通过环保“三同时”验收，达产达效。

【要素保障】2016年，园区富集发展空间，高站位、高标准科学规划汽车产业园、铁路物流产业园，筹集4.26亿元，投资景观大道二期，商务区七号路、八号路以及东环路中段等道路建设，加强园区“零排放”配套设施建设，完善中水循环系统，推进“五网”建设，建成区面积达到9.8平方公里。富集土地要素，加大项目建设用地保障力度，全面推进土地节约集约利用，收储土地5 500亩（366.67公顷），拆迁396亩（26.4公顷），招拍挂供地28个项目1 563.15亩（104.21公顷），完成政府性基金预算收入50 875.53万元，占全县基金收入的70.96%。盘活、清理、回收低效用地2 237.3亩（149.15公顷）。富集资金要素，包装申报42个项目，向上争取专项发展资金8 070万元，同比增长2.67%。争取13.17亿元的政府性置换债务资金，置换36个到期或即将到期的纳入政府性债务系统的工程项目债务。富集技术要素，省质检院、省计量院、省标准化院、省特检院入驻经开区，为企业提供质量标准检验检测等优质服务。

【平台公司】园区不断提升云南泰佳鑫投资有限公司的融资能力、投资实力，力促资产转化为资本。2016年，公司资本金达2.29亿元，资产达116.57亿元，同比增长14.97%，所有者权益66.63亿元，同比下降0.5%；负债49.94亿元，同比增长45.05%；资产负债率为42.41%，同比增长8.45%；营业收入3.19亿元。创新方式，多渠道融资，2016年，公司向鑫桥联合租赁公司融资15亿元，是嵩明县首次单笔最大额度融资，也是西部地区首家县级平台公司在资本市场融资；争取政府性置换债务资金13.17亿元，置换36个工程项目债务，节约资金成本约1亿元；发行非公开公司债券，年度融资36.35亿元，同比增长350.99%。高效投资建好项目，历时100天建成沪昆高铁嵩明站站前广场及连接道路；加快推进装备制造园公租房建设，为水循环利用节水工程、整体城镇化开发、土地一级开发整理等项目提供资金保障。培优做强，提高公司资信等级，公司主体获评AA级。

【环境打造】2016年，园区全面落实生产、食品药品、消防、交通、森林防火等安全责任制，推进挂钩联系企业服务、监管制度，深化安全专项整治，督促企业整改隐患。加强宣传教育培训，组织66家企业开展安全生产标准化创建，建立安全生产网格化管理，实行全方位、立体化安全监控，有效遏制了安全事故的发生。打造优良营商环境，不断深化改革，推进“三张清单一张网”的实施，办理行政审批、政务服务事项409件，通过商务部国家级经开区年度综合发展水平评价考核。打造优良的园区环境，加强道路、雨污水管网、排洪、道路交通安全设施、路灯、绿化等市政基础设施的维护管理。

【生态建设】2016年，园区坚持绿色发展，建设生态园区。把好项目入园关，对拟入园的项目实行环保一票否决，坚决杜绝高能耗、高污染、低产出的项目入驻。落实环保法律法规，完成环评审批项目14个，环保“三同时”验收项目21个，环评执行率、“三同时”执行率达100%，工业固废处理利用率达90%以上。做好水环境治理工作，严格执行《云南省牛栏江保护条例》，坚守对龙河河道200米禁建区的红线要求。提高节能减排水平，实施水循环利用节水工程，实现中水的综合循环利用。实施天然气推广工程，铺设燃气管网约61公里，已投运约55公里，累计签约用户6 651户，建成云南省最大的车用压缩天然气(CNG)母站。

【党的建设】2016年，园区深入开展“两学一做”学习教育，举办党纪党规、党性教育、专题党课、警示教育等11期（班、次）。实施非公企业党组织覆盖提升行动，建立非公企业党组织47个，覆盖非公企业96家，覆盖率达100%，康师傅饮品（昆明）有限公司党支部成立嵩明县第一家台资企业党支部。抓好“五整治一整顿”工作，完成党组织换届10个。不断夯实阵地建设，投资100余万元新建经开区党群活动服务中心。加强党员队伍建设，培训入党积极分子20名，发展对象17名，发展预备党员16名，如期转正预备党员4名，实行党员积分制管理。创新沟通联系方式，推进电子党务工作，建立党务工作者QQ群、微信群。严格落实党风廉政建设“两个责任”和“1+7”制度，班子成员两次督促检查分管部门主体责任落实情况。落实执纪监督“四种形态”，实践运用“第一种形态”，加强干部日常监督，建立健全廉政谈话制度。

【机构设置和工管委领导】嵩明杨林经济技术开发区管委会共设两办五局三分局一所：党政综合办公室、征地拆迁安置办公室；经济发展局（招商局）、规划建设局、社会事务局、综合执法局、安全生产基地管理局；国土分局、环保分局、财政分局；市场监督管理所。杨林经开区党工委书记、管委会主任、滇中新区纪工委委员、县委书记杨相来；园区党工委副书记、纪工委书记李绍文；园区党工委委员、园区管委会专职副主任杨明和；园区管委会副主任李永山，园区管委会主任助理宁波。

2015—2016年嵩明杨林经济技术开发区主要经济综合指标一览表

项目		单位	2016年	2015年	增减（%）
开发区生产总值		亿元	88.03	80.48	9.38
第二产业		亿元	51.38	69.41	-25.98
工业		亿元	34.38	68.89	-50.09
第三产业		亿元	34.24	9.96	243.78
工业总产值（现价）		亿元	166.22	184.58	-9.95
高新技术企业		亿元	25.547	23.41	9.13
销售（营业）收入		亿元	176.34	190.97	-7.66
第二产业		亿元	158.10	159.79	-1.06
工业		亿元	129.44	157.96	-18.06
第三产业		亿元	18.23	31.18	-41.53
利润总额		亿元	6.01	14.73	-59.20
第二产业		亿元	6.04	14.14	-57.28
工业		亿元	4.74	13.98	-66.09
区内主导产业及产值					
主导产业	1. 装备制造业	亿元	47.24	45.81	3.12
	2. 食品饮料业	亿元	33.50	31.90	5.02
第三产业		亿元	18.23	31.18	-41.53
进出口总额		亿美元	2.005	1.980	1.26
出口		亿美元	1.074	1.056	1.70
财政收入		亿元	14.54	13.12	10.82

续表

项目		单位	2016年	2015年	增减（%）
税收收入		亿元	13.52	12.61	7.22
财政支出		亿元	14.54	13.12	10.82
新批企业数量		家	10	11	−9.09
外商及港澳台企业		家	0	1	−100.00
内资企业		家	10	10	0
区内世界500强企业		家	4	4	0
国家级高新技术企业		家	16	13	23.08
新批企业投资额	内资企业	亿元	22.10	20.00	10.50
规模以上企业		家	170	167	1.80
科学研究与试验发展（R&D）经费支出		万元	10 252	4 702	118.03
研究与试验发展（R&D）经费投入强度		%	0.797 9	0.353 5	125.71
合同外资金额		亿美元	5.05	5.04	0.20
外商实际投资		亿美元	2.055	2.051	0.20
固定资产投资		亿元	156.58	119.51	31.02
年末从业人员		万人	6.38	5.90	8.14
万元GDP能耗		吨标煤／万元	0.47	0.53	−11.32
水资源消耗总量		万立方米	647.95	549.35	17.95
单位国内生产总值取水量		立方米／万元	7.36	6.82	7.92
上市企业		家	5	4	25.00
区内建立的创新创业平台		个	2	2	0
区内职业教育学校		所	13	11	18.18

（嵩明杨林经济技术开发区管委会）

浒墅关经济技术开发区

【概况】苏州浒墅关经济技术开发区（以下简称“浒墅关经开区”）始建于1992年9月，2013年3月经国务院批准晋升为国家级经济技术开发区。开发区区域面积63.2平方公里，常住人口8万，流动人口9万。开发区交通便利，中环快速路，有轨2号线、地铁3号线、京杭大运河、沪宁铁路贯穿其间，毗邻苏南、虹桥和浦东国际机场，与苏州市区、上海乃至整个长三角连接紧密。区域内有国家级综保区和素有“江南要冲地、吴中活码头”的千年古镇浒墅关镇，区位优势明显，人文旅游资源丰富。开发区内拥有十里阳山、京杭运河、大白荡水域等真山真水自然资源和深厚的历史人文积淀，具有得天独厚的生态优势。

【经济发展】2016年，浒墅关经开区以高标准建设国家级开发区为总目标，大力推进“运河文化商贸区、现代工业集聚区、阳山生态旅游区”三大功能区协同发展定位。全年实现地区生产总值321.64亿元，同比增长32.67%；第二产业增加值244.76亿元，同比增长32.55%；第三产业增加值76.88亿元，同比增长33.06%；财政收入88.22亿元，同比增长145.94%；税收收入46.54亿元，同比增长32.90%；销售营业收入（“四上”企业）1 148.89亿元，同比增长37.82%；利润总额（“四上”企业）52.66亿元，同比增长30.48%；进出口总额153.5亿美元，同比增长219.99%；固定资产投资129.32亿元，同比增长31%。

【产业发展】2016年，浒墅关经开区实现工业总产值1 025.44亿元，同比增长28.24%；规模以上工业中的外商及港澳台企业2.39亿美元，内资企业54.27亿元，增资企业0.71亿美元，同比增长-14.95%、274.28%、545.45%；区内主导产业产值677.88亿元，同比增长2.75%，其中，区内主导产业为计算机、通讯和电子设备制造业、铁路、船舶、航天航空和其他运输设备制造、电子机械和器材制造业，主导产业产值分别为588.02亿元、48.12亿元、43.74亿元，同比增长2.16%、-8.36%、30.37%。新批企业800家、外商及港澳台企业17家、内资企业783家、区内世界500强企业7家、国家级高新技术企业93家，同比增加107.79%、70%、108.8%、16.67%、102.17%。同时，浒墅关经开区大力发展现代服务业，积极调高服务业在经济中的比重，完成规模以上服务业收入75亿元，实现规模以上服务业增加值11.06亿元。林泉里精品民宿、菖蒲茶庄、苏州乐园森林水世界、华美达酒店等一大批旅游项目相继开业运营，旅游项目全年实现主营业务收入近2 700万元，增长28%。万科、弘扬、旭辉等多个房地产项目建成且销售良好，有序推进文体中心、观山商业广场、秦馀广场、阳山敬老院三期项目等配套项目建设。

【科技创新】浒墅关经开区不断引导企业增强自主创新能力，2016年度完成PCT专利申请量19件、发明专利授权量245件、发明专利拥有量511件。区内建立创业创新平台2个，孵化器、众创空间2家，省级及以上研发机构50家，拥有省级及以上名牌产品的企业7家。硕士及以上学历的人才占比4.52%；具有高级职称的专业技术人才占比1.97%。同时，积极搭建平台，引导人才聚集，方林科技、宝馨科技、路伯润滑油3家企业建立了省级博士后创新实践基地，与西安交通大学签署合作协议，合作建立“苏州浒墅关经济技术开发区高校学生实习基地”，联合培养创新型人才。

【投资促进】2016年，浒墅关经开区积极拓展科技创新及产业集聚空间资源，以“创新驱动，产城融合”为导向，紧扣高新区科技产业发展，着力发展经开区计算机、通讯和电子设备制造业、铁路、船舶、航天航空和其他运输设备制造、电子机械和器材制造的主导产业。提升区域企业科技创新能力，大力引进高成长性科技企业，现有高新技术企业93家，科技创新能力进一步提升。

【绿色集约】2016年，浒墅关经开区管委会完成工业GDP能耗0.136吨标煤/万元，同比减少24.44%；完成工业水资源消耗总量1 278.48万立方米，同比增加66.42%；完成单位国内生产总值取水量6.15立方米/万元，同比增加25.51%。同时，经开区积极调整产业结构，加大“退二优二”力度，截至年底，共清退40家科技含量低、占用资源多、存在安全隐患的企业，腾出厂房面积20.52万平方米。在空间载体得到拓展的前提下，将清退的载体资源重新整合，使上华壹特（中国区总部）和飞迅特精密两家从事汽车零配件生产制造的企业成功落户，为浒墅关经开区汽车零配件产业扩大规模、提档升级起到了积极的助推作用。

【基础设施】2016年，浒墅关经开区加大统筹城乡发展力度，有序推进总投资108亿元的30个大项目，推进浒墅关经开区十大重点项目建设。全面完成金燕路道路改造、长浒大桥周边基础设施、运新路建设和太湖大道南侧高压线迁移入地等多项基础设施工程，虎暻路南段、藏北路延伸工程施工基本结束，阳山新城便民服务中心、高新区实验初中附小完成土建，森林公园防火通道、蓄水池工程项目和浒墅人家北区社区用房装修工程稳步推进。投入240万元进行应急防洪排涝工程建设，完成运河沿岸新建防洪墙段，并对老驳岸进行加高加固，对7条河道、河浜进行清淤疏通。

【政策发布】2016年，浒墅关经开区完善城市功能布局和发展定位，重点打造“运河文化商贸区、现代工业集聚区、生态旅游度假区”三大功能区，优化区域城市规划。有序推进浒墅关经开区28项重点、实事工程的建设，太湖大道南侧、金燕路改造完成，长浒大桥周边基础设施、阳山街道配套建设等项目稳步推进。

【社会事业】2016年，浒墅关经开区全年扶持城镇就业1 822人，职工基本医疗保险、城乡居民社会养老保险等政策不断完善，参保率达100%，被征地农民基本生活保障制度与职工基本养老保险制度实现衔接。医疗救助、城乡低保、农村五保供养标准提高，城乡最低生活保障制度全面落实。筹措各类救助资金673万元，救助困难群众100余人；全面落实“四个责任”，加强安全生产隐患排查整治。投入2 000多万元建设与公安系统联动的监控系统，提升了小区平安指数；继续开展“我们的节日”系列活动，为浒墅关经开区居民举办法制文化演出、元宵文艺演出、中秋节文艺汇演等多场文艺活动。积极开展“秦馀艺韵”文化大讲堂，每季度邀请苏州市文艺界专家来浒墅关经开区文联开讲相关文化艺术讲座，提升区域整体文化素养。落实居民收入倍增计划，实行“政经分离”，将近3亿元的农贸市场优质资产注入社区股份合作社及联社，组建专业化管理团队，实行实体化、市场化运作，实现自我造血功能。

【党的建设】2016年，浒墅关经开区扎实开展“两学一做”学习教育，认真组织学习党章党规和系列讲话，积极开展党员领导干部上党课、专题学习讨论、“三访三促”、走访慰问贫困党员和群众等活动，推动党内教育从“关键少数”向广大党员拓展，从集中性教育向经常性教育延伸。大力推动党建区域化整合，深化党建品牌群建设，强化基层党组织建设考核，稳步推进党员动态管理。严格落实党风廉政建设“两个责任”，细化分解落实主体责任，制定开发区党工委落实党风廉政建设主体责任清单、班子“一把手”和分管领导责任清单。开展落实党风廉政建设责任制专项督查，着重对重点领域、关键岗位和重要环节做好风险防控，规范经开区各项费用列支及审批报销等规定。

【机构设置与管委会领导】2016年，浒墅关经开区内设党政办公室、研究室、纪检监察审计室、经济发展局、财政局、国资办、招商局、规划建设局、服务业发展局9个职能部门；下辖阳山街道及13个社区、村（阳山花苑一社区、阳山花苑二社区、阳山花苑三社区、阳山花苑四社区、新鹿花苑社区、长江花园社区、理想城社区、文昌社区、南津社区、北津社区、南庄社区、阳山村、阳西村）。

领导班子成员为：苏州高新区党工委副书记、管委会主任、浒墅关经开区党工委书记、管委会主任周旭东；苏州高新区管委会副主任、浒墅关经开区党工委副书记、管委会副主任王牟；苏州高新区党工委委员、苏盐合作园区党工委书记蒋国良；浒墅关经开区党工委副书记、管委会副主任项兵、张军；浒墅关经开区党工委委员、管委会副主任王奇学、罗建华；浒墅关经开区党工委委员、管委会副主任、政法委书记、阳山街道党工委书记陈豪；浒墅关经开区党工委委员、管委会副主任、纪委书记蔡斌。

2015—2016年浒墅关经济技术开发区主要经济综合指标一览表

项目		单位	2016年	2015年	增减（%）
开发区生产总值		亿元	321.64	242.44	32.67
第二产业		亿元	244.76	184.66	32.55
工业		亿元	207.79	160.68	29.32
第三产业		亿元	76.88	57.78	33.06
工业总产值（现价）		亿元	1 025.44	799.64	28.24
高新技术企业		亿元	781.19	127.42	513.08
销售（营业）收入（“四上”企业）		亿元	1 148.89	833.61	37.82
第二产业		亿元	977.89	761.09	28.49
工业		亿元	877.10	668.33	31.24
第三产业		亿元	171.00	72.52	135.80
利润总额（“四上”企业）		亿元	52.66	40.36	30.48
第二产业		亿元	42.10	36.32	15.91
工业		亿元	40.36	34.64	16.51
区内主导产业及产值		亿元	679.88	661.66	2.75
主导产业	1. 计算机通讯和电子设备制造业	亿元	588.02	575.60	2.16
	2. 铁路、船舶、航天航空和其他运输设备制造业	亿元	48.12	52.51	−8.36
	3. 电子机械和器材制造业	亿元	43.74	33.55	30.37
第三产业		亿元	10.56	4.04	161.39
进出口总额		亿美元	153.50	47.97	219.99
出口		亿美元	103.50	24.27	326.45
财政收入		亿元	88.22	35.87	145.94
税收收入		亿元	46.54	35.02	32.90
财政支出		亿元	27.49	6.57	318.42
新批企业数量		家	800	385	107.79
外商及港澳台企业		家	17	10	70.00
内资企业		家	783	375	108.80
区内世界500强企业		家	7	6	16.67

续表

项目		单位	2016 年	2015 年	增减（%）
国家级高新技术企业		家	93	46	102.17
新批企业投资额	外商及港澳台企业	亿美元	2.39	2.81	−14.95
	内资企业	亿元	54.27	14.50	274.28
	增资企业	亿美元	0.71	0.11	545.45
规模以上企业		家	363	279	30.11
科学研究与试验发展（R&D）经费支出（“四上”企业）		万元	16.31	11.44	42.57
合同外资金额		亿美元	2.21	2.91	−24.05
外商实际投资		亿美元	1.45	3.07	−52.77
固定资产投资		亿元	129.32	98.72	31.00
年末从业人员（“四上”企业）		万人	9.38	7.42	26.42
万元 GDP 消耗（工业）		吨标煤 / 万元	0.136	0.180	−24.44
水资源消耗总量（工业）		万立方米	1278.48	768.22	66.42
单位国内生产总值取水量（工业）		立方米 / 万元	6.15	4.90	25.51
上市企业		家	6	3	100.00
区内建立的创新创业平台		个	2	2	0
区内职业教育学校		所	16	16	0

(浒墅关经济技术开发区管委会)

滁州经济技术开发区

【经济发展】2016年，滁州经济技术开发区（以下简称“滁州开发区”）全年实现地区生产总值194.2亿元，同比增长14.1%，占全市的比重为13.6%；第二产业增加值163.4亿元，同比增长15.8%，占GDP的84.1%；第三产业增加值30.5亿元，同比增长5.2%，占GDP的15.7%；财政收入34.14亿元，同比增长47.9%，占全市的比重为13.3%；财政支出12.85亿元，同比增长45.2%，占全市的比重为3.8%；税收收入32.1亿元，同比增长42.5%，占全市的比重为17.39%；企业经营收入837.95亿元，同比增长16.32%；进出口额8.27亿美元，同比增长30.2%，占全市的比重为35.4%；固定资产投资215.12亿元，同比增长20.2%，占全市的比重为12.7%；社会消费品零售总额21.55亿元，同比增长15.3%，占全市的比重为4.2%。

【产业发展】2016年，滁州开发区实现工业增加值129.68亿元。其中，规模以上工业增加值116.7亿元，同比增长20%，占全市的比重为18.2%；工业总产值620.15亿元，其中规模以上工业总产值558.14亿元，同比增长22.3%，占全市的比重为19.7%。规模以上工业中的外商及港澳台投资工业总产值212.5亿元，同比增长14.59%，占全市的比重为38.1%；内资工业总产值345.6亿元，同比增长27.6%，占全市的比重为61.9%。

2016年，开发区智能家电及电子信息、汽车及先进装备、绿色食品及农副产品深加工三大主导产业累计实现产值500亿元，同比增长23.1%，占全区规模工业产值的89.6%；三大主导产业累计实现主营业务收入490.2亿元，对工业增长的贡献率为92%；主要工业品电视、冰箱、饮料、汽车分别实现产值116.8亿元、58.7亿元、37.7亿元、97.4亿元，产量分别实现448.3万台、201.6万台、61.6万吨、9.3万辆，分别占国内市场的比重为2.56%、2.18%、0.33%、0.32%。

【服务业发展】2016年，滁州开发区第三产业涵盖交通运输、软件和信息技术服务业、租赁和商务服务业等七大行业，全年实现增加值30.55亿元，同比增长5.2%。全年纳入开发区统计的重点服务业及规模以上服务业共26家，全年实现营业收入30.8亿元，同比增长4.6%，营业利润3.9亿元，同比增长53%。就业人员平稳增长，服务业稳步发展有效促进了就业，2016年服务业从业人员达到3 710人，增长23.7%。随着企业经营状况和各项劳动用工保障制度的不断完善，从业人员劳动报酬显著上涨，待遇有明显提升。全年支付职工薪酬2.6亿元，同比增长8.8%。

【战略性新兴产业】2016年，滁州开发区大力引进新型基础应用材料、新能源汽车、智能制造等战略性新兴产业项目，构建以智能家电及电子信息、汽车及先进装备制造、绿色食品三大产业为主导，以战略性新兴产业为补充的现代产业体系，促进园区转型升级，打造新的经济增长点。全区现有战略性新兴产业企业共22家，涵盖智能家电、装备制造、新能源新材料等产业领域，拥有亿元以上的企业7家。其中，5亿元以上的企业4家。全年实现战略性新兴产业产值193.1亿元，增长23.6%。全力推进战略性新兴产业基地建设。2016年度，滁州智能家电产业集聚发展基地实现规模工业产值

411.1 亿元，同比增长 13.9%；实现税收 13.57 亿元，同比增长 4.4%；实现固定资产投资 65.4 亿元，同比增长 41%。

【科技创新】2016 年，滁州开发区签约引进量子点项目、白芯片项目、高端电子粘结材料、无机纳米渗透水处理膜等一批具有核心专利技术、处于国内外科学前沿的高科技项目入驻。白芯片、量子点、高端电子粘结材料等一批项目正在利用现有厂房进行孵化生产；确定了首期启动的工程技术研究中心及建设主体；明确了首期建设项目并基本完成规划设计。2016 年，园区高新技术企业 41 家，创新型企业 34 家，省级民营科技企业 52 家，省专精特新企业 15 家，市级以上知识产权优势企业 36 家。拥有市级以上研发平台 109 个，其中国家级 1 个、省级 48 个。院士工作站 2 个，博士后科研工作站 5 个。成立省产业技术创新战略联盟 2 个。获批省“特支计划”创新创业人才 4 人，省战略性新兴产业技术领军人才 36 人。年内申请专利达 2 000 余件，拥有有效专利 3 500 件，获批国家级重点新产品 3 件，省级高新技术产品 300 余件，其中 4 件发明专利获得省专利优秀奖，荣获省江淮杯工业设计大赛金奖 4 项、铜奖 1 项。获批安徽省知识产权示范园区。

【基地建设】2016 年，滁州开发区基地实现产值 411 亿元，同比增长 13.9%，总量位居安徽省战略性新兴产业基地第三位。加快中国食品产业基地建设。全年实现工业总产值 67.35 亿元；实现税收 7.29 亿元，同比增长 5.61%。截至 2016 年年底，滁州开发区已引进食品及关联企业 63 家，总投资逾 210 亿元，涵盖烘焙、功能饮料、糖果等系列产品。促进战略性新兴产业发展，年内实现战略性新兴产业产值 193 亿元，增长 23.6%。做大做强龙头骨干企业，2016 年，康佳电子、博西华、康佳同创、扬子空调、养元饮品、银鹭食品、立讯电子等 11 家企业产值超 10 亿元。康佳电子全年实现产值 116.8 亿元。

【投资促进】2016 年，滁州开发区新批外商投资企业 3 家，同比增长 200%，占全市的比重为 23%；合同外资金 1 512 万美元，同比增长 656%，占全市的比重为 8%；实际利用外资 3.01 亿美元，同比增长 8.06%，占全市的比重为 26.34%；增资项目 1 个，同比下降 66%，占全市的比重为 17%；投资总额为 880 万美元，同比下降 91.6%，占全市的比重为 16.9%。

全区实现进出口总额 8.25 亿美元，同比增长 30.2%，占全市的比重为 35.4%；出口额 4.7 亿美元，同比增长 6.76%，占全市的比重为 27.98%；进口额 3.55 亿美元，同比增长 86.06%，占全市的比重为 54.9%。区内主导产业机电产品进口 8 575 万美元，占全市的比重为 68.9%；区内主导产业机电产品出口 14 830 万美元，占全市的比重为 31.5%。开发区招商引资方面的最新政策，并对重点引进项目的举例说明由投资促进局负责。

截至 2016 年 12 月 31 日，全区企业新增登记 1 087 家，新增注册资本 98.67 亿元，个体工商户新增 1 041 家，新增注册资本 2.3 亿元，分别较上年同期增长 87.41% 和 61.64%，

【绿色集约】2016 年，滁州开发区加强污染源的监督检查，严格环境执法，开展了违法违规建设项目清理、环保法及四项配套办法执法检查、化工及危险废物专项检查、DOS 及 VOCs 专项检查、G20 峰会环境空气质量保障、辐射安全等专项检查活动进一步保障了园区环境安全。开展农村环境综合整治工作，加强农作物秸秆禁烧与综合利用工作力度，全年实现零火点目标任务，严抓环评审批建设项目，认真执行建设项目环境影响评价制和“三同时”制度，对新建、扩建项目实行跟踪管理，确保环保治理设施在项目建设中同时设计、同时施工、同时投入使用，做好环保设施的竣工验收工作，加强对企业进行检查监督，确保环保治理设施的正常运行。

【智慧园区】2016 年 5 月，国务院印发《关于建设大众创业万众创新示范基地的实施意见》（国办发〔2016〕35 号）文件，滁州开发区获批“滁州经开区智能制造双创示范基地”。中国电

信滁州分公司为本项目的主要承建部门，通过基础网络、云平台、智慧应用、对外展示四个层面的建设，旨在助力滁州开发区建设智慧园区，为家电和汽车制造、电子元器件生产研发、食品生产加工企业提供服务。基地建成后，能够降低园区生产加工企业及相关产业的生产运营和创新研发成本，帮助园区企业突破经营发展困难和规模发展瓶颈，带动产业链上下游中小微型创业企业发展，激发企业自主创新能力。

【投融资服务】2016 年，滁州开发区研究制定了《金融支持企业发展暂行办法》和《滁州经开区金融支持企业发展资金申报及审批流程》，积极开展金融支持企业工作，明确支持范围，规范审批流程。通过资金支持、担保、反担保等措施，帮助企业化解资金难题，解决燃眉之急。全年组织 20 多家企业进行申报，对企业开展前期调研和实施尽职调查，共完成对中小企业 5 000 万元金融资金的支持。落实《滁州经开区所属公司投资管理暂行办法》和《鼓励投资发展战略性新兴产业暂行办法》，结合园区企业资金需求及招商引进企业投资需求，通过成立产业引导基金，扶持创新企业发展。推进调转促 1 号和 2 号产业发展基金、杰事杰产业基金、智能家电产业发展基金的落实。摸排符合市本级天使投资基金申报条件的项目和企业，组织园区企业申报。积极推进所属公司市场化运作，创新融资机制，组建各类功能性公司，基本实现了以直接融资为主、间接融资为辅，金融产品、期限结构、债务规模较为合理的资金保障体系。

鼓励企业走进资本市场，制定了《滁州经开区关于鼓励和扶持企业利用多层次资本市场加快发展的暂行办法》及其补充通知，对于上市成功的企业、上市注册地在经开区的企业、融资资金再投入经开区建设的企业均给予不同程度的专项资金奖励。同时，积极鼓励上市或挂牌企业以及后备企业收购、兼并、重组其他企业，推动企业利用多层次资本市场做大做强，促进园区经济转型升级、加快发展。2016 年，开润股份在深圳证券交易所创业板成功挂牌上市，扬子地板、明瑞智能先后在“新三板”成功挂牌。目前园区有 1 家企业申请在深证交易所中小板挂牌，有 5 家企业开展了上市前期准备工作，上市 (挂牌) 的后备企业近 20 家。

【体制机制创新】2016 年，滁州开发区创新帮办机制，出台《滁州经开区招商引资项目推进暂行办法》《关于进一步加强和完善招商引资项目前期工作的通知》和《滁州经开区项目帮办工作实施办法（试行)》，将招商引资项目分为在谈项目、签约未开工项目、开工未投产项目，完善项目帮办机制，明确从招商、行政审批、要素保障等全部主办部门，细化工作责任和奖惩办法。具体工作体现在全员帮办项目、实行定期调度、建立虚拟团队、加强效能督查等方面。

优化帮办服务，建设服务型政府。成立专门的项目帮办服务机构——创业服务中心，配备 4 名工作人员，专门负责指导帮助项目开展前期工作，让企业不跑冤枉路，不做无用功。在市政务服务中心设立咨询台，明确专人领办代办，帮助项目以最短时间、最快速度完成各类行政事项审批。1—8 月共帮助 72 个项目和企业办理工商、公安、国地税、土地、规划、开户等各类审批手续 149 件。建立健全首问负责、一次性告知、并联办理、限时办理等制度，精心对接，精细安排，消除“中梗阻”，打通项目服务“最后一公里”。结合项目帮办工作实际，梳理前期工作流程，重新编制项目帮办服务指南，印发签约项目负责人，使其对项目待办事项一目了然、心中有数。

【党建工作】2016 年，滁州开发区单独组建党组织 16 家，较 2015 年新增 4 家，累计达 127 家，覆盖非公企业 192 家。新增省级“双强六好”2 家（科创、扬子地板），累计达 5 家，市级 3 家（科创、扬子地板、明瑞智能），累计达 12 家，区级 10 家，累计达 30 家。建立党务工作者信息库，整合经开区人力资源，从村社区遴选 30 名（累计达 42 名）具备丰富党务工作经验的党员，为非公企业党组织持续发展提供人才支撑。

【机构设置与管委会领导】2016年，滁州开发区下设纪工委、综合办、投资合作促进局、经济运行局、财政局、建设局、社会事务局、工会办事处、凤凰办事处、城北新区办事处。

领导班子成员为：党工委书记、管委会主任盛必龙；党工委副书记、管委会副主任王玉和、李晓春；党工委委员、纪工委书记，党工委委员、管委会副主任夏广北、陈乃邦、张永虎、唐雨、刘丽华；党工委委员、调研员张远；党工委委员、调研员、安监环保分局局长许林友；党工委委员、经济运行局局长孙宏；党工委委员、工会办事处主任罗永富。

（滁州经济技术开发区管委会）

宣城经济技术开发区

【经济发展】2016年，宣城经济技术开发区（以下简称“宣城开发区”）完成地区生产总值125.5亿元，增长10.1%，占宣城市地区生产总值的11.9%；完成第二产业增加值85.9亿元，增长10.3%，占开发区地区生产总值的68.4%，占宣城市第二产业增加值的17.1%；完成第三产业增加值39.5亿元，增长11.6%，占开发区地区生产总值的31.5%，占宣城市第三产业增加值的9.2%；完成财政收入18.3亿元，增长10.7%，占宣城市地方财政收入的13.1%；税收收入16.3亿元，增长7.6%，占宣城市税收收入的11.7%；规模以上工业企业主营业务收入241.5亿元，增长19.3%，占宣城市规模以上工业企业主营业务收入的13.5%；完成固定资产投资53.9亿元，增长22.5%，占宣城市固定资产投资的4%；完成进出口额3亿美元，增长10.5%，占宣城市进出口额的20%；实际利用外资20 847万美元，增长15%。

【产业发展】2016年，宣城开发区完成工业增加值85.9亿元，增长10.3%，占宣城市第二产业增加值的17.1%。其中，规模以上工业增加值57.4亿元，增长17.8%，占宣城市规模以上工业增加值的13.3%；完成工业总产值294.9亿元，增长6.3%，其中，规模以上工业总产值253.6亿元，增长8.9%，外商及港澳台商投资企业总产值22.9亿元，增长13.4%。

宣城开发区初步形成新能源新材料、汽车及零部件和农副食品加工业等主导产业。其中，以鑫鸿交通、中鼎精工、裕隆模具为代表的汽车及零部件产业产值共21.2亿元，增长3%，实现主营业务收入19.1亿元，增长4.5%；以卓越新材料、益佳通电池、天时新能源为代表的新能源新材料产业产值共13.2亿元，增长11.5%，实现主营业务收入12.8亿元，增长10.9%；以华卫饲料、华卫食品、优仕生物为代表的农副食品加工业产值共20.5亿元，增长15.6%，实现主营业务收入18.3亿元，增长16.2%。

【科技创新】宣城开发区围绕提升自主创新能力、提升产业竞争力的目标，不断建设创新型园区，科技创新体系更加完善。投资2.5亿元，建设科技园（孵化器）项目，建成标准化厂房25万平方米，累计入驻项目34个，投产运营26个，出租厂房近14.63万平方米。截至2016年年末，全区共有高新技术企业33家，国家级实验室1个、省级工程技术中心4个、院士工作站1个、博士后科研工作站1个、省级生产力促进中心2个、省级技术中心12个、省级众创空间2个、省级企业孵化器1个、市科技创业服务中心1个。设立“产业投资、产业投资引导、产业发展引导和天使投资”4项基金，聚焦创新驱动，扶持企业发展。培育发展“四新经济”，引进爱科机器人、九只鸭科技、日千亩农用无人机等创新团队14个，并给予共计4 700万元的资金扶持。2016年，开发区高新技术产业实现产值45.3亿元，同比增长70.3%。开发区申报专利181项，其中发明专利33项，实用新型专利119项，外观设计专利29项；授权专利147项，其中发明专利15项，实用新型专利103项，外观设计专利29项。

【投资促进】2016年以来，宣城开发区签约项目83个，战略性新兴产业项目29个、汽车零部件产业项目12个。新批外商投资项目2

个，合同外资金额36 215万美元，增长16.5%；实际利用外资20 847万美元，增长15%。中麟药械、金泓钢管、无人机研发、同鼎饲料、金橙锂电、誉球食品、光学膜、农用直升无人机、鹰峰电子、环保尼龙高分子材料及衍生产品等多个项目成功落户开发区。围绕打造锂电池产业链，先后引进泰宇锂电、兴锂新能源、天时新能源、卓越新材料、益佳通锂电池、金橙锂电池、华威铜箔等一批新能源新材料项目，尤其是总投资22亿元的华威高端动力汽车柔性铜箔生产基地项目的成功落户实现了开发区2016年招商引资工作的重大突破。以锂电池为主导的新能源新材料产业集群效应初显，被列为市级战略性新兴产业集聚发展基地。为加快促进新能源新材料产业集聚，扎实推进定制厂房招商，为益佳通电池和卓越新材料两个龙头项目量身定制工业厂房近12万平方米。2016年，全区进出口总额为30 331万美元，占宣城市进出口额的20%。其中，出口额24 398万美元，下降25%；进口额5 933万美元，增长325%。

【绿色集约】2016年，宣城开发区共完成闲置低效土地处置16宗1 153亩（约76.9公顷），其中以收回方式处置的龙生机床、市政公司、建投公司等共计12宗871亩（58.07公顷），盘活星亚车业、宣竹纤维2宗224亩（14.93公顷），解除出让合同方式处置2宗58亩（约3.9公顷）。提高土地供给力度，2016年累计供地27宗1 752亩（116.80公顷），其中工业用地10宗436亩(29.07公顷)，划拨供地6宗395亩(26.33公顷)，委托出让经营性用地11宗921亩（61.4公顷）。

加大环境整治力度，主要污染物排放较2015年度大幅度下降。鑫鸿交通工业(安徽)有限公司、福元药业股份有限公司等47家涉水企业废水均纳管进入了污水处理厂进行集中处理，同时对污水处理厂尾水排放标准进行提标，尾水排放标准由《城镇污水处理厂污染物排放标准》（GB18918-2002）表1一级B标准提高到《城镇污水处理厂污染物排放标准》（GB18918-2002）表1一级A标准。结合重点行业开展清洁生产改造工作，安徽宣酒集团股份有限公司等重点企业实施了废水深度治理，提高了废水回用率，实现2016年度COD、氨氮排放量较2015年度有所下降。福元药业股份有限公司等15家工业企业于2016年进行燃煤锅炉改造，淘汰燃煤锅炉18台，共计61蒸吨，替换成天然气锅炉。结合国家落后产能淘汰工作，2016年6月淘汰了宣城市全鑫化工有限公司年产6万吨硫酸生产线，仅淘汰该条生产线就使二氧化硫排放量较2015年减少102.6吨。

【投融资服务】2016年，宣城开发区大力扶持企业上市。一是实现“新三板”挂牌零的突破。2016年1月，安徽生信铝业股份有限公司在全国中小企业股份转让系统（即“新三板”）正式挂牌，成为全市本级第一家挂牌“新三板”的企业；2月，宣燃天然气在“新三板”挂牌；8月，福元药业（原新和成药业）在“新三板”挂牌。二是加大企业上市奖励力度。严格执行《促进企业上市（挂牌）融资暂行办法》，2016年迅速兑现了生信铝业、宣燃股份和福元药业的上市奖励资金及税收补助共计392万元。三是加快推进优质企业上市进程和后备上市企业资源库的储备。对符合上市条件的优质企业和后备企业进行“一对一”指导帮扶，解决企业上市过程中遇到的实际困难。

做好政、银、企对接工作。一是摸清企业融资需求。深入一线，积极走访企业，了解企业生产经营情况和资金需求。向企业经营管理者宣传相关融资政策和最新融资产品。二是联络整合金融资源。与全市主要银行、券商、担保公司建立良好的合作关系，及时了解金融机构的融资产品和政策并提供给有需求的企业，进行形式多样的银企对接活动，促进银企间的交流合作。

设立产业投资基金。根据宣城市政府的要求，出台《宣城经济技术开发区产业投资基金管理暂行办法》，对符合条件的区内企业予以股权投资。产业基金对中鼎动力的1亿元股权投资已经到位，对生信铝业的1 200万元股权投资等市工投公司投资到位后跟投。根据上述管理办法规定，开发区建投公司和开达建投公司与安徽国厚投资管理有限公司合伙成立“宣城通达创投产业发展基金（有限合伙）”。发行小微企业增信集合债券。开发区建投公司以4.29%的票面年利率成功发行3亿元小微债支持区内符合条件的小微企业，出台《开发区建投公司小微企业增信集合债支持企业发展管理办法》。

【机构设置和管委会领导】2016年，宣城开发区下设机构有党政办公室、党群工作部、纪检监察审计室、财政局、建设局、经济发展局、社会发展局、征地拆迁安置办公室、投资服务中心、市科技创业服务中心、金融服务中心、招投标中心。

开发区领导班子成员为：副市长、党工委书记、管委会主任牛传勇；党工委委员、管委会副主任李军、张旗会、姚正东；党工委委员、纪工委书记谢彬；党工委委员、系统工会主席余红；党工委委员、人民武装部部长孙朝晖；副调研员包晓明。

（宣城经济技术开发区管委会）

桐城经济技术开发区

【经济发展】2016年，桐城经济技术开发区(以下简称“桐城开发区”)实现地区生产总值（GDP）134.1亿元，同比增长11.3%，占全市的54%；第二产业增加值102.7亿元，占地区生产总值的76.58%；第三产业增加值28.4亿元，占地区生产总值的21.18%。实现公共财政预算收入8.88亿元，同比增长22.48%，占全市的36.69%；公共财政预算支出完成5.1亿元，同比增幅58.4%，占全市的13.21%；税收收入10.25亿元，同比增长41.4%；完成固定资产投资73.3亿元，同比增长7%，占全市的24.75%；“四上”企业主营业务收入297.6亿元，同比增长11.5%；完成外贸进出口总额2亿美元，同比下降9.3%，占全市的95%。

【产业发展】2016年，桐城开发区完成工业总产值334.3亿元，同比增幅22.23%。其中，规模以上工业总产值284.12亿元，同比增幅13.75%；外商及港澳台商投资企业工业总产值8.7亿元，同比增幅13.87%；内资企业工业总产值275.42亿元，同比增幅13.74%。主导产业情况为：节能环保产业，2016年产值91.8亿元，同比增长15%，占园区规模以上企业工业总产值的32.3%；智能制造产业，2016年产值54.9亿元，同比增长13.9%，占园区规模以上工业总产值的19.3%；新材料产业，2016年产值45.7亿元，增幅23%，占园区规模以上工业总产值的16.1%。服务业情况为：大力发展现代服务业，飞腾国际物流园成功获批“省现代服务业集聚区”，积极争创安徽物流第一股和5A级物流园；区内电子商务产业园和海峡创业孵化器正在争取国家级众创空间和孵化器，其中电子商务产业园被认定为安徽省青年创业园创建单位、“徽姑娘”电子商务创业创新示范基地；安庆市电子商务示范园区、桐城市青年电子商务创业基地、桐城市电子商务培训基地等。2016年被安徽省经信委认定为安徽省小微企业创业基地，被安徽省商务厅认定为安徽省电子商务示范园区。积极申报安徽省青年创业园，梧桐国际、天红两家城市综合体正式投入使用。截至2016年，全区战略性新兴产业企业共43家，完成工业总产值94.8亿元，同比增长19.1%。其中，高新技术企业战略性新兴产业领域有高新技术企业10家、产学研示范企业2家、省级企业技术中心5个、博士后科研工作站1个；拥有中国驰名商标5个、安徽省著名商标18个、专利近150项。

【科技创新】2016年，桐城开发区中建材3项新产品填补世界空白；盛运环保集团成功借助“一带一路”平台走向国外，并一举签下33.8亿美元的意向订单；汇通公司生产的推力杆占据全国客车市场85%的份额；白兔湖动力等多家汽车零部件企业正在推动生产线自动化、信息化和智能化改造；金科等多家包装企业推动净化车间改造；5家企业成功“腾笼换鸟”，高新技术企业已达17家，全年实现工业总产值75.35亿元，占全区规模以上工业总产值的22.54%。全年发明专利申请量已过500件。“新三板”挂牌企业增至5家，金田集团已将总部迁至桐城，且成功引入“壹号基金”；区内战略性新兴产业企业已占全区规模以上企业的1/3。阿里巴巴桐城产业带、原材料线下线上一体化采购平台运营有序。

【投资促进】2016年，桐城开发区引进战略性新兴产业项目12个；突出以企引商，紧盯产业链高端和行业领军企业，主动与央企、国企对接洽谈，呈现良好发展态势。已有11家企业与央企成功对接，其中，鸿润与中青旅集团、新瑞重工与中建科技集团、养和与中核、中建材与卓良、健源与中国医药等7个项目已正式签约。设立中小企业暖企发展基金，为项目落地提供融资支持；围绕“三园四基地”建设，启动双创产业园A区和智能制造产业园建设，打造承接平台。目前，晨讯机器人、鑫美芝液晶显示模组、丽晶蓝宝石、东勤摄像头马达、中韩净化器等项目成功落地。

【投融资服务】2016年，桐城开发区艾瑞德、中节节能、金亿公司在“新三板”成功挂牌；绿福科技申请在全国中小企业股份转让系统挂牌获得受理；大胜驾校在上海Q板挂牌；“壹号基金”成功入驻金田集团。与徽商银行合作成立“中小企业暖企基金”，兑现各项企业扶持资金4 406万元，通过银行委贷、股权投资、暖企基金等方式为企业提供了2.35亿元的资金支持。

【体制机制创新】2016年，桐城开发区全面推动印刷包装、机械电子、食品医药、家纺服装四大传统产业的改造提升，智能制造、节能环保、新材料三大战略性新兴产业培育壮大，以及现代服务业快速发展。着手建立以产业链为纽带、以市场为中介、以效益为中心、以大企业带动小企业、小企业支撑大企业的创新组织体系。国家高分子材料质检中心已获批全国中小企业公共服务平台，海峡科技和淘博网络已获批省级孵化器和众创空间。园区成功获批“省新型工业产业化示范基地”和“省知识产权示范园区”。创新干部人事管理制度，探索试行将社会事务等职能下放至龙腾办事处，整合三大国有公司，在投融资、基础设施建设等方面进行改革创新，目前，国有公司已成立并投入运营。

【基础设施建设】2016年，桐城开发区加大了用地规划，完善了路网、管网、绿化、亮化等工程建设。挂牌工业用地798.22亩（约53.21公顷），完成划拨用地570.55亩（约38公顷）；交付使用桃园安置小区16.9万平方米，续建安置小区13.9万平方米，新开工安置小区19.3万平方米；完成区内绿化5.5万平方米，道路亮化10公里，新开工路网2.5公里；完成低压杆改线4.5千米，自来水管网改造2千米。

【党建工作】2016年，桐城开发区新增单独组建非公企业党支部15个，联合组建党支部3个，发展党员25名。完成了25个基层党组织的换届工作，核查补缴2008—2015年度党费37 024元。组织选派59名机关干部，对区内36家重点项目企业实行驻企服务，选派27名党建指导员，对全区59家非公企业党支部进行党建指导。

【机构设置与管委会领导】2016年，桐城开发区下设办公室、党群部、财政局、经济发展局、招商局、建设局、综合执法局、工会、房屋征收管理办、投资服务中心、国土分局、国税分局、地税分局、公安分局、市场监管所、安监分局、环保分局17个机构。领导班子成员为：桐城市委常委、党工委书记、管委会主任桂鹏；党工委副书记赵斌；党工委委员、管委会副主任殷本胜、吴新宇、徐佳；党工委委员、纪工委副书记金明；党工委委员、公安分局局长胡祥志。

（桐城经济技术开发区管委会）

安庆经济技术开发区

【经济发展】2016 年，安庆经济技术开发区（以下简称“安庆经开区”）全区企业 3 626 家，经营总收入 1 011.6 亿元，主导产业经营收入 530.85 亿元，固定资产投资 156.56 亿元。第二产业增加值 215.22 亿元，其中工业增加值 204.84 亿元，规模以上工业增加值 182.26 亿元；第三产业增加值 99.52 亿元。入园工业企业 346 家，工业总产值 640.16 亿元；入园规模以上工业企业 89 家，规模以上工业总产值 639.67 亿元，规模以上工业企业经营收入 633.88 亿元；规模以上服务业企业 14 家，高新技术企业 33 家。全区从业人员 84 829 人，其中工业企业从业人员 43 768 人，规模以上服务业企业从业人员 1 034 人。

【产业发展】2016 年，安庆经开区实现地区生产总值 320.93 亿元；全社会固定资产投资累计完成 156.56 亿元；引进省外项目 14 个，其中 10 亿元以上的重大项目 1 个，实际到位资金 79.39 亿元；完成财政收入 206 119 万元；新开工项目 10 个，新投产项目 8 个。

安庆经开区着力产业结构升级，构建产业新体系。规划打造千亿元级新能源汽车产业新城，江淮新能源汽车生产基地整车下线，投资 45 亿元年产 20 万台新能源汽车项目将于 2017 年 7 月开工建设，并配套建设新能源汽车研究院和零部件配套产业园。年产 20 万辆河北跃迪新能源汽车项目筹建开工；同时，依托富士康科技、中航、中船等现有产业基础，积极发展智能装备制造产业。环新集团海外并购项目实质性推进，富士康研发中心已建成，与软银赛富合作的汽车零部件产业园一期项目已投产，润晶蓝宝石长晶项目一期已投产，二期正在加快推进。

【科技创新】2016 年，安庆经开区大力推进科技创新。

一是通过强化产业链条、扶持重大项目、支持科技研发等措施，支持传统制造业通过技术改造向中高端迈进。设立产业发展基金，每年安排 1 亿～ 2 亿元专项资金，重点支持工业企业引进科技人才、研发新产品、引入高端设备等。给予富士康鸿庆精机科技创新团队建设及 450 吨全电注塑机、五轴车铣复合加工机、高精密伺服马达等产品研发 2 500 万元的扶持资金。提供 9 亿元担保，支持环新集团并购德国斯必科项目。

二是通过引进新能源汽车、高端装备制造、新材料、节能环保等产业项目，大力培育战略性新兴产业。先后引进了世界 500 强企业富士康、江淮汽车、赛富基金、厦门润晶光电、跃迪新能源汽车等入区投资兴业。

三是建设高新技术中小企业孵化中心，引进发展研发设计、科技咨询、知识产权服务、人力资源服务等生产性服务业；实施安庆（皖西南）保税物流中心（B 型）项目，提高对外开放水平。

【投资促进】2016 年，安庆经开区坚持“一手抓存量提升、一手抓增量带动”，利用外资的规模和质量均有较大幅度提升，重大外资项目招商引资工作取得了明显成效。1—12 月累计实际利用境外资金 3 340 万美元，同比下降 14%，共审批、备案 21 个外资项目。其中，增资项目 4 个——安庆雅德帝伯活塞有限公司增资 800 万美元，安徽鸿庆精机有限公司增资 800 万美元，安庆谢德尔汽车零部件有限公司增资 218 万美元，预计 12 月环新集团辉门公司增资 771 万美元。

【绿色集约】2016年，安庆经开区建立污染整治新机制，根据《安庆市人民政府关于印发安庆市大气污染综合整治工作方案的通知》（宜政发〔2016〕7号）和《安庆市人民政府关于印发安庆市大气污染防治问题整改清单的通知》（宜政秘〔2016〕82号）的具体要求，对照安庆经开区职责，严格按照文件精神对辖区内存在的大气污染问题进行整治。区内52家夜市排档已全部安装油烟净化设备，所有露天烧烤全部取缔。对于扬尘治理工作，纳入常态化管理。为防止整治效果反弹，研究制定长效监管机制。2016年9月开始，按照市大气办要求实施大气污染防治月，更新月督查、月报告制度。

【土地节约集约】依据《安庆经济技术开发区土地集约利用评价技术报告》，安庆经开区已建成面积1 107.807 7公顷，土地开发利用率为87.09%。其中，已建成面积包括住宅用地226.925 9公顷，工矿仓储用地527.23公顷，交通运输用地173.021公顷，商服用地76.328 9公顷，公共管理与公共服务用地104.301 9公顷；不可建设用地包括河湖及其蓄滞洪区土地10.231 7公顷，高压线走廊39.709 5公顷。

从土地利用状况来看，主区土地利用程度较高，土地利用结构合理，符合土地集约利用的发展要求，在符合国家产业转移及相关政策背景下，可适当地扩大开发区的范围，以便满足企业的用地需求。

【投融资服务】2016年，安庆经开区获批国家农发行“两区共建”项目全国第一单，总授信金额100亿元，首期授信30亿元。融资金额51.4亿元（其中直接融资38亿元），融资平台公司获得联合资信2A主体评级。2016年1—10月，开发区实际到位资金上报76.36亿元，利用外资3 190万美元；签约亿元以上项目14个，其中战略性新兴产业项目7个。截至2016年，在谈亿元以上项目20个，签约亿元以上工业项目10个，总投资68.6亿元。2016年8月8日，签约跃迪集团年产20万辆新能源纯电动汽车项目，占地面积1 500亩（100公顷），项目总投资45亿元，达产后可实现年产值300亿元，年利润10亿元；9月与浙江飞舟车业有限公司签订了总投资约3.5亿元的关于汽车球笼零部件生产建设项目的投资合作协议；签订了项目总投资约3亿元的关于智能配变电设备生产项目的投资合作协议。

【体制机制创新】2016年，安庆经开区全面推进体制机制创新。一是创新行政审批机制。目前正在申请省级相对集中行政许可权改革试点，拟在现有投资服务中心的基础上，按照“编随事走、人随编走”的原则，组建行政审批局，整合市直和管委会内设机构行政审批职能，实行“一个印章管审批”。二是创新管理激励机制。坚持以事择人、按岗选人，人员实行七级雇员制，分别对应公务员序列的副厅级到办事员，原身份“封存管理”、保留“还原通道”，薪酬标准按照对应级别年度总收入的两倍核定。三是创新人才引进机制。制定人才引进激励办法，拓宽高端管理人才、专业技术人才引进渠道。设立人才发展专项基金，促进人才集聚，鼓励创新创业。同时，分别委托5家国内顶级咨询公司，对建区20多年来的开发区进行全方位诊断，分别从不同角度作出规划：中和正道，主要解决体制机制问题；赛迪顾问，研究开发区产业特别是产业落地；含元资本，产业与金融结合，用若干只基金撬动产业落户园区；新加坡工业园中衡，按规划先行、基础设施先行、生产服务配套先行（保税区、港口、会展中心）、生活服务配套先行（医院、学校、人才公寓、特色小镇）、绿色生态先行等，提升优化空间布局，建成为安庆产城融合的最高端区域。

【国际合作】2016年，安庆经开区为实现合作共赢，推动园区转型升级，积极探索多样化、多元化合作的共建管理模式，与其他国家级开发区合作共建的园区达16个，其中省内9个，省外7个。为进一步深化共建园多领域、多层次的合作，拓展合作共建的深度和广度，已与合作园区建立学习交流机制、信息共享机制、项目对接机制、创新协作机制等。

（安庆经济技术开发区管委会）

池州经济技术开发区

【概况】池州经济技术开发区(以下简称“池州经开区”)是1995年12月省政府批准的省级开发区，2011年6月经国务院批准升级为国家级经济技术开发区。区内拥有长江岸线20多公里，建有国家一类开放口岸——长江池州港，常年可停靠万吨级船舶。池州经开区是国家低碳工业试点园区、全国百佳科学发展示范区、安徽省半导体产业集聚发展基地、安徽省优秀电子信息产业基地、安徽省新型工业化产业基地、安徽省小微企业创业基地。

【经济发展】2016年，池州经开区（含托管区）实现地区生产总值127.2亿元，可比价增长8.6%。其中，第二产业增加值88亿元，可比价增长9.2%，占GDP的69.2%；第三产业增加值39.1亿元，可比价增长7.5%，占GDP的30.8%；完成财政收入24.5亿元，增长6%，其中税收收入22亿元，增长2%；园区“四上”企业营业收入411亿元，增长9.6%；进出口总额4.5亿美元，增长15%；固定资产投资105.8亿元，增长10%。

【产业发展】池州经开区已逐步形成以电子信息产业为龙头，以装备制造和现代服务业为支撑，带动新能源、新材料和传统产业改造升级的特色产业体系。2016年工业总产值达309亿元，增长8.5%。其中，规模工业产值278亿元，增长8.4%；工业增加值72.3亿元，增长9.3%。

在电子信息产业方面，以“芯”制造为核心，延伸和拓展产业链条，形成以4.5万吨电子铜箔、1 000万片4～6寸晶圆和芯片制造、1 000亿颗集成电路封装测试、晶圆再制造、IC设计、ITO导电玻璃膜及电子触摸屏、LED应用传感器等电子元器件、云计算及物联网等较为完整产业链的产业集群。2016年，经开区成功入选安徽省第二批战略性新兴产业集聚发展基地，荣获安徽省优秀电子信息产业基地称号。2016年电子信息产业实现总产值46亿元，同比增长20%，占全部工业总产值的15%。在高端装备制备业方面，全力做大汽车发动机及零部件、机电设备、专用设备(数控)、半导体及LCD设备、工程机械和农业机械等产业板块，形成以中恒天福泰动力40万台发动机、旭豪工业缝纫机、赛威农用机械、均益金属设备制造、伟舜机电、荣创芯科、三雕起重等项目为龙头的产业集群。2016年高端装备制造产业实现总产值92.7亿元，同比增长7%，占全部工业总产值的30%。在现代服务业方面，重点发展现代物流、工业设计、电子商务、金融服务等新兴业态，形成以中国诚通集团、广东物资集团、香港远航集团现代物流基地、京师方圆环境监测、智慧产业研究院等工业设计、金融基金小镇等项目为代表的产业集群。2016年服务业实现销售总收入85亿元，同比增长11%，占全区销售收入的20.1%。

【科技创新】池州经开区大力实施创新驱动发展战略，截至2016年年底，累计授权专利1 650余件，其中授权发明专利180件；认定高新技术企业26家，约占全市的1/3。认定高新技术产品88个，其中国家级重点新产品2个。建成省级以上研发机构24家、省级工业设计中心2家、博士后工作站2个，国家或行业标准制订企业5家。引进培育省“115”产业创新团队3个、国家“万人计划”人才1人、省战略性新兴产业技术领军人才8人。安芯电子汽车电子芯片研发达到国内先进水平，填补了省内GPP芯片市场空白；铜冠铜箔新型锂电池用电子铜箔项目荣获省科学技术奖一等奖；与上海道洲信息科技有限公司合作，积极建设国家级科技企业孵化器，为入驻企业提供人才培养、科技成果转化、专利代理、战略咨询等全方位服务。安徽省智慧产业技术创新联盟、智慧产业研究院、半导体封测产业技术创新联盟、池州半导体协会在经开区成立。2016年高新技术产业产值151.1亿元、战略性新兴产业产值63.4亿元，分别占规模工业总产值的46.7%、21.4%。

【投资促进】池州经开区利用国家级经开区和省级战略性新兴产业产业基地平台，申报保税物流中心（B型)，复制自贸区的相关成功经验，积极开展与半导体产业相对应的重点区域（我国台湾地区及韩国、美国等）合作，吸引行业龙头企业来区考察落户。安徽铜冠有色金属公用型保税仓库获合肥海关批准并投入运行，成为继池州开发区公用型保税仓库、菲力克公用型保税仓库之后池州市第三家公用型保税仓库。2016年新批外商投资项目2个，合同外资金额14106万美元，增长8%，实际利用外资14106万美元，增长8%。全区进出口额4.5亿美元，其中进口额36659万美元，增长20%，出口额8488万美元，下降1.7%。

【绿色集约】2016年，池州经开区突出节能改造和循环利用重大项目支撑功能，运用大数据、云计算、物联网等新技术，推动传统工业改造升级。开展“9+1”城乡环境综合整治和“五治”专项行动，实施园区建设品质提升工程，管好长江岸线、土地、水等资源，争当“两山”有机统一排头兵的基础不断夯实。实施完成九华冶炼厂脱硫（硝）及超低排放、铜冠有色资源综合利用和余热利用金美亚管桩燃煤改汽、园区集中供热等重点生态环保项目，成功组织铜冠有色3家重点企业参加“千家企业节能低碳行动”，完成均益金属、九华机械电机变频改造。九华发电厂在全省率先整体完成煤电超低排放和节能改造，成为全国同类型机组的新标杆。深入落实“互联网+制造”行动计划，推动传统制造向智能制造转型，三雕起重、金美亚管桩、信安电子建成安徽省“两化融合”示范企业。园区低碳技术转移平台正在建设，恒天易开首批100辆新能源汽车正式上线运营，列入首批国家低碳工业园区试点。大力推进土地集约利用，制定实施《池州经开区进一步加强土地管理的若干规定》，新引项目总投资低于2亿元的不予供地。经开区加强土地监管，建立项目开竣工履约保证金制度和闲置土地清量制度，2016年无偿收回和盘活各类土地资源200余亩(约13.3公顷)，土地亩均税收超过30万元。

【智慧园区】池州经开区着力完善园区配套，持续加强基础设施建设，强力打造智慧园区。注重补齐基础设施短板，提升园区建设品质，完善城市服务功能，推进产城融合发展，不断提升园区发展的协调性、联动性和整体性。实施推动“天网”工程，积极推动中兴通讯智慧园区和大数据项目合作，发展壮大云计算和物联网产业，建成中兴通讯物联网示范基地。引进京师方圆智慧监测、科大讯飞智慧旅游等一批智慧应用科技企业，智慧监测领域覆盖园区水、大气、土地等自然资源。加快低碳园区标杆工程建设，与台湾绿色贸易办公室合作共建园区低碳技术转移平台，实时准确掌握一批重点企业能源使用数据。积极推进智慧政务、智慧企业、智慧社区及智慧基础设施建设，率先建成全市首家“互联网+政务服务”平台，入选省级智慧企业5家，省“两化融合”示范企业6家，省“专精特新”企业15家，培育安徽省著名商标12个。

【投融资服务】池州经开区加快实现新金融业态快速集聚，池州九华平天基金小镇将于2017年初启动建设。基金小镇一期规划用地3.78平方公里，计划建成“一轴两区三块四带”。建成后可入驻金融企业500家，配套中高端商务、文化教育、休闲娱乐、医疗服务、餐饮服务、健康健身等设施一应俱全。成立金融和现代服务业提升攻坚组，编制完成《池州经开区科创金融中心暨平天湖基金小镇城市设计规划》，并颁布实施了《池州经济技术开发区关于促进基金小镇建设的实施细则》，在税收奖补、企业落户、人才引进和股权投资等领域制定了一揽子政策措施。基金引进上，30亿元的池州中安招商股权投资基金及5亿元的池州招赢股权投资基金已落户开发区，北京鹏雄创投基金、国泰君安、天弘基金、中科招商、东方汇富基金、安信证券、德源安资产管理、深圳前海开发投资等项目积极推进。按照“政府主导、市场化运作”的原则，设立财政性产业发展和创业投资引导基金1亿元，印发《池州开发区产业发展和创业投资引导基金管理办法》，采取阶段参股、直接投资、跟进投资等方式，基金已累计投入6 000多万元。区内安芯电子完成股改首轮融资6 000万元，正在推进创业板上市，均益金属成功挂牌“新三板”，九华机械、泓瑞医药等4家企业挂牌“新四板”，华钛半导体、钜芯半导体等6家企业成功列入“新三板”后备企业库。

【体制机制创新】池州经开区结合实际，已复制应用涉税事项网上审批备案、税务登记号码网上自动赋码、企业年度报告公示和经营异常名录制度等自贸试验区改革创新成果12项。全面实施企业“五证合一、一照一码”和注册资本认缴制，推行“双随机、一公开”模式和行政许可、行政处罚信用信息“双公示”制度。此外，为提高行政效能，单独组建了区级政务服务中心，实行“一窗受理、并联审批”，大力开展“互联网＋政务”，在池州市率先启用政府权力线上运行平台，做到权力运行阳光透明。

【国际合作】池州经开区结合安徽省半导体产业基地建设，把握我国香港、台湾地区和日、韩等资本、技术转移的机遇，大力推动5～8英寸晶圆制造、封测测试、低碳技术产业化平台等重点项目合作；同时，充分利用池州经开区长江岸线和通江达海的优势以及海关、边防、出入境检验检疫一条龙服务的通关便利，加大与德国、瑞士及欧美等跨国公司的联系，谋划共建装备制造产业示范园。

【机构设置】池州经开区管委会设办公室、人力资源和社会事务管理局（挂群众工作局牌子）、经贸发展局、建设局、招商局、安全生产监督管理局（挂环境保护局牌子）、财政局7个内设机构；直属机构为市场监督管理局（加挂食品药品监督管理局牌子），下设招商中心、建设服务中心、财务中心3个事业单位。市直派驻机构有国土分局、国税分局、地税分局、规划分局、行政执法分局和公安分局。

（池州经济技术开发区管委会）

马鞍山经济技术开发区

【经济发展】2016年，马鞍山经济技术开发区（以下简称“马鞍山开发区”）实现地区生产总值304.1亿元，同比增长8%，占全市的20.3%；第二产业增加值255.9亿元，占地区生产总值的84.1%，同比增长9.5%；第三产业增加值48.2亿元，占地区生产总值的15.9%，同比增长12.1%；公共财政预算收入28.53亿元，同比持平，占全市的20.3%；税收收入37.59亿元，占全市的27.1%；进出口总额18.33亿美元，同比增长42.2%，占全市的57.6%；固定资产投资329.61亿元，同比增长15%，占全市的15.9%；社会消费品零售总额29.1亿元，同比增长13.3%，占全市的6.2%。

【产业发展】2016年，马鞍山开发区工业增加值229.6亿元，同比增长10.1%；规模以上工业增加值221.9亿元，同比增长10%，占全市的35.3%。工业总产值948.5亿元，同比增长11.2%；规模以上工业总产值928.4亿元，同比增长11%，占全市的32.5%；外商及港澳台商投资企业产值98亿元，占全区产值的10.3%；内资企业产值850.5亿元，占全区产值的89.7%。主导产业及产值方面，钢铁加工业350亿元，占总产值的36.9%；高端装备制造业120亿元，占总产值的12.6%；节能环保业65亿元，占总产值的6.9%；食品加工业94亿元，占总产值的10%。

【科技创新】2016年，马鞍山开发区制定了产业扶持科技政策、专利政策、孵化器及入孵企业奖励政策，每年对科技创新的财政支持超千万元，开发区定期对科技型企业进行阶梯式培育，高新技术企业数量逐年递增。截至2016年年底，区内高新技术企业已达77家，高新技术产业产值年均增幅达到了12%。开发区拥有国家级孵化器1家，国家级众创空间1家，知识产权事务所4家。截至2016年年底，每万人发明专利拥有量达到了63件。大力开展科研机构建设，科技类企业均自建研发机构，并逐年培育申报市级、省级研发机构，区内现有院士工作站3家，博士后科研工作站10家，千人计划引进1人。

【投资促进】2016年，马鞍山开发区新批外商及港澳台投资企业10家，合同外资金额4 027.94万美元，全年实际利用外资48 024万美元，同比增长2.99%，占全市实际利用外资总额的22.9%；新增内资企业注册资本金109.7亿元，其中亿元以上项目43个，总投资106亿元，当年实际到位省外亿元以上内资项目82亿元，同比增长69.6%，占全市实际到位省外亿元以上内资项目资金总额的11.4%。进出口总额18.33亿美元，同比增长42.2%。其中，进口额10.39亿美元，同比增长58.3%；出口额7.94亿美元，同比增长25.4%。

项目建设方面，一是新能源汽车关键零部件产业园，由浙江嘉锦汽车配件有限公司投资建设。公司创建于1996年，现有各种汽车滤清器生产线20条及相应的辅助设备设施500台套，生产厂房48 000平方米，员工800人。二是安徽新衡新材料科技有限公司，成立于2016年11月，由中国500强企业之一的山东海科化工集团作为绝对控股股东和马鞍山鞍能新材投资中心（有限合伙）共同出资建立。公司致力于高端锂离子电池湿法隔膜的研发、生产、销售，一期占地约130亩（约8.6公顷），项目建成后总占地面积约320亩（约21.3公顷），项目一期投资约4亿元，总投资约10亿元。一期建成年产达1亿平方米的锂离子电池湿法隔膜生产线，建成达产后年上缴税收约8 000万元。三是马鞍山茂迪太阳能电池项目，由台湾茂迪集团公司独家投资兴建，项目总投资9亿元，设计产能800MW/年。建成后年产值约18亿元，各类税收3 000万元。项目主要引进国内外先进的单、多晶硅太阳能电池片加工设备，通过制绒、扩散、蚀刻、镀膜、丝网印刷、烧结和分类检测等工艺，从事太阳能电池片的生产制造。

【绿色集约】2012年10月，马鞍山开发区成立国家生态工业示范园区创建领导小组及规划编制小组。2013年9月，完成《马鞍山经开区国家生态工业示范园区建设规划》编制。2013年10月18日，正式向国家生态工业示范园区创建领导小组办公室递交创建申请。2014年10月，被国家环保部、商务部和科技部批准建设国家生态工业示范园区，成为全省第三个获批创建的园区。经过近3年不懈的对标达标、补链招商和依规划建设，园区环保基础设施不断完善，环境管理能力逐步增强，园区居民的环境意识也不断提升，“高端装备制造、现代绿色食品、节能环保”产业集群构架已经形成。

【投融资服务】2016年，马鞍山开发区积极帮助中小企业拓宽融资渠道，鼓励和支持中小企业上市（挂牌），支持中小企业对照多层次资本市场上市挂牌标准，开展股份制改造。2016年，主板及创业板上市筹备企业2家，“新三板”挂牌企业3家，“新三板”筹备企业2家，进一步做好对中小企业的财政服务工作，落实促进企业自主创新的各项财政措施，落实“税融通”“固投贷”“应急周转金”等金融扶持政策资金5 000多万元，有效帮扶区内企业逐步解决资金周转困难。完成了2016年度开发区各项财政优惠政策兑现工作，全力推进园区企业上市工作，积极落实上市扶持政策，加强上市企业项目库管理，有针对性地帮扶优质企业挂牌。

【体制机制创新】2016年，马鞍山开发区高度重视体制机制创新，全面推行以“撤并镇村、压扁提效、竞聘上岗、绩效考核”为主要内容的改革，进一步深化干部人事制度改革，通过实行档案封存、全员聘用、聘任上岗、绩效考核等方式，全面实现企业化管理、市场化运作，充分提升经开区服务效能，激发干部职工创业激情。

【机构设置和领导班子】2016年，马鞍山开发区下设综合办公室、电子信息产业招商小组、节能环保产业招商小组、轨道交通及装备制造产业小组、食品及生物医药产业小组、对台对欧产业招商小组、招商政策研究室、招商办公室、建设管理局、经贸发展和社会事务局、财政局、投融资部、企业服务中心、市场监督管理局、安全环保局、行政执法局、房产管理中心、法制办、市规划局银塘分局、监察室、机关和国企党建部、社区和村党建部、非公企业党建部、工会、妇工委（绩效办）、团工委、关工委、人力资源公司、绿化园林公司。

开发区领导班子成员为：党工委第一书记孙勇；党工委书记、管委会主任李强；党工委副书记赵伦华；党工委委员、管委会副主任李迎庆、陈建生、张扬（挂职）；党工委委员、纪工委书记王宏；党工委委员、工会主席王海强。

（马鞍山经济技术开发区管委会）

淮南经济技术开发区

【概况】 淮南经济技术开发区（以下简称“淮南开发区”）始建于1988年，原名洛河经济开发区，1993年3月更名为淮南经济技术开发区，同年7月被安徽省政府批准为省级开发区。2013年3月经国务院批准为国家级经济技术开发区。淮南开发区原规划面积4.29平方公里，2011年7月经省政府批准规划面积扩大至20平方公里，截至2016年实际管理面积36平方公里。拥有省级生物医药工业园、省级新型工业化煤机装备制造产业和省级新型工业化医药化工产业示范基地、安徽省重点支持文化产业（文化设备用品和创意产业）示范园区等特色园区。2016年度先后获得全省开发区统计工作、园区非公党建工作和全市招商引资工作、文明单位等荣誉称号。

【经济发展】 2016年，淮南开发区全年完成地区生产总值108.3亿元，增长5%，占全市的11.24%；第二产业增加值68.9亿元，增长3.6%，占地区生产总值的63%；第三产业增加值32.8亿元，增长8.8%，占地区生产总值的30.3%，占全市的8.39%；财政收入17.3亿元，增长8%，占全市的15.22%；固定资产投资128.2亿元，增长29.04%。

【产业发展】 2016年，淮南开发区全年完成工业增加值53.1亿元，增长3.8%；规模工业增加值48.6亿元，增长3.2%；工业总产值194.5亿元，增长3%；规模工业总产值176.8亿元，增长2.7%；主导产业工业总产值121.4亿元，增长1.5%，占全区规模工业总产值的68.7%；主导产业主营业务收入115.6亿元，增长0.87%；服务业增加值26.3亿元，占三产服务业增加值的80.2%。

【科技创新】 2016年，淮南开发区实施创新驱动战略，大力发展现代医药、先进装备制造、新一代信息技术等新兴产业，推进3平方公里大健康产业园和信息技术产业园建设，打造战略性新兴产业集聚发展基地。截至2016年年底，拥有高新技术企业58家，涵盖装备制造、现代医药、电子信息等产业类别，占全市高新技术企业总数的31%。“四上”高新技术企业主营业务收入63.7亿元。规模以上高新技术制造业产值17.6亿元，占全市的83.2%。发明专利拥有量176件，年度PCT专利申请量2件，年度发明专利授权量48件。省级以上研发机构32家，工程研究中心2个、工程技术研究中心16个、企业技术中心14个；拥有院士工作站5个、博士后流动工作站3个；世界500强上榜企业省级投资研发中心5个，省级专精特新中小企业14家。

【投资促进】 2016年，新修订淮南开发区《招商引资扶持政策》，研究制定了《经开区招商引资项目工作流程》，做好企业项目审批事项全程代办服务。出台了《关于支持企业创新发展提质增效的若干意见》等政策文件，鼓励企业开展引资、扩大出口贸易，对2016年度创新发展、提质增效取得成果的国瑞药业等49家企业进行奖励扶持。强化外出招商，先后赴上海、浙江、广东等地开展招商活动144人次，拜访企业135家，接待客商180余人次，跟踪洽谈万向节能轴承、济南浪潮集团等项目102个。全年新签约新能源电动汽车科技产业园、同禹药品包装、中科盛联科研总部及固化剂生产基地、上海月星国际博览城等项目 34 个，总投资 96.91 亿元。招商引资实际到位资金 88.3 亿元，增长 14.2%；利用外资 6 167 万美元，增长 8.31%，占全市的 27.65%；进出口贸易额约 19 万美元，增长 7.04%，其中进口额 15.896 万美元，增长 14.4%，出口额 3.001 万美元，下降 25.2%。

【绿色集约】2016 年，淮南开发区坚持按照“资源节约、环境友好”标准选择入园项目，引进中科盛联、北新建材、中润热力等一批资源循环利用企业，固体废物、脱硫石膏、电厂余热等“变废为宝”，工业固体废物综合利用率为 96.2%，再生水（中水）回用率为 47.8%。加强园区企业污染治理，禁止企业污水直接排放，所有企业废水全部进入污水处理厂二次处理。加强大气污染防治，推进园区企业进行清洁化改造，实现集中供气、供热。开展园区 ISO14001 认证工作，提升环境管理水平，通过 ISO14001 认证企业 27 家。强力推进中央和省环保突出问题整改，建立区领导包保责任制。单位地区生产总值能耗 1.192 5 吨标准煤 / 万元，单位地区生产总值水耗 9.719 立方米 / 万元，单位地区生产总值化学需氧量（COD）排放量 0.365 8 千克 / 万元，单位地区生产总值二氧化硫排放量 1.134 4 千克 / 万元；土地开发利用率 46.81%，土地开发强度 225 万元 / 亩（3 375 万元 / 公顷）。

【项目建设】2016 年，淮南开发区坚持强化调度，完善班子成员包点和部门帮扶项目责任制，实行挂图作战和挂号、销号制度，开展一对一帮扶。续建文峰线缆、中志轨道等项目 22 个，总投资 52.4 亿元。新开工憧腾电子自控系统、国家卫星应用示范园、越润纺织产业园、山河药辅年产 4 800 吨新型药用辅料、中隆粮油农产品精深加工、现代医药科技产业园路网等项目 20 个，总投资 15.2 亿元，其中亿元以上项目 8 个。竣工中志轨道、振德医用绷带等项目 17 个，总投资 17.6 亿元。

【投资环境】2016 年，淮南开发区大健康产业园路网 5 条 4.89 公里道路和标准化厂房二期 7 栋 8.39 万平方米开工建设，4.36 万平方米科技综合楼工程加快建设。完成保障性安居工程棚改任务 105 套，公租房三期完成竣工验收。信息技术产业园投入使用，已入驻北京二十一世纪空间技术有限公司等 15 家高科技企业。扎实推进土地管理领域专项整治整改工作，完成土地节约集约利用评价更新工作，征收土地 1 336 亩（约 89 公顷），供应土地 749 亩（约 50 公顷），保障了签约项目的用地需求。

【投融资服务】2016 年，淮南开发区加强融资平台建设，与农发行安徽省分行、安徽省国开行等金融机构合作，实现融资授信共 20.18 亿元，实际放款 8.78 亿元。融资担保公司获省金融办批准并正式运营，建立产业引导基金，为中志轨道公司等 11 家企业提供融资担保 7 100 万元。按照程序依法依规兑现各类产业扶持资金 7 354 万元。深入企业进行调研，梳理解决 49 家中小微企业房产证办理等历史遗留问题 145 个。研究制定《经开区招商引资项目工作流程》，完善项目建设服务流程，实行全程代办制。加大改革力度，积极推动复制推广自贸试验区改革创新经验的工作，完成复制推广网上自主办税、检验检疫通关无纸化等 35 项。

【管理体制】2016 年，淮南开发区完成《淮南经济技术开发区“十三五”规划》编制。突出现代医药首位产业发展，完成大健康产业园建设规划编制。积极做好国家级经开区考核评价工作。设立村居管理委员会，赋予其基层行政管理职能，采取“托管”模式，对园区规划区域内的 9 个村居进行托管，统一管理规划区域内经济社会事务。学习借鉴先进开发区的经验，推动干部人事制度改革，实施干部聘任、全员聘用制度和绩效考核机制，打破身份限制，实行岗位管理。

【社会事业】2016 年，淮南开发区推进卫生计生管理服务，全面落实“两孩”生育政策，积极开展各项基本公共卫生服务。加大财政投入，推进农村居民最低生活保障、城乡医疗救助等 20 项民生工程全部完成下达任务。扎实推动“六城同创”，突出做好省级文明城市创建工作，完成创建任务整改清单，顺利通过验收。加大教育保障投入和教育事业发展，成立经开区学区管委会，与淮南实验中学签订建设经开区校区合作协议，落实了规划选址。

【党的建设】2016年，淮南开发区荣获省商务厅2016年全省园区非公党建工作先进单位称号。制定工委《全面从严治党的实施意见》和《关于进一步加强基层党建工作实施意见》等系列制度性文件，层层签订党建目标责任书，健全领导干部包点联系制度。设立村居党工委和管委会，新设立龙池社区党组织。在60家独立法人非公企业单独组建党组织，62家非公企业采取“1+X”模式成立20个非公企业联合党支部，3家社会组织单独组建党组织。探索党建+驻村、+企业、+部门的基层党建工作机制，对19名市派、26名区派党建指导员进行考核，促进非公党建工作制度化、规范化。涌现非公党员模范班组33个、党员先锋岗235个，争创市级先进党组织3个、星级服务型标兵1个、“双强六好”企业1个、“五个好”村党组织1个，区级服务型党组织5个、星级服务型标兵5个、“双强六好”企业5个、区级示范点9个。

【机构设置与管委会领导】淮南开发区管委会下设一室五局：党政办公室（综合治理办公室）、经贸发展局（安监局、统计局）、社会发展局（人力资源局）、财政局、招商一局、招商二局。管委会设监察室，与纪工委合署办公。管委会下属三个直属事业单位：土地储备中心、投资服务中心、会计核算中心；两个全资国有企业：实业发展总公司、新城区投资建设公司。

2016年淮南开发区领导成员为：淮南市副市长、工委第一书记许承通；工委书记、管委会主任张海涛；工委委员、管委会副主任、调研员程传熙；工委委员、管委会副主任胡涛、姚保斌；工委委员、纪工委书记刘传春；工委委员、淮南农场场长朱为荣；管委会调研员郑建国；管委会副调研员赵明洲。

（淮南经济技术开发区管委会）

铜陵经济技术开发区

【经济发展】2016 年度，铜陵经济技术开发区（以下简称“铜陵经开区”）实现地区生产总值 252.6 亿元，增长 11.3%，占全市地区生产总值的 26%。其中，第二产业增加值 211.2 亿元，占地区生产总值的 83.6%，占全市第二产业增加值的 40.9%；第三产业增加值 41.4 亿元，占地区生产总值的 16.4%，占全市第三产业增加值的 12%。财政收入 33.8 亿元，增长 5%，占全市财政收入的 22.0%；税收收入 22.6 亿元，占全市税收收入的 29.2%。企业经营收入 749.7 亿元，增长 10.24%，占全市企业经营收入的 27%。进出口总额 13.5 亿美元，占全市进出口额的 30%。固定资产投资 203 亿元，增长 14%，占全市固定资产投资的 17%。实现社会消费品零售总额 3.6 亿元，同比增长 12%，占全市社会消费品零售总额的 1.2%。

【产业发展】2016 年，铜陵经开区实现工业增加值 205.6 亿元，增长 13.3%，占全市工业增加值的 33.2%；规模以上工业增加值 164.5 亿元，增长 13.3%，占全市规模以上工业增加值的 34.7%；全年工业总产值 842.5 亿元，增长 9.4%，占全市工业总产值的 35.1%；规模以上工业总产值 731.6 亿元，增长 7.6%，占全市规模以上工业总产值的 30.5%；规模以上工业中的外商及港澳台投资工业总产值 448.3 亿元，增长 8.6%；内资工业总产值 283.3 亿元，增长 30.3%。

经开区内首位产业——铜基新材料产业 2015 年获批成为安徽省第一批战略性新兴产业集聚发展基地。开发区积极落实安徽省、铜陵市有关基地建设要求，突出“龙头带动、高端引领、集成发展、质量优先”，围绕六大铜基新材料产业横向拓展、纵向延伸，推进产业高端化、规模化和效益化。2016 年，基地区域在统计范围内的 34 家企业实现产值 699 亿元，同比增长 11.7%，完成年度目标的 107.5%，占全区规模以上工业总产值的 83%。

主导产品市场占有率高。精达集团是全球第三、国内最大的特种电磁线制造商，在国内市场的占有率超过 30%，位列中国民营企业 500 强第 460 位、安徽省民营百强企业第 4 位；全威铜业是全国第八大低氧铜杆生产商，位列中国民营企业 500 强第 124 位、安徽省民营百强企业第 1 位；金威铜业为国内第五大铜板带制造商；三佳集团为国内第五大模具和引线框架制造商、第六大 LED 支架生产商；耐科科技为国内第一大挤出模具生产商；铜峰电子为全球第一大电容器用薄膜生产商；晶赛电子公司生产的 49US 石英晶体谐振器外壳年产量达到 35 亿只，公司已成为生产该产品全球最大的谐振器外壳生产商；艾伦塔斯是全球最大的绝缘漆生产企业，国内市场占有率达 50% 以上；同和晶体垄断国内超高温氧化锆晶体隔热材料市场。

2016 年，铜陵经开区服务业主营业务收入 10.7 亿元，增长 16.33%；战略性新兴产业产值 521 亿元，增长 8.4%，占规模以上工业总产值的 73.8%，占全市战略性新兴产业产值的 74%，居于安徽省乃至中部地区领先地位。

【科技创新】2016 年，铜陵经开区在发展规划、创新平台、重点领域、政策体系、人才队伍建设方面实现了“五个突破”。用于科技创新的财政支出 40 869 万元；完成高新技术工业产值 285.3 亿元，增长 7.6%，占规模以上工业总产值的63.6%；区内拥有高新技术企业54家；拥有国家级公共服务平台2个（印制电路板检测检验中心、铜铅锌及制品质量监督检验中心）、国家级工程技术研究中心1个（有色铜加工工程技术研究中心）、博士后工作站4个(铜峰电子、铜陵有色、耐科科技、安科恒益)、省级研发平台29个和市级研发平台23个；拥有国家级“双创”平台2个（中科大科友汇“双创”空间、泰祥中小企业创业园）、孵化器1个（高新技术创新服务中心）；拥有鲁希华、高维林、吕金虎、蒋涛、王露5个高层次科技人才团队；申请发明专利428件，实际授权131件；申请PCT专利1件——环保可直焊性漆包线漆。

【投资促进】2016年，铜陵经开区坚持把招商引资作为经开区的第一要务。制定印发了《2017年度开发区招商引资目标任务分解方案》和《2017年度开发区招商引资在谈项目目标任务分解方案》，明确外资工作的重点任务。围绕开发区的产业链发展，加大与世界500强和现有本地外资企业的联络互动，紧密跟踪一批科技含量高、附加值高、低能耗、污染少的项目。2016年到位内资135.3亿元、外资13 590万美元。目前，跟踪影子项目65个，总投资200亿元以上；在谈项目65个，其中重点在谈项目35个，总投资220亿元以上；已引入亿元以上项目17个，总投资150亿元以上，其中引入10亿元以上项目4个，5亿元以上项目3个。

2016年，经开区新批外商投资项目1个，实际利用外资13 590万美元，增长28%。年初引进国泰颜料控股有限公司（香港），该公司拟在铜陵经开区投资建设年产10万吨高端氧化铁项目，项目总投资10亿元。规划总占地约200亩（13.33公顷），主要建设包括厂房、公司总部办公楼和研发中心，配套建设给、排水和配电等设施。

2016年，经开区进出口总额13.5亿美元，增长314.2%，占全市进出口总额的29.1%。其中，出口额3.4亿美元，增长33.3%，占全市出口总额的50.7%；进口额10.1亿美元，增长481.2%，占全市进口总额的25.4%。

【绿色集约】2016年，铜陵经开区化学需氧量（COD）排放量355 407公斤，二氧化硫排放量248 278公斤，氮氧化物排放量1 456 259公斤，氨氮排放量21 600公斤，工业固体废物综合利用率达到99.88%，再生水（中水）回用率91%，节能技改项目11个。铜陵经开区鼓励、协调土地使用权人以地引商，引进资金，合作新上项目；扶持、协助企业进行技术创新，对现有项目进行嫁接改造、升级，拉长产业链，提升产业层次，提高投资强度、地均税收和产出效益，经济规模不断扩大，土地开发利用率达到58%，单位土地地区生产总值达到76 545万元/平方公里。

【智慧园区】2016年，铜陵经开区按照“三重一创”总体要求，建设关键共性技术研发和服务平台。依托清华同方信息港，打造互联网+大数据产业应用中心；依托翠湖公园现有国际铜雕艺术园，构建互联网+铜文化创客中心；依托奇点和泰新新能源汽车，成立智能新能源汽车研究院；依托贝虎机器人、涵速水下机器人和图灵机器人，成立智能机器人研发中心。建设铜陵经开区在线服务审批平台，提高审批效率，提升管理与服务的智慧化水平。

【投融资服务】2016年，铜陵经开区采取三项措施做好投融资工作。一是积极开展暖企行动。在落实各项帮扶政策、兑现扶持资金的基础上，设立了10亿元欣荣产业发展基金和6亿元新能源汽车基金。将国元担保公司改为财政性担保公司，降低企业运营成本，优化园区招商环境，支持企业发展。二是与皖能电力组建售电公司，通过向电厂直接购电的方式，有效降低工业实际用电价格，优化园区招商环境。三是帮助企业在资本市场直接融资，目前经开区内拥有主板上市公司3家，“三板”或“四板”挂牌企业13家。四是加大资金筹措力度，创新方式方法，努力筹大资、融好资，提高直接融资比重，逐步降低综合融资成本。其中，15亿元的绿色债券已成功获批，成为全国第一只由政府融资平台公司发行的绿色债券。

【体制机制创新】2016年，铜陵经开区坚持把体制机制创新作为激发内生动力的源泉，干部职工的责任意识和创业激情得到激发和显现。一是创新干部人事管理。按照逐步淡化人员编制、身份的原则，取消现有人员职级划分，打破体制内外身份限制，全员竞聘上岗。会同市直有关部门，突破现有机关、事业单位招考方式，采取考试与考察相结合的方式，面向“985”“211”重点高校，科学、规范地引进高层次人才。以岗定薪、岗变薪变，形成人员能进能出、职务能上能下、待遇能高能低的用人机制和分配机制，激发干部职工创业干事的激情。二是创新岗位绩效考核机制。按照定性与定量结合，岗责统一、岗薪对应的原则建立考核体系。将市委、市政府及市直部门确定的年度主要目标任务、经开区年度招商引资、基础设施、项目建设、征收安置等重要工作目标任务作为绩效考核的重点。把考核结果作为个人上岗、调动晋升、评先评优的重要依据。三是创新直属企业运行机制。重点围绕直属企业改革重组工作，按照“明晰资产、激活机制”的总体思路，分别组建投融资、建设、运营管理平台。同时，以产权制度改革为重点，以提高经济效益为核心，加快建立现代企业制度，实现直属企业良性发展。

【机构设置与管委会领导】2016年，铜陵经开区设立机构为：办公室、招商局、经贸发展局、安全生产和环境保护监督管理局、人力资源局、财政局、规划建设局、国土资源局、社会事务管理局、市场监督管理局、城市管理行政执法局、经济发展研究室、审计局、党群工作部、工会；管委会领导班子成员为：党工委书记、副主任都述奇；党工委副书记王书春；纪工委书记何胜定；副主任黄亚镇、刘怀祖、吴世伟、程军；总工程师岳霆。

（铜陵经济技术开发区管委会）

石河子经济技术开发区

【园区概况】 石河子经济技术开发区于1992年经自治区人民政府批准成立，2000年经国务院批准升级为国家级开发区。2012年8月，国务院批准扩区9.9平方公里，八师石河子市人民政府将自治区级的北工业园区、兵团级的化工新材料产业园委托由开发区管委会进行统一开发建设，总体规划面积达到86.8平方公里。2010年11月，石河子开发区荣获“国家加工贸易梯度转移承接地”称号；2010年12月被国家工信部授予“国家新型工业化产业示范基地”；2014年6月荣获国家循环化改造示范试点园区。

【产业定位】 石河子经济技术开发区坚持以市场为导向，以资源为依托，以投资者为中心，坚决贯彻优势资源转换和大企业、大集团战略，积极开拓新疆及中亚市场，重点发展棉纺织、食品饮料、装备制造、化工、新材料和现代服务业六大产业，形成了依托大企业、培植中小企业协作配套的产业集群，建成了氯碱化工产业基地、材料工业基地、西部地区知名企业最多的食品饮料生产基地、西北部地区规模最大和产业链最完备的棉纺织产业基地。

【发展现状】 石河子经济技术开发区现有注册企业2 298家，其中工业企业250家。先后引进江苏大全集团，湖南曾氏集团，山东如意集团、旺旺集团，江苏华芳集团，浙江合盛集团和北京燕京啤酒股份有限公司等一批国内外大企业、大集团来开发区投资建厂。2016年，开发区实现生产总值215.6亿元，同比增长10.5%。其中，工业增加值138亿元，同比增长6.2%；三产增加值61.5亿元，同比增长33.6%；完成税收44.57亿元，同比增长42.6%；完成固定资产投资111.5亿元；招商引资到位资金180.2亿元。

按照“小政府、大服务”和“精简、效能”的原则，石河子经济技术开发区管委会设立了办公室、招商局、投资服务中心、财政局、经济发展局、规划建设局、社会发展局、组织人事局。为发挥开发区管委会在体制机制、招商、政策等方面的优势，第八师石河子市人民政府委托石河子经济技术开发区管委会对北工业园区和化工新材料产业园进行统一开发、建设和管理。

2014—2016年石河子经济技术开发区主要经济指标一览表

项目	2014年／增长率（%）		2015年／增长率（%）		2016年／增长率（%）	
营业收入（亿元）	587	11.3	618	5.28	665	7.6
工业总产值（亿元）	422.4	11.4	445	5.4	483.5	8.6
工业增加值（亿元）	128.1	19.7	130	1.5	138	6.2
利税总额（亿元）	44.7	8.5	48.9	9.4	75	53.4
年末就业人数（人）	72 162	14.2	73 560	1.9	73 795	0.3
进出口额（亿美元）	11.5	27.0	2.96	−74.3	3.6	21.6
出口额（亿美元）	10.7	22.2	2.6	−75.7	3.45	32.6

续表

企业用电量（万千瓦时）	2 830 730	26.1	3 053 000	7.8	3 234 052	5.9
投入强度（万元／公顷）	2 672	13.4	2 829	5.9	3 045	7.6
产出强度（万元／公顷）	1 100	7.0	1 144	4.0	1 214	6.1

主导产业聚集情况及其占工业总产值比重（%）（列出3个主导产业）

产业名称	企业数量（家）	销售收入（万元）	占园区销售收入的比重（%）	增速（%）
化工	6	1 334 107	28.6	6.4
有色金属冶炼及压延加工业	1	1 189 854	25.5	0.8
纺织	10	451 515	9.7	56.7

园区企业情况（家）

入园企业数量	2 298	规模以上企业数量		120	外资企业数量		19
生产型企业数量	250			其他类型企业数量			2 048
国内500强企业数量	0	销售收入>10亿元	6	销售收入5亿～10亿元	4	销售收入1亿～5亿元	16
采用国际质量体系认证企业数量	11			所占比重（%）			18
国际知名品牌名称	0						
国内驰名商标或名牌产品名称	大全、如意、娃哈哈、康师傅、伊利、旺旺、天业、燕京、天业节水牌						

前5位重点骨干企业名称	销售收入（亿元）	主要产品门类	工艺技术和装备水平
新疆天业集团	150	PVC 烧碱、1,4丁二醇、乙二醇	国内领先水平
新疆生产建设兵团农八师天山铝业有限公司	119	电解铝	国内领先水平
新疆西部合盛硅业有限公司	33.4	工业硅	国内领先水平
新疆如意纺织服装有限公司	25.5	毛巾、面料、棉纱	国内领先水平
新疆大全新能源有限公司	13	多晶硅	国内领先水平

创新能力情况

研发经费占销售收入比重（%）	国家级企业中心或研发机构（个）	自治区级企业中心或研发机构（个）	科技人员占园区就业人员比重（%）	国家级、省级研发专利（件）
1.4	9	23（含兵团级9个）	1.9	66

基础设施及公共服务平台建设情况

园区累计基础设施投入（亿元）	企业生产性投资（亿元）	绿化面积（公顷）	公共服务平台数量（个）
29.4	1 183	481.6	11

环境保护情况

污水处理能力（吨／年）	5	污水处理率（%）	100	污水处理厂（个）	2
工业废水回用率（%）	80	固体废物填埋场（个）	1	工业固废综合利用率（%）	84

［新疆园区（开发区）协会］

库尔勒经济技术开发区

【园区概况】库尔勒经济技术开发区于2000年7月21日经自治区人民政府批准设立。2007年库尔勒经济技术开发区被列入全国循环经济试点园区，2008年升级为自治区级高新技术产业开发区，2011年4月10日经国务院批准升级为国家级经济技术开发区；“十二五”时期，成功创建国家新型工业化产业示范基地、国家电子商务示范基地、自治区“两化”融合示范区。库尔勒纺织服装城成为新疆纺织服装产业发展的重要增长极。

【发展现状】2016年，开发区实现生产总值（GDP）56亿元，进出口总额2.6亿美元；全社会固定资产投资138.5亿元，地方财政收入7.86亿元，实现招商引资151.9亿元。

【产业定位】开发区已初步形成以纺织服装、石油天然气精细化工、三产及物流业、特色农副产品加工、石油技术服务及配套为一体的产业体系，引进战略性新兴产业、电子商务、总部经济等一批新兴业态。聚集了塔里木大化肥、美克与世界500强企业德国巴斯夫、中石化合作的美克化工、富丽达粘胶纤维、金富特种纱业、富丽震纶纺纱、利泰丝路纺纱、红星美凯龙、愿曝城等一批龙头企业。开发区已具备承接产业转移、大项目入驻的条件，在全疆率先推行“三张清单”和“一站式”服务，工业项目三日办结，民生项目即时即办，服务快捷高效。建成保税仓库，开通西行班列，扩大了向西开放和商贸流通的力度。

【管理机构】根据州人民政府办公室《关于印发库尔勒经济技术开发区管理委员会机构编制方案的通知》（巴政办发〔2014〕5号）精神，州人民政府、州委编办共为库尔勒经济技术开发区管委会（党工委）设立工作部门9个，机构规格均为副县级。分别为：纪律检查工作委员会（监察局）、党政办公室、经济发展局、招商局、财政局、规划建设局、环境保护局、安全生产监督管理局、社会发展局。

2014—2016年库尔勒经济技术开发区主要经济指标一览表

项目	2014年	2015年	2016年
营业收入（亿元）	157	217.8	155.6
工业总产值（亿元）	165	225	133
工业增加值（亿元）	37	37	22.58
利税总额（亿元）	4.37	4.89	6.1
年末就业人数（人）	15 606	17 500	18 500
进出口额（亿美元）	0.9	2.13	2.6
出口额（亿美元）	0.65	0.22	0.5
企业用电量（万千瓦时）	120 000	129 965	165 094
投入强度（万元／公顷）	306	360	340.6
产出强度（万元／公顷）	103	93.2	55.5

续表

主导产业聚集情况及其占工业总产值比重（%）（列出 3 个主导产业）				
产业名称	企业数量（家）	销售收入（亿元）	占园区销售收入的比重（%）	增速（%）
纺织服装	9	81.1	61.0	70.7
石油天然气精细化工	11	23.4	17.6	20.0
农副产品精深加工	28	14.4	10.8	-9.2

园区企业情况（家）							
入园企业数量	1 343	规模以上企业数量	31	外资企业数量	8		
生产型企业数量	270	其他类型企业数量	1 073				
国内 500 强企业数量	2	销售收入 >10 亿元	3	销售收入 5 亿～10 亿元	3	销售收入 1 亿～5 亿元	12
采用国际质量体系认证企业数量	3	所占比重（%）	—				
国际知名品牌名称	0						
国内驰名商标或名牌产品名称	7						

前 5 位重点骨干企业名称	销售收入（亿元）	主要产品门类	工艺技术和装备水平
新疆富丽达粘胶纤维有限公司	43.4	粘胶短纤维	国际先进水平
巴州金富特种纱业有限公司	16.6	特种纱	国际先进水平
新疆美克化工有限责任公司	10.4	1,4 丁二醇	国际先进水平
新疆利泰丝路投资有限公司	8.87	棉纱	国际先进水平
美克美欧化学品（新疆）有限责任公司	5.0	1,4 丁二醇	国际先进水平

创新能力情况				
研发经费占销售收入比重（%）	国家级企业中心或研发机构（个）	自治区级企业中心或研发机构（个）	科技人员占园区就业人员比重（%）	国家级、省级研发专利（件）
3	1	7	8	237

基础设施及公共服务平台建设情况			
园区累计基础设施投入（亿元）	企业生产性投资（亿元）	绿化面积（公顷）	公共服务平台数量（个）
45.12	128.5	840.1	1

环境保护情况					
污水处理能力（吨／年）	6 570 万吨／年	污水处理率（%）	100	污水处理厂（个）	2
工业废水回用率（%）	50	固体废物填埋场（个）	1	工业固废综合利用率（%）	99

［新疆园区（开发区）协会］

奎屯—独山子经济技术开发区

【园区概况】奎屯—独山子经济技术开发区于2011年4月升级为国家级经济技术开发区，是国家新型工业化产业示范基地（石油化工），是自治区实施优势资源转换战略、加快推进新型工业化发展的优势产业聚集区、循环经济试点示范单位、“两化”融合试验区，自治区大型油气生产加工和储备基地、棉纺基地、太阳能产业制造基地，被自治区确定为“五个千亿元产值”开发区之一。

【产业定位】开发区已形成化工、纺织、冶金、装备制造、光伏、现代物流六大支柱产业。规划为南区、北一区、北二区和奎东工业园片区。南区19.7平方公里，重点发展石油化工、天然气化工产业；北一区51.75平方公里，重点发展冶金、装备制造、煤化工、现代物流等产业；北二区21.93平方公里，计划打造高新技术企业和会展、生活配套基地；奎东工业园约20平方公里，重点发展光伏产业、化工产业。

【发展现状】截至2016年12月，开发区共入驻企业954家，其中工业企业154家，规模以上企业44家。宝塔集团、海航集团、德力西集团、天虹集团、金昇集团、紫金矿业、徐工集团、锦疆集团、宏运集团等一大批知名企业入驻园区。2016年，完成工业总产值165.2亿元，工业增加值39.6亿元，固定资产投资41亿元，公共财政预算收入3.94亿元。

【管理机构】奎屯—独山子经济技术开发区管委会是自治区人民政府的派出机构（副厅级），与中共奎屯—独山子经济技术开发区工作委员会一个机构、两块牌子，委托伊犁州党委、人民政府管理。开发区管委会（党工委）现有部门11个，派驻机构4个。其中8个副县级部门：党政办公室、监察审计局、财政局、招商局、社会经济发展局、规划建设局、环境保护局（安全生产监督管理局）、人力资源和就业促进局；3个正科级部门：投资服务中心（事业）、工商局、质量技术监督局（已于2015年11月10日完成分级管理体制划转移交）。4个副县级派驻机构：公安分局、国土资源分局、国税局、地税局。

2014—2016年奎屯—独山子经济技术开发区主要经济指标一览表

项目	2014年／增长率（%）		2015年／增长率（%）		2016年／增长率（%）	
营业收入（亿元）	185.7	31.3	160	−13.8	193.4	20.9
工业总产值（亿元）	175.4	30.0	150.4	−14.3	165.2	9.8
工业增加值（亿元）	45.1	12.5	40	−11.3	39.6	−1.0
利税总额（亿元）	1.86	—	10.4	459.1	12.6	21.2
年末就业人数（人）	17 067	1.0	17 001	−0.4	17 731	4.3
进出口额（亿美元）	0.077 5	−69.0	1.75	2 158.1	0.9	−48.6
出口额（亿美元）	0.008 4	−95.6	1.59	18 828.6	0.35	−78.0
企业用电量（万千瓦时）	179 173	34.4	159 288.3	−11.1	196 329.5	23.3
投入强度（万元／公顷）	3 600	15.0	2 844	−21.0	3 853	35.5
产出强度（万元／公顷）	1 013.2	12.0	787.3	−22.3	850	8.0

续表

主导产业聚集情况及其占工业总产值比重（%）（列出 3 个主导产业）				
产业名称	企业数量（家）	销售收入（万元）	占园区销售收入的比重（%）	增速（%）
纺织	4	230 198.4	14.7	150.1
冶金	3	182 588.3	11.7	−19.7
石化	22	241 470.4	15.4	−21.3

园区企业情况（家）							
入园企业数量	954	规模以上企业数量		43	外资企业数量		0
生产型企业数量	154			其他类型企业数量			800
国内 500 强企业数量	4	销售收入 >10 亿元	3	销售收入 5 亿～ 10 亿元	2	销售收入 1 亿～ 5 亿元	10
采用国际质量体系认证企业数量	18			所占比重（%）	2.1		
国际知名品牌名称	0						
国内驰名商标或名牌产品名称	0						

前 5 位重点骨干企业名称	销售收入（亿元）
新疆昆玉钢铁有限公司	23.0
新疆电力公司奎屯电业局	18.8
新疆天虹基业纺织有限公司	13.7
奎屯锦疆化工有限公司	9.5
奎屯锦孚纺织有限公司	8.1

创新能力情况				
研发经费占销售收入比重（%）	国家级企业中心或研发机构（个）	自治区级企业中心或研发机构（个）	科技人员占园区就业人员比重（%）	国家级、省级研发专利（件）
8	0	4	12	101

基础设施及公共服务平台建设情况			
园区累计基础设施投入（亿元）	企业生产性投资（亿元）	绿化面积（公顷）	公共服务平台数量（个）
30.03	31.8	78.1	5

环境保护情况					
污水处理能力（吨／年）	65 000	污水处理率（%）	78.8	污水处理厂（个）	2
工业废水回用率（%）	0	固体废物填埋场（个）	1	工业固废综合利用率（%）	83.3

［新疆园区（开发区）协会］

阿拉尔经济技术开发区（阿拉尔台州产业园）

【园区概况】国家级阿拉尔经济技术开发区2005年开始规划建设，2008年5月被自治区人民政府批准为自治区级工业园区；2012年8月被国务院批准升级为国家级经济技术开发区。开发区规划总面积55.67平方公里，入驻企业达到179家，从业者10 657人。开发区先后成功创建为兵团信息化和工业化融合示范区、兵团双创示范基地、国家重点支持建设的循环化改造示范园区，同时被列为电子商务进农村示范基地。

【产业定位】依托师市（阿拉尔市）100万吨籽棉、100万吨果品、100万头牲畜和环塔里木盆地资源和区域、政策优势，开发区合理布局，全力培育综合性纺织服装产业、农副产品精深加工产业、石油天然气化工产业、新能源产业、新材料产业和现代服务业。

【发展现状】2016年，阿拉尔经济技术开发区实现生产总值23亿元，增长12.08%；招商引资56亿元，增长11.7%。2017年的发展目标是：力争实现总产值130亿元，增长25%以上；完成招商引资落地资金76亿元，增长25%以上；完成固定资产投资82亿元，力争100亿元；实现税收收入1.76亿元，增长10%；新增就业2 500人，园区实现就业达到1.3万人。

【管理机构】建立健全机构职能，完善服务制度。开发区设立“二办五局一部一中心”9个职能部门，管理和服务人员逐步配备到位，由5人增加到65人。完善投融资、基础设施、机构和制度，开发区先后组建了阿拉尔新鑫国有资产融资有限责任公司和阿拉尔市工业园区华元开发建设有限公司。协调师市（阿拉尔市）职能机构，国土、公安等派驻机构入驻开发区。深化“一站式”服务功能，开发区在优惠政策兑现、生产要素保障、安全生产、社会稳定等方面，逐步形成权责对等的管理和服务体系。

2014—2016年阿拉尔经济技术开发区（阿拉尔台州产业园）主要经济指标一览表

项目	2014年／增长率（%）		2015年／增长率（%）		2016年／增长率（%）	
营业收入（亿元）	64.47	89.67	86.17	33.66	102.46	18.90
工业总产值（亿元）	51.98	85.07	66.78	28.47	81.95	22.71
工业增加值（亿元）	16.41	94.52	19.32	17.73	21.14	9.42
利税总额（亿元）	5.06	59.73	6.4	26.48	6.4	0
年末就业人数（人）	7 163	20.18	9 269	29.40	10 657	14.97
进出口额（亿美元）	0.165	1.23	0.15	−9.09	0.67	346.67
出口额（亿美元）	0.118	31.11	0.13	10.17	0.21	61.53
企业用电量（万千瓦时）	57 762	59.73	62 645	8.45	73 583	17.46
投入强度（万元／公顷）	320.67	20.32	341.25	6.42	211.8	−37.93
产出强度（万元／公顷）	385.04	60.29	494.66	28.46	758.96	53.43

续表

主导产业聚集情况及其占工业总产值比重（%）（列出3个主导产业）				
产业名称	企业数量（家）	销售收入（万元）	占园区销售收入的比重（%）	增速（%）
纺织	9	353 739	34.52	72.26
农副食品加工	15	160 486	15.66	5.09
建材	7	44 992	4.40	58.10

园区企业情况（家）							
入园企业数量	179		规模以上企业数量	40		外资企业数量	2
生产型企业数量	106			其他类型企业数量			73
国内500强企业数量	0	销售收入 >10 亿元	0	销售收入5亿～10亿元	5	销售收入1亿～5亿元	23
采用国际质量体系认证企业数量			0	所占比重（%）		0	
国际知名品牌名称	洁丽雅毛巾						
国内驰名商标或名牌产品名称	0						

前5位重点骨干企业名称	销售收入（亿元）	主要产品门类	工艺技术和装备水平
阿拉尔新农化纤有限责任公司	9.14	纺织	—
新疆锦域纺织有限公司	8.04	纺织	—
阿拉尔大漠天然气有限责任公司	6.07	天然气	—
阿拉尔市金鲁纺织有限责任公司	5.32	纺织	—
新疆新越丝路有限公司	5.06	纺织	—

创新能力情况				
研发经费占销售收入比重（%）	国家级企业中心或研发机构（个）	自治区级企业中心或研发机构（个）	科技人员占园区就业人员比重（%）	国家级、省级研发专利（件）
0.99	0	1	3.32	5

基础设施及公共服务平台建设情况			
园区累计基础设施投入（亿元）	企业生产性投资（亿元）	绿化面积（公顷）	公共服务平台数量（个）
28.41	229.92	168.2	1

环境保护情况					
污水处理能力（吨／年）	50 000	污水处理率（%）	100	污水处理厂（个）	1
工业废水回用率（%）	100	固体废物填埋场（个）	0	工业固废综合利用率（%）	0

［新疆园区（开发区）协会］

五家渠经济技术开发区

【园区概况】五家渠经济技术开发区（以下简称“开发区”）于2004年4月经六师五家渠市批准设立；2012年8月30日，经国务院批准，升级为国家级经济技术开发区。开发区规划总面积为90.36平方公里，按照“一区两园”规划布局。其中，北工业园规划面积31.01平方公里，东工业园规划面积59.35平方公里。开发区基础设施功能齐全、配套完善，基本实现了“七通一平”。

【产业定位】开发区在产业规划方面实施分区规划。一是北工业园为农副产品加工区；二是东工业园为优势资源转换区。“十二五”期间，产业规划重点是发展有色金属加工、煤电煤化工、纺织服装、食品加工、机械制造五大产业；在五大产业的基础上，积极培育和发展新型材料、饲料、生物医药和环保产业，建立“5+3”产业体系，逐步形成以大企业、大集团为龙头，优势突出，规模效益显著的产业体系。

【发展现状】至2016年年底，开发区累计入驻企业122家，建成投产企业103家，其中规模以上企业36家。全年实现生产总值83.49亿元，比上年增长23.17%（按2015年可比价，下同）。其中，第一产业增加值0.21亿元，降低32.7%；第二产业增加值82.25亿元，增长23.59%；第三产业增加值1.02亿元，增长11%。实现固定资产投资40.94亿元，同比降低8.51%；实现就业14 760人，同比下降4.24%；实现全口径税收收入10.19亿元，同比增长152.23%；实现进出口总额1.56亿美元，同比增长147.82%。

【管理机构】五家渠经济技术开发区管委会编制35人，实有31人。根据六师五家渠市《关于印发五家渠工业区管理体制机构设置方案的通知》（师市党发〔2009〕6号）批准设立，为师市派出机构，正处级建制。2012年8月30日，国务院批准设立国家级五家渠经济技术开发区。目前开发区设6个工作部门（正科级）：综合办公室、投资促进局、经济发展局、规划建设房产局、财政局、企业服务中心。

2014—2016年五家渠经济技术开发区主要经济指标一览表

项目	2014年／增长率（%）		2015年／增长率（%）		2016年／增长率（%）	
营业收入（亿元）	246.34	20.00	296.59	20.40	336.4	13.42
工业总产值（亿元）	257.68	17.28	279.29	8.38	311.57	11.56
工业增加值（亿元）	58.65	5.04	64.41	9.82	82.25	27.70
利税总额（亿元）	2.20	−58.69	4.04	83.64	10.19	152.23
年末就业人数（人）	16 630	11.41	15 414	−7.31	14 760	−4.24
进出口额（亿美元）	0.35	218.18	0.63	80.00	1.56	147.62
出口额（亿美元）	0.28	833.33	0.62	121.43	1.55	150.00
企业用电量（万千瓦时）	1 714 785	25.69	2 253 125	31.39	2 581 166	14.56
投入强度（万元／公顷）	1 489	15.97	1540	3.43	1 597	3.70
产出强度（万元／公顷）	170.44	1.45	178.14	4.52	219.63	23.29

续表

主导产业聚集情况及其占工业总产值比重（%）（列出 3 个主导产业）				
产业名称	企业数量（家）	销售收入（万元）	占园区销售收入的比重（%）	增速（%）
有色金属冶炼和压延加工业	3	1 800 820	57.00	19.88
电力、热力生产和供应业	1	472 072	15.00	35.17
食品制造业	1	418 421	13.35	−0.31

园区企业情况（家）							
入园企业数量	122	规模以上企业数量		36	外资企业数量	2	
生产型企业数量	116			其他类型企业数量		6	
国内 500 强企业数量	0	销售收入 >10 亿元	4	销售收入 5 亿～ 10 亿元	0	销售收入 1 亿～ 5 亿元	8
采用国际质量体系认证企业数量	0			所占比重（%）	0		
国际知名品牌名称	0						
国内驰名商标或名牌产品名称	梅花氨基酸有限责任公司的“梅花”牌产品、新疆现代石油化工股份有限公司的北极星牌防冻液、农家乐牌及现代力超牌润滑油（脂）、新疆帅府建材工程有限责任公司的帅府牌建筑门窗						

前 5 位重点骨干企业名称	销售收入（亿元）	主要产品门类	工艺技术和装备水平
新疆农六师铝业有限公司	176	铝锭	国内先进
新疆梅花氨基酸有限责任公司	42	氨基酸	国内先进
新疆农六师煤电有限公司	47	电	国内先进
新疆农六师碳素有限公司	17.8	碳素	国内先进
新疆昆仑钢铁有限公司	4.5	钢铁	国内先进

创新能力情况				
研发经费占销售收入比重（%）	国家级企业中心或研发机构（个）	自治区级企业中心或研发机构（个）	科技人员占园区就业人员比重（%）	国家级、省级研发专利（件）
0	0	0	3.6	0

基础设施及公共服务平台建设情况			
园区累计基础设施投入（亿元）	企业生产性投资（亿元）	绿化面积（公顷）	公共服务平台数量（个）
37.75	560	153.3	2

环境保护情况					
污水处理能力（吨／年）	4.5	污水处理率（%）	100	污水处理厂（个）	1
工业废水回用率（%）	80	固体废物填埋场（个）	1	工业固废综合利用率（%）	80

［新疆园区（开发区）协会］

准东经济技术开发区

【园区概况】准东经济技术开发区位于准噶尔盆地东南缘，横跨吉木萨尔、奇台、木垒3个县，距乌市200公里；是主要依托准东煤田进行规划建设的大型煤电煤化工产业示范区，也是国家第十四个煤炭基地（新疆）的重要组成部分。准东煤田是新疆五大煤田之一，也是我国目前发现最大的整装煤田。煤田东西长220公里，南北宽60公里，总面积1.5万平方公里，包括五彩湾、大井、将军庙、西黑山、老君庙5个矿区，预测煤炭资源储量3 900亿吨，占全疆储量的17.8%、全国储量的7%，已探明储量2 136亿吨。

【产业定位】根据自治区已批准实施的《新疆准东经济技术开发区总体规划》，立足于准东经济技术开发区煤炭资源，大力发展煤炭、煤电、现代煤化工、煤电冶、新能源、新材料等支柱产业，扶植培育生活服务、现代物流等潜力产业，从而构建一个以煤炭转化产业为支柱，以下游应用产业为引领的绿色产业体系。准东经济技术开发区将努力建成世界级煤炭资源综合利用产业聚集区、国家能源开发综合改革试验区、国家大型煤炭煤电煤化工基地、国家综合能源示范基地、国家循环化改造示范试点园区、国家电力体制改革示范区，是“西气（煤制天然气）东输”“疆电外送”的重要基地。

【发展现状】近年来，在区州党委、政府的总体部署和全力推进下，准东基础设施建设和产业规模快速发展，已完成各类投资2 060亿元。一是基础设施日益完善，累计完成投资200亿元。公路网络实现全覆盖，铁路实现全线贯通，供水达到1亿立方米/年的能力，建成通信基站318座，输变电网络基本建成，初步具备承载大规模产业项目建设的能力。二是产业发展初具规模，已入驻各类企业572家，规模以上企业28家。准东立足煤炭资源优势，以资源的高效、清洁、高附加值转化为方向，加快培育煤炭、煤电、煤电冶、煤化工、新材料、新能源六大支柱产业。煤炭方面，已核准煤矿项目3个，核准规模1 800万吨；已取得国家发改委同意开展前期工作批复的煤矿项目9个，批复规模1亿吨，形成产能1.18亿吨。煤电方面，已建成煤电装机容量790万千瓦（其中公用电厂70万千瓦、自备电厂720万千瓦）。煤电冶方面，新疆东方希望、新疆神火、新疆其亚3家240万吨电解铝建成投产，均采用效率高、能耗低，具有世界先进水平的500KA和600KA电解槽；建成下游铝深加工企业11家，铝液就地转化率达到30%。煤化工方面，新疆宜化40万吨合成氨、60万吨煤制尿素、60万吨PVC、50万吨烧碱、8万吨三聚氰胺已建成投产；国泰新华循一期20万吨BDO、6万吨PTMEG项目2017年上半年将投产运行。新材料方面，东方希望10万吨工业硅项目已正式投产，3万吨多晶硅项目设备安装即将完成。

【管理机构】新疆准东经济技术开发区管理委员会为自治区人民政府的派出机构，与“中共新疆准东经济技术开发区工作委员会”一个机构、两块牌子，由昌吉回族自治州党委、人民政府管理，负责领导和管理准东开发区的党委政务、经济发展、开发建设等，行使州级规划、建设、环境保护、安全生产监管、劳动监察、项目立项等有关行政、经济管理权限。开发区机构编制75人，在编为86人。

2014—2016 年准东经济技术开发区主要经济指标一览表

项目	2014 年	2015 年	2016 年
营业收入（亿元）	238.01	396.23	494.86
工业总产值（亿元）	256.35	352.33	459
工业增加值（亿元）	60.34	78.79	100
利税总额（亿元）	13.06	11.15	11.7
年末就业人数（人）	17 951	18 210	20 000
企业用电量（万千瓦时）	2 289 700	3 764 657	4 447 900
投入强度（万元 / 公顷）	1 292	558	2 129.82
产出强度（万元 / 公顷）	985	414	3 364.12

主导产业聚集情况及其占工业总产值比重（%）（列出 3 个主导产业）

产业名称	企业数量（家）	销售收入（万元）	占园区销售收入的比重（%）	增速（%）
煤电冶一体化	3	3 531 500	71.36	16.82
煤化工项目	1	301 000	6.08	−22.46
煤矿项目	10	459 871	9.29	−6.00

园区企业情况（家）

入园企业数量	572	规模以上企业数量	28	外资企业数量	1		
生产型企业数量	139	其他类型企业数量	433				
国内 500 强企业数量	21	销售收入 >10 亿元	7	销售收入 5亿~10 亿元	6	销售收入 1亿~ 5 亿元	9
采用国际质量体系认证企业数量	13	所占比重（%）	7				
国际知名品牌名称	东方希望、宜化尿素						
国内驰名商标或名牌产品名称	—						

前 5 位重点骨干企业名称	销售收入（亿元）	主要产品门类	工艺技术和装备水平
新疆其亚铝电有限公司	120.25	铝锭	溶盐电解法、500KA 电解槽
新疆东方希望有色金属有限公司	148.60	铝锭	溶盐电解法、400KA−500KA 电解槽
新疆神火煤电有限公司	84.30	铝锭	溶盐电解法、400KA−500KA 电解槽
新疆宜化化工有限公司	30.10	尿素、PVC、片碱、水泥	CO_2 气体法、合成氨甲醇溶液活化方法
神华神东电力新疆准东五彩湾发电有限公司	4.10	电	2×35 万千瓦间接空冷机组

创新能力情况

研发经费占销售收入比重（%）	国家级企业中心或研发机构（个）	自治区级企业中心或研发机构（个）	科技人员占园区就业人员比重（%）	国家级、省级研发专利（件）
1.2	0	1	0.01	10

基础设施及公共服务平台建设情况

园区累计基础设施投入（亿元）	企业生产性投资（亿元）	绿化面积（公顷）	公共服务平台数量（个）
200	1 860	70.3	1

环境保护情况

污水处理能力（吨 / 年）	5 000	污水处理率（%）	95	污水处理厂（个）	1
工业废水回用率（%）	87	固体废物填埋场（个）	1	工业固废综合利用率（%）	10

［新疆园区（开发区）协会］

乌鲁木齐甘泉堡经济技术开发区

【园区概况】乌鲁木齐甘泉堡经济技术开发区（以下简称“甘泉堡开发区”）于2012年9月15日经国务院批准设立，园区地处乌昌地区东线工业走廊核心节点，紧邻航空港、铁路枢纽，区内多为未利用土地或荒漠草场，拥有“500”水库，区位、交通和水土资源优势明显。园区规划面积360平方公里，规划建设用地193平方公里。

【产业定位】甘泉堡开发区产业发展本着积极实施优势资源转化战略，以新能源和优势资源深度开发利用为主，以高新技术为先导，按照“优势互补、错位发展”的原则，加快打造新能源、新材料、节能环保、精细化工、高端装备制造、现代物流等产业集群。

【发展现状】甘泉堡开发区自2007年启动开发建设以来，按照“统筹区域、科学规划、集约用地、优化环境”的原则，已累计投入60亿元用于园区道路、管网、绿化等基础设施项目建设，现已完成117公里道路建设和107公里道路绿化管网建设，220千伏龙岗变电站、20万立方米/天自来水厂、污水处理厂等基础设施及相应的供排水、通信等配套设施已经完成，园区铁路专运线和铁路货场已开工建设，区内绿化面积533.3公顷，“七纵八横”的交通网络初步形成，“七通一平”的基础建设工作已经完成，大规模招商引资、开发建设的各项基本条件已经具备。截至目前，落地企业项目41个，项目总投资1 500亿元，累计完成工业资金500亿元，其中固定资产投资超过470亿元。园区有新疆众和电子材料循环经济产业园项目、新特能源光伏产业循环经济建设项目等20家企业建成投产。

【管理机构】甘泉堡开发区行政编制人员25名，事业编制30名，实有50人。园区机构为副厅级，内设纪律检查工作委员会（监察审计局）、党工委管委会办公室、组织人力资源和社会保障局、财政局（国有资产监督管理委员会）、经贸招商局、规划建设管理局、环境保护局、安全生产监督管理局、社会事务管理局9个正县级机构，另设人力资源中心、投资促进中心（中小企业服务中心）、建设发展中心等部门。

2014—2016年乌鲁木齐甘泉堡经济技术开发区主要经济指标一览表

项目	2014年／增长率（%）		2015年／增长率（%）		2016年／增长率（%）	
营业收入（亿元）	100	33.3	85	−15.0	105	23.5
工业总产值（亿元）	100	33.3	85	−15.0	100	17.6
工业增加值（亿元）	29	19.8	25	−13.8	32	28.0
利税总额（亿元）	23	9.5	18	−21.7	—	—
年末就业人数（人）	7 000	7.7	7 500	7.1	11 000	46.7
投入强度（万元／公顷）	3 500	0	3 500	0	3 500	0
产出强度（万元／公顷）	152.6	0.9	129.7	−15.0	180	38.8

续表

主导产业聚集情况及其占工业总产值比重（%）（列出3个主导产业）				
产业名称	企业数量（家）	销售收入（万元）	占园区销售收入的比重（%）	增速（%）
生物	1	94 352	3.94	—
新能源	2	252 352	10.50	—
新材料	3	622 644	26.00	—

园区企业情况（家）							
入园企业数量	41	规模以上企业数量		9	外资企业数量		0
生产型企业数量	41			其他类型企业数量			0
国内500强企业数量	4	销售收入>10亿元	3	销售收入5亿～10亿元	5	销售收入1亿～5亿元	12
采用国际质量体系认证企业数量	6			所占比重（%）	66.6		
国际知名品牌名称	0						
国内驰名商标或名牌产品名称	0						

前5位重点骨干企业名称	销售收入（亿元）	主要产品门类	工艺技术和装备水平
新疆众和股份有限公司	59.8	电子铝箔、电极箔	拥有自主知识产权
新特能源股份有限公司	25.2	多晶硅	国内领先
新疆阜丰生物科技有限公司	9.4	氨基酸、黄原胶	—
兖矿新疆煤化工有限公司	7.3	合成氨、尿素、甲醇	拥有自主知识产权
神华新疆化工有限公司	8.3	烯烃	拥有自主知识产权

创新能力情况				
研发经费占销售收入比重（%）	国家级企业中心或研发机构（个）	自治区级企业中心或研发机构（个）	科技人员占园区就业人员比重（%）	国家级、省级研发专利（件）
4	2	4	30	0

基础设施及公共服务平台建设情况			
园区累计基础设施投入（亿元）	企业生产性投资（亿元）	绿化面积（公顷）	公共服务平台数量（个）
60	500	533.3	2

环境保护情况					
污水处理能力（吨/年）	20万	污水处理率（%）	100	污水处理厂（个）	1
工业废水回用率（%）	62.9	固体废物填埋场（个）	1	工业固废综合利用率(%)	97.6

［新疆园区（开发区）协会］

库车经济技术开发区

【园区概况】库车经济技术开发区于2004年1月经新疆维吾尔自治区人民政府批准成立，2010年8月更名为“库车经济技术开发区”，2015年4月15日经国务院批准，设立经济技术开发区，定名为库车经济技术开发区。库车经济技术开发区是国家级石油天然气化工高新技术产业化基地、国家新型工业化产业示范基地、自治区级电子商务示范基地，是自治区两化融合试验区之一。

【产业定位】库车经济技术开发区以“立足资源、突出特色”为主旨，以“创新驱动、转型发展”原则为理念，按照规模化、集聚化和高端化的要求，以石油天然气化工产业为主导，着力打造装备制造产业、积极发展建材包装产业、稳步提升农副产品深加工产业、培育壮大电子商务产业等特色产业，基本构建了“一业主导，五业协同”的工业经济全新发展格局，并形成“一区五园”的空间布局。通过主导产业和特色产业的双轮驱动，逐步延伸产业链条，提升产品附加值，大力培植骨干企业，促进产业集群集聚，增强辐射带动作用，构建崭新的发展格局。依托国家石油天然气化工高新技术产业化基地、国家新型工业化产业示范基地等全新定位，将自身打造成为规模领先、特色鲜明、综合效益好、可持续发展能力强的综合性开发区。

【发展现状】库车经济技术开发区现有塔河炼化、华锦化肥、紫光化工、天河化工等150家企业，其中规模以上企业35家，中国500强企业4家。2016年度实现工业总产值163亿元，工业增加值51亿元，固定资产投资12亿元，总就业人数8 230人。

【管理机构】库车经济技术开发区管理委员会是阿克苏地委、行署的派出机构（正县级），开发区管委会(党工委)机关内设13个职能机构、6个派驻机构，编制为66人。

2014—2016年库车经济技术开发区主要经济指标一览表

项目	2014年／增长率（%）		2015年／增长率（%）		2016年／增长率（%）	
营业收入（亿元）	236.3	−2.9	173.9	−26.4	162.12	−6.8
工业总产值（亿元）	240	0	175	−27.1	163	−6.9
工业增加值（亿元）	46.16	−12.9	57.88	25.4	51	−11.9
利税总额（亿元）	36.35	−5.8	58.48	60.9	62	6.0
年末就业人数（人）	7 200	−24.2	7 687	6.8	8 230	7.1
企业用电量（万千瓦时）	140 000.8	−1.6	113 829.06	−18.7	99 535.01	−12.6

主导产业聚集情况及其占工业总产值比重（%）（列出3个主导产业）

产业名称	企业数量（家）	销售收入（万元）	占园区销售收入的比重（%）	增速（%）
石油化工	3	1 309 031.8	80.80	−4.13
天然气化工	2	66 559	4.11	−50.23
电力建材	24	164 167.51	10.13	−7.07

续表

园区企业情况（家）							
入园企业数量	150	规模以上企业数量		35		外资企业数量	0
生产型企业数量	132					其他类型企业数量	18
国内500强企业数量	4	销售收入>10亿元	1	销售收入5亿～10亿元	1	销售收入1亿～5亿元	9
采用国际质量体系认证企业数量	0			所占比重（%）	0		
国际知名品牌名称	0						
国内驰名商标或名牌产品名称	“天山牌”炸药、“红狮牌”水泥、“青松牌”水泥						
前5位重点骨干企业名称	销售收入（亿元）	主要产品门类		工艺技术和装备水平			
中石化塔河炼化股份有限公司	125.45	汽油、柴油、航空煤油、沥青		国内领先			
阿克苏华锦化肥有限公司	4.11	尿素		行业领先			
国电库车发电有限公司	4.94	电力能源		国内领先			
新疆紫光永利精细化工有限公司	2.55	亚氨基二乙腈、固体氰化钠		国内领先			
新疆天河化工有限责任公司	1.36	炸药		国内领先			

创新能力情况				
研发经费占销售收入比重（%）	国家级企业中心或研发机构（个）	自治区级企业中心或研发机构（个）	科技人员占园区就业人员比重（%）	国家级、省级研发专利（件）
0	0	1	0	0

基础设施及公共服务平台建设情况			
园区累计基础设施投入（亿元）	企业生产性投资（亿元）	绿化面积（公顷）	公共服务平台数量（个）
17.4	229.92	450	0

环境保护情况					
污水处理能力（吨/年）	1 600	污水处理率（%）	100	污水处理厂（个）	1
工业废水回用率（%）	0	固体废物填埋场（个）	2	工业固废综合利用率(%)	0

［新疆园区（开发区）协会］

其他开发区篇

上海浦东康桥工业区

【概况】上海浦东康桥工业区（以下简称“康桥工业区”）创建于1992年5月，1994年8月被批准为上海市级工业区，规划面积26.88平方公里。建区以来，康桥工业区形成了电子信息业和汽车零部件制造业两大主导产业，近年来更致力于发展以集成电路和生物医药为代表的战略性新兴产业及生产性服务业，加速构筑战略性新兴产业集聚区。康桥工业区已先后获得国家新型工业化产业示范基地、国家级孵化基地、全国商务系统先进集体、上海市战略性新兴产业示范基地、上海市质量与环境双优园区、上海市品牌园区等国家级、市级荣誉称号。康桥集团成立于1994年7月，全面承担康桥工业区的开发管理事务。

【经济发展】2016年，康桥工业区经济平稳健康发展，地区生产总值333.16亿元，同比增加1.2%，占浦东新区地区总产值的3.8%。其中，第二产业增加值为310.96亿元，同比增长0.9%，占浦东新区第二产业增加值的14.3%；第三产业增加值为22.2亿元，同比增长6.7%，占浦东新区第三产业增加值的0.3%。实现税收83.51亿元，同比增加24.5%，占浦东新区税收的2.5%。园区企业经营收入2 220.59亿元，同比增长2.2%；固定资产投入119.01亿元，同比增加40%，占浦东新区固定资产投入的6.5%；企业进出口总额352.11亿美元，同比增加5.1%，占浦东新区进出口总额的13.7%。

2016年，区内企业实现规模企业产值1 785.51亿元。完成税收83.51亿元，税收结构进一步优化。完成固定资产投资119.01亿元，其中工业固定资产增长54.56亿元。合同外资1.724 9亿美元，实到外资0.367 1亿美元，完成内资注册资金55.94亿元，均完成年度目标。

截至2016年年底，康桥工业区共引进外资企业539家，总投资69.132 4亿美元，其中，世界500强投资的企业22家；累计引进内资企业3 752家，总投资4 524亿元；累计固定资产投入998.83亿元，其中工业固定资产投入477.87亿元。

【产业发展】2016年，康桥工业区产业发展在稳定中略有增长，工业增加值306.6亿元，同比增加0.2%，其中规模以上工业增加值为305.9亿元，同比增加0.5%；工业总产值1 792.51亿元，同比减少1.9%，占浦东新区工业总产值的19.3%，其中，规模以上企业工业总产值1 785.51亿元，同比减少2.2%；外商投资企业工业总产值1 677.01亿元，同比减少0.5%；内资企业工业总产值115.52亿元，同比减少18.1%。园区主导产业工业总产值1 465.97亿元，同比减少3.5%，占园区总产值的82.1%。主导产业主营业务收入1 505.2亿元，同比减少3.5%，占园区企业主营业务收入的67.8%。2016年12月30日，投资387亿元的上海华力微电子有限公司12英寸先进生产线项目在康桥工业区南区开工。

【园区特色】根据区位特点、配套环境、发展成熟度等指标，康桥工业区划分为西康地区、东康地区和南区三个板块。在产业发展比较成熟的西康地区，致力于“二次开发”，通过“腾笼换鸟”淘汰落后产能，盘活土地资源，提升产业形态。东康地区未来将主要立足总部经济，重点发展生产性服务业和产城融合功能配套产业，发展空间巨大。南区在引入华力和天慈项目后，未来将坚持高起点规划、高标准开发、高水平建设，重点围绕集成电路和生物医药招引上下游和相关配套产业，推动各类要素资源集聚，提升园区产业发展的能级和水平。

根据最新公布的张江科学城规划，康桥工业区大部分地区也是最有发展潜力的区域，被纳入张江科学城规划建设范围，园区更加直接受到自贸区和科创中心建设政策与功能的叠加辐射，为园区和集团新一轮发展提供了很好的契机。根据张江科学城规划，未来园区内轨道交通和市政道路密布纵横，公共配套设施日趋完善，投资发展环境进一步优化，园区将迎来新一轮投资热。园区将认真谋划参与融入推进张江科学城建设的相关举措，研究如何借力张江科学城建设推动康桥工业区实现新的跨越式发展。

【科技创新】康桥工业区内现有高新技术企业 124 家，2016 年高新技术企业产值 503.12 亿元。有 25 家被认定为技术先进型服务企业，14 家被认定为专精特新中小企业，2 家被认定为科技小巨人企业。目前，区内创新创业服务机构共 15 个，其中国家级创新创业服务机构 6 个，市级创新创业服务机构 9 个。创新研发机构 66 个，其中市级创新研发机构 51 个。2016 年，区内企业发明专利授权 86 件，完成科技专项项目 4 个，获得科技奖项 1 个。区内有 8 人入选国家级人才计划，8 人入选市级人才计划。表 1 为康桥工业区内的世界 500 强企业。

表 1 康桥工业区世界 500 强企业

企业名称	企业名称
上海耀皮工程玻璃有限公司	上海欧文斯科宁玻璃纤维有限公司
上海施耐德配电电器有限公司	上海施耐德电力电气自动化有限公司
上海纳铁福传动轴有限公司	中国电信信息园区
来实建筑钢品（上海）有限公司	施耐德（上海）电器部件配件有限公司
爱杰维玻纤材料（上海）有限公司	延锋百利得（上海）汽车安全系统有限公司
上海江森自控国际蓄电池有限公司	沙特基础工业（上海）有限公司
上海延锋江森座椅有限公司	上海 ABB 工程有限公司
上海耀皮康桥汽车玻璃有限公司	上海浦东一汽青岛专用车厂
上海耀皮建筑玻璃有限公司	中交三航局兴安基建筑工程有限公司
昌硕科技（上海）有限公司	DHL 供应链事业部
上海联技范安思安防电子有限公司	蒂森克虏伯普利斯坦汽车零部件（上海）有限公司

【投资促进】2016 年，康桥工业区新批外商投资项目 6 个，投资总额 3.29 亿美元，同比增加 0.7%；合同外资 1.724 9 亿美元，同比减少 19.5%，占浦东新区的 0.5%；增资项目 27 个。进出口总额 352.11 亿美元，同比增加 5.1%，占浦东新区的 13.7%。其中，进口额 168.73 亿美元，同比增加 51.7%，占浦东新区的 10.1%；出口额 183.38 亿美元，同比减少 18%，占浦东新区的 20.3%；主导产业进出口总额 1 392.1 亿元。新批内资企业注册资本 55.94 亿元，同比减少 18.3%，占浦东新区的 0.7%；新批内资企业 627 家，同比增长 5.7%，占浦东新区的 1.6%。

【绿色集约】康桥工业区加强生态化引导，通过绿色招商推动产业结构优化。区内建有污水泵 2 座，总排污能力达每日 50 万吨，污水排放管道总长 67.2 公里，排放系统完善。2015 年，康桥工业区 COD 排放量控制在 192.94t/a，NH3-N 排放量控制在 74.75t/a，SO_2 排放量控制在 679.77t/a，NOx 排放量控制在 485.55t/a。对于新入驻的工业企业，除了对其产业类型、投资强度、经济数据进行把关外，还认真执行环境影响评价制度和环保“三同时”制度，落实国家相关法律法规，严格审核其节能降耗、清洁生产、污染物排放方面的内容，严格要求入驻企业的单位产值能耗、单位产值水耗等指标，并实行一票否决制；积极发展肥料利用等环保产业和循环经济，提高资源的利用和再利用效率；引导企业按照清洁生产的要求，开发和推广国际先进环保技术、工艺和设备等，降低资源能耗量，最大限度地减少污染物的产生，实现清洁生产、绿色生产；制定和实施清洁生产工作计划，加强节能减排工作的宣传培训，全面排查、掌握区内重点企业的生产工艺和污染物排放情况，对重点企业的节能减排工作常抓不懈。

【管理与服务】2016年，为落实浦东新区推行实施重点企业跟踪服务机制的要求，康桥工业区继续做好企业服务相关工作。根据上年税收情况，48家纳税1 000万元以上企业列入新区重点企业，建立集团公司领导联系走访制度，明确分工、落实责任，通过一企一档、一月一报、定期走访等方式，了解重点企业的生产经营状况和实际困难，为企业排忧解难。设立工商注册集中登记点，7月份启用以来，办理企业注册服务64家，完成设立30家，注册资金2.2亿元。成功上线企业服务微信公众号，自下半年开通并运营以来，共发文45条，总阅读人数25 894人次，平均阅读量为631人，粉丝数1 000多个，单篇最高阅读量为6 126。从数据上看，企业服务微信公众号的推出，切实有效做到了各类信息的共享。针对不同企业和行业类型，分批次召开机器人创新企业座谈会，举办康桥论坛暨园区企业服务交流会，举办针对园中园开发商及运营商管理的商务园区交流会等，着重强调并宣传企业服务工作的内容、范畴以及服务的模式和理念。积极配合南汇国检申报“上海市出口工业产品质量安全示范区”，并于5月17日通过了上海市国检局的验收工作。这是继金桥、松江以后通过验收的上海市第三个市级示范区。

【党建工作】康桥集团党委成立于2010年3月，现下属10个党支部。其中，集团（本部）党支部2个，直属公司党支部6个，退休人员党支部2个，共有党员145人。工业区“两新”党建方面，有党组织37个，党员559人，覆盖了园区522家企业，规模以上企业党组织覆盖率达94%以上。集团党委在日常工作中“突出服务理念、加强政治引领”，认真做好各项工作，实现“规定动作”不走样，“自选动作”有创新。在服务好集团员工的同时还召开座谈会，倾听大家对于集团经营运作、内部管理、党建群团等多方面的意见和建议，并认真组织整改。为保证党建工作科学有序地开展，制定完善了系列保障机制：一是组织保障。集团专门建立了党群工作部，作为党委的专门工作部门，配有专职党务干部3名。二是经费保障。经费来源包括党员所缴纳的党费收入、上级拨付的专项资金和集团行政拨付的专项资金，实现独立账户、专人负责、专款专用。三是制度保障。建立了四项机制，即党支部书记季度例会机制、党支部考核和管理机制、党委领导定期走访机制和国有企业党支部与“两新”企业党支部结对联动机制。

【机构设置】2016年，作为康桥工业区开发主体的上海浦东康桥（集团）有限公司整体并入上海张江集团，康桥工业区整体纳入大张江板块。康桥集团设有“5+1”部门，分别是招商服务部、规划建设部、资产财务部、行政管理部、党群工作部和审计法务室。集团领导班子成员为：集团公司党委书记、总经理黄平；副总经理生大兕、舒廷飞；党委委员、副总经理陆巍、张桂福；党委委员、纪委书记薛明。

2015—2016年上海浦东康桥工业园区主要经济综合指标一览表

项目	单位	2016年	2015年	增减（%）
开发区生产总值	亿元	333.16	329.10	1.2
第二产业	亿元	310.96	308.30	0.9
工业	亿元	306.60	305.90	0.2
第三产业	亿元	22.20	20.80	6.7
工业总产值（现价）	亿元	1 792.515	1 835.10	−2.3
高新技术企业	亿元	503.12	465.99	8.0
销售（营业）收入	亿元	2220.59	2173.80	2.2
第二产业	亿元	1 866.41	1 826.15	2.2

续表

项目		单位	2016年	2015年	增减（%）
工业		亿元	1 860.41	1 820.15	2.2
第三产业		亿元	354.18	353.70	0.1
利润总额		亿元	111.95	110.23	1.6
第二产业		亿元	97.95	96.27	1.7
工业		亿元	96.95	95.27	1.8
区内主导产业及产值					
主导产业	1. 电子信息	亿元	1 160.27	1 266.15	-8.4
	2. 汽车零部件	亿元	305.70	252.85	20.9
第三产业		亿元	14.002	13.96	0.3
进出口总额		亿美元	352.11	334.76	5.2
出口		亿美元	183.38	223.55	-18
财政收入					
税收收入		亿元	83.51	67.09	24.5
新批企业数量		家	660	602	9.6
外商及港澳台企业		家	33	9	266.7
内资企业		家	627	593	5.7
区内世界500强企业		家	36	36	0
国家级高新技术企业		家	124	124	0
新批企业投资额	外商及港澳台企业	亿美元	3.29	8.023	-59.0
	内资企业	亿元	55.94	68.51	-18.3
规模以上企业		家	325	320	1.6
科学研究与试验发展（R&D）经费支出		万元	287 052	286 912	0.05
研究与试验发展（R&D）经费投入强度		%	1.30	1.30	0
合同外资金额		亿美元	1.724 9	2.142 3	-19.5
外商实际投资		亿美元	0.367 1	1.440 3	-74.5
固定资产投资		亿元	119.01	88.83	40.0
年末从业人员		万人	89 144	50 099	77.9
万元GDP能耗		吨标煤/万元	0.15	0.154	-2.6
水资源消耗总量		万立方米	14 997 970	15 225 975	-1.5
单位国内生产总值取水量		立方米/万元	4.50	4.627	-2.7
上市企业		家	25	25	0
区内建立的创新创业平台		个	5	5	0
区内科研院所		家	1	1	0
区内职业教育学校		所	1	1	0

（上海浦东康桥工业区）

燕郊高新技术产业开发区

【经济发展】2016年，燕郊高新技术产业开发区（以下简称“燕郊高新区”）全年实现财政收入97.8亿元，同比增长20%；完成工业总产值594亿元，同比增长7%；实际利用外资完成2.1亿美元，同比增长30%；完成固定资产投资344.2亿元，同比增长16%。其中，财政收入和固定资产投资分别占全市的78%和61%。全区经济实力继续壮大、整体竞争力稳步提升，保持了良好的发展势头。

【项目建设】2016年，燕郊高新区一批重点项目签约落地：歌华多媒体信息终端、燕达健康城二期、京投银泰区域轨道科技研发中心及M-TOD一体化成果展示中心、“中美欧•燕郊生态科技产业园区”、宝供智慧物流、北影中产影视文化产业园等一批重点大项目签订了框架协议；圣北传媒公司文化产业园、科达军民融合产业园等项目正在积极推进。一批重点项目开工建设：燕达金色年华健康养护中心二期、岩峰高新产业园（云计算基地）、福谷软件研发产业基地、先进稀土材料产业公共技术服务平台、华润雪花啤酒二期、华冠勘查及地理信息资源中心等项目全面开工建设；安邦保险数据中心项目已封顶，档案管理中心、研发中心、投资中心正在进行主体施工。一批重点项目投产运行：德国虎威发动机技术研发中心、雷捷时代广场（永旺梦乐城项目）已正式投入运营。一批服务政策深入实施：开展银企对接，为中小企业与三河金融机构搭建平台，组织区内企业参加上市企业路演推介；智立医疗、龙软科技、达能新能源3家孵化企业在“新三板”上市，方元绿洲在“四板”挂牌。

【基础设施建设】2016年，燕郊高新区编制完成《三河市燕郊城区控制性详细规划（2013—2030）》并获市政府批复；东外环路南段第一标段、中心路、燕灵路（化大南路—密涿支线）、南横二路（港中旅段）、人民大会堂服务基地东路等5条道路工程已竣工；打通了学院大街西段、化大南路、燕灵路（北外环—化大南路段）群众多年反映强烈的3条断头路，新增公交线路7条、公交车130辆，路网框架不断拓展，出行难问题逐步缓解。4座污水处理厂、北部大型公交综合场站等重点工程正在加紧推进，15个高标准微型消防站、4个派出所、3个消防中心和燕郊公安分局、巡警大队、国安支队的建设工作已全面启动，基础设施的承载保障能力不断增强。

【绿色集约】2016年，燕郊高新区严格落实大气污染防治和水污染治理要求，制定了渣土车管理办法，加强扬尘治理、油烟治理、燃煤治理和涉气工业企业治理，电代煤、气代煤深入实施；完成了区内绿地系统规划和重点道路节点景观绿化，造林面积2.4万平方米；潮白河景观公园、幸福公园已建成并向市民开放，体育公园初步设计方案已确定。燕郊植物园相继举办各类花卉展览活动，初步形成了集休闲、娱乐、观赏、科普为一体的旅游景区；集中开展城市环境综合整治，实施网格化管理，强化日常巡查和执法监察，清理超高超大牌匾、广告条幅，整治烧烤店铺，规范店外经营，共立案27 710件，结案25 895件，结案率达到93.92%，城市秩序逐步规范，市容环境明显优化。

【社会事业】2016年，燕郊高新区以“十有民生行动计划”为指导，全力促进民生普惠。一是安全平稳度汛。扎实推进各项防汛工程建设，对重点部位、排水管道、雨水口及明渠进行疏通检修，基本达到了雨后3小时排净能力。二是供水、供电、供热保障平稳。北水厂出水管线工程已完工，日供水能力达到10万吨；赵辛庄110千伏变电站工程已竣工；1座220千伏变电站和2座110千伏变电站建设正在有序推进；三河电厂三期建设已启动，余热回收工程已竣工投入使用，新建尖峰锅炉厂正式运行并实现双气源保障，新建城市供热主干线55千米、热力站32座，实际供热面积达到2 370万平方米，冬季供暖运行平稳保障有力。三是入学压力缓解。燕郊小学和凌仁小学改造工作已完成，2016年秋季开学，新增加的5 500名新生顺利入学，入学压力逐步缓解。四是就业保障得以提升。

【科技创新】2016年，燕郊高新区百世金谷京东创客work+、兴远高科扬帆起航创客空间成为国家级众创空间；π 客联盟（燕郊创业中心）、天洋超级蜂巢成为廊坊市级众创空间，河北谊安孵化器、中兴科技园孵化器被成功认定为廊坊市级孵化器。全区拥有国家级孵化器1家，廊坊市级孵化器4家；国家级众创空间2家，廊坊市级众创空间2家，孵化面积超过10万平方米。创业中心生物公共技术服务平台获廊坊市基因筛查重点实验室、河北省科技型中小企业、省级服务外包企业等多项荣誉称号，开创了河北省公共实验室的建设。新认定科技小巨人企业6家，总数达到21家；新认定高新技术企业21家，总数达到53家；新认定科技型中小企业189家，总数达到588家。

【和谐开发区】2016年，燕郊高新区积极促进社会就业，成功举办春、秋两季大型人才招聘会和校园招聘会，组织各类综合性招聘会50场，定期举办劳务推介活动，组织参会企业9 476家，提供就业岗位68 455个，参会人员突破10万人次，与用人单位达成就业意向64 780人。文化活动丰富，举办了高新区第二季阅读文化节、“彩色周末和文化下乡”、百姓大舞台、儿童节文艺汇演、迎国庆等系列文化活动；组织了“天洋杯”京津冀足球超级联赛、门球赛、交谊舞比赛等活动，群众文化生活日益丰富多彩。安全监管严格，深化重点行业和领域的安全检查，组织区内重点生产经营单位签订安全生产承诺书，落实安全管理学习培训，开展“安全生产月”和“安全生产咨询日”活动，安全生产的管理机制逐步完善，全区安全生产形势稳定。

【机构设置与管委会领导】燕郊高新区现辖“两镇两街办”，即燕郊镇、高楼镇、行宫东大街街道办事处、迎宾北路街道办事处。燕郊高新区工委、管委机构为正处级，为中共三河市委、三河市人民政府派出机构，设有19个工作机构：党政综合办公室、投资促进局、经济发展局、住房和规划建设局、人力资源和社会保障局、财政局、社会发展局、纪检监察信访办公室、纪工委、总工会、国土资源局、综合执法局、园林绿化管理局、市政管理局、科技局、安全生产监察大队、创业中心、机关党委、土地储备中心；下设高新区机关党支部，共有党员250名。

2016年，燕郊高新区工委、管委领导成员为：市委常委、市政府常务副市长、燕郊高新区工委书记、管委会主任刘连杰；工委副书记、管委会常务副主任白志成；工委专职副书记杨志东；工委委员、纪工委书记魏瑞喜；工委委员、管委会副主任潘进中、雷大庆、李维宁。

（燕郊高新技术产业开发区管委会）

张家港保税区

【经济发展】张家港保税区于1992年经国务院批准设立，2008年转型升级为保税港区，并与金港镇实施一体化管理。辖区面积132平方公里，常住人口35万，先后获评全国首批生态示范工业园区、全国最具投资潜力经济园区等称号。2016年，完成地区生产总值628.72亿元，同比增长7.5%；公共财政预算收入41.58亿元，增长10.4%；入库税收81.32亿元，增长6%；工业开票销售收入1 115.12亿元，增长1.9%；全社会固定资产投资167.63亿元，增长1.6%；外贸进出口总额116.82亿美元，同比下降0.4%，其中出口27.28亿美元，增长8.6%。获评国家长江经济带转型升级示范区，跻身全国千强镇第六名。

【工业发展】2016年，张家港保税区完成注册外资13 892万美元，下降63.3%；到账外资25 139万美元，下降4.9%；完成注册外地资本54.92亿元，增长51.9%；外地资本投入83.85亿元，增长89.1%；完成工业投入106.9亿元，增长2%。康得新光学膜、华昌加氢新材料、东华能源页岩气制烯烃及环氧丙烷3个项目入围省重点产业项目；投资1.1亿美元的润英联一期、投资4 000万美元的PPG涂料二期等52个项目实现竣工投产；投资120亿元的康得新二期、投资1亿美元的霍尼韦尔MTO等56个项目开工建设；投资1.5亿美元的IFF香精香料、投资1亿美元的盛威科高档油墨、投资12.5亿元的玛顿重工等7个重大项目签约落户。全年销售超亿元企业达125家，入库税收超5 000万元的企业达31家。

【贸易建设】2016年，张家港保税区实现服务业投入60.73亿元，增长1%；服务业增加值312.06亿元，增长10.8%，占GDP的比重达到49.63%。汽车口岸、进口消费品、化工、纺织、粮油、木材等六大专业市场实现交易额超3 000亿元（含电子交易额）、税收超10亿元。汽车口岸整车进口6 000辆，增长126%，改装基地建成投运。消费品中心不断扩大跨境电子商务，郑明温控产业园开工建设。化工品交易中心在国内首家启动甲醇期货保税交割，纺织市场加快打造亚麻交易中心和国际棉花超市，粮油市场积极推进电子交易，名贵木材市场上线运行“尚木网”。引入阿里巴巴推动“一达通”外贸服务平台提档升级，物润船联在全省首批获得无船承运人资格，正式上线长江经济带多式联运平台。

【新兴产业】2016年，张家港保税区完成新兴产业投入82.09亿元，增长6.5%；新兴产业产值661亿元，增长1.4%；新兴产业产值占规模以上工业产值的比重达66.73%。保税区获评国家知识产权示范园区，保税区科创园获评国家级科技企业孵化器。设立国弘智能制造基金、以诺领军人才基金，参股张家港金茂“新三板”基金。中科院大化所产研院、中国地质大学技术转移分中心等平台加快建设运营。新引入国家“千人计划”人才1名，市“领军人才”18名。新增高新技术企业15家，获评省级以上企业创新平台10个，康得新集团在张家港市首家获评苏州市级企业研究院。成功引进阅维科技等科创项目28个，全年重点人才企业产业化销售总额超6亿元。新增“新三板”挂牌企业3家。

【投资环境】2016年，张家港保税区完成金港片区《长期保留点整治规划》和《居民自建房引导规划》等重要规划。滨江大厦等新城标志性建筑完成建设，崇真小学、幼儿园竣工，文化中心美术馆、档案馆结构封顶，文化馆、少年宫、图书馆工程过半。香山景区四季花园建成开放，香南西路、景区环路（可施工区域）基本竣工，香山大街完成立面改造，运动公园优化调整建设方案，特色小镇启动规划申报。保税港区二期整改初步确定保税区、保税港区两区并行方案，18 号泊位建设完成项目报批，口岸进口肉类查验存储一体化设施投入运营。疏港高速、张家港大桥建成通车，镇山大桥、华达路南延、黄泗浦路改造等改扩建工程有序推进，交通体系更加完善。

【社会民生】2016 年，张家港保税区总投资超 7 亿元的年度实事工程有序实施，后塍学校教学楼、金港医院易地新建等教育卫生资源优化工程开工建设，两个“乐享养老服务中心”启动运行，成为联合国教科文组织“农村社区学习中心（CLC）”项目实验点，获评“全国社区教育示范乡镇”。生态环境持续优化，关停落后产能企业 26 家，新增绿化面积超千亩，完成城乡生活污水接网超万户，实施农村垃圾分类预处理工程，完成小明沙、高桥等 4 个三星级康居乡村点位建设。竣工安置房 65.64 万平方米，完成分房 3 000 余套、安置房办证 800 余户。农村承包土地确权登记和社区股权固化改革全面完成，村均可用财力保持在 1 200 万元以上，农民人均纯收入达 3.45 万元。

【发展态势】张家港保税区将瞄准“一个总目标”：高水准打造长江经济带转型升级示范区和高标准争创全国文明镇。突出“两个主抓手”：牢牢抓住对上政策争取、突破发展瓶颈制约的牛鼻子；坚决守住安全环保发展底线。争当“三个排头兵”：发挥经济转型主力军、主阵地作用，争当重大项目集聚的排头兵；提高在全市经济社会发展动能中的贡献份额，争当港产城融合发展的排头兵；强化体制机制的改革创新，争当开放创新双轮驱动的排头兵。实现“四个新提升”：经济转型提质增效、城市品位提档升级、民生福祉提速增进、干部队伍提神振气。走好“五条发展路”：走稳定提升现有产业的转型升级之路、走统筹经济和生态效益的可持续发展之路、走放大政策功能优势的错位发展之路、走做强区镇实体经济的强身健体之路、走激励干部担当作为的实干兴区之路。

【机构设置】张家港保税区管委会下设党政办公室、组织人事局、发展改革局、招商局、科技人才局、物流贸易局、财政局、规划建设局、安全环保局、国土资源局、企业服务管理局、社会事业局、农村工作局、政法和社会管理办公室和行政服务中心。

（张家港保税区管委会）

黑河边境经济合作区

【经济发展】2016年，黑河边境经济合作区（以下简称“黑河边合区”）积极应对国内市场下行冲击和俄方经济波动加剧等困难，坚持从扩大开放、供给侧改革、创新发展、优化环境等方面发力，全力构筑产业发育平台，推动经济结构转型升级，全年实现地区生产总值8.34亿元。其中，第二产业增加值3.42亿元，占地区生产总值的41%；第三产业增加值4.92亿元，占地区生产总值的59%；公共财政收入1.06亿元；公共财政支出1.46亿元；税收收入1.09亿元；进出口总额2.77亿元；固定资产投资14.16亿元。

【产业发展】2016年，黑河边合区实现工业增加值3.35亿元，同比增长3.1%；规模以上工业增加值3.28亿元，同比增长3.1%。实现工业总产值20.69亿元，同比增加0.2%；规模以上工业总产值19.62亿元，同上年基本持平。全年开复工产业项目29项，其中，续建项目3项、新建项目26项，完成投资14亿元，建成投产23项。中燃集团LNG气化站一期完成主体工程建设，并开展气化及设备调试；中俄联合鸿泰公司科技大厦项目、黑河龙江化工公司石灰生产加工项目完成土建主体工程建设；黑河鹏程碳化硼公司年产500吨碳化硼项目，完成主体工程建设及设备安装。

【科技创新】黑河边合区推进建设的黑河中小企业创业中心，建筑面积已达到7.5万平方米，建成标准厂房、创业大楼、综合服务区及配套设施，设有专业服务机构，可为入驻企业提供政策、管理、法律、财务、融资、培训、市场推广等服务，2016年成功创建为省级中小企业创业（孵化）基地和省级科技企业孵化器。截至2016年年末，黑河中小企业创业中心先后引进贵金属线加工、俄宝石加工、俄食品加工、蓝莓制品加工等企业20家，达产后可实现产值6.56亿元，税金3 280万元。

【投资促进】2016年，黑河边合区实际利用外资2 400万美元，同比增长20%；新批内资企业10家，同比减少72%；新批内资企业注册资本总额2 800万元，同比增长52.59%。先后组织金龙港公司建设20万吨大豆蛋白粉生物科技项目、丰泰公司建设60万吨进口玉米加工项目、利源达集团新建20万延长米对俄石油管线加工项目，组织北京工美集团综合电商项目和浪潮集团大数据项目落户园区。与中石油集团共同研究在黑河边合区园区合作兴建配件产业群，与利源达集团研究推进黑河对俄专用车配套产业园建设。

【智慧园区】黑河边合区以“对俄”为方向，以“跨境”为特色，积极打造跨境电商产业集群。黑河跨境电子商务产业园区核心功能区一期、二期工程已建成投入使用，占地面积12.4万平方米，建筑面积达到8.5万平方米，建有电商运营中心、仓储物流中心、电商办公体验中心及生活配套中心，具备电商办公、仓储物流、会务培训、创新创意、生活服务等功能，2016年成功创建为省级电子商务示范基地。截至2016年年末，黑河边合区已引进国内外电子商务、跨境物流及综合服务企业100余家，其中，面向全国及全俄的第三方电商平台5家，中俄物流企业20余家，应用类和服务类电商80余家。2016年，黑河跨境电子商务产业园区企业实现交易额5.5亿元。

【体制机制创新】黑河边合区积极努力提升服务效能，全力打造服务型政府。严格落实中央、省市相关制度规定，明确了行政权力清单统一规范工作组，完成了行政权力清单统一规范和调整责任清单工作，统一规范行政权力事项共309项。此外，黑河边合区积极开展对俄合作平台和机制创新，扩大了与俄罗斯地方政府之间的互动交流，与俄罗斯阿穆尔州经济发展部等政府部门建立了常态化的工作沟通机制；与俄罗斯阿穆尔州布拉戈维申斯克市政府和布市“国际合作中心”签署了战略合作协议。同时，黑河边合区积极开拓对俄工作新渠道，在俄罗斯阿穆尔州设立了境外企业孵化中心，为赴俄投资企业提供全方位服务；成立了黑河边合区国际商会，与阿穆尔州中小企业协会、工商会等中介组织建立了广泛的业务联系。

【国际合作】2016年，黑河边合区完成对俄贸易2.52亿美元，占全市对俄贸易的43.5%。对俄重点项目建设加速推进，梦兰星河公司油品储运与炼化综合体项目得到了中俄两国政府核准，已进入建设阶段，2016年基本完成中俄标准设计转换；年产60万吨水泥粉磨站项目复工生产，两个项目已纳入俄罗斯超前发展区重点支持名录。黑河保税物流中心（B型）申报建设工作扎实推进，黑龙江省政府批复文件已正式下发，相关申报材料已提交国家海关总署，正在按照总署意见进行完善和修改；项目建设方面已完成选址、征地、立项、环评等前期工作；全年实现投资5 000万元，并围绕配套增值服务产业储备支撑项目23个。

【党的建设】黑河边合区不断提高党的建设科学化水平。认真组织开展“两学一做”教育活动，抓好管好领导干部“关键少数”和一般干部“普遍多数”，引导每个党员增强政治意识、大局意识、核心意识、看齐意识，全年讲党课共66次，组织专题研讨活动5次，撰写学习心得110篇，进一步提高了党员队伍的政治觉悟和谋发展能力。扎实推进非公党建，坚持“企业建设到哪里、党建工作延伸到哪里”的工作理念，机关党支部结对共建5家企业党组织，选派17名优秀党员到企业担任党建工作指导员，园区非公企业党建工作已实现全面覆盖。加强文明创建和纪检工作，刊发专题报道10余篇，发布正能量微博、博客1 200余条，营造了文明良好氛围。全面落实党风廉政建设责任制，加强遵纪守纪监督检查，规范干部日常工作行为，形成了风清气正、干事创业的良好氛围。

【管委会领导】2016年，黑河边境经济合作区党委书记、管委会主任郭建华；党委副书记、管委会副主任何平；党委委员、管委会副主任、调研员陆海军；党委委员、纪检书记姜丽；党委委员、工委主任柴克勤；党委委员、管委会副主任陆颖、沈秋辉、刘致全；管委会副调研员姜传凯、孙庆海。

（黑河边境经济合作区管委会）

巴克图辽塔新区（含塔城市边境经济合作区）

【园区概况】塔城市边境经济合作区是1992年国务院批复成立的全国14个国家级边境经济合作区之一。2011年11月，地委、行署决定成立巴克图辽塔新区管委会（以下简称“辽塔新区”），将地区口岸委和塔城市边境经济合作区管委会作为辽塔新区管委会的工作部门。2014年10月，自治区党委编办《关于调整塔城市边境经济合作区隶属关系的批复》（新党办〔2014〕128号），将塔城市边境经济合作区管委会调整为地区行署的派出机构，机构规格为县处级。

【经济发展】截至2016年11月，辽塔新区范围内续建、新建工程项目合计16项，计划投资8.07亿元，2016年实际完成投资1.16亿元。其中，新区投资项目8项，计划投资4.89亿元，2016年实际完成0.71亿元；其他财政投资项目8项，计划投资3.18亿元，2016年实际完成0.45亿元。

【产业发展】2016年，辽塔新区重点建设口岸工贸区。辽塔新区（边合区）按照“规划引领发展、功能满足需要、产业体现差异、业态符合实际、成本形成洼地”的要求，对口岸工贸区的总体规划进行了调整，确定了“丝路文化商品城”“国际商贸物流园”“农产品转换区”“高新技术产业区”四大功能区，规划面积14.58平方公里。在“十三五”期间，按照建设“智慧口岸”“电化口岸”和“绿色口岸”的目标，将口岸市政管网（给水、电力、电信、燃气）等基础设施建设统一规划、统一建设。

【项目建设】2016年，辽塔新区重点推进了塔城国际物流港、“丝路文化商品城”两个新建项目和盛大兴泰仓储物流监管库续建项目。丝路文化商品城项目建筑面积16 000平方米，项目总投资4 194万元，建设成为集商务、商业、旅游集散、行政、文化休闲多种功能为一体的高品质文化中心。该项目已确定为辽宁援疆“交钥匙”工程。目前已完成3栋楼基础浇筑工作。国际物流港项目（一期）占地面积267亩（17.8公顷），投资2亿元人民币，计划建成冷链查验储存一体化区、海关联检办公区、海关监管仓储区、海关监管集装箱堆放区、商贸展示区、冷冻储藏服务区、生产服务区、仓储区、检疫处理区、生活服务区以及动力区和入口服务区12项功能片区的现代化物流港。项目可研已取得地区发改委批复，委托编制了修建性详规，围墙、通讯光缆管沟观察井基坑已挖掘完成；海关监管库设计完成，监管库正在进行招投标，完成投资3 900万元。盛大兴泰仓储物流监管库项目总投资4亿元，分三期建设：一期工程完成1.3亿投资，截至目前该项目已投入资金9 000万元。已完成综合办公楼内外部装修，保鲜库、冷库工程包括制冷设备的安装、1号常温库整体工程、保税库钢构吊装工程、附属用房工程、围墙工程、库区内地坪等工程。

【投资促进】2016年，辽塔新区稳妥推进核心区项目建设。一是核心区配套基础设施项目。总投资2 000万元，建筑总面积14 768平方米。其中，新建道路3条及道路附属工程、照明工程、绿化工程，道路长度共计1 476.8米，沥青混凝土摊铺地面硬化35 000平方米。工程7月13日开工建设，截至11月中旬，土建工程、苗木工程全部完成，计划2017年5月工程竣工验收。二是辽塔创业大厦工程。2013 年 4 月立项，总投资 2.5 亿元，规划总用地面积 42 508 平方米，总建筑面积 65 868 平方米，其中地上建筑面积 49 128 平方米，地下建筑面积 16 740 平方米。工程建设包括主体、内部基础装修、外部装修，2016 年 7 月完工。大厦作为地区经济总部基地，已有 16 家经济类单位和注册资金在 5 000 万元以上的 5 家企业入驻。三是幸福小区绿化工程。工程总投资 208 万元，小区路铺装、停车位铺装、景观小品制作安装、路缘石修复工作已完成，于 12 月 15 日进行工程竣工验收。四是丁香花园种植工程。工程总投资 370 多万元，种植面积 150 亩（10 公顷）。截至 10 月底，完成紫丁香、红丁香、四季丁香 4 个品种 28 300 棵种植任务；完成红叶海棠、王族海棠、高酸海棠、北美海棠 4 个品种 1 845 棵的种植任务；野花组合 272.5 吨。

【社会事业】2016 年，辽塔新区狠抓干部作风建设。坚持问题导向，重点解决部分党员干部思想上存在盲目乐观、满不在乎等缺乏政治敏锐性的短板，行动上腿慢手懒、推诿扯皮等缺乏看齐意识的短板。通过加强民族宗教政策方面的宣传和学习，使大家维护稳定工作没有局外地区、没有局外单位、没有局外人的意识显著增强。健全维稳工作机制，及时调整了维护稳定工作领导小组，制定了应急响应期间安全防范标准等制度，完善了维护稳定工作应急处理突发预案，进一步提升了应急处置突发事件的能力和水平。以民族团结教育年和“去极端化”为重点，传播正能量。以开展“民族团结进步年”“民族团结一家亲”活动为载体，全面落实党的民族政策，扎实做好民族团结进步模范创建、融情结对帮扶、民族团结宣传教育等工作。截至目前，完成“结对认亲”15 户，开展宣传教育活动 10 余场（次）。

【党建工作】2016 年，辽塔新区深入开展“两学一做”学习教育。坚持强化组织保障，层层落实责任，将学习教育纳入重要议事日程，重点学习党章、习近平系列讲话和《中国共产党问责条例》《关于新形势下党内政治生活的若干准则》《中国共产党党内监督条例》等党内法规，党员干部严守党的政治纪律和政治规矩红线和“四个意识”进一步增强。据统计，辽塔新区先后召开 12 次专题研讨会、5 次党委会、15 次党组中心组会议。

加强党的建设，突出主体责任。辽塔新区研究制定了《关于落实党风廉政建设党委主体责任和纪委监督责任的意见》，按照责任分工，边合区党工委书记与党支部签订了《辽塔新区（边合区）2016 年党风廉政建设责任书》。党支部书记与每名党员签订了责任书，将落实党风廉政建设责任制考核作为“骏马奖”考核评定的重要内容。

突出执纪监督，规范权力运行。严格《地直部门党组（党委）议事规则》的落实，规范权力运行；完善并贯彻《党政正职“四不直接管”制度》，重大决策、重要干部任免、重大项目安排和大额度资金的使用均通过主任办公会议和财经领导小组会议研究确定；完善党委会议和主任办公会议流程，进一步规范决策行为；开展了廉政风险防控项目化管理，加大对工程招投标、工程竣工验收、建设资金管理使用情况的监督检查力度，制定项目权力运行管理流程执行单，确保权力在阳光下运行。

（巴克图辽塔新区管委会）

博乐边境经济合作区（博州金三角工业园区）

【园区概况】博乐边境经济合作区（以下简称“边合区”）位于新疆博尔塔拉蒙古自治州首府博乐市，于1992年7月18日经国务院批准建立，同年12月3日被国务院批准为国家级边境经济合作区，是国务院批准的全国14个、新疆3个国家级边境经济合作区之一。园区规划面积为7.83平方公里（市区城东3.83平方公里，城南4平方公里），主要划分为商贸、工业、仓储、生活4个功能区。历经25年的开发建设，通过对内对外开放，边合区经济社会发展取得了一定成绩。

【产业定位】2016年，自治州党委经济工作会议明确提出：“金三角工业园区是阿拉山口综保区的产业配套园区，是博乐边境经济合作区的政策叠加区，是进口能源资源落地加工的产业聚集区。博乐市、阿拉山口市要合力加快综保区政策和边合区政策在金三角工业园区的嫁接整合。”根据这一定位，园区初步确定了六大产业和组团，分别是棉纺服装加工出口、石材加工、新型建材、低碳环保、高新技术产业、保税仓储物流。园区集中精力，狠抓招商，坚持优势优先，加快引进一批大企业、大项目，壮大园区实力，改善园区形象。

【发展现状】2016年，边合区实现工业总产值31.11亿元，增速为32.9%，完成工业增加值11.93亿元，增速为33%；当年建设、当年投产的纺织服装企业2家。园区从业人数达2 880人。园区固定资产投资完成49.32亿元，其中，工业投资完成37.11亿元，基础设施投资完成12.21亿元。园区已初步形成了以石材加工、新型建材、制糖、纺织服装、酒类、油脂、塑料、保税物流等为主的产业体系。

【管理机构】按照自治州对金三角工业园区的定位，为了园区的长远发展，自治州党委、政府决定将金三角工业园区招商引资、规划建设和服务管理工作移交博乐市，同时将金三角园区并入国家级博乐边境经济合作区，实行一套班子两块牌子，下设综合业务局、规划建设局、经贸招商局、经济发展局。博乐边境经济合作区（博州金三角工业园区）主任李田。

2014—2016年博乐边境经济合作区（博州金三角工业园区）主要经济指标一览表

项目	2014年	2015年	2016年
营业收入（亿元）	6.97	8.3	21.74
工业总产值（亿元）	9	10.1	31.11
工业增加值（亿元）	—	3.63	11.93
利税总额（亿元）	—	—	10.15
年末就业人数（人）	1 593	1 438	2 880
企业用电量（万千瓦时）	4 223.97	5 226.11	18 030.845 4

续表

主导产业聚集情况及其占工业总产值比重（%）（列出3个主导产业）				
产业名称	企业数量（家）	销售收入（万元）	占园区销售收入的比重（%）	增速（%）
制糖	1	12 419	7	15
采矿、石材加工	8	91 084	82	28
纺织服装	2	0.564 8	1	100

园区企业情况（家）							
入园企业数量	68	规模以上企业数量		23	外资企业数量	1	
生产型企业数量	68			其他类型企业数量		0	
国内500强企业数量	1	销售收入>10亿元	0	销售收入5亿～10亿元	0	销售收入1亿～5亿元	2
采用国际质量体系认证企业数量	1			所占比重（%）	0		
国内驰名商标或名牌产品名称	艾比湖白砂糖						

前5位重点骨干企业名称	销售收入（亿元）	主要产品门类	工艺技术和装备水平
中粮屯河博州糖业有限公司	2.5	白砂糖和颗粒粕	—
赛里木酒业	0.36	酒类	—
博尔塔拉蒙古自治州贺丰石材有限公司	0.6	采矿、石材加工	—
博尔塔拉蒙古自治州博金石业有限公司	0.9	采矿、石材加工	—
新疆新光明有限责任公司	0.6	采矿、石材加工	—

创新能力情况				
研发经费占销售收入比重（%）	国家级企业中心或研发机构（个）	自治区级企业中心或研发机构（个）	科技人员占园区就业人员比重（%）	国家级、省级研发专利（件）
0	0	0	10	13

基础设施及公共服务平台建设情况			
园区累计基础设施投入（亿元）	企业生产性投资（亿元）	绿化面积(公顷)	公共服务平台数量（个）
20.81	65.11	111.33	1

环境保护情况					
污水处理能力（吨／年）	6 205 000	污水处理率（%）	90	污水处理厂（个）	1
工业废水回用率（%）	70	固体废物填埋场（个）	1	工业固废综合利用率(%)	75

［新疆园区（开发区）协会］

伊宁边境经济合作区

【园区概况】伊宁边境经济合作区（以下简称“边合区”）于1992年经国务院批准设立，批复面积6.5平方公里，目前开发面积为35平方公里，建成面积也达到35平方公里，规划控制面积达到110平方公里。

【产业定位】一是结合建设宜业宜居现代新城的目标，大力发展组团配套的现代服务业。二是积极培育扶持和推进生物技术、生物制药产业的发展，建设现代化生物技术、生物制药生产基地。三是积极发展新材料等高新技术产业，同时建设完善的电子信息产业链条。四是着力发展新型墙体材料、新型保温隔热材料和高档特种涂料、轻钢彩板等新型建材产业。五是依托煤炭优势资源发展现代煤化工产业。六是加快发展以乳肉制品、油脂、饲料、特色产业等为重点的农副产品精深加工产业。七是依托中亚及俄罗斯等国需求，重点发展出口加工业。八是大力发展纺织服装业。边合区目前已形成以阿旺都食品、乌苏啤酒、盛康粮油等企业为代表的农副产品加工业；以安琪酵母、天药生物、百信蜂业等企业为代表的现代生物产业；以荣能建材、恒辉陶瓷等企业为代表的新型建材产业；以国投能源公司、新汶煤制气等企业为代表的煤电煤化工产业；以山金鹰亚麻为代表的纺织服装业。

【发展现状】边合区各类固定资产投资累计达549.1亿元，2004年，在全国边合区中首家通过ISO14001国际环境管理体系认证，近年来先后被评为“中国自主创新示范基地”、自治区级最佳文明单位、2007年度自治区十佳工业园区、2012年自治区级信息化和工业化融合试验区、自治区新型工业化生物产业示范基地。2016年完成生产总值35.3亿元，其中，第二产业完成增加值18.3亿元，第三产业完成增加值17亿元。完成工业总产值26.1亿元，完成工业增加值9.3亿元，较2015年下降6.7%。主要受重点骨干企业持续减产影响，边合区工业经济下行压力不断加大，降幅也逐步加大。

【管理机构】边合区机构编制级别为正县级，同时挂伊宁高新技术产业开发区管委会牌子。行政编制26人，事业编制89人，市级聘用36人，单位聘用87人。根据实际需要，现内设7个机构，分别为办公室、经济贸易发展局、高新技术产业局、规划建设环保局、财政局、人力资源和就业促进局、社会发展局；市职能派驻部门8个，分别为国税分局、地税分局、国土资源分局、工商分局、公安分局、司法所、安监办公室，派驻130余人。

2014—2016年伊宁边境经济合作区主要经济指标一览表

项目	2014年／增长率（%）		2015年／增长率（%）		2016年／增长率（%）	
营业收入（万元）	1 428 360	2.8	1 093 125.1	−23.5	968 996.54	−11.4
工业总产值（万元）	302 595.1	−5.1	257 706.8	−14.8	261 367.8	1.4
工业增加值（万元）	113 699.3	−2.4	99 967.7	−12.1	92 961.8	−7.0
利税总额（万元）	53 225.8	−4.7	54 358	2.1	52 313	−3.8
年末就业人数（人）	12 403	0.8	13 353	7.7	13 336	−0.1

续表

进出口额（万美元）	39 088	14.3	51 002	30.5	11 234	−78.0
出口额（万美元）	37 920	13.2	50 478	33.1	11 234	−77.7
企业用电量（万千瓦时）	54 617.8	−4.9	43 538.76	−20.3	44 340.97	1.8
投入强度（万元／公顷）	1 088	0.6	1 113	2.3	1 119	0.5
产出强度（万元／公顷）	623	0.8	648	4.0	651	0.5

主导产业聚集情况及其占工业总产值比重（%）（列出3个主导产业）				
产业名称	企业数量（家）	销售收入（万元）	占园区销售收入的比重（%）	增速（%）
现代生物	5	68 326.9	26.1	4.9
煤电煤化工	1	43 723.0	16.7	−21.6
农副产品加工	19	78 982.3	30.2	25.8

园区企业情况（家）							
入园企业数量	1 296	规模以上企业数量		20	外资企业数量	3	
生产型企业数量	123			其他类型企业数量		1 408	
国内500强企业数量	4	销售收入 >10亿元	0	销售收入5亿～10亿元	1	销售收入1亿～5亿元	4
采用国际质量体系认证企业数量			19		所占比重（%）	15.4	
国际知名品牌名称	0						
国内驰名商标或名牌产品名称	安琪酵母、金鹰亚麻、伊盛面粉、解忧公主、向新禽业、紫苏丽人、荣能建材、百信蜂业						

前5位重点骨干企业名称	销售收入（万元）	主要产品门类	工艺技术和装备水平
国投伊犁能源开发有限公司	43 723	电力、热力等生产	国际先进水平
安琪酵母伊犁有限公司	56 207.67	酵母及酵母衍生物	国际先进水平
新疆盛康粮油有限公司	29 362.4	面粉、营养挂面	国内先进水平
新疆乌苏啤酒（伊宁）有限公司	10 994	啤酒	国内先进水平
伊犁尧柏水泥有限公司	12 731.5	水泥	国际先进水平

创新能力情况				
研发经费占销售收入比重（%）	国家级企业中心或研发机构（个）	自治区级企业中心或研发机构（个）	科技人员占园区就业人员比重（%）	国家级、省级研发专利（件）
3	1	6	1.32	99

基础设施及公共服务平台建设情况			
园区累计基础设施投入（万元）	企业生产性投资（万元）	绿化面积（公顷）	公共服务平台数量（个）
26 9651.8	3 326 945.52	1 000	2

环境保护情况					
污水处理能力（吨／年）	900万	污水处理率（%）	100	污水处理厂（个）	1
工业废水回用率（%）	33.2	固体废物填埋场（个）	1	工业固废综合利用率（%）	82.5

［新疆园区（开发区）协会］

吉木乃边境经济合作区

【园区概况】 吉木乃边境经济合作区（以下简称“边合区”）于2011年9月6日由国务院批准设立，是全国第15个国家级边境经济合作区，新疆第4个国家级边境经济合作区，也是阿勒泰地区首家国家级产业聚集园区，规划面积14.39平方公里。按照国务院批示，边合区将建设成为境内外能源资源开发、加工生产制造、商品贸易、仓储转运、国际物流采购的综合经济功能区。

【产业定位】 按照国务院批示，边合区将建设成为境内外能源资源开发、加工生产制造、商品贸易、仓储转运、国际物流采购的综合经济功能区，成为经济发展、边疆稳定、民族团结、社会和谐的开放示范区。

【发展现状】 边合区已形成“四大产业集群”。一是油气加工产业，形成以广汇LNG工厂和广汇运输为主的天然气进口、生产、运输产业链，2016完成产值5.98亿元，增加值2.8亿元；同时，广汇已获得年产20万吨的原油进口“牌照”。二是农副产品加工，依托县域小麦资源及边境口岸优势，已形成光明面粉生产、益康有机面业加工、红松冷水鱼加工等农副产品加工业。三是风电装备制造，引进了金风科技、泰胜风能、金海股份3家上市企业；同时，继续与叶片厂对接，邀请叶片生产企业前来考察，打造风电装备制造完整的产业链，将边合区建设成为新疆西北部的风电装备制造基地。四是硅类产品加工，引进天大矿业、新疆能源2家硅产品加工企业。

【管理机构】 新疆吉木乃边境经济合作区管理机构于2013年9月获得地区编委批复，管委会与党工委一个机构、两块牌子，是阿勒泰地委、行署派出机构，为全额预算管理事业单位，机构规格为正县级，核定事业编制15名。内设4个机构：党政办公室、商务经济发展局、规划建设局和招商局；现有干部职工23名，其中在职在编人员11人，援疆干部7人，县引进人才1人，招聘及公益性岗位人员4人。园区党工委书记张国华，管委会主任黄一鸣。

2014—2016年吉木乃边境经济合作区主要经济指标一览表

项目	2014年／增长率（%）		2015年／增长率（%）		2016年／增长率（%）	
营业收入（亿元）	7.88	131.76	6.82	−13.45	7.23	6.01
工业总产值（亿元）	7.93	133.24	6.91	−12.86	7.28	5.40
工业增加值（亿元）	2.942 5	145.86	3.46	17.59	3.78	9.20
利税总额（亿元）	0.563 9	—	0.859 5	52.42	0.56	−34.80
年末就业人数（人）	340	126.67	400	17.65	500	25.00
进出口额（亿美元）	0.504 9	2.77	0.493 8	−2.21	0.61	23.56
出口额（亿美元）	0.001 9	—	—	—	—	—
企业用电量（万千瓦时）	9 928	−13.73	912 8	−8.06	—	—
投入强度（万元／公顷）	82.20	23.24	82.54	0.41	—	—
产出强度（万元／公顷）	656.08	37.32	732.30	11.62	—	—

续表

主导产业聚集情况及其占工业总产值比重（%）（列出3个主导产业）				
产业名称	企业数量（家）	销售收入（万元）	占园区销售收入的比重（%）	增速（%）
油气加工	1	59 227	99	−13.13
风电装备制造	3	在建企业	0	0
农副产品加工	3	在建企业	0	0

园区企业情况（家）							
入园企业数量	13	规模以上企业数量		4	外资企业数量	0	
生产型企业数量	9			其他类型企业数量		4	
国内500强企业数量	4	销售收入>10亿元	0	销售收入5亿～10亿元	1	销售收入1亿～5亿元	0
采用国际质量体系认证企业数量	0	所占比重（%）	0				
国际知名品牌名称	0						
国内驰名商标或名牌产品名称	0						

前3位重点骨干企业名称	销售收入（亿元）	主要产品门类	工艺技术和装备水平
新疆吉木乃广汇液化天然气发展有限责任公司	6.9	液化天然气生产	采用国际先进工艺，进行天然气的液化、存储，产品出成率保持在96%以上
阿勒泰泰胜新能源装备有限公司	在建企业	塔架生产	在建企业
阿勒泰金风科技有限公司	在建企业	风机生产	在建企业

创新能力情况				
研发经费占销售收入比重（%）	国家级企业中心或研发机构（个）	自治区级企业中心或研发机构（个）	科技人员占园区就业人员比重（%）	国家级、省级研发专利（件）
0	0	0	0	0

基础设施及公共服务平台建设情况			
园区累计基础设施投入（亿元）	企业生产性投资（亿元）	绿化面积（公顷）	公共服务平台数量（个）
3.7	11.6	186.7	0

环境保护情况					
污水处理能力（吨／年）	0	污水处理率（%）	0	污水处理厂（个）	1（在建）
工业废水回用率（%）	0	固体废物填埋场（个）	0	工业固废综合利用率（%）	13.3

［新疆园区（开发区）协会］

河北唐山海港经济开发区

【概况】2016年，唐山海港经济开发区（以下简称“海港开发区”）党工委、管委会以习近平总书记系列重要讲话精神为指导，认真贯彻中央和省、市决策部署，按照市委、市政府确定的“建设国内一流的工业经济强区、中国北方生产性物流基地、国家级经济开发区”三个定位，认真落实“四个干”机制，团结带领全区广大干部职工，开拓奋进、攻坚克难，积极主动承接京津产业转移，全面做好改革发展稳定等各项工作，经济社会各项事业实现平稳较快发展。全区实现主营业务收入1 707亿元，同比增长0.4%；地区生产总值350亿元，增长9.4%；规模以上工业增加值152亿元，增长4.8%；固定资产投资271.7亿元，增长7.3%。

【项目建设】海港开发区深入实施“项目建设提质提速计划”，举全区之力加快推进重点项目建设和产业结构转型升级，为承接京津产业转移奠定良好基础。2016年，开发区实施重点产业项目75个，涉及总投资216亿元，其中续建项目30个，涉及总投资88.43亿元。新开工产业项目35个，涉及总投资43.27亿元，其中亿元以上项目13个，5亿元以上项目2个。主要包括投资6亿元的中商•海港城、投资7.16亿元的东南防波堤、投资2.07亿元的唐山英良石材仓储加工、投资4.1亿元的中东欧产品保税仓储配送基地等。投资21.07亿元的聂庄至东港增二线及东港站改造、投资2.29亿元的京唐国际石材城港兴商贸城等10个项目完工或基本完工，特别是国丰第二冷轧镀锌技术有限公司顺利复产，为海港开发区重振精品钢产业奠定了良好基础。

【招商引资】2016年，海港开发区着力打好“沿海”“京津”两张牌，借势世园会、中东欧国家地方领导人会议等系列活动，大力开展“招商引资攻坚年”活动，深入实施“乡音招商”工程、“凤还巢”工程和“凤栖梧桐”专项行动，进一步掀起全员招商的热潮。全年共洽谈项目414个，涉及总投资1 165.6亿元以上，其中，投资4.5亿元的大清河盐场50MW渔光互补+制盐光伏发电、投资4.5亿元的10万吨保护渣及其他冶金辅助等44个项目（包括16个视同签约项目）顺利签约。特别是积极承接非首都功能疏解和产业转移取得明显成效。全年洽谈京津产业转移项目102个，涉及总投资232亿元以上，其中农业光伏发电一体化、机动车综合性能检测中心及汽车零部件再制造、洁净型煤制造、千亩中药材种植示范基地等一批项目已签约落地。

【港口运营】2016年，唐山港京唐港区实现货物吞吐量2.71亿吨，同比增长16.3%；集装箱运量150.55万标箱，同比增长34.8%，均创历史新高。由唐山港集团、天津港集团合资组建、注册资金5亿元的津唐国际集装箱码头有限公司正式揭牌，为京津冀地区开辟了一条对接“一带一路”的海铁联运新通道。唐山港京唐港区被国家交通运输部列入“国家重点港区”名录，25万吨级航道工程被列入交通运输部《沿海港口“十三五”重点建设项目表》，国家将为京唐港区建设投入更多的支持资金。

【园区建设】2016年，海港开发区大力发展园区经济，加快完善配套设施，吸引了一批大项目、好项目向开发区聚集。太原铁路局牵头建设的概算总投资14.42亿元的铁路物流项目初步获得铁路总公司认可，已通过第一次评审论证。中欧产业园内首个项目、总投资4.1亿元、占地200亩（约13.3公顷）的中东欧产品保税仓储配送基地项目一期工程进入收尾阶段，正在组织竣工验收。赴北京、天津、厦门、河南驻马店等地开展京唐国际石材城招商活动，积极邀请厦门万里石股份有限公司、北京西联联合国际石材交易市场有限公司等近30家知名企业来开发区实地考察。全年洽谈项目23个，入驻石材城项目已达54个，其中28个已开工建设，涉及总投资19.33亿元。同时，积极发挥石材创业中心的孵化器作用，全力培育石材企业，成立京唐石材批发市场，建设京唐国际石材城港兴商贸城，不断加快石材产业聚集，培育企业及个体工商户10家，引进石材批发企业20家，石材产业实现蓬勃快速发展。

【体制机制创新】2016年，海港开发区深化行政审批制度改革，设立行政审批局，年内共衔接取消行政审批事项7项，衔接下放事项22项，办理各类行政审批事项13 491件，限时办结率达100%。稳步推进人事薪酬制度改革，制定人事和薪酬制度改革方案并得到市政府批准。深化投融资体制改革，积极稳妥推进PPP项目，充分发挥直属企业融资平台作用，融资到位5.24亿元。认真落实国家、省、市“大众创业、万众创新”的扶持政策，充分发挥各类创业平台的作用，大力实施市场主体增量工程，全区新登记各类市场主体1 328家，增长29.03%；新增企业355家，增长24.48%；全区市场主体达5 485家，注册企业达1 749家，市场主体数量和注册资本增速均创历史新高。

【科技创新】海港开发区坚持把转方式、调结构落实到具体项目上，加快推进“新兴产业倍增计划”，2016年实施战略性新兴产业项目11个，涉及总投资235.17亿元，认定河北省科技型中小企业23家。开滦中浩化工新材料基地、雾谷纺织机械自动控制设备生产线等项目竣工投产；量子技术应用产业园、建投大清河风电场项目开工建设；国电大清河风电场、北京风耀渔光互补发电及其他新能源等6个项目前期工作扎实推进。积极协助落地企业申报省、市级科技项目，获取相应的专项资金支持。全年新增省级科技型中小企业25家，全区省级科技型中小企业已达65家，共发放创新驱动奖励资金207.4万元。

【体制机制创新】2016年，海港开发区严格落实“四个干”机制和重点项目分包责任制，实行主要领导带头，改坐等办公室听汇报为实地调查了解，坚持每天一次联系企业，每周一次现场调研，每半月一次综合分析，每月召开一次现场推进会，切实助推企业发展、提速项目建设。积极盘活“僵尸企业”，开展停产企业盘活攻坚行动，对14家停产企业、19家存在闲置土地及土地利用率不达标企业采取一对一帮扶方式，重点解决市场、融资、手续办理、转型、企业重组等问题，力促停产企业早日复产达效。目前，已成功协调解决唐山信至创新实业有限公司燃料供应及环评验收问题，企业一期项目复产，二期设备陆续进行安装，准备试生产。

【城乡环境】2016年，海港开发区加快推进“美丽乡村”建设，组织唐山港集团等骨干企业对6个重点村进行帮扶，实现点上精彩、线上美丽、面上干净的格局，农村面貌改造全面提升。全区87个“美丽乡村”建设项目全部完工，累计投资1 897万元，绿化面积达3万平方米。深入实施城市清洁空气行动，率先实现城区公交车全部更换为纯电动绿色环保公交车；加强环境监察执法，对重点化工企业实施24小时监控，全区空气质量优良率达到83%，高于河北省、唐山市平均水平。

【机构设置与管委会领导】2016年，海港开发区辖1个管委会、1个镇、60个村民委员会、2个居民委员会，下设党政综合办公室、党群工作部、人社局、社管局、发改局、招商局、住建局、城管局、安监局、财政局、监察局、文广局、街道办、物流办14个部门。党工委、管委会领导班子成员为：唐山市人民政府副市长、海港开发区党工委书记曹全民；党工委副书记、管委会主任黄玉刚；管委会调研员王纯华；党工委委员、管委会副主任谭树强、赵书田、刘军；党工委委员、物流产业聚集区管委会主任莫辉；党工委委员、纪工委书记熊向阳。

2015—2016 年唐山海港经济开发区主要经济综合指标一览表

项目	单位	2016 年	2015 年	增减（%）
开发区生产总值	亿元	350	320	9.4
第二产业	亿元	185	172	7.6
工业	亿元	180	170	5.9
第三产业	亿元	140.5	124	13.3
工业总产值（现价）	亿元	660.71	566	16.7
高新技术企业	亿元	132.1	113.2	16.7
销售（营业）收入	亿元	1 707	1 700	0.4
第二产业	亿元	683	402	69.9
工业	亿元	665.32	161.9	310.9
第三产业	亿元	1 001	1 298	−22.9
工业	亿元	2.24	0.5	348.0
区内主导产业及产值				
主导产业 1. 煤化工	亿元	306.9	230	33.4
主导产业 2. 农副食品加工	亿元	130.02	87	49.4
主导产业 3. 电力	亿元	71.28	68	4.8
进出口总额	亿美元	7.33	7.55	−2.9
出口	亿美元	1.5	1.53	−2.0
财政收入	亿元	54.02	53.65	0.7
税收收入	亿元	44.02	42.2	4.3
财政支出	亿元	44.21	43.9	0.7
新批企业数量	家	375	385	−2.6
外商及港澳台企业	家	2	2	0
内资企业	家	373	383	−2.6
新批企业投资额 内资企业	亿元	143.12	29.4	386.8
规模以上企业	家	134	123	8.9
固定资产投资	亿元	271.7	253.11	7.3
年末从业人员	万人	2.36	2.21	6.8
万元 GDP 能耗	吨标煤／万元	0.44	0.48	−8.3
水资源消耗总量	万立方米	992	723	37.2
单位国内生产总值取水量	立方米／万元	2.83	2.26	25.2
上市企业	家	1	1	0
区内建立的创新创业平台	个	1	—	—

（唐山海港经济开发区管委会）

江苏泗阳经济开发区

【经济发展】2016年，江苏泗阳经济开发区（以下简称“泗阳开发区”）全年实现业务总收入773.17亿元，地方财政一般预算收入16.75亿元，工业固定资产投资13.3亿元，比2015年分别增长16.73%、12.45%、13.61%。实际到账外资5 060万美元，进出口总额3.18亿美元。2016年位居江苏110家省级以上经济开发区第40位，综合排名比2015年上升5位；在全省83家省级开发区中排名第17位，比2015年上升4位；在苏北五市40家省级以上开发区中排名第9位，比2015年上升1位；在苏北五市34家省级开发区中排名第4位。

【项目引建】2016年，泗阳开发区始终坚持“产业强区、集聚发展”的理念，深化创新“三个结合”招商思路，紧盯全年目标任务不动摇，通过“走出去、请进来”，成功举办夏季、秋季等系列投资环境说明会，努力在项目招引上实现新的突破。全年实现落户开发区亿元以上项目35个，实现开工项目16个、竣工项目14个，在全市招商引资考核中连续4个季度稳居前列，荣获全市招商引资工作考核先进单位。其中，开发区引进的溢彩包装、四两绿食品、艾美琳食品、润昌橡胶，交运局引进的稳得福无纺布二期以及结转建设的宝宸科技、润泰银科技、大雁纱业等项目进展顺利，海欣纤维、晨风服饰、天合环宇等一批大项目、好项目实现竣工投产。

【科技创新】启动建设区知识产权综合公共服务平台；2016年新增专利申请1 605件，其中发明专利申请78件，专利授权763件；新增高新企业8家，省级企业技术中心1个、研究生工作站6个；获批省产业前瞻性研究项目1个，新增知识产权管理规范创建备案单位14家，验收合格5家。

【产城共建】2016年，泗阳开发区牢固树立“产城共建”的理念，启动开发区新一轮总体规划修编、淮海路标准化厂房改扩建、葛东河路标准化厂房及北京路派出所、消防站建设；完成浙江路东延、文城路东延等2条新建道路以及苏州大道等5条结转道路建设，黄河路等3条道路绿化，吴江路等6条道路路灯工程建设。加强城市管理工作，按照分片包干、责任到人、强化考核的原则，建立面、线、点三结合的城市管理体系，开展企业内部环境整治，建立健全违规建设管控体系，着力建设整洁有序的东部工业新城。

【非公有制企业党建】2016年，泗阳开发区认真组织“两学一做”学习教育和党的纪律建设年活动，建立书记微信群及各党支部微信群，按月开展“集中活动日”工作，召开党总支书记座谈会2次、非公企业党总支书记论坛1次；按照“宜建则建”的原则，全年新组建党组织11个，发展预备党员20名，转正党员30名；认真做好党员排查工作，与54名失联党员取得联系并转出党组织关系，转入党员27名；开展2次党总支书记、党建工作指导员（联络员）、预备党员、发展对象、入党积极分子集中培训活动；选优配强党总支书记9名，完成16个党组织换届工作；制定《关于建立非公企业党组织负责人津贴制度的实施办法》及《考核办法》，为非公企业党总支书记发放党建工作津贴；全年为党组织活动开展和阵地建设提供经费近6万元，其中为东滢服饰、新晨化纤等示范点配备电脑设备等。

【招才引智】2016年，泗阳开发区成立人才工作领导小组，制订人才工作规划，注重人才引进、培养、使用；年内赴上海、湖北等地高校参加高层次人才专场招聘会，建立安徽工业大学学生实习基地，对接俞建勇院士筹建纺织研究院，引进“千人计划”特聘专家叶茂来泗投资天工智能制造、张克勤与大雁纱业合作创业，高层次人才魏青松教授与成达制盖建立技术合作，帮助企业引进外协专家12人，年内引进本科及以上人才53人。

【社会文化事业】2016年，泗阳开发区扎实开展领导干部讲学活动，年内共开展8期专题讲学活动；被《新华日报》等省、市、县各层次媒体采用的宣传报道稿件共计382篇；密切关注农民工工资、企业欠薪等易引发矛盾的问题，有效完善网上舆情的收集、研判、引导、控制、处置制度，累计受理各类网络问政舆情共计583件，办结率100%。做到安全生产宣传培训、机制完善、监管责任“三到位”，实行领导班子及部门负责人“一岗双责”，召开4次全区安全生产工作会议，建立企业安全管理目标考核奖惩机制，推进安全标准化建设和网络信息报送平台建设，全力打造和谐稳定的发展环境；年内成立工会组织8家、建立职工之家3家、建立职工驿站2家、成立5家劳动争议调解室、签订女职工专项集体合同10家，登记、帮扶困难党员、职工100余人；结合“三进三帮”活动，扎实做好来安街道东安居委会“联村共建”“结对帮扶”等工作，助其早日脱贫致富。

【管理机构】根据宿编〔2015〕87号文件批复，开发区管委会设立党政办公室、组织人事局、投资促进局、综合执法局（安全生产监督管理局、食品药品监督管理局）、行政审批局、监察审计局、财政局、经济发展局、规划建设局，为正科级建制；投资促进局下设招商局、企业服务局，为副科级建制。

中共江苏泗阳经济开发区工作委员会书记葛明；副书记葛习和（兼）、史素珍、王克琦、李学祥、张业奇(4月免)、张龙(挂职，8月免)；工委委员刘家新、陈元圣、刘传林（4月任）、王颢、狄运江、徐正军、周金成、孙之明、左于交（4月任，12月开除党籍）、谢友兵（8月任）；纪工委书记徐正军；纪工委副书记、监察室主任潘澄。

江苏泗阳经济开发区管理委员会主任史素珍（4月任）；副主任刘家新（5月任，机构升格）、陈元圣（5月任，机构升格）、刘传林（4月免）、王颢（5月任，机构升格）、狄运江（5月任，机构升格）、周金成（4月免）、张龙（挂职，8月免）、张培（挂职，8月任）。

（江苏泗阳经济开发区管委会）

浙江海宁经济开发区

【经济发展】2016年，浙江海宁经济开发区（以下简称“海宁开发区”）实现地区生产总值389.86亿元，同比增长6%，实现税收收入66.96亿元，同比增长3.3%。全区765家规模以上企业完成工业总产值1 063.89亿元，同比增长2.7%，利润124.67亿元，同比增长155.6%。入选国家发改委长江经济带国家级转型升级示范开发区，位列浙江省工业强区第八（含国家级开发区）。

【产业发展】2016年，海宁开发区全年实到外资3.93亿美元，同比增长1.3%，引进项目总投资3 000万美元以上项目7个。实现总投资67亿元的精益集团汽车轮毂项目、总投资50亿元的国能电池项目、世界500强伊藤忠商事、全球行业龙头铁三角等大、好、高项目落地开发区。构筑招商引资新平台，启动国际装备制造产业园，首期项目实现开工建设。新成立漕河泾招商分局，强化上海驻点招商。

【投资促进】2016年，海宁开发区完成固定资产投资319.79亿元。落实项目联系领导，加快重点项目推进。建立代办中心，落实项目帮办代办，实行从项目对接到项目落地、建设、投产一站式服务，稳步推进海派家具、时尚产业园等项目建设，实现国际装备及电子信息产业园一期、科技绿洲二期开工建设。深入挖掘企业技改项目，狠抓零增地技改。加大分布式光伏发电推广力度，优化能源消费结构，推进节能减排。

【科技创新】2016年，海宁开发区深入开展资源要素市场化配置改革，企业亩均税收达到19.47万元，亩均销售达到375万元，分别高于海宁市平均水平48和23个百分点。鼓励企业做大做强，对区内年产值10亿元以上的企业实施“一企一策”扶持计划。出台加快转型升级的若干政策意见，每年提供3 000万元财政资金扶持企业发展。科技创新成果显著，新增高新技术企业47家，新增发明专利授权210件。积极引导企业挂牌上市，进入资本市场，慕容集团在香港主板上市，实现开发区企业主板IPO零的突破。大力推进“僵尸企业”破解工作，盘活要素资源，积极推进“僵尸企业”兼并重组。

【社会事业】2016年，海宁开发区完成碧云路改造、硖仲路安置房、文苑路北延（双冯段）、兴业路、金三角市政基础设施改造、双冯路东延、硖尖拓宽等工程。积极推进“五水共治”，长山河海宁市区片水系综合治理项目完成河道综合整治6.588公里。实施交通标志标线工程、路灯亮化工程、双联路北延工程、纬二路西延、开发区中心幼儿园新建工程、利民桥及引道工程。做好绿化、美化、亮化三大提升工程，黄标车整治、大气整治、小锅炉整治、三大行业整治完成率均达100%。5月底实现开发区制革行业前道全部关停，制革行业整合转型迈出实质性步伐。高度重视全国文明城市创建工作，不断提升区域软硬环境水平。

【党建工作】海宁开发区拓展“连心桥联盟”内涵，并以此为基础选树党建品牌，积极培育集纺机公司“科技＋党建”、天通集成“到点＋到组＋到人”快乐班组及“分层破难”党建机制、慕容集团“三双组合式”青春党建等三大党建示范点于一体的示范带，引领企业发展。加强廉政建设，利用周一夜学等平台，组织干部职工认真学习《中国共产党廉洁自律准则》和《中国共产党纪律处分条例》，强化纪律观念。结合“两学一做”主题教育活动的讲规矩、有纪律专题讨论，党工委8名成员深入18个“两新”党组织联系点，讲授专题廉政教育党课8场，实现了全区廉政全覆盖。深化“青蓝结对工程”，突出选、培、用“三个一批”，9名年轻干部经过为期3年的培育已顺利“出师”。通过开设6期“干部微讲堂”，加强对后备干部的管理。

【分区建设】漕河泾海宁分区2016年度共完成固定资产投资6.87亿元，其中工业生产性投资6.58亿元，第三产业投资0.29亿元。实现规模以上工业总产值39.03亿元，利润5.75亿元。其中重点打造的海宁科技绿洲项目占地92亩（约6.1公顷），总投资3.6亿元，规划建筑面积99 668平方米。目前一期工程已完成建设，累计出租面积20 130.79平方米，累计出租率为90%，引进企业15家；二期工程已于2016年年底开工建设。

【重大事项】2016年5月，海宁开发区被国家发展和改革委员会列为长江经济带国家级转型升级示范开发区，成功创建“国字号”开发区。5月23日，位于海宁经济开发区普泰国际物流园内的海宁港口岸监管场站开通启用。该监管场站配备智能卡口、高清摄像头等监管设备，能自动对集装箱箱号、重量、车牌等信息进行采集识别，通过与海关系统内物流、单证等信息比对，实现自动进场、自动放行功能，承担海宁港区范围内货物进出口一般贸易的清关、报关、查验等功能，是海宁市场采购贸易国家级试点出口转关口岸，专为市场采购贸易经营者办理“多品种、多批次、小批量”外贸产品出口通关手续。该监管场站启用后，区域内企业的各类进出口货物可直接在海宁进行报关报检、查验和通关，有利于降低企业国际物流成本。3月1日，海宁开发区与杭州铁三角科技有限公司举行项目签约仪式。铁三角成立于1962年，是一家电子产品公司，总部设在日本，主营业务为研发、生产和销售各种话筒、耳机、无线系统等音像设备和家用电器。签约项目为杭州铁三角科技有限公司租赁浙江万阳新能源有限公司6 600平方米厂房，从事耳机、话筒及其他无线智能产品和设备的研发与生产。项目分两期实施：一期项目总投资3 000万元，注册资本2 000万元，年产耳机80万台、麦克风20万套，当年产值可超5 000万元；二期项目计划于2019年实施。12月15日，海宁科技绿洲二期项目举行开工仪式。二期项目占地3.1公顷，规划建筑面积3.9万平方米，投资9 640万元。二期项目建设各类厂房11栋，面积4万余平方米，以及联排小户型高端厂房，集生产、生活、生态于一体，具备研发创造、商务办公、物业服务等功能，构建中心区域环状景观带，建设花园式产业园区。

（浙江海宁经济开发区管委会）

广东江门新会经济开发区

【经济发展】2016 年，广东江门新会经济开发区（以下简称“新会开发区”）积极应对国内外严峻的经济形势挑战，围绕“工业立区”战略，坚持发展工业定力，大力壮大工业经济，提高经济发展质量和效益，推动经济社会全面发展。全年完成固定资产投资 34.58 亿元；限额以上社会零售总额 3 820 万元，同比增长 37.32%；利用外资 1 800 万美元；公共财政预算收入 27 385 万元；规模以上工业总产值超 110 亿元。

【产业发展】截至 2016 年，新会开发区内有工商企业 547 家，其中规模以上工业企业 66 家。瑞士 ABB、江裕集团、福斯特惠勒、重庆力帆摩托车生产基地、广东华冠钢铁、上海耀皮玻璃等一批规模较大的企业先后落户，形成涵盖电气器材、电子产品、精细化工、钢铁深加工和五金不锈钢制品、摩托车制造、现代物流等优势产业的结构布局，生产出“映美”打印机、“千色花”涂料、“CPF”聚丙烯电容薄膜等著名品牌产品。

【园区特色】按照“政府委托、代建代管、封闭运行”的原则，2013 年 3 月，新会开发区代表新会区人民政府承担广东轨道交通产业园的开发、建设和管理工作；2015 年 7 月，新会开发区接管枢纽新城以及“5+6”工业园区的建设管理工作，全面负责园区的开发、招商、建设和管理。

广东轨道交通产业园位于中国广东省江门市新会区经济开发区，是广东省首批战略性新兴产业基地，广东省产业转型升级的典型代表。园区规划面积 6 132 亩（408.8 公顷），分为修造基地 1500 亩（100 公顷）和配套基地 4 632 亩（308.8 公顷）两部分。其中，修造基地是中车广东轨道交通车辆有限公司所在地，由中国中车集团与广东省铁路建设投资集团有限公司共同出资注册成立。中车广东公司已于 2015 年 9 月获得国家铁路局颁发的 CRH6A 车型制造许可证。2016 年，轨道交通产业园列入广东省创新型产业集群建设试点，完成投资超 51 亿元。配套基地以中车广东公司为龙头，汇聚轨道交通产业上下游高端配套企业，打造集研发、制造、物流、生活服务、工业旅游于一体的现代化、综合性配套园区，已有 12 家配套企业落户配套基地。

银洲湖工业园区即“5+6”工业园区，即 5 个核心园区，包括新会经济开发区、广东轨道交通产业园区、银洲湖纸业基地、崖门环保电镀基地、中小船舶产业基地；6 个扩展园区包括新会装备产业园大泽园区（中集产业园）、新会装备产业园司前园区、新会装备产业园罗坑园区、崖门粤澳合作产业园、珠西化工集聚区、古井临港产业园。2016 年增设招商局负责招商引资工作，加挂银洲湖管委会招商局牌子。在成立银洲湖新城公司的基础上，新成立 5 家园区子公司，园区运作呈现实体化。

【科技创新】2016 年，新会开发区新增国家级高新技术企业 2 家（百生医疗器械、鸿业机械），新增市级工程技术中心 7 家（中鼎橡胶、丽宫食品、雅顺有机硅、星光自动化、百生医药器械、华创电机、亿诺五金），申请专利 147 件，授权专利 68 件。新会开发区已拥有国家级高新技术企业 15 家；省级工程研发中心 7 家、市级工程研发中心 19 家。持续狠抓科技创新和技术改造战略，年内完成技改项目6个，投资总额超1.4亿元。

【投资促进】2016年，新会开发区抢抓高铁“走出去”的国家战略机遇，联合广东轨道交通产业园龙头企业的中车广东轨道交通车辆有限公司等8个园区企业及五邑大学轨道交通学院，共9个单位组团参加在德国举办的2016年柏林国际轨道交通技术展览会。展览会上，广东轨道交通产业园以“让世界轨道交通产业认识广东轨道交通产业园，让广东轨道交通产业园的企业走向世界”为主题，倾力打造“广东轨道交通产业”整体品牌，不断加强广东与欧洲轨道交通的产业对接，全面深化广东与欧洲知名轨道交通企业的战略合作，为广东轨道交通走向世界和产业招商创造有利条件。

【基础设施】2016年，新会开发区坚持把完善园区建设和市政设施配套作为招商引资的重要抓手。实施各类市政工程计划35项，总预算金额755万元，主要包括完成轨道交通产业园安装候车亭、广告垃圾箱及站台工程、银源路（耀皮厂门口）积水治理工程、江裕路垃圾转运站地面硬化及盖顶工程、同庆路ZB6交叉路口路面改造工程等。贝沙湾、雅景阳光城、尚林轩等一批楼盘建成，配套设施得到完善。

【机构设置】新会经济开发区管理委员会为区人民政府派出机构，为副处级的行政机关单位。开发区管委会有7个内设机构：党政办公室、经济发展办公室、规划建设环保办公室、公用事业管理办公室、社会事务办公室、安监办公室、招商局，均为副科级；设两个公益一类事业单位：江门市新会经济开发区水利所、人力资源和社会保障服务所。

2015—2016年广东江门新会经济开发区主要经济综合指标一览表

项目		单位	2016年	2015年	增减（%）
开发区生产总值		亿元	36.63	36.18	1.24
第二产业		亿元	31.07	32.13	-3.29
工业		亿元	30.95	31.93	-3.07
第三产业		亿元	5.56	4.05	37.28
工业总产值（现价）		亿元	110.60	117.10	-5.55
高新技术企业		亿元	43.89	32.79	33.85
销售（营业）收入		亿元	115.32	129.85	-11.19
第二产业		亿元	103.38	116.56	-11.30
工业		亿元	102.89	114.91	-10.46
第三产业		亿元	11.94	13.29	-10.16
利润总额		亿元	8.62	8.73	-1.26
第二产业		亿元	8.94	9.02	-0.90
工业		亿元	8.97	8.99	-0.22
区内主导产业及产值					
主导产业	1. 电气机械和器材制造业	亿元	20.61	20.35	1.28
	2. 铁路、船舶、航空航天和其他运输设备制造业	亿元	14.25	21.69	-34.30
	3. 橡胶和塑料制品业	亿元	9.85	10.42	-5.47
进出口总额		亿美元	8.03	7.64	5.10
出口		亿美元	5.29	4.95	6.87
财政收入		亿元	14.61	13.59	7.50
税收收入		亿元	11.45	10.61	7.92
财政支出		亿元	1.30	1.29	0.78

续表

项目		单位	2016 年	2015 年	增减（%）
新批企业数量		家	64	38	68.42
外商及港澳台企业		家	2	2	0
内资企业		家	62	36	72.22
新批企业投资额	外商及港澳台企业	亿美元	0.09	0.33	-72.73
	内资企业	亿元	10.30	0.85	1 111.76
	增资企业	亿美元	0.15	0.22	-31.82
规模以上企业		家	66	72	-8.33
科学研究与试验发展（R&D）经费支出		万元	14 727.50	18 161.30	-18.91
研究与试验发展（R&D）经费投入强度		%	1.43	1.57	-8.92
合同外资金额		亿美元	0.24	0.25	-4.00
外商实际投资		亿美元	0.20	0.18	11.11
固定资产投资		亿元	34.58	28.16	22.80
年末从业人员		万人	1.84	1.90	-3.16
万元 GDP 能耗		吨标煤 / 万元	0.24	0.22	9.09
水资源消耗总量		万立方米	321.91	370.04	-13.01
单位国内生产总值取水量		立方米 / 万元	11.44	12.42	-7.89
上市企业		家	16	16	0
区内建立的创新创业平台		个	2	2	0
区内科研院所		家	13	13	0
区内职业教育学校		所	2	2	0

（广东江门新会经济开发区管委会）

浙江玉环经济开发区

【概况】浙江玉环经济开发区(以下简称“玉环开发区”）前身为玉环大麦屿经济开发区，设立于1992年6月，1993年11月经浙江省人民政府批准升级为省级经济开发区，2005年更名为玉环经济开发区。2008年12月5日经玉环县委常委会决定，玉环经济开发区从大麦屿整合到漩门二期围垦区，主要负责开发漩门二期围垦区、县汽摩园区、观光农业园等区块，整合后规划控制面积达到85平方公里。

2016年，玉环开发区以“项目提速年”“百日会战”等活动为载体，坚持项目开路、服务跟进，在开发区的建设质量、发展速度上展现出较大优势：2016年，玉环经济开发区在50家浙江省级开发区综合考核评价中以357.3的总分排名第21位，比2015年上升14位，综合排名创历史新高。

【经济发展】2016年，玉环开发区实现工业总产值94.71亿元，增长5.77%。实现销售收入87.67亿元，增长4.03%，其中规模以上工业总产值81.42亿元，增长6.87%。销售产值74.44亿元，增长5.05%。税收收入4.18亿元，增长4.88%。出口交货值25.91亿元，增长1.76%。2016年，全区规模以上企业有91家，其中产值亿元以上的企业26家；同时，新评三龙企业47家，入选县三名企业9家。农业方面，特色品牌效益初显。2016年，玉环开发区做好省级生态循环农业发展项目、县级项目上报以及生产技术指导服务工作；湿地公园农业区内部水稻田区、蔬菜园区、地方特色果园等形成完善区块格局，培育成功珍珠李、红美人（柑橘)、火龙果、白沙枇杷等一批特色种植品种，打响湿地水果知名度与美誉度。同时，借力漩门湾旅游宣传平台，进一步打响漩门湾农业品牌。

【招商引资】2016年，玉环开发区启动晶科产业园（138亩)、晶科光伏发电二期项目建设，完成示范区小微企业创业园土地出让，完成新城幼儿园供地，完成特色小镇概念规划的初步方案评审，深化总部经济11号楼初步设计方案，完成保诚生态文化园概念方案优化更新，同时继续对接树兰学校等招商项目。

【基础设施建设】2016年，玉环开发区累计完成社会固定资产投入30.7亿元。玉环新城形象得到大幅提升，城市格局日趋完善。公建项目方面，投用县委党校，建成县广电中心、邻里中心、环保公路、公证综合服务中心，完成新城学校总工程量的30%，实现新城科研中心交工验收，完成新城体育中心项目建议书批复。商业项目方面，投用玉环国际阀门城一期、综合物流园第三方物流中心，建成青年大厦，实现华龙•阳光星城一期交房、二期桩基施工，完成苏泊尔•滨江壹号一期主体装饰工程、二期实施地下室工程，完成玉环国际阀门城二期竣工验收，完成中西医结合肾病医院、玉柴润滑油华东销售中心主体结顶，推进半岛•世贸大厦、国贸大厦、百步纳商务楼、玉环国际家具精品城内外装饰工程，启动建筑业大楼、华达大厦地下室施工。基础设施建设方面，建成风屿北路二标段、风屿北三路、六号路、北区九眼港桥（施工便桥)，启动金湾东路及支路、漩门二路等道路施工，启动家具城配套设施、科研中心广场及配套设施工程，完成漩门三桥西北侧、76省道外侧15米段、滨江大道北线人行道外侧、龙王塘河至分水段沿湖、南浦路人行道、新塘河等绿化工程。景观生态方面，启动北区污水提升泵站及污水主管工程，推进玉环湖生态整治工程，完成玉环湖慢行系统工程招标；推进南区水环境综合整治工程，其中新塘河试点工程—生态修复完成工程量的25%，启动包括桥梁景观亮化、大楼亮化等新城亮化工程。

【特色项目】玉环开发区的特色项目主要有玉环方林汽车城、阀门建材城、光伏电站和海洋经济转型升级示范区。

玉环方林汽车城项目（一期）总投资7 000余万元，作为华东地区县级城市中入住品牌档次最高和市场规模最大的汽车销售市场，设有4S店2个、2S店16个，以及8个城市多功能展示厅和1个高端品牌大卖场。玉环方林汽车城作为玉环县招商引资的重要项目，它的落户开业不仅满足了周边群众的汽车消费需求，也有利于有效整合该县汽车贸易行业，做大做强当地汽车消费市场。

玉环国际阀门建材城位于玉环新城核心区域，占地约200亩（约13.3公顷），总建筑面积约25万平方米，总投资达15亿元。作为浙江省重点建设项目，同时也是玉环县正式引进的投资规模最大的浙商回归项目，它的建成投用将填补该县作为“中国阀门之都”和中国汽车零部件产业基地只有产品生产却没有专业销售市场的空白。建材城内设置产品交易展示区、精品交易中心、研发大厦、总部大厦、创意大厦五大功能区，以阀门水暖、五金机电、建材家居、汽摩配等经营为主项，集展示交易、电子商务、产品研发、国际会展、金融服务、仓储物流和生活配套于一体。

晶科农光互补光伏电站项目作为我国东南沿海体量最大的单体农光互补光伏发电站，由玉环晶科电力集团有限公司投资建设，于2015年正式落户玉环开发区漩门三期围垦区。晶科农光互补光伏电站项目总占地约6 000亩（400公顷），计划总投资16亿元，整体建设容量达200兆瓦，分为两期施工建设，其中项目一期占地2 400亩（160公顷），投资6.56亿元，总装机容量80兆瓦。电站投产后可将太阳能光伏发电同农业种植充分结合，最终实现光照和土地的交叉利用，充分发挥围垦土地的最大效益。

玉环海洋经济转型升级示范区项目位于玉环开发区漩门三期围垦区，规划总面积4 500亩（300公顷），分为两期开发建设，其中项目一期占地2 070亩（138公顷）土地已实现供地；园区充分对接浙江海洋经济战略和台州推进沿海大开发布局，整体发展定位为引领玉环汽摩配及机床装备产业发展的多层次转型升级区块，具体定位为“一心、四核、五组团”的功能布局。“一心”即为产业社区服务中心，推动产业转型升级的服务核心；“四核”定位于重点发展商务办公、配套商业、工业设计、居住公寓等核心功能；“五组团”规划设置为1个汽摩配产业组团、1个机床产业组团、2个高新技术产业组团和1个备用组团。

【科技创新】2016年，玉环开发区通过实施“三名工程”和品牌战略，推进质量强区、质量强企，共获评浙江省高新技术企业8家，省科技型企业8家，省名牌产品企业4家，省著名商标企业4家，市高新技术企业7家，市名牌产品企业7家。

【生态环保】2016年，玉环开发区顺利完成各项生态建设考核任务，建立湿地公园保育区鸟类栖息地监测网点，配合巡查加强对湿地野生动植物资源的保护工作。同时，主动借力“世界湿地日”“爱鸟周”“世界野生动植物日”等公益宣传活动，不断加大面向入园群众的环保科普力度；根据监测数据，漩门湾湿地公园范围内鸟类数量继续保持为154种，其中国家级保护鸟类15种（国家一级保护鸟类1种、二级保护鸟类14种），省级保护鸟类18种。

【旅游产业】2016年，玉环开发区完成县漩门二期蓄淡围垦工程竣工验收。湿地公园、观光园两大景区累计完成政府性投资1.77亿元，通过玉环漩门湾国家湿地公园（试点）验收，完成神农庄两证办理，完成湿地科普宣教中心土建工程的75%；完成湿地公园主入口生态停车场项目、玉环柚科技研发推广服务及农业设施项目招投标；建成观光园认知园项目，完成栽培废料等废弃物收集处理房主体施工；完成湿地公园绿道网项目总工程量的70%，营造湿地花田花海300亩(20公顷)；开启智能景区建设，举办漩门湾迷你马拉松赛，累计接待游客36万人次。

【机构设置与管委会领导】浙江玉环经济开发区管委会下设办公室、工青妇、政工部、督查室、社会管理局、经济发展局、招商局、建设规划局、结算中心、漩门湾观光农业园开发有限公司、基础设施投资有限公司、漩门三期开发有限公司、海洋经济开发投资有限公司。

浙江玉环经济开发区管委会书记杨良强；管委会副书记、主任詹江鹏；管委会副书记、副主任史炜荣；管委会副书记谢招云；管委会副主任陈定广、杨亚敏、陈文其。

(浙江玉环经济开发区管委会)

山东平度经济开发区

【经济发展】2016年，山东平度经济开发区（以下简称“平度开发区”）经济运行平稳，完成国内生产总值562.72亿元，占平度市的69.24%，同比增长15.75%；其中第二产业增加值306.87亿元，第三产业增加值199.22亿元，同比增长分别为13.22%、20.32%；2016年公共财政预算收入30.88亿元，占平度市的62.03%，同比增长22.2%；外贸进出口额18.52亿美元，占平度市的85.44%，同比增长9.72%；固定资产投资626.89亿元，占平度市的80.54%，同比增长17.56%。

【产业发展】2016年，平度开发区通过招商引资和项目建设，始终把工业放在突出位置来抓。2016年实现工业总产值1 327.62亿元，占全市比重的67.25%，同比增长19.66%；实现工业增加值288.39亿元，同比增长16.55%。2016年，开发区主导产业为食品饮料、非金属矿物制品、计算机通信和其他电子设备制造业，三大主导产业收入占全区的比重达到了68.3%。2016年，平度开发区立足农业资源实际，把食品饮料工业放在优先发展的位置，食品饮料产业成为平度市第一大支柱产业。2015年，平度开发区获批“国家新型工业化产业示范基地”这一国字号招牌，主要涉及青岛啤酒、海洋食品、果蔬加工三大产业链，共有企业481家，年产值达到647亿元。产业链龙头企业主要有青岛啤酒股份有限公司、青岛波尼亚食品有限公司、青岛天祥食品集团有限公司、青岛市平度仁和集团有限公司、青岛佳日隆海洋食品有限公司；配套企业有山东奥瑞金包装有限公司、青岛大波高科生物有限公司、青岛康顺达物流有限公司等。

【科技创新】为早日实现“中国工业2.0”，平度开发区积极主动搭建一站式企业科技创新服务平台，助推企业科技创新，促进转型升级。通过对全区企业进行专项走访调查，对企业加大科技创新宣传力度，了解企业在产品、技术创新方面的需求，引导企业挖掘生产过程中的发明专利，积极推动高新技术企业申报步伐，拥有高新技术企业72家。

以企业技术中心为依托，大力加强创新人才队伍建设，围绕促进企业技术进步，积极落实自主创新政策，鼓励企业加大科研投入，提高创新能力，增强核心竞争力。支持有条件的企业创建工程技术研究中心、企业技术中心，引进高层次专业技术人才。开发区目前拥有省级以上创新平台14个，先后推动征和工业国家级技术中心、同辉汽车、淄柴等省级技术中心及20余家青岛市级技术中心、工程技术中心等。筑巢引凤，不断引进高端人才入驻开发区。

立足精心服务企业，充分挖掘企业技术难题和发展需求，积极推动企业与高等院校、科研院所共建产学研基地。目前区内青岛征和工业有限公司成为平度市首家省级博士后创新实践基地、青岛鑫光正钢结构股份有限公司与青岛理工大学共建“就业创业实践基地”、青岛杨瑞能源集团与西安交大共建“西安交通大学建筑节能中心产学研基地”、青岛中科特炭新能源科技有限公司与中国科学院山西煤炭化学研究所共建“中科院烯碳蓄能材料创新中心”等。

加大对人才的引进力度，为前来投资创业的国家“千人计划”专家、院士、博士等高端人才免费提供办公场所。目前已有18位“千人计划”突出贡献专家等高端人才落户开发区，分别为苏春翌教授及其设立的康复机器人项目、姚斌教授设立的智能自动化项目、牟笑静教授设立的微电子项目、杨亚教授设立的恩吉特电子科技项目等。同时，投资600万元设立开发区双创中心暨孵化器项目，总入驻面积5 000余平方米，主要为大中专毕业生、中小型企业、科研院所等提供创新创业场所和平台，并致力于打造成为高端人才、大中专毕业生、农民工等创业群体的聚集地，成为平度市乃至青岛市最具吸引力的创新创业摇篮。

【投资促进】2016年，平度开发区共引进项目839个，其中外资项目32个，内资项目807个；外资项目投资8.32亿美元，内资项目投资516.42亿元，同比增长分别为29.6%、22.51%；实现合同外资额6.26亿美元，到账外资5.4亿美元，同比增长分别为20.98%、4.17%。实现外贸进出口18.52亿美元，其中出口额15.1亿美元，同比增长分别为9.72%、11.6%。

【绿色集约与生态环保】2016年，平度开发区实行雨污分流，雨水、污水管道已铺设至全区，投资项目的生产、生活污水达到《CJ343-2010污水排入城镇下水道水质标准》后，允许直接排放到城市污水管网。

【体制机制创新】平度开发区创新招商引资方式。一是继续发挥对外开放主阵地作用，通过以商引商和购买服务等方式，实施精准招商。二是围绕主导产业坚定不移地开展招商工作，围绕开发区食品饮料这一主导产业进行全产业链招商，尤其是加强对产业切合度高的500强企业及行业领军企业的招商推介，密切跟踪、紧盯符合开发区产业定位的重点在谈项目，推动开发区经济发展迈上新台阶。三是坚定不移创新业态，推动招商工作新突破。抓住全国中小城市综合改革试点的契机，做好产城融合文章，积极引进新业态，有效培育新的经济增长点，推动开发区转型升级。

推动项目建设提质增速，充分利用平度市中小城市综合改革契机，不断推动项目建设加快速度。强化绿色集约发展，提高土地开发利用率，创新土地动态监管和用地评估制度，建立健全低效用地再开发激励约束机制，盘活存量工业用地。在用地指标中优先安排创新创业企业用地。探索对产业用地的供给方式和供地年限实施差别化管理，试行弹性土地出让年限制度。对区内可利用土地进行集中调查摸底，按照土地性质和地块大小进行归纳整理。对于零散的小地块，可灵活安排符合新动能的高新技术项目或为区内企业提供生产扩能；对于较大地块，重点招引饮料、食品加工和科技含量高、产出效益高的大型产业链项目。

【社会管理】平度开发区探索推行道路保洁、绿化管护服务外包机制，扎实开展省级卫生城市复审工作，累计清理违建178处、4 300余平方米，清理占路经营、乱堆乱放2 930余平方米，粉刷墙体、线杆7 634平方米，升级改造公厕8个，推动市容、市场秩序得到全面改善；积极创新城市管理体制机制，投入近50万元，对下沉到园区的执法中队的基础设施、执法装备、办公条件、制度建设等方面进行全面更新和升级，推动各项工作迈上新台阶；顺利完成面积约12平方公里区域的地震、气象、水保、压矿、地质等区域化评估。启动三大项目，精心打造“啤酒小镇”。项目规划紧紧围绕“创新、协调、绿色、开放、共享”五大发展理念，以啤酒产业为主导，由单纯啤酒生产向生产、销售、旅游、美食养生一体化转变，融合旅游、医养健康等功能，助力形成产城融合、生态宜居的具有影响力的啤酒文化特色小镇。

【园区特色】创新招商引资方式，推动开发区转型升级。作为平度市经济转型发展、招商方式创新的试点，2016年平度开发区借助商务部上海产业转移中心和青岛市政府驻上海办事处获取项目信息。在中央电视台财经频道进行专题推介，通过北京产权交易所300余家央企会员和网络平台资源，实施精准招商，在强化传统招商的基础上，创新招商方式，建立完善

“专业化招商、市场化运作、职能化服务”招商促进机制。同时，继续在围绕主导产业招大引强、精准招商、创新业态等方面做好有关工作。发挥对外开放主阵地作用，结合产业定位，实施精准招商，抓住全国中小城市综合改革试点的契机，做好产城融合文章，推动开发区经济发展迈上新台阶。

【机构设置与管委会领导】平度开发区设有5个正局（科）级行政机构，包括党政办公室、经济发展局、财政审计局、土地建设局、社会事务工作局；6个全额拨款事业单位，包括机关服务中心、投资促进中心、项目建设服务中心、农村经营管理站、计划生育办公室、社区管理中心；2个自收自支政策性收费事业单位，包括劳动保障事务所、环卫园林管理处。

石德涛任平度开发区党工委书记。

2015—2016年山东平度经济开发区主要经济综合指标一览表

项目		单位	2016年	2015年	增减（%）
开发区生产总值		亿元	562.72	486.16	15.75
第二产业		亿元	306.87	271.04	13.22
工业		亿元	288.39	247.44	16.55
第三产业		亿元	199.22	165.58	20.32
工业总产值（现价）		亿元	1 327.62	1 109.49	19.66
高新技术企业		亿元	462.48	395.19	17.03
工业		亿元	1 329.31	1 139.35	16.67
第三产业		亿元	193.18	166.94	15.72
利润总额					
工业		亿元	76.66	63.03	21.62
区内主导产业及产值					
主导产业	1. 食品饮料业	亿元	647	420	54.05
	2. 非金属矿物制品业	亿元	138	118	16.95
	3. 计算机、通信和其他电子设备制造业	亿元	122	106	15.09
进出口总额		亿美元	18.52	16.88	9.72
出口		亿美元	15.10	13.53	11.60
财政收入		亿元	30.88	25.27	22.20
税收收入		亿元	44.01	36.09	21.95
新批企业数量		家	839	698	20.20
外商及港澳台企业		家	32	30	6.67
内资企业		家	807	668	20.81
区内世界500强企业		家	6	6	0
国家级高新技术企业		家	72	45	60.00
外商及港澳台企业投资额		亿美元	8.30	6.40	29.69
内资企业投资额		亿元	516.42	421.52	22.51
规模以上企业		家	481	444	8.33
科学研究与实验发展（R&D）经费支出		万元	153 220	145 240	5.49
合同外资额		亿美元	6.26	5.18	20.85
外商实际投资		亿美元	5.40	5.19	4.05
固定资产投资		亿元	626.89	533.27	17.56
年末从业人员		万人	15.98	14.89	7.32

续表

项目	单位	2016 年	2015 年	增减（%）
万元 GDP 能耗	吨标准煤 / 万元	0.386 4	0.389 7	−0.85
上市企业	家	51	13	292.31
国内建立的创新创业平台	个	17	17	0
区内科研院所	家	22	21	4.76
区内职业教育学校	所	2	2	0

（山东平度经济开发区管委会）

甘肃平凉工业园区

【综合经济】2016年，甘肃平凉工业园区辖区内共有企业647家，个体工商户3 069家，农民专业合作社46家。全年新增私营企业176家、农民专业合作社14家、个体工商户501家，分别增长47.17%、35.29%、19.07%。全年实现地区生产总值16.93亿元，增长9.3%（其中，第一产业增加值1.34亿元，增长5.7%；第二产业增加值9.54亿元，增长10.1%；第三产业增加值6.04亿元，增长8.8%），三次产业增加值结构为7.9∶56.4∶35.7。

【第二产业】2016年，平凉工业园区全年完成工业增加值8.74亿元，增长10.4%。工业总产值37.82亿元，销售产值25.97亿元。其中，规模以上工业增加值8.41亿元，增长10.5%（平凉市完成规模以上工业增加值42.75元，增长4%），占全市的19.7%；规模以上工业主营业务收入24.97亿元。主要工业产品中，发电（火电）84.42亿千瓦时，同比增长40.3%；水泥90.11万吨，同比下降13.2%；水泥熟料69.07万吨，同比下降7.5%；白酒160.85千升，同比增长22.9%；纸制品4.15万吨，同比增长1.7%；陶质砖627.92万平方米，同比增长5.4%；小麦粉9.92万吨，同比增长4.5%。全年新增甘肃泓源麦迪迈智能停车有限责任公司、平凉名人居节能门窗制品有限公司、平凉天源酿造食品有限公司、平凉市华星车辆改装有限责任公司、平凉中力新能源科技有限责任公司、甘肃嘉洪钢结构工程有限公司6家规模以上工业企业，“四上”企业总数达到40家。全年完成建筑业增加值0.8亿元，增长7%。

【第三产业】2016年，平凉工业园区实施各类商贸项目8个，概算总投资29.2亿元，完成投资10.3亿元。全年新培育1家商贸企业入规统计，园区限额以上商贸流通企业累计达到7家，完成社会消费品零售总额10.78亿元，增长10.3%。从商品形态看，住宿和餐饮业实现收入0.09亿元，增长8.5%；商品零售业实现收入9.04亿元，增长0.4%。从销售营业情况看，批发业实现销售额3.37亿元，增长22.4%；零售业实现销售额15.86亿元，增长13.6%；住宿业营业额0.02亿元，增长15.7%；餐饮业营业额0.1亿元，增长16.3%。全年进出口总额完成2 896万元，增长855.8%。其中，平凉中电科新能源科技开发有限公司进出口额1 353万元；甘肃鑫海食品有限公司出口额137万元；平凉市荣康实业有限责任公司出口额27万元；平凉名人居节能门窗制品有限公司出口额78万元；甘肃泓源麦迪迈智能停车有限责任公司进口设备1 301万元。进出口产品有多晶硅、多晶硅片、罐头食品、工具夹件、木质门窗、停车设备等，出口产品远销美国、加拿大、印度尼西亚等国家及中国台湾地区。

【固定资产投资】2016年，平凉工业园区固定资产投资完成57.12亿元，增长16.8%。实施500万元以上各类建设项目80个，完成投资32.31亿元，增长122.14%；5 000万元以上投资项目16个，完成投资24.72亿元，下降22.74%；亿元以上投资项目11个，完成投资16.2亿元，增长138.01%；10亿元以上投资项目2个，完成投资6.2亿元，增长49.76%。

【招商引资】2016年，平凉工业园区组织外出招商25次，其中，园区主要领导带队招商

8次，组团参加西洽会、兰洽会、西交会、敦煌文博会等大型招商节会12次，迎接各类考察、洽谈活动50余批次150余人次，对接洽谈各类项目70余项，完成项目签约28项，占年度计划的186%；签约金额102.68亿元，占年度计划的110%（其中，亿元以上项目15个，占年度计划的250%；千万元以上项目12个，占年度计划的180%；千万元以下项目1个）；引进500强企业2家，上市公司3家，占年度计划的200%。

【财税金融】2016年，平凉工业园区大口径财政收入完成23 153万元，同比下降20%；公共财政收入完成6 610万元，同比增长4%，其中，税收收入完成5 801万元，同比下降2.94%，非税收入完成809万元，占公共财政收入的12.24%，同比增长1.14倍。政府性基金收入完成5 496万元。全年公共财政支出完成23 953万元，同比增长12.43%，其中，上级专项支出12 299万元，同比增长16.76%；本级财力安排支出11 654万元，同比增长8.21%。政府性基金支出完成9 664万元。全年共有各类银行分支机构10家，各分支机构设立金融便民服务网点55个，覆盖园区所有企业和行政村社。本年存款年末余额11.03亿元，同比下降12.6%；贷款年末余额10.19亿元，同比增长9.6%。

【科技教育】2016年，平凉工业园区累计专利申请量达到62件（其中，发明专利申请量15件，实用新型专利申请量13件，外观设计专利申请量34件），占年度计划的110.7%，每万人发明专利拥有量达到3.14件，占年度计划的170%；新增高新技术企业2家，分别为甘肃康博丝特新材料有限责任公司和平凉市佳禾农产品加工有限责任公司，占年度计划的200%。全年R&D经费支出1 236.06万元，占园区生产总值的0.73%，财政科技投入占本级财政支出的1.3%，完成技术市场成交合同金额20 280万元。全年共有各类学校42所，其中，完全中学1所，初级中学3所，完全小学20所，小学附属教学点5个，幼儿园13所。普通中学专任教师200人，小学专任教师220人，共有在校学生5 861人，其中，中学生2 540人，小学生3 321人。在园幼儿（含小学附属学前班）1 307人。辖区4所中学考入重点高中学生人数达到211人，重点高中升学率达到41.7%；小学双科合格率达到96.4%，三科合格率达到75.6%；学前三年教育毛入园率达到81.19%；九年义务教育巩固率达到95.34%，高中阶段毛入学率达到90.87%。

【文化卫生】2016年，平凉工业园区共组建文化社团27支，其中，广场舞队21支，戏曲社团4个，气功健身队1支，刺绣坊1个。成功举办园区首届干部职工群众书画摄影工艺品展，组队参加全市庆“三八”韵律操大赛、平凉市第三届“陇原巧手”手工艺品大赛展销活动、2016中国·平凉崆峒文化养生旅游节广场舞大赛等活动。年末共有卫生机构37个，其中，医院、卫生院2个，社区卫生服务中心（站）1个，诊所（卫生所、医务室）34个。卫生技术人员167人，执业医师和执业助理医师96人，注册护士49人。拥有床位240张，标准化村卫生室全覆盖。对辖区65岁以上老年人、高血压、糖尿病、精神病患者、0～6岁儿童、孕妇等重点人群进行免费健康体检，体检人数8 769人。开展健康沙龙304次，参与人数4 741人次。

【人口居民】2016年年末，平凉工业园户籍人口5.079 5万人，常住户数1.514 3万户。根据人口抽样调查反馈，全年常住人口4.9万人，其中，城镇人口1.24万人，占常住人口的25.3%。全年新增城镇就业1 480人，年末城镇登记失业率2.9%。参加城乡居民基本养老保险28 868人，享受待遇7 022人。农村养老保险参保28 480人；城镇居民基本医疗保险参保1 032人，城镇职工基本医疗保险参保948人；新型农村合作医疗参保43 167人。工伤保险参保447人；生育保险参保734人；失业保险参保453人；新型农村合作医疗保险参保率达99.07%。全年发放农村低保金279.44万元，农村居民最低生活保障标准2 855元，增长17.3%，月补助140.5元，增长8.9%；五保供养资金55.1万元，农村五保分散供养对象年补助4 681元，增长9.6%；集中供养对象年补助5 940元，增长33.4%；全年发放城市低保金67.21万元，城市低保差额发放420元，增长19.3%，月人均补助325.7元，增长9.8%。

【安全环保】2016年年末，平凉工业园区城区大气环境可吸入颗粒物（PM10）年均浓度为80微克/立方米，下降15.8%；二氧化硫年均浓度为19微克/立方米，下降13.6%；二氧化氮年均浓度为39微克/立方米，下降13.3%；细颗粒物（PM2.5）年均浓度41微克/立方米，下降16.3%；空气自动监测站每月联网率均达到99%以上，城区空气质量优良天数按新标准考核为310天，占全年天数366天的84.7%。地表水断面水质优良比例为85.7%，其中，泾河全年水质综合评价达到国家Ⅲ类水质标准要求，县级以上在用城市集中式饮用水水源地水质达标率及地下水质量考核点位水质达标率均为100%。区域环境噪声和交通干线噪声平均值分别为54.8分贝和69.1分贝。全年未发生安全事故。

【机构设置】平凉工业园区是《陕甘宁革命老区振兴规划（2012—2020年）》首个重点推进的产业集聚区和全省转型升级型开发区之一，享受市级部门经济管理权限。2016年平凉工业园区发展规划面积66.36平方公里，甘肃省批规划面积8.5平方公里，代管崆峒区四十里铺镇，园区现设置四十里铺镇党委、园区机关党委、园区教育系统党委、园区非公有制企业党委4个基层党委；设置园区综合办公室、党群工作部、纪工委（监察审计局）、经济贸易发展局、招商和融资促进局、城乡规划建设局、安全生产和环境保护局、财政局8个职能工作机构；园区机关后勤服务中心、园区综合执法大队、园区土地储备中心、园区测绘队、平凉市第三人民医院、平凉市第三中学6个事业单位；市区国土、规划、司法、工商、国税、地税、质监、食药监、公安、检察室、法庭11个派驻单位入驻园区；工会、共青团、妇联、红十字会、科协5个群众性团体。市政府注资3亿元，设立了平凉泓源工业投资发展有限责任公司，全力保障园区开发建设。

【领导班子】2016年，平凉工业园区党工委书记李卫中；党工委副书记、管委会主任马春中；党工委副书记王永平；党工委委员、党群工作部部长王武；党工委委员、管委会副主任安正勇、尚江平、何浩强；党工委委员、四十里铺镇党委书记罗彦鹏。

（甘肃平凉工业园区管委会）

乌鲁木齐高新技术产业开发区（新市区）

【园区概况】乌鲁木齐高新技术产业开发区（以下简称“乌鲁木齐高新区”）成立于1992年8月，是经国务院批准的新疆第一家国家级高新区。建区以来，乌鲁木齐高新区认真贯彻“发展高科技，实现产业化”战略，先后被认定为国家级新型工业化示范基地、科技兴贸创新基地、创新型特色园区、光伏发电装备高新技术产业化基地、现代服务业产业化基地、电子商务示范基地和知识产权试点园区。2011年1月与新市区实行“区政合一”，同年3月接管乌鲁木齐县2乡1镇。“区政合一”后，新区名称改为乌鲁木齐高新技术产业开发区(新市区)，面积达300多平方公里，人口100余万。辖区内有中科院新疆分院、新疆社会科学院等科研院所20多家，新疆医科大学、新疆财经大学等大中专院校33所，国家级重点实验室1个、国家地方联合实验室2个、企业技术中心37家、市级以上知识产权试点单位47家；高新技术企业已达115家，占全疆的近40%；股权投资企业419家，占全疆的近70%。

【产业定位】乌鲁木齐高新区以创新驱动为引领，深入实施“互联网+”行动计划、“中国制造2025”战略，构建以高新技术产业为核心、以高技术服务业为强力支撑、以现代都市农业为补充的现代产业体系，推动产业发展质量和效益全面提升，打造乌鲁木齐市高新技术产业发展高地。

【发展现状】“十二五”期间，乌鲁木齐高新区坚持“提升三产、强化二产、优化一产”的战略方针，产业结构不断优化升级，转型发展成效突出。三次产业结构显著优化，从2010年的0.16∶66.18∶33.66优化为2014年的0.49∶38.77∶60.74，如期完成了“十二五”规划制定的目标。现代服务业迅速崛起，总部经济、金融、信息服务、电子商务等新兴服务业支撑能力显著提升，集聚科技金融机构533家，落户数量和流入资本量均占全疆的70%以上，成功获批“国家现代服务业产业化基地”和全国首批“国家电子商务示范基地”；非油经济贡献显著提升，2015年非油经济产值占工业总产值的比重达到64%；以生物与新医药、新材料、新能源为代表的战略性新兴产业年均增速均突破40%，先后被授予国家光伏发电装备高新技术产业化基地、国家新型工业化（电子信息、光伏发电）产业示范基地和自治区新型工业化（生物医药制品）示范基地；农业稳步发展，经营方式显著优化，生态农业、观光农业发展态势良好。

【管理机构】乌鲁木齐高新区机构领导38人，行政编制932，实有863人，事业编制4 958人，聘用人员150人，人员编制正在进行调整。乌鲁木齐高新区管委会主任郝建民。

2014—2016年乌鲁木齐高新技术产业开发区（新市区）主要经济指标一览表

项目	2014年／增长率（%）		2015年／增长率（%）		2016年／增长率（%）	
营业收入（亿元）	3 225	18.52	3 125	−3.10	3 062	−2.02
工业总产值（亿元）	237.90	45.92	220	−7.52	223.60	1.64
工业增加值（亿元）	105	57.75	68	−35.24	58	−14.70
利税总额（亿元）	96.24	7.99	100	3.91	101.70	1.70
年末就业人数（人）	90 918	1.32	89 733	−1.30	111 733	24.52
进出口额（亿美元）	34.57	35.03	34.56	0.03	35.60	3.00
出口额（亿美元）	33.60	39.41	32.04	−4.64	33.60	4.87
企业用电量（万千瓦时）	506 676	12.90	557 000	9.93	538 480	−3.32
投入强度（万元／公顷）	1 323	10.61	1 328	0.38	1 297	−2.33
产出强度（万元／公顷）	1 069	46.03	1 078	0.84	1 095	1.58

主导产业聚集情况及其占工业总产值比重（%）（列出3个主导产业）

产业名称	企业数量（家）	销售收入（万元）	占园区销售收入的比重（%）	增速（%）
新能源	14	932 000	41.68	4.71
新材料	54	736 000	33.05	78.20
生物与新医药	32	133 600	5.97	12.27

园区企业情况（家）

入园企业数量	9 546	规模以上企业数量	543	外资企业数量	59		
生产型企业数量	701	其他类型企业数量	8 845				
国内500强企业数量	46	销售收入>10亿元	20	销售收入5亿～10亿元	16	销售收入1亿～5亿元	129
采用国际质量体系认证企业数量	152	所占比重（%）	1.59				
国际知名品牌名称	0						
国内驰名商标或名牌产品名称	“美克.美家”家具、“众和”及高纯铝、电子铝箔、“天彩”天然彩棉制品						

前5位重点骨干企业名称	销售收入（亿元）	主要产品门类	工艺技术和装备水平
特变电工新疆新能源股份有限公司	83.32	太阳能发电设备	国内先进
新疆众和股份有限公司	41.93	高纯铝、电子铝箔	国际先进
新特能源股份有限公司	27.62	多晶硅	国内先进
新疆现代石油化工股份有限公司	19.63	“北极星”“现代”润滑油和防冻液	国内先进
兖矿新疆煤化工有限公司	7.40	尿素、甲醇	国内先进

创新能力情况

研发经费占销售收入比重（%）	国家级企业中心或研发机构（个）	自治区级企业中心或研发机构（个）	科技人员占园区就业人员比重（%）	国家级、省级研发专利（件）
2.8	10	25	26	1 040

基础设施及公共服务平台建设情况

园区累计基础设施投入（亿元）	企业生产性投资（亿元）	绿化面积（公顷）	公共服务平台数量（个）
288.63	110.19	719.89	2

环境保护情况

污水处理能力（吨／年）	100	污水处理率（%）	100	污水处理厂（个）	2
工业废水回用率（%）	100	固体废物填埋场（个）	0	工业固废综合利用率（%）	0

［新疆园区（开发区）协会］

昌吉高新技术产业开发区

【园区概况】昌吉高新技术产业开发区（以下简称“昌吉高新区”）于2000年经自治区批准为省级高新区，在昌吉市区占地11.26平方公里。2006年，为了寻求新的发展空间，州、市党委、人民政府决定在榆树沟镇201省道以南荒无人烟的戈壁滩上启动新区建设。近年来，在各级党委、政府利好政策的推动下，昌吉高新区综合实力得到了较大提升，于2010年经国务院批准晋升为国家级高新区，经济社会各项事业也呈现长足发展的态势。近几年，昌吉高新区先后获得国家级新型工业化（装备制造）产业示范基地、国家输变电装备高新技术产业化基地、国家现代节水材料高新技术产业化基地、国家农副产品加工示范基地等“国字”招牌。

【产业定位】按照“一都”（丝路智造之都）、“两城”（特变电工科技城、蓝山屯河科技城）、“三园”（生物科技产业园、检验检测产业园、通用航空产业园）、“四区”（援疆产业承载区、高新产业聚集区、开放合作引领区、休闲度假旅游区），全面构建“456”产业体系，即做大装备制造、生物科技、新型材料、现代服务四个主导产业的规模扩张，做好电子信息、高效节水、节能环保、特色轻工、新能源五个新兴产业的应用示范，做足检验检测、职业教育、商贸物流、通用航空、金融服务、旅游康养六个服务产业的布局谋篇，按照“一带、两轴、三心、四区、五园”的架构，把昌吉高新区建设成为亚欧智慧经济合作城。

【发展现状】2016年，昌吉高新区全年完成工业总产值176亿元，工业增加值39亿元，增长10%；完成固定资产投资42.16亿元；实现招商引资到位资金130亿元，增长30%；完成地方财政收入4.78亿元，其中公共财政收入3.4亿元，增长8%。产值超亿元企业达到42家。三大主导产业全年实现产值133.2亿元，占全部产值的75%以上，34平方公里起步区已全面实现“七通一平”和部分城市化功能。

【管理机构】昌吉高新区管委会内设8个机构，分别为综合办公室、组织部（人力资源和社会保障局）、环境保护局、安全生产监督管理局、规划建设局、产业发展科技局、商务局（招商局）、财政局；3个下属事业单位，分别为市政公用事业管理中心、高新技术创业服务中心、招商投资服务中心；共有98人的编制，实有在编人员83人。

2014—2016年昌吉高新技术产业开发区主要经济指标一览表

项目	2014年／增长率（%）		2015年／增长率（%）		2016年／增长率（%）	
营业收入（亿元）	150.27	36.18	154	2.4	168.40	9.4
工业总产值（亿元）	160.24	30.70	160.80	0.3	176	9.5
工业增加值（亿元）	37.15	30.35	36.10	−2.8	39	8.0
利税总额（亿元）	3.50	32.10	3.60	2.9	3.40	−5.5
年末就业人数（人）	6 800	11.66	7 200	5.9	7 260	0.8
进出口额（亿美元）	0.44	154.00	0.15	−65.9	0.22	46.6
出口额（亿美元）	0.35	143.00	0.11	−68.6	0.13	18.2

续表

企业用电量（万千瓦时）	22 416	49.21	23 081	3.0	25 414	10.1
投入强度（万元／公顷）	4 000	0	5 014	25.4	3 235	−35.4
产出强度（万元／公顷）	1 650	0	1 195	−27.6	1 266	5.9

主导产业聚集情况及其占工业总产值比重（%）（列出3个主导产业）

产业名称	企业数量（家）	销售收入（万元）	占园区销售收入的比重(%)	增速(%)
装备制造	23	256 797	15.0	−13.2
新材料	42	453 756	26.6	16.1
生物科技	28	457 408	26.8	−13.2

园区企业情况（家）

入园企业数量	328	规模以上企业数量		65		外资企业数量	7
生产型企业数量	195			其他类型企业数量			133
国内500强企业数量	6	销售收入>10亿元	1	销售收入5亿～10亿元	8	销售收入1亿～5亿元	33
采用国际质量体系认证企业数量	22			所占比重（%）	0.41		
国际知名品牌名称	嘉吉牌饲料						
国内驰名商标或名牌产品名称	娃哈哈、汇源、徐工、“麦趣尔”牌液态奶、月饼、心相印						

前5位重点骨干企业名称	销售收入（亿元）	主要产品门类	工艺技术和装备水平
新疆昌吉娃哈哈乳业有限公司	11	含乳制品和植物蛋白饮料	国内领先
新疆索科斯新材料有限公司	8	硅粉	国内领先
新疆新华能电气股份有限公司	8	高低压配电箱、变压器	国内领先
新疆徐工海虹工程机械有限公司	7.2	工程机械制造	国内领先
恒安（昌吉）纸业有限公司	6.5	高档生活用纸、湿巾	国内领先

创新能力情况

研发经费占销售收入比重（%）	国家级企业中心或研发机构（个）	自治区级企业中心或研发机构（个）	科技人员占园区就业人员比重（%）	国家级、省级研发专利（件）
1.5	3	12	6.1	620

基础设施及公共服务平台建设情况

园区累计基础设施投入（亿元）	企业生产性投资（亿元）	绿化面积（公顷）	公共服务平台数量（个）
18.3	100.3	320	3

环境保护情况

污水处理能力（吨／年）	300 000	污水处理率（%）	100	污水处理厂（个）	2
工业废水回用率（%）	87	固体废物填埋场（个）	1	工业固废综合利用率（%）	100

［新疆园区（开发区）协会］

阿拉山口综合保税区

【园区概况】阿拉山口综合保税区（以下简称“综保区”）位于新疆博尔塔拉蒙古自治州阿拉山口市境内，距相邻的哈萨克斯坦多斯特克口岸12公里，于2011年5月经国务院批准设立，是新疆第一个、全国第十六个综合保税区。综保区总体规划面积10.9平方公里，一期5.6平方公里于2014年6月正式封关运营，已完成投资32.5亿元。阿拉山口综合保税区是全国唯一拥有铁路、航空、公路和管道四位一体运输网络的综合保税区，拥有全疆综保区政策先行先用和通关便利化水平高的优势；拥有边境口岸出入境货物落地换装唯一性的优势；具有集装箱换装资质、集拼及定点配送的优势；新疆唯一拥有综保区宽准轨铁路专用线运输优势、全疆唯一实现仓单质押融资的优势、全疆唯一率先推广复制上海自贸区14项创新制度优势、全国唯一铁路国际邮件交换站优势；2016年9月23日获批平行进口整车试点资格；拥有全国独有“丝绸之路经济带核心区”物流枢纽中心节点的区位优势，已有20余条中欧班列经阿拉山口出境，目前渝新欧班列已在综保区内形成分拨点。

【产业定位】综保区规划为南、北两区。阿拉山口综合保税区按照“一区多片、一区多园、一区多库”创新发展形式和“三年、五年、十年”的递进发展目标，着力打造六大仓储展示交易中心——进口油气、进口农副产品、进口金属矿产品、进口木材、进出口消费品（电子商务平台）、整车进口仓储展示交易中心；优先发展四大加工制造业——油气加工业、粮油加工业、建材加工业、出口机电装备制造业；中期通过大物流带动大加工、大服务，重点发展国际中转、国际采购、分拨配送、研发、检测维修等；远期拓展新类型，在期货交割、金融租赁、服务外包、国际商贸等领域实现产业的乘数效应。

【发展现状】截至2016年年底，综保区已入驻各类企业150家，涉及仓储物流、粮油加工、木材加工、棉纺加工、原油及液化石油气仓储加工、国际贸易、跨境电子商务、金融服务等行业，已有阿拉山口华茂纺织有限公司、阿拉山口振德医用纺织有限公司、阿拉山口国储进出口贸易有限公司等大批知名企业入驻，自封关运营以来至2016年年底，综保区已完成过货量146.28万吨，贸易额48.98亿美元。

【管理机构】阿拉山口综合保税区管理委员会核定全额事业编制20名，内设机构科级领导职数10名。根据自治区机构编制委员会《关于设立阿拉山口综合保税区管理委员会的批复》（新机编〔2011〕16号），设立阿拉山口综合保税区管理委员会（以下简称“综保区管委会”），机构为正县级，与阿拉山口口岸管理委员会合署办公，为自治州人民政府的派出机构。综保区管委会设5个内设机构（科级）：办公室、经济发展局、招商局、规划建设局、社会服务局。

2015—2016 年阿拉山口综合保税区主要经济指标一览表

项目	2015 年	2016 年
营业收入（亿元）	0.68	5.23
工业总产值（亿元）	0.68	2.6
工业增加值（亿元）	0	1.93
利税总额（亿元）	0	0.14
年末就业人数（人）	700	750
进出口额（亿美元）	9.65	24.31
出口额（亿美元）	0	0
企业用电量（万千瓦时）	43.5	1281.4
投入强度（万元／公顷）	0	579.53
产出强度（万元／公顷）	0	93.97

主导产业聚集情况及其占工业总产值比重（%）（列出 3 个主导产业）

产业名称	企业数量（家）	销售收入（万元）	占园区销售收入的比重（%）	增速（%）
金属矿产品仓储	1	15337.73	29.0	0
农副产品加工	10	15651.03	29.8	0
油气仓储	3	7895.50	15.0	0

园区企业情况（家）

入园企业数量	150	规模以上企业数量		6		外资企业数量	1
生产型企业数量	25			其他类型企业数量			125
国内 500 强企业数量	0	销售收入 >10 亿元	0	销售收入 5 亿～10 亿元	0	销售收入 1 亿～5 亿元	2
采用国际质量体系认证企业数量	0			所占比重（%）	0		
国际知名品牌名称	安徽华茂、绍兴振德、上海添马行						
国内驰名商标或名牌产品名称	0						

前 5 位重点骨干企业名称	销售收入（亿元）	主要产品门类	工艺技术和装备水平
阿拉山口添马行实业发展有限公司	1.53	电解铜、铜精粉、锌锭	
阿拉山口华茂纺织有限公司	0.55	普梳棉纱、精梳棉纱、精梳紧密纺纱、气流纺纱	环锭纺细纱机、紧密纺细纱机
阿拉山口振德医用纺织有限公司	0.60	医用纱布的织造、医用敷料生产	引进瑞士立达 R60-600 设备，生产 9 600 头气流纺
新疆柏业百润生物科技有限公司	2.25	年进口 50 万吨小麦作为饲料，为定量的禽畜类提供养料	生产线固定及大型粮仓、传送带等配套设施
阿拉山口金丝油脂有限公司	1.67	一级压榨精炼食用油	使用先进脱蜡、脱色、脱嗅、脱水、提炼、压榨等工艺，生产优质食用油

基础设施及公共服务平台建设情况

园区累计基础设施投入（亿元）	企业生产性投资（亿元）	绿化面积（公顷）	公共服务平台数量（个）
32.5	24.3	64.5	1

［新疆园区（开发区）协会］

霍尔果斯经济开发区（中哈霍尔果斯国际边境合作中心）

【园区概况】 霍尔果斯经济开发区设立于2011年，国函〔2011〕33号批准面积为20平方公里（含国务院已批准的中哈霍尔果斯国际边境合作中心及配套区13.16平方公里），园区辐射范围为哈萨克斯坦等中亚五国、俄罗斯以及东欧地区。作为支撑中心发展的产业基地，主要功能为进出口加工、保税物流和仓储运输。

【产业定位】 霍尔果斯经济开发区重点发展化工、农产品深加工、生物制药、可再生能源、新能源、新材料、建材、进口资源加工、机械制造、商贸物流、旅游、文化及高新技术等产业。园区产业发展总体思路是围绕轻纺针织、建材、农副产品加工、生物制药等多个产业，加快产业集聚，依托合作中心及配套区（综合保税区）打造产业集群和专业园区，建设面向中亚的进出口产品加工基地。

【发展现状】 霍尔果斯经济开发区经过多年的发展，已初步形成了以轻纺针织、新型建材、食品、化工产品、装备制造、农副产品深加工等为主的加工业体系。累计入驻企业52家，其中规模以上企业2家，现投产项目27个。2016年完成地方公共财政预算收入13.6亿元，增长286%。社会固定资产投资32亿元，增长7%。招商引资到位资金40亿元，增长25%。完成工业总产值2.5亿元，增长9%，工业增加值1.28亿元，增长32.6%。完成进出口货物2 608.4万吨，增长1.1%，对外贸易额646亿元人民币，下降5.5%。

【管理机构】 霍尔果斯经济开发区机构编制为正县级单位。办公室设在霍尔果斯经济开发区商务经信局，负责园区信息收集、项目协调等工作；管委会主任王刚。

2014—2016年霍尔果斯经济开发区（中哈霍尔果斯国际边境合作中心）主要经济指标一览表

项目	2014年／增长率（%）		2015年／增长率（%）		2016年／增长率（%）	
营业收入（亿元）	1.98	11.86	2.14	8.1	2.38	11.2
工业总产值（亿元）	2.06	—	2.15	4.4	3.9	81.4
工业增加值（亿元）	0.38	-2.00	0.52	36.8	1.03	98.0
利税总额（亿元）	0.14	180.00	0.12	-14.3	0.13	8.3
年末就业人数（人）	843	1.68	1 037	23.0	1 250	20.5
进出口额（亿美元）	146	1.39	120	-17.8	112	-6.7
出口额（亿美元）	35	1.45	33.6	-4.0	28.8	-14.3
企业用电量（万千瓦时）	461	0.22	526	14.0	718	36.5

主导产业聚集情况及其占工业总产值比重（%）（列出3个主导产业）

产业名称	企业数量（家）	销售收入（万元）	占园区销售收入的比重(%)	增速(%)
轻纺针织	15	10 353.6	34.1	-16.0
食品加工	5	8 756	29.4	292.0
建筑材料	3	7 856	26.2	166.7

续表

园区企业情况（家）					
入园企业数量	52	规模以上企业数量	2	外资企业数量	1
生产型企业数量	52		其他类型企业数量		0

前5位重点骨干企业名称	销售收入（亿元）	主要产品门类	工艺技术和装备水平
西部建设有限责任公司	0.49	商砼	先进水平
霍尔果斯赛里木食品有限公司	0.20	蒜酥	先进水平
霍尔果斯元和安泰建筑设备有限公司	0.12	商砼	先进水平
霍尔果斯广源塑胶有限公司	0.10	塑料袋	先进水平
霍尔果斯九美子针织有限公司	0.19	袜子	先进水平

基础设施及公共服务平台建设情况			
园区累计基础设施投入（亿元）	企业生产性投资（亿元）	绿化面积	公共服务平台数量（个）
19.59	5.44	3平方公里	1

环境保护情况					
污水处理能力（吨／年）	912.5万	污水处理率（%）	10～12	污水处理厂（个）	1

［新疆园区（开发区）协会］

霍尔果斯经济开发区（清水河配套产业园）

【园区概况】霍尔果斯经济开发区清水河配套产业园于2009年10月开始启动建设，2011年9月批准成立。规划面积25平方公里，国发〔2011〕33号文件将霍城经济开发区北区8平方公里纳为霍尔果斯经济开发区配套区，享受霍尔果斯经济开发区同等特殊优惠政策。截至2016年已有中超电缆、农夫山泉、玉龙钢管、加稀管业、瑞阳防腐、华发管道、太湖钢构、欣康生物、鑫福祥陶瓷、松厦钢化玻璃、拓凯农产品物流、高景现代农机（业）物流、世邦药业等21家企业入驻。清水河配套区建成后将与南区形成产业互补、南北互动、协调发展的产业布局。

【产业定位】霍尔果斯经济开发区清水河配套园区以建设“新丝绸之路经济带”为契机，重点发展农副产品深加工、出口机电产品配套组装加工、金属加工建材产业、商贸物流、文化金融服务等产业，全力打造成为霍城经济发展的引擎、伊犁河谷具有影响力的商贸物流区、“新丝绸之路核心区”建设的重要支点和中国向西开放的桥头堡。

【发展现状】截至2016年，霍尔果斯经济开发区清水河配套园区注册企业90家，其中实体企业25家，建成投产18家，累计基础设施投入8.5亿元。2016年新建项目固定资产投资3.8亿元；完成工业产值1.77亿元，工业增加值0.44亿元；完成招商引资15亿元。

【管理机构】霍尔果斯经济开发区清水河配套园区与霍城经济开发区实行“一个机构、两块牌子”的运行管理机制，目前已形成了“以清水河配套园区为主”的新管理体制。开发区内设“一办四局”：清水河配套园区管委会办公室、经济贸易发展局、规划建设环保局、人力资源和就业促进局、财政局。

2014—2016年霍尔果斯经济开发区（清水河配套产业园）主要经济指标一览表

项目	2014年／增长率（%）		2015年／增长率（%）		2016年／增长率（%）	
营业收入（亿元）	1.11	−13.6	1.59	43.2	1.38	−13.2
工业总产值（亿元）	1.34	−15.6	1.770 1	32.1	1.45	−18.1
工业增加值（亿元）	0.34	−16.0	0.44	29.4	0.36	−18.2
利税总额（亿元）	0.015	−17.5	0.026	73.3	0.072 3	178.1
年末就业人数（人）	550	70.8	452	−17.8	620	37.2
出口额（亿美元）	0	0	0.002 5	—	0.003 1	24.0
企业用电量（万千瓦时）	867	4.0	1 511	74.2	1 560	3.2
投入强度（万元／公顷）	70 854	43.3	71 798	13.3	78 977	10.0
产出强度（万元／公顷）	27.50	55.6	19.87	−27.7	18.13	−8.8

主导产业聚集情况及其占工业总产值比重（%）（列出3个主导产业）				
产业名称	企业数量（家）	销售收入（万元）	占园区销售收入的比重（%）	增速（%）
新型建材	15	10 003.1	69	−11.5
农副产品深加工	2	4 496.9	31	12.0

续表

<table>
<tr><td colspan="12">园区企业情况（家）</td></tr>
<tr><td colspan="2">入园企业数量</td><td colspan="2">86</td><td colspan="3">规模以上企业数量</td><td>2</td><td colspan="3">外资企业数量</td><td>0</td></tr>
<tr><td colspan="2">生产型企业数量</td><td colspan="6">21</td><td colspan="3">其他类型企业数量</td><td>4</td></tr>
<tr><td>国内500强企业数量</td><td>0</td><td colspan="2">销售收入 >10 亿元</td><td>0</td><td colspan="2">销售收入 5 亿～10 亿元</td><td>0</td><td colspan="3">销售收入 1 亿～5 亿元</td><td>1</td></tr>
<tr><td colspan="3">采用国际质量体系认证企业数量</td><td colspan="5">4</td><td colspan="2">所占比重(%)</td><td colspan="2">16</td></tr>
<tr><td colspan="2">国际知名品牌名称</td><td colspan="10">0</td></tr>
<tr><td colspan="4">国内驰名商标或名牌产品名称</td><td colspan="8">农夫山泉、中超电缆</td></tr>
<tr><td colspan="4">前 5 位重点骨干企业名称</td><td colspan="3">销售收入（亿元）</td><td colspan="2">主要产品门类</td><td colspan="3">工艺技术和装备水平</td></tr>
<tr><td colspan="4">新疆中超新能源电力科技有限公司</td><td colspan="3">0.5</td><td colspan="2">电线、电缆</td><td colspan="3">风电、光伏等电缆满足 IEC 标准要求</td></tr>
<tr><td colspan="4">伊犁农夫山泉果业有限公司</td><td colspan="3">0.1</td><td colspan="2">非复原果汁</td><td colspan="3"></td></tr>
<tr><td colspan="4">伊犁吉亚钢结构有限公司</td><td colspan="3">0.196</td><td colspan="2">钢结构</td><td colspan="3"></td></tr>
<tr><td colspan="4">新疆汉诺威陶瓷有限公司</td><td colspan="3">0.175</td><td colspan="2">仿古地板砖</td><td colspan="3"></td></tr>
<tr><td colspan="4">新疆华发塑胶管道有限公司</td><td colspan="3">0.172</td><td colspan="2">塑胶管道</td><td colspan="3"></td></tr>
<tr><td colspan="12">创新能力情况</td></tr>
<tr><td colspan="2">研发经费占销售收入比重（%）</td><td colspan="3">国家级企业中心或研发机构（个）</td><td colspan="3">自治区级企业中心或研发机构（个）</td><td colspan="2">科技人员占园区就业人员比重（%）</td><td colspan="2">国家级、省级研发专利（件）</td></tr>
<tr><td colspan="2">0.2</td><td colspan="3">0</td><td colspan="3">0</td><td colspan="2">0.5</td><td colspan="2">国家级 2 件、省级 8 件</td></tr>
<tr><td colspan="12">基础设施及公共服务平台建设情况</td></tr>
<tr><td colspan="3">园区累计基础设施投入（亿元）</td><td colspan="4">企业生产性投资（亿元）</td><td colspan="2">绿化面积（公顷）</td><td colspan="3">公共服务平台数量（个）</td></tr>
<tr><td colspan="3">8.5</td><td colspan="4">9.01</td><td colspan="2">14</td><td colspan="3">0</td></tr>
<tr><td colspan="12">环境保护情况</td></tr>
<tr><td colspan="2">污水处理能力（吨／年）</td><td colspan="2">1 825</td><td colspan="3">污水处理率（%）</td><td>100</td><td colspan="3">污水处理厂（个）</td><td>1</td></tr>
<tr><td colspan="2">工业废水回用率（%）</td><td colspan="2">98</td><td colspan="3">固体废物填埋场（个）</td><td>1</td><td colspan="3">工业固废综合利用率(%)</td><td>100</td></tr>
</table>

［新疆园区（开发区）协会］

霍尔果斯经济开发区（伊宁园区）

【园区概况】霍尔果斯经济开发区（伊宁园区）位于伊宁市城西，东起皮里青河，西至农四师66团，北起精伊霍铁路，南至伊犁河，总面积35平方公里，是霍尔果斯经济开发区“一区四园”格局中规划面积最大、功能分区最完善、产业类型最丰富、承载能力最强的园区。

【产业定位】伊宁园区发展定位是建设区域性商贸物流中心和优势资源转化加工区，是以先进制造业为主导的产业园区，兼具商贸物流、企业总部经济、科研培训、居住及公共服务等职能。园区紧紧围绕“区域性商贸物流中心和优势资源转化加工区”的功能定位，充分发挥伊宁市作为伊犁河谷中心城市首府的优势，服务河谷、立足疆内、面向中亚，重点发展纺织服装、总部经济、生物制药、金融业、旅游业、文化产业、高新技术产业、商贸物流、电子商务、农副产品精深加工、软件与电子信息产业、新型建材、新能源、新材料，从而带动伊宁市、引领伊犁河谷快速发展。

【发展现状】2016年，伊宁园区实施基础设施项目39个，总投资24.68亿元，完成投资19.43亿元。皮里青河大桥、南台子大桥建成通车；建有日处理2.5万立方米污水处理厂和日供水25万立方米地表水厂；220千伏输变电站和占地68.6亩（4.57公顷）的宁远公园已建成投入使用；占地600余亩（约40公顷）的中小工业园已启动基础设施建设并同步招商。在园区注册完成的各类企业402家，累计完成投资81.4亿元，实现工业总产值26.59亿元，实现工业增加值10.3亿元。实现财政收入7.054 6亿元，其中一般公共预算收入0.873 9亿元。促进本地人员实现稳定就业1 132人。

【管理机构】伊宁园区机构编制为正县级，行政编制15人。根据工作实际需要，现内设6个局室，分别为办公室、经济贸易发展局、规划建设环保局、财政局、社会发展局、人力资源和就业促进局。

2014—2016年霍尔果斯经济开发区（伊宁园区）主要经济指标一览表

项目	2014年/增长率（%）		2015年/增长率（%）		2016年/增长率（%）	
营业收入（亿元）	6.27	604.49	4.65	−25.83	10.47	125.16
工业总产值（亿元）	6.63	206.94	5.65	−14.78	14.31	153.27
工业增加值（亿元）	3.24	468.42	1.21	−62.65	5.85	383.47
利税总额（亿元）	0.089	−4.30	0.075	−15.73	0.572 3	663.07
年末就业人数（人）	2 800	77.21	2 411	−13.89	3 188	32.22
企业用电量（万千瓦时）	35 511	−13.19	35 128.52	−1.08	11 3019.92	221.73
投入强度（万元/公顷）	13 106	18.08	1 9341	47.57	149.8	−99.22
产出强度（万元/公顷）	44.914	28.71	58.73	30.77	1 344.92	2 190.00

续表

主导产业聚集情况及其占工业总产值比重（%）（列出 3 个主导产业）				
产业名称	企业数量（家）	销售收入（万元）	占园区销售收入的比重（%）	增速（%）
蓝山屯河新型建材	1	2779.32	2.65	−15.25
新疆苏源生物工程	1	11120.20	10.61	−5.33
川宁生物技术有限公司万吨抗生素中间体	1	90862.80	86.73	208.89

园区企业情况（家）							
入园企业数量	402	规模以上企业数量	3	外资企业数量	0		
生产型企业数量	14	其他类型企业数量	0				
国内 500 强企业数量	0	销售收入 >10 亿元	0	销售收入 5 亿～ 10 亿元	1	销售收入 1 亿～ 5 亿元	1
采用国际质量体系认证企业数量	0	所占比重（%）	0				
国际知名品牌名称	0						
国内驰名商标或名牌产品名称	科伦药业						

前 3 位重点骨干企业名称	销售收入（亿元）	主要产品门类	工艺技术和装备水平
蓝山屯河新型建材	0.27	高耐候节能 PVC 型材、多密封节能型材、彩色复合共挤型材等高新技术产品	采用多密封节能技术、高耐候共挤技术、高速挤出技术、抗弯曲彩色共挤技术、一模四出技术等多项专利技术
新疆苏源生物工程有限公司	1.11	是氨基酸输液和复合氨基酸制剂的成分，也可以用作合成抗癌药物的中间体，而其最大的用途是与 L- 天冬氨酸合成二肽甜味剂产品阿斯巴甜	以高产基因工程菌作为生产菌种，产酸能力达到 70g/L，为世界领先。采用培养基流加发酵工艺，在发酵工艺试验优化的基础上开发专用 DCS 自控系统。在提炼技术方面，废除了通用的板框压滤发酵液预处理方式，采用国际先进的陶瓷膜过滤技术；采用离子交换、多效浓缩、沸腾干燥、多效浓缩结晶闪蒸干燥工艺
川宁生物技术有限公司	9.09	硫氰酸红霉素、头孢系列中间体	始终坚持“综合利用、清洁生产、循环经济”的理念进行环保装置系统配置，抗生素发酵行业的环保处理

创新能力情况				
研发经费占销售收入比重（%）	国家级企业中心或研发机构（个）	自治区级企业中心或研发机构（个）	科技人员占园区就业人员比重（%）	国家级、省级研发专利（件）
0	0	0	0	0

基础设施及公共服务平台建设情况			
园区累计基础设施投入（亿元）	企业生产性投资（亿元）	绿化面积（公顷）	公共服务平台数量（个）
19.43	0	8 533.3	0

环境保护情况					
污水处理能力（吨 / 年）	912.5	污水处理率（%）99	95	污水处理厂（个）	1
工业废水回用率（%）	80	固体废物填埋场（个）	0	工业固废综合利用率（%）	75

［新疆园区（开发区）协会］

喀什经济开发区

【园区概况】喀什经济开发区（以下简称“园区”）设立于2010年5月（中发〔2010〕9号），2011年9月国务院确定喀什经济开发区总体规划面积50平方公里，2012年4月在新疆维吾尔自治区正式挂牌喀什经济开发区。园区包括喀什主体园区40平方公里（含新疆生产建设兵团6平方公里）、伊尔克什坦口岸园区10平方公里。

【产业定位】园区重点发展商贸物流、出口机电产品配套组装加工、农副产品深加工、纺织、建材、冶金、进口资源加工、机械制造、旅游、文化、民族特色产品加工、生物技术、可再生能源、新能源、新材料等产业。其中，喀什重点建设区域性商贸物流中心、金融贸易区和优势资源转化加工区；伊尔克什坦口岸重点建设进出口商品物流仓储集散中心、进出口产品加工区。

【发展现状】截至2016年，园区内有新疆八钢喀什金属、喀什京泓、中泰工程机械、喀什深圳产业园开发投资、喀什广汇能源开发、新疆华电喀什热电有限责任公司等1 911家企业已完成注册，其中工业企业63家，其他企业1 848家。园区累计完成基础设施投入85.5亿元，社会固定资产投资92.6亿元。2016年实现生产总值11.4亿元，其中工业增加值2.39亿元，期末从业人员15 027人。

【管理机构】2013年9月3日，新疆维吾尔自治区人民政府办公厅下发《关于印发喀什经济开发区管委会主要职责机构设置和人员编制规定的通知》（新政办发〔2013〕106号）指出：“设立喀什经济开发区管理委员会，与中共喀什经济开发区工作委员会”一个机构、两块牌子，作为自治区党委、人民政府的派出机构，机构规格为副厅级，行使自治区级管理权。目前园区在岗员工共计93人，其中，兼职领导10人，在编68人（行政编制28人，事业编制40人），聘用15人。

2014—2016年喀什经济开发区主要经济指标一览表

项目	2014年／增长率（%）		2015年／增长率（%）		2016年／增长率（%）	
营业收入（亿元）	5.78	335.00	17	194.12	35	105.88
工业总产值（亿元）	6.15	43.00	7.52	22.28	9.18	22.07
工业增加值（亿元）	1.39	44.79	1.81	30.22	2.39	32.04
利税总额（亿元）	0.060 8	52.76	1.4	2 202.63	2.1	50.00
年末就业人数（人）	8 000	167.00	12 010	50.13	15 027	25.12
企业用电量（万千瓦时）	1 464	32.13	1 526	4.23	844	−44.69
投入强度（万元／公顷）	304.2	12.00	330.1	8.51	345.6	4.70
产出强度（万元／公顷）	46.7	31.55	56.4	20.77	68.7	21.81

续表

主导产业聚集情况及其占工业总产值比重（%）（列出3个主导产业）				
产业名称	企业数量（家）	销售收入（万元）	占园区销售收入的比重（%）	增速（%）
转化加工	63	91 800	26.2	32
金融服务	17	138 862	39.7	—
文化传媒	34	72 182	20.6	—

园区企业情况（家）							
入园企业数量	1 911	规模以上企业数量	10	外资企业数量	2		
生产型企业数量	63	其他类型企业数量	1 848				
国内500强企业数量	5	销售收入>10亿元	0	销售收入5亿～10亿元	0	销售收入1亿～5亿元	1
采用国际质量体系认证企业数量	0	所占比重（%）	0				
国际知名品牌名称	宝钢						
国内驰名商标或名牌产品名称	宝钢、雅戈尔、三一重工、广汇						

前5位重点骨干企业名称	销售收入（亿元）	主要产品门类	工艺技术和装备水平
喀什展博电子科技有限公司	0.82	数据线	—
喀什瑞城新能源科技股份有限公司	0.32	发电、电板组件	—
喀什沐阳纺织有限公司	0.95	服装	—
喀什东霞制衣有限公司	0.62	服装	—
喀什新秦管业有限公司	0.76	波纹管材	—

创新能力情况				
研发经费占销售收入比重（%）	国家级企业中心或研发机构（个）	自治区级企业中心或研发机构（个）	科技人员占园区就业人员比重（%）	国家级、省级研发专利（件）
0	0	0	0	0

基础设施及公共服务平台建设情况			
园区累计基础设施投入（亿元）	企业生产性投资（亿元）	绿化面积（公顷）	公共服务平台数量（个）
85.8	92.6	16.6	0

环境保护情况					
污水处理能力（吨／年）	2 190万	污水处理率（%）	90	污水处理厂（个）	2
工业废水回用率（%）	0	固体废物填埋场（个）	1	工业固废综合利用率（%）	62

［新疆园区（开发区）协会］

喀什经济开发区（伊尔克什坦口岸园区）

【园区概况】喀什经济开发区规划面积50平方公里，其中伊尔克什坦口岸园区10平方公里。2012年至今，伊尔克什坦口岸园区已累计完成投资5.89亿元，主要进行了一批基础设施项目的建设，园区内1/3的区域已基本满足企业的入驻。

【产业定位】伊尔克什坦口岸园区规划为进出口产品加工区5平方公里，重点发展进出口产品生产、加工、组装类企业；进出口商品物流仓储集散中心2.7平方公里，重点发展仓储物流等企业；金融商贸综合服务区2.3平方公里，紧紧围绕仓储物流、进出口加工、综合服务三大主导产业。

【发展现状】2016年，伊尔克什坦口岸园区注册企业66家，注册资金8.61亿元。其中，股权类投资企业18家，注册资金4亿元，经营项目为股权投资；外贸企业26家，注册资金3.37亿元，经营项目为进出口业务；仓储物流企业6家，注册资金5 400万元；其他企业16家，注册资金6 960万元。完成固定资产投资4 600万元，其中各类企业完成固定资产投资1 000万元。全口径财政收入完成10 834万元，公共财政收入完成4 439万元。从业人员1 759人，2016年度新增就业人员36人。

【管理机构】喀什经济开发区伊尔克什坦口岸园区管委会为正县级单位，核定编制43人，其中行政编制10人，事业编制33人，实有员工32人。单位下辖“1办5局1中心”，即党政办公室、发展改革和经济促进局、财政局、规划土地建设环保局、公共社会事务管理局、口岸管理局和行政服务中心。

2014—2016年喀什经济开发区（伊尔克什坦口岸园区）主要经济指标一览表

项目	2014年／增长率（%）		2015年／增长率（%）		2016年／增长率（%）	
营业收入（亿元）	1.27	−78.8	0.35	−72.44	0.59	68.57
年末就业人数（人）	1 632	95.4	1 723	5.58	1 759	2.09
园区企业情况（家）						
入园企业数量	32	规模以上企业数量	0	外资企业数量	0	
基础设施及公共服务平台建设情况						
园区累计基础设施投入（亿元）	企业生产性投资（亿元）	绿化面积	公共服务平台数量（个）			
5.89	0	30万平方米	0			

［新疆园区（开发区）协会］

宁波
经济技术开发区

NINGBO ECONOMIC & TECHNOLOGICAL DEVELOPMENT ZONE

1 | 2
3
4

1. 港吉码头远眺
2. 吉利汽车生产线
3. 北仑新区风貌
4. 开发区鸟瞰

秦皇岛经济技术开发区

QINHUANGDAO ECONOMIC & TECHNOLOGICAL DEVELOPMENT ZONE

1			
2	3	4	5

1. 泰盛商务大厦
2. 中信戴卡车间
3. 开发区 e 谷
4. 中科遥感开工仪式
5. 汽车电子集成电路产业基地项目落地实施合作协议签约仪式

集国家级出口加工区

国家级大学科技园

国家级创业服务中心于一体的现代化、多功能、

综合性、绿色生态产业园区

秦皇岛经济技术开发区

QINHUANGDAO ECONOMIC & TECHNOLOGICAL DEVELOPMENT ZONE

■ 2016 年，开发区实现地区生产总值 266.8 亿元，同比增长 8%，占全市的 19.9%；完成规模以上工业增加值 159.5 亿元，增长 8.1 %，占全市的 47.6%；实现利润 27.3 亿元，增长 51.9%，占全市的 80.1%；完成固定资产投资 167.99 亿元，增长 21.9%，占全市的 18.8%；完成区级公共预算收入 15.98 亿元，增长 10.6%。

戴河生态园之深河景观带

开发区展园

秦皇岛星箭玻璃公司生产车间

秦皇岛开发区鸟瞰

国家循环经济促进中心
中国化工产品交易市

沧州医专与临港经济技术开发区战略合作协议签约仪式

安全生产月

沧州临港
经济技术开发区
CANGZHOU COASTAL-PORT
ECONOMIC & TECHNOLOGICAL DEVELOPMENT ZONE
扩大有效投资 加快转型发展
沧州市重点项目集中开工现场会
2016.2.29
金隅微观（沧州）化工有限公司
四万吨胶粘剂及年产五万吨聚羧酸类减水剂一期项目
开工奠基
奠基

Pfizer
Global Biotechnology Center
日进斗金

沧州临港经济技术开发区

CANGZHOU COASTAL-PORT ECONOMIC & TECHNOLOGICAL DEVELOPMENT ZONE

沧州临港
经济技术开发区

CANGZHOU COASTAL-PORT
ECONOMIC & TECHNOLOGICAL DEVELOPMENT ZONE

FEI XIA SHAN
打造中国异氰酸酯产业基地

长春经济技术开发区

CHANGCHUN ECONOMIC & TECHNOLOGICAL DEVELOPMENT ZONE

2016 年，开发区完成地区生产总值 567.82 亿元，同比增长 7.3%；规模以上工业产值 1 041 亿元，同比增长 7%；固定资产投资 619.3 亿元，同比增长 15%；一般预算全口径财政收入 72.2 亿元，同比增长 10.2%；实际利用外资 21.1 亿元，同比增长 12.7%；实际利用内资 160 亿元，同比增长 15%。

树立"大综保区"概念

通盘布局谋划

Pfizer
端全球生物技术中心
Global Biotechnology Center

杭州
经济技术开发区

HANGZHOU ECONOMIC
& TECHNOLOGICALDEVELOPMENT ZONE

1
2
3

1. 开发区新貌
2. 沿江风貌
3. 辉瑞全球生物技术中心项目开工

温州经济技术开发区

WENZHOU ECONOMIC & TECHNOLOGICAL DEVELOPMENT ZONE

1			
2	3	4	5

1. 环金海湖核心亮点区块建设
2. 奔腾激光车间
3. 开发区污泥热点联产项目
4. 企业智能车间
5. 滨海园区外景

汽车文化馆

成功创建联合国开发计划署中国首家“氢经济示范城市”、国家火炬如皋新能源汽车特色产业基地、国际科技合作基地、江苏省新能源汽车特色产业集群、生态工业示范园区

廊坊经济技术开发区

LANGFANG ECONOMIC & TECHNOLOGICAL DEVELOPMENT ZONE

| 1 | 2 | 3 | 4 |

1. 精雕数字机床有限公司产品演示
2. 廊坊滨松光子技术股份有限公司生产线
3. 廊坊开发区行政审批局
4. 廊坊会议展览中心

靖江 经济技术开发区

JINGJIANG ECONOMIC & TECHNOLOGICAL DEVELOPMENT ZONE

四平红嘴经济技术开发区

SIPINGHONGZUI ECONOMIC & TECHNOLOGICAL DEVELOPMENT ZONE

inspur 浪潮·四平

宁国经济技术开发区

NINGGUO ECONOMIC & TECHNOLOGICAL DEVELOPMENT ZONE

1

2 3 4 5

1. 产业新城南山园区鸟瞰
2. 金瑞电子自动化车间
3. 开发区南山公园
4. 开发区投资服务中心
5. 中国赛宝（宁国）实验室

先后获批

湖南省十大最具投资价值产业园区

国家知识产权试点园区

国家级有色金属新材料精深加工高新技术产业化基地

中国物流示范基地

国家新型工业化产业示范基地

望城经济技术开发区

WANGCHENG ECONOMIC & TECHNOLOGICAL DEVELOPMENT ZONE

	1		
2	3	4	5

1. 晟通科技集团
2. 金桥国际市场集群
3. 可口可乐华中生产基地
4. 中航飞机起落架公司
5. 中信戴卡南方智能制造产业园生产线

德阳经济技术开发区

DEYANG ECONOMIC & TECHNOLOGICAL DEVELOPMENT ZONE

唐山海港经济开发区

TANGSHANHAIGANG ECONOMIC DEVELOPMENT ZONE

1			
2	3	4	5

1. 海韵广场
2. 唐山港京唐港区集装箱泊位
3. 中材装备制造公司水泥设备制造项目
4. 中润煤化工公司
5. 开发区区貌

燕郊高新技术产业开发区

YANJIAO NATIONAL HIGH TECINDUSTRIAL DEVELOPMENT AREA

南昌
经济技术开发区

NANCHANG ECONOMIC & TECHNOLOGICAL DEVELOPMENT ZONE

晋中
经济技术开发区

JINZHONG ECONOMIC & TECHNOLOGICAL DEVELOPMENT ZONE

嵩明杨林
经济技术开发区

SONGMINGYANGLIN ECONOMIC &
TECHNOLOGICAL DEVELOPMENT ZONE